Hans Prolingheuer

Der Fall Karl Barth

1934–1935

Chronographie einer Vertreibung

Neukirchener Verlag

Umschlag: Kurt Wolff, Düsseldorf
Gesamtherstellung: Breklumer Druckerei Manfred Siegel
Printed in Germany – ISBN 3-7887-0528-0

CIP-Kurztitelaufnahme der Deutschen Bibliothek

Prolingheuer, Hans
Der Fall Karl Barth: 1934–1935; Chronographie e. Vertreibung. – Neukirchen-Vluyn: Neukirchener Verlag, 1977.
ISBN 3-7887-0528-0

Im Gedenken an
Otto Bleibtreu
Altbischof
Kurt Scharf
gewidmet

Otto Bleibtreu. Geboren am 19. Juli 1904, als Sohn des Greifswalder Universitätsprofessors Max Bleibtreu. 1923–1926 Jurastudium in Münster, Heidelberg und Bonn. Erste Staatsprüfung 1926, anschließend juristischer Vorbereitungsdienst in Köln und Bonn. 1931 Assessorexamen in Berlin. 1932–1935 Hilfsrichter an den Land- und Amtsgerichten in Bonn und Köln. Seit 1933 Presbyter der Evangelischen Kirchengemeinde Bonn. 1935 wegen Mitgliedschaft in der SPD (»seit Oberprima«) aus dem Staatsdienst entfernt. Bis 1940 Rechtsanwalt in Bonn. Dann Kriegsdienst und Kriegsgefangenschaft. 1946–1948 Landgerichtsrat bzw. Landgerichtsdirektor am Bonner Landgericht. 1948 Ministerialdirektor, 1953 Staatssekretär im Justizministerium Nordrhein-Westfalen. Ab 1936 Mitglied der Synode der Evangelischen Kirche im Rheinland, 1957 stellvertretendes Mitglied der rheinischen Kirchenleitung. 1956 von Ministerpräsident Steinhoff zum Chef der Düsseldorfer Staatskanzlei berufen, 1958 von der CDU-Regierung in den Wartestand versetzt, 1959 vom Regierenden Bürgermeister Willy Brandt mit der Leitung der Berliner Staatskanzlei betraut. Otto Bleibtreu starb am 6. Juni 1959 (GKBl; vgl. Nachruf seines Vetters Günther Dehn; in KidZ, Juli 1959). Der »Laie« Otto Bleibtreu ist zu den wenigen Bekennern zu zählen, die auch im ›Fall Karl Barth‹ ihrem theologischen Vater treu geblieben sind. Barth bedankte sich bei seinem Freund und Nachbarn am 30. 6. 1935: »Sie werden sich lebenslänglich dessen freuen dürfen, daß Sie in dieser Angelegenheit eine gute und saubere Klinge geschlagen haben . . . daß Sie innerhalb dieser Weltordnung Ihr Bestes aufs Beste getan haben unter dem Beifall der Engel im Himmel« (siehe D/30).

Inhalt

Dokumente

Register

Einleitung

Mit ihrem Brief vom 7. Mai 1971 forderten Heinrich Böll, Dieter Blumenberg, Walter Fabian, Paul Schallück und Marie Veit Kölner »Persönlichkeiten und Institutionen« auf, die im März 1971 in der Frankfurter Paulskirche und einen Monat später im Münchner Stadtmuseum gezeigte Wanderausstellung »Antifaschistischer Widerstand 1933–1945« auch in Köln zu zeigen und zur Vorbereitung und Durchführung dieser Ausstellung ein örtliches Kuratorium zu bilden: »Wir sind der Auffassung, daß die Kölner Bevölkerung, insbesondere die Jugend, Gelegenheit haben sollte, diese wichtige Dokumentation zu sehen und sich über die Geschichte des deutschen Widerstandes zu informieren, um sie gleichzeitig vor den Gefahren des Rechtsradikalismus zu warnen.«

Aber mehrere Mitglieder des Kuratoriums, dem nahezu alle großen Verbände und Organisationen Kölns dann auch beigetreten sind[1], mochten das Konzept der Frankfurter Ausstellung nicht akzeptieren. Im ›Hilligen Köln‹ wehrte man sich vor allem gegen die Darstellung, »daß sich am Widerstand vornehmlich linke Gruppen, angefangen bei Kommunisten, über Sozialdemokraten bis zu den Gewerkschaften, zahlenmäßig besonders stark beteiligten«[2]. Der Kölner Kulturdezernent Kurt Hackenberg beendete endlich die peinlichen Diskussionen mit dem Angebot einer eigenen Ausstellung der Stadt Köln[3] und ließ seine Wissenschaftler eine »Zusammenschau von Widerstand und Verfolgung in einer deutschen Großstadt« darstellen, die in Deutschland ihresgleichen sucht[4].

Und neben dem frühen Widerstand Kölner Kommunisten, Sozialdemokraten und Gewerkschaftler dokumentierte diese Ausstellung auch das frühzeitige Einwirken des protestantischen »Vaters der Bekennenden Kirche« auf die klerikal-faschistische Szene Kölns – des bereits damals schon weltbekannten Bonner Theologen Karl Barth. Doch daß ebendieser Kopf des aus

1 Der Verfasser vertrat in diesem Kuratorium den ›Kölner Jugendring‹.

2 Frankfurter Allgemeine Zeitung vom 8. 3. 1971.

3 »Widerstand und Verfolgung in Köln 1933–1945«, eine Ausstellung des Historischen Archivs der Stadt Köln, vom 8. 2. bis 28. 4. 1974, verlängert bis zum 30. 5. 1974. Mehr als 33000 Besucher – für eine reine ›Lese-Ausstellung‹ ein ungewöhnlich großes Interesse.

4 Allein die katholische Kirche Kölns bestand auf einen Sachverständigen ihres Vertrauens für die Abteilung »Katholische Kirche«. Der Ausstellungskatalog vermerkt zur Aktivität dieses Beauftragten: ». . . setzte sich im Rahmen des ihm vom Erzbistum Köln gewordenen Auftrages ein . . .« (S. 11).

dem christlichen Glauben motivierten Widerstandes gegen die Hitler-Diktatur hier in der Domstadt seinen Anfang vom Ende in Deutschland erleben mußte, das war nicht allein den Kölner Ausstellern entgangen. Abgesehen von jenen Vorträgen des Berliner Religionswissenschaftlers Karl Kupisch und des Bonner Systematikers Ernst Wolf[5], ist nämlich dieser für die deutsche und internationale Kirchengeschichte so einschneidende Kölner Prozeß gegen Karl Barth in der Geschichtsschreibung bis auf diesen Tag weitestgehend ausgespart und unerforscht geblieben.
Ich meinte, daß auch dieses wichtige Kölner Datum zum Thema »Widerstand und Verfolgung« in der Ausstellung vermerkt sein sollte. Schon binnen weniger Tage erhielt ich auf Anfrage von dem Bielefelder Kirchenhistoriker Wilhelm Niemöller etliches Material, das meine eigenen Unterlagen reichlich ergänzte und konkretisierte. Das Archiv der Kirchlichen Hochschule Berlin steuerte gar die komplette Urteilsschrift des bis dahin vergessenen Prozesses im Kölner Regierungspräsidium in der Zeughausstraße bei, der damals nicht nur die protestantische Welt bewegte. Zwei Wochen nach Eröffnung der Ausstellung übergab ich dann dem Historischen Archiv der Stadt Köln einen Dokumentaraufsatz[6]; die Abteilung VI der Ausstellung, »Evangelische Kirche«, wurde um ein Exponat ergänzt.
Doch schon bei diesem kurzen Ausflug in jenen unbeackerten Flecken im weiten Feld jüngster Zeit- und Kirchengeschichte stieß ich auf bemerkenswerte Widersprüche zwischen sekundären und originalen Quellen. Da doziert beispielsweise das ›Handwörterbuch für Theologie und Religionswissenschaften‹, die kompetente RGG[7], Barth sei 1935 aus dem Staatsdienst »entlassen« worden, wo doch Reichsminister Rust den Sozialdemokraten Barth eben nicht aus den politischen Gründen der §§ 2a und 4 des »Gesetzes zur Wiederherstellung des Berufsbeamtentums« vom 7. März 1933 »entlassen«, sondern nach § 6 »in den Ruhestand versetzt« hat. Das ›Evangelische Kirchenlexikon‹ weiß gar in diesem Zusammenhang zu berichten, daß Barth 1935 »ausgewiesen« wurde[8], obwohl sich Barth selber bereits 1935 auch gegen diese Legende ganz entschieden und öffentlich zur Wehr gesetzt hatte.
Diese und andere Ungereimtheiten reizten mich, nunmehr eigene, systematische Recherchen anzustellen. Und nach mehr als zweijähriger, intensi-

5 Karl Kupisch, Karl Barths Entlassung, in: Hören und Handeln, Festschrift für Ernst Wolf, 1962, S. 251–275. Unveröffentlicht ist bis heute der komplette Vortrag von Ernst Wolf, Karl Barths Entlassung – Die Tragödie einer Fakultät, gehalten anläßlich einer Gedenkstunde der Evangelisch-Theologischen Fakultät Bonn, am 16. 7. 1965. Der Verfasser erhielt von der »Evangelischen Arbeitsgemeinschaft für kirchliche Zeitgeschichte«, München, eine Kopie dieses Vortrags (AKZ).

6 Hans Prolingheuer, Karl Barth – Ein Radikaler in Kirche und Staatsdienst.

7 Die Religion in Geschichte und Gegenwart, 3. Auflage 1957–1965, Bd. I, Sp. 894.

8 Evangelisches Kirchenlexikon, 1961, Bd. I, Sp. 319; vgl. dazu auch den Briefwechsel im Evangelischen Sonntagsblatt für das Rheinland, ›Der Weg‹, zwischen Hans Karl Hack, »Doch ausgewiesen?« (13. 6. 1976), und Hans Prolingheuer, »Kirchenkampf-Legende« (21. 8. 1976).

ver Suche in kirchlichen, staatlichen und privaten Archiven, in Korrespondenz und Gesprächen mit Beteiligten und Zeugen, hatte ich schließlich eine Fülle neuer Fakten und Dokumente beisammen, die einen bisher völlig unbekannten, historischen ›Fall Karl Barth‹ der Jahre 1934 bis 1935 belegen. Aus Anlaß des 90. Geburtstages von Karl Barth überreichte ich dann am 10. Mai 1976 dem Kölner Oberbürgermeister John van Nes Ziegler eine 400seitige Dokumentation mit der Bitte um Weiterleitung an das Historische Archiv der Stadt Köln, zur Vervollständigung und Korrektur des entsprechenden Materials jener Kölner Ausstellung aus dem Jahre 1974 – ›Widerstand und Verfolgung in Köln 1933–1945‹.
Die Presse griff diesen ›Fall Karl Barth‹ interessiert auf[9], und die zahlreichen Veröffentlichungen – von der »Kölnischen Rundschau« bis hin zur Monats-»Zeitschrift europäischer Christen«, »Junge Kirche«[10] – haben inzwischen zu einer Korrespondenz geführt, die gelegentlich auch mehr als nur historisches Interesse der fragenden, zustimmenden oder zweifelnden Briefschreiber erkennen läßt. Historiker, Vertreter aus theologischen Fakultäten und Kirchenleitungen begehrten und erhielten Einblick in das Manuskript. Prof. D. Helmut Gollwitzer D.D. vermutete schon vor der Lektüre des Manuskripts, »daß ich seine Drucklegung wünschen werde«[11]. Nach der Lektüre konnte D. Wilhelm Niemöller »nur mit der Frage schließen, ob Karl Barths Freunde nicht doch arg schlecht wegkommen«[12]. Der Präses der Evangelischen Kirche im Rheinland, Lic. Karl Immer, bewunderte »die Tatsache, daß so viele Fakten auf den Tisch gekommen sind. Als einer, der damals selber ganz nahe dabei war, sind mir die einzelnen Fakten noch sehr gegenwärtig.«[13] Prof. Dr. Klaus Scholder, Tübingen, erschien die »These, daß der Fall Barth . . . eine zentrale Bedeutung für die Bekennende Kirche besaß, durchaus überzeugend. Das ist in der Tat ein ganz wichtiger Punkt, den die Geschichtsschreibung der Bekennenden Kirche (aus verständlichen Gründen!) bisher weithin übergangen hat.«[14] So meldete sich denn auch schon bald die ›Bekenntnisbewegung‹ unserer Tage zum öffentlich diskutierten Fall des ›Vaters der Bekennenden Kirche‹. Den Sprecher des »Rheinischen Arbeitskreises ›Kein anderes Evangelium‹« bewegte einzig die Frage: »Welches war Ihr Interesse bei der Erstellung Ihrer ›Chrono-

9 Der Leiter des Bonner Büros der Zentralredaktion des Evangelischen Pressedienstes, Rudolf Orlt, bedankte sich z. B. am 3. 4. 1976 beim Leiter des Nachrichtenamtes der Stadt Köln, Peter Fuchs, für die Zusendung des Informationsmaterials: ». . . Es ist dies eines der seltenen Ereignisse, bei denen sich tiefe Freude einstellt. Denn was bedeutet Karl Barth nicht nur für die evangelische Kirche! . . .«; vgl. auch den Schweizerischen E.P.D. vom 19. 5. 1976: »Dokumente zur Vertreibung Karl Barths aus Deutschland«.

10 Kölnische Rundschau vom 15. 5. 1976 (bis zum 14. 5. dauerte ein zehntägiger Druckerstreik): »Stadtverordneter brachte Licht in den ›Fall Barth‹.« Junge Kirche, Juli 1976, S. 398 f.: »Neue Dokumente zum Fall Karl Barth«.

11 Prof. D. Helmut Gollwitzer D.D. im Brief vom 11. 5. 1976 an den Verfasser.

12 D. Wilhelm Niemöller im Brief vom 4. 6. 1976 an den Verfasser.

13 Präses Lic. Karl Immer im Brief vom 5. 7. 1976 an den Verfasser.

14 Prof. Dr. Klaus Scholder im Brief vom 29. 7. 1976 an den Verfasser.

graphie‹? War es mehr ein formal historisches oder damit inhaltlich verbunden ein im Sinne Barths theologisches?«[15] Barth lieferte mir die Antwort: »Die Theologie jeder Gegenwart muß stark und frei genug sein, nicht nur die Stimmen der Kirchenväter, nicht nur Lieblingsstimmen, nicht nur die Stimmen der klassischen Vorzeit, sondern die Stimmen der ganzen Vorzeit ruhig, aufmerksam und offen anzuhören. Gott ist der Herr der Kirche. Er ist der Herr auch der Theologie. Wir können nicht vorwegnehmen, welche Mitarbeiter der Vorzeit uns bei unserer eigenen Arbeit willkommen sind, welche nicht. Es kann immer so sein, daß wir dabei ganz unvermutete und unter diesen zunächst ganz unwillkommene Stimmen in irgend einem Sinn besonders nötig haben. So also kommt die Geschichte, die Kirchen-, Dogmen- und Theologiegeschichte in die theologische Werkstatt. So wird sie zur theologischen Aufgabe.«[16]

›Der Fall Karl Barth‹ – das könnte gut und gerne über dem ganzen Leben und Werk des reformierten Reformators stehen[17]. Hanns Lilje, lutherischer Landesbischof i. R., hält immerhin »das Aufkommen Karl Barths« für den »Ausbruch der wichtigsten theologischen Revolution«[18]; der katholische Theologe Hans Küng nennt seinen Schweizer Landsmann nicht nur seinen »väterlichen Freund«, er zählt den Protestanten gar »zu den heimlichen Vätern des II. Vatikanischen Konzils«[19]; für den französischen Kollegen und Freund Georges Casalis ist Barth »wohl der bedeutendste Theologe seit Luther und Calvin«[20], und der Dramatiker Carl Zuckmayer schließlich weiß von seiner »späten Freundschaft« mit der »Vatergestalt« Karl Barth zu berichten: »Nie hat mich ein lebender Mensch, vielleicht mit Ausnahme von Albert Einstein, so sehr davon überzeugt, und zwar durch sein pures Dasein, daß Gottesglaube vernünftig sei.«[21] Der nachfolgend skizzierte historische ›Fall Karl Barth‹ stellt jedoch lediglich den Ausschnitt eines Jahres aus dem Leben des »großen Theologen und Menschen«[22] dar – in Wahrheit ei-

15 Heinrich Hörstgen im Brief vom 18. 8. 1976 an den Verfasser.

16 Der Verfasser im Brief vom 12. 9. 1976 an den Rheinischen Arbeitskreis ›Kein anderes Evangelium‹, z. Hd. Herrn Heinrich Hörstgen; Zitat aus: Karl Barth, Die Protestantische Theologie im 19. Jahrhundert (Bonner Vorlesung WS 1932 – SS 1933), 1946, S. 3.

17 Vgl. die erste größere Barth-Biographie, die Ende 1975 erschienen ist: Eberhard Busch, Karl Barths Lebenslauf.

18 Hanns Lilje, Memorabilia, 1974, S. 15.

19 Werner Koch, Abschied von einem Vater, in: Junge Kirche, 1969, S. 4 ff.; vgl. Karl Barth, Briefe 1961–1968, 1975, dazu: Der Spiegel vom 8. 3. 1976, S. 173 f.: »Ein Protestant in Rom«.

20 Georges Casalis, Karl Barth, Person und Werk, 1960, S. 9.

21 Carl Zuckmayer, Aufruf zum Leben – Portraits und Zeugnisse aus bewegten Zeiten, 1976, S. 299ff.

22 Einleitung zu Konrad Farners »Dank eines Marxisten an Karl Barth«, in: Junge Kirche, 1969, S. 1 ff., aus Anlaß des Todes von Karl Barth, der in der Nacht zum 10. Dezember 1968 »unvermerkt gestorben« ist. An der Gedenkfeier am 14. 12. 1968 »im übervollen Basler Münster« nahmen auch offizielle Vertreter der Kirchen aus aller Welt teil. Heinz Kloppenburg, verantwortlicher Herausgeber und Schriftleiter der ›Jungen Kirche‹ klagte im Blick auf die Teilnahme der evangelischen Kirchen Deutschlands: »Was auffiel, war, daß im Gegensatz zu den

Marahrens, Meiser und Wurm ausgearbeitet und am Vorabend des Reformationsfestes 1934 Hitler und dem für Kirchenfragen zuständigen Innenminister Frick überreicht hatten. Damit ist Barth aus der Leitung der Bekennenden Kirche ausgeschaltet, die schwere konfessionelle und politische »Belastung« der bekennenden Deutschen Evangelischen Kirche beseitigt. Das ist *das Signal* (2. Kapitel) für den NS-Staat, nun auch seinerseits mit dem ›Staatsfeind‹ Barth endlich kurzen Prozeß zu machen.
Das neue, fünfköpfige Regiment der Bekennenden Kirche, an dessen ›Spitze‹ Bischof August Marahrens steht, der der Bekennenden Kirche zwar nicht angehört, dafür aber mit Innenminister Frick »persönlich befreundet« ist, läßt diese Wende in der Leitung der Bekennenden Kirche am darauffolgenden Totensonntag durch Kanzelabkündigungen und Flugblätter der Öffentlichkeit bekanntgeben. Einen Tag später schon wird Karl Barth *amtsenthoben* (3. Kapitel). Gleichzeitig verfügt Reichskultusminister Rust die Einleitung eines Disziplinarverfahrens gegen den von seiner Bekennenden Kirche isolierten Bonner Bediensteten. Der Hitler-Staat braucht ja nun weder außen- noch innenpolitische Rücksichten zu nehmen. Die folgenden, gründlichen Vernehmungen und die seit langem im Ministerium gesammelten Beweisstücke bringen es an den Tag: Barth hat im NS-Staat fortlaufend seine »Pflichten verletzt« und sich durch Reden und Handeln als »Jugenderzieher unwürdig gezeigt«. Barths Proteste bewirken nichts.
Auch in dieser bedrohlichen Situation wird Barth von seiner Bekennenden Kirche *alleingelassen* (4. Kapitel). Groß ist die Empörung sowohl unter Barths Studenten, Freunden und Kollegen in Deutschland als auch in den protestantischen Kirchen des Auslandes darüber, daß die neue Leitung der Bekennenden Kirche – ›Das Regiment Marahrens‹ – zum ›Fall Karl Barth‹ schweigt. Von Studenten aus mehreren deutschen Universitäten bis hin zum Lord-Bischof von Chichester, Georges Bell, wird die Leitung der Bekennenden Kirche aufgefordert, sich in dieser Stunde höchster Gefahr unverzüglich gegenüber Staat und Öffentlichkeit zum ›Vater der Bekennenden Kirche‹ zu bekennen und beispielsweise eine kirchenamtliche Erklärung zum Führer-Eid abzugeben, die proklamiert, was Barth praktiziert: Der Gehorsam gegen den Führer findet für den Christen durch Gebot und Auftrag Jesu seine Grenze. Vergeblich. Das ›Marahrens-Regiment‹ denkt nicht daran, das angestrebte Vertrauensverhältnis der Bekennenden Kirche zum Hitler-Staat und damit zum Eidnehmer Hitler durch eine derartige Mißtrauenskundgebung zu stören – von einem Wort zum ›Fall Karl Barth‹ ganz zu schweigen.
Der ›Fall Karl Barth‹ löst an der Bonner Universität Unruhen, *Proteste* (5. Kapitel) und Demonstrationen aus. Und als nach erfolgter Barth-Anklage die Leitung der Bekennenden Kirche immer noch schweigt, spielen Barths deutsche und ausländische Freunde dem um die Gunst des Hitler-Staates werbenden ›Regiment Marahrens‹ einen »bösen Streich«. Während das Leitungskollegium der Bekennenden Kirche dem Freund seines Vorsitzenden Marahrens, dem Innenminister Frick, auf dessen Drohung, der Be-

nen Fall Kirche[23]. Und dieser Fall beginnt am Buß- und Bettag des Jahre 1934.

Schon vom ersten Tage des Hitler-Staates an wird der Bonner Professor für Systematische Theologie von christlichen Publizisten und Kollegen als einer der gefährlichsten Feinde des neuen deutschen Staates systematisch denunziert. Allein wegen seines internationalen Rufes und seiner hervorragenden Führungsposition im deutschen Protestantismus läßt der NS-Staat den eidgenössischen Sozialisten und deutschen Sozialdemokraten gewähren. Selbst namhafte Denunzianten bleiben erfolglos. Barth ist für die Führung des Führer-Staates »*undenunzierbar*« (1. Kapitel). Aus außen- wie aus innenpolitischen Rücksichten kann der Reichskultusminister auch dann keine »Beschränkung seiner Lehrtätigkeit« verfügen, als der »Westlerische«, der »Thomas Mann der Theologie« und »Verräter an Volk und Staat« sich weigert, den neuen Eid auf den Führer in der vorgeschriebenen Form zu leisten. Barth will Hitler nur Treue schwören unter dem Vorbehalt: »soweit ich es als evangelischer Christ verantworten kann«. Seit Anfang November 1934 liest der weltbekannte Theologe seine »politisch linksorientierte dialektische Theologie« – unvereidigt.

Im Oktober 1934 zieht die 2. Bekenntnissynode der Deutschen Evangelischen Kirche in Berlin-Dahlem die organisatorischen und personellen Konsequenzen aus den von Barth verfaßten und von der 1. Bekenntnissynode in Barmen Ende Mai beschlossenen Grundsätzen der »Barmer Erklärung«. Die Synode wählt den nicht erst seit Barmen als theologischen »Vater der Bekennenden Kirche« geltenden Karl Barth in den ersten kirchenleitenden »Rat der Deutschen Evangelischen Kirche«. Doch viele staatstreue, lutherische Bekenner sind sich »darüber einig«, daß der reformierte Theologe und Sozialist »Karl Barth die größte Gefahr für die Deutsche Evangelische Kirche ist«. Und Barth ist gerade 30 Tage Mitglied des ersten Rates der Deutschen Evangelischen Kirche, als ebendieser »Sechser-Rat« am Buß- und Bettag von Männern der Bekennenden Kirche gestürzt wird. Diese Aktion geht zurück auf ein geheimes Kirchenpapier, das die lutherischen Bischöfe

theologischen Fakultäten, die angemessen vertreten waren, die Teilnahme der offiziellen Kirchen in Deutschland sich auf die Anwesenheit von Bischof Eichele aus Württemberg und Oberkirchenrat Papst aus der DDR beschränkte. Wo waren alle die anderen leitenden Amtsträger, die ja doch weithin nicht nur ihre theologische Existenz diesem großen Lehrer der Kirche verdanken, von dem hier Abschied genommen wurde?« (ebenda, S. 65). Bereits am Tage zuvor ist Barth auf dem Hörnli-Friedhof – nahe dem Rhein und der Grenze zu Deutschland – beerdigt worden. Dort, in Karl Barths Gruft auf dem Hügel des rechtsrheinischen Hörnli in Riehen, fand 1975 auch Barths getreue Mitarbeiterin Charlotte von Kirschbaum ihre letzte Ruhestätte (vgl. Predigt zum Begräbnis, von Helmut Gollwitzer, in: Junge Kirche 1976, S. 33ff.; dazu: Eberhard Busch, Karl Barths Lebenslauf, S. 198ff. und 503f.).

23 Der bisher verborgene ›Fall Karl Barth‹ ist ein aufschlußreiches Kapitel jüngster deutscher Geschichte, das die Schuldbekenntnisse des Rates vom 19. 10. 1945 und des Bruderrates der EKiD vom 8. 8. 1947 konkretisiert. Er macht das bis heute so heftig umstrittene Bekenntnis »zum politischen Weg unseres Volkes« verstehen: »Wir sind in die Irre gegangen . . .« (Kirchliches Jahrbuch 1945–1948, S. 26f. und S. 220ff.).

kennenden Kirche für den Fall politischer Unzuverlässigkeit die Gelder zu sperren, »feierlich« gelobt: »Wir wollen keine Zufluchtsstätte politisch unzufriedener Elemente sein«, geben Barths Freunde an Staat und Öffentlichkeit ein vertrauliches Dokument des ›Marahrens-Regimentes‹, das ein von Barths Freunden selber angezetteltes Votum zum Führer-Eid enthält. Schließlich manipulieren sie diesen streng vertraulichen »Privatbrief« zu einem kirchen-›amtlichen‹ Bekenntnis zu Karl Barth. Der ahnungslose Angeklagte zieht daraufhin zwei Tage vor seinem Prozeß seinen Vorbehalt zum Führer-Eid zurück und erklärt sich schriftlich bereit, auf Grund des nunmehr veröffentlichten kirchenamtlichen Vorbehaltes den Eid in der vorgeschriebenen Form zu leisten.

Karl Barth steht am 20. Dezember 1934 in Köln vor Gericht und erfährt dort ohne Umschweife den »Totalitätsanspruch« des NS-Staates: »Treue unter Vorbehalt gibt es nicht!« Dem Führer sei »blindes Vertrauen« entgegenzubringen, da »er auf Grund seines besonderen Verhältnisses zu Gott nichts von seinen Untergebenen verlangen wird, was Gott verbietet«. Da überläßt Barth die Verteidigung nicht nur seinem Freund und Bonner Nachbarn Otto Bleibtreu. Gegen Ende der Verhandlung klagt Barth seinerseits den Hitler-Staat an, rücksichtslos seine Macht zu mißbrauchen. Barth wird zur Dienstentlassung *verurteilt* (6. Kapitel). Und während Barth in Köln vor Gericht steht, das dem Führer des Hitler-Staates absolute Unfehlbarkeit testiert, führt die Leitung der Bekennenden Kirche in Berlin bereits weitere Verhandlungen mit Repräsentanten des NS-Staates, um weitere Punkte des geheimen Kirchenpapiers zu realisieren. Für den »bösen Streich« der Barth-Freunde rächt sich das ›Marahrens-Regiment‹ mit einer schon seit Wochen von der Reichsleitung der NSDAP geforderten Distanzierung der Bekennenden Kirche von Karl Barth. Der Reichsminister für Volksaufklärung und Propaganda, Dr. Josef Goebbels, höhnt daraufhin über alle deutschen Sender in Richtung Bekennende Kirche: »Und der ewige Kritikaster wird allmählich so in den Schmollwinkel hineingedrängt, daß man ihn im ganzen Volk nur noch als lächerliche Zeitfigur ansieht.«

Zu Beginn des Jahres 1935 wird der ›Fall Karl Barth‹ endlich auch in anderen Organen oder Gremien der Bekennenden Kirche erörtert. Aber zu einer Solidarisierung mit ihrem bedrängten ›Vater‹ reicht die Kraft der Bekenner nicht aus. Schlimmer noch: »Viele freuen sich, ihn anständig los zu werden.« Als gar der Vorsitzende der Kölner Dienststrafkammer, Oberregierungsrat Dr. Scheerbarth, seinem Kölner Urteil eine schriftliche Begründung nachliefert, die zum tatsächlichen Verlauf der mündlichen Verhandlung in den entscheidenden Punkten im Gegensatz steht, und damit doch juristisch der Grund für eine erfolgreiche Berufung gelegt ist, fehlt selbst den wenigen noch in Leitungspositionen der Bekennenden Kirche verbliebenen Barth-Freunden Mut und Hoffnung zu entschiedenem Handeln. *Ratlosigkeit* (7. Kapitel) hat sich ihrer bemächtigt. Lohnt sich noch ein Einsatz für den Untragbaren? Und während Otto Bleibtreu erst einmal vorsorglich gegen das nun allein schon formal anfechtbare Urteil der Kölner Dienststraf-

kammer Berufung einlegt, ordnet das ›Marahrens-Regiment‹ zum zweiten Jahrestag der Machtübergabe an den Eidnehmer Hitler für die Gemeinden der Bekennenden Kirche im ganzen Reichsgebiet ein Dankgebet an: »Wir danken Dir, Herr, für alles, was Du in Deiner Gnade ihn in diesen zwei Jahren zum Wohle unseres Volkes hast gelingen lassen.«
Ausländische Freunde raten Barth, Deutschland zu verlassen. Aber Barth lehnt einen Ruf an die Basler Universität ebenso ab wie das Angebot der deutschen Calvinisten, ihn an einer noch einzurichtenden »freien Fakultät« als ihren »Lehrer der Kirche« anzustellen. Barth nimmt statt dessen die Einladung der Universität Utrecht zu einer Reihe von Gastvorlesungen an. Daheim in Bonn sammeln derweil einige Kollegen durch Aushorchung von Studenten oder planmäßige Bespitzelung Barths weiteres Belastungsmaterial für das nun zu erwartende Berufungsverfahren. Reichskanzler Adolf Hitler läßt sich fortan persönlich über den Stand der Entwicklung des ›Falles Karl Barth‹ unterrichten. Immer mehr *Taktik* (8. Kapitel) bestimmt das Reden und Handeln der Bekenner im ›Fall Karl Barth‹. Wegen der Grundsätzlichkeit jener von Richter Scheerbarth so anfechtbar gemachten Urteilsbegründung fordert Barth für die Berufungsverhandlung vor dem Berliner Oberverwaltungsgericht eine offizielle Verteidigung durch die Leitung der Bekennenden Kirche. Das Marahrens-Kabinett lehnt das Ansinnen ab. Die ihm inzwischen bekannte theologische Ungeheuerlichkeit, daß sich Eidnehmer Hitler in Köln hatte für unfehlbar erklären lassen, ficht die »fünf Kommandeure« nicht an. Sie wollen sich nicht abermals mit Barth belasten, zumal es ja nach der auch ihnen vorliegenden Urteilsschrift nicht einmal mehr um den Eid als vielmehr um »staatsfeindliche Äußerungen« und um »Verweigerung des Hitler-Grußes« gegangen sein soll, Delikte, durch die das Verfahren nach Meinung der Kirchenführer noch stärker ins Politische abgeglitten sei.
Erste *Kraftproben* (9. Kapitel) zwischen Staat und Bekennender Kirche kennzeichnen denn auch die politischen Dimensionen des ›Falles Karl Barth‹. Die Angriffe auf Barth in der Öffentlichkeit treiben einem Höhepunkt zu: »Barth, der Undeutsche, ist dienstentlassen, aber das Gift seiner Lehre, sein böser Geist, wirkt weiter.« Trotzdem befaßt sich erstmalig eine Synode in Deutschland mit der Eidesfrage so, wie sie Barth aufgeworfen hat. Anfang März 1935 kommt in Berlin die Preußen-Synode in ihrem Aufruf »An die Gemeinden« zu dem Schluß: »Der Eid findet seine Grenze darin, daß allein Gottes Wort uns unbedingt bindet.« Der Hitler-Staat reagiert: 715 Prediger, die der Synode gehorsam sein und die Erklärung von der Kanzel verlesen wollen, werden verhaftet. Das ›Marahrens-Regiment‹ ist von dem Alleingang der Preußen-Synode zutiefst betroffen; in ausgedehnten Geheimberatungen erwägen nämlich gerade die bekennenden Kirchenführer, dem Eidnehmer Hitler das Amt des summus episcopus, das Amt des obersten Bischofs der Deutschen Evangelischen Kirche anzubieten. Erst Aufruhr an der Basis der Bekennenden Kirche zwingt Staat und Kirchenregiment zu einem Kompromiß: Die Erklärung der Preußen wird durch einen

vom Innenminister gebilligten Zusatz politisch neutralisiert – dadurch aber gerade in der Passage zum Führereid entschärft; als Gegenleistung werden nahezu alle Prediger schon nach wenigen Tagen oder gar Stunden wieder aus der Haft entlassen. Barths Verteidiger Otto Bleibtreu zitiert im Nachgang zu seiner umfangreichen schriftlichen Berufungsbegründung dennoch das klare Wort der Preußen-Synode zum Führer-Eid – ohne jeden abschwächenden Kommentar.

Aber noch 24 Prediger sind in Haft und werden in die Konzentrationslager Columbia-Haus, Dachau und Sachsenburg ›verbracht‹. Zahlreiche Bekenner drängen deshalb auf eine kurzfristige Einberufung der 3. Bekenntnissynode der Deutschen Evangelischen Kirche in der Hoffnung, daß eine solche Bekenntnis-Kundgebung auch noch die Befreiung dieser verschleppten 24 Brüder bewirken könnte. Augsburg soll Tagungsort werden. Selbst Barth wird in den vorbereitenden Ausschuß berufen. Die Rheinische Bekenntnissynode beschließt unterdessen auf Initiative des »Einzelkämpfers« Pastor Friedrich Graeber den Auftrag an den Rheinischen Bruderrat, »in Verbindung mit dem Westfälischen Bruderrat beschleunigt dafür Sorge zu tragen, daß Prof. D. K. Barth seine Arbeit als theologischer Lehrer der Kirche zum Segen sonderlich unsrer kirchlichen Westprovinzen fortsetzen kann«. Barth ist einverstanden, vorausgesetzt, die Berufung in ein Lehramt der Bekennenden Kirche erfolgt noch *vor* der Berufungsverhandlung, da er bei negativem Ausgang der Revision einen Ruf aus Basel erhalten und dann auch annehmen werde. Da sieht plötzlich der Gastgeber für die 3. Bekenntnissynode, Bischof Hans Meiser, in der Teilnahme ihres ordentlichen Mitgliedes Karl Barth an der Augsburger Synode »ein ernstes Problem« und stellt die Bedingung: Entweder die Synode ohne Barth oder keine Augsburger Synode. Hinweise auf »die in Sträflingstracht im Konzentrationslager Zwangsarbeit leistenden Brüder« machen auf den bayrischen Landesbischof keinen Eindruck. Wochen verstreichen ergebnislos, bis abermals eine ›Nachricht‹ veröffentlicht wird, die Barth einmal mehr als gemeinen ›Landesverräter‹ ausweisen soll. Und diese jüngste Denunziation wirkt nun selbst auf Barths engeren theologischen Freundeskreis. Die theologischen Mitstreiter kündigen Barth nicht nur jede weitere Zusammenarbeit auf, sondern sogar die »Zugehörigkeit zur Bekenntnisfront«. Damit ist Barth faktisch von der 3. Bekenntnissynode der Deutschen Evangelischen Kirche *und* seiner Bekennenden Kirche *ausgesperrt* (10. Kapitel). Einer seiner engsten Vertrauten in Deutschland, Pastor Karl Immer, kann dem Verstoßenen nur noch den brüderlichen Rat geben, unter diesen Umständen lieber auf sein Recht, als Delegierter der Rheinischen Kirche nach Augsburg zu fahren, zu verzichten, statt dessen besser eine »Schweizerreise« anzutreten.

Die 3. Bekenntnissynode der Deutschen Evangelischen Kirche tagt dann in Augsburg ohne ihr Mitglied Barth, und der NS-Staat entsendet erstmalig zu einer Bekenntnissynode einen offiziellen Vertreter. Sein Geschenk an die Versammlung ist die Freilassung der 24 Brüder aus den Konzentrationslagern. Dem ›Marahrens-Regiment‹ wird der Sturz des von der 2. Bekenntnissynode gewählten ›Rates der DEK‹ programmgemäß verziehen. In seinem Refugium auf dem Schweizer Bergli wartet Barth auf die Berufung durch die rheinisch-westfälischen Bruderräte. Aber als die Verhandlung vor dem ersten Dienststrafsenat des Berliner Oberverwaltungsgerichtes am 14. Juni beginnt, ist Barth von seiner Bekennenden Kirche noch immer *unberufen* (11. Kapitel). Dafür geschieht in Berlin das Unglaubliche. Das Berliner Gericht folgt der Argumentation des Verteidigers, des inzwischen selber aus dem Staatsdienst entlassenen Barth-Freundes Otto Bleibtreu, und hebt das Kölner Urteil auf. Damit ist Barth als »Jugenderzieher« rechtlich rehabilitiert. Und während Barth das »Vertrauen zur Leitung der Bekennenden Kirche endgiltig verloren« hat, betrachtet er sich schon »bis auf weiteres wieder [als] Mitglied der Fakultät Bonn«. Doch Reichsminister Rust kann das letztlich gegen den Führer-Staat gerichtete Berliner Urteil nicht hinnehmen. Er setzt den Weltbekannten im Zusammenhang mit einer Rationalisierungsmaßnahme zur Ruhe – auf eine Staatspension, die amtlich festgesetzt wird auf jährlich 5614 Reichsmark zuzüglich Kindergeld. Trotzdem scheitert in Dortmund schon der erste Versuch, Barth in ein Lehramt der Bekennenden Kirche zu berufen, am Einspruch des westfälischen Bruderrates. Der westfälische Präses Karl Koch, der ja auch Mitglied des ›Marahrens-Regimentes‹ ist, »befürchtet, daß wir Barth mit dieser Berufung einen schlechten Dienst tun und es den Herren in Berlin zu leicht machen, nun eine starke Stimmung gegen uns zu erzeugen«. Barth nimmt die Berufung nach Basel an. Sein Umzug erfolgt am 6. Juli 1935.

Mannigfaltig sind die Reaktionen auf die von der Leitung der Bekennenden Kirche im Zusammenspiel mit den politischen Interessen des NS-Staates betriebene Ausschaltung Barths (*Nachtrag*). Dieses Handeln der Kirchenführer hat »vor allem unter unserer jüngeren Generation Bestürzung« hervorgerufen. Die Ohnmächtigen wenden sich an den Vertriebenen: »Wo Sie sich so fest mit den Brüdern verbunden haben, müssen Sie unsere Kirche verlassen.« Die ›Spitze‹ der Bekennenden Kirche hingegen streut gezielt Gerüchte unter das beunruhigte Kirchenvolk: »Ob übrigens Karl Barth nicht doch viel stärker, als er glaubte, von Umständen und Eigenheiten seines Lebens, statt grundsätzlich von der Heiligen Schrift bestimmt war?« – Karl Barth kann indessen wieder – durch keinerlei Verpflichtung und Versprechen mehr an seinen deutschen Dienstherrn gebunden – ohne jene »Schranken meiner Berufung« und endlich wieder »unter Außerachtlassung aller professoralen Umständlichkeit, Rücksicht und Vorsicht« die mühsam praktizierte Trennung von Theologie und Politik aufgeben: »Ich kann bei der Illusion, als ob der eigentliche Gegner einer Bekennenden Kirche nicht der nat. soz. Staat als solcher sei, nicht länger mittun, halte die Proteste gegen das Neuheidentum, gegen die *Über*griffe der Staatsgewalt, gegen die Gefangensetzung von *Pfarrern* usw. für längst überholt, müßte statt der ewigen Wiederholung von Röm. 13 endlich auch die Apokalypse und die Propheten aufzuschlagen bitten und würde im voraus wissen, bei dem allen die verantwortlichen Stellen der Bekenntniskirche nicht für mich, sondern gegen mich zu haben.« Der NS-Staat gibt Barth jetzt auch noch durch Erlaß im nachhinein recht: »Einer Eidesverweigerung kommt es gleich, wenn ein Beamter den Eid nur mit Vorbehalt leistet.« Und der Staat unterscheidet da eben nicht, »ob diese Bedingungen religiöser, allgemein weltanschaulicher oder sonstiger Art sind«. Martin Niemöller und Dietrich Bonhoeffer organisieren Barth-Freunde zu einer Opposition innerhalb der Bekennenden Kirche, entschlüsseln, »was hinter den Zeilen in Briefen steht«, die zum ›Fall Karl Barth‹ inzwischen in Deutschland die Runde machen, und ermutigen die Ratlosen, »am bösen Tage Widerstand zu tun«. Barth wird von seinen Freunden in Deutschland zum 8. Oktober 1935 als Hauptredner der ›Evangelischen Woche‹ nach Barmen eingeladen. Ein Wink des Dekans der Evangelisch-theologischen Fakultät Bonn an den Reichskultusminister, »ob dem Prof. Barth fernerhin gestattet sein soll, in Deutschland Vorträge zu halten«, vermag Barths Einreise aus Basel nach Deutschland zwar nicht zu verhindern. Der gefeierte Gast aus der Schweiz darf jedoch in Barmen seinen theologisch so bedeutsamen Vortrag »Evangelium und Gesetz« nur verlesen *lassen*. Nach zweitägigem Aufenthalt am Geburtsort seiner ›Barmer Theologischen Erklärung‹ wird Barth »von einem Beamten der Gestapo bis nach Basel begleitet«, wo Barth alsbald verlauten läßt, »daß es sich um *keine formelle Ausweisung* aus dem deutschen Reichsgebiet handele und daß er sehr höflich behandelt worden sei«.

Weil sich einzig die Zeit als konstanter und zuverlässiger Leitfaden durch das Labyrinth all der ›Irrungen und Wirrungen‹ dieses folgenschweren Jahres Zeit- und Kirchengeschichte erweist, wählte ich für die Darstellung dieses Schlüsselereignisses zum Verständnis der jüngsten Kirchengeschichte[24] die technisch-nüchterne Form der ›Chronographie‹; und da ein ›Zeitschreiber‹ nicht kommentiert oder interpretiert – dieser Fall kommentiert sich selbst! –, habe ich mich auf das Moderieren der Fakten und Dokumente beschränkt. Alle Dokumente werden ohne Korrekturen oder Glättungen zitiert. Ergänzungen des Verfassers sind durch [ ] markiert. Auf Auslassungen im Original wird besonders hingewiesen.
Dokumente, die durch Länge oder Datum den Fluß der Darstellung inner-

24 Für Barth sind diese Ereignisse auch der Schlüssel zum Verständnis der kirchlichen Entwicklung nach 1945. Am 29. 6. 1946 schreibt er seinem Freund Martin Niemöller: »Mir drängt sich nicht erst seit ich hier wieder aus der Nähe dabei bin, aber hier allerdings mit verstärkter Wucht die Feststellung auf, daß wir bis auf diesen Tag an der falschen Weichenstellung zu leiden haben, die sich die BK in den nun soweit zurückliegenden, aber mir und Dir sicher noch immer beunruhigend präsenten Tagen und Wochen nach der Dahlemer Synode im November 1934 hat gefallen lassen . . . Kam nicht alle Misere der folgenden Jahre bis hin zu all den Dingen, die Du dann nur noch vom KZ und ich nur noch von der Schweiz her erlebt haben, davon her . . .? Kurz: damals, hinter dem auf Dahlem folgenden Versagen sind die Elemente dessen entdeckt oder neu entdeckt worden, was heute als das, was Du die ›Restauration‹ nennst, so strotzend geworden ist. Jawohl, strotzend! . . .« (PGKTr).

halb der Chronographie zu stark unterbrochen hätten, sind im *Anhang* gesondert aufgeführt. Randverweise unterstreichen aber den Sitz auch dieser *50 Dokumente* (davon 6 Faksimiles) im Gesamtzusammenhang, so z.B.: D/1 (S. 233) und auf Seite 233 dann D/1 (zu S. 1), dasselbe gilt für die Faksimiles: F/1 (S. 235) und auf Seite 235 dann F/1 (zu S. 7). Deshalb erscheinen die Anmerkungen auch zu diesen Anhang-Dokumenten nur an der zugehörigen Stelle der Chronographie.
Im *Register* sind in fünf Einzelverzeichnissen *zitierte Quellen* zusammengestellt; eine Reihe von Quellenangaben erfolgt in der Signatur, wie sie den auf den Seiten 385–386 genannten Fundorten und Namen beigegeben ist. Die Erläuterung der *Abkürzungen*, ein *Namen-* und ein *Ortsverzeichnis* komplettieren den Anhang. Das Namenverzeichnis enthält auch die Namen aller Autoren der zitierten Literatur. Daß dem Leser ein derart umfangreiches Register an die Hand gegeben werden kann, ist der engagierten und zuverlässigen Mitarbeit meiner Tochter Antje Prolingheuer zu danken.
Die nachfolgende Dokumentation des Streites »um des Teufels Barth« – bis hin zur Austreibung des »bösen Geistes« aus der von anderen ›Heilslehren‹ besessenen deutschen Volksgemeinschaft in Staat *und* Kirchen – wäre ohne die fachkundige Unterstützung der Mitarbeiter in den Archiven und ohne die hilfsbereiten Kampf-, Weg- oder Zeitgenossen Barths, die sich ganz überwiegend nicht scheuten, durch Gespräch, Korrespondenz oder Hergabe persönlicher Unterlagen an der späten Aufklärung dieser finsteren, politischen Affäre mitzuwirken, nahezu unmöglich gewesen[25]. Ihnen allen gilt mein herzlicher Dank.
Gleichwohl bleibt festzustellen, daß leider nicht nur eine Menge wertvoller Informationen zum ›Fall Karl Barth‹ von wichtigen Zeugen längst mit ins Grab genommen oder »durch Kriegseinwirkungen« vernichtet wurde. Leider hüten aber auch allzu viele Akteure jener Tage allzu viele Dokumente, ja, ganze Akten aus jenen Tagen noch daheim auf ihrem Altenteil – einige gar in dem tiefen Mißtrauen, diese wichtigen Dokumente könnten womöglich heute noch in amtlichen Archiven »durch Kriegseinwirkungen« verlorengehen. –
Nachdem aber ›Der Fall Karl Barth‹ nunmehr der Öffentlichkeit in dieser ersten, sicher noch lückenhaften Gesamtdarstellung vorliegt, wird hoffentlich noch mehr historisches Material aus derzeit noch verstopften oder noch verborgenen Quellen sickern[26]. An der Gesamtlage dieses historischen Falles wird es wohl kaum etwas ändern; doch daß die Fakten und Farben sich mehren, bleibt mein ausdrücklicher Wunsch.

25 Archive und Namen sind auf den Seiten 385f. aufgeführt.
26 Der bereits für 1974 angekündigte 3. Band des Briefwechsels Barth – Thurneysen (vgl. Barth – Thurneysen, Briefwechsel, Band 2, S. VII) wird noch weitere Details zum ›Fall Karl Barth‹ beisteuern. Ebenso die weiteren Briefe Barths aus jener Zeit. Nach der Korrespondenz des Verfassers mit Werner Koch, der »mit der Herausgabe sämtlicher Briefe Barths aus den Jahren 1933–1945 betraut« ist (KKo), wird ihr Erscheinen aber auch noch eine Weile auf sich warten lassen.

Dieses Buch habe ich – im Gedenken an den ›Laien‹ Otto Bleibtreu[27] – dem Berliner Altbischof Kurt Scharf gewidmet. Sein ›Fall‹ der Jahre 1974–1975[28] mag den Leser vor dem Irrtum bewahren, ›Der Fall Karl Barth 1934–1935‹ beschreibe *nur* Vergangenheit.

Köln 1977 Hans Prolingheuer

27 Siehe S. VI.

28 Vgl. ›Kirche in der Verantwortung‹, 1974, herausgegeben im Selbstverlag Berlin-West durch die Ananias-Gemeinde, 1 Berlin 44; Heinrich Albertz/Heinrich Böll/Helmut Gollwitzer u.a., »Pfarrer, die dem Terror dienen«? Bischof Scharf und der Berliner Kirchenstreit 1974, 1975; epd-Dokumentation Nr. 1/75 und 6/75, Berliner Kirche erneut in einer Zerreißprobe.

Karl Barth
bei der Lektüre des klerikal-faschistischen Kampfblattes der ›Deutschen Christen‹ – ›Evangelium im dritten Reich‹.
Foto: PKGTr.

1. »Undenunzierbar«

Im November 1934 genießt Karl Barth nicht allein internationalen Ruf als das »Haupt der dialektischen Theologie«[1]. Seitdem der Vatikan durch Abschluß des Reichskonkordates schon im Juli 1933 den faschistischen deutschen Staat als vertrauenswürdigen Partner in die internationale Politik eingeführt hat[2] und auch die Leitung der bekennenden Deutschen Evangelischen Kirche keinen Zweifel darüber aufkommen läßt, daß der Führer-Staat als die von Gott gesandte Obrigkeit auf Gehorsam und Anerkennung auch der bekennenden Protestanten setzen kann, sehen viele Beobachter der politischen Entwicklung Deutschlands in dem Bonner Professor für Systematische Theologie auch den Kopf eines theologisch begründeten Widerstandes gegen die Hitler-Diktatur – eines politischen Widerstandes, der sich bisher vor allem in Kreisen regt, die den Kirchen überwiegend ablehnend bis feindlich gegenüberstehen.

Und schon seit den ersten Tagen des Dritten Reiches wird eben deshalb besonders Karl Barth von christlichen Botschaftern der Neuen Zeit als ein Hauptfeind des neuen deutschen NS-Staates denunziert. Der Theologe und Publizist Hans Schomerus markiert z. B. gleich im Februar 1933 Barths Werk als »westlich« undeutsch und versucht mit nationalistischem Eifer, die »politische Linksorientierung der dialektischen Theologie« nachzuweisen[3].

D 1 S. 233

Barth selber macht aus seiner persönlichen politischen Überzeugung den faschistischen Machthabern gegenüber gar keinen Hehl. Als beispielsweise in Berlin das Reichstagsgebäude noch brennt und die Staatsführung schon die Kommunisten des politischen Frevels gegen das Zentrum des deutschen Parlamentarismus bezichtigt, sieht Barth in Bonn ganz andere Brandstifter: »Das waren die Nazis!«[4] Und nachdem der Reichstag dann wenig später mit den Stimmen der NSDAP und der konservativen Parteien Hitler in einem demokratischen Radikalakt alle Macht im Staate übertragen hat, bekennt Barth am 4. April 1933 unaufgefordert, aber auch »ohne

1 Karl Barth, Credo, 1935, S. 150.

2 Vgl. Hans Müller, Katholische Kirche und Nationalsozialismus. Dokumente 1930–1935. Mit einer Einleitung von Kurt Sontheimer, 1963. Darin z. B. auch die den NS-Staat stützende Kundgebung der Fuldaer Bischofskonferenz vom 28. 3. 1933.

3 Hans Schomerus, Der calvinistische Mensch, in: Deutsches Volkstum, 1. Februarheft 1933, S. 93 ff. Herausgeber Wilhelm Stapel merkt dazu an: »Wir sagen immer Calvin. Warum nennen wir ihn nicht mit seinem eigentlichen französischen Namen: Cauvin? Wir würden dann deutlich sagen: Cauvinismus. Die französische Form wird der Sache am ehesten gerecht« (ebenda, S. 135).

4 Helmut Gollwitzer, Erinnerungen, in: Stimme der Gemeinde, 1966, S. 287: »Bald darauf standen wir auf dem Weg ins Kolleg an einem Zeitungsaushang und lasen ein Extrablatt mit der Meldung vom Reichstagsbrand. Barth sagte sofort und laut: ›Das waren die Nazis!‹ Die Umstehenden starrten ihn teils erschrocken, teils entrüstet an.«

Heldentrotz und Märtyrerlust«[5], seinem neuen, nationalsozialistischen Dienstherrn, dem noch »Kommissarischen Minister für Wissenschaft, Kunst und Volksbildung«, Bernhard Rust[6]:

... Meine akademische Tätigkeit wird auch mit Bekämpfung des alten bzw. mit Unterstützung des neuen Systems nicht zu tun haben können, sondern allein durch das Gebot theologischer Sachlichkeit bestimmt sein dürfen. Ich könnte aber auch eine Aufforderung zum Austritt aus der SPD als Bedingung der Fortsetzung meiner Lehrtätigkeit nicht annehmen, weil ich von der Verleugnung meiner politischen Gesinnung bzw. von der Unterlassung ihrer offenen Kenntlichmachung, die dieser Schritt bedeuten würde, weder für meine Zuhörer, noch für die Kirche, noch auch für das deutsche Volk etwas Gutes erwarten könnte ...

Doch während Barths sozialdemokratische Parteigenossen schon ermordet oder zu Tausenden von den neuen Herrenmenschen in Konzentrationslager »verbracht« werden – und Barths Glaubensgenosse Generalsuperintendent D. Dr. Otto Dibelius in seiner Predigt jener Tage über den Bibeltext »Ist Gott für uns, wer mag wider uns sein« ebendiese radikalen Zeichen der Zeit als Zeichen der heilsamen Gewalt Gottes interpretiert[7] –, läßt der amtierende Reichskultusminister Rust am 24. April 1933 seinem Staatsbeamten Karl Barth schriftlich versichern, daß er »das offene Be-

5 Barth-Brief vom 2. 4. 1933 an Paul Tillich, AKZ: »Wenn ich dem preußischen Staat, der mich 1931 gerufen hat, ohne daß ich ein anderer geworden wäre, 1933 nicht mehr gefalle, dann mag er mich eben 1933 wegschicken. Er kann viel, dieser Staat, er kann z. B. nach Gutdünken pensionieren und absetzen, er kann aber nicht alles, er kann z. B. nicht einen freien Mann zwingen, seinetwegen ein anderer zu werden. Ich sage das ohne Heldentrotz und Märtyrerlust. Es geht eben nicht. Nebenan, aber nur nebenan, stelle ich wohl auch die politische Erwägung an, daß es wünschenswert sein könnte, wenn der heutige Staat vor den Augen des In- und Auslandes an einem freien Mann, der einen gewissen Namen hat, eben diese Erfahrung machen müßte, daß er zwar viel, aber nicht alles kann. Ich will Ihnen sogar gestehen, daß ich wohl wünschte, es möchte in Deutschland noch einige andere freie Männer mit einigem Namen geben, die so dran wären, daß sie in bezug auf dieses arme, kleine Parteibuch dabei bleiben müßten: es geht eben nicht.« Vgl. auch: Barth und Tillich, in: Evangelische Kommentare, 2/1977, S. 111f.

6 Barth-Brief vom 4. 4. 1933 an Minister Rust, AKZ.

7 Otto Dibelius in: H. Grabert, Die Kirche im Jahre der deutschen Erhebung. Dokumente zur innerkirchlichen Auseinandersetzung, 1934, S. 2: »Ein neuer Anfang staatlicher Geschichte steht immer irgendwie im Zeichen der Gewalt. Denn der Staat ist Macht. Neue Entscheidungen, neue Orientierungen, Wandlungen und Umwälzungen bedeuten immer den Sieg des einen über den anderen. Und wenn es um Leben oder Sterben der Nation geht, dann muß die staatliche Macht kraftvoll und durchgreifend eingesetzt werden es sei nach außen oder nach innen. Wir haben von Dr. Martin Luther gelernt, daß die Kirche der rechtmäßigen staatlichen Gewalt nicht in den Arm fallen darf, wenn sie tut, wozu sie berufen ist. Auch dann nicht, wenn sie hart und rücksichtslos schaltet. Wir kennen die furchtbaren Worte, mit denen Luther im Bauernkrieg die Obrigkeit aufgerufen hat, schonungslos vorzugehen, damit wieder Ordnung im Lande werde ... Wenn der Staat seines Amtes waltet gegen die, die die Grundlagen der staatlichen Ordnung untergraben, gegen die vor allem, die mit ätzendem und gemeinem Wort die Ehe zerstören, den Glauben verächtlich machen, den Tod für das Vaterland begeifern – dann walte er seines Amtes in Gottes Namen!« Vgl. Norden, Kirche in der Krise, S. 175.

kenntnis achte . . . eine Beschränkung seiner Lehrtätigkeit nicht beabsichtige«[8]. Ja, drei Tage später unterrichtet die preußisch-konservative Berliner »Kreuzzeitung«[9] die Öffentlichkeit in ihrer Nummer 116 sogar über die folgenden Überlegungen:

Wie wir hören, besteht in bestimmten nationalsozialistischen Kreisen der Wunsch, den Bonner Theologieprofessor Karl Barth nach Berlin zu berufen. Wir würden diese Berufung außerordentlich begrüßen, weil wir glauben, daß Barth als Führer der dialektischen Theologie gerade auf dem Boden der altpreußischen Union sehr fruchtbar wirken könnte. Wir wissen dabei durchaus, daß Barth vor dem Kriege – was sachlich irrig ist – der Sozialdemokratie beigetreten ist, ein Entschluß, der in Zusammenhang mit dem Versagen der Kirche in der Arbeiterfrage zu bringen ist. Wir glauben auch zu wissen, daß Barth innerlich in der Lage wäre, die neue Obrigkeit positiv zu bejahen: er ist aber in erster Linie und nahezu ausschließlich Theologe, ein Theologe von Weltruf, der zeit seines Lebens Fühlung mit dem Volke, mit Bauern und Arbeitern, hatte und suchte. Wird also Kultusminister Rust dem Wunsch bestimmter nationalsozialistischer Kreise nachkommen?

Diese Notiz wird auch von der ›Bonner Zeitung‹ aufgegriffen. Sie fordert den Protest des Presbyteriums der evangelischen Kirchengemeinde Bonn heraus. Sein Vorsitzender, Pfarrer Mummenhoff, schreibt am 4. Mai 1933 an den Dekan der Evangelisch-theologischen Fakultät Bonn, Prof. Dr. Pfennigsdorf[10]:

Das Presbyterium unserer Gemeinde kann nicht glauben, daß unsere Bonner evangelisch-theologische Fakultät öffentlich in einer Zeitung, die in dem ganz überwiegend katholischen Bonn erscheint, der evangelischen Kirche bescheinigt, daß sie in der Arbeiterfrage versagt habe . . .

Es finden sich auch bald genügend christliche Kundschafter, die Barths systematische Abweichung von der reinen Lehre des neuen Systems anzeigen, sei es hinter vorgehaltener Hand, sei es schwarz auf weiß. Tatsachen werden bedeutend, um die sich bisher bei Barth niemand gekümmert hat: Barth ist Ausländer. Barth ist Demokrat. Barth ist Sozialdemokrat – Parteimitglied in der Schweiz seit 1915 schon, in Deutschland gar noch seit 1931. Der Zweck heiligt die Mittel. Die ›Bonner Zeitung‹ bringt am 19. Mai 1933 einen Leserbrief der Landesleitung Rheinland und Saargebiet der DC zur »Notiz« der Berliner »Kreuzzeitung«:

. . . teile ich Ihnen mit, daß der Wunsch, den Bonner Theologieprofessor Karl Barth nach Berlin zu berufen, innerhalb der NSDAP nirgendwo besteht . . . Es ist allerdings richtig, daß Professor Barth vor dem Kriege der Sozialdemokratie beigetreten ist, aber dies kann nicht damit begründet wer-

8 Barth erhält die Auflage, »keine politische Zellenbildung unter meinen Studenten« anzustreben (vgl. Barth-Brief vom 28. 1. 1934, S. 14 bzw. D/19).

9 Kreuzzeitung vom 27. 4. 1933; konservative Tageszeitung, Berlin, so benannt nach dem Eisernen Kreuz im Titel.

10 AUB.

den, daß er diesen Entschluß im Hinblick auf »das Versagen der Kirche in der Arbeiterfrage« gefaßt habe, da damals Barth in der Schweiz lehrte und mit der deutschen evangelischen Kirche nur eine sehr geringe Fühlung hatte. Eine Erklärung von Barth, daß er die jetzige Obrigkeit positiv bejahe, ist bisher nicht bekannt geworden. Vielmehr ist bekannt, daß Barth schon in der Schweiz zu der Gefolgschaft des Pfarrers Ragaz in Zürich gehörte, der s. Zt. an Trotzki zu den Friedensverhandlungen in Brest-Litowsk ein Telegramm gerichtet hat, »Trotzki möge den Forderungen des deutschen Reiches aufs äußerste widerstreben, denn ein Sieg der Deutschen sei gleichbedeutend mit der Niederlage der sozialen Revolution«. – Barth ist in Deutschland ebenfalls der SPD beigetreten, und zwar war er während seiner Lehrtätigkeit in Göttingen und Münster Mitglied der SPD, schied in Bonn zunächst aus der SPD aus, trat aber dann auf Betreiben seines Kollegen Karl Ludwig Schmidt wieder der SPD bei. Ob Barth inzwischen aus der SPD ausgetreten ist, entzieht sich unserer Kenntnis. Bekannt ist jedoch, daß innerhalb der Evang.-theologischen Fakultät Bonn die von Barth und Karl Ludwig Schmidt herangezogenen Privatdozenten Lieb aus Basel und Fuchs aus Württemberg der SPD angehören, wobei zu bemerken ist, daß Lieb 1919 bei einem Sturm der Kommunisten auf das Basler Zeughaus beteiligt war. Ferner ist zu bemerken, daß der Ordinarius für das Alte Testament, Professor Hölscher in Bonn, ebenso wie der vor Jahresfrist berufene Ordinarius für Kirchengeschichte, Professor Wolf, der SPD nahestehen . . .

Noch am Erscheinungstage dieser ›Enthüllungen‹ übergeben die Professoren Barth, Hoelscher, K. L. Schmidt und E. Wolf ihrem Bonner Dekan eine ›Erklärung‹, die Prof. Pfennigsdorf dann »auf Beschluß der Evang.-theol. Fakultät Bonn« am 21. Mai 1933 »urschriftlich an den Herrn Preußischen Minister für Wissenschaft, Kunst und Volksbildung« und »abschriftlich« an die Reichsleitung der DC, an den Oberkirchenrat der Altpreußischen Union, an das Konsistorium der Rheinprovinz, an den Vorsitzenden des Fakultätentags Evangelisch-theologischer Fakultäten Deutschlands, an den Rektor und an den Kurator der Universität Bonn schicken muß:

. . . 1. Es wird behauptet, daß Prof. Barth vor dem Kriege der Sozialdemokratie beigetreten sei. – Prof. Barth ist im Jahre 1915 der Schweizerischen Sozialdemokratischen Partei beigetreten.

2. Es wird behauptet, »daß Barth schon in der Schweiz zu der Gefolgschaft des Pfarrers Ragaz in Zürich gehörte«. – Prof. Barth gehörte einige Jahre lang zu den schweizerischen »Religiös-Sozialen«, aber gerade nicht zu der Richtung Ragaz, sondern zu den Freunden des während des Krieges extrem deutschfreundlichen Pfarrers H. Kutter.

3. Es wird behauptet, Prof. Barth sei während seiner Lehrtätigkeit in Göttingen und Münster Mitglied der SPD gewesen. – Prof. Barth ist während seiner ganzen Göttinger und Münsterer Zeit und noch während seines ersten Jahres in Bonn nicht Mitglied der SPD gewesen.

4. Es wird behauptet, Prof. Barth sei in Bonn zunächst aus der SPD ausge-

schieden. – Prof. Barth konnte dies nicht tun, da er ihr »zunächst« noch gar nicht angehörte.
5. Es wird behauptet, Prof. Barth sei dann auf Betreiben seines Kollegen K. L. Schmidt wieder der SPD beigetreten. – Prof. Barth ist im Jahre 1931 erstmalig und auf eigenen Antrieb der SPD beigetreten.
6. Es wird unmißverständlich angedeutet, Prof. Barth und Prof. K. L. Schmidt hätten die Privatdozenten Lieb und Fuchs wegen deren Zugehörigkeit zur SPD herangezogen. – Bei der Heranziehung von Prof. Lieb hat dessen politische Parteizugehörigkeit nicht die geringste Rolle gespielt; es handelt sich um eine im Sommer-Semester 1930 vollzogene Umhabilitierung des 1925 in Basel habilitierten Kollegen, die auf einstimmigen Beschluß der Evang.-theol. Fakultät (Pfennigsdorf, Weber, Goeters, Hoelscher, Schmidt, Barth, Ruttenbeck) erfolgte. Privatdozent Fuchs ist erst am Anfang dieses Jahres der SPD beigetreten; seine Habilitierung erfolgte im Sommersemester 1932 auf einstimmigen Beschluß der Fakultät (Pfennigsdorf, Weber, Goeters, Hoelscher, Schmidt, Barth, Wolf, Schmidt-Japing, Thilo).
7. Es wird behauptet, Prof. Lieb sei »1919 bei einem Sturm der Kommunisten auf das Basler Zeughaus beteiligt« gewesen. – Das Basler Zeughaus ist weder 1919 noch vorher oder nachher Gegenstand einer kommunistischen Bestürmung gewesen. Es konnte also auch Prof. Lieb nicht wohl an diesem Ereignis beteiligt sein.
8. Es wird behauptet, daß Prof. Hoelscher und Prof. Wolf »der SPD nahestehen«. – Weder Prof. Hoelscher noch Prof. Wolf stehen der SPD nahe.
9. Es wird behauptet, daß Prof. Wolf »vor Jahresfrist« zum Ordinarius für Kirchengeschichte berufen worden sei. – Prof. Wolf ist nicht »vor Jahresfrist«, sondern bereits zum 1. April 1931 (übrigens auch auf einstimmigen Vorschlag der Fakultät) nach Bonn berufen worden.

gez. Prof. D. Karl Barth D.D.	gez. Prof. D. Dr. G. Hoelscher
gez. Prof. D. K. L. Schmidt	gez. Prof. D. Ernst Wolf

Dabei enthält sich Barth »hier in Bonn«, wie mit Minister Rust vereinbart, jeglicher politischer Aktivität[11]:

> . . . Das Entscheidende, was ich heute zu diesen Sorgen und Problemen zu sagen versuche, kann ich darum nicht zum Gegenstand einer besonderen Mitteilung machen, weil es sehr unaktuell und ungreifbar einfach darin besteht, daß ich mich bemühe, hier in Bonn mit meinen Studenten in Vorlesungen und Übungen nach wie vor und als wäre nichts geschehen – vielleicht in leise erhöhtem Ton, aber ohne direkte Bezugnahme – Theologie und nur Theologie zu betreiben . . . Ich habe Gründe, mir an diesem Reden und Gehörtwerden innerhalb der Schranken meiner Berufung genügen zu lassen . . .

11 Karl Barth, Theologische Existenz heute!, 2. Beiheft von Zwischen den Zeiten, 25. 6. 1933, S. 3.

Als ihn aber Studenten und Freunde bedrängen, »endlich sein Schweigen zu den politischen und kirchenpolitischen Vorgängen zu brechen«, da liest Barth im Juni 1933 seinen beiden engsten Mitarbeitern, Charlotte von Kirschbaum und Hellmut Traub[12], ein »ganz politisches, unerhört scharfes Manifest« vor[13]:

... Die beiden Zuhörer reagieren sofort mit der Bemerkung, es sei unmöglich, das zu veröffentlichen; am nächsten Tage säßen er, der Drucker und Verleger im Gefängnis. Grollend legte er das Manuskript weg ... Nach einigen Tagen[14] machte er sich wieder ans Schreiben und brachte in kürzester Zeit einen neuen Aufsatz zu Papier, den er wiederum den beiden verlas ... Die beiden waren begeistert und außerdem befriedigt, weil sich dies nun auch veröffentlichen ließ. Barth aber warf ihnen im hellen Zorn die Blätter vor die Füße und lief aus dem Zimmer mit den Worten: »Da habt ihr eure gleichgeschaltete theologische Existenz!« ...

Dennoch wird diese »gleichgeschaltete« Schrift unter dem Titel »Theologische Existenz heute!« zum Signal für den Beginn des Kirchenkampfes – eines Kampfes innerhalb der Evangelischen Kirche. Schonungslos geht Barth mit Theologen wie Künneth, Heim, Gogarten, Jacobi, Lilje, Ritter, W. Stählin, von Bodelschwingh u. a. ins Gericht, weil diese mit der Kirchenpartei der DC paktieren, welche den Diktator Hitler als Heiland verklärt. Aber auch seinen zaudernden Freunden und Mitarbeitern schreibt er ins Stammbuch des Kirchenkampfes[15]:

... Darum kann die Kirche, kann die Theologie auch im totalen Staat keinen Winterschlaf antreten, kein Moratorium und auch keine Gleichschaltung sich gefallen lassen. Sie ist die naturgemäße Grenze jedes, auch des totalen Staates ...

12 Beide wohnten bei der Familie Barth in der Bonner Siebengebirgsstraße 18, Traub über Barths Arbeitszimmer. Hellmut Traub erinnert sich im Gespräch mit dem Verfasser: »Gab es was Wichtiges, klopfte er unter die Decke, und ich lief hinunter« (PGKTr).

13 Helmut Gollwitzer, Reich Gottes und Sozialismus bei Karl Barth, 1972, S. 59; vgl. dazu H. Traub, Karl Barth, in: Tendenzen der Theologie im 20. Jahrhundert, 1966, S. 266f.

14 Noch am 19. 8. 1976 erinnerte sich Hellmut Traub fest daran, daß Barth »noch am selben Tage« die neue, bekannte Fassung schrieb, nachdem er abends gehört hatte, daß ein Landgerichtsrat August Jäger als Staatskommissar für die preußische Landeskirche eingesetzt worden sei (PGKTr).

15 Karl Barth, Theologische Existenz heute!, a.a.O., S. 40. Zu diesem »2. Beiheft« der Schriftreihe »Zwischen den Zeiten« gibt Herausgeber D. Merz in Heft 4 bekannt: »Das vorliegende Heft sollte noch einen weiteren Beitrag bringen: ›Theologische Existenz heute!‹ von Karl Barth. Da es aber dem Verfasser aus guten Gründen rätlich erschien, sein Wort möglichst in dem Augenblicke hörbar werden zu lassen, der dafür geeignet wäre, ist an unsre Leser ein besonderes Beiheft vor vier Wochen ausgegeben worden. Nur ein einziges Heft ist an den Verlag zurückgesandt worden! Darüber hinaus hat das Schriftchen bis jetzt viermal soviel Käufer gefunden als ›Zwischen den Zeiten‹ Bezieher hat.« Wenn sich D. Hesse später noch richtig erinnert hat, dann hat Barth selbst bei dieser »gleichgeschalteten« Fassung Konsequenzen befürchtet. Barth am Erscheinungstag zu D. Hesse: »Lesen Sie das. Diese Broschüre erscheint heute im Buchhandel. Vielleicht werde ich ihretwegen in großem Bogen in die Schweiz fliegen« (Günther Harder und Wilhelm Niemöller, Hg., Die Stunde der Versuchung, 1963, S. 306).

Und um nur ja nicht mit jenen auf Mitte bedachten, unentschiedenen Theologen der ›Jungreformatorischen Bewegung‹ gemeinsame Sache machen zu müssen, gründet Barth auf Drängen seines Nachbarn Otto Bleibtreu[16] mit Freunden und Kollegen zu den Kirchenwahlen am 23. Juli 1933 die eigene ›Partei‹ der Liste 3: ›Für die Freiheit des Evangeliums‹. Am Wahlsonntag stellt sie den Bonner Protestanten auf Flugblatt und Plakat ihr Verständnis von »Evangelium und Kirche« im Hitler-Staat vor[17]: **F 1 S. 235**

... Die evangelische Kirche dient dem Evangelium. Sie erwartet *alle* Hilfe für *alle* Not von diesem einen Gott. Sie dient den Menschen, indem sie ihnen diesen einen Gott verkündigt. Sie ist die Kirche des deutschen Volkes im nationalsozialistischen Staat, aber sie weiß sich dem Evangelium allein unterworfen und verantwortlich ...

Und während im Rheinland wie im ganzen Reich die den DC gegenüber unentschiedenen Jungreformatoren mit ihrer Liste 2, ›Evangelium und Kirche‹, am 23. Juli ihre totale Niederlage erleben[18] – weil sich die Wähler dann doch lieber gleich für die ›Deutschen Christen‹ entschieden –, werden in Bonn auf Anhieb sechs Kandidaten der radikalen Liste ›Für die Freiheit des Evangeliums‹ in die evangelische Gemeindevertretung gewählt[19]: Professor D. Karl Barth D. D., Gerichtsassessor Otto Bleibtreu, Professor Gustav Hölscher, Charlotte von Kirschbaum, Professor Hans Emil Weber und Professor D. Ernst Wolf.

16 Hellmut Traub am 7. 6. 1976 auf Anfrage des Verfassers: »Als einer, der in der ganzen betreffenden Zeit bei Barth wohnte und alles teilen durfte und dazu sachlich – kirchlich wie politisch – völlig einig mit ihm war, ist mir diese Zeit sehr lebendig ... Bleibtreu ist es gewesen, der 1933 – veranlaßt durch die Schrift KB's, ›Theologische Existenz heute!‹ – zu Barth kam und zu der bevorstehenden Kirchenwahl von B verlangte, daß ›B die Consequenzen aus seiner Schrift zöge‹ und eine eigene ›Partei‹ errichte. Dies tat B nach längerem Zögern jedenfalls für die Gemeinde in Bonn« (PGKTr).

17 Die Gründungsversammlung fand erst statt »am Samstag abend vor der Wahl, während Hitler per Rundfunk zu den DC aufrief« (PKGTr). Unter den zahlreichen Teilnehmern befand sich auch Helmut Gollwitzer: »Es schien eine aussichtslose Sache zu sein, aber er war es, der uns anleitete, in solcher Stunde nicht nach der Aussicht zu fragen. Der Abend, an dem er für die Bonner Gemeinde seinen Wahlvortrag ›Für die Freiheit des Evangeliums‹ hielt (Theologische Existenz heute, Heft 2), wird vielen, die ihn miterlebten, als eine wahrhaft prophetische Stunde unvergeßlich sein. Als Barth vom Podium herunter kam, umarmte ihn Gustav Hölscher mit Tränen in den Augen, und wir Jungen ahnten bei diesem Anblick, daß nun eine Zeit angebrochen sei, in der die rechten Liberalen und die rechten christlichen Anti-Liberalen durch das Evangelium selbst gereinigt werden würden. In der Nacht haben dann Barth, Ernst Wolf und Hellmut Traub den Inhalt des Vortrages in ein paar Sätze zusammengefaßt, die für ein Wahlflugblatt dienen sollten. Georg Lanzenstiel, der als Münchner Vikar gerade seinen Urlaub im geliebten Bonn verbrachte, trug sie zur Druckerei. Dort wurde, gemäß einer neuen Verordnung von ihm verlangt, er müsse einen Namen angeben; er wußte sich nicht anders zu helfen, als seinen eigenen zu nennen [siehe F/1]. Das Flugblatt erschien dann mit dem Vermerk: ›Für den Inhalt verantwortlich: Georg Lanzenstiel‹. Aus Bremen schrieb darauf Karl Stoevesandt an Barth, wie sehr ihn das Flugblatt begeistert habe – aber fast mehr noch als der Inhalt das wunderbar-sinnvolle Pseudonym, das Barth gewählt habe!« (Helmut Gollwitzer, Erinnerungen, a.a.O., S. 288).

18 Auf Grund dieser vernichtenden Niederlage zog sich die Jungreformatorische Bewegung aus der Kirchenpolitik zurück.

19 In Bonn wurden gewählt: 31 Vertreter DC, 19 Vertreter der Jungreformatorischen Bewegung und jene 6 Vertreter der Liste 3; vgl. ›Christliche Welt‹, 17/1933.

Barths Aktivitäten lassen seine Feinde nunmehr deutlichere Töne anschlagen. Wilhelm Stapel[20] denunziert den Undeutschen zunächst einmal als »Thomas Mann der Theologie«[21]:

... Es sei nur bemerkt, daß Barth sich offenbar *nicht* zu den »verlorenen Schafen aus dem Hause Israel« gesandt weiß, sondern daß für ihn die Deutschen Christen nichts als eine neue Psychose sind, wie der Nationalsozialismus vielen Staatsrechtlern von 1920 bis 1933 nur eine Psychose zu sein schien, die sie von oben herab behandelten. Dem entsprechend sieht Barth von jeder auch nur historischen Untersuchung ab, redet von »man« und »sie« und übt an der Bewegung jenen arrogant-ironischen Ton, der ihn mehr und mehr zum Thomas Mann der Theologie macht ...

Franz Tügel – inzwischen Landesbischof von Hamburg – nimmt im August 1933 als Sprecher der DC mit seiner Flugschrift, »Unmögliche Existenz! Ein Wort wider Karl Barth«, Barths theologische Kampfansage an. Der sieht da allerdings in Barths »Theologische Existenz heute!« keine »gleichgeschaltete theologische Existenz«, sondern kommt im Gegenteil zu dem Ergebnis: »Nicht die Theologie trennt uns, sondern die Politik!« und erinnert sich wehmütig der vorigen Zeiten – an den Barth des Jahres 1919:

... Damals war die Ausgabe von Barths »Römerbrief« mir – und gewiß nicht nur mir – ein starker Trost und Halt im Dienst der Männerkirche draußen im Felde. Dieses evangelische Wort von der heiligen Größe Gottes half uns, denen, die wirklich »in Finsternis und Schatten des Todes saßen«, einen letzten Lichtblick auf den Weg zu geben. Auf dem trostlosen Rückzug eines um den Sieg betrogenen siegreichen Heeres durch die Dörfer und Städte Frankreichs, Belgiens und Luxemburgs, da hinter leise zurückgehaltenen Fenstervorhängen hämische Gesichter grüßten, bei der Rückkehr ins zerrissene Vaterland, bei letzten Gottesdiensten unterwegs und ersten Gottesdiensten zu Hause war solche Theologie, wie Barth sie damals lehrte, ein Stahlbad für uns, die sich in dieser Welt kaum noch zurechtfinden konnten. Ich erinnere mich, im ersten Dienstjahr nach der Revolte eine Bibelstundenreihe nur nach jenem Römerbriefkommentar gehalten zu haben ... Wir

20 W. Stapel, geb. 1882. Herausgeber der renommierten Halbmonatsschrift »Deutsches Volkstum«. Bekannter Publizist: »Der christliche Staatsmann«, 1932, »Die Kirche Jesu Christi und der Staat Hitlers«, 1933, u. a. m. In seinem 1950 »Theodor Heuß im Gedenken an Friedrich Naumann« gewidmeten Buch schreibt er einleitend »über sich selbst: ... Um seiner Zweifel willen hielt er sich nicht für berechtigt, Theologie zu studieren, er blieb Laie. Von Friedrich Naumann her beschäftigten ihn immer mehr die sozialen Dinge ... las alle Bücher Kutters ... verließ den ›Kunstwart‹ und den ›Dürerbund‹, dessen Zweiter Vorsitzender er geworden war, und übernahm 1917 die Leitung des ›Hamburger Volksheims‹. Im ersten Weltkrieg griff er endlich zu Luthers Werken ... Er hat keiner politischen Partei angehört. So lehnte er auch die Aufforderung, in die ›Nationalsozialistische Deutsche Arbeiter-Partei‹ einzutreten, ab und trug die Folgen ...« (W. Stapel, Über das Christentum – An die Denkenden unter seinen Verächtern, 1950, S. 8–9).

21 Deutsches Volkstum, 2. Augustheft 1933, S. 706f.

vergessen das Karl Barth nicht, auch wenn wir schon damals ahnten oder zu sehen glaubten, daß solche Theologie der Krisis auf die Dauer nicht genügen konnte. Barth hat damals nach dem Kriege der deutschen Kirche einen großen Dienst getan . . .

Vierzehn Jahre später jedoch droht der einstige Barth-Verehrer Tügel all jenen Christen, die heute Barth folgen wollen, »den geraden Weg ins Konzentrationslager« an. »Wir ›Deutsche Christen‹ haben nur ihn zum Gegner und keinen anderen!« Und mit der neuesten Auflage des Barth-Kommentars zum Römerbrief dieser Tage wird sich diese Einstellung nicht ändern; denn Barth exegesiert die Stelle von der Obrigkeit im Kapitel 13 wesentlich schärfer als im Jahre 1919[22]:

. . . Es gibt keine energischere Unterhöhlung des Bestehenden, als das hier empfohlene sang- und klang- und illusionslose Geltenlassen des Bestehenden. Staat, Kirche, Gesellschaft uff. leben ja von der durch Feldpredigerelan und feierlichen Humbug aller Art immer wieder zu nährenden Gläubigkeit der Menschen. Nehmt ihnen das Pathos, so hungert ihr sie am gewissesten aus . . .

Doch Barth nimmt sich außerhalb der Universität Bonn auch weiterhin die persönliche Freiheit, das politische Zeitgeschehen in Kirche und Staat mit seiner politischen Meinung zu begleiten. Als Liljes Halbmonatsschrift ›Junge Kirche‹ zum Volksentscheid am 12. November 1933 über Deutschlands Austritt aus dem Völkerbund und die weitere Politik Hitlers mit einer eigenen Anzeige für die NS-Politik wirbt[23], macht Barth längst auf die mit dieser Volksabstimmung einhergehenden Manipulationen aufmerksam und trägt während einer Konferenz mit dem amerikanischen Kirchenpräsidenten Dr. Macfarland, der gerade in Berlin weilt, »um Barth und Hitler zu sehen«, die dringende Bitte an die ökumenischen Instanzen vor, »nicht länger Zuschauer des Konfliktes zu sein«, damit »die Männer in Deutschland, die für die Freiheit kämpfen«, endlich auch die Hilfe des Auslandes erfahren[24]. Und weil anschließend der hohe Gast aus der Ökumene seine Audienz beim Führer hat, gibt Barth der »amerikanischen Kirchengröße« auch gleich noch allerlei politische und kirchenpolitische Eindeutigkeiten mit auf den Weg in die Reichskanzlei. So soll Barth gar Hitler haben ausrichten lassen[25]:

D 2
S. 236

22 Karl Barth, Der Römerbrief, 7. Auflage, S. 467. In der 1. Auflage hieß es: »Ihr sollt euch den obrigkeitlichen Gewalten persönlich unterziehen, weil ihr sie nicht durch Konkurrenz bejahen und verjüngen, weil ihr sie nicht wichtig, nicht ernst nehmen, sondern religiös aushungern sollt«, 1919, S. 380.

23 JK vom 2. 11. 1933, S. 274: »ZUM 12. NOVEMBER. ›Unser Volk wird in diesen Wochen im Zeichen eines tiefen Ernstes stehen. Seine Begeisterung ist nicht auf irgendeiner oberflächlichen Hurra-Stimmung aufgebaut, sondern auf tiefinnerster Erkenntnis vom Bewußtsein seines Rechtes . . .‹ ›Das große Werk der Versöhnung in unserem Volke, das der Nationalsozialismus begonnen hat, muß nunmehr seine Krönung finden.‹ Hitler vor der Führerschaft der NSDAP am 18. Oktober 1933 (Nach ›V. B.‹, 19. Oktober 1933). Denke an diese Worte des Führers, wenn du am 12. November deine Stimme gibst.«

24 Ch. S. Macfarland, The new church and the new Germany, New York 1934, S. 132f.

25 Privater Rundbrief vom 11. 11. 1933 der Studienrätin Erica Küppers an Freunde. Hier zitiert nach dem Exemplar für Wilhelm Niemöller und Johannes Busch. Der Rundbrief hat keinerlei Anrede. Die Einleitung enthält persönliche Informationen und wurde in der Zitation unter D/2 weggelassen (PKNir). Die Auslassungen *im* Zitat sind Auslassungen im Original.

. . . Daß Hitler ›Ludwig das Kind‹ zum Reichsbischof gemacht habe, sei genau so katastrophal, wie wenn er den Hauptmann von Köpenick zum Reichswehrminister würde ernannt haben . . .[26]

Aber auch der Berliner Mitstreiter gegen die DC, der Vorsitzende des Pfarrernotbundes, Martin Niemöller, erregt in diesen Novembertagen Barths Mißfallen. Erst am 15. Oktober 1933 hatte Niemöller jenes Huldigungstelegramm an Hitler mitunterzeichnet, in welchem auch Niemöller im Namen »von mehr als 2500 evangelischen Pfarrern, die der Glaubensbewegung Deutsche Christen nicht angehören«, den Austritt Deutschlands aus dem Völkerbund preist[27]. Aus einer Berliner Besprechung der kirchlichen Lage heraus, an der neben Barth auch ebendieser Martin Niemöller teilnimmt, läßt Barth seine Bonner Freunde wissen[28]:

. . . Alles sei schrecklich, die Leute wüßten noch gar nicht, daß es nicht nur um die DC gehe, sondern sähen alles nur kirchenpolitisch; einer der schlimmsten sei ein Pfarrer Niemöller, ein früherer U-Boot-Kommandant; es sei sehr zu wünschen, daß der Mann sich wieder ein U-Boot kaufe und in See steche, wovon er sicher mehr verstehe als von der Kirche!

Daheim in Bonn verweigert Barth indessen beharrlich die Befolgung der Verfügung vom 22. Juli 1933, die anordnet, daß alle Beamten während des Dienstes den deutschen Gruß »Heil Hitler!« anzuwenden haben. Am 6. Dezember 1933 gibt Barth zu dieser Forderung vor seinen Bonner Studenten eine Erklärung ab. Demnach ist der Hitler-Gruß für Barth eine »Symbolhandlung der Anerkennung des Totalitätsanspruchs der Volkseinheit im Sinne des nationalsozialistischen Staates. Ich lehne es nicht ab, diese Symbolhandlung bei anderen Gelegenheiten vorschriftsmäßig zu vollziehen. Ich muß sie aber als Eröffnung einer theologischen Vorlesung für un-

26 Reichsbischof Ludwig Müller wird hier in Anspielung auf König Ludwig III., den letzten Karolinger in Deutschland, »Ludwig das Kind« tituliert. Als der siebenjährige Sohn Kaiser Arnulfs im Jahre 900 König wurde, stand er unter der Vormundschaft des Erzbischofs Hatto von Mainz. Mit dieser Anspielung soll auf die Unmündigkeit und Abhängigkeit des einstigen Wehrkreispfarrers Ludwig Müller von Hitler hingewiesen werden. Mit dem »Hauptmann von Koepenick« wird an Carl Zuckmayers – inzwischen verbotenes – Schauspiel erinnert. Vgl. Carl Zuckmayer, Als wär's ein Stück von mir, 1966, S. 490ff.

27 »An den Herrn Reichskanzler/Berlin. Berlin, den 15. Oktober 1933. In dieser für Volk und Vaterland entscheidenden Stunde grüßen wir unseren Führer. Wir danken für die mannhafte Tat und das klare Wort, die Deutschlands Ehre wahren. Im Namen von mehr als 2500 evangelischen Pfarrern, die der Glaubensbewegung Deutsche Christen nicht angehören, geloben wir treue Gefolgschaft und fürbittendes Gedenken.« 15 Jahre später dazu Niemöller-Freund Karl Barth: »Ich habe nie erlebt, daß Niemöller sich gegen das Dritte Reich als solches aufgelehnt hätte. Daher konnte er auch das Telegramm an Hitler schicken« (in: Dietmar Schmidt, Martin Niemöller, 1959, S. 101). Auf die »liebenswürdige« Rüge des Münchner D. Wilhelm Freiherrn von Pechmann vom 7. 2. 1935 antwortete Niemöller zwar erst anderthalb Jahre später; dann schrieb er jedoch am 26. 8. 1936 dem bayrischen Baron, Bankdirektor und Barth-Verehrer: »Ich habe bei allen sogenannten Loyalitätserklärungen politischer Art beständig ein ungemütliches Gefühl gehabt; ich habe mich auch seit Mitte 1935 bewußt gegen alle derartigen Erklärungen und Wendungen gestellt . . .« (vgl. F. W. Kantzenbach, Widerstand und Solidarität der Christen in Deutschland 1933–1945, S. 124f. und 199f.).

28 Helmut Gollwitzer, Erinnerungen, a.a.O., S. 288.

sachgemäß halten, weil sie zu dem Wesen einer solchen Vorlesung im Widerspruch steht.«[29] Seine Stellungnahme bleibt nicht ohne Folgen[30]:

... Auf Barths Erklärung hin hat ein Teil der Studenten den Gruß nicht vollzogen; die Fachschaft ging gegen einzelne vor und veranlaßte so eine zweite Erklärung von Barth mit dem Rat, sich dem Zwang zu fügen. »Pecca fortiter!« Ein Mitglied der Studentenschaft [Schmidt-Westen] schrieb daraufhin am 9. Dezember 1933 an Karl Barth, der deutsche Gruß sei doch keine Bedrohung des Wortes Gottes, vielmehr »symbolisches Zeichen, daß das deutsche Volk und seine Führung an den Ausbildungsstätten des Staates Bekenner und keine Mitläufer« wolle. Die Hörer mit einem ›pecca fortiter‹ »an ihre Pflicht freizugeben«, nachdem man sie vorher verwirrt habe, sei »eine Ungeheuerlichkeit« ...

Nachdem der Dekan der evangelisch-theologischen Fakultät, Prof. Pfennigsdorf, dem Rektor der Bonner Universität hierüber Anzeige erstattet hat, erhält Barth von Rektor Pietrusky den ausdrücklichen »Befehl«, auch seine theologischen Vorlesungen mit »Heil Hitler!« zu eröffnen. Barth verweigert auch diesen »Befehl«. Zudem beklagt er sich jetzt auch noch mit einer schriftlichen Eingabe vom 16. Dezember 1933 an Reichskultusminister Rust[31]: **D 3** **S. 240**

... Ich kann diesen Befehl aus den unter II. genannten Gründen nicht ausführen. Ich kann ihn aber auf Grund der unter I. genannten Erwägungen auch nicht für rechtmäßig ergangen halten. Ich erhebe Beschwerde gegen diesen Befehl und bitte, daß Se. Magnifizenz der Herr Rektor veranlaßt werde, ihn zurückzunehmen.
In ausgezeichneter Hochachtung
Ihr sehr ergebener
[gez.] Prof. D. K. Barth

Da Barth seine Beschwerde auf dem Dienstweg einreicht, erhält Minister Rust unter dem 19. Dezember 1933 die Stellungnahme des Chefs der Bonner Universität gleich mitgeliefert[32]: **D 4** **S. 242**

... Herr Professor Barth ist gegen den heutigen Staat eingestellt. Er sucht meines Erachtens nach Gründen, die seine Entlassung herbeiführen müssen, aber auch den Eindruck erwecken könnten, als sei er wegen seines Eintretens für Religion und Kirche verfolgt worden. Ich glaube, daß er mit seinem Abgang in absehbarer Zeit rechnet, dabei aber hofft, daß dieser Abgang ihn zu einem »berühmten Fall«, zu einem Märtyrer in den Augen der Welt

29 Barths Erklärung liegt im Wortlaut nicht vor, deshalb ist hier aus seinem Brief an Minister Rust zitiert, in dem er wenig später seine diesbezügliche Auffassung erläuterte; siehe D/3.
30 AKZ; Ernst Wolf, Vortrag 1965, a.a.O.
31 AUB.
32 Ebenda.

macht. Nach der mit ihm geführten Unterredung vermute ich weiter, daß er den in dieser Sache geführten Schriftwechsel später an anderer Stelle verwerten will.
[gez.] Pietrusky

Seitdem die ›Basler Nachrichten‹ in ihrem Bericht über Barths Vortrag zum Reformationstag 1933 in der Berliner Singakademie »die Möglichkeit der Bildung eines geistigen Widerstandszentrums gesehen« haben[33], sind Barths Freunde in aller Welt um ihren theologischen Lehrer besorgt. Sie bangen um die weitere Existenz Barths im Hitler-Deutschland. Barth beantwortet und korrigiert jedoch nicht ohne Ironie all die vielen Fragen, Meinungen und Befürchtungen im Vorwort zum fünften Heft seiner neuen Schriftreihe »Theologische Existenz heute«, die inzwischen in einer Auflage von 40000 Exemplaren im In- und Ausland erscheint[34]:

... Ich möchte das Ausland bitten zu beachten, daß das sogar von seiten des nationalsozialistischen Staates anerkannt zu sein scheint: man hat mich mitten im Dritten Reich, obwohl es an Denunziationen schon bisher nicht gefehlt hat, bis auf diesen Tag in dem, was ich getan habe, tun wollte und tun mußte, gewähren lassen. Wer mich etwa als Daniel in der Löwengrube beloben und bewundern sollte, dem muß ich schon sagen, daß ich mit diesem Propheten nur das gemeinsam habe, daß die Löwen mir bis jetzt nichts zuleide taten! ...

Und die Denunziationen gehen weiter. Barths öffentlich an das Ausland gerichteten Grüße aus der ›Löwengrube‹ rufen den auch im Ausland bekannten Publizisten Wilhelm Stapel gegen den »Westlerischen«[35] auf den Plan[36]:

... dieser kampfbrünstige theologische Freikorpsführer [führt] – ohne daß es ihm vielleicht zu Bewußtsein kommt – einen in der Substanz *politischen* Kampf. Würden ihm die gegen den Nationalsozialismus kämpfenden ausländischen Zeitungen, von gewissen Schweizer Zeitungen an bis zum liberalen Manchester Guardian hin, um seiner »reinen Lehre« willen akklamieren? ...

33 Basler Nachrichten vom 7. 11. 1933. Der Vortrag erschien alsbald gedruckt im Buchhandel: Karl Barth, Lutherfeier, ThEx 4.
34 Karl Barth, Die Kirche Jesu Christi, ThEx 5, S. 8. Als ausländische Zeitungen schon Barths Entlassung meldeten, stellte der Kölner Pfarrer und Sozialist Georg Fritze in seinen ›Kartäuser Pfarrblättern‹ (Februar 1934) richtig: »Professor Barth ist nicht seines Amtes enthoben. Gott sei Dank! Die *ausländische Presse* sollte zurückhaltender sein in vielen ihrer Urteile.«
35 Deutsches Volkstum, 1. Januarheft 1934, S. 47. Hierzu Stapel in ›Volkskirche oder Sekte‹, 1934, S. 20: »Barth hingegen kommt aus einer völlig unstaatlichen Weltgegend, aus der Schweiz. Der ›Machtstaat‹ ist ihm als einem Schweizer ein Ungeheuer. Staatliche Macht hält er für satanisch und (unausgesprochen) für preußisch – zwei Worte für dieselbe Sache.«
36 Deutsches Volkstum, 1. Januarheft 1934, S. 33 f. Vgl. dazu: F. W. Marquardt, Theologische und politische Motivationen Karl Barths im Kirchenkampf, in: Junge Kirche, 1973, S. 283–303.

Trotz zahlreicher Proteste setzt Stapel schon in der nächsten Ausgabe seiner nationalkonservativen Zeitschrift seine Denunziationen fort[37]:

. . . Ich sehe keine Gefährdung des Bekenntnisses (es sei denn, daß man das Bekenntnis ins Politische erweitert), sondern eine Gefährdung des *Staates*. Man meint, ich unterstelle Karl Barth irrtümlich eine politische Wirkung. Wenn ich in einem Punkte sicher empfinde, so in diesem. Als in der Bonner Universität der nationalsozialistische Gruß als Eröffnung jeder Vorlesung eingeführt wurde, lehnte Barth diesen Gruß ab, denn das sei eine »politische Demonstration«, durch die Andersdenkende beunruhigt würden. Der Hitler-Gruß bedeutet: Ehrenbezeugung für den Hitler-Staat. Eine Vernachlässigung oder Verweigerung dieses Aktes dort, wo er angeordnet ist, ist eine *politische* Handlung, deren Sinn nur so zu deuten ist: an der Grenze meines Hörsaales hört die Macht des Staates auf. Aber auch das Nachgeben Karl Barths mit einem »Peccate fortiter« ist eine *politische* Demonstration: Der Hitler-Gruß im Hörsaal Sünde? Theologie und Politik hängen eben auf das engste zusammen, nicht umsonst haben die Kaiser und Könige aller Jahrhunderte sich leidenschaftlich für die Theologie interessiert . . .

Doch dann bestätigt Stapel letztlich die Richtigkeit jenes Barth-Grußes aus der ›Löwengrube‹; denn mit einem Seitenhieb auf den schweigenden Kultusminister muß er abschließend eingestehen, daß »Barth undenunzierbar ist«.
Barths theologische und kirchenpolitische Führungsposition im deutschen Protestantismus wird ja tatsächlich auch gerade erst wieder durch Verlauf und Ergebnis der 1. Freien Reformierten Synode vom 3. bis 4. Januar 1934 in Wuppertal-Barmen weit über Deutschland hinaus bekannt[38], so daß Minister Rust gar nicht daran denken kann, Barth zu maßregeln, zumal Hitler und sein für Kirchenfragen zuständiger Innenminister Frick im Kirchenkampf absolute Neutralität des Staates zusichern[39]. So werden durch die öffentliche Mohrenwäsche des ›Politikers‹ Barth einstweilen

37 Deutsches Volkstum, 2. Januarheft 1934, S. 88.
38 Die Synode faßte den Beschluß: »Die zu einer freien reformierten Synode versammelten 320 reformierten Ältesten und Prediger aus 167 evangelischen Gemeinden Deutschlands bekunden, daß die von ihnen gehörte, durch Herrn Professor D. Barth verfaßte ›Erklärung über das rechte Verständnis der reformierten Bekenntnisse in der Deutschen Evangelischen Kirche der Gegenwart‹ die Wahrheit der Heiligen Schrift bezeugt und nehmen sie dankbar auf ihre Verantwortung« (RKZ vom 14. 1. 1934, S. 13f. und ThEx 7).
39 Völkischer Beobachter vom 2. 12. 1933: »Amtlich wird mitgeteilt: Innerhalb der deutschen evangelischen Kirche sind zur Zeit Auseinandersetzungen im Gange . . . Reichskanzler Adolf Hitler hat die ausdrückliche Entscheidung getroffen, daß, da es sich um eine rein kirchliche Angelegenheit handelt, von außen her in diesen Meinungsstreit nicht eingegriffen werden soll. Der Reichsinnenminister hat daher die Länderregierungen gebeten, die nachgeordneten Dienststellen unverzüglich mit entsprechenden Weisungen zu versehen.« Da wurde es selbst für streitbare Katholiken gefährlich, »Angriffe gegen die evang. Kirche« zu führen. So ermittelte beispielsweise seit dem 15. 1. 1934 die Kölner Staatsanwaltschaft gegen Dr. Karl Klinkhammer, Kaplan in Köln-Ehrenfeld, wegen seiner öffentlichen Kirchenbeschimpfung: »Die lutherische Lehre sei nichts als Irrsinn und der protestantische Glaube Wahnsinn mitsamt dem Herrn Dr. Luther« (HDAK; vgl. auch Kölnische Zeitung vom 16. 1. 1934).

nur etliche Reformierte oder ›Barthianer‹ verunsichert, die sich jetzt immer wieder bei ihrem theologischen Lehrmeister nach dem Wahrheitsgehalt derartiger Enthüllungen erkundigen. Barth antwortet stets ohne jede Beschönigung[40]:

. . . 27. Januar 1934
. . . Den von den DC angeführten Tatsachen können Sie also nicht widersprechen. Sie können und müssen aber die Frage stellen, was denn nun diese Tatsachen eigentlich mit dem gegenwärtigen Kampf in der Kirche und um das Evangelium zu tun haben? Wo steht denn geschrieben, daß Einer kein guter Christ und Theologe sein könnte, wenn er der SPD angehört hat und wenn ihm hinsichtlich des Reichstagsbrandes sein Verstand etwas anderes sagt als einigen anderen. Wenn die DC mit diesen Dingen gegen mich fechten, so beweisen sie nur, daß sie auf das, was ich auf dem Boden der kirchlichen und theologischen Fragen gegen sie gesagt habe, nichts zu antworten wissen. Die Politik ist für mich immer eine Sache zweiter Ordnung gewesen. Ich erlaubte und erlaube mir, in dieser Sache meine eigenen Meinungen zu haben. Aber ich habe diese meine Meinungen mit dem, was ich zu predigen und zu lehren hatte, nicht verwirrt, weil ich (im Gegensatz zu den DC!) dessen gewiß bin, daß in der Kirche und in der Theologie die Heilige Schrift und nicht die politischen Meinungen das Wort führen soll. Sagen Sie den DC, sie sollten beweisen, daß ich die Heilige Schrift falsch ausgelegt habe! Alles andere gehöre nicht hierher!
Mit freundlichem Gruß

. . . 28. Januar 1934
. . . Als die Revolution ausbrach habe ich einen Brief an den Minister Rust geschrieben, in welchem ich ihm mitteilte, daß ich bereit sei, meine Arbeit, die mit SPD-Politik nicht das Geringste zu tun habe, fernerhin zu tun, daß ich aber die Möglichkeit dazu nicht mit einer Verleugnung der politischen Überzeugung, die ich nun einmal habe, erkaufen könne. Darauf wurde mir in seinem Auftrag geschrieben, er wisse mein offenes Bekenntnis zu einer Partei, die dem Willen des gegenwärtigen Staates nicht entspreche, zu schätzen und es sei an Loyalität nur dies von mir erwartet, daß ich mich keiner politischen Zellenbildung unter meinen Studenten schuldig mache. Ich habe zu allen Zeiten auch unter meinen eifrigsten Schülern solche gehabt, die sich politisch zur DNVP und später zur NSDAP bekannten . . . Als dann Anfang August 1933 [mit Schreiben des stellv. Dekans W. Goeters vom 7. 8. 1933] von allen Beamten der förmliche Austritt aus der SPD verlangt wurde, habe ich [am 9. 8. 1933] geantwortet, daß ich die ganze Frage für durch meine Korrespondenz mit Minister Rust geklärt halte. Ich bin also bis auf diesen Tag nicht aus der SPD ausgetreten, was ja auch mangels Vorhandenseins dieser Partei ein Kunststück wäre. Ich muß anerkennen, daß die nationalsozialistische Regierung sich in dieser ganzen Sache mir gegenüber

40 KBA.

sehr großzügig verhalten hat. Sie weiß um meine Abweichung. Sie hat aber, jedenfalls mir gegenüber, welches auch ihre Gründe dazu sein mögen, Verständnis dafür gezeigt, daß man einem Theologen, der auch im Zivilleben ein aufrichtiger Mann sein möchte, nicht zumuten kann, seine Überzeugungen zu wechseln wie ein Hemd. Da dem so ist, sehe ich nicht ein, mit welchem inneren oder äußeren Recht irgendwelche Privatleute – päpstlicher als der Papst – dazu kommen sollen, die Tatsache meines Zusammenhangs mit jener heute besiegten und ausgerotteten Partei mit einem »Leider« zu kommentieren . . . Was ich mir aber im Interesse von Kirche und Theologie verbitten muß, das ist die, wie ich immer wieder sehen muß, nicht nur bei den DC, sondern auch bei manchen ihrer Gegner selbstverständliche Annahme, als ob nun gerade politische Linksrichtung eine Sache sei, um deren willen man anzufechten sei, als ob man silberne Löffel gestohlen habe . . .
Mit freundlichem Gruß

. . . 1. Februar 1934
. . . Was nun Ihren Wunsch, den Brief zu veröffentlichen, betrifft, so habe ich lange darüber nachgedacht und bin zu dem Ergebnis gekommen, Sie zu bitten, im Augenblick lieber darauf zu verzichten. Ich stehe selbstverständlich zu jedem Wort . . . Ich wage aber auch zu hoffen, daß der Brief bei dem engeren Leserkreis von LL Eindruck machen und so der Klärung dienen würde. Ich wage aber nicht dasselbe zu hoffen hinsichtlich der weiteren Öffentlichkeit. Sie ist im Augenblick einfach nicht in der Lage, ein ruhiges Wort in dieser Sache ruhig anzuhören. Sondern der ganz bestimmte Menschentyp, der augenblicklich bis ins kleinste Dorf hinein die Stimmung macht, würde sich im Nu auf diese Äußerung stürzen und ihr durch Geschrei ein Gesicht geben, das sie an sich gewiß nicht hat, das sie dann aber sofort bekommen würde. Sie würde als eine neue Herausforderung des Cäsar durchs Land gehen. Er hat mich faktisch bis auf diesen Tag ohne mir das bewußte Parteibüchlein abzuverlangen, in meinem Amt belassen. Was soll ich Ihn nun damit ärgern, daß ich das urbi et orbi mitteile? Die Sache ist zwischen ihm und mir bis auf weiteres in Ehren erledigt . . . Vielleicht kommt später ein Augenblick oder ein Anlaß, wo wir auf diesen Brief zurückkommen können. Ich bin gerne damit einverstanden, wenn Sie vertraulich diesem oder jenem, für den er wichtig sein könnte, Einblick in ihn geben wollen . . .
Mit freundlichem Gruß!

Damit nun aber der NS-Staat seine Informationen über den Kirchenstreit und seinen theologischen Anführer Barth nicht fortwährend aus zweiter Hand beziehen muß, wendet sich Barth am 13. Februar 1934 abermals an den Führer dieses Staates, an Reichskanzler Hitler persönlich[41]:

41 BUK. Schon am 1. Juli 1933 hatte Barth das 2. Beiheft der Zeitschrift ›Zwischen den Zeiten‹, seine Schrift ›Theologische Existenz heute!‹, an Hitler geschickt. Damals erläuterte Barth

Hochgeehrter Herr Reichskanzler!
Gestatten Sie mir, Ihnen in der Beilage die von mir verfaßten Hefte 5 und 7 der Schriftreihe »Theologische Existenz heute« zu überreichen. Ich darf darauf hinweisen, daß sich die Dinge in der evangelischen Kirche seit Ihrer Unterredung mit den Kirchenführern leider erst recht in einer gefahrvollen Weise weiter entwickelt haben. Viele unter denen, denen es unmöglich ist, die Rechtmäßigkeit und Bekenntnismäßigkeit der derzeitigen Leitung der evangelischen Kirche zu anerkennen, beklagen es tief, daß Sie, hochgeehrter Herr Reichskanzler, offenbar noch nie Gelegenheit hatten, eine authentische Darlegung darüber, was die evangelische Kirche ist und soll, zur Kenntnis zu nehmen. Vielleicht kann Ihnen dazu die in dem beiliegenden Heft 7 abgedruckte »Erklärung«, die von den Vertretern von 167 deutschen Gemeinden gutgeheißen worden ist, dienlich sein. Wir rechnen immer wieder damit, daß Sie, hochgeehrter Herr Reichskanzler, der Sie so gut um die Ganzheit des Staates wissen, auch für die Ganzheit der Kirche und ihres Auftrags Verständnis haben müssen. In diesem Sinne erlaube ich mir, Ihnen meine Schriften vorzulegen.
Mit deutschem Gruß!
[gez.] Karl Barth

In der Reichskanzlei begleitet diese Post des Bonner ›Staatsfeindes‹ vom Posteingang an bis hinauf zum obersten Chef der Eingangsvermerk des Sachbearbeiters[42]:

. . . Professor D. Karl Barth in Bonn ist einer der angesehensten evangelischen Universitäts-Professoren, der der heutigen Entwicklung der Evangelischen Kirche, wie auch aus seinem Schreiben hervorgeht, negativ gegenübersteht. Für alle Fälle dürfte es sich empfehlen, sein Schreiben dem Herrn Reichsminister des Innern zur Kenntnis zuzuleiten. Gegen eine formelle Empfangsbestätigung dürften keine Bedenken bestehen . . .

Und schon am 27. Februar – eine Woche nach dem Posteingang – antwortet der Chef der Reichskanzlei, Staatssekretär Dr. Lammers[43]:

Sehr geehrter Herr Professor!
Der Herr Reichskanzler hat mich beauftragt, den Empfang Ihres gefälligen Schreibens vom 13. Februar d. Js. und der beigefügten, von Ihnen verfaßten Schriften »Gottes Wille und unsre Wünsche«, »Die Kirche Jesu Christi«, ergebenst zu bestätigen.
In ausgezeichneter Hochachtung
mit Hitler – Heil
[gez.] Lammers

dem Reichskanzler: »Es handelt sich um ein Wort an die deutschen evangelischen Pfarrer, denen ich im Blick auf die kirchenpolitischen Ereignisse der letzten Zeit nahelegen möchte, sich auf ihren besonderen Ort und auf ihre eigentümliche Arbeit zu besinnen.«
42 BUK.
43 Ebenda.

Die ›Deutschen Christen‹ lassen sich jedoch von der korrekten Behandlung Barths durch die NS-Behörden nicht beeindrucken. Sie rufen nunmehr dazu auf[44],

... alle Kraft im Westen unseres Vaterlandes, im Rheinland und in Westfalen, einzusetzen. Das Rheinland, treue Grenze des Reiches, ist mit politischen Separatisten fertig geworden, es wird auch mit dem kirchlichen Separatismus und Partikularismus des Westens fertig werden. Es darf keinen Mann und keine Frau aus dem Kirchenvolk geben, denen wir nicht in aller Ruhe klar machen, daß ein Schweizer Demokrat, dem die Solidarität zur Sozialdemokratie wichtiger war als die Pflicht zur Wahrheit, Karl Barth, der Führer des Widerstandes gegen die Einheit der DEK ist.

Auch Barth-Verfolger Wilhelm Stapel forscht weiter. Nach monatelangen Recherchen im In- und Ausland hat er neues Belastungsmaterial gegen Barth aufgestöbert. In einem 300zeiligen »Wort zur Aufklärung« zitiert er Ende April 1934 u. a. einen Artikel der französischen Zeitschrift »Revue des Vivants« und einige Abschnitte aus einem privaten Rundbrief der Studienrätin Erica Küppers aus Droyssig[45]:

... Wir lesen: »Barth, stolz auf seinen demokratischen Schweizer Geist, verweigerte jede Verbeugung vor dem nationalsozialistischen Staat. Er weigerte sich, den römischen Gruß anzuwenden, mit dem alle Professoren ihre Hörer beim Beginn der Vorlesung grüßen müssen. Die Vertreter der Studentenschaft kamen zu ihm und forderten ihn auf, sich zu beugen. Da erklärte er ihnen scharf: ›Und wenn das ganze Dritte Reich in meinem Hörsaal ist, ich werde den Hitler-Gruß *nicht* gebrauchen.‹ Die Regierung, die von seiner formellen Weigerung unterrichtet wurde, blieb nicht fest! Sie hatte nicht den Mut, sich an einen Mann von dem internationalen Ruf Karl Barths zu wagen. Denn es schien, daß die Schweizer Regierung keinen Zweifel darüber gelassen hatte, daß jede Maßnahme gegen ihren Staatsangehörigen Repressalien gegen die deutschen Professoren, die in der Schweiz lehren, zur Folge haben würde. Die Herren Rust und Goebbels gaben also klipp und klar nach ... Die große Frage lautet: Wird der totale Staat verwirklicht oder nicht? Wenn die Kirchen dem Hitler-Angriff Widerstand leisten – und man sieht, sie verbinden sich zum Widerstand – so ist der Versuch, einen totalen Staat zu errichten gescheitert ...« Mit welcher Naivität

44 Evangelium im dritten Reich, 11/34 (Baden). Zur gleichen Zeit lieferte der Bonner Dozent Ernst Anrich einen 14seitigen Bericht: »Bonn als geistige Festung an der Westgrenze«. Darin sah der Autor diese »Festung« am Rhein durch die evangelisch-theologische Fakultät Bonn stark gefährdet: »Seit 1924 hat die theologische Fakultät Bonn, die allerdings vorher reichlich unbedeutend war, völlig ihr Gesicht verändert dadurch, daß sie bewußt verstärkt werden sollte: aber sie wurde es eben durch die Sozialisten Barth (Schweizer) und Karl Ludwig Schmidt (Freund Grimmes). Die Studentenzahl hat sich dadurch verdoppelt, aber wohl ein Viertel dürfte sozialistisch gesinnt sein. Für Barth ist Staatliches und Nationales vom Teufel. K. L. Schmidt ist völlig charakterlos, Pazifist« (AW).

45 Deutsches Volkstum, 2. Aprilheft 1934; Erscheinungstag: 21. 4. 1934. Die Auslassungen *im* Zitat sind Auslassungen im Original.

manche Kreise noch *stolz* sind auf den Beifall eines schadenfroh lauernden Auslandes, zeigt mir der Rundbrief einer Studienrätin, die ihren Barth anschwärmt. Sie berichtet über einen Vortrag, den Barth am 30. Oktober in der Singakademie in Berlin hielt. »Es war in der Öffentlichkeit kaum bekanntgemacht, weil man bis zuletzt fürchten mußte, es würde verboten . . . Am Schluß erhob sich die Versammlung, um zu singen: ›. . . nehmen sie den Leib, Gut, Ehr, Kind und Weib‹.« In den Basler Nachrichten stand nachher darüber . . . Dieselbe Dame schreibt: »Und am Dienstag früh hatte er (Barth) zuerst eine Unterredung mit einer *amerikanischen* Kirchengröße, die nach Deutschland gekommen sei, um Barth und Hitler zu sehen! Dem Mann hat er alles Mögliche mit auf den Weg gegeben, um es Hitler zu unterbreiten! U.a. hat er ihm bestellen lassen, daß er (folgt eine höhnische Bemerkung über den Reichsbischof) zum Reichsbischof gemacht habe, sei so katastrophal, wie wenn er den . . .« (folgt ein giftig beleidigender, nicht wiederzugebender Vergleich) . . .

D 5
S. 243 Wenige Tage nach Erscheinen dieser neuesten Stapel-Denunziation entsendet endlich der Reichskultusminister seinen Ministerialrat Dr. Schnoering zur Vernehmung Barths in die Bonner Universität. Bereits am 30. April 1934 bestätigt Barth durch Unterschrift ein Protokoll, dem Barth den Schlußabsatz hinzufügen läßt[46]:

. . . Mir ist dienstlich eröffnet worden, daß ich bis auf weiteres keine größeren Reisen, insbesondere nicht ins Ausland unternehmen, daß ich mich vielmehr in Bonn und nächster Umgebung aufhalten soll. Ich nehme diese Anweisung zu Kenntnis und erhebe dagegen Protest . . .

Aber auch diese nunmehr amtlich zu Protokoll gegebenen Fakten bleiben für Barth ohne ernsthafte Folgen; selbst das Reiseverbot wird lasch gehandhabt. Als beispielsweise Präses D. Karl Koch Professor Barth bittet, zusammen mit den lutherischen Theologen Asmussen und Breit im ›Basler Hof‹ zu Frankfurt/M. am 15. Mai 1934 für die auf Ende Mai angesetzte Bekenntnissynode der Deutschen Evangelischen Kirche den Entwurf einer theologischen Erklärung auszuarbeiten, gibt es zwischen Barth und dem Ministerium nur einen kurzen und schnellen Briefwechsel[47]. Am 9. Mai schreibt Barth nach Berlin:

Sehr geehrter Herr Ministerialrat!
Da ich seit unserer Besprechung am 30. April ohne Nachricht von Ihnen geblieben bin, gestatte ich mir die Anfrage, ob die mir damals auferlegte Aufenthaltsbeschränkung wieder aufgehoben ist? Ich habe am 15. Mai eine dringliche Reise nach Frankfurt a.M. zu machen, die ich jedenfalls nicht ohne Angabe des Grundes unterlassen könnte.
Mit der höflichen Bitte um eine umgehende Antwort
Ihr sehr ergebener
[gez.] Prof. D. Karl Barth

46 AUB.
47 Ebenda.

Der Ministerialrat antwortet drei Tage später:

Sehr geehrter Herr Professor!
In Beantwortung Ihres Schreibens vom 9. Mai 1934 teile ich Ihnen ergebenst mit, daß die Angelegenheit von mir dem Herrn Staatssekretär vorgetragen ist. Der Herr Universitätskurator ist daraufhin mit näherer Anweisung in der Angelegenheit versehen worden. Ich bitte Sie, sich zwecks Einholung näherer Auskunft an diesen wenden zu wollen.
Heil Hitler!
Ihr sehr ergebener
[gez.] Schnoering

Und Dr. Pietrusky – inzwischen Universitätskurator – muß Barth dann im Auftrage des Ministers mitteilen, daß er am 15. Mai nach Frankfurt reisen darf. Doch Barth empfindet auch dieses Genehmigungsverfahren als einen unerträglichen Eingriff in seine Rechte der freien persönlichen Entscheidung. Deshalb bittet er Minister Rust mit Schreiben vom 23. Mai 1934, ihn von dieser auferlegten Sondermaßnahme zu befreien[48]: **D 6** **S. 246**

... Dankbar anerkenne ich, daß ich bis jetzt an meiner Tätigkeit nicht beeinträchtigt worden bin und es erscheint mir darum als ausgeschlossen, daß die Absicht jener Maßnahme nun etwa doch die sein sollte, mich nach außen zur Passivität zu zwingen. Vielmehr nehme ich an, daß irgendein Mißverständnis im Spiel sein muß, und gebe darum der Hoffnung Ausdruck, daß Sie meiner Bitte, jene Maßnahme so rasch als möglich aufzuheben, Gehör schenken. Es versteht sich von selbst, hochgeehrter Herr Reichsminister, daß ich, wenn Sie den Wunsch nach einer persönlichen Aussprache über diese Sache oder über meine ganze Stellung und Situation haben sollten, jederzeit zu Ihrer Verfügung stehe.
Ehrerbietigst ergeben
mit deutschem Gruß
[gez.] Prof. D. Karl Barth

Am 28. Mai 1934 erhält Barth von Präses Koch die kirchenamtliche Einladung zur Ersten Bekenntnissynode der Deutschen Evangelischen Kirche, vom 29. bis 31. Mai 1934, nach Wuppertal-Barmen. Da sich der Minister noch nicht zu Barths Brief geäußert hat, bittet Barth noch an diesem 28. Mai verfügungsgemäß Kurator Pietrusky um Genehmigung der Reise zur Barmer Synode. Diesmal lehnt Pietrusky ab. Daraufhin teilt Barth dem Bonner Universitätskurator am nächsten Tage schriftlich mit[49]:

Hochgeehrter Herr Kurator!
Gestern vormittag habe ich Sie auf Grund der mir gewordenen Weisung um

48 Ebenda.
49 Ebenda.

die Erlaubnis gebeten, an der in Barmen zusammentretenden »Bekenntnissynode der Deutschen Evangelischen Kirche«, zu der ich in meiner Eigenschaft als Presbyter der hiesigen evangelischen Gemeinde einberufen worden bin, teilnehmen zu dürfen.
Sie haben mir erklärt, daß Sie nicht in der Lage seien, mir diese Erlaubnis zu geben.
Ich muß Ihnen mitteilen, daß ich mich für verpflichtet halte, an der Synode teilzunehmen und also das ausgesprochene Verbot in diesem Fall nicht zu berücksichtigen, sondern heute nach Barmen zu fahren.
Eine zweite Bitte, die ich Ihnen gestern vortrug, betraf die Erlaubnis zur Teilnahme an der Jahrhundertfeier der Universität Bern am nächsten Samstag und Sonntag.
Sie haben mir auch dazu erklärt, daß Sie nicht in der Lage seien, mir die gewünschte Erlaubnis zu geben.
Ich teile Ihnen mit, daß ich mich in dieses Verbot füge und daß ich den Stellen und Personen, die mich dort erwarten, abgesagt habe.
In ausgezeichneter Hochschätzung
Ihr sehr ergebener
[gez.] Prof. D. Karl Barth

Damit Barth nicht möglicherweise schon in Bonn an der Reise nach Barmen gehindert werden kann, wird dieser auf den 30. Mai vordatierte Brief am 29. Mai zur Post gegeben. Als Pietrusky endlich den Brief erhält, agiert Barth schon einen ganzen Tag als Synodaler in Barmen. Der Kurator hat das Verfahren durchschaut. Er leitet Barths Schreiben am 30. Mai mit eigenen Anmerkungen unverzüglich an Reichsminister Rust weiter[50]:

... Ich überreiche anliegend einen mir heute zugegangenen Brief des Professors *D. Barth*. Bezüglich der Datierung ist ihm insoweit ein Irrtum unterlaufen, daß die Besprechung in Wirklichkeit am Montag, dem 28. Mai 1934, stattgefunden hat, der Brief infolgedessen richtigerweise vom 29. Mai datiert sein müßte. Auf dem anliegenden Briefumschlag ist eine Abstemplung vom 29. erkenntlich, wenn auch nur schwer. Auf das dem Minister von Professor Barth unmittelbar zugesandte Gesuch vom 23. Mai 1934, in dem er um Aufhebung der getroffenen Maßnahme bittet, nehme ich Bezug ...

Doch der Minister rührt sich nicht. Barth nimmt unbehelligt von Anfang bis Ende an der Barmer Bekenntnissynode teil. Nicht einmal der jüngste Gestapobericht vermag die Organe des NS-Staates gegen Barth in Marsch zu setzen[51]:

50 Ebenda.
51 »Lagebericht des Chefs des Sicherheitsamtes des Reichsführers SS, Mai/Juni«, 1934; vgl. W. Niemöller, Der Pfarrernotbund, 1973.

... Eine starke Stütze hat der Pfarrernotbund an den Reformierten, die sich um den Bonner Professor Barth scharen. Die Richtung Barths muß als wirkliche Gefahr bezeichnet werden. Er schafft in seiner Theologie Inseln, auf denen Menschen sich isolieren, um so der Forderung des heutigen Staates unter religiöser Begründung ausweichen zu können ...

Gerade die Barmer Bekenntnissynode der Deutschen Evangelischen Kirche ist es, die Barths theologische und kirchenpolitische Führungsposition im deutschen Kirchenkampf ganz erheblich gestärkt hat; schon allein Barths konfessionelle Gegner haben dafür gesorgt, daß Barths theologische Vaterschaft an der ›Barmer Theologischen Erklärung‹ binnen kürzester Frist weltbekannt geworden ist. Und weil deshalb denn auch die letzte Stapel-Denunziation lediglich zu einem ministeriellen Einschüchterungsversuch verkümmern mußte – dazu noch einem mißlungenem, soweit er auf Barth gezielt war –, setzt Wilhelm Stapel schon wenige Tage nach der Barmer Synode seine literarische Barth-Verfolgung fort. In New York ist nämlich vor wenigen Wochen ein Buch erschienen, in welchem der amerikanische Kirchenpräsident Macfarland neben anderen Eindrücken von seiner Deutschlandreise auch recht offenherzig seine Berliner Gespräche mit Karl Barth schildert[52]; diese Unvorsichtigkeit des Kirchenmannes aus der Ökumene spielt Wilhelm Stapel jetzt hoch zu einer ausgewachsenen Landesverrats-Affäre unter der Überschrift: »Wie Karl Barth ausländische Kirchen aktiviert.«[53] Mit einem Vierzeiler beginnt er seine denunziatorische Analyse der diesbezüglichen Aktivitäten Barths: **D 7** **S. 247**

Hier wird so klar wie vordem nie / Karl Barths politische Theologie, / Und es enthüllt sich unserm Blick / Seine theologische Politik.

Der Barth-Verfolger läßt dann schließlich seine Anklagen in dem »Bedauern« gipfeln:

... Barth wirft mir »vollzogenen Verrat am Evangelium« vor (Theol. Ex. h. Heft 7). Ich bedaure, ihm den Vorwurf eines vollzogenen Verrats am deutschen Volke zurückreichen zu müssen. Ohne Pathos, lieber Herr Professor. Ich lasse diesen Satz nicht einmal in Sperrdruck setzen ...

Aber auch dieser öffentliche Vorwurf eines »vollzogenen Verrats am deutschen Volke« kann den Hitler-Staat nicht zum Eingreifen bewegen. Durch weiteres Schweigen und Nichtstun bestätigt er nur einmal mehr die Richtigkeit der Befürchtung Stapels, daß offensichtlich alle Mühe umsonst, weil »Barth undenunzierbar ist«. Und Barth reizt seine Denunzianten immer mehr. In seiner Schriftreihe ›Theologische Existenz heute‹[54] läßt Herausgeber Barth den Theologiestudenten Max Lackmann, der inzwischen aus der SA ausgetreten ist, unter dem Titel »Herr, wohin sol-

52 Ch. S. Macfarland, The new church and the new Germany.
53 Deutsches Volkstum, 1. Juniheft 1934, S. 478f.
54 Ernst Wolf erinnerte sich noch 1965 in seinem Vortrag vor Bonner Studenten, daß Barths neue Schriftreihe »Theologische Existenz heute« von den Studenten damals »fast so wie der Spiegel heute gelesen« wurde, AKZ.

len wir gehen?« mit Heft 11 z. B. die Praktiken der längst gleichgeschalteten Bonner Evangelisch-theologischen Fachschaft aufzeigen und angreifen[55]:

. . . Solange die Vollsitzung einer theologischen Fachschaft mit dem Lied »Volk ans Gewehr« begonnen und mit dem Liede Horst Wessels geschlossen wird, solange der Leiter einer evangelisch-theologischen Fachschaft den Unterschied machen kann und muß, daß er die evangelisch-theologische Fachschaft als SA-Mann führt, während er »im übrigen« Theologe ist, . . . solange handelt es sich um ein unkirchliches Erziehungssystem, das die Gewissensfreiheit des Theologen und ihre praktischen Folgen nicht duldet . . .

Dekan Pfennigsdorf erstattet am 21. Juni 1934 Anzeige. Diesmal direkt an den Kultusminister gerichtet. Er gibt dort »Unter den Linden 4« zu Protokoll[56]:

Hochzuverehrender Reichsminister!
Als Dekan der Evangelisch-theologischen Fakultät sehe ich mich genötigt, Ihre Aufmerksamkeit auf die beifolgende Schrift des Studierenden der evangelischen Theologie Max Lackmann . . . hinzulenken. Sie ist soeben erschienen in der von Prof. Karl Barth und Pfarrer Thurneysen herausgegebenen Schriftreihe . . . und von Prof. Barth mit einem Geleitwort versehen, in dem er sich mit seiner Autorität hinter diese Schrift stellt und sie deckt. Die Schrift enthält . . . Ausführungen, die, trotzdem Namen nicht genannt sind, auf die Bonner Verhältnisse zielen und als ein versteckter Angriff auf die theologische Fachschaft und ihre Arbeit, sowie auf die mit ihr verbundenen Dozenten angesehen werden müssen. Sie erscheinen mir ein Eingreifen des Herrn Reichsministers notwendig zu machen . . .
Es sei zunächst hervorgehoben, daß m. E. dem Verfasser selbst, Herrn Lackmann, die eigentliche Schuld an dem Vorgehen nicht beizumessen ist. Als irregeleiteter Schüler von Prof. Barth hat er im wesentlichen dessen Gedanken vorgetragen. Die Schrift ist kennzeichnend für die innere Not, in die

55 Dazu Barth in seinem Vorwort unter dem 27. Mai 1934: »Es kommt dazu, daß wir in Kirche und Theologie heute ohnehin in einer Ausnahmezeit leben, in der an Matth. 21, 15–16 zu denken erlaubt und geboten sein dürfte. Es kommt dazu, daß die kirchliche und theologische Öffentlichkeit, oder sagen wir besser: die christliche Gemeinde ein Recht und eine Pflicht hat, neben dem, was sie durch den Mund der sog. ›Fachschaften‹, das heißt der betreffenden Fachschaftsleiter zu hören bekommt, auch einmal eine Stimme aus der durch diese Fachschaften angeblich vertretenen evangelisch-theologischen Studentenschaft selbst zu hören. Es kommt vor allem dazu, daß das, was der Verfasser seinen Kommilitonen zu sagen hat, wirklich einmal gesagt werden muß und gerade von einem Studenten gesagt, besser gehört werden kann, als wenn es – und wäre es zehnmal reifer – von einem Professor oder Pfarrer gesagt würde. Dies ist's was mich bewogen hat, der Veröffentlichung dieser Schrift zuzustimmen. Sie gehört in die Schriftreihe ›Theologische Existenz heute‹, denn es gibt wahrlich auch eine Frage nach der ›Studentisch-theologischen Existenz heute‹, deren Beantwortung für die ›Theologische Existenz morgen‹ entscheidend wichtig sein dürfte.«
56 AUB.

z.Z. viele Studierende der Theologie dadurch hineingeraten, daß sie den Totalitätsanspruch des Staates im Sinne des Absolutheitsanspruches auffassen oder deuten zu müssen glauben. Ein klärendes Wort darüber von berufener Seite könnte viel innere Not beseitigen.
Die eigentliche Verantwortung für die Schrift und ihre Veröffentlichung fällt Prof. Barth zu, der sie in die von ihm herausgegebene Schriftreihe aufgenommen hat und in seinem Geleitwort als »gut und notwendig« anerkennt . . . Der *eine* Angriff gilt der theologischen Fachschaft, bzw. ihrem Führer Wilhelm Lang, der nach meiner Überzeugung die Einführung der theologischen Jugend in den nationalsozialistischen Geist mit viel Hingabe und Geschick sich hat angelegen sein lassen . . . Der *zweite* Angriff richtet sich gegen die Dozenten, die an der Arbeit der Fachschaft sich beteiligt haben (in Lagern und Kursen) oder sonst auf ihrer Seite stehen . . .
Ich . . . bitte den Herrn Reichsminister um geeignete Maßnahmen zum Schutz der Dozenten gegen derartige ehrenrührige Angriffe und zur Verhütung ähnlicher Vorkommnisse.
Heil Hitler! [gez.] Pfennigsdorf, Dekan

Daraufhin werden wohl die Hefte 1–5, 7, 9–11 vorübergehend beschlagnahmt[57], der eigentlich Verantwortliche und Beschuldigte, Karl Barth, bleibt auch diesmal ungeschoren. Der beobachtet indessen während der Semesterferien die politische Szene in Deutschland vom Schweizer Bergli in Oberrieden aus. Als am 2. August 1934 die Meldungen vom Tode des Reichspräsidenten Paul von Hindenburg um die Welt eilen und Hitler nun auch diese Vakanz besetzen wird, sendet Barth über Kurier ein Handschreiben an den Vater seines Bonner Mitarbeiters und Hausgenossen, an den ehemaligen Reichtagsabgeordneten Gottfried Traub[58]:

. . . Wo will das alles noch hin? Wir begleiten von hier aus alles, was draußen geschieht, mit womöglich noch stärkerem Herzklopfen. Gestern abend feierten wir inmitten des Dorfes den 1. August, den schweizer. Nationalfeiertag, wehmütig bewegt von einer Gemeinschaft, in der Volkstum, Vaterland, Staat Wirklichkeiten sind, denen man sich in Freiheit hingibt, ohne sich mit den entsprechenden Ideologien gegenseitig zu quälen. Wann und wie wird der deutsche Nationalismus – und erst eben Deutschland selbst –

57 Barth im Vorwort zu ThEx 12: »Die sämtlichen bisher von mir verfaßten Hefte ›Theologische Existenz heute‹ sowie Heft 11 von Max Lackmann sind in München polizeilich beschlagnahmt und für Bayern verboten worden.« Im Vorwort zu Heft 17 teilt Barth unter dem 13. 12. 1934 seinen Lesern mit, »daß die . . . Beschlagnahme der Hefte 1–5, 7, 9–11 dieser Schriftreihe inzwischen aufgehoben ist«.
58 Gottfried Traub, geb. 1869, war 1911 Pfarrer in Dortmund, als er den Kölner Pfarrer Carl Jatho in einem Lehrzuchtverfahren verteidigte (›Der Fall Jatho‹). Vgl. dazu: Carl Oskar Jatho, Karl Jatho-Briefe, 1914, S. 257ff. Daraufhin entfernte der Evangelische Oberkirchenrat den westfälischen Theologen aus dem kirchlichen Dienst. 1913 wurde Traub preußischer Landtagsabgeordneter, später Mitglied des Reichstages. Ab 1921 Chefredakteur der ›München-Augsburger Abendzeitung‹, seit seiner Gründung im Jahre 1924 Mitglied im konservativen ›Herrenklub‹.

gesund werden? Von hier aus meint man noch mehr und [erst] recht am Bett eines Todkranken zu stehen, wenn man nach drüben denkt. Gott helfe uns allen!
Von Herzen Ihr K. B.
2. August 1934

Daß dem weltbekannten Theologen Barth nichts geschieht, hat jetzt nicht einmal mehr nur außenpolitische Gründe des auf Anerkennung und Wertschätzung bedachten NS-Staates[59]. Der wesentlich von Barth auf die Spitze getriebene Kampf in der evangelischen Kirche hat selbst NSDAP und SA in Schwierigkeiten gebracht, die doch durch die ›Röhm-Revolte‹ seit Ende Juni 1934 ohnehin an der äußersten Grenze der Belastbarkeit angelangt sind[60]. Die Frontlinie dieses Kirchenkampfes verläuft ja nicht zwischen der Bekennenden Kirche einerseits und dem Nationalsozialismus andererseits. Die Front des Kirchenkampfes verläuft mitten durch die Partei[61]. Da kämpfen sogar führende Nationalsozialisten, Amtswalter der Partei, an der Seite und mit den theologischen Waffen Barths wider die Irrlehren der DC-Partei. So ist beispielsweise der »Alte Kämpfer« und Träger des Goldenen Parteiabzeichens, der

59 Auch der zu *dieser* Zeit vom Dekan der Philosophischen Fakultät der Universität Bonn, Prof. Dr. K. J. Obenauer, unternommene Versuch, dem bereits emigrierten Nobelpreisträger Thomas Mann den ihm 1919 verliehenen Ehrendoktortitel der Bonner Philosophischen Fakultät wieder zu entziehen, scheiterte am Einspruch des Außen- wie des Propagandaministeriums. Vgl. P. E. Hübinger, Thomas Mann, die Universität Bonn und die Zeitgeschichte, 1974, Auszug in: Beilage zu ›Das Parlament‹, vom 26. 10. 1974.
60 Vgl. Westfälische Nachrichten vom 14./15. Juli 1934; dazu: Max Gallo, Der schwarze Freitag der SA, 1972.
61 Innerhalb der NSDAP kämpften ein DC-Flügel und ein keineswegs schwacher BK-Flügel gegeneinander. Dabei wurden z.B. die überzeugten Parteigenossen des BK-Flügels seit Juli 1934 von ihren DC-Genossen sogar wiederholt verdächtigt, Komplicen Röhms zu sein (vgl. Gauger, Chronik, a.a.O., S. 188, 250, 253 und 254). Doch der BK-Flügel wehrte sich erfolgreich. Sein innerparteilicher Einfluß wurde selbst durch derart lebensgefährliche Verleumdungen nicht beeinträchtigt. So mußte beispielsweise die Reichsleitung der NSDAP am 27. 5. 1935 einen Hilfsprediger Messerschmidt zurechtweisen: »Ihre Meinung beruht auf einem Irrtum. Auch Amtswalter der NSDAP dürfen der ›Bekennenden Kirche‹ angehören . . . Die NSDAP hat ihren Standpunkt nicht geändert.« Den Reformierten scheint dieser Brief so wichtig, daß sie ihn als »amtlichen Bescheid« veröffentlichen (RKZ vom 11. 8. 1935). Dieses Faktum, daß Bekenner eben auch überzeugte Nazis sein konnten – und es auch recht zahlreich waren –, ist bis heute nicht aufgearbeitet, auch nicht durch Friedrich Baumgärtel, dessen Schrift aus dem Jahre 1958, »Wider die Kirchenkampf-Legenden«, denn auch seit 1959 von einem anonymen »Arbeitskreis für kirchliche Erneuerung Essen, Hüskenbörde 15« gegen die »Niemöllers und Kloppenburg und Genossen« als »unverkäufliches« Pamphlet vermarktet werden konnte; vgl. Günther Koch, Wider Friedrich Baumgärtel, in: Junge Kirche, 1958, S. 576ff. und S. 632ff. Martin Niemöller und Heinz Kloppenburg waren jedenfalls, wie beide während einer vom WDR aufgezeichneten Veranstaltung am 20. 1. 1977 in Köln versicherten, nicht Mitglied der NSDAP. Während sich Heinz Kloppenburg als »Sozialist seit 1917« bezeichnete, bekannte Martin Niemöller, er habe seit den zwanziger Jahren »›gewisse Sympathien‹ für den Nationalsozialismus empfunden . . . Erst 1933 sei er ›richtig aufgewacht‹, und dafür habe er Gott gedankt, denn es gebe viele Leute, ›die immer noch schlafen‹«, Kölner Stadt-Anzeiger vom 22./23. 1. 1977. Daß wiederum nicht alle Eiferer für die Sache der DC auch Mitglieder der NSDAP waren, belegt nicht nur das prominente Beispiel Wilhelm Stapel (siehe Anm. 20, Kap. 1).

Münchner Theologe Eduard Putz, nicht nur der persönliche Berater des bayrischen Landesbischofs Hans Meiser. Eduard Putz war z. B. auch ordentliches Mitglied der Ersten Bekenntnissynode der Deutschen Evangelischen Kirche in Barmen und als Mitglied ihres theologischen Ausschusses hat er gar neben den Brüdern Asmussen, Barth, Beckmann und Obendiek Barths Synodalvorlage der »Barmer Erklärung« unterzeichnet, wie sie dann am 31. Mai 1934 auch von der Synode verabschiedet wurde[62]: **F 2** **S. 249**

... Wir verwerfen die falsche Lehre, als gebe es Bereiche unseres Lebens, in denen wir nicht Jesus Christus, sondern anderen Herren zu eigen wären, Bereiche, in denen wir nicht der Rechtfertigung und Heiligung durch ihn bedürften ...

Ja, damit die Auswirkungen dieses Kampfes innerhalb der Evangelischen Kirche Deutschlands die Geschlossenheit der NSDAP nicht weiter gefährden, hat die Parteiführung eigens ihre »Abteilung für den kulturellen Frieden« als Schlichtungsstelle zur Beilegung des Kirchenstreites innerhalb der Partei inzwischen auch mit einem evangelischen Abteilungsleiter, dem Major von Detten, ausgestattet[63]. In dieser parteipolitischen Situation eine Staatsaktion gegen den »Vater der Bekennenden Kirche« – das könnte unabsehbare Folgen für die den Staat tragende Partei und damit für die gesamte Innenpolitik des Parteistaates haben.
Als Barth schließlich noch im Oktober 1934 von der Zweiten Bekenntnissynode der Deutschen Evangelischen Kirche in Berlin-Dahlem in die beiden Leitungsorgane der bekennenden Deutschen Evangelischen Kirche – in den Reichsbruderrat und in den geschäftsführenden (Sechser-)Rat der Deutschen Evangelischen Kirche – berufen wird, da reagiert Reichskultusminister Rust auch nicht auf die neueste Hiobsbotschaft in Sachen Karl Barth, die ihm am 5. November 1934 vom neu bestellten Rektor der Rheinischen Friedrich-Wilhelms-Universität Bonn, Professor Dr. Hans Naumann[64], übermittelt wird[65]:

62 AEKW. Vgl. Eduard Putz, Warum Bekenntnisgemeinschaft?, in: Junge Kirche, 1934, S. 834–847. Die unter F/2 faksimiliert wiedergegebene Vorlage der ›Barmer Theologischen Erklärung‹ macht zudem zwei im Zusammenhang mit dem Fall Barth bemerkenswerte Korrekturen des Barthschen Entwurfes sichtbar: In Satz 5) bleibt von »Organ des totalen Staates« nur noch »Organ des Staates« übrig; in Satz 3) wird Barths »Gemeinde von Sündern« in eine »Gemeinde von Brüdern« verbessert.
63 Diese Abteilung der Reichsleitung der NSDAP – in Partei und Kirchen ›Kultfried‹ genannt – hatte seit ihrem Bestehen die Aufgabe, die Verbindung zwischen der NSDAP und den Kirchen zu pflegen. Für den Bereich der katholischen Kirche zeichnete schon seit langem der ehemalige Freikorpsführer von Pfeffer; vgl. Th. Wurm, Erinnerungen, a.a.O., S. 94.
64 Hans Naumann, geb. 1886, Professor für deutsche und nordische Sprachwissenschaften; Veröffentlichungen: »Deutsche Dichtung der Gegenwart«, 1923, »Wandlung und Erfüllung. Reden und Aufsätze zur germanisch-deutschen Geistesgeschichte«, 1933, »Germanischer Schicksalsglaube«, 1934. Besondere NS-Qualifikation in Bonn durch seine Rede anläßlich der Bücherverbrennung am 10. 5. 1933 auf dem Bonner Marktplatz; vgl. Josef Wulf, Literatur und Dichtung im Dritten Reich, 1966, S. 52f., dazu Leserbrief von Prof. Dr. Paul Egon Hübinger am 6. 9. 1975 in der Frankfurter Allgemeinen Zeitung: »Hans Naumann«.
65 AUB.

. . . Leider habe ich einen peinlichen Vorfall zu melden, der zu schweren Folgen führen kann.
Es erschien bei mir anläßlich der bevorstehenden Vereidigung des noch unvereidigten Teils der hiesigen Dozentenschaft der Professor der protestantischen Theologie Dr. Karl Barth und erklärte, er könne den Eid nur leisten mit dem Zusatz: »soweit ich es als evangelischer Christ verantworten kann«.
Ich habe den Eindruck, daß Barth nach einem Martyrium sucht, und daß seine Absetzung ein vielleicht erwünschtes Signal für neuen, großen Aufruhr in der protestantischen Kirche wäre. Es handelt sich ja um einen weltbekannten Theologen, das Haupt einer ungeheuren Anhängerschaft in aller Welt. Barth ist geborener Schweizer. Meine Vorstellungen, daß die Freiheit des Christenmenschen von dem Eide gar nicht berührt werde, fruchteten nichts. Ich übersehe natürlich nicht, ob der Fall vereinzelt dasteht und bitte um Anweisung, was ich zu tun habe. Ließe sich ein Skandal vermeiden, so wäre das sehr gut.
Heil Hitler!
[gez.] Naumann

Der hilflose Rektor erhält auch dann keine Weisung des Ministers, als Barth am 7. November 1934 zur Vereidigung nicht erscheint. Der staatsbeamtete Bonner Professor lehrt weiterhin unbehindert – seither sogar unvereidigt – vor überfülltem Hörsaal seine »politisch linksorientierte dialektische Theologie« – »als wäre nichts geschehen«.

2. Das Signal

Buß- und Bettag 1934. Am Mittwoch, dem 21. November, ist der Rat der Deutschen Evangelischen Kirche gerade 30 Tage alt. Vor einem Monat erst bestellte die 2. Bekenntnissynode der Deutschen Evangelischen Kirche in Berlin-Dahlem zu dem von 12 auf 22 Mitglieder erweiterten Reichsbruderrat den ersten geschäftsführenden Rat der Deutschen Evangelischen Kirche. Es ist die strukturelle und personelle Konsequenz aus dem am 20. Oktober 1934 von der Synode proklamierten »kirchlichen Notrecht«[1]:

. . . I/2. Die unter der Parole »*ein* Staat – *ein* Volk – *eine* Kirche« vom Reichsbischof erstrebte Nationalkirche bedeutet, daß das Evangelium für die Deutsche Evangelische Kirche außer Kraft gesetzt und die Botschaft der Kirche an die Mächte dieser Welt ausgeliefert wird.
I/3. Die angemaßte Alleinherrschaft des Reichsbischofs und seines Rechtswalters hat ein in der evangelischen Kirche unmögliches Papsttum aufgerichtet . . .
I/5. Die schriftwidrige Einführung des weltlichen Führerprinzips in die Kirche und die darauf begründete Forderung eines bedingungslosen Gehorsams hat die Amtsträger der Kirche an das Kirchenregiment statt an Christus gebunden . . .
II/1. Alle unsere von Schrift und Bekenntnis her erhobenen Proteste, Warnungen und Mahnungen sind umsonst geblieben. Im Gegenteil, die Reichskirchenregierung hat unter Berufung auf den Führer und unter Heranziehung und Mitwirkung politischer Gewalten rücksichtslos ihr kirchenzerstörendes Werk fortgesetzt.
II/2. Durch die Vergewaltigung der süddeutschen Kirchen ist uns die letzte Möglichkeit einer an den bisherigen Zustand anknüpfenden Erneuerung der kirchlichen Ordnung genommen worden.
II/3. Damit tritt das kirchliche Notrecht ein, zu dessen Verkündung wir heute gezwungen sind . . .
III/2. Auf Grund des kirchlichen Notrechts der an Schrift und Bekenntnis gebundenen Kirchen, Gemeinden und Träger des geistlichen Amtes schafft die Bekenntnissynode der Deutschen Evangelischen Kirche neue Organe der Leitung. Sie beruft zur Leitung und Vertretung der Deutschen Evange-

1 Botschaft der Bekenntnissynode der DEK zu Dahlem, Flugblatt. Dazu: Heinrich Vogel, Wer regiert die Kirche?, ThEx 15, 1934.

lischen Kirche neue Organe der Leitung. Sie beruft zur Leitung und Vertretung der Deutschen Evangelischen Kirche als eines Bundes bekenntnisbestimmter Kirchen den Bruderrat der Deutschen Evangelischen Kirche und aus seiner Mitte den Rat der Deutschen Evangelischen Kirche zur Führung der Geschäfte . . .

Die Synode kommt überein, daß dieser Rat aus sechs Mitgliedern bestehen soll. Drei Mitglieder – der Präses der Synode, D. Karl Koch[2], und die Präsidiumsmitglieder D. Hans Asmussen, Pastor, und Dr. Eberhard Fiedler, Jurist – werden dann direkt von der Synode, die drei weiteren Mitglieder, mit Rücksicht auf die verschiedenen Konfessionen innerhalb der Deutschen Evangelischen Kirche, je von den lutherischen, reformierten und unierten Synodalen in den Rat gewählt[3]. Die Lutheraner werden endgültig durch den Nürnberger Oberkirchenrat Breit vertreten, die Unierten benennen den Vorsitzenden des Pfarrernotbundes, den Berliner Pastor Martin Niemöller, und die Reformierten entsenden den theologischen »Vater der Bekennenden Kirche« – den Bonner Professor für Systematische Theologie, D. Karl Barth D. D. Mit dieser Ausführung des Beschlusses III/2 der Dahlemer Synode haben sich die Synodalen ganz bewußt gegen die dem Führerprinzip verwandte episkopale und für die synodal-presbyteriale Struktur der Leitung der bekennenden Deutschen Evangelischen Kirche entschieden. Seit dem 21. Oktober 1934 liegt der Reichsregierung die von Präses Koch unterzeichnete Dahlemer Botschaft vom 20. Oktober 1934 vor, gemäß Beschluß IV der Botschaft:

Wir übergeben diese unsere Erklärung der Reichsregierung, bitten sie, von der damit vollzogenen Entscheidung Kenntnis zu nehmen, und fordern von ihr die Anerkennung, daß in Sachen der Kirche, ihrer Lehre und Ordnung, die Kirche unbeschadet des staatlichen Aufsichtsrechtes, allein zu urteilen und zu entscheiden berufen ist.
Berlin-Dahlem, den 20. Oktober 1934.
Die Bekenntnissynode der Deutschen Evangelischen Kirche:
[gez.] D. Koch, Präses

2 Karl Koch, 1876 in Witten a. d. Ruhr geboren. Seit 1902 Pfarrer in den westfälischen Kirchengemeinden Schalke, Holtrup, Ennigerloh und Bad Oeynhausen. Dort Superintendent des Kirchenkreises Vlotho. 1927 Wahl zum Präses der Westfälischen Provinzialsynode. Bekannter Politiker der Deutschnationalen Volkspartei (DNVP). Bis 1933 als deren Mitglied im Preußischen Landtag und im Reichstag. In Ermangelung eines zugkräftigen Kandidaten wählten viele ›Deutsche Christen‹ am 23. Juli 1933 in Westfalen die Liste ›Evangelium und Kirche‹, die Präses Koch anführte, so daß – im Reich ein Einzelfall – bei 140 Mitgliedern der Westfälischen Provinzialsynode die ›Deutschen Christen‹ mit 60 Mitgliedern in die Minderheit gerieten. Die dann folgende Wahl Kochs zum Präses der Westfälischen Provinzialsynode erbrachte gar Einstimmigkeit. Im März 1934 wurde er Präses der Evangelischen Bekenntnissynode Westfalen, zwei Monate später Präses der Bekenntnissynode der Deutschen Evangelischen Kirche und Vorsitzender des Reichsbruderrates. Barth zählte zwar die ›Deutsch-Nationalen‹ zu den »unerfreulichsten aller Kreaturen Gottes, die mir je begegnet sind« (Göttinger Universitäts-Zeitung, Juli 1947), hielt Präses Koch aber im Oktober 1934 immerhin für einen »Mann, mit dem sich, nachdem er in diesen Zeiten unverkennbar einiges hinzugelernt hat, wohl arbeiten läßt« (Barth-Brief an Eduard Thurneysen vom 22. 10. 1934).

3 Vgl. Bericht und Protokolle der Plenarsitzung, in: Wilhelm Niemöller, Die Zweite Be-

Der Rat ist schon seit dem 22. Oktober funktionsfähig und erarbeitet in den folgenden Tagen die sich aus den Entscheidungen der Synode ergebenden »Richtlinien« und »Verordnungen« zur Durchsetzung der Dahlemer Beschlüsse auf Landes- und Gemeindeebene als Beschlußvorlagen für die nächste Sitzung des Reichsbruderrates.
Die Frage, wie der Staat auf die gegen den Reichsbischof und die ihn tragenden ›Deutschen Christen‹ gerichteten Entscheidungen der Bekenntniskirche reagieren wird, findet sehr bald eine erste, für die neue Bekennende Kirche höchst befriedigende Antwort. Schon vier Tage später nämlich sieht sich Hitler gezwungen, seinen Reichsbischof Ludwig Müller vor aller Öffentlichkeit zu desavouieren.
Ludwig Müller und sein ›Rechtswalter‹ August Jäger tragen nämlich die Verantwortung dafür, daß die süddeutschen Bischöfe D. Meiser und D. Wurm ihrer kirchlichen Ämter enthoben, unter Hausarrest gestellt und die Landeskirchenämter in München und Stuttgart von DC-Funktionären besetzt wurden[4]. Durch die Dahlemer Synode erregten diese bisher lediglich regional diskutierten DC-Aktionen nicht nur reichsweites, sondern sogar – wie vom Präsidium der Bekenntnissynode geplant[5] – weltweites Aufsehen. Selbst der amerikanische Kirchenbund, das »Federal Council«, hat daraufhin spontan die Bekenntnissynode offiziell anerkannt. Hitler fürchtet um das Prestige des NS-Staates. Darum läßt er am Freitag, dem 26. Oktober 1934, die arretierten Bischöfe und den Hannoverschen Landesbischof D. Marahrens, der der Bekennenden Kirche nicht angehört, über das Innenministerium zu einem Empfang in die Reichskanzlei einladen. Als äußeres Zeichen eines internen Machtwortes muß noch an diesem Freitag der mitverantwortliche ›Rechtswalter‹ August Jäger dem hauptverantwortlichen Reichsbischof Ludwig Müller seinen Rücktritt erklären[6]:

Herr Reichsbischof! Nach grundsätzlicher Erledigung der mir gestellten Aufgabe der organisatorischen Gestaltung der deutschen evangelischen Kirche, lege ich, wie ich Ihnen schon vor einiger Zeit angekündigt habe, meine kirchenpolitische Funktion in Ihre Hände zurück . . .

Nach Darbringung dieses Opfers läßt Hitler den Bischöfen noch am Freitagabend telegraphisch den genauen Termin des Empfangs übermitteln[7]:

IM NACHGANG ZU MEINER DRAHTUNG TEILE ICH MIT DASS EMPFANG BEIM FÜHRER DIENSTAG VORMITTAG ELF UHR STATTFINDET = REICHSMINISTER AUFTRAGS BUTTMANN

4 Vgl. ›Junge Kirche‹ 1934, S. 858ff., 870ff., 894ff. und 961–963.
5 Die Synode war zunächst als »Kirchen- oder Gemeindetag« für den 30./31. Oktober 1934 geplant. Nach den Ereignissen in München und Stuttgart telegraphierte Oberkirchenrat Dr. Meinzolt, München, an das Präsidium der Bekenntnissynode der DEK: ». . . Unsere Landeskirche steht unter Gewalt. Der Landesbischof und Landeskirchenrat sind beurlaubt, nicht verhaftet, das Dienstgebäude ist von Jäger besetzt . . . bitte angeregte Entlastung bald und kräftig!« Daraufhin verlegte Koch die Synode vor auf den 19./20. Oktober 1934.
6 ›Junge Kirche‹ 1934, S. 912.
7 AEOK. Faksimile siehe S. 253.

Zu Beginn seiner Sitzung am 29. Oktober bestätigt der Reichsbruderrat die Ausführung des Beschlusses III/2 der Dahlemer Synode. Damit stehen die 22 Mitglieder des Reichsbruderrates und die 6 des Rates der Deutschen Evangelischen Kirche endgültig fest[8]; und nach Beratung und Verabschiedung der vom Rat vorgelegten Richtlinien und Verordnungen[9] zur Ausführung der Dahlemer Beschlüsse diskutiert der Reichsbruderrat bis tief in die Nacht hinein Möglichkeiten und Gefahren eines Empfangs der drei Landesbischöfe durch Hitler am nächsten Tage.

Die meisten Mitglieder beurteilen die neue Situation für die Bekennende Kirche überwiegend positiv in der Annahme, daß Hitler nach dem ›Rechtswalter‹ Jäger nun auch seinen Reichsbischof Müller fallen lassen wird. Deshalb rät Präses Koch: »Bekenntnissynode muß dazu ein Wort sagen.«[10] In Erwartung des Rücktritts von ›Reibi‹ Müller drängt er: Ein neuer »Reibivorschlag muß von *uns* kommen, nicht vom Staat diktiert« werden. Karl Barth wittert bereits hinter diesem Präses-Vorschlag die Preisgabe der in Dahlem und vorher in Barmen beschlossenen Grundsätze und eine Rückkehr zum soeben verworfenen Führerprinzip einer »episcopalen Lösung«. Er warnt die Brüder: »Repräsentative Spitze darf nicht kommen, nur weil der Staat es will. Wir können doch nicht ihm zuliebe einen Papst einsetzen.« Weitere Ratsmitglieder schließen sich Barths Auffassung an. Asmussen: »Nicht Führer benennen, sondern Vertrauensmann.« Martin Niemöller: »Es sitzen nicht Tauben auf dem Dach, sondern wir haben nur einen Spatzen in der Hand, den wir nicht fliegen lassen dürfen.« Präses Koch beruhigt abschließend die Warner: »Den drei Herren ist gesagt, daß sie nur in unserem Auftrag handeln.«

Anderntags aber *ver*handeln die drei Bischöfe zwei Stunden lang mit Hitler und dem für Kirchenfragen zuständigen Innenminister Frick, mit dem der Hannoversche Landesbischof Marahrens »auch persönlich befreundet«[11] ist. Sie tun dies anhand eines vorher detailliert ausgearbeiteten Kirchenpapiers[12] und – wie bei ihrem letzten Hitler-Empfang am 13. März 1934 – abermals »ohne den Ballast der übrigen Kirchen und der vielen Meinungen«[13]. Und als Marahrens diesmal vorschlägt, der Reichsbischof, den ebendiese drei Bischöfe ja selber erst am 27. Januar 1934 zur Bestürzung Barths ausdrücklich anerkannt hatten[14], »sollte das Opfer seines Rücktritts bringen,

8 Endgültige Fassung: »Koch, Asmussen, Fiedler, Barth, Breit, Niemöller, Meiser, Wurm, v. Arnim-Kröchlendorff, Beckmann, Bosse, Flor, Hahn, Hesse, Immer, Jacobi, Kloppenburg, Link, Lücking, v. Soden, v. Thadden, Viebig. Die ersten sechs bilden den ›Rat der DEK‹.«

9 In: Wilhelm Niemöller, Dahlem, a.a.O., S. 39–41.

10 Zitate aus dem Protokoll der Sitzung von Heinz Kloppenburg, Mitglied des Reichsbruderrates; AGK, Bl. 66–71. Kloppenburg gehörte zum lutherischen Flügel der BK. Als ihm der Verfasser von der Existenz seiner Protokolle im April 1976 Kenntnis gab, antwortete Oberkirchenrat Kloppenburg mit Brief vom 19. 4. 1976: »Ich habe erst einiges in der Arbeit lesen können, aber ich bin sehr angetan davon. Das, was Sie dabei von mir zitieren, war mir ganz unbekannt geworden. So ist es auch eine Bereicherung der eigenen Erinnerung.« Der Verfasser hat die einzelnen Blätter der in Tübingen aufbewahrten Abschriften durchnumeriert. Zitationen erfolgen nach dieser Blattfolge.

11 Th. Wurm, Erinnerungen aus meinem Leben, 1953, S. 87.

12 Nach dem Kloppenburg-Protokoll, Bl. 71–72, ist anzunehmen, daß mindestens auch Präses Koch dieses Kirchenpapier gekannt haben muß.

13 Th. Wurm, Erinnerungen, a.a.O., S. 94. Siehe Foto S. 253.

14 Barth am 26. 1. 1934, dieses Unheil ahnend: »Wir haben einen anderen Glauben, wir haben einen anderen Geist, wir haben einen anderen Gott!« (vgl. ThEx 7, S. 4; dazu: EvTh, 1935, S. VIII).

sonst komme es nicht zu einer Befriedung«[15], scheint Hitler, jedenfalls nach Meinung der drei Bischöfe, seinen Anteil zur Befriedung des Kirchenkampfes in der evangelischen Kirche bringen zu wollen: »Kann er ja machen, wer hindert ihn daran? Ich bin nicht verwandt und nicht verschwägert mit ihm.«[16] Da den drei Lutheranern auf dieses Führer-Wort hin ihr kirchliches Sanierungsprogramm realisierbar erscheint, überreichen sie Hitler und Innenminister Frick gegen Ende der Audienz ihr Kirchenpapier[17]: **D 8** **S. 252**

... II. Wir luth. Bischöfe von Bayern, Hannover und Württemberg, getragen vom Vertrauen unseres evangelischen Kirchenvolkes, fühlen uns verantwortlich für den Neubau der Reichskirche. Um die Grundlage dafür zu schaffen, halten wir folgende Übergangsregelung für nötig:
1) Für den aus dem Amt zu scheidenden Reichsbischof ist ein Verweser zu bestellen.
2) Dieser Verweser beruft 4 Mitglieder einer vorläufigen Reichskirchenregierung, darunter einen Juristen ...

Mit Hinterlegung dieses bischöflichen Kirchenpapiers beim Führer und Reichskanzler Adolf Hitler und Innenminister Frick ist der erst vor 10 Tagen von der Dahlemer Synode gewählte Rat der Deutschen Evangelischen Kirche faktisch gestürzt und ein tiefgreifender Streit in der Bekennenden Kirche klar und deutlich vorprogrammiert[18]: Die Lutheraner müssen nämlich jetzt den gewählten Sechser-Rat zugunsten jenes dem lutherischen Kirchenbegriff eher entsprechenden Kirchenregimentes der Punkte II/1 und 2 ihres Kirchenpapiers liquidieren, wollen sie nicht dem umworbenen NS-Staat gegenüber vollends das Gesicht verlieren und dem geschwächten Reichsbischof Ludwig Müller erneut auf die Beine helfen. Aber wenn auch nur eine Umfunktionierung des gewählten *Sechser*-Rates in jenes *fünf*köpfige Kirchenregiment beabsichtigt sein sollte – inklusive Reichsbischofsverweser als Spitzenmann[19] – ein Ratsmitglied muß dem bischöflichen Handstreich auf jeden Fall zum Opfer fallen. Und wenn Präses Koch tags darauf, am Reformationstag, dem Reichsinnenministerium noch im Nachgang zur Dahlemer Botschaft das bekenntniskirchenamtliche Dokument mit den Namen der Mitglieder des am 29. Oktober vom Reichsbruderrat bestätigten Rates der Deutschen Evangelischen Kirche überreicht, dann wird dadurch letztlich dem Hitler-Staat nur noch angezeigt, daß die Bischöfe nicht einseitig den Rücktritt Müllers gefordert haben, sondern auch zu Opfern der Bekennenden Kirche fest entschlossen sind. Und ein Opfer ist bei den auf Kirchenfrieden bedachten Führern in Staat *und* Kirche gleichermaßen seit langem im Visier: Karl Barth. Verständlich, daß Bischof Meiser unmittelbar nach dem Empfang striktes

15 Th. Wurm, Erinnerungen, a.a.O., S. 120.
16 Ebenda.
17 AEOK; zitiert nach handkorrigiertem Schriftsatz aus dem Wurm-Nachlaß.
18 W. Niemöller überschreibt seine Darstellung dieser Vorgänge: »Von der Dahlemer Synode bis zur Gründung der ersten Vorläufigen Kirchenleitung«, EvTh, 1961, S. 68ff.; K. Kupisch berichtet ein Jahr später darüber unter der Überschrift: »Zur Entstehungsgeschichte der 1. Vorläufigen Kirchenleitung«, KidZ, 1962, S. 22ff. In beiden Untersuchungen findet jedoch das Kirchenpapier der Bischöfe keine Erwähnung.
19 Superintendent Hahn: »Wir Lutheraner haben lieber eine Spitze.«

Stillschweigen über Einzelheiten des Hitler-Empfanges verordnet[20]: »Über Einzelheiten darf nicht gesprochen werden.«

Der inzwischen auch als »Vater der Barmer Erklärung«[21] weltbekannte Bekenner wäre in Barmen beinahe gar nicht dabeigewesen. Der Staat verhängte über Barth ein Reiseverbot, und Präses Koch vergaß dann plötzlich, Barth zur Barmer Synode einzuladen, obschon er doch selber Barth mit der Ausarbeitung der Erklärung am 15. Mai in Frankfurt/M. beauftragt hatte[22]. Erst als Präses Koch am 27. Mai per Telegramm gemahnt wurde: »Barth noch nicht eingeladen, bitte nachholen«, erhielt »der Vergessene«[23] einen Tag vor Beginn der Barmer Synode seine Einladung. So war Barth dann doch noch in Barmen dabei, und selbst die Repräsentanten des deutschen Luthertums in der Synode, die Landesbischöfe Meiser und Wurm, haben am Ende die wesentlich von Barth stammende Theologische Erklärung gemeinsam mit reformierten und unierten Protestanten unterzeichnet. Sie erkannten sogar die Barmer Erklärung »zur Rechtslage der Deutschen Evangelischen Kirche« durch Unterschrift an[24]:

... 5. Ihre echte kirchliche Einheit kann die Deutsche Evangelische Kirche nur auf dem Wege gewinnen, daß sie
a) die reformatorischen Bekenntnisse wahrt und einen organischen Zusammenschluß der Landeskirchen und Gemeinden auf der Grundlage ihres Bekenntnisstandes fördert,
b) der Gemeinde als der Trägerin der Wortverkündigung den ihr gebührenden Platz läßt.
Es muß ihr ernstes Anliegen sein, daß der Geist des Herrn Christus und nicht der Geist weltlichen Herrschens in der Kirche unserer Väter bestimmend ist.
Im Gehorsam gegen den Herrn der Kirche liegt so starke einigende Kraft, daß wir trotz der Verschiedenheit der reformatorischen Bekenntnisse zu einem einheitlichen Wollen und Handeln in der Deutschen Evangelischen Kirche zusammenstehen können.
Der Bruderrat
Präses D. Koch, Bad Oeynhausen. Landesbischof D. Meiser, München. Landesbischof D. Wurm, Stuttgart ...

20 Meiser nach dem Empfang im kleinen Kreis: »Über Einzelheiten darf nicht gesprochen werden«, Kloppenburg-Protokoll, Bl. 71; vgl. dazu auch den kurzen Satz über den Empfang im ›Völkischen Beobachter‹ vom 31. 10. 1934.

21 RGG, 3. Auflage, Bd. I, Sp. 894.

22 Barth-Brief vom 17. 10. 1953 an W. Niemöller: ». . . Und so weiß ich nur noch, daß jenes Treffen von Breit, Asmussen und mir, von Präses Koch angeordnet, rund zehn Tage vor der Synode im ›Basler Hof‹ in Frankfurt stattfand und einen ganzen Tag dauerte, einschließlich eines dreistündigen Mittagsschlafes, dem sich die beiden Lutheraner hingaben, während ich, mit einem starken Kaffee und ein bis zwei Brasil-Zigarren versehen, den Text der sechs Sätze redigierte, dem die beiden anderen nach meiner Erinnerung an jenem Tag ohne Veränderungswünsche zustimmten . . .« (›Junge Kirche‹, 1974, S. 212).

23 Wilhelm Niemöller, Karl Barths Mitwirkung im deutschen Kirchenkampf, EvTh, 1953, S. 62.

24 Flugblatt, »Druck u. Versand: Westd. Jungmännerbund A.-G. W.-Barmen, Besenbruchstr. 28«.

Doch seit jenem 31. Mai 1934 attackieren lutherische Konfessionalisten das gemeinsame Bekenntnis gegen die Irrlehren der DC-Partei; denn für sie kommt spätestens seit dieser Barmer Bekenntnissynode zu jenen an Barth bereits aufgedeckten Makeln – Ausländer! Demokrat! Sozialdemokrat! – als ganz besonders belastend die Tatsache hinzu, daß Barth auch noch ein Reformierter, ein Calvinist ist[25]:

. . . Wie konnte man nur glauben, die Linie Lutherischer Theologie einhalten zu können, wenn Karl Barth an der Abfassung der ›Theologischen Erklärung‹ führend beteiligt war? . . .

Als dieser Reformierte dann auch noch in Dahlem von seinen reformierten Brüdern in den Rat der Deutschen Evangelischen Kirche gewählt wird, ist jede konfessionelle Toleranz Karl Barth gegenüber zu Ende[26]. Und es sind nicht allein lutherische Konfessionalisten in der Bekennenden Kirche, welche die Wahl Barths in das höchste Leitungsorgan der Bekennenden Kirche bedauern[27].

Als eine Woche nach dem Hitler-Empfang Reichsbischof Müller immer noch nicht zurückgetreten ist, statt dessen als Jäger-Nachfolger am 6. November der Reichsleiter der DC-Partei, Dr. Kinder, »mit der kommissarischen Wahrnehmung der Funktion eines rechtskundigen Mitgliedes des geistlichen Ministeriums beauftragt« wird[28], fordern die drei Bischöfe zusammen mit den missionarisch-diakonischen Verbänden und Werken der Deutschen Evangelischen Kirche noch am selben Tage Ludwig Müller öffentlich auf, sein Amt zur Verfügung zu stellen. Ein koordinierter Appell, dem sich der Verband der Deutschen Evangelischen Pfarrervereine mit »mehr als 15000 Pfarrern« und 127 theologische Hochschullehrer – ausgenommen

25 Paul Althaus, in: Lutherische Kirche, 7/1934, vgl. dazu auch seinen ›Ansbacher Ratschlag‹, in: AELKZ, 26/1934, Lilje in ›Junge Kirche‹, 1934, S. 692. Dazu Asmussen: »Barmen!«, ThEx 24, und W. Kolfhaus in RKZ vom 22. 7. 1934. Hermann Diem erinnert sich: »Als Althaus, offenbar als Delegierter von Bayern, auf der [Dahlemer] Synode auftauchte, sagte Karl Barth zu mir: ›Was tut denn der Althaus hier? Der soll doch zuerst Buße tun für seinen Ansbacher Ratschlag.‹« Hermann Diem, Ja oder Nein, 1974, S. 60. In diesem ›Ansbacher Ratschlag‹ kommen die Erlanger Lutheraner Althaus und Elert zu dem Schluß: »In dieser Erkenntnis danken wir als glaubende Christen Gott dem Herrn, daß er unserem Volk in seiner Not den Führer als ›frommen und getreuen Oberherrn‹ geschenkt hat und in der nationalsozialistischen Staatsordnung ›gut Regiment mit Zucht und Ehre‹ bereiten will. Wir wissen uns daher vor Gott verantwortlich, zu dem Werk des Führers in unserem Beruf und Stand mitzuhelfen.« Vgl.: Ernst Wolf, Barmen – Zwischen Versuchung und Gnade, 1957.

26 Prof. Dr. Joachim Beckmann, damals Mitglied des Reichsbruderrates und des Rates der Rheinischen Bekenntnissynode, wußte am 11. 9. 1975, im Gespräch mit dem Verfasser nach der Wirkung der Wahl Barths befragt, zu berichten, daß die Lutheraner die Hände über dem Kopf zusammenschlugen: Ausgerechnet *dieser* Mann! Und dann hätten die Erlanger Bischof Meiser gesagt: Sorg dafür, daß der da wegkommt (GBe).

27 Prof. Dr. Joachim Beckmann räumte im Gespräch am 11. 9. 1975, vom Verfasser nach *seiner* Beurteilung der Wahl Barths durch die Reformierten in den Rat der DEK befragt, ein, daß *er* das nie gemacht hätte. Als Sozialdemokrat und erklärter Gegner des Hitler-Staates hätte Barth nicht ins erste Glied gewählt werden dürfen (GBe).

28 AEOK; vertraulicher Bericht vom 15. 11. 1934 für D. Wurm.

natürlich Barth und seine Bonner Freunde – anschließen[29]. Der Reichsbruderrat hat zwar erst jüngst wieder mit der Verabschiedung von Richtlinien und Verordnungen zur Ausführung der Dahlemer Beschlüsse den Reichsbischof eindeutig als nicht existent erklärt, doch mag auch er bei dieser öffentlichen Groß-Aktion nicht abseits stehen. So fordert denn auch der Präses der Bekenntnissynode im Namen des Reichsbruderrates – zum Ärger des Mitgliedes Barth – am 6. November 1934:

> . . . daß der gegenwärtige Inhaber des Reichsbischofsamtes unverzüglich seinen Platz räumt und die Bahn freigibt für den Mann, den die Bekenntnissynode und die großen Verbände evangelischer Arbeit durch ihr Vertrauen zu unterstützen bereit sind.
> Der Präses
> [gez.] D. Koch

Der Staat ist nicht gewillt, Reichsbischof Ludwig Müller öffentlich zur Disposition stellen zu lassen. Noch am 6. November 1934 verbietet Innenminister Frick »bis auf weiteres alle Veröffentlichungen in Tagespresse, in Flugblättern und Flugschriften, die sich mit der Evangelischen Kirche befassen, ausgenommen amtliche Kundgebungen der Reichskirchenregierung.«
Am Mittwoch, dem 7. November 1934, dehnt Innenminister Frick seinen Erlaß vom Vortage auch auf »Kirchenzeitungen, Gemeinde-, Wochenblätter und Zeitschriften« aus, und Reichsbischof Müller antwortet Präses Koch:

> . . . daß ich nach ernster innerer Prüfung Ihrem an mich gestellten Ansinnen, von meinem Amt als Reichsbischof zurückzutreten, nicht entsprechen kann . . . Ich werde alles daran setzen, alle aufbauwilligen Kräfte zu sammeln, damit unser Volk die eine geeinte Deutsche Evangelische Kirche werde.
> Heil Hitler!
> [gez.] Ludwig Müller

Damit ist acht Tage nach Überreichung des Kirchenpapiers an Hitler und Frick unmißverständlich demonstriert, daß weder Reichsbischof noch Reichsregierung willens sind, den ihnen darin von den drei Bischöfen zugewiesenen Part zu erfüllen. Doch dessen ungeachtet, beginnen die drei Bischöfe nun um so entschiedener das zu realisieren, was sie in ihrem Kirchenpapier für den Bereich der Bekennenden Kirche fixiert haben.
Nach einer Fülle höchst vertraulicher Unterredungen – mit Reichsjustizminister Gürtner, Reichsfinanzminister Schwerin von Krosigk, dem Reichsleiter der DC-Partei Kinder und mit Regierungsdirektor Buttmann aus dem Reichsinnenministerium – ziehen die drei Kirchenführer in einer gemeinsamen Sitzung, an der neben weiteren Theologen ihres Vertrauens auch Präses Koch teilnimmt, noch am 7. November 1934 Zwischenbilanz. Das Ergebnis bischöflicher Geheimdiplomatie wird

29 Vgl. Junge Kirche vom 17. 11. 1934, S. 957–961, dort veröffentlicht als amtliche Mitteilung in der Spalte: »Aus der Reichskirche«.

sichtbar in zwei Schriftstücken, die am Freitag, dem 9. November 1934, in Berlin-Dahlem dem Reichsbruderrat zur Beratung und Beschlußfassung vorgelegt werden sollen: Ein Aufruf »An die Gemeinden der Deutschen Evangelischen Kirche«[30] und ein »Vorschlag« für eine »vorläufige Reichskirchenregierung«, entsprechend den Punkten II/1 und 2 des in der Reichskanzlei hinterlegten Kirchenpapiers.
Der »Aufruf« ist von den Professoren Schumann, Schniewind und Beyer initiiert und ganz bewußt – im Unterschied zu den auf strikte Scheidung zielenden Erklärungen von Barmen und Dahlem – gerade auch als Einladung an die Parteigänger der DC konzipiert. Es sollen zwar auch die Repräsentanten der drei im Rat der Deutschen Evangelischen Kirche vertretenen Konfessionen den Aufruf gemeinsam unterzeichnen; doch im Blick auf die umworbenen »Deutschen Christen« fordern die drei Professoren »Ersatz für Barth« und empfehlen eine »Erklärung des Bruderrates mit den Namen Koch – Breit – Niesel«. Und der seit dem 4. November in Berlin weilende Lic. Wilhelm Niesel, wohl Mitglied des Rates der altpreußischen Union, nicht aber des Reichsbruderrates, unterschreibt dann auch »in einem Lokal am Kurfürstendamm« auf Drängen und im Beisein der beiden Erstunterzeichner Breit und Koch noch am 7. November 1934 deren Aufruf »An die Gemeinden der Deutschen Evangelischen Kirche« als reformierter Dritter. »Hinterher« ist Barth-Freund Niesel verständlicherweise »nicht recht wohl dabei«[31].
Bei der zweiten Sitzungsvorlage handelt es sich um einen Kompromiß-»Vorschlag«. Denn bereits unmittelbar nach Hinterlegung des Kirchenpapiers in der Reichskanzlei gab es auch schon drei Kandidaten für das darin offerierte Amt des Reichsbischofsverwesers: D. Friedrich von Bodelschwingh, Vorsitzender der Arbeitsgemeinschaft der missionarisch-diakonischen Verbände und Werke der Deutschen Evangelischen Kirche; D. August Marahrens, Landesbischof der evangelisch-lutherischen Landeskirche Hannovers und Abt von Loccum; D. Karl Koch, Präses der Bekenntnissynode der Deutschen Evangelischen Kirche und Präses der westfälischen Bekenntnissynode. Doch keiner der drei Kandidaten vermag die Kriterien der verschiedenen Interessengruppen zu erfüllen. Nachdem Regierungsdirektor Buttmann, einer der engsten Vertrauten Hitlers[32], eindeutig zu verstehen gegeben hatte, »nur Marahrens komme in Frage«, zog bereits der als »Mann des *gesamten* Vertrauens« apostrophierte von Bodelschwingh seine Bewerbung zurück, und weil jetzt vor allem von reformierter und bekenntniskirchlicher Seite darauf verwiesen wurde, daß Bischof Marahrens nicht einmal Mitglied der Bekennenden Kirche sei und daß im Bereich seiner Landeskirche über »unterdrückte Kirchen« geklagt werde, formierte sich im Gegenzug auch eine einflußreiche Koalition gegen Präses Koch. Und nicht allein die Bischöfe Meiser und Wurm äußerten nunmehr offen »gegen Koch sehr starke Bedenken«; der Reichsleiter der DC-Partei, Dr. Kinder, mit dem wie-

30 Joachim Gauger, Chronik der Kirchenwirren, S. 389–391.

31 Prof. D. Dr. Dr. Wilhelm Niesel D.D. am 17. 1. 1975 auf Anfrage des Verfassers: »Ich sehe mich dort mit den beiden anderen sitzen über die Erklärung gebeugt . . . Mein ›Unwohlsein‹ bezog sich wohl auf den Inhalt, da ich einer ›Frontverbreiterung‹ immer abhold war und vielleicht auf die Frage, ob ich mit dieser Unterschrift meine Vollmacht nicht überzog« (PKNil).

32 Buttmann war evangelischer Bayer mit der Parteinummer 4. Dr. Gustav Heinemann notierte sich damals ein Wort, das in der BK über die Kirchenführer Meiser und Wurm die Runde machte: »Die Süddeutschen setzen nicht auf Gott, sondern auf Buttmann« (in: Werner Koch, Heinemann im Dritten Reich, 1972, S. 76).

derum seit Tagen das lutherische Ratsmitglied Breit Verbindung hielt, wollte sogar politische Bedenken in einem Gespräch mit Hitler konkretisieren, »wonach der Präses der Bekenntnissynode D. Koch-Oeynhausen sich abfällig über den bestehenden Staat geäußert« haben soll[33].
In dieser gespannten Atmosphäre ist es dann schließlich dem Gremium, das sich immerhin noch als »Rat der Deutschen Evangelischen Kirche« versteht, gelungen, für den immer noch erwarteten Fall des Müller-Rücktritts, den folgenden Kompromiß-›Vorschlag‹ zu bewerkstelligen[34]:

Der Rat der DEK hat in Vollzug der Dahlemer Botschaft aus der Überzeugung heraus, daß die DEK zur Zeit ohne kirchlich legitimes Regiment ist, ein Notregiment eingesetzt, bestehend aus den Herren: OKR Breit als Reichskirchenverweser, sowie Präses D. Koch, D. Merz, Konsistorialrat Baumann, Reichsgerichtsrat Dr. Flor.
Der Bruderrat wolle diesem Schritt seine Zustimmung geben . . .

Nur wenigen Eingeweihten ist während der zeitweise äußerst erregten Debatte des Reichsbruderrates am 9. November 1934 bekannt, daß längst ein Kirchenpapier bei Hitler hinterlegt worden ist, welches faktisch bereits diesen ›Vorschlag‹ enthält[35].
Die Mehrheit glaubt noch, die Befürworter dieses ›Vorschlages‹ durch Argumente von seiner Unmöglichkeit überzeugen zu können. Martin Niemöller empört sich beispielsweise: »Geht ja gar nicht: [die] Deutsche Evangelische Kirche *hat* ein kirchliches Regiment. Wer das nicht anerkennt soll weggehen«! Und während der »Aufruf an die Gemeinden« den Reichsbruderrat noch passiert, allerdings nur – unterzeichnet von Breit, Koch und *Niesel* – als »persönliche Erklärung dieser 3« herausgehen darf, können Asmussen, Barth, D. Hesse, Immer und Martin Niemöller gerade noch verhindern, daß der Reichsbruderrat am 9. November über diesen ›Vorschlag‹ abstimmt. Aber selbst die Reformierten haben inzwischen eingesehen, daß ihre Wahl Barths in den Rat der Deutschen Evangelischen Kirche kirchenpolitisch nicht besonders klug gewesen ist. Unter dem Eindruck der Sitzung des Reichsbruderrates macht Pastor Karl Immer am 10. November 1934 nun auch seinerseits einen Kompromiß-›Vorschlag‹: In einem vertraulichen Brief an Präses Koch verzichten nun selbst die Reformierten auf Karl Barth:

. . . Die Leitung der Deutschen Evangelischen Kirche liegt nach wie vor beim Bruderrat der Bekenntnissynode. Dieser bestellt ein Notkirchenregiment, das ihm verantwortlich ist. Es besteht aus den Brüdern Breit, Lücking, Kloppenburg, Baumann, Flor, denen die Brüder Asmussen und Fiedler als Reichskirchenräte zugeordnet werden . . .

33 Vertraulicher Bericht für D. Wurm, a.a.O., S. 2: »D. Koch soll gesagt haben, es lohne sich kaum, mit dem gegenwärtigen Staat zu verhandeln, da er doch nur von kurzer Dauer sein werde.«
34 Die beiden Ratsmitglieder Barth und Niemöller haben an dieser Besprechung nicht teilgenommen; vgl. Kloppenburg-Protokoll, Bl. 83.
35 Als Prof. Dr. Joachim Beckmann am 11. 9. 1975 vom Verfasser gefragt wurde, ob er das Kirchenpapier der Bischöfe gekannt habe, versicherte er, daß es nicht nur ihm völlig unbekannt gewesen sei, sondern seines Wissens auch allen anderen Mitgliedern des Reichsbruderrates (GBe).

So ist nach dem faktischen Sturz des Rates vom 30. Oktober in der Reichskanzlei der formale nur noch eine Frage der Zeit. Die Verhinderung der Entscheidung vom 9. November nutzen die drei Bischöfe unter Mitwirkung zahlreicher Gehilfen in Staat und Bekennender Kirche sogar noch für ihre lutherischen Ziele erfolgreich aus. Binnen weniger Tage wird der Kompromiß-Kandidat Breit gegen den lutherischen und staatlichen Wunsch-Kandidaten Marahrens ausgetauscht. Und bis zur Sitzung des Reichsbruderrates am 20. November 1934 bestimmen von nun an vornehmlich nur noch zwei Namen die kirchenpolitische Diskussion: Barth und Marahrens.
Noch am 16. November zieht Canon Peter Green im Manchester Guardian in seinem 240zeiligen Beitrag »Karl Barth – The Man and His Message« Bilanz:

... To sum up, we may say that Barth's leading ideas are the allness of God, the nothingness of man, an the instant and urgent need of grace. Little wounder that his teaching, given with conviction, has meant something like a national revival in the Lutheran and the Reformed Churches in Germany and has given the Churches whatever spirit they have displayed to resist Nazi domination. Yet, strange as it sounds, Barth's teaching is a reflection, in the world of theology, of that desire for authority wich bulks so large in polities in Europe. Over against the authorithy of the totalitarian State Barth sets the authorithy of the omnipotent God.

Doch zu ebendieser Zeit geben die Lutheraner in Deutschland ein mehrseitiges »Memorandum zur kirchlichen Lage und kirchlichen Aufgabe«, von Professor Dr. Walter Künneth, Berlin, in Umlauf, in welchem es schon auf der ersten Seite heißt[36]:

... Das Übergewicht des Einflusses der Theologie Karl Barths innerhalb des Bruderrates und der Bekenntnissynode ist offenkundig. Das ist um so beachtlicher, als vom Standpunkt der lutherischen Theologie aus die theologische Erklärung der Barmer Synode als völlig unzulänglich bezeichnet werden muß ... Das Anliegen des Luthertums vermag im Bruderrat keine sachgemäße Vertretung zu finden ...

Barth seinerseits klärt unterdessen ratlose Lutheraner über den lutherischen Landesbischof D. August Marahrens auf[37]:

... M. war bisher nach seiner ganzen Haltung ein geradezu klassischer Vertreter *des* deutschen Luthertums, das in den gegenwärtigen Kämpfen zwar gewillt ist, seinen dogmatischen Bestand zu konservieren und seinen rechtlichen womöglich (in der Richtung einer ›lutherischen Reichskirche‹) zu erweitern, das aber dem durch das Auftreten der DC und durch das Wirken der Müller-Regierung aufgerufenen grundsätzlichen Gegensatz (Soll die Kirche ihrem Bekenntnis gemäß *leben* und *handeln* oder nicht?) im Grunde

36 In: Wilhelm Niemöller, Aus dem Leben eines Bekenntnispfarrers, 1961, S. 161f.
37 AEKW; Barth-Brief vom 18. 11. 1934 an den Lübecker Pastor Wilhelm Jannasch.

neutral gegenübersteht und das entschlossen ist, seine Geschäfte immer gerade mit demjenigen zu machen, der ihm im Augenblick zur Wahrung seiner historischen Belange am meisten zu bieten hat. In diesem Sinne hat M. zugleich mit dem R.B. Müller zusammengearbeitet, dann doch auch mit der Bekenntnisgemeinschaft ein Stück weit (ohne sich zu kompromittieren!) sympathisiert und noch bis in die neueste Zeit notorisch auch mit Leuten wie Oberheid[38] verhandeln können . . .

Zum Sprecher der Nationalsozialisten innerhalb der Bekennenden Kirche machen sich leitende Berliner Kirchenjuristen, indem sie hinsichtlich Barths den Vorsitzenden des Pfarrernotbundes, Martin Niemöller, wissen lassen[39]:

. . . Während die Einstellung Karl Barths und anderer Herren des Bruderrates der Bekennenden Kirche dem Nationalsozialismus gegenüber ausgesprochen skeptisch erscheint, sind wir als evangelische Christen Nationalsozialisten. Wir sind das nicht auf »Grund einer zweiten Offenbarungsquelle«. Wir sind deshalb der Ansicht, daß man als Deutscher auch Kirchenpolitik heute nicht unter Mißachtung der einem Nationalsozialisten selbstverständlichen Gebote treiben kann. Hierbei denken wir auch an die Personalpolitik des Bruderrates . . .

Bischof Marahrens endlich bringt während eines Gespräches mit dem Münchner

38 Marahrens schlug in jenen Tagen den »radikalen Deutschen Christen« Oberheid für eine Professur an der Universität Marburg vor. Pastor Dr. Heinrich Oberheid war »alter Vorkämpfer der Glaubensbewegung Deutsche Christen« (Völkischer Beobachter vom 6. 10. 1933), Mitglied der 1. Nationalsynode, September 1933, und wurde am 10. 10. 1933 nach dort verabschiedetem Bistumsgesetz zum Bischof des neu gebildeten Bistums Köln/Aachen bestellt. »An diesem Tag wurde die alte rheinische Kirche mit ihrer großen Tradition zu Grabe getragen« (Erklärung der reformierten Bekenntnisgemeinden der rheinischen Kirche, in: Junge Kirche vom 16. 11. 1933, S. 319 f.). Wegen des starken Widerstandes im Rheinland verzichtete Oberheid auf den Bischofstitel und nannte sich »Landespfarrer«. Am 22. 12. 1933 berief Reichsbischof Müller Oberheid zu seinem »Vikar« als ›Chef des Stabes‹. Damit wurde der rheinische Bischof »zur Mitwirkung in der Reichskirchenregierung« von seinem Bischofsamt »beurlaubt«. Zu seinen ersten Amtshandlungen als ›Reichsvikar‹ gehörte die Versetzung des Präses der westfälischen Bekenntnissynode, D. Karl Koch, in den einstweiligen Ruhestand. M. Niemöller zu den Merkmalen der Oberheid-Karriere: ». . . bald gewann es – hauptsächlich unter dem Einfluß von Dr. Oberheid – den Anschein, als sollte ein radikaler Kurs gesteuert werden, der sich von der Linie des Herrn Krause vom Sportpalast nur durch Hinzukommen einer rücksichtslosen Gewaltanwendung unterschied« (›Junge Kirche‹ vom 20. 2. 1934, S. 140). Im Juni 1934 mußte ihn der Reichsbischof aus kirchenpolitischen Rücksichten in Urlaub schicken, »aus dem er in sein Amt nicht zurückkehren wird« (Frankfurter Zeitung vom 17. 6. 1934). Die ›Junge Kirche‹ vermutete am 1. 7. 1934 richtig: »Dr. Oberheid soll scheinbar auch sein Amt als Bischof bzw. Landespfarrer im Rheinland verlieren.« Für Marahrens Grund genug, sich für Oberheid – trotz gegenteiliger Absprache mit Niemöller am 30. 10. 1934 – mit Schreiben vom 31. 10. 1934 an den Dekan der evangelisch-theologischen Fakultät Marburg, Prof. Emil Balla, für Oberheid zu verwenden.

39 AEKHN, Brief der Juristen Ranke, Riehm und Ruppel vom 20. 11. 1934.

Dekan Friedrich Langenfaß alle Probleme der Deutschen Evangelischen Kirche auf einen gemeinsamen Nenner[40]:

... Nicht wahr, darüber sind wir uns einig, daß gegenwärtig Karl Barth die größte Gefahr für die Deutsche Evangelische Kirche ist ...

Und als der Reichsbruderrat am Dienstag, dem 20. November 1934, um 10 Uhr im Berliner St. Michaelshospiz zusammentritt, hat sich Marahrens sogar schon bei der Mehrheit der unierten Mitglieder durchgesetzt. Der ›Vorschlag‹ heißt jetzt: Marahrens als Reichsbischofsverweser, Koch, Breit, Baumann und Flor. Allein die Reformierten geben Fragen auf: Werden sie in dem ›Vorschlag‹ der Bischöfe den reformierten Baumann akzeptieren? Werden sie einen anderen Vertreter – gar Barth – benennen? Werden die Reformierten überhaupt in ein Kabinett Marahrens eintreten? Gegen Abend treibt die Auseinandersetzung ihrem Höhepunkt zu[41]:

Koch: Meine Einsicht verlangt von mir, die Reformierten zu bitten, vorbehaltlich synodaler Zustimmung, doch jemand zu benennen. Herr Professor Barth, ich maße mir nicht an, mit Ihnen zu diskutieren. Herr Professor, jetzt habe ich die Überzeugung, es wäre recht, sich nicht ganz zu verschließen. Eine Art sechster Sinn sagt mir das.
Barth: Ich kann hier nur mit fünf Sinnen reden. Barmen und Dahlem ist jetzt entscheidend verlassen. Marahrens ist Exponent einer Stellung, mit deren Vertretern ich wohl zusammenarbeiten kann, die aber, wenn sie an die Führung kommt, Verlassen des Bodens von Dahlem bedeutet. Ich meine die Haltung, die auch von Meiser und Breit vertreten wurde. Meisers Hirtenbrief ist z. B. Ende der Synode von Barmen. Hier muß ich mit Immer und Asmussen sagen: Ich kann auf diesem Boden nicht mitarbeiten. Nur eine Frage: Liegt dies wirklich in Kompetenz des Bruderrates? Aber meine Mitarbeit könnte [selbst] von der Entscheidung der Bekenntnissynode nicht abhängen.
Die ganze Aktion im Bruderrat, vom Verlassen der Ausarbeitung der Richtlinien an, war unsachlich und unnötig. Daß Sie uns auch Marahrens nicht ersparen konnten – muß Sie verstehen machen, daß auch wir nicht ersparen können wegzubleiben. Ich bin gekommen. Ich bin auch bereit, wieder in die Opposition zu gehen. –

In den folgenden »nächtlichen Tumulten im St. Michaelshospiz«[42] spricht der Vertreter von Landesbischof Wurm, Oberkirchenrat Pressel, endlich aus, was die Mehrheit seiner Kollegen im Reichsbruderrat über den »Vater der Bekennenden

40 Korrespondenz des Verfassers mit Martin Eras, August 1975; vgl. dazu Brief E. Wolf an Bultmann vom 26. 11. 1934, und Martin Eras, in: Antwort, 1956, Festschrift für Karl Barth zum 70. Geburtstag, S. 877.
41 Kloppenburg-Protokoll, Bl. 102.
42 PKGTr, Barth-Brief vom 29. 6. 1946 an Martin Niemöller.

Kirche« seit langem denkt: daß Barth für die Bekennende Kirche eine unerträgliche »Belastung« ist – in konfessioneller wie in politischer Hinsicht. Da meldet sich Barth nach Mitternacht – es ist inzwischen Buß- und Bettag – noch einmal kurz zu Wort[43]:

Barth: Ich muß meinen Auftrag den Reformierten zurückgeben. Pressel hat mir gesagt, ich sei Belastung. Ich sehe, daß der Bruderrat im Ganzen entschlossen ist, eine falsche Richtung zu gehen. Dann ist für mich keine Möglichkeit. *Die* kann ich nicht verantworten.
Koch: Das ist sehr schmerzlich. Aber wir müssen morgen noch einmal einen Versuch machen.

Dann unterbricht Präses Koch die Sitzung bis 16.30 Uhr. Aber als der Reichsbruderrat am Bußtagnachmittag erneut zusammentritt, stellt Koch verärgert fest, »daß die Reformierten ohne offizielle Mitteilung abgereist sind«[44]:

Müller: . . . Die Reformierten waren doch nicht nur Querköpfe . . . Stoßen Sie diese Brüder nicht zurück. Was nützt uns ein Kabinett ohne die Reformierten. – . . . Suchen Sie eine Lösung, die den Bruderrat *nicht* zerbricht. Bruderrat ohne Reformierte hat Sinn verloren. – . . .
Meiser: . . . Mit den Reformierten würden wir zahlenmäßig weniger verlieren, als bei Verzicht auf Marahrens . . . Name Marahrens gibt sofort erträglicheres Verhältnis zum Staat. Wir können dem verwundeten Staat nicht zu viele Belastungsproben auferlegen. – Unsere alten Parteigenossen bitten immer: jetzt keinen Konflikt mit dem Staat!! damit der Zwang, der sich dann evtl. entlädt, nicht auf unser Haupt prasselt . . .
Koch: Ich nehme es den Reformierten *übel,* daß sie abgereist sind. Ich bin sehr befangen. Ich mag mich nicht gern von vielen trennen. Aber ich weiß, die Stunde drängt. Die Stunde drängt! Machen Sie mit meinem Namen, was Sie wollen . . .
v. Soden: . . . Ich kann in der Person von Marahrens kein entscheidendes Hindernis sehen. – Ich kann auch *keinem* Teil der Kirche ein Vetorecht in *solcher* Stunde einräumen. Lassen Sie *uns* einen Reformierten vorschlagen und fragen, ob sie den wollen . . .
Hahn: . . . Beckmann soll mit den Reformierten reden, daß sie Kabinett mit Baumann vorläufig tolerieren . . .
Beckmann: Ich sehe keine Möglichkeit zu zögern. Vier Gründe für Zustimmung:
1. Grundlage der Vereinbarung erfüllt ja unsere Forderungen (Dahlem und Barmen!), damit *tritt* er [Marahrens] auf unseren Boden. Man kann auch nicht sagen, in Hannover sei *nichts* geschehen.
2. Koch hat sich dafür erklärt.
3. Die ökumenische Bedeutung von Marahrens.

43 Kloppenburg-Protokoll, Bl. 107.
44 Kloppenburg-Protokoll, Bl. 107–112.

4. Staat handelt immer nach der Stärke der Bataillone. Erweist es sich, daß hier hinter die Kirche tritt, dann ist Müller erledigt.
Die Reformierten hätten nicht ohne weiteres abzureisen brauchen. Sie haben sich dadurch ins Unrecht gesetzt.
Flor: Ich gehe weitgehend mit Beckmann, die hier Anwesenden sind bereit, ihre Bedenken fallen zu lassen. Aber ohne die Reformierten geht es *nicht.* Wegfallen lassen können wir sie *nicht!* Die alte Kampffront *muß* zusammengehalten werden.
Asmussen: Dieser Vorschlag [des reformierten Baumann] *darf* nicht als Vorschlag des *Bruderrates* herauskommen.
Fiedler: Am Problematischsten ist nur das Ausscheiden Barth-Niemöller.
Hahn: Barths Charisma ist *nicht* auf diesem Gebiete.
Jacobi: Denken Sie daran, daß es Barth war, der alle diese Dinge *sah.*
Hahn: Ich will ihn ja *weiter* hören . . .

Und dann solidarisiert sich der Stettiner Konsistorialrat Baumann mit Barth und den anderen Reformierten. Er zieht seine seit dem 9. November bestehende Kandidatur zurück, so daß am späten Abend des Buß- und Bettages 1934 keine Entscheidung mehr fallen kann. Doch seit Hinterlegung des Kirchenpapiers in der Reichskanzlei stehen die Bischöfe unter Erfolgszwang. Darum drängt am Donnerstagmorgen, am 22. November, um 10 Uhr, der Lutherische Rat in Leipzig auf sofortige Entscheidung[45]:

Meiser: . . . Es hat sich herausgestellt, daß mit Barth Kirche nicht zu bauen ist . . . Vielleicht tritt Humburg ins Kabinett ein[46]. Kabinett ohne Reformierte wird Regierung nicht anerkennen . . .

45 Kloppenburg-Protokoll, Bl. 24–33.
46 Paul Humburg, geboren 1878 in Köln-Mülheim, hatte sich sowohl als Generalsekretär der Deutschen Christlichen Studentenvereinigung (1919–1921) als auch als Bundeswart des Westdeutschen Jungmännerbundes (1921–1929) bereits in deutschen Landeskirchen einen Namen gemacht, ehe er 1929 Pfarrer der Evangelisch-Reformierten Gemeinde Barmen-Gemarke wurde. Einst in höchstem Maße kaisertreu, bekannte er sich seit 1933 politisch zu Adolf Hitler – am 1. Mai 1933 sogar mit einem eigenen Hymnus zur Melodie des Horst-Wessel-Liedes: »Der Tag bricht an, der Tag bricht an! / Jungdeutschland stillgestanden! / Zum heilgen Schwur empor die treue Hand! / Deutschland erwacht aus Not, aus Bruderzwist und Banden; / Heil dir, mein einges deutsches Vaterland! . . . Das Alte sinkt, das Alte sinkt! / Aus Blut und Kriegesgrauen strahlt neuer Lenz! / Durch Schanden und Verrat bricht durch ein Mann; / Millionen folgen voll Vertrauen. / Sein Wort und Wille reißt zu Sturm und Tat . . . Die Sonne steigt, die Sonne steigt! / Wir rüsten uns zum Streite, / Zum Opfer trotz der Feinde Haß und Hohn. / Auf, Brüder, Tritt gefaßt, wir schreiten Seit an Seite. / Mit Adolf Hitler, Deutschlands treuestem Sohn . . . Die Hand ans Werk, die Hand ans Werk! / Jungdeutschland wagts aufs Neue! / ›Deutschland‹ das Feldgeschrei in Not und Tod. / Der Führer ruft; wir alle jubeln ›Treu um Treue!‹ / Vor uns der Tag! Und unsere Burg ist Gott . . .« Humburgs »Adolf-Hitler-Lied« fand vor allem unter der Evangelischen Jugend im Reich weite Verbreitung, so durch einen Sonderdruck des CVJM-Westbundes und in den Zeitschriften »Der Ruf« (1933) und »Spielet dem Herrn« (1933). Als der Kandidat für das Amt des rheinischen Präses wenige Wochen vor der Essener Synode zu seinem Hitler-Hymnus befragt wurde, antwortete Humburg am 12. 4.

Kloppenburg: Hahn und ich wollen ins Rheinland fahren [um mit dem Präses der Rheinischen Bekenntnissynode, D. Paul Humburg, zu sprechen] . . .
Lilje: Humburg ist in Berlin . . .

Schnell ist die Verbindung hergestellt, und dort in Berlin wird Humburg alsbald von den Brüdern Asmussen und von Thadden bestürmt, den Ruf anzunehmen, damit nur ja nicht an diesem Donnerstag in Leipzig die ›Lutherische Reichskirche‹ ausgerufen werde[47]:

. . . Dr. von Thadden wies darauf hin, daß bei einem Versagen des Reichsbruderrates in dieser Stunde und für den Fall, daß die Lutheraner ein Kirchenregiment herausstellen, auch in Pommern viele Pastoren diesem Kabinett zufallen würden; es würden sich freudig auch eine Menge DC diesem Kabinett zuordnen und gerade das innerste Anliegen unserer Bekenntnissynode . . . würde uns völlig aus der Hand genommen. Der Bekenntniskampf ist nur so zu kämpfen, daß wir die Leitung in der Hand behalten . . . Asmussen: Ihr dürft mich und die mit mir im selben Sinne gekämpft haben, nicht im Stich lassen. In einer von den Erlangern geführten Kirche[48] haben wir keinen Platz. Ich habe gekämpft auch für die Reformierten und Unierten. Wenn die Reformierten jetzt nicht mittun, »dann seid Ihr ein Anhängsel an die deutsche Kirche, aber steht nicht mehr in der DEK«. In voller Achtung der Befürchtungen, die ich habe, bitte ich Humburg dringend, den Schritt zu wagen . . .

Präses Humburg beugt sich diesem Druck, und der Verbindungsmann in Leipzig, Heinz Kloppenburg, übermittelt seinen wartenden Kollegen des Lutherischen Rates die »Nachricht, daß Humburg angenommen hat«. Jetzt eilt Bischof Meiser zum Telefon. Er verlangt von Oberkirchenrat Breit, der sich ebenfalls noch in Berlin aufhält, eine sofortige Entscheidung des Reichsbruderrates unter der Drohung, »es sei vorauszusehen, daß, wenn der Bruderrat zu keiner Entscheidung komme, am Abend noch die Lutherischen von sich aus eine Kirchenregierung herausstellen würden«[49]. In Berlin sind aber nur noch sieben Mitglieder des Reichsbruderrates zur Stelle: Asmussen, Beckmann, Breit, Fiedler, Jacobi, Koch und von Thadden. Doch angesichts der Meiser-Drohung beschließen am Ende diese sieben Brüder – mit einer Mehrheit von sechs Stimmen[50] – den Sturz des gewählten Rates der Deutschen Evangelischen

1934 unter anderem: »Das Lied ist voll und ganz Ausdruck meiner Verehrung für Adolf Hitler.« Am 15. 5. 1934 wählte die Freie Evangelische Synode im Rheinland den bekennenden Pfarrer und politischen Dichter aus Barmen-Gemarke zum Präses der Rheinischen Bekenntnissynode (vgl. Robert Steiner, Paul Humburg und das nationale Bewußtsein, in: Monatshefte für Evangelische Kirchengeschichte des Rheinlandes, 1975, S. 65–110).

47 Brief und Bericht vom 22./23. 11. 1934 von Humburg an Baumann.

48 Siehe Anm. 25, Kap. 2, und 26, Kap. 2.

49 Bericht vom 23. 11. 1934 von Humburg an Baumann.

50 Asmussen konnte dieses Verfahren nicht billigen. Er beteiligte sich nicht an der Abstimmung.

Kirche. Durch diesen Scheinbeschluß wird formal zu Ende gebracht, was die drei Bischöfe am Vorabend des Reformationsfestes in der Reichskanzlei faktisch vollzogen haben. Das Papier-Kabinett der Punkte II/1 und 2 trägt jetzt Rang und Namen. Die Minderheit des Reichsbruderrates ist sich der Anfechtbarkeit ihres brisanten Beschlusses wohl bewußt, deshalb nimmt sie dieses denkwürdige Ereignis in der bewegten Geschichte der Bekennenden Kirche in Anwesenheit der Gäste Baumann und Humburg folgendermaßen zu Protokoll:

... Die oben genannten anwesenden Mitglieder des Bruderrates sind überzeugt, daß sie im Sinn der überwiegenden Mehrheit des Bruderrates handeln, wenn sie den in Frage kommenden Vorschlag über die Einsetzung eines vorläufigen Kirchenregimentes der DEK zur Ausführung bringen, wobei an die Stelle des im Vorschlag genannten D. Baumann Pastor D. Humburg-Wuppertal-Barmen tritt. D. Humburg war seinerseits mit seiner Benennung einverstanden. Die Mitglieder, in deren Namen die anwesenden Mitglieder zu handeln sich berechtigt glauben, sind, wie übereinstimmend festgestellt wird: Koch, Fiedler, Flor, Kloppenburg, von Arnim, Wurm, Meiser, Viebig, Breit, Hahn, von Thadden, von Soden, Lücking, Beckmann, Bosse, Jacobi.

Nach Bekanntwerden dieser Entwicklung treten die Brüder Barth, D. Hesse, Immer und Martin Niemöller noch am 22. November aus dem Reichsbruderrat aus. Der Lutheraner Asmussen beläßt es bei einem verbalen Protest, nachdem er »bei jener Gründung der Vorläufigen Leitung von Männern mit Namen unter Geltendmachung aller geistlichen und weltlichen Gründe bearbeitet« worden ist[51].
Wie ein Lauffeuer verbreiten sich die Nachrichten von den Berliner Ereignissen in der deutschen Pfarrerschaft. Schon am Freitag, dem 23. November 1934, schickt Präses Kurt Scharf im Namen und Auftrag von mehr als 350 Bekenntnispfarrern der Kirchenprovinz Brandenburg an Barth die folgende Entschließung:

... Bei vollem Verständnis für Ihre in den Beratungen um die Bestellung des Kirchenregimentes eingenommene Haltung und von denselben schweren Besorgnissen für die Zukunft der Bekenntniskirche erfüllt, bitten wir angesichts der Unmöglichkeit einer anderen Lösung auf das herzlichste und dringlichste, Ihren Sitz im Reichsbruderrat doch wieder einzunehmen, da uns Ihr Fernbleiben von dem Gremium, in dessen Händen die Aufsicht über das Kirchenregiment liegt, vollends mit schwersten Besorgnissen für die kommenden Entscheidungen erfüllen würde ...

Diese und andere Appelle können Barth jedoch nicht zur Rückkehr bewegen. Die drei Bischöfe Marahrens, Meiser und Wurm bestätigen inzwischen die Erfüllung der Punkte II/1 und 2 ihres Hitler angedienten Kirchenpapiers durch die »Vereinbarung über die Bestellung eines vorläufigen Kirchenregiments der Deutschen Evangelischen Kirche« mit dem Reichsbruderrat[52]:

51 Hans Asmussen, Begegnungen, 1936 (zu Barths 50. Geburtstag), S. 31.
52 Kurt Dietrich Schmidt, Bekenntnisse des Jahres 1934, S. 174f.

. . . Zur Erhaltung der in der Verfassung der Deutschen Evangelischen Kirche vom 11. Juli 1933 begründeten Einheit der Deutschen Evangelischen Kirche[53] sind der Bruderrat der Deutschen Evangelischen Kirche und die Leiter der Landeskirchen von Hannover (lutherisch), Württemberg und Bayern übereingekommen, als vorläufiges Kirchenregiment der Deutschen Evangelischen Kirche einzusetzen die Herren: 1. Landesbischof D. Marahrens, 2. Präses D. Koch, 3. Oberkirchenrat Breit, 4. Pfarrer D. Humburg 5. Reichsgerichtsrat Flor . . .

Reichsjustizminister Gürtner verweigert jedoch schon am 23. November die erforderliche und von den Bischöfen erwartete Freistellung von Reichsgerichtsrat Flor für dessen neues kirchliches Amt, das nur hauptamtlich wahrgenommen werden kann, so daß bereits am Geburtstag der ›Vorläufigen Leitung‹ ein Stellvertreter eingesetzt werden muß: Dr. Eberhard Fiedler.
Die Ereignisse der letzten Wochen haben sich derart überstürzt, daß sich am Totensonntag unter etlichen Gemeinden der Bekennenden Kirche Verwirrung ausbreitet, als sie nämlich aus druckfrischen Flugblättern und Kanzelabkündigungen letztlich von der Existenz zweier Kirchenleitungen erfahren[54]. Da kursiert das von Koch, Breit und Niesel unterzeichnete Flugblatt, das den in Dahlem gewählten Sechser-›Rat der DEK‹ mit den Brüdern Koch, Asmussen, Breit, Barth, Fiedler und Niemöller präsentiert[55]:

. . . Die neue Kirchenleitung ist da. Die Bekenntnissynode hat ein Notkirchenregiment bestellt. Es wird den Wiederaufbau der zerstörten Kirchen entschlossen in die Wege leiten . . . Kommt zu uns! Schließt euch mit uns im Kampf zusammen . . .

53 Das Gesetz vom 14. Juli 1933, von Hitler und Frick unterzeichnet, setzte diese Verfassung am 15. Juli 1933 in Kraft, in deren Präambel die Einheit der DEK beschworen wurde (Hervorhebungen vom Verfasser): »In der Stunde, da Gott unser deutsches Volk eine große geschichtliche Wende erleben läßt, verbinden sich die deutschen evangelischen Kirchen in Fortführung und Vollendung der durch den Deutschen evangelischen Kirchenbund eingeleiteten *Einigung* zu *einer einigen* Deutschen Evangelischen Kirche. Sie *vereinigt* die aus der Reformation erwachsenen gleichberechtigt nebeneinanderstehenden Bekenntnisse in einem feierlichen Bunde und bezeugt dadurch: ›Ein Leib und ein Geist, ein Herr, ein Glaube, eine Taufe, ein Gott und Vater unser aller, der da ist über allem und durch alle und in allem‹« (vgl. Gauger, Chronik, a.a.O., S. 69f.).

54 Eine Woche später schon mußte sich die Vorläufige Leitung gegenüber den beunruhigten Gemeinden in einem »Grußwort« erneut erklären: »Wir betrachten uns als einen Vertrauensrat zur Ordnung und Befriedung der Deutschen Evangelischen Kirche . . . Unser Ziel ist nicht die Freikirche. D. Martin Luther hat es unsere Kirche gelehrt, jedem Gliede unseres Volkes nachzugehen . . . Die demokratische Massenwahl soll einer Ordnung nach biblischen Grundsätzen weichen . . . In treuer Liebe gedenken wir unseres Volkes, gehorsam gegen Staat und Obrigkeit. Zeiten des Umbruchs sind für ein Volk schwere Zeiten. In ihnen bedürfen die Führer des Volkes in besonderer Weise der Fürbitte und Mitarbeit aller Getreuen. Die Kirche enthält sich jeder politischen Einmischung. Mit Ernst lehnen wir es ab, die Kirche zur Zufluchtsstätte politisch unzufriedener Menschen werden zu lassen . . . Laßt uns wissen, daß ihr diesen unseren Ruf hört und bereit seid, mit uns die Hand ans Werk zu legen. Liebe Brüder, betet für uns!« (vgl. Gauger, Chronik, a.a.O., S. 395).

55 AEOK.

Gleichzeitig suchen durch Flugblatt und Kanzelabkündigung die Brüder Marahrens, Koch, Breit, Humburg und Fiedler beredt die Gefolgschaft der Bekenner[56]:

. . . Wir ergreifen in dieser Stunde höchster Gefahr die Leitung der Deutschen Evangelischen Kirche und wissen uns getragen vom Vertrauen des gesamten im Kampf um Bekenntnis und Verfassung stehenden evangelischen Deutschland . . .
Gott möge uns helfen, das uns anvertraute Amt vom Evangelium her wahrhaft geistlich zu führen, und unser Tun segnen. In Gehorsam gegen den Herrn der Kirche, in Liebe zu unserem Volk und in Treue gegen Führer und Obrigkeit legen wir die Hände ans Werk.
Landesbischof D. Marahrens, Präses D. Koch, Oberkirchenrat Breit, D. Humburg, Pfarrer, Das juristische Mitglied. In Vertretung: Dr. Fiedler.

Von der innerkirchlichen Entwicklung ist der NS-Staat insofern befriedigt, daß nun Karl Barth endlich keine kirchenpolitische Rolle mehr spielt. Das ist für ihn das Signal, jetzt auch staatlicherseits mit der Ausschaltung des Staatsbeamten Karl Barth zu beginnen. Seitdem nämlich der Bonner Theologe keinerlei bekenntniskirchliches Leitungsamt mehr bekleidet und die Verärgerung über den ›Vater der Bekennenden Kirche‹ wegen der jüngsten Auseinandersetzungen gerade innerhalb der Bekennenden Kirche ganz erheblich ist, braucht der NS-Staat weder innen- noch außenpolitische Rücksichten mehr zu nehmen. So wird bereits am Montag, dem 26. November 1934, von Minister Rust den Ministerialbeamten in Berlin die Erlaubnis erteilt, nun endlich und schnellstens mit dem Theologieprofessor Barth kurzen Prozeß zu machen. Barth ahnt an diesem Montagmorgen noch nichts von der Emsigkeit der Staatssekretäre und von den hektischen Tüfteleien der Juristen, als er seinem Freund Hermann Diem die bekenntniskirchliche Lage skizziert[57]:

. . . Die Einsetzung des Notkirchenregiments Marahrens, für die sich gerade auch die württembergischen Vertreter und insbesondere auch Pressel sehr leidenschaftlich verwandten, ist in meinen Augen ein Schritt, der aufs tiefste zu bedauern ist und eine unabsehbare Gefahr für die ganze Bekenntnissache darstellt. Ich hatte in den letzten Wochen Gelegenheit, die Motive kennen zu lernen, aus denen dieser Schritt getan wurde, und kann sie nur als ein Abweichen von dem einfältigen Weg des Glaubens bezeichnen und als einen Verrat an säkulare Gesichtspunkte (Rückkehr zum System der Orientierung am Staate – Verbreiterung der Front durch theologische Er-

56 Kurt Dietrich Schmidt, Bekenntnisse des Jahres 1934, S. 175f.

57 AEOK; Hermann Diem war Mitglied der württembergischen Sozietät, die noch erst am 21. 11. 1934 Bischof Wurm einen engagierten Brief geschrieben hatte: »Das Empörendste aber ist die Unterschlagung der Berliner Botschaft . . . aus taktischen Gründen. Man kann das nicht anders als mit dem Ausdruck ›doppeltes Spiel‹ bezeichnen.« Unterzeichner: Diem, Ebersbach-Fils; Fausel, Heimsbach; Fuchs, Winzerhausen; Goes, Ohmenhausen; Link, Tübingen; Sannwald, Stuttgart; Schempp, Iptingen; Widmann, Plieningen. Wurm vermerkte handschriftlich zu den Unterschriften: »Ich habe dieses törichte und anmaßende Schreiben Pressel gegeben, der den Herrschaften wohl einiges gesagt haben wird.«

weichung – lutherische Reichskirche!). Ich bin unter diesen Umständen freiwillig – und mit mir haben ohne vorherige Verständigung dasselbe Asmussen[58], Niemöller, Hesse und Immer getan – aus dem Reichsbruderrat ausgeschieden.
Den Brief von Herrn Goes an den Landesbischof bekam ich heute auf Umwegen zu Gesicht und kann ihm nur in allen Teilen zustimmen. Es grüßt Sie und Ihre Freunde, denen diesen Brief zu zeigen ich Sie bitte, sowie Ihre Frau samt der kleinen Regine
herzlich Ihr
[gez.] Karl Barth
Ein Durchschlag dieses Briefes geht an Pressel.

58 Barth nahm noch eine Zeitlang irrtümlich an, auch Asmussen sei aus dem Reichsbruderrat ausgetreten (siehe Anm. 51, Kap. 2).

3. Amtsenthoben

Als sich Karl Barth am Nachmittag des 26. November 1934 in seiner Bonner Wohnung in der Siebengebirgsstraße 18[1] auf sein Kolleg vorbereitet, erhält er einen Anruf aus der Bonner Universität. Der stellvertretende Kurator, der Universitätsrat und politische Referent Dr. Wildt, teilt Barth aufgrund eines soeben ergangenen telefonischen Auftrags aus Berlin mit, daß er durch den Kultusminister mit sofortiger Wirkung von seinem Amt als theologischer Lehrer an der Bonner Universität suspendiert sei. Barths Frage nach den Gründen der Verfügung bleibt unbeantwortet. Sein Wunsch, diese Entscheidung des Ministers seinen Studenten am Dienstag morgen selber mitteilen zu dürfen, wird von Dr. Wildt als »Aufputschversuch«[2] entschieden abgelehnt. Barth beendet das Telefongespräch mit der Bemerkung, daß er ja »dann morgen endlich ausschlafen« könne.

Um 18.55 Uhr erhält die Bonner Universität ein Telegramm aus dem Reichskultusministerium, in Berlin abgesetzt um 18.30 Uhr[3]:

FERNMUENDLICHE RUECKSPRACHE SOEBEN BESTAETIGEND ERSUCHE SOFORT PROFESSOR BARTH VERFUEGTE AMTSSUSPENSION UND EROEFFNUNG EINES DISZIPLINARVERFAHRENS MITZUTEILEN = FUER KULTUSMINISTER BRACHER

Daraufhin läßt das Kuratorium der Universität um 19 Uhr Karl Barth die schriftliche Verfügung Nr. 7810 durch Boten zustellen[4]:

Ich bestätige das telefonische Gespräch von heute und teile Ihnen auf Anordnung des Herrn Ministers mit, daß Sie mit sofortiger Wirkung von Ihrem Amt suspendiert sind. Weitere Mitteilungen folgen.

Da Barth an diesem Montagabend zu einer Sitzung des Bonner Presbyteriums gegangen ist, bescheinigt seine Frau Nelly den Empfang der Verfügung. Nach der Presbyteriumssitzung, an der auch Barths Kollegen Ernst Wolf und Gustav Hoelscher teilgenommen haben, erfährt Barth von einem amerikanischen Journalisten, daß das Reichskultusministerium inzwischen eine Pressemeldung veröffentlicht habe, aus der hervorgehe, daß er wegen Eidesverweigerung suspendiert worden sei. Bis in die Nacht hinein rufen ausländische Zeitungsredakteure bei Barth zu Hause an

1 Heute Heußallee 18 – in Rufweite zum Bonner Bundeshaus gelegen.
2 Kurzzitationen aus Aufzeichnungen von Ernst Wolf, Dezember 1934 (AEKW).
3 AUB.
4 Ebenda.

und bitten den Gemaßregelten um Stellungnahme. Barth korrigiert stets die Pressemeldung dahingehend, daß er den Eid auf den Führer nicht verweigert, sondern daß er vielmehr am 3. November 1934 dem Rektor der Bonner Universität einen Zusatz zur neuen Eidesformel vorgeschlagen habe, damit er den Eid leisten könne. Bis auf diesen Tag habe er ja auch weiter nichts gehört und völlig unbeeinträchtigt davon seinen Dienst tun dürfen.
Während Barth vergeblich versucht, auch beim amtlichen Deutschen Nachrichten-Büro (DNB) in Berlin eine dementsprechende Richtigstellung der Meldung aus dem Kultusministerium zu erreichen, informiert Ernst Wolf seinen Marburger Kollegen Professor D. Rudolf Bultmann[5]:

Lieber Herr Kollege Bultmann!
Für Ihren Brief herzlichen Dank. In aller Eile folgendes, damit etwaige Zeitungsmeldungen ins rechte Licht kommen: K. B. hat heute nachmittag vom Kurator die Mitteilung erhalten, daß er suspendiert sei. Etwa gleichzeitig hat die Gestapo in der Univ. angerufen und angeordnet, daß K. B.'s Vorlesungen morgen sofort, offenbar von unterrichtswegen, ausfallen sollen, um studentische Tumulte zu vermeiden. Abends teilt ein amerikan. Korrespondent mit, daß vom Min. u.U. die Mitteilung an die Presse gegeben worden sei, K. B. sei wegen Verweigerung des Eides suspendiert mit sofortiger Wirkung.
Es handelt sich um folgendes: als wir zum zweiten Vereidigungstermin vorgefordert wurden, hat K. B. vorher dem Rektor in längerem Gespräch, das vollem Verständnis begegnet sein soll, mitgeteilt, ihm sei der Eid nur möglich, wenn die Klausel »sowie ich es als evangel. Christ verantworten kann« eingefügt würde. Der Rektor hat die Angelegenheit weitergeleitet und ist z.Z. in Berlin, deswegen. Karl Barth soll morgen von einem Berliner Herren im Kuratorium vernommen werden. Persönlich nimmt er die Sache ganz ruhig hin; hoffentlich kommt es zu einem guten Ende. Andernfalls müßte man jetzt fragen, ob nicht die Erfurter Erörterung der Grenze des Eides irgendwie ernsthafte Formen annehmen müßte, die zeigen, daß und inwiefern auch die anderen Theologen den Eid ernstnehmen und daher auf seine mögliche Grenze reflektieren . . .[6]
Die Einsetzung des Notregiments, bes. der Person von Marahrens, bedauere ich doch – ohne mir damit ein letztes Urteil anmaßen zu wollen. M. ist doch ein schwacher Mann, wie ihn mir Flor schilderte. Er hat doch seine Unterschrift unter die Eingliederungsbeschlüsse damals erst auf Drängen einiger Pfarrer wieder zurückgenommen; auch sonst viel »taktisch« vermittelt und er gehört zu den »Lutheranern«, die privatim aber wörtlich K. B. als

5 Karl Barth – Rudolf Bultmann, Briefwechsel 1922–1966, S. 263f.
6 Bultmann und E. Wolf hatten gemeinsam vom 29.–31. 10. 1934 an jener »Erfurter Erörterung« der Grenzen des Eides teilgenommen.

»größten Schaden für die DEK«[7] bezeichnen. Nun ja, trotzdem . . .
Von Barth und Hölscher Grüße an Sie und Herrn v. Soden.
Mit besten Grüßen
Ihr E. Wolf
Über den Fall K. B. unterrichte ich Sie fortlaufend.

Der »Völkische Beobachter« bringt in seiner Dienstagausgabe vom 27. November 1934 die DNB-Meldung ohne Kommentar und ohne die von Barth geforderte Korrektur:

Reichsminister Rust hat den beamteten ordentlichen Professor der Evangelischen Theologie in Bonn, Dr. Karl Barth, der sich geweigert hat, den auf Grund des Gesetzes über die Vereidigung der Beamten vom 20. August 1934 vorgeschriebenen Eid auf den Führer und Reichskanzler zu leisten, vom Amt suspendiert und ein Disziplinarverfahren gegen ihn eingeleitet.

Die »Basler Nachrichten« kommentieren indes an diesem Dienstag die amtliche DNB-Meldung im Sinne Barths[8]:

. . . *Anmerkung der Redaktion:* Über die umstrittene *Frage der Eidesleistung* ist uns bekannt, daß Professor Barth selbstverständlich seinerseits den Eid auf die *Verfassung* geleistet hat. Den erwähnten Vorbehalt, »soweit ich es als evangelischer Christ verantworten kann«, macht Barth aus folgender Überlegung: Im Gegensatz zur *klar umgrenzten* Verpflichtung auf die Reichsverfassung, die im früheren Amtseid lag, muß nun durch den neuen Diensteid mit der Eidesleistung auf den »Führer des Deutschen Reiches und Volkes Adolf Hitler« eine unbegrenzte Verpflichtung eingegangen werden. Und diese *unbegrenzte Verpflichtung* hält Professor Barth nicht für vereinbar mit seiner Auffassung und Stellung als evangelischer Christ.
Das vom Kultusministerium veranlaßte Disziplinarverfahren wird in der Untersuchung darüber bestehen, ob in welcher Form Professor Barth von seinem Lehramt an der Universität Bonn entfernt werden soll.
Wir erwähnen hier noch, daß der »*Manchester Guardian*« in seiner Nummer vom 16. November eine sehr *ausführliche Würdigung Karl Barths* und seiner Theologie veröffentlicht hat, die in dem Satz auslief: »Over against the authority of the totalitarian State Barth sets the authority of the omnipotent God.« (»Der Autorität des totalen Staates stellt Barth die Autorität des allmächtigen Gottes gegenüber.«)

Barths Studenten finden um 8 Uhr ihren Hörsaal verschlossen. Die meisten von ihnen erfahren erst hier von Barths Assistentin Charlotte von Kirschbaum, was geschehen ist. In einer spontanen Protestaktion wollen sie sich zu einem Demonstra-

7 Siehe Anm. 40, Kap. 2.
8 Basler Nachrichten vom 27. 11. 1934; Zweispalter mit Barth-Foto unter der Überschrift: »Prof. Karl Barth von Reichsminister Rust suspendiert.«

tionszug formieren, doch Lollo von Kirschbaum mahnt die 300 Studenten im Auftrage Barths zur Besonnenheit und rät derzeit von Demonstrationen ab.
Vor dem Hörsaal erscheint Professor Goeters als »Trauergast« und Professor Hans Emil Webers Bemerkung, »nubicula est, transibit«, wird von einem Beobachter dem Universitätsrektor Naumann als »Staatsfeindliche Äußerung« in Form einer Anzeige zur weiteren Veranlassung überbracht.
Hans Walter Wolff, Vorsitzender der Bonner studentischen Bekenntnisgemeinschaft, und Studentenpastor Willy Wilkesmann rufen die erregten Studenten auf, Disziplin zu wahren, und laden die Aufgebrachten ein »zu einer Morgenandacht in das Ev. Gemeindehaus« in der Rathausgasse, wo dann Pastor Wilkesmann »ausgezeichnet und fesselnd« über 2. Thessalonicher 2, 15 spricht: »Also stehet nun, ihr Brüder, und haltet die Überlieferungen fest, die ihr gelehrt worden seid.«[9]
In der Siebengebirgsstraße 18 überbringt ein Bote des Universitätskuratoriums Karl Barth eine weitere Verfügung; denn in der Hektik seit jenem Anruf aus dem Reichskultusministerium vom Montagnachmittag, ist nämlich ein entscheidender Punkt der ministeriellen Anordnung vom Kuratorium übersehen worden[10]:

Im Anschluß an meine Verfügung vom 26. 11. 34 – Nr. 7810 – teile ich Ihnen auf Anordnung des Herrn Ministers noch mit, daß das Disziplinarverfahren gegen Sie eröffnet ist.

Um 9 Uhr quittiert Barth den Empfang dieser Verfügung. Dann schreibt auch er seinem Marburger Kollegen Rudolf Bultmann[11]:

Lieber Herr Bultmann!
Es geht heute durch die Presse die Mitteilung meiner Suspension mit der Begründung, daß ich mich »geweigert« habe, den vorgeschriebenen Eid zu leisten. Diese Begründung entspricht nicht den Tatsachen. Ich lege Ihnen die Formel bei mit Einfügung des (rot unterstrichenen) Zusatzes, den ich in Vorschlag gebracht hatte, um mir die Leistung des Eides zu ermöglichen. – Ich darf Sie bitten, diesen Sachverhalt auch Herrn v. Soden mitzuteilen.
Mit herzlichem Gruß
Ihr Karl Barth

Auf einem weiteren Briefbogen fügt er die mit Zusatz versehene Eidesformel bei:

Ich schwöre: Ich werde dem Führer des Deutschen Reiches und Volkes, Adolf Hitler, treu und gehorsam sein, *soweit ich es als evangelischer Christ verantworten kann*, die Gesetze beachten und meine Amtspflichten gewissenhaft erfüllen, so wahr mir Gott helfe.

9 Kurzzitationen aus Aufzeichnungen von Dr. Heinrich Quistorp, Pfarrer i. R. (KQui), und Willi Wilkesmann, Pfarrer i. R. (GWi), die sie auf Bitten des Verfassers im August bzw. Oktober 1974 anfertigten.
10 AUB.
11 Barth-Bultmann, a.a.O., S. 155 f.

Professor Ernst Wolf verliest seinen Studenten vor Beginn seines Kollegs eine Stellungnahme zum Fall Barth[12]:

Diese Mitteilung [der Presse] meine ich an einem Punkt aus genauester Kenntnis der Sachlage Ihnen gegenüber und auf eigene Verantwortung berichtigen zu müssen: Karl Barth hat nicht einfach den Eid verweigert, sondern vor dem zweiten Termin der Vereidigung der zuständigen Stelle erklärt, daß er den Eid nur ablegen könne mit dem Einschub »wie ich es als evangelischer Christ verantworten kann«; das heißt, Karl Barth glaubte es der Kirche und dem Staat schuldig zu sein, gerade bei dieser solennen Vereidigung das selbstverständliche evangelische Verständnis jedes Eides expressis verbis mit zu nennen. Die zunächst zuständige Stelle ist dem verständnislos, wie es scheint, begegnet und hat dieses Anliegen nach oben weitergeleitet. Jetzt ist die Sache, allerdings in Form eines Disziplinarverfahrens, zur Verhandlung gelangt, und daher, wie bei jedem Disziplinarverfahren, der Betroffene einstweilen seines Amtes enthoben worden. Wir werden in Ruhe und in Hoffnung auf eine wirklich sachliche Klärung das Ergebnis der Verhandlung abzuwarten haben.

Ab 11 Uhr versuchen Professor Ernst Wolf und mehrere Studenten vergeblich, die deutschen Redaktionen zu einer Berichtigung der in ihren Zeitungen abgedruckten DNB-Meldung zu bewegen. Rektor Naumann hat derweil festgestellt, daß nur mangelhafte Lateinkenntnisse jenes Anzeigers die Ursache für die Beschuldigung von Professor Hans Emil Weber sein können. Um 12 Uhr erhält der Bonner Landgerichtsrat Borries Besuch und Auftrag aus dem Reichskultusministerium[13]:

Am 27. November 1934 suchte mich nach vorangegangener fernmündlicher Anmeldung durch Oberlandgerichtsrat *Zirkel* in Köln gegen 12 Uhr mittags der Landgerichtsrat *Kasper* aus dem Reichs- und preußischen Ministerium für Wissenschaft, Kunst und Volksbildung auf und überreichte mir ein Schreiben des Vorsitzenden der Dienststrafkammer bei der Regierung zu Köln vom 27. November 1934, worin ich in dem förmlichen Dienststrafverfahren gegen den Professor Dr. Karl Barth in Bonn zum Untersuchungsführer bestellt bin. Gleichzeitig händigte mir der Landgerichtsrat Kasper die Personalakten des Ministeriums betr. Prof. Dr. Barth zwecks meiner Information aus. Durch die Vermittlung des Universitätskuratoriums wurde der Beschuldigte Prof. Dr. Barth mündlich zur verantwortlichen Vernehmung auf 17.00 nachmittags auf mein Dienstzimmer in das Landgerichtsgebäude bestellt. Dem Landgerichtsrat Kasper als dem von der Einleitungsbehörde bestellten Beamten der Staatsanwaltschaft wurde der Termin mündlich mitgeteilt.
Bonn, den 27. November 1934
[gez.] Borries Landgerichtsrat

12 AKZ.
13 AUB.

Die Reichsleitung der NSDAP – Abteilung für den kulturellen Frieden – fordert über einen Brief an Martin Niemöller die ›Bekenntnisfront‹ auf, sich von Barth zu distanzieren und »die schwere Belastung zu beseitigen«[14]:

Sehr geehrter Herr Pfarrer!
Zeitungsmeldungen zufolge hat der beamtete ordentliche Professor der Evangelischen Theologie in Bonn, Dr. Karl *Barth*, sich geweigert, den auf Grund des Gesetzes über die Vereidigung der Beamten vom 20. August 1934 vorgeschriebenen Eid auf den Führer und Reichskanzler zu leisten. Wie ich dazu erfahre, soll Professor Dr. Barth verlangt haben, *die* Eidesformel für ihn zur Anwendung zu bringen, die dem Vernehmen nach von seiten der evangelischen Geistlichen in Aussicht genommen worden ist[15].
Die bekenntnistreue Front hat allen Verdächtigungen gegenüber immer aufs neue erklärt, daß sie sich auf den Boden des Dritten Reiches stelle. Hierzu gehört auch für alle solche Beamten, daß sie diesem Dritten Reich und dem Führer in der gesetzlich vorgeschriebenen Weise den Treueeid leisten.
Dieser Eid ist von allen evangelischen, auch bekenntnistreuen Beamten geleistet worden. Wenn einer der führenden Männer der bekenntnistreuen Front in seiner Eigenschaft als ordentlicher Professor an einer staatlichen Universität diesen Eid verweigert und damit erklärt, daß dieser Eid unvereinbar sei mit seiner religiös-weltanschaulichen Einstellung, so bedeutet dies:
1. eine schwere gewissentliche Beunruhigung aller derjenigen überzeugten evangelischen Christen, die diesen Eid als Beamte geleistet haben, und er schädigt somit bewußt den Staat.
2. eine unzweideutige folgenschwere Kompromitierung der gesamten Bekenntnisfront vor dem Deutschen Volk und seiner Führung.
Vom Standpunkte der Volksgemeinschaft, des Staates und der Partei kann ich nur der Hoffnung Ausdruck geben, daß die führenden Männer des bekenntnistreuen evangelischen Volkes nicht zögern, ihrer Mißbilligung des Schrittes von Prof. Dr. Barth unzweideutig Ausdruck zu geben und die schwere Belastung zu beseitigen, die er durch seine Weigerung, den Eid in der vorgeschriebenen Form zu leisten, auf die gesamte Bekenntnisfront und auf deren Führer gelegt hat.
Heil Hitler!
[gez.] Herm. v. Detten

14 AEKHN; in jenen Tagen wurde in einer großen Werbeaktion des Verlages Warneck Niemöllers Buch »Vom U-Boot zur Kanzel« angekündigt. So z. B. auch in ›Junge Kirche‹, durch Abdruck besonders systemkonformer Passagen (›Junge Kirche‹, 1934, S. 794–801). Auch dies stützte die Auffassung der Reichsleitung der NSDAP, daß die Bekennende Kirche voll auf dem Boden des Dritten Reiches steht. Das Buch hatte schon im Februar 1935 eine Auflage von 60 000 Exemplaren und wurde noch verkauft, als Niemöller bereits mehrere Jahre im KZ war.
15 von Detten war falsch unterrichtet, zwar hatte bereits eine Woche nach dem Tode des Reichspräsidenten von Hindenburg die Reichskirchenregierung samt Reichssynode für alle

Um 17 Uhr findet auf Zimmer 91 im Bonner Landgericht die Vernehmung Karl Barths statt. Anwesend sind Landgerichtsrat Borries, als Untersuchungsführer, Landgerichtsrat Kasper, als der vom Reichskultusminister beauftragte Vertreter der Staatsanwaltschaft, und Justizassistent Stute, der das Protokoll führt. Karl Barth ist ohne Verteidiger oder sonstigem Rechtsbeistand erschienen.
Der Untersuchungsführer eröffnet die Verhandlung mit der Verlesung des ministeriellen Einleitungsbeschlusses NW 7249, vom 26. November 1934, für das Dienststrafverfahren gegen Karl Barth, in welchem sich das Ministerium jede Erweiterung der Anschuldigung, den Eid nur mit einem Zusatz leisten zu wollen, ausdrücklich vorbehält[16]:

Gegen den ordentlichen Professor der Evangelisch-Theologischen Fakultät der Universität Bonn, D. Karl *Barth*, wird gemäß §§ 2,23a der Beamten-Dienststrafordnung vom 27. Januar 1932 (GS S. 59) in der Fassung des Gesetzes vom 18. August 1934 (GS S. 353) das förmliche Dienststrafverfahren eingeleitet wegen der Beschuldigung,
zu Bonn im Jahre 1934 die Pflichten verletzt zu haben, die ihm sein Amt auferlegt, und sich durch sein Verhalten im Amt der Achtung, des Ansehens und des Vertrauens, die sein Beruf erfordert, unwürdig gezeigt zu haben, indem er auf die Aufforderung des Rektors, seiner Verpflichtung zur Ableistung des Diensteides gemäß §§ 2,3 des Gesetztes über die Vereidigung der Beamten und der Soldaten der Wehrmacht vom 20. August 1934 (RGBl. S. 785) nachzukommen, erklärte, den Eid nur mit dem Zusatz leisten zu wollen: »soweit ich es als evangelischer Christ verantworten kann«.
Erweiterung dieses Beschlusses auf weitere, im Verlaufe des Untersuchungsverfahrens etwa auftretende Beschuldigungen bleibt vorbehalten.
Gleichzeitig wird gegen den Genannten gemäß §§ 54 BDStO. die vorläufige Dienstenthebung verfügt.
Berlin, den 26. November 1934.
Der Reichsminister für Wissenschaft, Erziehung und Volksbildung
zugleich für den Preuß. Minister für Wissenschaft, Kunst und Volksbildung
[gez.] i.V. Vahlen

Danach gibt Barth eine vorbereitete Protesterklärung zu Protokoll[17]:

I. 1. Ich protestiere dagegen, daß ich gestern, 26. 11. 1934, entgegen der Bestimmung der Dienststrafordnung vom 27. 1. 32 § 54 Abs. 1 suspendiert worden bin, ohne daß mir Gelegenheit gegeben worden ist, mich zu den gegen mich erhobenen Anschuldigungen und zu der in Aussicht genommenen Suspension zu äußern.

Kirchenbeamten einen Diensteid auf den Führer angeordnet, doch selbst die lutherischen Bischöfe Marahrens, Meiser und Wurm lehnten diese Eidesleistung der Pfarrer ab, siehe D/13.
16 KBA.
17 AUB.

2. Ich protestiere dagegen, daß ich, entgegen der Bestimmung von § 40 Abs. 1 desselben Gesetzes, ohne Mitteilung der Anschuldigungspunkte zu dieser Voruntersuchung vorgeladen bin.
3. Ich protestiere dagegen, daß in der der Presse übergebenen amtlichen Mitteilung meine Suspension damit begründet wird, ich hätte mich geweigert, den auf Grund des Gesetzes über die Vereidigung der Beamten vom 20. 8. 34 vorgeschriebenen Eid auf den Führer und Reichskanzler zu leisten.
II. Nicht als Äußerung zu der mir unbekannten, vermutlich in dieser Voruntersuchung mir bekanntzugebenden Anschuldigung, sondern als Äußerung zu der in die Presse gegebenen amtlichen Mitteilung habe ich folgendes zu erklären:
Ich habe mich nicht geweigert, den Beamteneid zu leisten, sondern ich habe den Vorschlag eines Zusatzes gemacht, der es mir möglich machen würde, ihn zu leisten. Dieser von mir vorgeschlagene Zusatz lautet . . . gehorsam zu sein, *soweit ich es als evangelischer Christ verantworten kann.*
Zur Erklärung dieses Zusatzes habe ich Folgendes zu bemerken:
1. Eine Eidesleistung ist nur da möglich, wo der Inhalt der durch den Eid zu bekräftigenden Verpflichtung dem zu Vereidigenden übersichtlich ist.
2. Die frühere Verpflichtung auf die Verfassung und sogar die noch frühere Verpflichtung auf den Kaiser und König war eine nach ihrem Inhalt übersichtliche Verpflichtung, die also ohne Zusatz durch einen Eid bekräftigt werden konnte.
3. Die Verpflichtung auf den Führer Adolf Hitler ist in der in Frage stehenden Eidesformel an die Stelle der Verpflichtung auf die Verfassung getreten.
4. Die Verpflichtung auf den Führer Adolf Hitler ist nach der für die Interpretation maßgebenden nationalsozialistischen Auffassung eine Verpflichtung von unendlichem, also unübersichtlichem Inhalt.
5. Soll die Verpflichtung auf den Führer Adolf Hitler durch einen Eid bekräftigt werden, so kann dies nur mit einem Zusatz geschehen, der ihren Inhalt begrenzt, d. h. zu einem endlichen und also übersichtlichen macht.
6. Die in dem von mir vorgeschlagenen Zusatz gemachte Berufung auf meine Eigenschaft als evangelischer Christ bedeutet den Hinweis auf diejenige Instanz, durch die auch die Treue und der Gehorsam dem Führer Adolf Hitler gegenüber notwendig begrenzt werden.
III. Nachdem ich die Ladung zur Eidesleistung durch den Rektor der Universität Professor Dr. Naumann erhalten hatte, bin ich sofort – und zwar vor dem anberaumten Termin – bei ihm vorstellig geworden und habe ihm den obengenannten Vorschlag zur Weiterleitung an den Herrn Minister übergeben.
Der Rektor hat sich daraufhin bereit erklärt, den Vorschlag an den Herrn Minister weiterzuleiten und mich von dem Erscheinen in dem anberaumten Eidestermin entbunden. Eine Antwort auf den durch den Rektor weitergeleiteten Vorschlag habe ich bisher nicht erhalten, auch bin ich bisher nicht wieder zur Eidesleistung aufgefordert worden.

Infolgedessen habe ich mich bisher einer Verletzung der Pflichten, die mir mein Amt auferlegt (§ 2, Ziff. 1 der Beamtendienststrafordnung) nicht schuldig gemacht.
Bonn, den 27. Nov. 1934
[gez.] Prof. D. K. Barth

Als Bekräftigung seines Protestes übergibt Barth dem Untersuchungsführer Borries die schriftliche Erklärung[18]:

Ich bin bereit zu schwören: Ich schwöre: Ich werde dem Führer des Deutschen Reiches und Volkes, Adolf Hitler, treu und gehorsam sein, soweit ich es als evangelischer Christ verantworten kann, die Gesetze beachten und meine Amtspflichten gewissenhaft erfüllen, so wahr mir Gott helfe.
[gez.] Karl Barth

Die anschließende Vernehmung Barths dauert »bis über 20 Uhr«. Nach Barths Eindruck ist sie »sehr sachlich und auf der anderen Seite ohne Pathos, ja etwas müde« verlaufen. Bevor Barth das Protokoll unterzeichnet, wird der endgültige Wortlaut noch einmal vorgelesen[19]: **D 9 S. 254**

. . . Er erklärte: Ich bin am 10. Mai 1886 in Basel geboren. Ich besitze durch Abstammung die schweizerische Staatsangehörigkeit. Im Jahre 1925 habe ich durch meine Ernennung zum ordentlichen Professor an der Universität Münster die preußische Staatsangehörigkeit hinzuerworben. Ich bin also heute sowohl schweizerischer als auch deutscher Staatsangehörigkeit . . .[20]

Nach vollzogenen Unterschriften verläßt Barth das Bonner Landgericht nach mehr als dreistündiger Verhandlung »in guter Stimmung« und speist anschließend »mit reformierten Freunden in einer Wirtschaft«. Hernach macht er »sich dann an seine Predigt für Detmold«, mit der dort am nächsten Tage die Rüstzeit der reformierten Prediger abgeschlossen und die Mitgliederversammlung des Reformierten Bundes Deutschlands eröffnet werden soll.
Mittwoch vormittag, am 28. November 1934, reist Barth nach Detmold. Auch um Genehmigung dieser Reise hat er nicht nachgesucht. Indessen besucht in Bonn Landgerichtsrat Kasper seinen Bonner Kollegen Borries. Landgerichtsrat Borries notiert sich anschließend[21]:

18 Ebenda.
19 Ebenda.
20 Barth irrte sich. In Barths Ernennungsurkunde vom 16. 8. 1921 zum Honorarprofessor der evangelisch-theologischen Fakultät der Universität Göttingen stand ausdrücklich: »Eine Änderung in Ihrer Staatsangehörigkeit tritt durch diese Ernennung nicht ein.« Dieser Vorbehalt blieb auch bei den Berufungen Barths nach Münster (16. 9. 1925) und Bonn (26. 10. 1929) bestehen. Damit trat für Barth § 14 des Staatsangehörigkeitsgesetzes von 1913 – automatische Einbürgerung durch Übernahme in den »unmittelbaren Staatsdienst« – nie in Kraft.
21 AUB.

Die Personalakten habe ich am 28. November 1934 vorm. dem Landgerichtsrat Kasper persönlich auf meinem Dienstzimmer zurückgegeben mit der Bitte, begl. Abschriften von denjenigen Schriftstücken, welche für das Dienststrafverfahren von Bedeutung sind, unverzüglich zu diesen Akten zu bringen.

Danach ordnet Landgerichtsrat Borries auf Grund der Vernehmung Barths vom Vortage die Vorladung der Zeugen an[22]:

. . . a) Naumann, derzeitiger Rektor, b) Pietrusky, früher Rektor, jetzt Kurator, c) Schnoering, früher Ministerialrat im Kultusministerium, jetzt Generalstaatsanwalt in Düsseldorf, ferner, falls erforderlich, d) Wildt, stellvertretender Kurator, e) Klingelhöfer, früher Kurator, jetzt Ministerialrat im Kultusministerium . . .

Die Zeugen Dr. Naumann bis Dr. Wildt werden zum 1. Dezember 1934, 9.30 Uhr, zur Vernehmung ins Bonner Landgericht bestellt. Es wird Karl Barth gestattet, mit einem Juristen seiner Wahl an den Vernehmungen teilzunehmen.
Martin Niemöller erhält in Berlin den Brief der Reichsleitung der NSDAP vom Dienstag. Er beantwortet das Schreiben der Parteileitung postwendend, »persönlich vertraulich!«[23]:

Sehr geehrter Herr von Detten!
Auf Ihre Zeilen vom 27. 11. 34 muß ich Sie darauf aufmerksam machen, daß es nach evangelischen Grundsätzen unmöglich ist, von Seiten der kirchlichen Leitung in die Gewissensentscheidung eines einzelnen autoritär einzugreifen. Die Bekenntnissynode wird also nach meinem Dafürhalten einen offiziellen Schritt bei Herrn Prof. Dr. Barth wohl kaum tun. – Immerhin stelle ich Ihnen anheim, sich dieserhalb an die Leitung der Bekenntnissynode, das heißt an Herrn Präses Koch zu wenden, zumal ich selbst aus dem Bruderrat ausgeschieden bin.
Persönlich dagegen bin ich durchaus bereit, mit Herrn Prof. Dr. Barth Fühlung zu nehmen. Persönlich bin ich aber über seine Bedenken auch keineswegs überrascht, da Dutzende von Staatsbeamten bei mir gewesen sind und mir seinerzeit ihre Bedenken gegen die Leistung *dieses* Eides vorgetragen haben. Es ist mir damals in allen Fällen gelungen, die Betreffenden zur Ablegung des Eides zu bewegen. – Ob mir das bei Prof. Barth gelingen wird, weiß ich nicht. Ich würde auch diesen Versuch nur dann unternehmen können, wenn Sie mir zuvor mitteilen, ob die katholischen Professoren der Theologie einen Eid geleistet haben und wie dieser Eid lautet[24]. Tatsächlich

22 Ebenda.
23 AEKHN; eine Antwort der Reichsleitung der NSDAP auf diesen Brief Niemöllers war nicht auffindbar.
24 Ernst Wolf erinnert sich: »katholische Kollegen ließen damals Karl Barth durch mich wissen, daß eine einschränkende Stellungnahme der Fuldaer Bischofskonferenz zum Eid in diesem

nehmen ja die Theologieprofessoren, die gleicherweise auf die Heilige Schrift und das Bekenntnis der Kirche einerseits wie auf die staatliche Obrigkeit andererseits als Staatsbeamte verpflichtet werden, eine ganz besondere Einzelstellung ein.
Angesichts der tatsächlichen Haltung der staatlichen Instanzen zu den christlichen Kirchen und insbesondere zur evangelischen Kirche kann durchaus bezweifelt werden, ob die den Kirchen gegebenen Zusagen und die für die Kirchen maßgebenden Grundsätze der Verfassung noch in Kraft stehen oder ob nicht vielmehr eine ganz starke staatliche Unterstützung der antikirchlichen und antichristlichen Bestrebungen im deutschen Volk bereits im Gange ist. – Jedenfalls ist diese Frage im Gegensatz zu den Erklärungen aus dem Frühjahr 1933 durchaus unklar. Insbesondere geht die gegenwärtige Unordnung und völlige Rechtsunsicherheit in der deutschen evangelischen Kirche darauf zurück, daß im vorigen Sommer der evangelischen Kirche der altpreußischen Union vom Staate aus als Staatskommissar ein Mann gesetzt worden ist, dessen Entscheidung kirchlich untragbar und dessen Wiederverheiratung als kirchlich unzulässig erklärt werden mußte. Dieser Mann hat nicht nur den Richter in seinem Ehescheidungsprozeß und den Pfarrer, der ihn wieder getraut hat, in hohe kirchliche Ämter gebracht, sondern auch – wenn die diesbezüglichen Nachrichten zutreffen – mindestens 4 engere Verwandte in gehobene kirchliche Positionen befördert. Es ist auch kein Geheimnis, daß ohne das offizielle Eintreten des Staates für die Deutschen Christen der jetzige »Reichsbischof«, gegen den ebenfalls moralisch die allerschwersten Bedenken vorliegen, nicht in sein Amt gekommen wäre. – Dagegen wartet die evangelische Christenheit, nachdem sie ihr Notrecht proklamiert hat, mit Schmerzen darauf, daß ihr vom Staat wiedergegeben werde, was ihr mit Hilfe des Staates genommen wurde. Unter diesen Umständen ist die Möglichkeit eines Konfliktes zwischen der Aufgabe eines evangelischen Theologen und den Pflichten eines deutschen Staatsbürgers so unmittelbar drohend, daß ich mir zum mindesten die Frage erlaube, ob es wohl getan ist, *in diesem Augenblick* – ehe irgendwie die nötige Klärung auch nur eingeleitet ist – von evangelischen Theologen staatliche Eide zu fordern. Für eine Antwort, von der ich hoffe, daß sie meine eigenen Bedenken zerstreuen wird, wäre ich Ihnen herzlich dankbar. Ich werde mich dann gern mit Herrn Professor Dr. Barth persönlich in Verbindung setzen.
Heil Hitler!
Ihr
[gez.] Martin Niemöller
NB. Die Zeitungsnachricht des DNB über die Angelegenheit ist nach Ihrer eigenen Darstellung also zum mindesten irreführend. Eine *absolute* Weigerung liegt nicht vor?!

Sinne [dem Vorbehalt Barths entsprechend] ihnen die Ableistung des neuen Eides mit stillschweigendem Vorbehalt ermöglicht habe« (Wolf-Vortrag 1965, a.a.O., AKZ, siehe hierzu auch D/13 I).

Nachmittags tagt in Detmold das Moderamen des Reformierten Bundes. Barth nimmt als sein Mitglied an der Sitzung teil, auf der vornehmlich Angelegenheiten der bevorstehenden – mehrfach verschobenen – Mitgliederversammlung des Reformierten Bundes besprochen werden. Um 20 Uhr predigt Barth in der Marktkirche zu Detmold über den Text Jeremia 17,5–10[25]:

... Wir können Gott nicht anders die Ehre geben, als indem wir uns auf unseren Herrn *verlassen*. Tun wir das etwa? An wen halten wir uns, wenn wir bei dem, was wir zu entscheiden und zu tun haben, Rat und Halt und Kraft suchen? Wo ist der wahre und eigentliche Ursprung unserer Gedanken und dann auch unseres Redens? Mit wem oder mit was rechnen wir in den Stunden, in denen es darauf ankäme, etwas Sicheres und Zuverlässiges zu kennen, auf das man unter allen Umständen rechnen darf und muß? Wir können uns der Erkenntnis nicht entziehen, daß wir dann zunächst und vor allem immer wieder, wie demütig wir auch von uns selbst denken mögen, eben doch – mit uns selbst rechnen. Ist nicht wirklich ein Jeder als Ratgeber und Helfer sich selbst der Nächste? Habe ich nicht meinen Instinkt, meine Klugheit, meine Energie? Habe ich nicht das Recht, mich auf die Güte meiner Ideale zu verlassen und auf die gewisse Notwendigkeit, mit der gerade ich meinen Sternen folgen muß? Nun, das ist ein Programm, das sich hören läßt, das dann aber tatsächlich doch in den allermeisten Fällen sofort nach einer gewissen Einschränkung und Ergänzung verlangt. Wer hält es denn, auch wen er es noch so laut versicherte, dabei aus, nun wirklich ganz und ohne nach links und rechts zu sehen, auf sich selbst gestellt zu sein? Ist es nicht derselbe Trieb, der, nachdem er uns als sehr sichere Leute in jene kalte Einsamkeit mit uns selbst geführt hat, uns nunmehr als doch wieder unsichere Leute nach dem warmen Frieden der Gemeinschaft verlangen läßt? Ist es nicht doch auch eine gute Sache, sich in einer Reihe oder Marschkolonne zu wissen? Einer von Vielen zu sein, denen vielleicht allerhand gewichtige Personen mit guten Namen glaubwürdig vorangehen? Welche begründete Zuversicht hat doch der, der mit den stärkeren Bataillonen, der mit der Mehrheit marschieren darf? Wie geborgen ist er nun auf einmal; denn was kann ihm dann geschehen? Nun, das Alles ist gemeint, wenn wir hier beschuldigt werden, uns auf Menschen zu verlassen. – ...

Am 29. November 1934 beginnt dann in Detmold die Mitgliederversammlung des Reformierten Bundes in Deutschland. Nach dem Sturz des in Dahlem gewählten Rates der Deutschen Evangelischen Kirche und der daraufhin erfolgten Austritte der drei Repräsentanten des Reformierten Bundes, Hesse, Immer und Barth, aus dem Reichsbruderrat, findet diese Detmolder Versammlung der Reformierten auch großes Interesse weit über den Bereich der reformierten Gemeinden Deutschlands hinaus: Auf welchen Weg wird Barth seine reformierte Kirche führen können? Werden die Bekenner der ersten Stunde der nun von einem Außenseiter geführten Bekennenden Kirche verbunden bleiben?

25 ThEx 17, S. 20f.

In den vier Sätzen des »Detmolder Beschlusses« ist Barths theologische und kirchenpolitische Handschrift zu erkennen, als er abends dem Plenum deren Entstehung und Bedeutung als Berichterstatter der theologischen Kommission erläutert und Annahme empfiehlt[26]:

. . . Satz 1 sagt das Entscheidende, was wir in dieser Stunde gemeinsam sagen sollten. Es genügt nicht, daß wir jetzt noch einmal unsere Sympathie mit der Bekenntnisfront ausdrücken. Wir müssen sagen, wo wir heute in Deutschland Kirche sehen. In unserer reformierten Kirche werden wir sie sehen, wie sie in der Bekenntnissynode ihren Ort gefunden hat als eine Bundeskirche neben anderen in einem »Bund bekenntnisbestimmter Kirchen«. Die Bekenntnissynode ist darum auch für uns rechtmäßige Kirche, weil sie im Bekenntnis nicht nur eine Fahne hatte, die zu Hause blieb, wenn das Regiment auszog, sondern weil sie auch in der Gegenwart bekannt, und zwar so bekannt hat, daß auch wir Reformierte darin unseren eigenen Glauben erkennen können.
Bei der Anerkennung der Bekenntnissynode als der rechtmäßigen Leitung der Deutschen Evangelischen Kirche handelt es sich für unseren Bund nicht um den Beitritt zu einer Organisation und für den einzelnen nicht um das Unterschreiben der Bekenntniskarte. Wer die rote Karte nicht mag, soll das Unterschreiben bleiben lassen: wenn er nur faktisch die Bekenntnisfront hält, wenn er sich nur nicht mehr im Niemandsland herumtreibt und abwartet, wie der Hase läuft! Man unterscheide auch bei der »Bekenntnisfront« die *Sache* und die *Person*. Ihre Sache muß auch die unsrige sein, wie immer wir uns auch zu den Personen stellen mögen.
In der Klausel: »wie sie auf den Tagungen von Barmen und Dahlem in die Erscheinung getreten ist«, haben wir einen Vorbehalt gemacht. Wir wissen nicht, wie eine dritte Tagung ausfallen wird. Es sind seit Dahlem bedenkliche Ereignisse eingetreten. Die Herausstellung des vorläufigen Kirchenregiments war eine mindestens zweideutige Angelegenheit. Man wollte einen dem Staat genehmen Mann haben. Man sprach von Verbreiterung der Bekenntnisfront durch aufbauwillige Kräfte. Man wollte eine lutherische Reichskirche. Das alles ist weltlich gedacht. Wir trübten uns damit das Große und Schöne, was uns in Barmen und Dahlem geschenkt war. Dazu nehmen wir Stellung mit unserem Vorbehalt, für jeden erkennbar, der Augen hat, um zu lesen . . .

Und die Mitgliederversammlung des Reformierten Bundes für Deutschland folgt ihrem Lehrer. Bei nur vier Stimmenthaltungen beschließen die Delegierten der reformierten Gemeinden Deutschlands alle vier Sätze des »Detmolder Beschlusses« als Marschroute durch die Glaubens- und Kirchenwirren der Deutschen Evangelischen Kirche:

26 RKZ vom 9. 12. 1934, S. 414f.

Aufgerufen durch die Dahlemer Botschaft der Bekenntnissynode der Deutschen Evangelischen Kirche und in Ausführung des Beschlusses der Freien Reformierten Synode zu Barmen vom 4. Januar 1934 erklärt die Hauptversammlung des Reformierten Bundes folgendes:

1. Wir erkennen die Bekenntnissynode der Deutschen Evangelischen Kirche, wie sie auf den Tagungen von Barmen und Dahlem in die Erscheinung getreten ist, als die rechtmäßige Leitung der Deutschen Evangelischen Kirche an.
2. Wir fordern die dem Bund angeschlossenen Gemeinden und Einzelmitglieder auf, sich von jeder Zusammenarbeit mit dem falschen, deutschchristlichen Kirchenregiment zurückzuziehen.
3. Im Glauben an die eine heilige allgemeine Kirche Christi bejahen wir aufs neue die alte Aufgabe des Reformierten Bundes, die nach Gottes Wort reformierte Kirche in Deutschland zu sammeln und zu ihrer besonderen Verantwortung aufzurufen.
4. Wir halten es um der Arbeitsfreudigkeit des Moderamens willen für notwendig, daß ihm nur solche Männer angehören, die diese Beschlüsse billigen und durchzuführen bereit sind.

In der Bonner Siebengebirgsstraße 18 unterbricht Charlotte von Kirschbaum ihre Schreibarbeiten an Karl Barths Dogmatik. Sie nimmt sich die Zeit, um ihrer Freundin Erica Küppers in Droyssig das Neueste von Karl mitzuteilen[27]:

Meine liebe Erica!
Hab Dank für deinen Brief und laß dir nur schnell sagen, daß es uns – trotz allem – gut geht. Wir hatten es ja so lange erwartet, vielleicht zu lange, um dann nicht doch überrascht zu sein. Aber nun ist es so. Das Disziplinarverfahren ist eröffnet in ordentlicher und nicht zu beanstandender Weise. Karl protestiert gegen die falsche Pressemeldung – die Auslandszeitungen waren telefonisch von uns informiert und brachten sie richtig – und dagegen, daß das Disziplinarverfahren eröffnet wurde, ehe man ihm auf seinen Vorschlag mit dem Zusatz eine Anwort aus Berlin zukommen ließ. Du kennst den Zusatz? . . . Von sehr tiefgehender Bedeutung und ev. sogar von ursächlichem Zusammenhang (!) ist mit diesem Ereignis wohl die jüngste Entwicklung der Bekenntniskirche. Einer Marahrenskirche kann K. nur störend sein. – Aber wir warten nun getrost, Erica. Bleiben den Winter auf jeden Fall hier und hoffen, daß bis zum Frühjahr so oder so eine Türe aufgeht. Karl war so überarbeitet und kam so erschöpft von Bremen heim[28], daß ich die kl. Atempause gar nicht ganz unerwünscht empfinden kann. –
Daß man Karls Motive nicht allen Menschen – vielleicht nur wenigen – wird erklären können in ihrer Eindeutigkeit, Erica, damit müssen wir uns wohl

27 PKNir.
28 Barth predigte am 24. 11. 1934, um 20 Uhr, in der Kirche Unserer Lieben Frauen zu Bremen.

abfinden. Daß einige sie begreifen, das zeigen uns die vielen Zuschriften dieser Tage. – Inständige Bitten gehen übrigens ein von Pfarrern, daß K. in den Bruderrat zurückkehren möchte. Er wird es nicht tun. – Ja, der Weg ist jetzt sehr dunkel geworden für die Bekenntniskirche. Der faule Friede bricht schon an. Aber, Erica, das Wachrütteln dieser Jahre war nicht umsonst. Ein ausgezeichneter Brief von Niemöller [vom 26. 11. 1934] sagte uns das auch. Das Ganze ist jetzt einfach ein Wiederaufleben der *alten* Kirche, die aber im Grunde in ihrem Sosein keine Zukunft mehr hat. Wir müssen Geduld haben und warten können. Ich bin sicher, daß das nicht das Ende ist. – Sobald ich etwas Entscheidendes zu berichten habe, schreibe ich dir. Bis dahin nimm an, daß alles seinen Gang geht und Anlaß zu besonderer Sorge nicht besteht. –
Als Nachtrag: Den Zusatz stillschweigend vorauszusetzen, ist sicher auch eine Möglichkeit. Für Karl hat sie nicht genügt, er mußte auf den expliziten Zusatz dringen und kann und darf davon auch nicht abstehen. Wenn man weiß, wie nationalsozialistischerseits der Eid zu interpretieren ist – und das hat auch der hiesige Rektor zugegeben – dann bedarf es einer *ausdrücklichen* Begrenzung oder es liegt eben doch eine gewisse Entwertung des Eides oder doch Doppelsinnigkeit vor, die K. widerstrebt. Aber ich pflege auch Wolf damit zu trösten, daß dies wirklich eine individuelle Entscheidung ist, bei der jeder sich selbst steht und fällt. Daß K. es *so* machen mußte, das ist mir sehr klar und das tröstet mich auch bei allen Folgen. – Die Studenten warten zunächst auch ab. Während des Verfahrens ist es besser, nichts zu unternehmen. –
Liebe Erica, leb wohl. Sei du auch getrost mit uns. Es kommt schon recht. Und plage dich jetzt nicht wegen deiner Entscheidung. – Es grüßt dich *herzlich* – Karl ist in Detmold –
[gez.] deine Lollo
Die Dogmatik wird weitergeschrieben!!

Das Detmolder Ergebnis demonstriert Kirche und Öffentlichkeit die solidarische Verbundenheit der deutschen Reformierten mit dem bedrängten »Vater der Bekennenden Kirche«. Nur ein prominenter Reformierter kann das Vertrauen der Delegierten nicht gewinnen: D. Paul Humburg, Präses der rheinischen Bekenntnissynode, der bereits als reformiertes Mitglied des Marahrens-Kabinetts nach dessen Geschäftsverteilungsplan in Berlin die Abteilung IV leitet – »reformierte Landeskirchen, Jugendfragen (Jugendverbände, Hitlerjugend, Arbeitsdienst, Studentenseelsorge, Akademikerschaft)«. Die Detmolder Versammlung spricht nämlich am 30. November die von Humburg beantragte »Zustimmung zu seinem in ernster Stunde gefaßten Entschluß *nicht* aus«[29] und dokumentiert damit, daß der von den Kirchenführern in Lutherrat und Reichsbruderrat ausgewählte Reformierte »auf eigene Verantwortung in das vorläufige Kirchenregiment eingetreten ist«[30] und dort keinesfalls die Reformierten in Deutschland vertreten kann.

29 AEKR; Karl Immer im Rundbrief an den Coetus reformierter Prediger vom 1. 12. 1934.
30 RKZ vom 9. 12. 1934, S. 415.

Die Verbitterung der Reformierten über den Sturz des von der Dahlemer Synode gewählten Rates der Deutschen Evangelischen Kirche reicht tief. Professor Ernst Wolf schreibt an diesem 30. November 1934 Helmut Gollwitzer[31]:

. . . Wer das Ganze in Szene gesetzt hat, ist unbekannt . . . Reformierterseits hat man als den Autor den designierten »luth.« RB genannt, der selbst Münchner Pfarrern gegenüber K. B. als den Schaden für die Kirche bezeichnet hat; eine groteske, aber bezeichnende Mutmaßung . . .

Gegen Abend ist Barth nach Bonn zurückgekehrt. Dort berät er mit dem Bonner Rechtsanwalt Dr. Hans Dahs am Vorabend der Zeugenvernehmungen die juristische Lage seines Falles und erteilt ihm schriftlich die Vertretungsvollmacht.
Erst an diesem Freitag hat das Reichskultusministerium das Belastungsmaterial für das Dienststrafverfahren gegen Barth zusammengestellt. Es wird mit kurzem Begleitschreiben des zuständigen Ministerialrats abends in Berlin abgeschickt[32]:

Sehr geehrter Herr Landgerichtsrat!
In der Anlage sende ich Ihnen verabredungsgemäß die für das Untersuchungsverfahren wesentlichen Abschriften aus den hiesigen Akten. Falls weiteres erforderlich sein sollte, werde ich unmittelbare Übersendung an die Dienststrafkammer veranlassen.
Heil Hitler!
[gez.] Kasper

Um diese Zeit hat auch das Berliner Büro der amerikanischen Nachrichtenagentur United Press die Fakten über den Sturz des Rates durch das Kirchenregiment Marahrens halbwegs beisammen. Sie kabelt noch am 30. November 1934 die Nachricht vom Ausscheiden Barths aus dem Leitungsorgan der Bekennenden Kirche in die ausländischen Zeitungsredaktionen:

Die sogenannte provisorische Reichskirchenregierung mit Marahrens an der Spitze ist das Produkt einer heftigen und langwierigen Auseinandersetzung im Bruderrat der Bekenntniskirche gewesen. Unter Niemöllers Führung nahm ein erheblicher Teil des *Bruderrates* gegen die provisorische Reichskirchenregierung Stellung, die aber schließlich doch zustande kam. Die Folge war jedoch das Ausscheiden mehrerer kirchlicher Führer aus dem Bruderrat der deutschen evangelischen Kirche (Reichsbruderrat), darunter Niemöller und Professor Barth . . .

31 AEKW.
32 AUB. Die im Brief nicht aufgeführten Anlagen sind: 1. Auszüge aus dem Brief Küppers an D. Merz (siehe D/2); 2. Barths Beschwerde vom 16. 12. 1933 an Minister Rust (siehe D/3); 3. Begleitbrief des Rektors Pietrusky vom 19. 12. 1933 (siehe D/4); 4. Protokoll der Vernehmung Barths vom 30. 4. 1934 (siehe D/5); 5. Brief Barth an Schnöring vom 9. 5. 1934 (siehe S. 18); 6. Antwort Schnöring an Barth vom 12. 5. 1934 (siehe S. 19); 7. Barth-Brief vom 23. 5. 1934 an Kurator Pietrusky (siehe D/6); 8. Begleitbrief Kurator an Minister Rust vom 30. 5. 1934 (siehe S. 20).

Am 1. Dezember 1934, Samstag vormittag, um 9.30 Uhr, beginnt im Bonner Landgericht die Vernehmung der Zeugen. Barth nimmt mit seinem Bonner Rechtsanwalt Dr. Hans Dahs sowie seinem Freund und Nachbarn Otto Bleibtreu an der mehrstündigen Vernehmung teil. Der Vertreter der Staatsanwaltschaft, Landgerichtsrat Kasper aus Berlin, ist zu diesem Termin am Samstagvormittag nicht erschienen. Nur drei der vier geladenen Zeugen werden vernommen: Rektor Professor Dr. Hans Naumann, Kurator Professor Dr. Fritz Pietrusky[33] und Generalstaatsanwalt Karl Schnöring. Das Protokoll führt der Bonner Justizangestellte Adam[34]. Barth greift nur zweimal in die Vernehmung ein: **D 10** **S. 257**

1. Als sich Rektor Naumann nicht mehr erinnern kann, Barth im Gespräch am 3. November von dem Vereidigungstermin am 7. November befreit zu haben:

... Auf die Frage des Angeschuldigten: Wenn der Angeschuldigte behauptet, ich hätte ihn von dem Erscheinen im Termin zur Eidesleistung förmlich entbunden, so kann ich eine bestimmte Erklärung dazu nicht abgeben. Es ist aber durchaus möglich, daß ich dies getan habe. Ich glaube, ihm gesagt zu haben, unter diesen Umständen sei es klar, daß er nicht zu erscheinen brauche ...

2. Als der ehemalige Ministerialrat Schnöring weitere Einzelheiten über seine Vernehmung Barths vom 30. 4. 34 zum Küppers-Brief vom 11. 11. 33 zu Protokoll gibt:

... Auf die Frage des Angeschuldigten: wie es zu erklären ist, daß der Fall Küppers-Jakobi erst nach 6 Monaten zum Gegenstand meiner Untersuchung gemacht worden ist, kann ich nicht antworten. Die Vernehmung durch mich hat sich um einige Wochen dadurch verzögert, daß ich damals beurlaubt war ...

Am Samstagabend, ab 21.30 Uhr, gibt Barth der Bekenntnisgemeinschaft der Bonner Studenten einen engagierten und schonungslosen Bericht über den Sturz des in Dahlem gewählten Rates der Deutschen Evangelischen Kirche, die Hintergründe, die konfessionellen, politischen und taktischen Argumente der agierenden Bekenner und die Bedeutung jenes Buß- und Bettages 1934 für den weiteren Weg einer Bekennenden Kirche[35]: **D 11** **S. 261**

In diesem ernstesten Augenblick seit dem Sommer 1933 ist alles in Frage gestellt, wofür wir gestritten haben. Aber es ist nicht aus, sondern der Kampf geht weiter. Die Reihen werden sich lichten. Korn wird gesondert werden

33 Fritz Pietrusky ist Professor der gerichtlichen Medizin.

34 AUB.

35 PKNir. Bei diesem Dokument handelt es sich um eine von Barth nicht autorisierte Nachschrift seines frei gehaltenen Vortrages (nicht bekannt ob von Freund oder Spitzel). Unter D/11 zitiert nach DC-Rundbrief von Landespfarrer Sager, vom 14. 1. 1935. Hörfehler und Fehler bei Daten bzw. Eigennamen sind original wiedergegeben. Wenig später bestätigte Barth diese Nachschrift als »im wesentlichen zutreffend« (vgl. EvTh 1935, S. VIIf.).

müssen. Es gilt jetzt, in einer ganz neuen Weise ernst zu machen mit den Voraussetzungen, mit denen wir in den Kampf gezogen sind . . . Wir haben allen Anlaß, zu allem Nein zu sagen. Aber wir stehen noch Gewehr bei Fuß. Es gibt schon Leute, die sagen, man muß gegen Marahrens ebenso wie gegen Müller streiten. Diese Parole möchte ich noch nicht ausgeben: Wir wollen keinen Zweifrontenkrieg. Wir müssen erst deutlich sehen, wo die Wahrheit ist und wo die Lüge. Es kann die Zeit kommen, wo wir gegen zwei Fronten kämpfen müssen ohne kirchenpolitische Rücksicht . . . nicht so rasch sein! Auf keinen Fall tumultare Schande! Es ist Aufgabe der theologischen Jugend, Disziplin zu halten . . .

Die theologische Jugend macht sich alsbald auf ihre Weise Luft – mit ihrem Spottlied auf den bischöflichen November-Putsch des Berliner Marahrens-Regimentes[36]:

Das Regiment Marahrens / Marschierte nach Berlin. / Fünf Kommandeure waren's, / »Vorläufig«, wie es schien. / Dem lutherischen Breit-e / Trat Humburg an die Seite, / Pandekten-Fiedler noch / Und auch der Präses Koch. / Von Barmen bis nach Dahlem / Bewegte sich der Zug, / Bis er bei Pseudo-Salem / Um eine Ecke bug. / Berlin ist voller Laster / Und trügerischem Schein. / Betretet dieses Pflaster / Auch nicht mit einem Bein. / Ihr Herren Kommandeure, / Beherzigt diese Lehre / Und führet die Armee / Nicht in den Sumpf der Spree.

36 Auf Bitte des Verfassers von D. Walter Herrenbrück, Hannover, am 19. 11. 1974 »aus der Erinnerung« aufgezeichnet. Texter war Heinrich Vogel, der auch seinen »›Bekenntnismarsch‹ in Jazzrhythmen« vertonte.

4. Alleingelassen

Im Ausland wird die Entwicklung in der bekennenden Deutschen Evangelischen Kirche mit wachsender Sorge beobachtet. Die Ausschaltung des weltbekannten und in der Ökumene selbst von theologischen Kontrahenten anerkannten Befreiers der Theologie aus den ideologischen Sackgassen traditioneller Denk- und Herrschaftsstrukturen hat jenseits der Grenzen schon etliche Zweifel an der tatsächlichen Entschlossenheit der Bekennenden Kirche zum Bekenntnis im Hitler-Staat aufkommen lassen. Die Tatsache jedoch, daß das neue Marahrens-Regiment nun schon eine ganze Woche lang zu den staatlichen Maßnahmen und Beschuldigungen gegen den ›Vater der Bekennenden Kirche‹ schweigt, rückt die Vorläufige Leitung der Bekennenden Kirche für viele Beobachter in die Nähe direkter Komplicenschaft mit der Hitler-Diktatur.

Deshalb übergibt beispielsweise Lic. Dietrich Bonhoeffer, deutscher Auslandspastor in London[1], am 1. Dezember 1934 in Berlin einen Brief an den Präses der Bekenntnissynode, D. Karl Koch, der auf eine Demarche des Lord-Bischofs von Chichester, Bischof Georges Bell, zurückzuführen ist[2]:

Hochverehrter Herr Präses!

Erlauben Sie mir bitte, bevor ich wieder nach London fahre, ein ganz kurzes Wort zu der Eid-Sache von Karl Barth.

Ich bin überzeugt, daß dieser Punkt in der Ökumene als der Wendepunkt der gegenwärtigen kirchlichen Entwicklung in Deutschland angesehen werden wird. Findet das neue Kirchenregiment kein Wort der Verständlichmachung und der Solidarität mit dem Barth'schen Anliegen, so ist das Interesse, das die Ökumene bisher an der Bekennenden Kirche genommen hat, aufs schwerste bedroht. Man wird den Eindruck haben, daß hier von der ursprünglichen und echten Linie der Bekennenden Kirche abgewichen wird, und wird sich solcher Haltung entfremdet wissen. Ich weiß, daß die Augen des gesamten Protestantismus in diesem Augenblick auf die Entscheidung des neuen Kirchenregimentes ruhen und fühle mich verantwortlich, Sie das wissen zu lassen.

In aufrichtiger Verehrung
Ihr sehr ergebener
[gez.] Dietrich Bonhoeffer

1 Schon am 20. November 1933 schrieb Barth an Bonhoeffer, Theologen wie Bonhoeffer würden dringend in Deutschland gebraucht, darum möge er bitte »mit dem nächsten Schiff« aus England heimkehren. Eberhard Busch erinnert sich: »Es plagte ihn später der Gedanke, mit seinem Rat, dem Bonhoeffer – zwar nicht gleich ›mit dem nächsten Schiff‹ – folgte, ihn faktisch in den Tod geschickt zu haben« (Karl Barths Lebenslauf, a.a.O., S. 246).

2 AEKW.

Noch an diesem Sonnabend richtet das Präsidium der Bekenntnissynode der Deutschen Evangelischen Kirche eine beschwichtigende Botschaft an den Lord-Bischof von Chichester, Georges Bell. Darin greift der Verfasser[3] alle die durch Bonhoeffer übermittelten Befürchtungen im Blick auf den weiteren Weg der Bekennenden Kirche, vor allem aber auch auf ihr Verhalten im Fall Barth, auf[4]:

An den Lordbischof von Chichester
Hochverehrter Herr Bischof!
Die Anwesenheit von Herrn Pastor Bonhoeffer ist mir eine liebe Gelegenheit, Ihnen einen schriftlichen Gruß zu übermitteln. Wir sind bedrückt davon, daß wir Sie in der letzten Zeit nachlässig behandelt haben. Sie wollen jedoch bitte überzeugt sein, daß es nicht an unserem bösen Willen gelegen hat, sondern daß wir durch die ungeheure Anspannung der letzten Zeit nicht dazu gekommen sind, auch nur die tägliche Post regelmäßig zu erledigen.
Wie Sie aus der Presse ersehen haben, ist in der letzten Zeit in Deutschland und insbesondere in der Bekenntnisgemeinschaft viel Neues geschehen. Ich möchte Sie bitten überzeugt zu sein, daß sowohl im Vorläufigen Kirchenregiment als auch sonst die Zahl derer, welche den bisherigen Kurs der Bekenntnisgemeinschaft unter allen Umständen innehalten wollen, erdrükkend groß ist. Gewiß wird es einige Zeit dauern, bis diejenigen, die in den jüngsten Wochen zu uns gestoßen sind, sich in den Rhythmus unseres Kampfes eingegliedert haben werden. Aber schon jetzt läßt sich übersehen, daß wir mit Gottes Hilfe die Alten bleiben werden, die ihren Kampf um das heilige Evangelium zu führen gedenken, getragen von der Fürbitte der Christenheit in Deutschland und in allen Ländern.
Sie können verstehen, daß die jüngste Wendung im Fall Barth Anlaß zu ernstesten Erwägungen gibt. Es liegt nicht in meiner Aufgabe, vorweg zu nehmen, welche Entscheidung das Vorläufige Kirchenregiment fällen wird, aber ich kann Ihnen jetzt schon sagen, daß die innere Verbundenheit mit Karl Barth zusammen mit der großen Sache, die auf dem Spiel steht, uns dazu leiten wird, die Entscheidung zu fällen, welche das Evangelium vorschreibt. Wir wissen, was wir gerade ihm im Kampf um die Reinheit des Evangeliums verdanken. Nicht umsonst hat ein Mitglied der Kirchenregierung ihn kürzlich als den »Kirchenlehrer unseres Jahrhunderts« bezeichnet. Darum können Sie sich denken, daß wir schon um der Kirche und ihres Nachwuchses willen nichts unversucht lassen werden, was in unseren Kräften steht. Wir sind auch der Überzeugung, daß die Brüder in aller Welt, die mit uns den Kampf um das Evangelium auf betendem Herzen tragen, sich mit in die Front stellen werden.

3 Diese Durchschrift aus dem Birger-Forell-Nachlaß ist nicht abgezeichnet. Als Verfasser kommt aber wohl nur Asmussen in Betracht. Asmussen war im Präsidium der Bekenntnissynode der DEK Referent für Fragen der Ökumene; vgl. auch Jorgen Glenthoj, Dokumente zur Bonhoeffer-Forschung 1928–1945, S. 238.
4 AEKW.

Und nun lassen Sie mich Ihnen meine herzlichsten Grüße aussprechen mit dem Gebetswunsch, daß Gott Ihre so weit verzweigte Arbeit mit seinem Segen beschenken möge. Nehmen Sie bitte diesen Brief auch als ein Zeichen der Verbundenheit des Präses Koch, der sicher den Brief selbst geschrieben haben würde, wenn er heute zugegen wäre. So aber muß ich Sie bitten, mit meinem Namen vorlieb zu nehmen. Ich bete darum, daß der Friede Gottes uns in allen unseren Entscheidungen leiten möge, wo immer wir auch wohnen.
Ihr ergebener

Aber auch in Deutschland, namentlich in Kreisen der Theologiestudenten und in den Bruderschaften der Hilfsprediger und Vikare, wächst die Unruhe und Empörung darüber, daß das Regiment Marahrens – bei all seiner sonstigen Beredsamkeit in Richtung NS-Staat – zum Fall Barth beredt schweigt. Schon am 30. November 1934 fragte Professor Ernst Wolf Helmut Gollwitzer, was denn nun von der Basis her »an Aktionen für B.« geplant und auch durchführbar sei. Gollwitzer antwortet[5]:

Die erwähnten geplanten Aktionen bestehen vor allem darin, die interessierten kirchlichen und theologischen Stellen zu öffentlichen Erklärungen über den Eid zu bewegen und die staatlichen zu einem Kompromiß . . .

Und bereits am Sonntag, dem 2. Dezember 1934, formuliert Barths Bonner Kollege Hans Emil Weber den »Entwurf« einer solchen öffentlichen Erklärung zum Beamteneid[6]:

Die Kirche lehrt: Der unter Anrufung Gottes dem Staat geleistete Eid schließt gerade durch seine Berufung auf Gott aus, etwas zu tun, was wider klares Gottesgebot ist. Mit dieser Lehre verkündet die Kirche zugleich den Ernst der Verantwortung und die Unerbittlichkeit des Eides. So hält sie sich an das Wort ihres Herrn: Gebt dem Kaiser, was des Kaisers ist und Gott was Gottes ist! Und an die apostolische Auslegung: Man muß Gott mehr gehorchen als den Menschen! und: Jedermann sei untertan der Obrigkeit, die Gewalt über ihn hat!

Noch am gleichen Tage nimmt Barth wunschgemäß zum Weber-»Entwurf« schriftlich Stellung. Er formuliert »Zur Frage des Hitlereides« nicht nur einen eigenen Gegenvorschlag. Er nennt seinen Freunden auch eine Reihe von Bedingungen, unter denen er bereit ist, auf seinen umstrittenen Zusatz zur Eidesformel zu verzichten[7]:

1. In dem mir heute vorgelegten Entwurf zu einer kirchlichen Erklärung zur Eidesfrage fehlt mir die konkrete Beziehung auf den zur Diskussion stehenden Beamteneid. Es handelt sich in diesem Eid nicht um den »Staat« im

5 Ebenda.
6 KBA.
7 Ebenda.

allgemeinen sondern um Adolf Hitler und damit nach der im gegenwärtigen Parteistaat herrschenden Auffassung um den Totalitätsanspruch dieses einen Mannes. Will das Kirchenregiment etwas Grundsätzliches und Allgemeines sagen, das ein Bekenntnis zu dem Sinn des von mir zunächst auf meine eigene Verantwortung gemachten Vorbehaltes bedeuten würde, dann darf es dieser konkreten Beziehung nicht ausweichen.

2. Der Entwurf ist mir zu gesprächig. Alles zu dem konkreter zu formulierenden ersten Satz Hinzugefügte, insbesondere auch die kommentarlos zitierten Bibelsprüche scheinen mir eher neuer Vernebelung als der Klärung der Sache zu dienen, um die es jetzt geht: daß die evangelische Kirche den nationalsozialistischen Totalitätsanspruch nicht anerkennen und daß ein evangelischer Christ den Hitlereid darum nur als einen wie jeder ernsthafte Eid beschränkt verpflichtenden Eid leisten kann.

3. Ich mache folgenden Gegenvorschlag:

Die Treue und der Gehorsam gegen den Führer des deutschen Reiches Adolf Hitler, zu denen die Beamten und die Soldaten der Wehrmacht eidlich verpflichtet werden, sind für den evangelischen Christen bestimmt und begrenzt durch das in der Heiligen Schrift bezeugte Gebot Gottes.

4. Wenn das Kirchenregiment diese Erklärung (oder eine ihr substantiell entsprechende) zu übernehmen und mit namentlicher Unterschrift seiner sämtlichen Mitglieder einer breiten Öffentlichkeit zugänglich zu machen willens und in der Lage ist,

Wenn die Staatsregierung mindestens durch ein der Veröffentlichung folgendes längeres Schweigen bekundet, daß sie dieser Interpretation des Beamteneides nicht zu widersprechen gedenkt,

Wenn mein Disziplinarverfahren bis dahin nicht zum Abschluß gekommen ist,

Dann bin ich bereit auf meinen Zusatz zu der vorgeschriebenen Eidesformel zu verzichten und den Eid in der vorgeschriebenen Form zu leisten.

Ohne Erfüllung dieser Bedingungen würde mir eine Veränderung meiner Haltung als eine [unerlaubte?] Erleichterung der mir und, wie ich jetzt sehe, vielen Anderen durch diesen Eid gestellten Frage erscheinen müssen.

Bonn, den 2. Dezember 1934.

Zur gleichen Zeit unterrichtet Barths Bonner Kollege Horst den Sprecher der ›Bruderschaft Westfälischer Hilfsprediger und Vikare‹, Lic. Hans Thimme, Bad Oeynhausen, über das Vorhaben, die Vorläufige Leitung mit einer Fülle von Appellen und Eingaben aus dem ganzen Reichsgebiet zu einer kirchenamtlichen Erklärung zum Eid und damit zum Fall Barth zu bewegen. Daraufhin schreibt Hans Thimme noch am Sonntag, dem 2. Dezember 1934, an den Vorsitzenden der Vorläufigen Leitung, D. Marahrens[8]:

8 AEKR.

Hochwürdiger Herr Landesbischof!
Durch Herrn Professor Horst höre ich von der Euer Hochwürden vorgetragenen Bitte, im Namen der Evangelischen Kirche ein authentisches Wort zur Frage des Eides auf den Führer herausgehen zu lassen. Namens der etwa 200 Glieder umfassenden Bruderschaft Westfälischer Hilfsprediger und Vikare möchte ich diese Bitte auf das Dringendste unterstützen. Die mit dem Eid zusammenhängenden Probleme und Nöte haben uns schon lange ernstlich beschäftigt, und nun macht es der Fall unseres Lehrers Prof. D. Karl Barth, dem wohl alle von uns viel verdanken, vor aller Öffentlichkeit deutlich, daß in dieser Hinsicht ein klärendes Wort der Evangelischen Kirche gesprochen werden muß.
In Ergebenheit

Eine Durchschrift dieses Briefes sendet Lic. Hans Thimme noch am 2. Dezember 1934 an den rheinischen Kollegen Bernd Heiermann nach Wuppertal-Barmen. In seinem Brief an die ›Bruderschaft Rheinischer Hilfsprediger und Vikare‹ drängt er auch die rheinischen Freunde, den Basisdruck auf die Vorläufige Leitung zugunsten Barths mit einer eigenen Eingabe zu verstärken[9]:

Lieber Bruder Heyermann!
Beiliegenden Brief habe ich soeben nach Rücksprache mit Prof. Horst an Landesbischof Mararens abgeschickt. Nach Lage der Dinge ist es gut, wenn Sie auch im Namen der Rheinischen Kandidaten im gleichen Sinne bei M. vorstellig würden. Prof. Horst sieht in einem solchen Schritt die im Augenblick einzig mögliche Hilfe, die wir Barth und seinem Anliegen zukommen lassen können.
Mit herzlichem Gruß
[gez.] Ihr Hans Thimme

D. Hans Freiherr von Soden, Professor in Marburg und Mitglied des Reichsbruderrates, hält Barths Entscheidung in der Eidesfrage für falsch und sieht in Barths Alleingang eine schwere »Belastung« für die Bekennende Kirche. Am 2. Dezember 1934 legt er in einem Brief an Barth seine theologischen und vor allem taktischen Bedenken ausführlich dar[10]: **D 12** **S. 265**

. . . in welches Licht bringen Sie mit Ihrer Klauselforderung die Ihnen irgendwie theologisch oder persönlich nahestehenden Kollegen, etwa Bultmann und mich, die den Eid ohne Klausel übernommen haben? Sind wir weniger gewissenhafte Christen, die durch den Eid auf Menschen sich vom Gehorsam gegen Gott leichthin dispensieren lassen? Ich glaube, wir haben doch das Gegenteil unter Beweis gestellt. Oder sind wir solche, die den Eid gegen den Staat nicht ganz ernst nehmen und deshalb darauf verzichten, ihn sorgfältig und gewissenhaft zu formulieren und gehörig zu verklausulie-

9 Ebenda.
10 Barth-Bultmann, a.a.O., S. 264ff.

ren? Ihre Forderung bringt uns andere unvermeidlich in den Verdacht, nach der einen oder anderen Seite unaufrichtig zu sein.
Und bedenken Sie weiter: wie belastet Ihr Verhalten unsere gesamte Kampfgemeinschaft für die Bekennende Kirche! Ich bedaure und mißbillige es, daß die offiziöse Pressenotiz gesagt hat, Sie verweigerten den Eid, obwohl sich ihr Urheber nicht ohne ein gewisses Recht darauf berufen könnte, daß eine Klauselforderung sachlich auf Verweigerung hinauskäme. Ich meine jedoch, man hätte Ihnen hier die Billigkeit einer genauen, den Tatbestand wiedergebenden Berichterstattung erweisen sollen. Aber selbst wenn dieser Tatbestand vollständig und zutreffend bekannt wird, so bleibt es doch dann bestehen, daß ein führender Theologe der Bekenntnisfront, ein führender theologischer Lehrer überhaupt, – z. Z. fraglos der angesehenste unter allen, – hier dem Staat nicht gibt, was nach meiner und vieler Theologen Überzeugung des Staates ist, und so ungewollt aber unvermeidlich dem Verdacht Vorschub leistet, daß die Bekenntnisfront gegen den legitimen Anspruch des Staates stehe . . .

Auch Professor D. Rudolf Bultmann beklagt Barths Schritt in der Eidesfrage. Am 3. Dezember 1934 antwortet er Barth auf dessen Brief vom 27. November 1934[11]:

. . . ich kann mir nicht denken, daß sich der Staat auf die Klausel einläßt, u. m. E. *darf* er es auch gar nicht. Er kann doch nicht zulassen – denn so muß es ja von seinem Standpunkt aus erscheinen –, daß die zum Eid befohlenen Beamten sich von vornherein durch diese oder jene Klausel salvieren (denn andere Vorbehalte sind ja auch möglich, u. der Staat kann sich doch nicht auf eine Diskussion darüber einlassen), um dann jeweils der Eidesverpflichtung enthoben zu sein. Ich kann die Sache nur so ansehen, daß der von Ihnen geforderte Vorbehalt allerdings für jeden Christen selbstverständlich ist, daß der Christ aber nicht den Staat auf diesen Vorbehalt verpflichten kann, sondern daß er im *Konfliktsfall* auf sein unter diesem Vorbehalt übernommenes Amt verzichten muß. Er kann in solchem Fall natürl. den Staat fragen: willst du mich trotz des an diesem Punkte von mir erwiesenen Ungehorsams im Amte lassen? Er kann aber unmöglich das Ja auf diese Frage von vornherein bei der Eidesleistung sich garantieren lassen, – was doch der Sinn einer Klausel bei der Eidesleistung wäre. Der Staat trägt seinerseits dieser Situation ja durchaus Rechnung, daß er einen Beamten, der jeweils den Gehorsam verweigert, nicht wegen Eidbruch oder Meineid bestraft, sondern einfach entläßt . . . Ob sich die Sache redressieren läßt? . . .

D 13
S. 267 Nachdem am Montag, dem 3. Dezember 1934, in Barmen Hans Thimmes Brief vom Vortage eingetroffen ist, schreibt auch Hilfsprediger Heiermann im Auftrage der ›Bruderschaft Rheinischer Hilfsprediger und Vikare‹ noch an diesem Montag an das Berliner Marahrens-Regiment. In seiner Eingabe greift Heiermann das auf der Na-

11 Ebenda, S. 156f.

tionalsynode am 9. April 1934 von der DC-Mehrheit[12] beschlossene Gesetz zum Diensteid der Geistlichen und Kirchenbeamten auf[13], das ja gerade auch von den lutherischen Bischöfen Marahrens, Meiser und Wurm entschieden abgelehnt wird[14]. Nach allem, was die Rheinländer jedoch inzwischen über den Vorsitzenden der Vorläufigen Leitung erfahren haben, wendet sich die Rheinische Bruderschaft ganz bewußt »nicht an den hochwürdigsten Herrn Landesbischof Marahrens«[15], wie dies Thimme für die Westfalen getan hatte. Sie richten ihr Schreiben »An das Vorläufige Kirchenregiment der DEK«[16]:

Sehr geehrte Herren!
Der Fall unseres Lehrers Prof. D. Karl Barth lenkt wiederum den Blick der Öffentlichkeit auf die Frage des Eides auf den Führer. Nach den mannigfaltigen Erklärungen zu dem Gesetz der »Nationalsynode« vom 9. August 1934 scheint es nunmehr an der Zeit zu sein, zur Frage des Eides ein klares *kirchliches* Wort zu sprechen. Dazu ist das vorläufige Kirchenregiment der DEK berufen.
Namens der Bruderschaft Rheinischer Hilfsprediger und Vikare, die etwa 120 Glieder umfaßt, bitten wir um ein solches klärendes Wort.
Bruderschaft Rheinischer Hilfsprediger und Vikare
Ergebenst
i. A.

Der Bonner Rechtsanwalt Dr. Hans Dahs beantragt mit Eilschreiben vom 3. Dezember 1934 beim Bonner Untersuchungsführer Borries Einsicht in die Akten der Disziplinarsache Barth[17]:

12 Reichsbischof Müller vor der Nationalsynode: »An diesem Gesetz ist mir . . . besonders gelegen. Wir sind es dem Führer schuldig.«

13 Der Wortlaut der von der Nationalsynode beschlossenen Eidesformel lautete: »Ich, N. N., schwöre einen Eid zu Gott, dem Allwissenden und Heiligen, daß ich als ein berufener Diener im Amt der Verkündigung sowohl in meinem gegenwärtigen wie in jedem anderen geistlichen Amte, so wie es einem Diener des Evangeliums in der Deutschen Evangelischen Kirche geziemt, dem Führer des deutschen Volkes und Staates Adolf Hitler treu und gehorsam sein und für das deutsche Volk mit jedem Opfer und jedem Dienst, der einem deutschen evangelischen Manne gebührt, mich einsetzen werde, weiter, daß ich die mir anvertrauten Pflichten des geistlichen Amtes gemäß den Ordnungen der DEK und den in diesen Ordnungen an mich ergehenden Weisungen gewissenhaft wahrnehmen werde; endlich, daß ich als rechter Verkündiger und Seelsorger allezeit der Gemeinde, in die ich gestellt werde, mit allen meinen Kräften in Treue und Liebe dienen werde, so wahr mir Gott helfe!« (vgl. dazu D/13). Bernd Heiermann ließ dabei allerdings unbeachtet, daß z. B. der Bruderrat der Bekenntnissynode der DEK am 15. 8. 1934 in seiner »Weisung« zu diesem Diensteid der Kirchenbeamten seine Ablehnung auch damit begründete: »Nur der Staat könnte befugt sein, seinerseits von uns als Beamten einer Körperschaft des öffentlichen Rechts, einen Eid zu fordern.« Das war aber letztlich bei Barth der Fall.

14 AEKR, Brief Landesbischof Meiser, D/13.

15 Brief Heiermann vom 16. 12. 1934 an Thimme: »Betreffs der Eidesfrage hatten wir uns an die Vorläufige Kirchenleitung (nicht an den hochwürdigen Herrn Landesbischof Marahrens) gewandt.«

16 AEKR.

17 AUB.

. . . *Gründe:*
Die Voruntersuchung dürfte vor einem baldigen Abschluß stehen. Zur Vorbereitung der Verteidigung und etwaiger weiterer Beweisanträge ist die Akteneinsicht unbedingt erforderlich. Der Verteidiger bedarf der Akteneinsicht auch deshalb, um den Inhalt der Anschuldigung genau kennen zu lernen und sich über die Fortführung der Verteidigung endgültig schlüssig zu werden.
[gez.] Dr. Dahs, Rechtsanwalt

Noch am selben Tage teilt Landgerichtsrat Borries Dr. Dahs telefonisch mit, daß ihm die Akten »morgen, am 4. 12. 34, vorm. zwischen 9 und 13 Uhr zur Einsicht auf meinem Dienstzimmer zur Verfügung stehen«. Nachdem jedoch Dr. Hans Dahs am Dienstagvormittag die Akten eingesehen hat – seit dem 3. Dezember 1934 liegt im Bonner Landgericht auch das Belastungsmaterial vor, das seit Anfang 1933 im Berliner Kultusministerium gesammelt wurde –, legt der Bonner Rechtsanwalt mit Schreiben vom 4. Dezember 1934 die bereits übernommene Verteidigung Barths nieder[18]:

Herrn Landgerichtsrat Borries
Bonn
Amtsgericht Zimmer 91
Eilt!
Betr.: Disziplinarverfahren gegen den Universitätsprofessor Dr. Barth
Im Termin am 1. Dezember habe ich mich vorläufig zum Verteidiger des Angeschuldigten zum Zwecke der Wahrnehmung seiner Rechte in diesem Vernehmungstermin bestellt, mit dem ausdrücklichen Hinweis darauf, daß mir der Inhalt der Anschuldigung sowie der Akten noch unbekannt sei, und daß ich mir die Entschließung über die weitere Vertretung vorbehalten müßte.
Nachdem ich heute auf dem Dienstzimmer des Herrn Untersuchungsführers in die Akten Einsicht genommen habe, erkläre ich, daß ich die Verteidigung des Angeschuldigten niederlege.
Herr Professor Barth ist über die Niederlegung verständigt. Ich habe ihn darauf hingewiesen, daß etwaige Beweisanträge oder ein etwaiger Antrag auf Akteneinsicht spätestens im Laufe des 5. Dezember gestellt werden müssen, weil die Akten nach Berlin zurückgesandt werden sollen.
[gez.] Dr. Dahs, Rechtsanwalt

Nach der Bibelstunde, die Barth an diesem Dienstag abend in seiner Bonner Wohnung hält[19], unterrichtet Barth seine zahlreichen Zuhörer »über seine Stellung in der Eidesfrage«. Diese »Mitteilungen« schließt er ab mit dem »Hinweis: Kein

18 Ebenda.
19 In der Adventszeit 1934 hielt Barth in seiner Bonner Wohnung Bibelstunden (vgl. ThEx 19).

Mensch ist unentbehrlich«[20]. Tags darauf, am Mittwoch, dem 5. Dezember 1934, antwortet Barth seinem Marburger Kollegen und Kritiker von Soden »Punkt für Punkt« auf dessen Brief vom 2. Dezember 1934. Professor Bultmann erhält als Beantwortung seines Briefes vom 3. Dezember 1934 von Barth eine Durchschrift dieses Briefes[21]: **D 14** **S. 271**

... Ich könnte mir in der Tat sehr wohl denken, daß einer von seinem wissenschaftlichen, ein zweiter von seinem juristischen, ein dritter von seinem künstlerischen, ein vierter von seinem humanen Gewissen aus eine entsprechende Ergänzung jener Formel fordern müßte. Man kann sich ja wohl ein wenig darüber wundern, daß dies in dem Lande der Dichter und Denker offenbar nicht geschehen ist, daß nun wenigstens im Bereich der Universitätsprofessoren ausgerechnet nur die arme »theologische« Existenz hier protestieren zu müssen meinte ... Da die ev. Kirche bis jetzt geschwiegen und damit den totalen Staat vielleicht doch erkannt hat, muß ich persönlich gefragt auch persönlich antworten d. h. das, was normalerweise die Kirche für mich tun müßte, meinerseits für die Kirche tun. – Ich weiß nicht, ob Sie gehört haben, daß man von verschiedenen Ecken aus ausgerechnet das Kirchenregiment Marahrens um eine öffentliche Erklärung in diesem Sinn angegangen hat und nach meinen Nachrichten von gestern hätte darüber sogar gerade heute die Entscheidung fallen müssen. Wenn das in einem für mich annehmbaren Wortlaut geschehen ist und wenn dann der Staat eine Weile eindrucksvoll dazu geschwiegen hat und wenn – mein Diziplinarverfahren bis dahin nicht vollendet ist, dann würde ich mich ja in der Tat auf diese Tatsache beziehen und den unveränderten Eid schwören können. Und es wäre dann eine neckische Fügung, wenn ausgerechnet der Abt von Loccum[22] mein Retter in der Not gewesen wäre ...

Aber während der Sitzung der Vorläufigen Leitung sieht es an diesem Mittwoch in Berlin gar nicht danach aus, als bahne sich dort jene »neckische Fügung« an, nach der sich ausgerechnet das Marahrens-Kabinett als Barths »Retter in der Not« erweisen würde. Es liegt zwar eine Fülle von Bitten und Forderungen nach einer alsbaldigen öffentlichen Erklärung der Leitung der Bekennenden Kirche zur Eidesfrage und damit zur Entlastung Barths vor; es hat sich auch für diese Sitzung Leitungsmitglied D. Humburg von den Theologen Horst und H. E. Weber mit jenem Bonner »Entwurf« zu einer öffentlichen Erklärung der bekennenden Deutschen Evangelischen Kirche ausrüsten lassen; das neue, höchste Leitungsorgan der Bekennenden Kirche befaßt sich auch ausführlich und leidenschaftlich mit der Eidesfrage – ihr Vorsitzender jedoch, Landesbischof und Abt D. August Marahrens, lehnt es rigoros ab, auch nur einen einzigen Laut in der Eidesfrage öffentlich abzugeben, von einer kirchenamtlichen Erklärung direkt an den NS-Staat ganz zu schweigen. Eine Erklärung zur Eidesfrage im Zusammenhang mit dem ›Fall Karl Barth‹ ist für die ›Spitze‹ der bekennenden Deutschen Evangelischen Kirche nicht einmal privatim denkbar.

20 PKEr.
21 Barth-Bultmann, a.a.O., S. 273ff.
22 Landesbischof Marahrens.

F 3
S. 275

Erst am nächsten Tage, am Donnerstag, dem 6. Dezember, bewerkstelligt die Vorläufige Leitung einen »Kompromiß«: Sie beschließt *keine öffentliche Erklärung* der bekennenden Deutschen Evangelischen Kirche, sie richtet auch *keine Erklärung an den Staat;* das Marahrens-Regiment beschließt statt dessen einen wortwörtlich ausformulierten, vertraulichen »*Privatbrief*« an einen Göttinger Studenten namens Heinrich Harms[23]. In diesen seelsorgerlichen Privatbrief ist wohl der von Hans Emil Weber formulierte, von Barth-Einwänden korrigierte und von Präses D. Humburg dann schließlich in Berlin offerierte »Entwurf« einer öffentlichen Erklärung der bekennenden Deutschen Evangelischen Kirche eingebaut, aber diese »Erklärung« ist eben erklärtermaßen »eine vorläufige, deshalb für die Öffentlichkeit nicht bestimmte«. So wird die »Erklärung« zwar vom Marahrens-Regiment entgegengenommen, gleichzeitig aber von diesem »Privatbrief« formal eingesperrt und so Öffentlichkeit und Staat ganz bewußt vorenthalten und damit letztlich unschädlich gemacht. Dennoch ist Vorsitzender Marahrens am Ende trotz allem nicht bereit, diesen vertraulichen, seelsorgerlichen Privatbrief an den in Gewissensnot geratenen Studenten Heinrich Harms zu unterzeichnen. So geht denn dieser Brief am 6. Dezember 1934 mit der Unterschrift von Präses D. Koch heraus[24]:

. . . Schon jetzt kann aber über unsere Stellungnahme folgendes gesagt werden:
Der unter Anrufung Gottes dem Führer Adolf Hitler geleistete Eid gibt der Treue- und Gehorsamsverpflichtung den Ernst der Verantwortung vor Gott und damit ihre rechte Begründung. Er schließt durch seine Berufung auf Gott ein Tun aus, das wider das in der Heiligen Schrift bezeugte Gebot Gottes ist. Damit halten wir uns an das Wort des Herrn: »Gebet dem Kaiser, was des Kaisers ist, und Gott, was Gottes ist«, und an die apostolische Auslegung: »Man muß Gott mehr gehorchen denn den Menschen« und »Jedermann sei untertan der Obrigkeit, die Gewalt über ihn hat«.
Wir machen Sie darauf aufmerksam, daß unsere Erklärung eine vorläufige, deshalb für die Öffentlichkeit nicht bestimmte ist . . .

Damit sind alle organisierten Versuche gescheitert, noch vor dem Strafverfahren gegen Karl Barth das Regiment Marahrens in Sachen Eid zu einem öffentlichen Bekenntnis zu bewegen.

23 Name und Anschrift des Göttinger Studenten Harms sind nicht etwa fiktiv. Ein Theologiestudent Heinrich Harms, Göttingen, Am Kreuze 12, war seit dem 3. 2. 1933 an der Göttinger Universität immatrikuliert.
24 AEKR.

5. Proteste

In der Bonner Universität gibt Rektor Naumann seit dem 5. Dezember 1934 durch Aushang am Schwarzen Brett bekannt, daß er »über die Weiterführung der Vorlesung von Herrn Professor Dr. Barth am Freitag, dem 7. Dezember, 8 Uhr im Auditorium maximum, Konviktstraße, alles Nähere miteilen werde«[1]. Die Studenten Martin Eras, Siegfried Hajek und Heinrich Quistorp formulieren daraufhin am Donnerstagnachmittag »in einem kleinen Hörsaal« eine Protesterklärung »der Hörerschaft und Seminar- und Sozietätsmitglieder von Karl Barth«, ermutigt durch Professor Goeters' Ansporn vom Vormittag: »Recht so, lassen Sie sich kein Surrogat vorsetzen!« Anschließend bitten die drei Autoren ihren Kommilitonen Karl Krämer, die von ihnen bereits unterzeichnete Erklärung während der vom Rektor anberaumten Veranstaltung am nächsten Morgen zu verlesen.
Als sie am 7. Dezember 1934, kurz vor 8 Uhr, den großen Hörsaal an der Konviktstraße betreten, ist das Auditorium mit »ungefähr 500 Hörern« trotz der frühen Stunde »überfüllt« und zwar »nicht nur von Theologen, sondern auch von Hörern anderer Fakultäten, die gehört hatten, daß hier etwas ›passieren‹ würde«. Beunruhigt gehen die vier Protestanten »vor Beginn in das Dozentenzimmer« und weisen den dort bereits wartenden Rektor auf den starken Andrang auch aus anderen Fakultäten hin. Rektor Naumann: »Da kann man nichts machen, das ist bei akademischen Veranstaltungen immer so, daß auch andere da sind.« Als dann der Rektor die Veranstaltung pünktlich um 8 Uhr beginnt, herrscht »gespannte Stille«[2]:

Liebe Kommilitonen!
Ich habe Sie – ich habe die Hörer der Hauptvorlesung von Prof. Barth zu dieser ungewöhnlich frühen Morgenstunde hierhergebeten, um Ihnen als Ihr Rektor einige Mitteilungen zu machen. Ich muß erwarten, daß Sie diese Mitteilungen mit der Disziplin entgegennehmen, die der akademische Bürger, der Student, den amtlichen Mitteilungen seines Rektors gegenüber zu bewahren hat. – Es handelt sich um drei Punkte:
1. Da Herr Prof. Barth seinen Ihnen bekannten Schritt *leider* erst nach Beginn dieses laufenden Semesters unternahm und nicht schon, wie es eigentlich selbstverständlich gewesen wäre, 10 Wochen früher, also Ende August, damals, als er, wie wir alle, zum erstenmal zur Vereidigung eingeladen wurde, ist es nun zu einer sehr unliebsamen Störung mitten im Semester gekommen. Dadurch geraten besonders diejenigen von Ihnen in eine sehr bedauerliche Lage, die eigens wegen dieser Vorlesungen oder gar aus

1 PKEr und KQui.
2 PKEr.

dem Auslande hierhergekommen sind. Aber ersichtlicherweise ist für diese Störung im Semester weder die Fakultät, noch die Universität, noch das Ministerium, noch gar der Staat verantwortlich, weil ein Vierteljahr nach Erlaß des Beamtenvereidigungsgesetzes der Schritt des Herrn Prof. Barth schwerlich mehr vorauszusehen gewesen ist.

2. Der Staat sah sich, wie Sie wissen, zur Einleitung eines Disziplinarverfahrens gegen den preußischen Beamten Prof. Barth gezwungen, weil er die Ablegung des Diensteides mit dem vorgeschriebenen Inhalt schließlich verweigert hat. Dieses Verfahren liegt wie üblich in den Händen eines unabhängigen Richters und wird mit der größten Beschleunigung durchgeführt. Der Fall steht vereinzelt im ganzen Deutschen Reich, viele Tausende von Beamten, von Religionslehrern und sämtliche Theologieprofessoren beider Konfessionen haben ohne Widerspruch diesen Eid geschworen. Aber natürlich nicht der *Theologe* Barth, der unbeschränkte Lehrfreiheit genießt sondern allein der *Beamte* Barth ist von jener unliebsamen Maßnahme getroffen. Das Vorgehen gegen Barth trägt also rein amtlichen Charakter. Es trägt nicht im mindesten einen Charakter kirchlicher oder theologischer Art.

3. Da nun diese unliebsame, aber von uns nicht veranlaßte Unterbrechung des theologischen Vorlesungsplanes sich ergeben hat und um sie zu beheben, wenigstens für diejenigen, die trotzdem in diesem Semester Dogmatik hören wollen oder müssen, so ergab sich die Notwendigkeit, die Weiterführung vorläufig auf eine andere Person zu übertragen, wie schwer es auch immer war, mitten im Semester so rasch eine solche ausfindig zu machen. An eine Befragung anderer Fakultäten war ohnehin nicht mehr zu denken! Der Herr Minister hat sich nach seinem uns bekannten und uns wohl begreiflichen Prinzip, möglichst Nichtordinarien heranzuziehen zu solchen Vertretungen, entschlossen, Herrn Schmidt-Japing . . . (langes, anhaltendes Scharren!) . . . Durch Scharren, meine Herren, wirbeln Sie nur noch mehr Staub auf in dieser Sache! Im übrigen können Sie, wenn Ihre Stiefel Ihnen nicht leid tun, wenn ich gleich fertig sein werde, noch eine halbe Stunde scharren . . .

Der Herr *Minister* hat sich für den Vertreter Herrn Schmidt-Japing entschieden. Da eine Vertretung fast unter allen Umständen und unter diesen besonderen eine sehr schwierige und sehr undankbare Sache ist, ist es sehr dankenswert, daß sich Herr Schmidt-Japing diesem heiklen Auftrag unterziehen will. Wenn Herr Schmidt-Japing diesen Auftrag annimmt und diese Vorlesung vorträgt, so handelt er im Auftrag des Ministers. Er wird die Vorlesung Montag zur gegebenen Stunde und zunächst hier im Konviktsaal beginnen.

Student Krämer springt vor: Erlauben Sie, daß ich im Namen der Hörerschaft von Professor Barth eine Erklärung abgebe.

Naumann: Bitte schön.

Krämer verliest:

Die Hörer der Vorlesungen von Professor D. Karl Barth und die Mitglieder

seines Seminars und seiner Sozietät sehen sich in der Frage der »Weiterführung seiner Vorlesungen« zu folgender Erklärung veranlaßt:
Wir müssen die Weiterführung der Vorlesungen und Übungen von Prof. Barth durch einen Vertreter, gleichviel, wer er sei, aus folgenden Gründen ablehnen:
1. Die theologische Arbeit Karl Barths ist für die evangelische Kirche von solcher Bedeutung und steht in der heutigen theologischen Wissenschaft so einzigartig da, daß sie durch keinerlei Vertretung weitergeführt werden kann.
2. Insbesondere stellt sein dogmatisches Kolleg einen Abschnitt aus einem so umfassend angelegten Werk dar, daß ein Ersatz durch eine Dogmatik-Vorlesung im landläufigen Sinn als völlig unmöglich bezeichnet werden muß.
3. Ferner gibt die Bestellung eines Vertreters *vor* dem Abschluß des Verfahrens zu dem Mißverständnis Anlaß, als ob die Absetzung sicher und zu erwarten sei.
4. Überdies müssen wir erklären, daß der uns zugemutete Vertreter, der noch dazu ohne Fühlungnahme mit den Dozenten der evangelischen (!) Theologie bestimmt wurde, für uns kirchlich-theologisch nicht tragbar ist.
Wir wollen die Sache und kein Surrogat.
Für die Hörerschaft von Professor D. Karl Barth:
Martin Eras Siegfried Hajek Heinrich Quistorp
(Lebhaftes einstimmiges Trampeln nach jedem Absatz!)
Naumann: ich nehme diese Erklärung zur Kenntnis und werde sie weiterleiten. Ich selbst habe zu bemerken, daß mir die ersten drei Absätze durchaus nichts Neues mitteilen, daß mir der 4. Absatz durch meine eigenen Ausführungen geklärt erscheint. Und der 5. Absatz – einen Augenblick bitte – bedeutet für mich auch weiter nichts Neues.
Aus meinen Erklärungen geht hervor, daß niemand gezwungen ist, die Vorlesungen zu hören. Die Konsequenzen, die Sie ziehen wollen, sind Ihnen selbst überlassen.
(Geht ab).

Trotz aller nun folgenden Provokationen haben die Barth-Hörer »bewundernswerte Disziplin gehalten«. Lediglich unmittelbar nach der Veranstaltung kommt es zu einem Zwischenfall draußen vor dem Schwarzen Brett, auf welchem nunmehr Schmidt-Japing den Beginn seiner »Barth-Vertretung« mit »*Dogmatik V*« für Montag, den 10. Dezember 1934, ankündigt[3]:

. . . Im Anschluß an die Versammlung mit dem Rektor stand man erregt vor den Anschlagbrettern. Da entfuhr Carius der Ausdruck: Das Schwein wagt auch noch, die Vorlesung anzuzeigen. Herr Böld, ao Mitglied im Stift – ein Kapitel für sich – gebührt dabei der traurige Ruhm, das angezeigt zu haben,

3 AEKR; Brief W. Wilkesmann vom 14. 12. 1934 an B. Heiermann.

weil das symptomatisch sei für den Geist in den Bekenntniskreisen. Hier müsse man ein Exempel statuieren. Und S. J. nahm eine Entschuldigung, die Carius noch am gleichen Tage wegen seines Ausdrucks einbrachte, nicht an, sondern ließ die Sache vor das Universitätsgericht gehen, wo Weber und Horst C. in der Verhandlung vertreten . . .

Im Berliner Kultusministerium Unter den Linden treffen die Unterlagen der am Tage zuvor in Bonn abgeschlossenen richterlichen Voruntersuchung im Strafverfahren gegen Barth ein. Und noch an diesem Freitag, dem 7. Dezember 1934, wird gegen Barth Anklage erhoben – Anklage in nunmehr drei Punkten, obschon es im Einleitungsbeschluß des Ministers vom 26. November ausdrücklich heißt: »Erweiterung dieses Beschlusses . . . bleibt ausdrücklich vorbehalten.« Barth wird beschuldigt[4]:

. . . die Pflichten verletzt zu haben, die ihm sein Amt auferlegt, und durch sein Verhalten im Amte sich der Achtung, des Ansehens und des Vertrauens, die sein Beruf erfordert, unwürdig gezeigt zu haben, indem er

1. zu Bonn im November 1934 erklärt hat, den durch das Gesetz über die Vereidigung der Beamten und der Soldaten der Wehrmacht vom 20. 8. 1934 (RGBL I, S. 785) allen öffentlichen Beamten auferlegten Eid auf den Führer des Deutschen Reiches und Volkes nur mit dem Zusatz leisten wollen: »soweit ich es als evangelischer Christ verantworten kann«,
2. zu Berlin im Oktober 1933 in privatem Kreise bei Gelegenheit einer Theologenzusammenkunft mit Beziehung auf grundsätzliche Maßnahmen der Reichsregierung vorsätzlich oder doch grobfahrlässig unwahre Behauptungen tatsächlicher Art aufgestellt hat, die geeignet sind, das Wohl des Reiches und das Ansehen der Reichsregierung schwer zu schädigen;
3. in Bonn seit Beginn des Wintersemesters 1933 den durch die obersten Landesbehörden für den amtlichen Verkehr angeordneten deutschen Gruß zu Beginn und Ende seiner Vorlesungen nicht angewandt, auch gegenüber dem Rektor der Universität sich geweigert hat, einem dahingehenden Befehl Folge zu leisten . . .

Mit einem vorgefertigten Schreiben, in das nur noch die verschiedenen Empfänger und unterschiedlichen Daten einzufügen sind, versendet Lic. Kurt Frör[5] Durchschriften des vertraulichen »Privatbriefes« an den Studenten Heinrich Harms[6]:

Vorläufige Kirchenleitung — Berlin, den 7. Dezember 1934
Wilhelmstraße 34

In der Anlage übersende ich Ihnen als Antwort auf Ihren Brief vom . . . d. Mts. den Durchschlag eines Briefes an den stud. Heinr. *Harms*, Göttin-

4 AKHB.
5 Referent für Schulfragen in der Abteilung III der Vorläufigen Leitung, zuvor Inspektor des Nürnberger Predigerseminars. Seit dem 6. 12. 1934 auch Referent für Fragen des Eides.
6 AEKR.

gen, in gleicher Angelegenheit. Damit dürfte Ihre Anfrage ihre Erledigung gefunden haben.
I. A. [gez.] Lic. Frör

Die beigefügten Durchschläge sind je von Präses Koch persönlich abgezeichnet. Präses D. Humburg schickt Barth hingegen eine »Abschrift« des Briefes der VL an den Studenten Harms.
Auf einer Großveranstaltung in Wiesbaden droht Innenminister Frick am Freitagabend erstmalig öffentlich in Richtung Bekennende Kirche[7]:

... Der Staat denkt nicht daran, sich in kirchliche Dinge zu mischen. Aber es besteht der leider sehr begründete Anlaß zu der Feststellung, daß sich unter dem Deckmantel christlicher Belange hier alle möglichen staatsfeindlichen und landesverräterischen Elemente sammeln, um auf angeblich rein kirchlichem Gebiet ihre Politik zu treiben und auf diesem Wege dem Dritten Reich Schwierigkeiten zu bereiten.
Ich erkläre hierzu, daß die Reichsregierung nicht gewillt ist, dieses Treiben bis ins Endlose mit anzusehen, sondern daß sie entschlossen ist, dort, wo es die politischen Notwendigkeiten erfordern, auch gegen solche Staatsfeinde und Landesverräter durchzugreifen. Das deutsche Volk hat diesen Kirchenstreit satt. Es hat gar kein Interesse an diesem Zank der Pastoren. Die Reichsregierung hat jedenfalls gar kein Interesse daran, Kirchen, die der inneren Erbauung des deutschen Menschen dienen sollen, die aber nur Zank und Streit ins Volk tragen, mit zu finanzieren ...

Daraufhin schreibt der hannoversche Landesbischof und Vorsitzende der VL der bekennenden Deutschen Evangelischen Kirche, Frick-Freund D. August Marahrens, dem Reichsinnenminister am Sonnabend, dem 8. Dezember 1934, gleich *zwei* Briefe[8]. Im zweiten bittet und bekennt er:

... Da die Vorläufige Leitung der DEK das größte Interesse daran hat, die grundsätzliche Ablehnung aller reaktionären Bestrebungen und politischen Machenschaften durch sie zu erweisen, spreche ich Ihnen, sehr geehrter Herr Reichsminister, die Bitte aus, mir in das im Reichsministerium des Innern etwa vorliegende Material, auf das sich jene Vorwürfe stützen, Einblick zu gewähren. Die Vorläufige Leitung der DEK ist entschlossen, eindeutig klar werden zu lassen, daß sie keine irgendwie gegen den nationalsozialistischen Staat gerichteten Bestrebungen in ihrer Gefolgschaft duldet. Es soll deutlich werden, daß die der Vorläufigen Leitung der DEK angeschlossenen Landeskirchen, Bruderräte und freien Verbände keinen anderen Wunsch haben, als im Gehorsam unter dem Wort Gottes und dem darin an

7 Hannoverscher Kurier vom 8. 12. 1934.
8 Kurt Dietrich Schmidt, Bekenntnisse 1935, a.a.O., S. 29ff.

uns ergehenden Auftrage Gottes dem deutschen Volke und seinem Führer zu dienen und bei dem großen Werke des Aufbaus zu helfen.
Berlin, den 8. 12. 1934
Heil Hitler!
D. Marahrens

Die von Lic. Frör versandten Durchschläge des »Privatbriefes« an den Studenten Harms haben an diesem Sonnabend ihre Empfänger erreicht. Die Bonner Professoren Horst und Hans Emil Weber sind über das Beratungsergebnis der VL vom 6. Dezember zur Eidesfrage – vor allem darüber, daß selbst jener unverbindliche »Privatbrief« an jenen Studenten Harms keinerlei Bezug nimmt auf den Fall ihres bedrängten Kollegen Barth – bitter enttäuscht. Sie setzen sich über ihre Verpflichtung zur Vertraulichkeit kurzerhand hinweg und zitieren in einem Eilschreiben an den Reichskultusminister noch an diesem 8. Dezember 1934 den Brief an den Studenten Harms, nachdem sie dessen Wortlaut bereits dem Reichskultusministerium zuvor »durch Telefon . . . übermittelt« hatten[9]:

Bonn, den 8. Dezember 1934

Herrn
Reichsminister Dr. *Rust*
Reichskultusministerium,
Berlin
Sehr geehrter Herr Reichsminister!
Unter Berufung auf unserer Ankündigung an unseren Herrn Rektor teilen wir nunmehr, da uns die Dringlichkeit nicht erlaubt, den Instanzenweg einzuschlagen, unmittelbar den Text eines Schreibens der Vorläufigen Kirchenleitung mit, der eine Antwort ist auf die Bitte eines auswärtigen studentischen Kreises:
»Mit Ihrer Eingabe vom 3. d. M. hat sich die Vorläufige Kirchenleitung eingehend befaßt. Sie wird sofort eine grundsätzliche Klärung der Eidesfrage herbeiführen und etwa erforderliche Verhandlungen mit den staatlichen Stellen einleiten.
Schon jetzt kann aber über unsere Stellungnahme folgendes gesagt werden: Der unter Anrufung Gottes dem Führer Adolf Hitler geleistete Eid gibt der Treue- und Gehorsamsverpflichtung den Ernst der Verantwortung vor Gott und damit ihre rechte Begründung. Er schließt durch die Berufung auf Gott ein Tun aus, das wider das in der Heiligen Schrift bezeugte Gebot Gottes ist. Damit halten wir uns an das Wort des Herrn: ›Gebet dem Kaiser, was des Kaisers ist, und Gott, was Gottes ist‹ und an die apostolische Auslegung: ›Man muß Gott mehr gehorchen denn den Menschen‹ und ›Jedermann sei untertan der Obrigkeit, die Gewalt über ihn hat‹.
Wir machen darauf aufmerksam, daß unsere Erklärung eine vorläufige, deshalb für die Öffentlichkeit nicht bestimmte ist. gez. Koch«

9 KBA.

Wie wir dem Herrn Rektor mitgeteilt haben, ist Herr Professor Barth bereit, auf eine Erklärung der Kirche hin den Eid in der vom Staat vorgeschriebenen Form zu leisten.
Heil Hitler!
(gez.) Prof. Weber, (gez.) Prof. Horst

Nachdem Martin Eras die Protesterklärung vom 7. Dezember »an drei deutsche Kirchenzeitungen« geschickt hat, wenden sich die drei Unterzeichner noch an diesem 8. Dezember 1934 an den »Barth-Vertreter«, an Professor Schmidt-Japing direkt[10]:

Sehr geehrter Herr Professor!
Im Namen der Hörer von Professor Karl Barth wird Ihnen hierdurch mitgeteilt:
1. Die Hörer der Vorlesungen und die Mitglieder des Seminars und der Sozietät von Professor D. Barth haben gestern ihre Stellungnahme zur Frage der Weiterführung der Vorlesungen und Übungen von Professor Barth Seiner Magnifizenz dem Herrn Rektor mitgeteilt.
2. Mit Rücksicht auf diese »Erklärung« wird Ihnen anheim gestellt, den Ihnen formal offenbar gewordenen Auftrag der Vertretung von Professor D. Karl Barth vorläufig, vor dem Abschluß des Verfahrens, nicht zu realisieren; und das muß doch in Ihrem allereigensten Interesse sein, daß Sie sich, wie allgemein bekannt ist, dem Auftrag nur höchst ungern und mit größtem Bedauern für den Kollegen Barth unterzogen haben. Angesichts dieser Ihrer eigenen Äußerungen, die in aller Munde sind, scheinen allerdings die Worte Seiner Magnifizenz, daß es sehr dankenswert sei, »daß sich Herr Schmidt-Japing diesem heiklen Auftrag unterziehen will. Wenn Herr Schmidt-Japing diesen Auftrag annimmt . . .«, nicht ganz verständlich.
Für die Hörerschaft von Professor Barth
(gez.) Martin Eras Siegfried Hajek Heinrich Quistorp

Da die Evangelische Kirchengemeinde Bonn ihrem Presbyter Karl Barth seit dessen Suspension vom Staatsdienst die Kanzel verweigert, predigt Barth auf Drängen seiner Studenten und Freunde am Sonntag, dem 9. Dezember 1934, in der evangelischen Kirche der Nachbargemeinde zu Godesberg[11]:

. . . Wie ganz anders als früher reden zu uns die Warnungen vor Faulheit, vor Unfruchtbarkeit, vor Blindheit, die wir da hören, und die Mahnung, unseren Beruf und unsere Erwählung *fest* zu machen! Denn, nicht wahr, schwere Dinge und ernste Sorgen und große Aufgaben und verantwortliche Entscheidungen sind heute allen denen unter uns auferlegt, die mit Ernst Christen sein wollen. Aber, wenn wir den Ruf hören, den es heute zu hören gilt, dann laßt uns diesen Ruf recht hören. Wenn wir mit Ernst Christen

10 PKEr.
11 ThEx 17, S. 26ff., Predigttext: 2. Petrus 1,3–11.

sein wollen in dieser »gefährlichen Zeit«, wie wir soeben gesungen haben, wenn wir das tun wollen, was heute zu tun ist, und tragen, was heute zu tragen ist, und kämpfen, was heute zu kämpfen ist, dann dürfen wir das nicht auf eigene Faust tun und nicht in der Kraft unserer eigenen Begeisterung und dann auch nicht in der Schwachheit unserer eigenen Mutlosigkeit und Enttäuschungen, sondern dann muß das geschehen herunter von der Höhe der Erkenntnis, daß Gott alles, wirklich alles schon für uns getan und geschafft und vollbracht hat. Dann, wenn wir von diesem Berge herunterkommen, dann feiern wir Advent, dann gehen wir dem Herrn entgegen, dann bereiten wir unsere Herzen für ihn, den großen Gast, der bei uns einkehren will. Und dann wird die harte Gegenwart mit all dem, was uns in ihr begegnet, für uns nicht ohne Gehalt sein . . .

Für den »über 200 Mitglieder« zählenden »Studentenbezirk der Bonner Bekenntnisbewegung« gilt als selbstverständlich, daß die am Montag beginnenden Barth-Ersatz-Vorlesungen des DC-Mannes Schmidt-Japing ebenso boykottiert werden, wie die Vorlesungen der anderen Bonner DC-Professoren. Denn schon »zu Beginn des Semesters stellten sich die Studenten in einer Erklärung auf den Boden der Dahlemer Botschaft und sprachen den Professoren, die den gleichen Schritt getan hatten, ihr dankbares Vertrauen aus. Praktisch bedeutet das den Verzicht auf Seminare und Vorlesungen bei den restlichen Professoren.«[12] Und Schmidt-Japing ist jetzt nicht nur einer jener »restlichen Professoren«. Auch Polizei und Kuratorium der Bonner Universität hegen Befürchtungen. Da sie mit »Unruhen und Stinkbomben« rechnen, sind für die erste »S. J.«-Vorlesung »Dogmatik V« Gestapobeamte auf Posten gestellt.

Als am Morgen des 10. Dezember 1934 dann endlich Schmidt-Japing seine »Barth-Vertretung« beginnt, sind im großen Hörsaal nicht, wie bei Barth-Vorlesungen üblich, 350 Hörer anwesend, sondern ganze »44 Mann, von denen ein Teil noch kommandiert war«[13]. Und die Beschickung der »S. J.«-Vorlesung – die Aufgetriebenen sind »zum größten Teil nicht Hörer B's« – organisiert der »Führer des Wiss. Amtes (Lang)«. Es werden beispielsweise »telefonisch 2 Mann im Stift während der Andacht angefordert« und kurz darauf »durch einen Motorkurier unter Störung der Morgenandacht aus dem Stift geholt«. Stiftsinspektor Professor Horst erstattet auf der Stelle Anzeige gegen den motorisierten Störer[14]. Doch das ist an diesem Montag auch die einzige Störung der Ruhe an der Bonner Universität: »Keine alarmierte Stelle hatte Anlaß zum Eingreifen.« ·

Im Laufe dieses Tages verlangt der ›Leiter des Hauptamtes I für Wissenschaft‹ der ›Studentenschaft der Universität Bonn‹, Wilhelm Lang, von den Studenten Eras,

12 AEKR; Brief W. Wilkesmann vom 14. 12. 1934 an B. Heiermann. Darin heißt es aber auch: »Erst heute erfahr ich, daß im katechetischen Seminar bei Pf. [Pfennigsdorf] immer noch 37 Mitglieder, davon 15 (!) Bekenntnisleute sind. Hauptgrund ist wohl durchgehend die Angst vor den Folgen und die Furcht vor finanziellen Opfern oder Ausfällen (Stipendien). Wir haben darauf verzichtet, einen klaren und öffentlichen Boykott auszusprechen, müssen aber immer wieder die Halben auf ihre Haltung hinweisen.«

13 AEKW; Bericht E. Wolf, Dezember 1934.

14 Ebenda.

Hajek und Quistorp den Nachweis, daß hinter ihrer Erklärung vom 7. 12. 1934 die ›Hörerschaft von Prof. Barth‹ steht, wie dies in der Erklärung behauptet werde[15]:

... Zweierlei sollte dadurch festgestellt werden: 1. inwiefern der Anspruch »im Namen der Hörer« zu sprechen, gerechtfertigt sei und 2. in welchem Verhältnis hinter der gegen Regierungsmaßnahmen gerichteten Erklärung Deutsche bzw. Ausländer stünden. Dies schien um so nötiger als die Hörerschaft keine Organisation und keine selbständige Gruppe ist ...

Diesen Nachweis erbringen die Bonner Bekenntnisstudenten durch eine Unterschriftenaktion. Wenngleich einzelnen Studenten »von der geheimen Staatspolizei mit Konzentrationslager gedroht« wird, erklären sich bis zum 11. Dezember 1934 201 Studenten mit ihrem theologischen Lehrer Karl Barth solidarisch, indem sie ihre Unterschrift unter jene Protesterklärung der Kommilitonen Eras, Hajek und Quistorp vom 7. Dezember 1934 setzen[16]:

Werner Abegg, Horst Appel, Erich Bahr, Charles Bauer, Karl-Heinz Bauer, Gerda Bertram, Friedrich Bleek, Nanna Bölte, Hans Bruckmann, Alfred Burg, Kurt Burkhardt, Walter Burkhardt, Wilhelm Carius, Pierre Stavel Clair, Friedrich Clausen, Jean-Willy Clerc, Heinz Dahlmann, Cow Ozny Davies, Hans Döbing, Herbert Drinhaus, Karl Dusbach, Kurt Ebeel, Waltraut Endgler, Robert Erxleben, Paul Esselborn, Maurice Ferrier, Gerhard Flagge, Martin Flury, Reinhard Freese, Karl Fuhr, Otto Geffert, Hans Geilenberg, Wolfgang Gerecke, Heinrich Giesen, Heinz Glücks, Eric Gorin, Eckehard Götz, Helmut Graeber, Annemarie Gries, Minni von Grote, Fortunatus Guidon, Hildegard Güttges, Herbert Hajek, Edith Halla, Hennes

15 Siehe D/16. Am 10. 12. 1934 wurde das Gerücht verbreitet, die Protesterklärung vom 7. 12. 1934 stamme von Ausländern. Auch Martin Eras notierte sich an diesem Tage in den Kalender »die umgehende Rede, wir drei Unterzeichner seien Ausländer« (PKEr).

16 PKEr. Die Berliner Zentrale der Deutschen Studentenschaft verschickte unter dem 14. 3. 1935 ein vertrauliches »Rundschreiben W 22/1934–35. An die Kreisführer, Führer der Einzelstudentenschaften der Universitäten, Hauptamtsleiter für Wissenschaft der Einzelstudentenschaften der Universitäten, Leiter der ev. theol. Fachschaften. Der Herr Reichsminister für Wissenschaft, Erziehung und Volksbildung hat uns die beiliegende Abschrift des ›Verzeichnisses der Unterzeichner des Protestes gegen die Weiterführung der Vorlesungen von Professor Dr. *Barth* durch Professor Dr. Schmidt-Japing‹ mit dem Ersuchen übersandt, die örtlichen Studentenschaften zu veranlassen, das weitere Verhalten der in der Liste genannten Studenten genau zu überwachen. Ich ersuche die Führer der Einzelstudentenschaften und die Hauptamtsleiter für Wissenschaft der Einzelstudentenschaften am Anfang des kommenden Semesters festzustellen, welche der genannten Studenten an ihrer Hochschule immatrikuliert sind und bitte bei vorliegenden Disziplinlosigkeiten (auch geringerer Art) um sofortigen Bericht. Ich ersuche die Führer der Einzelstudentenschaften, sowie die Hauptamtsleiter für Wissenschaft der Einzelstudentenschaften die Arbeit der theologischen Fachschaften genau zu überwachen und bei etwa vorliegenden Sabotage-Absichten sofort an die Deutsche Studentenschaft zu berichten. Heil Hitler! gez. Drescher.« Aus der vierseitigen Namenliste war auch die ›Nationalität‹ aller Unterzeichner ersichtlich: 14 Schweizer, 1 Japaner, 1 Franzose, 2 ›Auslandsdeutsche‹, 1 ›Danziger‹. Alle anderen Unterzeichner waren Bürger des Deutschen Reiches; AW. Der Verfasser brachte die Namen in alphabetische Reihenfolge.

Wilhelm Hartenstein, Ilse Härter, Peter Hartig, Anna Hartmann, Hermann Hartmann, Günther Heidtmann, Hans Heinrich, Karl Held, Hans Heller, Edouard Hermann, Eduard Hesse, Friedrich Wilhelm Hesse, Walter Hesselmann, Elisabeth Heydt, Friedrich Hickel, Gerda Imort, Emile Jequier, Heinz Johannsen, Eric Juch, Arnold Jung, F. W. Jung, Siegfried Jung, Gottfried Kalhoff, Heinrich Kampen, G. Kays, Karl Ernst Keller, Otto Keller, L. Kemper, Karl Kessler, Mathilde Kichniawy, Charlotte von Kirschbaum, Otto Kistner, Gustav Klein, Helmut Klein-Walbeck, LiselotteKödding, Hedwig Koebel, K. Köhlinger, Otto Konrad, Korbach, Hans Korsten, Ursula Köster, Karl Krämer, Wilhelm Krämer, Rudolf Krieger, W. Kuhlen, H. W. Landgrebe, Helmut Lange, Martin Lange, Walter Leudung, Karl Lieber, Walter Liebing, Firedel Lindemann, Klaus Lohmann, Erwin Löschmann, Martin Loyn, E. A. Lüders, Trudi Manz, Hugo Maser, Karl Matthes, Traugott Mayer, Wilhelm Merkel, Horst Metzger, Herbert Meyer, Karl Meyer, Ruth Mielke, Heinrich Monninger, Werner Mörchen, Elfriede Müller, Maria Müller, Otto Wilhelm Münter, Dieter Muntscheidt, Kurt Muthmann, Edda Neele, Alfred Nell, Paul Nicolai, Walter Nitsch, Margot Osterloh, Arno Pagel, Gustav Paul, Andreas Pensky, Werner Permentier, Hildegard Peters, Theodor Petersen, Franz Ernst Pfisterer, Wolfgang Pichelt, Hans Pölt, Siegfried Pott, Hermann Prüssner, Walter Pürkhauer, Helmut Quahs, Wolfgang Rauch, Fritz Rentsch, Heinrich Rettberg, Wilhelm Rheingans, Paul Rodenberg, Joachim Roos, Herbert Rösen, Jean de Rougemond, Ernst Rüger, Alfred Ruhling, Helmut Ruppel, Günther Seven, Stewy Shornton, Hans Sichelschmidt, Marianne Sievers, Richard Sommer, Ernst Speck, Joachim Speck, Hans Schädelin, Schadow, Elisabeth Scharbenzky, Wolfgang Scherffig, Hans Schlimmer, Willi Schlipköter, Schlomka, Wilhelm Schlutz, Georg Schmidt, W. Schmidt, Harald Schrader, Hermann Schröder, Karl Schröder, Lydia Schröder, Walter Schulten, Annemarie Schultze, Hans Schulz, Heinz Schulze, Peter Schumacher, Fritz Schuster, Bernhard Stoevesand, Rudolf Stucker, Kazumi Takizawa, Rudolf Thomas, Marianne Timm, Hans Timmer, Gottfried Tischler, Hellmut Traub, Martha Trube, Albrecht Ufer, Hans Unfricht, Peter Vogelsang, Grete Volkenborn, Bernhardt Vosswinkel, Harry Weisberg, Heinz Welke, Helmut Werkle, Cornelia Weyrauch, Hans Wiedemann, Günther Wienkke, Otto Wilhelmy, Wischhusen, Hans Heinrich Wolf, Hans Walter Wolff, Helmut Wülfing, Julius Zentz, Karl-Heinz Ziegler, Adelheid Ziemendorff.

Eine notariell beglaubigte Abschrift der Erklärung mit den insgesamt 204 Unterschriften wird unverzüglich dem Rektor der Bonner Universität zur Weiterleitung an das Reichskultusministerium übergeben.

Ein Grund dafür, daß sich die Vorläufige Leitung der Bekennenden Kirche am 6. Dezember nicht für eine öffentliche kirchenamtliche Erklärung zum Führer-Eid entschieden hatte, war das Fehlen theologischer Gutachten, da eine Frage derartigen Gewichtes nicht zu beantworten sei, ohne zuvor den theologischen Sachverstand im Lande zu mobilisieren. Deshalb richtet Oberkirchenrat Breit – in der VL zuständig für »theologische Fragen« – erst einmal am 11. Dezember 1934 gleichlautende Schreiben an die evangelisch-theologischen Fakultäten im Reich[17]:

An die
Hochwürdige Theologische Fakultät
der Universität Breslau
Breslau
Die Vorläufige Leitung der DEK wurde in einer Reihe von Zuschriften aufgefordert, ein klärendes Wort über die Stellung des evangelischen Christen zu dem auf den Führer des deutschen Volkes zu leistenden Eid zu sprechen. Sie weiß, daß über diese einzelnen Anfragen hinaus der Eid auf den Führer für viele aufrichtige evangelischen Christen in allen Ständen eine ernste Gewissensfrage bedeutet. Sie hält es deshalb für ihre Pflicht, ihnen durch ein grundsätzliches und seelsorgerliches Wort zu helfen.
Um diesen Dienst an der Kirche recht tun zu können, bedarf sie der Hilfe und des Rates des theologischen Lehramts. Darum bittet sie die Theologische Fakultät der Universität Breslau um ein theologisches Gutachten über den dem Führer zu leistenden Eid der Beamten und der Amtswalter der NSDAP.
Sie ist sich dabei dankbar des Geschenkes bewußt, daß seine fruchtbare Zusammenarbeit zwischen den Theologischen Fakultäten und der Kirchenleitung für das innere Leben einer Kirche bedeutet, und bittet Gott, er möge diesen gemeinsamen Dienst an der Kirche und Gemeinde mit reichen Früchten segnen.
(gez.) Breit

Zur gleichen Zeit wird der Amerikanische Kirchenbund, das Federal Council, durch seinen europäischen Sekretär »bei dem auswärtigen Amt und dem Kultusminister in Berlin vorstellig«. Im Auftrage der amerikanischen Kirchen protestiert er gegen die Maßregelungen, die der Staat über den für den Protestantismus der ganzen Welt bedeutenden Theologen Barth verhängt hat und weist hin[18]

. . . auf die schweren Folgen, die eine Entlassung des weltbekannten Theologen Professor Dr. Karl Barth in Bonn für die geistigen Beziehungen zu Deutschland und die zukünftige Einschätzung der deutschen theologischen Wissenschaft haben müßte.

Die Leitung der bekennenden Deutschen Evangelischen Kirche schweigt jedoch in Sachen Barth gegenüber Staat und Öffentlichkeit weiterhin beharrlich. »Warum schweigen die Hirten?«, so fragen sich auch im reformierten Predigerseminar in Elberfeld empörte Kandidaten und Lehrer. Nachdem alle Versuche fehlgeschlagen sind, das Marahrens-Regiment in der Eidesfrage und damit zum ›Fall Karl Barth‹

D 15
S. 276

17 BUK.
18 RKZ vom 16. 12. 1934.

zum Reden zu bringen, produzieren sie eine Stellungnahme, die dem Marahrens-Kabinett den Mund öffnen soll[19]:

... Wenn ein Glied der Kirche in eine Lage hineingerät, in der es zu einer über seinen persönlichen Kreis hinausgehenden Bekenntnishaltung gezwungen wird, so hat die gesamte Gemeinde die Pflicht, einem solchen Bruder durch ihr eigenes Bekennen an die Seite zu treten ...

Aber das Regiment Marahrens denkt auch während seiner Beratungen am 11. Dezember nicht daran, gegenüber der Öffentlichkeit irgendetwas im Zusammenhang mit dem Fall Barth zu erklären. Im Gegenteil. Aufgeschreckt durch die Drohung des Reichsinnenministers und Marahrens-Freundes Frick vom 7. Dezember in Wiesbaden, der Bekennenden Kirche gegebenenfalls die staatlichen Zuschüsse zu sperren, beschließt die Leitung der Bekennenden Kirche eine Kanzelabkündigung, welche den Brief von Bischof Marahrens an den Innenminister, vom 8. Dezember 1934, vollinhaltlich bestätigt[20]:

Kanzelabkündigung für den 3. Advent 1934
An die innerhalb der Deutschen Evangelischen Kirche angeschlossenen Kirchen, Synoden, Gemeinden und freien Verbände.
Unsere ernsten Bemühungen um die Erneuerung, Ordnung und Befriedung der Deutschen Evangelischen Kirche werden seit längerem den schwersten Mißdeutungen preisgegeben. Wir haben das bisher getragen. Nunmehr ist sogar von verantwortlicher Stelle öffentlich der Vorwurf erhoben worden, daß sich unter dem Deckmantel kirchlicher Belange alle möglichen staatsfeindlichen und landesverräterischen Elemente zusammenfinden, um Politik gegen das Dritte Reich zu machen.
Wir legen vor Gott und Menschen dagegen in feierlicher Form Verwahrung ein. Wir haben in unserem Kampf ein gutes Gewissen und sind bereit zur Rechenschaft. Wir stehen zu unserem Wort: Wir wollen keine Zufluchtsstätte politisch unzufriedener Elemente sein.
An zuständiger Stelle haben wir ein offenes Wort der Richtigstellung gesprochen. Wir teilen das zur Beruhigung unserer tief erregten Gemeinden mit. Niemand lasse sich die Pflicht verleiden, die ihm das Wort Gottes gegenüber Volk und Staat auferlegt.
Wir ermahnen die Gemeinden, daß sie sich weder durch Mißdeutungen noch durch Drohungen irre machen lassen in dem unerschrockenen Bekenntnis zu Christus, der als Heiland auch zu unserem Volk kommt.
Die Vorläufige Leitung der Deutschen Evangelischen Kirche
(gez.) D. Marahrens D. Koch Breit D. Humburg i. V. Dr. Fiedler

Da Präses Koch ohnehin weiß, daß die Professoren H. E. Weber und Horst schon am 8. Dezember den Reichskultusminister über den vertraulichen Brief an den Studen-

19 AEKW.
20 ALKH.

ten Harms unterrichtet haben, schickt er am 12. 12. 1934 nun auch seinerseits jene – in der Sitzung am 11. 12. 1934 abermals »festgelegte« – »vorläufige Erklärung« vom 6. 12. 1934 an die »Staatsbehörde«, ohne das theologische Gutachten auch nur einer einzigen Fakultät abzuwarten. An diesem Mittwoch erlangt auch der Leiter des Evangelischen Presseverbandes Westfalen, Paul Winckler, Kenntnis von dieser »Erklärung« der Vorläufigen Leitung. Unverzüglich bereitet er diese »Verlautbarung« der Vorläufigen Leitung auf zu einer Meldung in Nr. 173, vom 13. Dezember 1934, seiner in Witten a.d. Ruhr erscheinenden »Eilkorrespondenz« unter der Überschrift: »Verlautbarung der Bekenntnisgemeinschaft der deutschen evangelischen Kirche zur Eidesfrage«[21]:

Aus Anlaß zahlreicher Anfragen aus Hochschulkreisen betr. Vorbehalt bei einer von einem evangelischen Christen geforderten Eidesleistung, hat die Vorläufige Leitung der deutschen evangelischen Kirche, wie uns mitgeteilt wird, geantwortet:
»Der unter Anrufung Gottes dem Führer Adolf Hitler geleistete Eid gibt der Treue- und Gehorsamsverpflichtung den Ernst der Verantwortung vor Gott und damit ihre rechte Begründung. Er schließt durch die Berufung auf Gott ein Tun aus, das wider das in der Heiligen Schrift bezeugte Gebot Gottes ist. Damit halten wir uns an das Wort des Herrn: ›Gebt dem Kaiser, was des Kaisers ist und Gott, was Gottes ist‹ und an die apostolische Auslegung: ›Man muß Gott mehr gehorchen denn den Menschen‹ und ›Jedermann sei untertan der Obrigkeit, die Gewalt über ihn hat!‹«

Einen Tag später schon zitiert dann der Reformierte Bund für Deutschland in seinem Brief vom 14. Dezember 1934 an den Reichskultusminister diese »Verlautbarung der Bekenntnisgemeinschaft der deutschen evangelischen Kirche« als »amtliche Verlautbarung der Vorläufigen Leitung der Deutschen Evang. Kirche«[22]:

An den Herrn
Reichsminister für
Wissenschaft, Kunst und Volksbildung
Berlin
Betr. Eidesfrage!
Herr Reichsminister!
Als Moderator des Reformierten Bundes für Deutschland, zu dem etwa 300 reformierte Gemeinden gehören, und als Vorsitzender des Coetus Ref. Pre-

21 AEKW. Kochs Schreiben an die »Staatsbehörde« (siehe S. 224) ist bisher nicht aufzufinden. Dr. Winckler sah sich im Sommer 1934 gezwungen, den westfälischen DC-Bischof Adler zu verklagen wegen dessen Behauptung, Winckler habe durch sein Verhalten als Leiter des Evangelischen Presseverbandes »Beunruhigung und Unfrieden in das evangelische Kirchenvolk getragen und den Feinden Deutschlands nachweislich in die Hand gearbeitet«. Dr. Dr. Gustav Heinemann führte als Wincklers Anwalt die Klage auf Unterlassung zum Erfolg. Der westfälische Bischof mußte die Behauptung zurücknehmen und die Kosten des spektakulären Verfahrens tragen; vgl. Wilhelm Niemöller, Bekennende Kirche in Westfalen, 1952, S. 124f.
22 AEKW.

diger in Deutschland, wenden wir uns an Sie mit folgender Erklärung:
1) Die amtliche Verlautbarung der Vorläufigen Leitung der Deutschen Evang. Kirche in der Eidesfrage, die Ihnen mitgeteilt wurde, stimmt überein mit den Erklärungen, die Professor D. Karl Barth zum Beamteneid abgegeben hat.
2) Gebunden an das in der Heiligen Schrift bezeugte Gebot Gottes, hat Professor D. Karl Barth gehandelt in der Verantwortung eines evang. Lehrers an einer deutschen Universität.
3) Die Entscheidung eines jeden evang. Christen in Deutschland kann auf Grund der Bindung an Gottes Wort nicht anders ausfallen, als wie sie von Prof. D. Karl Barth getroffen wurde.
Der Moderator des Reformierten Bundes für Deutschland
(gez.) Pastor D. Hesse
Der Vorsitzende des Coetus Ref. Prediger für Deutschland
(gez.) Karl Immer, Pastor

Außerdem sendet Pastor Karl Immer noch am 14. Dezember 1934 an alle reformierten Gemeinden Deutschlands ein Brieftelegramm[23]:

... Die Brüder werden gebeten, in ihren Kirchenräten und Presbyterien die Zustimmung zu der Erklärung Hesse-Immer zu beantragen und etwa folgend an den Reichsminister für Wissenschaft, Kunst und Volksbildung in Berlin zu schreiben:
»Das Presbyterium xy stimmt der Erklärung des Moderators des Reformierten Bundes für Deutschland und des Vorsitzenden des Coetus Ref. Prediger zu.«
Mit herzlichem Adventsgruß
Ihr Karl Immer

D 16
S. 277

In seinem Bericht »über die Vorgänge im Zusammenhang mit der Suspendierung von Professor Barth« vom 14. Dezember 1934 an Kirchenrat Mattiat im Reichskultusministerium beschreibt der Leiter des wissenschaftlichen Hauptamtes in Bonn, Wilhelm Lang, eine »Verschwörung der Barthianer« und folgert[24]:

... 11. Die nat. soz. Theologen Bonns müssen es entschieden ablehnen, mit der an Landesverrat grenzenden Haltung dieses Kreises um Professor Barth belastet zu werden. Die Studentenschaft erklärt, daß sie Professor Barth nach all diesen Vorfällen für untragbar hält und auch für den Fall einer aus taktischen Gründen etwa noch zu tätigenden Eidesleistung den Herrn Reichsminister bittet, *mindestens die Versetzung des Professor Barth zu verfügen*. Sie maßt sich dabei nicht an, über die wissenschaftlichen Leistungen eines Professors zu urteilen. Sie würde es jedoch auf das äußerste be-

23 Ebenda.
24 AKZ und AW.

grüßen, wenn nach Erledigung der Sache durch die Rechtsbehörden ein Vertreter des Ministers einmal vor den Bonner Studenten zu diesen Vorfällen das Wort ergriffe . . .

Der Herausgeber der Reformierten Kirchenzeitung, D. Hermann Hesse, läßt die gemeinsame Anfrage der Kandidaten, Freunde und Lehrer des Elberfelder Predigerseminars – »Zur Forderung des Eides« – in der Ausgabe des 16. Dezember 1934 im vollen Wortlaut veröffentlichen. Bereits vor Erscheinen des ungezeichneten Beitrages erhält Barth von seinen Elberfelder Freunden einen Bürstenabzug ihrer Stellungnahme. Ihr Begleitbrief informiert Barth über Absicht und Namen der Verfasser[25]:

Hochverehrter Herr Professor!
Einliegend möchte ich Ihnen einen kurzen Artikel senden, den ein kleiner Kreis in Elberfeld verfaßt hat von solchen, die der theologischen Schule und dem Predigerseminar nahestehen. Er ist entstanden aus dem Bedrücktsein darüber, daß bis Anfang dieser Woche unseres Wissens keine kirchliche Stelle in Deutschland irgendwie Ihrem Schritt in der Eidesfrage an die Seite getreten war. Darum sollte unsererseits nur eine Frage an die zur Stellungnahme Berufenen gerichtet werden. Aus diesem Grund hat sich die Mehrheit unseres Kreises auch dafür entschieden, die Namen der Unterzeichner nur dem Schriftleiter, nicht aber der Öffentlichkeit der Reformierten Kirchenzeitung zu übergeben. In einer solch wichtigen Sache sollten die Hirten reden, nicht die Lämmer in der Herde. Wir möchten aber auch Ihnen die Namen der Unterzeichner sagen und wollen Ihnen damit ein ganz kleines Zeichen unsrer Dankbarkeit geben. Unsre ernste Sorge und unser Gebet ist es, daß Ihr Lehramt der deutschen Kirche erhalten bleiben möge. In solchem Sinn haben unterschrieben:
cand. theol. Adamek, Dr. H. Graffmann, cand. theol. Hesse, Kaufmann H. Ischebeck, cand. theol. Jacobs, cand. theol. Eb. Müntinga, Kaufmann Karl Schneider, cand. theol. Viertmann, cand. theol. Dannhauer, cand. theol. Beste, cand. theol. Loh, cand. theol. Lührmann, cand. theol. Pukrop, cand. theol. Schroer, cand. theol. Wessler, cand. theol. Wittekindt . . .

Da Barths Freunde den »Privatbrief« der Vorläufigen Leitung mit jener »Erklärung« **F 4**
zum Führer-Eid »in einer deutschen Zeitung nicht unterbringen konnten«, wenden **S. 280**
sie sich an den Chefredakteur der »Basler Nachrichten«[26]. Und am Montag, dem 17.

25 AEKW. Der Schreiber dieses Briefes vom 15. 12. 1934 ist aus der hier zitierten Durchschrift nicht ersichtlich (vgl. D/15).
26 Hellmut Traub am 7. 6. 1976 auf Anfrage des Verfassers: »Wir übergaben diese ›Erklärung‹ dann, da wir sie in einer deutschen Zeitung nicht unterbringen konnten, den ›Basler Nachrichten‹, bei der ein Vetter von KB, Oeri, Chefredakteur war. KB hielt die ›Basler Nachrichten‹ damals für genügend . . . ›Öffentlichkeit‹, da diese Zeitung damals das Organ war, das über alle kirchl. Dinge im Hitlerdeutschland am Anfang eben bestens unterrichtet wurde (zum größten Teil durch uns selbst) und die damals in allen kirchl. interessierten Kreisen als Tageszeitung noch gelesen werden konnte.«

Dezember 1934, zitiert dann auch das Schweizer »Intelligenz-Blatt« jene »Erklärung« der Deutschen Evangelischen Kirche und die der Reformierten Kirche Deutschlands in direktem Zusammenhang mit dem ›Fall Karl Barth‹ – auf der Titelseite.

So wird die »vorläufige, deshalb für die Öffentlichkeit nicht bestimmte« Äußerung der Vorläufigen Leitung der DEK dank gezielter Initiativen aus Barths internationalem Freundeskreis weltbekannt. Die Erklärung der Vorläufigen Leitung ist zwar auch dort auf der Titelseite nicht – wie von Barth am 2. Dezember ausdrücklich ausbedungen – »mit der namentlichen Unterschrift seiner sämtlichen Mitglieder« versehen, wird jedoch an hervorragender Stelle des Weltblattes zweifellos »einer breiten Öffentlichkeit zugänglich«; und was die Namen der Mitglieder des Marahrens-Kabinetts angeht, so kann sie die Redaktion zwar nicht unter, dafür aber unmittelbar vor die »Erklärung« setzen. Jene Sätze, die das tatsächliche Dokument der Vorläufigen Leitung als vertraulichen »Privatbrief« ausweisen, werden kurzerhand als »willkürliche Zusätze der Verbreiter« gekennzeichnet. Der gröbste Schönheitsfehler endlich, daß die »Erklärung« keinerlei Bezug auf Karl Barth nimmt, wird nicht nur durch die Überschrift oben auf der Titelseite optisch beseitigt; der Artikel konstatiert auch: »Die Verlautbarung will und kann nur verstanden werden im Sinn der hier ebenfalls wiedergegebenen Erklärung der Reformierten.« Auf diese Weise erfahren Öffentlichkeit und NS-Staat am Montagmorgen aus der Schweiz, »daß die in der Kirche verantwortlichen Kreise sich mit ihrer Auffassung hinter Barth stellen«.

Als dann die NS-Regierung in Berlin über 24 Stunden durch »Schweigen bekundet, daß sie dieser Interpretation des Beamteneides nicht zu widersprechen gedenkt«[27], zieht Barth mit Schreiben vom 18. Dezember 1934 an den Rektor der Bonner Universität auf Drängen seiner Bonner Kollegen Horst und H. E. Weber – ohne zu wissen, daß die Vorläufige Leitung der DEK in Sachen Barth gegenüber der Öffentlichkeit überhaupt nichts erklärt hat[28] – seinen Vorbehalt zurück und erklärt sich nunmehr bereit, den Eid auf den Führer in der vorgeschriebenen Form zu leisten[29]:

27 Karl Barth in seinen Bedingungen vom 2. 12. 1934.

28 Barth hoffte noch am 13. 12. 1934 auf eine öffentliche Erklärung der Vorläufigen Leitung: »Ich höre eben, daß die neu eingesetzte oberste Instanz der bekennenden Deutschen Evangelischen Kirche in einer öffentlichen Erklärung das zu sagen gedenkt, was die evangelische Kirche als solche zu der Frage des Beamteneides zu sagen hat . . . Da dies nicht geschah, mußte ich es zunächst als Einzelner an meinem Ort zu sagen versuchen« (ThEx 17, Vorwort).

29 HD, voller Wortlaut siehe Flugblatt F/5. Zwanzig Jahre später wurde dieser Brief Barths als Beweis dafür mißbraucht, daß Barth den Eid nicht etwa verweigert, sondern vielmehr »ausdrücklich« *angeboten* habe, den Führereid zu leisten. Das Wochenblatt ›Christ und Welt‹ belehrt am 6. 5. 1954 seine Leser: »Zerstörte Legende. In der amerikanischen Zeitschrift »The Christian Century« vom 17. März 1954 findet sich ein von D. Maria Fuerth-Sulzbach verfaßtes Porträt des bekannten Theologen Karl Barth. Darin heißt es: ›Im Jahre 1933 forderte Adolf Hitler von allen Universitätsprofessoren einen Treueeid auf seine Person. Die meisten Kollegen Karl Barths sahen kein Unrecht darin, dieser Forderung nachzukommen. Barth weigerte sich. Hitlers Antwort war das Verbot, in Deutschland zu lehren. So kehrte er in sein Geburtsland, die Schweiz zurück . . .‹ Hier irrt sich D. Maria Fuerth! Denn in einem Schreiben an den damaligen Rektor der Universität Bonn, Professor Dr. Naumann, datiert am 18. Dezember 1934, also noch vor seiner Entlassung, bietet Karl Barth ausdrücklich an, ›den Beamteneid in der vorgeschriebenen Form zu leisten‹. Es trifft also keineswegs zu, was das Porträt behauptet, daß

. . . Ich entnehme den »Basler Nachrichten« vom 17. Dezember 1934, Nr. 345, daß diese beiden Erklärungen der Öffentlichkeit bekannt geworden sind.

Damit ist für mich eine neue Situation eingetreten. Es steht heute fest, daß meine Auffassung, nach welcher *die Verpflichtung auf den Führer Adolf Hitler für den evangelischen Christen nur einen grundsätzlich durch das Gebot Gottes begrenzten Inhalt haben kann,* nicht nur die von mir persönlich, sondern die amtlich und öffentlich anerkannte und vorgetragene Lehre der Evangelischen Kirche ist. Nachdem dies kirchlicherseits ausdrücklich und unter Mitteilung an die Staatsbehörde und an die Öffentlichkeit ausgesprochen und nachdem staatlicherseits kein Widerspruch dagegen erhoben worden ist, wird der von mir als Bedingung meiner Eidesleistung angegebene *Zusatz:* »soweit ich es als evangelischer Christ verantworten kann« *überflüssig,* das heißt für mich als einzelnes Glied meiner Kirche dem Staat und der Öffentlichkeit gegenüber *selbstverständlich.*

Ich kann diesen Zusatz heute fallen lassen und *erkläre mich hiermit* unter Hinweis darauf, daß die Interpretation der Eidesformel durch die genannten kirchlichen Kundgebungen für alle evangelischen Christen geklärt ist, *bereit, den Beamteneid in der vorgeschriebenen Form zu leisten.*

Eine Abschrift dieses Briefes geht gleichzeitig an Herrn Reichsminister Dr. Rust und zu den Akten des Herrn Vorsitzenden des Disziplinargerichtshofes.

In ausgezeichneter Hochachtung
Ew. Magnifizenz sehr ergebener
(gez.) Karl Barth

nämlich Karl Barth im Gegensatz zu seinen Kollegen den Eid verweigert habe. Er hat sich schriftlich und offiziell bereit erklärt, den Eid in derselben Form abzulegen, in der ihn auch seine Kollegen ablegten. Auch Karl Barth muß daran gelegen sein, daß sich um seine Person nicht Legenden bilden, die dem historischen Tatbestand nicht entsprechen.«
Mindestens ein Mitglied der ›Redaktionsgemeinschaft‹ von ›Christ und Welt‹ hätte sich an den wahren »historischen Tatbestand« erinnern können: Hans Schomerus, einst Mitarbeiter bei ›Deutsches Volkstum‹ (siehe S. 1), das Barths politische Existenz im Hitler-Deutschland so total begleitete.

6. Verurteilt

Rektor Naumann ist ratlos. Noch am Dienstag, dem 18. Dezember 1934, wendet er sich an Reichskultusminister Rust[1]:

Herr Reichsminister!
Durch einen Boten übersandte mir Herr Professor Barth heute mittag den Brief, den er in Abschrift auch Ihnen, Herr Minister, sowie dem Disziplinargerichtshof zugesandt hat und der seine Bereitwilligkeit erklärt, jetzt den Beamteneid zu leisten. Ich bitte um Anweisung, was ich zu tun habe.
Heil Hitler!
[gez.] Naumann

Das Marahrens-Regiment sieht sich an diesem Dienstag vor allem durch die Reformierten bös hintergangen. Es konstatiert am Ende seiner »Besprechung des Falles Barth«[2]:

Das Schreiben des Reformierten Bundes an den Kultusminister vom 14. 12. 1934 in der Eidesfrage entspricht, wie festgestellt wird, nicht den Tatsachen. Die Vorläufige Leitung wird auf dieses Schreiben antworten.

Nach der abendlichen Bibelstunde in seiner Bonner Wohnung bedankt sich Barth »herzlich« bei seinen Studenten für die öffentlich bezeugte Solidarität und gesteht, daß ihn ihre entschiedene »Haltung erfreut und gestärkt« habe. Der Vorsitzende der Kölner Dienststrafkammer, der Kölner Oberregierungsrat Dr. Walter Scheerbarth[3], der inzwischen die Verhandlung im Dienststrafverfahren gegen Barth auf Donnerstag, den 20. Dezember 1934, festgelegt hat, erhält am 19. Dezember 1934 einen Eilbrief des Bonner Gerichtsassessors Otto Bleibtreu[4]:

1 AUB.

2 AEKU; um sich politisch abzusichern, beschloß die VL im Nachgang am 19. 12. 1934 außerdem: »Herr Marahrens soll an D. Hesse schreiben und dem Kultusminister eine Abschrift zuleiten.«

3 Staatssekretär a. D. Prof. Dr. Loschelder, Düsseldorf, auf Anfrage des Verfassers am 18. 10. 1974: »Vor 1933 war er lange Zeit Ausbildungsleiter für Regierungsreferendare bei der Regierung in Köln. In diese Position berief der preußische Staat stets besonders tüchtige Beamte. Nach 1933 wollte man offenbar diese für die Haltung des Nachwuchses wichtige Stelle räumen und schob Herrn Sch. deshalb zum Bezirksverwaltungsgericht ab.« Prof. Dr. Loschelder war unter dem Ausbildungsleiter Dr. Scheerbarth einst selber Referendar.

4 HD.

. . . In der Dienststrafsache gegen Professor D. Karl Barth – DStK 111/34 – teile ich hierdurch unter Beifügung meiner Vollmacht mit, daß der Angeschuldigte Prof. D. Barth sich in der morgigen mündlichen Verhandlung meines Beistandes als Verteidiger gemäß §§ 20,46 BDStO. zu bedienen wünscht.

Zur Erläuterung dieses Wunsches darf ich bemerken, daß Herr Prof. D. Barth mich aus gemeinsamer kirchlicher Arbeit in der evangelischen Gemeinde in Bonn – deren Größerer Gemeindevertretung ich ebenso wie er angehöre – näher kennt und aus diesem Grunde Wert darauf legt, sich im morgigen Termin meines juristischen Beistandes bedienen zu können.
[gez.] Bleibtreu
Gerichtsassessor

Erst an diesem Mittwoch verschickt der Bonner Hauptamtsleiter Wilhelm Lang »eine Erklärung von nat. soz. Theologiestudenten zur Kenntnisnahme und evt. Verwendung« an die Leitung der Deutschen Studentenschaft und »die vorgesetzten Stellen« des Nationalsozialistischen Deutschen Studentenbundes. Die Verfasser Paul Seifert, Seminarwart, Wilhelm Lang, theologischer Hauptamtsleiter, H. Pfaff, theologischer Zellenleiter, Kurt Körber, theologischer Presse- und Propagandawart des Nationalsozialistischen Deutschen Studentenbundes, Cuno Windfuhr, evangelisch-theologischer Fachschaftsleiter, und Willi Kloster, stellvertretender evangelisch-theologischer Fachschaftsleiter, hatten schon am 13. 12. 1934 gegen das »staatsfeindliche Treiben« der »sogen. Barthhörer« und deren »Hintermänner« protestiert. Gleichzeitig distanzierten sich die sechs Bonner ›Amtsträger‹ von der durch Unterschriften nachgewiesenen Mehrheit der Bonner Theologiestudenten, die sich nach wie vor zu Karl Barth bekennt[5]: **D 17** **S. 281**

. . . Täglich mehren sich die Anzeichen, daß durch dieses Treiben das Ansehen der evangelischen Theologiestudenten vor aller Welt beschmutzt wird. Wir dürfen darum nicht länger schweigen und müssen vielmehr in aller Feierlichkeit erklären: »Wir wollen als Theologen, Akademiker und Nationalsozialisten mit jenen Elementen nichts zu schaffen haben und lehnen als Amtsträger jede Mitverantwortung für jene Umtriebe und ihre Folgen ausdrücklich ab.« . . .

In der Bonner Universität verkündet Universitätsrat Dr. Wildt die erste Disziplinarstrafe im Zusammenhang mit dem Fall Barth[6]:

Der stud. ev. theol. Wilhelm Carius ist durch Erkenntnis des Disziplinarausschusses der Universität Bonn vom 17. Dezember 1934 wegen Gefährdung der Ordnung des akademischen Lebens und wegen Verletzung der den

5 AW.
6 PCa.

akademischen Behörden und Lehrern gebührenden Achtung mit Androhung der Entfernung von der Universität bestraft worden.
Bonn, den 19. Dezember 1934
gez. Wildt, Univers. Rat

Wenn Wilhelm Stapel auch bisher seine literarische Barth-Verfolgung mit Polit-Injurien wie »Westlerischer« oder »Thomas Mann der Theologie« bestritt, so spielt er am Vorabend des Kölner Prozesses gegen den »Verräter an Volk und Staat« den die Welt bewegenden Fall herunter als »rein beamtenrechtlich«[7]:

Karl Barth und der Beamteneid.
Diese Angelegenheit ist rein beamtenrechtlich, nicht kirchenstreitlich. Karl Barth hat es abgelehnt, den Beamteneid in der allgemeingültigen Form abzulegen. Deshalb wurde ein Disziplinarverfahren gegen ihn eingeleitet.
Nun bringen die »Basler Nachrichten« vom 27. November eine Erklärung Barths, den Eid habe er nicht abgelehnt, aber er habe hinter der Treueverpflichtung gegen den Reichskanzler »nur« den Vorbehalt *einschieben* wollen: »soweit ich es als evangelischer Christ verantworten kann«.
Erstens: Diese Zusatzklausel könnte »selbstverständlich« sein, wenn sie dasselbe bedeuten sollte, was für Tausende von Beamten, die den Eid geschworen haben, selbstverständlich ist: daß dadurch kein Zwang gegen ihr christliches Gewissen geübt werde. Aber Barth will nicht schwören, was *alle* schwören, sondern er will für sich einen Extra-Eid. Also versteht er unter dem Zusatz nicht etwas Selbstverständliches.
Zweitens: Was versteht Barth unter einem »evangelischen Christen«? Ich beispielsweise bin für ihn keiner, sondern ein »Verräter am Evangelium«. *Wer* bestimmt den Inhalt dieses Begriffes, der den Eid fordernde Staat oder der den Eid leistende Karl Barth? Wer ist der *Souverain*, der den Eid auslegt? Würde Barth selbst ihn auslegen, so würde er es tun nach seinem eigenen »Römerbrief« von 1933, Seite 465 ff.
Drittens: Der Eid, den der Staat schwören läßt, enthält die Anrufung Gottes. Wenn Barth *darüber hinaus* eine Sicherung seines Gewissens fordert, so unterschiebt er dem Staate, daß dieser nicht bei Gott, sondern bei einem unchristlichen Dämon oder Götzen schwören lassen wolle. Er diffamiert den Staat.
Viertens: Warum setzt Barth die Bedingung *nur* hinter den Satz, der die Verpflichtung auf den Reichskanzler enthält, nicht hinter den Satz, der die Verpflichtung auf die Gesetze und die Amtsführung enthält? Die Klausel Barths hat also einen Dolus.
Das ist nicht die Klugheit eines Propheten, sondern die eines Papstes.

Das Dienststrafverfahren gegen Barth beginnt am 20. Dezember 1934, um 12.30 Uhr, vor der Strafkammer des Kölner Regierungspräsidiums in der Zeughausstraße 4. Und wie unterschiedlich die juristische Seite des Falles Barth an diesem Donners-

7 Deutsches Volkstum, 2. Dezemberheft 1934, S. 1049–1050.

tagmittag z. B. im Bonner Kollegenkreis des Angeschuldigten eingeschätzt wird, das hält Barths Freund und Kollege Ernst Wolf in einer Aufzeichnung fest[8]:

> . . . In Kollegenkreisen namentl. aus anderen Fakultäten war man, ebenso wie der Rektor, der nun plötzlich erklärte, auch sub cond[itio] christ[iana] tac[ita] geschworen zu haben, fest überzeugt, es komme höchstens zu einem Verweis wegen der ein Mißtrauen ausdrückenden Form der B.-schen Anfrage.
>
> Wer die neue Anschuldigungsschrift kannte, in der nicht in der Zusatzforderung vor dem Rektor, wohl aber in der Wiederholung dieser Forderung am 27. November vor dem Untersuchungsrichter in der Form einer Schilderung dieses Vergehens vor dem Rektor der Tatbestand der »Eidesverweigerung« gesehen wurde, in der ferner als Punkt 2 die längst erledigte Ablehnung des Hitler-Grußes vor dem Dogmatikkolleg angeführt wurde und als Punkt 3 der sog. Cüppersbrief . . ., der erst nach 6 Monaten im Frühjahr gegen Barth hervorgeholt wurde . . ., wer diese neue Anschuldigungsschrift kannte, hatte im Blick auf die Frisierung von Punkt 1 und vor allem im Blick auf 2) u. 3) Sorgen. Barth selbst ist ohne bestimmte Vermutungen zur Verhandlung gefahren . . .

Bei der mündlichen Verhandlung im Kölner Regierungspräsidium geht es dann jedoch »im wesentlichen um Punkt 1«[9] der Anklage vom 7. Dezember 1934[10]:

> . . . Drei Richter saßen mir gegenüber und schauten mich mit ernsten, mißtrauischen Gesichtern an. Und ein tüchtiger junger Anwalt saß neben mir und gab sich große Mühe, zu beweisen, daß alles nicht so schlimm sei . . .

Doch der von Minister Rust beauftragte Vertreter der Staatsanwaltschaft, Ministerialrat Kasper, vertritt den NS-Staat unmißverständlich und genau so, wie Barth dies bereits am 5. Dezember in seinem Brief an den Marburger Kollegen von Soden aus seiner Einschätzung des Führer-Staates heraus dargestellt hatte. Ankläger Kasper definiert den Totalitätsanspruch des NS-Staates ohne Umschweife[11]:

8 AEKW, Bericht E. Wolf, a.a.O.

9 HD. Es wurden auch die Punkte 2 und 3 der Anklage, auch Barths SPD-Mitgliedschaft behandelt; die ›Eidesverweigerung‹ stand jedoch im Mittelpunkt der Verhandlung.

10 Brief Barth vom 24. 12. 1934 an Eduard Thurneysen.

11 HD. Unmittelbar nach der Verhandlung fertigte Bleibtreu diesen schriftlichen Vermerk an, den er mit folgendem Vorspann an die verschiedenen Geschäftsstellen der Bekenntnissynoden schickte: »Vertraulich. Versuch einer Rekonstruktion der Ausführungen des Ministerialrats Kasper über den Beamteneid in der Dienststrafkammersitzung in Köln vom 20. Dezember 1934. Der stenographisch aufgenommene oder genau in Erinnerung behaltene Wortlaut ist unterstrichen.« Diese Stellen sind hier kursiv gedruckt. Die Ausführungen des Anklägers Kasper erschienen selbst dem Vorsitzenden Scheerbarth derart gravierend, daß er den Anwalt fragte, »ob er ganz sicher sei, daß der Minister Rust völlig mit seinen Gesichtspunkten übereinstimme!« So war es.

... Meiner Ansicht nach ändert auch Prof. Barths Schreiben vom 18. Dez. nichts an der dienststrafrechtlichen Beurteilung seines Verhaltens in der Eidesfrage. Denn dieses Schreiben läßt erkennen, *daß Prof. Barth der Sache nach und auch heute noch hinsichtlich des Eides denselben Standpunkt einnimmt wie vorher.* Die von Prof. Barth in dem Brief vertretene Ansicht über den Inhalt der eidlichen Verpflichtung würde nämlich bedeuten, daß der Beamte, der den Eid geleistet hat, *die Möglichkeit hätte, in jedem einzelnen Falle, in dem für ihn ein Konflikt zwischen der Treu- und Gehorsamspflicht gegenüber dem Führer und dem Gebot Gottes entsteht, selbständig darüber zu entscheiden, ob das von ihm verlangte Tun oder Unterlassen nicht Gottes Gebot widerspricht.*
Das Dienststrafgericht steht nun vor der Frage: Hat der Eid wirklich nur diesen Sinn? *Ich bin der Ansicht: Nein! Denn damit würde dem Eid seine ganze Bedeutung genommen werden.*
Die in der Eidesformel enthaltene Anrufung Gottes soll lediglich besagen: *Der Schwörende ruft Gott zum Zeugen dafür an, daß er das in dem Eid enthaltene Versprechen der Treue und des Gehorsams gegenüber dem Führer abgegeben habe.* Ob nun das, was auf Grund dieser Treue- und Gehorsamspflicht von dem Beamten verlangt wird, im Einklang mit dem Gebote Gottes steht – die Entscheidung darüber liegt nicht bei dem einzelnen Beamten, *sondern allein und ausschließlich beim Führer selbst,* den Gott auf seinen Platz gestellt hat, und dem man daher auch das *blinde Vertrauen* schenken kann und muß, *daß er auf Grund seines besonderen Verhältnisses zu Gott nichts von seinen Untergebenen verlangen wird, was Gott verbietet.* Daß der Beamte dieses bedingungslose und rückhaltlose Vertrauen zum Führer haben und ihm allein deshalb ein für alle Male die Entscheidung überlassen soll, ob zwischen seinen Befehlen und Anordnungen und dem Willen Gottes kein Widerspruch besteht, *darin liegt gerade der Sinn des auf die Person des Führers geleisteten Treueides. Treue kann immer nur bedingungslos versprochen werden. Eine Treue unter Vorbehalt gibt es nicht.*

Gegen derartige Irrlehren kann Barth nur noch protestieren: »Das geht strikte gegen das 1. Gebot, was von ihm verlangt wird. Damit werde eine 2. Gottheit ausgerufen.«[12] Sein Hinweis auf die Verlautbarungen der Kirche zum Führer-Eid läßt den Ankläger feststellen, »daß sowohl die Äußerungen der Reformierten Kirche als die des Marahrens-Kirchenrates . . . eine unannehmbare Auslegung seien und nicht gelten könnten«[13]. Aber der reformierte Karl Barth hält Anklägern und Richtern nicht allein ein Privatissimum in systematischer Theologie, um zu verdeutlichen, daß dieser Führer-Kult auch mit der Lehre der »luth. u. kath. Kirche unvereinbar« ist. Der angeklagte Theologe läßt nun auch seinerseits keinen Zweifel darüber auf-

12 AEOK; »Bericht von Herrn Prof. Bart über die Verhandlung in seinem Disziplinarverfahren«.
13 George Bell – Alphons Koechlin, Briefwechsel 1933–1954, 1969, S. 194. Beide kennen sich aus der gemeinsamen Arbeit im Exekutivausschuß des Ökumenischen Rates, ›Life and Work‹.

kommen, daß er selbst sich als Ankläger des Hitler-Staates in diesem Kölner Prozeß versteht. Gegen Ende der Verhandlung zückt Barth seine Platonausgabe[14]:

. . . und las den Leuten aus der Apologie des Sokrates folgende Stellen vor: »Ich bin euch, ihr Athener, zwar zugetan und Freund, gehorchen aber werde ich dem Gotte mehr als euch . . . Ich meinesteils glaube, daß noch nie größeres Gut dem Staate widerfahren ist als dieser Dienst, den ich dem Staate leistete . . . Daher auch jetzt, ihr Athener, ich weit entfernt bin, um meiner selbst willen mich zu verteidigen, wie einer wohl denken könnte, sondern um euretwillen, damit ihr euch nicht gegen Gottes Gabe an euch versündigt durch meine Verurteilung.«
Indem der Staat die Kirche anerkennt, bejahe er um seiner selbst willen die ihm als Staat gesetzte Grenze, und der staatliche Theologieprofessor sei der vom Staat selbst eingesetzte Wächter dieser Grenze, auch und gerade gegenüber dem Einbruch von solchen Staatstheorien wie der gegenwärtig umlaufenden und vom Staatsanwalt verkündigten. In der Eidessache wie in der Frage des Hitlergrußes in der Vorlesung hätte ich nur getan, was ich im Auftrag des Staates selbst tun mußte. Sie, die Richter, sollten nun im Interesse des Staates erklären, daß es mit jener Totalität nichts sei . . .

Die drei Richter – Landgerichtsrat Dr. Ernst als richterlicher Beisitzer, Landrat Dr. Groeger als Beamtenbeisitzer und Oberregierungsrat Dr. Scheerbarth als Vorsitzender – erkennen jedoch nach dreistündiger Verhandlung »Im Namen des Deutschen Volkes« für Recht:

Der Angeschuldigte wird mit Dienstentlassung bestraft. Als Unterstützung wird ihm die Hälfte des erdienten Ruhegehaltes auf ein Jahr bewilligt . . .

Barth wertet die Kölner Gerichtsentscheidung, die auf der NS-Theologie des Anklägers basiert, als »eine Negation des evangelischen Christentums«[15]. Daheim, in der Bonner Siebengebirgsstraße 18, überraschen und trösten zwei Dutzend Bonner Bekenntnisstudenten den Verurteilten mit dem Choralgesang:

. . . Er hat uns wissen lassen / sein herrlich Recht und sein Gericht, / dazu sein Güt ohn Maßen, / es mangelt an Erbarmung nicht; / sein Zorn läßt er wohl fahren, / straft nicht nach unsrer Schuld, / die Gnad tut er nicht sparen, / den Blöden ist er hold; / sein Güt ist hoch erhaben, / ob den'n, die fürchten ihn; / so fern der Ost vom Abend, / ist unsre Sünd dahin . . .

Barth telefoniert mit seinem Basler Freund Eduard Thurneysen und schildert ihm die Kölner Ereignisse. Der unterrichtet in Basel Freunde und Presse. So kommentieren die »Basler Nachrichten« bereits anderntags Barths Verurteilung in einem ausführlichen Artikel unter der Überschrift: »Prof. Karl Barth in Bonn abgesetzt!«

14 Brief Barth vom 24. 12. 1934 an E. Thurneysen, a.a.O.
15 AEOK; »Bericht von Herrn Prof. Bart . . .«, a.a.O.

. . . Werden die Dinge so angefaßt, so ist allerdings jede Klausel, die den Staatswillen begrenzen möchte, ganz und gar untragbar, in sich selbst unmöglich, ja geradezu selber blasphemisch. Diese vorbehaltlose unbegrenzte Gleichsetzung aber des Staatswillens mit dem Willen Gottes – das eben ist der Sinn der Totalität. Dagegen hat Barth seinen Einspruch erhoben und mußte darob fallen. Man kann nun gespannt darauf sein, wie die Bekenntniskirche sich mit der durch diesen Gerichtsentscheid gegen eines ihrer hervorragendsten Glieder geschaffene Lage innerlich und äußerlich auseinandersetzt. Ihre eigene Interpretation der Eidesformel ist gründlich desavouiert. Was sagt sie dazu? Dieser Kölner Entscheid wird für die ganze protestantische Kirche Deutschlands von folgenschwerer Bedeutung werden.
Anmerkung der Redaktion: Wie wir zu unserer Genugtuung erfahren, sind Schritte im Gang, um Karl Barth für die Universität seiner Vaterstadt Basel zu gewinnen[16].

Der Präsident des Schweizer Kirchenrates, Alphons Koechlin, ebenfalls von Thurneysen über die jüngste Entwicklung im Fall Barth unterrichtet, schreibt an diesem Freitag, dem 21. Dezember 1934, an Lordbischof George Bell[17]:

. . . Anscheinend darf Karl Barth noch in Deutschland bleiben. Ob es ihm möglich sein wird, dort in Verbindung mit irgendeiner Einrichtung der Bekennenden Kirche zu bleiben, wird man sehen müssen. Ich hoffe, daß er und seine Familie keinen Mißhandlungen ausgesetzt sein werden. Jetzt, da er nicht mehr Staatsbeamter ist, hat er seine deutsche Staatsbürgerschaft verloren und ist nur Schweizer Bürger. Ich weiß, daß die Schweizer Regierung alles irgend Mögliche tut, um ihn zu schützen. Aber man muß mit verantwortungslosen Taten von Nazistudenten oder anderen Leuten rechnen. Neulich, als ein Bild von Karl Barth im Schaufenster einer Buchhandlung ausgestellt war, wurde der Eigentümer aufgefordert, es sofort wegzunehmen, wenn er nicht wolle, daß sein Schaufenster zerbrochen und das Bild von außen weggenommen würde.
Der wichtigste Zug scheint mir die offiziell akzeptierte Feststellung des totalitären Charakters des Hitler-Eides zu sein, der ausdrücklich die Auslegung ausschließt, die alle anderen Theologieprofessoren und christlichen Staatsbeamten sich berechtigt fühlten anzunehmen, wenn sie den Eid schworen. Ihre Lage wird nicht leichter durch die Entscheidung des Kölner Disziplinargerichts! In Wahrheit beweist das Urteil, daß Karl Barth in der ganzen Sache klar gesehen hat . . .

Und in Berlin spricht bereits der schweizerische Gesandte, Minister Dinichert, »im Auftrage des Politischen Departements . . . in offiziöser Weise beim Auswärtigen

Einer der Initiatoren einer Berufung Barths nach Basel ist Barths Freund Eduard Thurneysen.
17 George Bell – Alphons Koechlin, Briefwechsel, a.a.O., S. 194f.

Amt in der Angelegenheit von Prof. Dr. Barth vor«[18] und überreicht Staatssekretär von Bülow eine »Notiz«[19]:

Schweizerische Gesandtschaft in Deutschland XIII 3/16 D.FK.
Notiz
Der ordentliche Professor der evangelischen Theologie in Bonn, Dr. Karl *Barth*, ist kürzlich von seinem Amte suspendiert worden und es soll ein Disziplinarverfahren gegen ihn eingeleitet sein im Zusammenhange mit der Frage seiner Vereidigung.
Es wird darauf hingewiesen, daß Professor Dr. Barth auch die schweizerische Staatsangehörigkeit besitzt, und deshalb der Erwartung Ausdruck gegeben, daß von Zwangsmaßnahmen gegen seine Person abgesehen und ihm nötigenfalls der erforderliche Schutz gegen tätliche Zugriffe seitens unverantwortlicher Elemente zuteil werde.
Berlin, den 21. Dezember 1934

Der »höchst besonnene Herr von Bülow« nimmt die »Notiz« des Gesandten Dinichert »mit großem Ernst und Verständnis« entgegen und versichert, »daß er der Sache seine sofortige Aufmerksamkeit schenken werde«[20]. Staatssekretär von Bülow erstattet seinem Minister, Konstantin von Neurath, unverzüglich schriftlichen Bericht[21]:

Berlin, den 21. Dezember 1934

Der *Schweizerische* Gesandte suchte mich heute auf, um den Fall des Professors Barth unter Überlassung einer Notiz zur Sprache zu bringen. In sehr vorsichtiger und taktvoller Form führte er aus, der Schweizerische Bundesrat habe nicht von Professor Barth selbst, aber von Freunden und Verwandten desselben Nachrichten erhalten, die in Bern beunruhigten. Man scheine dort zu befürchten, daß Professor Barth im Zuge des Disziplinarverfahrens, das gegen ihn anhängig sei, in Schutzhaft genommen werde oder daß nicht staatliche Stellen gegen ihn vorgingen. Der Gesandte betonte, daß sich seine Regierung durchaus bewußt sei, daß Professor Barth als deutscher Professor die deutsche Staatsangehörigkeit erworben habe und deutschen Gesetzen und Behörden unterstehe[22]. Es liege ihr auch gänzlich fern, sich in den Fall Barth meritorisch irgendwie einmischen zu wollen, ihre Sorge betreffe lediglich die moralischen Rückwirkungen der Behandlung von Professor Barth in der Schweiz selbst und die Folgen, die sich daraus für die Beziehungen der beiderseitigen Universitäten, insbesondere für den Austausch von

18 SB.
19 PAA. Nach Inkrafttreten des »Gesetzes gegen heimtückische Angriffe auf Staat und Partei«, am 20. 12. 1934 – am Tage des Kölner Prozesses gegen Karl Barth, befürchtet auch die Schweizer Regierung, daß nun Barths Verhaftung unmittelbar bevorsteht.
20 SB.
21 PAA.
22 Siehe Anm. 20, Kap. 3.

Professoren ergeben müßten. Der offiziöse Schritt des Gesandten habe lediglich den Zweck, auf mögliche Komplikationen hinzuweisen in der Annahme, daß sicherlich beide Regierungen den Wunsch hätten, solche zu vermeiden und seine Bitte gehe lediglich dahin, darauf hinzuwirken, daß in der Abwicklung des Falles Barth nichts geschehe, was zu einer Verstimmung der öffentlichen Meinung in der Schweiz oder zu einer Entfremdung der Hochschulkreise beider Länder führen könne.
Ich erklärte dem Gesandten, ich sei über die Einzelheiten des Falles nicht genügend unterrichtet, es sei mir nichts bekannt, was die Besorgnisse des Bundesrats berechtigt erscheinen ließe und ich könnte seinen Schritt nur auffassen als eine freundschaftliche Mitteilung von Besorgnissen, die auf der Annahme beruhe, die ich ihm bestätigen könne, daß auch deutscherseits der Wunsch bestehe, die Beziehungen zur Schweiz nicht durch Zwischenfälle zu trüben.
(gez.) Bülow

Barth selber ist an diesem Tage in Bonn nicht zu erreichen. Am Freitagnachmittag nimmt er bereits an einer Konferenz der zerstrittenen reformierten Brüder der reformierten Landeskirche Hannovers im Pfarrhaus zu Uelsen teil[23]. Die deutsche Öffentlichkeit erfährt das Ergebnis des Kölner Prozesses gegen Karl Barth erst aus den Samstagausgaben der deutschen Tageszeitungen. Das presseamtliche DNB gibt zu erkennen, daß Barth über seinen Vorbehalt zum Führer-Eid zu Fall gekommen ist[24]:

Der ordentliche Professor der evangelischen Theologie in Bonn, D. Karl Barth, gegen den der Reichsminister für Wissenschaft, Erziehung und Volksbildung ein Dienststrafverfahren eingeleitet hatte, weil er den für die öffentlichen Beamten vorgeschriebenen Eid auf den Führer und Reichs-

23 Die »Aussprache« des hannoverschen reformierten Landeskirchenvorstandes mit Barth zieht sich über zwei Tage hin. Anwesend sind lt. Protokoll: »Professor D. Barth, Landessuperintendent D. Dr. Hollweg, C. O. Voget, Pfarrer Schumacher, Pfarrer Middendorff.« Dieses »Protokoll«, am 22. 12. 1934 von den Anwesenden unterzeichnet, enthält als Ergebnis der »Aussprache« fünf Sätze, die später als »Die Uelsener Thesen« bekannt und kritisiert werden: ». . . Wir sind einig darin, daß sich der wirkliche Bekenntnisstand unserer reformierten Kirche nach Lehre und Ordnung in einer dem Bekenntnis der Väter entsprechenden praktischen, insbesondere auch kirchenpolitischen Bekenntnishaltung beweisen und bewähren muß. 4. Wir sind einig darin, daß unsere reformierte Kirche mit den anderen evangelischen Kirchen Deutschlands in der heutigen Lage aufgerufen ist, sich in Erkenntnis und Leben in neuer Demut und mit neuem Mut unter das erste Gebot und unter die erste Frage des Heidelberger Katechismus zu stellen . . .« Dazu D. Hesse später: »Vergessen wollen wir aber auch nicht, daß Karl Barth eines Tages allein nach Uelsen in der Grafschaft Bentheim fuhr, ohne auf die Warnung der Brüder zu achten: ›Er sandte sie zu zween!‹ Als er zurückkam, hatte er in dieser wichtigen Verhandlung mit den Vertretern von reformiert Hannover versäumt, die Negationen von Barmen gegenüber der Irrlehre zur Geltung kommen zu lassen und sich mit positiven Bekenntnis-Sätzen begnügt, die so ihre Entscheidungskraft verloren und reformiert Hannover gestatteten, während des ganzen Kirchenkampfes hinter einer schönen Bekenntnis-Deckung neutral zu bleiben« (in: Stunde der Versuchung, a.a.O., S. 309; vgl. dazu: K. D. Schmidt, Bekenntnisse 1935, a.a.O., S. 33).
24 Kölnische Zeitung vom 22. 12. 1934.

kanzler nur unter Vorbehalten zu leisten bereit war, ist durch Spruch der Dienststrafkammer der Regierung in Köln mit Dienstentlassung unter Gewährung einer Unterstützung in Höhe der Hälfte des gesetzlichen Ruhegehaltes auf die Dauer eines Jahres bestraft worden. Gegen das Urteil ist die Berufung an das preußische Oberverwaltungsgericht in Berlin zulässig.

Während Barth am Donnerstag in Köln vor Gericht stand und letztlich die Sache der **D 18**
Bekenner gegenüber dem Totalitätsanspruch des Hitler-Staates vertrat, war die Lei- **S. 282**
tung der Bekennenden Kirche – wie an diesem Wochenende in Barths Freundeskreis bekannt und erregt diskutiert wird – in neuen Geheimverhandlungen mit dem NS-Staat emsig damit beschäftigt, ihr geheimes Kirchenpapier um einen weiteren Schritt zu realisieren – mit den DC noch bis zum Weihnachtsfest Frieden zu schließen[25]. Wilhelm Niesel gibt in einem Brief an das Mitglied des Marahrens-Kabinetts, Präses D. Paul Humburg, seiner Empörung Ausdruck[26]:

. . . Worin ist das bekenntniswidrige Verständnis von Kirchenleitung und Kirche und das sich daraus ergebende Nicht-Ernstnehmen der Kirchenregierung zu erklären? Das wird verständlich, wenn man beachtet, wie es in diesen Tagen zu dem erneuten Zusammenströmen von allen möglichen Leuten gekommen ist. Es genügte die Tatsache, daß ein höherer Staatsbeamter, der Oberpräsident Koch[27], sich plötzlich für die Befriedung der Kirche interessierte, und schon standen ihm Verhandlungspartner in Fülle – von Meiser bis Kinder – zur Verfügung. Daraus wird offenbar, daß Meiser, Wurm und Freunde eine Kirche von des Staates Gnaden haben wollen, letztlich also eine Staatskirche.

25 Nach dem im geheimen Kirchenpapier der Bischöfe programmierten und vor vier Wochen realisierten Sturz des Rates der DEK planen die Bischöfe nun die »Befriedung« des Kirchenstreites, den »Urlaub« bzw. den verdeckten »Rücktritt« des Reichsbischofs, beides weitere Punkte des Kirchenpapiers. Außerdem liegt Marahrens an einer Präzisierung der Aufgaben des ›Reichsbischofsverwesers‹ (siehe hierzu D/18).

26 PKNir. Zum gleichen Vorgang hat W. Niesel auch ein vierseitiges Memorandum in Umlauf gebracht: »Die Preisgabe der Barmer und Dahlemer Botschaft am 21. Dezember 1934« (AEOK). Der Direktor des Evangelischen Jugendwerkes, Pastor Otto Riethmüller, sendet am 28. 12. 1934 einen nicht minder scharfen Protest an seinen Freund Wurm, der bei diesen Verhandlungen eine besondere Rolle spielt: »Seid Ihr wirklich im Begriff, nun doch einen irgendwie gearteten Kompromiß mit den DC zu schließen, sei es auch nur in der Weise, daß irgendein ›ordentlicher Mann‹ in eine neu zu bildende Kirchenregierung hereingenommen werden soll? . . . Es ist gar kein Zweifel, daß ein erschrecktes Fragen in diesen Tagen durch die junge Theologengeneration geht. Denn die Versuchungen der kirchlichen Lage werden ganz gewiß größer, nicht kleiner. Und ein falscher Friede, bei dem der Herr der Kirche nicht mittun kann, ist für das Volk mehr als ein verlorener Krieg« (AEOK).

27 Als Vermittler zwischen den Bischöfen und Hitler bietet sich der Gauleiter von Ostpreußen, Erich Koch, an, »der aus seiner Heimat in Wuppertal kirchliche Reminiszenzen mitgebracht hatte . . . An den folgenden Tagen machte die Verständigung solche Fortschritte, daß schon die Verkündigung der Friedensbotschaft am bevorstehenden Heiligabend durch die Rundfunksender vorbereitet werden konnte. Am letzten Tag erklärte Koch, er werde über Mittag bei Hitler sein und ihn über die Abmachungen [siehe D/18] unterrichten, nachmittags 17 Uhr möchten wir wieder erscheinen, dann werde er uns die Zustimmung Hitlers bringen kön-

Du meinst vielleicht, das sei übertrieben und diesen Männern gegenüber unrecht geurteilt. Aber ich bitte Dich, wenn man so eilig zur Stelle ist, wenn ein Beamter, der gar nicht einmal einen offiziellen Auftrag hat, ruft, wenn man alle seine vordem geäußerten kirchlichen Grundsätze preisgibt, was ist das anders, als daß man sich vor einer überragenden Autorität beugt? Und diese Autorität ist die staatliche.

Ich will in diesem Zusammenhang nur andeuten, welcher dunkle und für die Kirche katastrophale Ausblick sich von hieraus ergibt, wenn wir uns zugleich des in diesen Tagen ergangenen Kölner Urteils erinnern. Die Meiser-Kirche steht bei diesem Aspekt auf derselben Ebene wie die Müller-Kirche. Die Preisgabe der kirchlichen Substanz wird in der Meiser-Kirche den Christen nur nicht so klar erkennbar wie in der Müller-Kirche, und darum ist die erstere viel gefährlicher als die zweite . . . Ich denke, Du verstehst uns jetzt ein wenig besser, wenn manchem von uns . . . angesichts dieser Entwicklung grobe Worte in den Mund kamen. Ein Luther hätte sicher noch gröber geredet. Das grobe Reden allein ist noch kein Zeichen von Ungeistlichkeit. Wohl aber kann die Aufforderung zur »Liebe« in anonymen Gremien, in denen verantwortungslos Kirchenpolitik gemacht wird, eine höchst ungeistliche Sache sein! Man muß ja schreien, wenn man sieht, wohin der Weg geht. Uns steht ein Schlimmeres bevor als der 27. Januar 1934[28]; denn damals konnten die Kirchenführer die Bekenntniskirche noch nicht mit in das Verderben reißen, weil sie noch nicht in geordneter Weise auf den Plan getreten war. Heute ist das anders. Heute wird sie mit in das hineingezogen, was unfähige und uneinsichtige Kirchen-»führer« beginnen.

Noch ist es Zeit, das Steuer herumzuwerfen. Ich meine, der Augenblick stände bevor, mit dem Präses Koch gerechnet hat, als er uns am 20. November sagte: »Wenn es mit der vorläufigen Kirchenregierung in den nächsten 4 oder 6 Wochen nicht geht, dann will ich sie wieder verlassen.« Es werden uns dann freilich einige verlassen, wahrscheinlich ganze Landeskirchen; aber lieber sie fahren lassen, als die ganze Kirche preisgeben. Was helfen uns alle Landeskirchen, wenn die Verheißungen unseres Herrn nicht mehr gelten?

In tiefer Sorge, aber fröhlich im Blick auf das kommende Fest grüßt Dich bestens

Dein

[gez.] Niesel

nen . . . Erich Koch erscheint bei Hitler und berichtet ihm über unsere Abmachungen. Hitler fragt: ›Was wird aus Ludwig Müller?‹, worauf Koch erwidert: ›Er nimmt einen Urlaub für ein halbes Jahr und dann erklärt er seinen Rücktritt.‹ Daraufhin schreit Hitler: ›Raus!‹ und Koch verschwindet in der Tür« (in: Th. Wurm, Erinnerungen, a.a.O., S. 126f.). Der ›Verhandlungsvorschlag‹ (AEOK, siehe D/18) blieb mit dem ›Rausschmiß‹ des für Kirchenfragen inkompetenten Gauleiters Erich Koch ein Stück Papier in den Akten des württembergischen Landesbischofs.

28 Siehe Anm. 14, Kap. 2.

Als Barths Weihnachtsgruß an Freund und Gegner erscheint in München eine Sammlung von »Weihnachtsbetrachtungen«, die Barth in den Jahren 1926 bis 1933 für verschiedene Tageszeitungen verfaßt hat. Im Vorwort schreibt Barth[29]:

. . . Da ich in der letzten Zeit so viel streiten mußte und da ich mich selbst und die Zeitgenossen gerne daran erinnere, daß man nach wie vor alles auch so positiv, friedlich und fröhlich sehen kann, wie es in diesen Aufsätzen jedenfalls versucht wurde, möchte ich sie noch einmal ausgehen lassen dürfen, nicht ohne allen, denen sie unter die Augen kommen mögen, auch gerne denen, mit denen ich uneins sein muß, von Herzen eine gute, gesegnete Weihnacht 1934 zu wünschen . . .

Am 23. Dezember, dem 4. Adventssonntag 1934, wird der bayrische Landesbischof D. Hans Meiser auf der Treppe im Hinterhaus des Münchner Landeskirchenamtes von den Vikaren W. Stadelmann und W. Fürst nach seiner Beurteilung des Falles Barth befragt[30]. Was die beiden Barth-Schüler dort von ihrem Landesbischof erfahren, erscheint ihnen derart unglaublich, daß sie unmittelbar im Anschluß an dieses Münchner Hinterhaus-Gespräch einen schriftlichen Vermerk anfertigen und unterzeichnen[31]:

Die Stellungnahme des Kirchenregiments Marahrens in Sachen des Eides sei weder zur Mitteilung an die staatlichen Stellen noch zur Veröffentlichung bestimmt gewesen, sondern sei eine streng vertraulich gemeinte Antwort auf die Anfrage eines Kreises Greifswalder Theologiestudenten. Durch gewisse Manipulationen von D. Hesse sei die Sache unverantwortlicherweise an die Öffentlichkeit gebracht worden, was einen groben Bruch von Treu und Glauben darstelle (und dabei handele es sich doch auch um ein ernst zu nehmendes Gottesgebot). Jedenfalls sei dies Verhalten nicht geeignet die Beziehungen zu den Reformierten zu verbessern.
Ob Barth, als er sich auf die beiden Dokumente berief – ob auch die reformierte Stellungnahme ursprünglich in gleicher Weise wie die der Kirchenregierung Marahrens vertraulich gemeint gewesen sei, ging aus dem Gesprächszusammenhang nicht hervor –, um die Manipulationen Hesses gewußt habe oder nicht, sei ihm unbekannt.
Wie aber komme Barth überhaupt dazu, nachdem er sich von diesem Kirchenregiment geschieden habe, es nun auf einmal doch als für ihn verbindliche Lehrautorität in Anspruch zu nehmen. Der Grund, warum es der Kirche bedenklich sein müßte, sich in den Fall Barth verstricken zu lassen, sei doch

29 Karl Barth, Weihnacht, 1934.
30 Prof. Dr. Walter Fürst am 22. 6. 1974 auf Anfrage des Verfassers: »Das Gespräch mit Meiser fand im Treppenhaus des Hinterhauses des LKR (des Münchner Landeskirchenrates) in der damaligen Arcisstr. 13 statt [heute Meiserstraße 13], wo im ersten Stock das Predigerseminar war und im 2. Stock Meisers Wohnung; das zwei-minuten-Licht ging immer wieder aus und mußte jedesmal angeknipst werden« (KFü).
31 HD.

der, daß von so viel Theologieprofessoren ausgerechnet nur Barth, dessen politische Anschauung im übrigen hinreichend bekannt sei, diesen für jeden evangelischen Christen selbstverständlichen Vorbehalt meinte aussprechen zu müssen.

Evangelischem Brauch entspreche es nicht, mögliche Konfliktfälle theoretisch zu konstruieren und dagegen Vorbehalte anzubringen, sondern den Konfliktfall erst einmal eintreten zu lassen. Das Vorgehen Barths sei darum bedenklich, weil er mit der Aussprache des Vorbehalts den Verdacht äußere, daß bei den verantwortlichen Entscheidungen eines Staatsoberhauptes wie Adolf Hitler ein Konflikt mit Gottes Gebot immerhin möglich und zu erwarten sei. Jedenfalls müsse das auf den nationalsozialistischen Staat so wirken.

Damit, daß sich nun Barth, lediglich um einen prozessualen Vorteil zu gewinnen, auf die vertraulichen Äußerungen der Kirchenregierung berufen habe, habe »er und Hesse der Kirche einen bösen Streich gespielt«, der noch schwierige Verhandlungen erfordern werde.

Wenn Barth auf eine Unterstützung durch das Kirchenregiment gerechnet und in kirchenpolitischer Verantwortung gehandelt hätte, so hätte er sich vor seiner Entscheidung mit diesem in Verbindung setzen und mit ihm beraten müssen, welches Verhalten angesichts der kirchenpolitischen Gesamtlage angebracht und geboten sei.

[gez.] W. Stadelmann [gez.] W. Fürst

Die beiden Münchner Vikare übergeben unverzüglich eine Durchschrift ihrer gemeinsamen Aufzeichnung dem Barth-Assistenten Hellmut Traub, der zu den Festtagen bei seinem Vater in München-Solln weilt; und schon am 1. Weihnachtstag schickt Traub jene beglaubigten Hintertreppen-Worte des bayrischen Landesbischofs an den Präses der Bekenntnissynode der DEK, D. Karl Koch[32]:

Hochverehrter Herr Präses

Ich möchte Ihnen beiliegend den Durchschlag des Protokolles eines Gespräches zweier Freunde zusenden, die beide im Münchner Predigerseminar sich befinden. Da der Inhalt, wie mir scheinen will, so merkwürdig klingt, gerade nach dem Telefongespräch, das ich mit Ihnen führen durfte, so halte ich es für meine Pflicht, Sie davon unverzüglich in Kenntnis zu setzen. Die Verdächtigungen, die in diesem Gespräch gegen Barth ausgesprochen werden, sind gänzlich hinfällig, wie ich es wohl bezeugen kann; insbesondere die Behauptung »lediglich um einen prozessualen Vorteil zu gewinnen«. Sie werden ja selber wissen, daß Barth jedenfalls mit alle diesem *nur für* die Kirche eintreten wollte, und daß er, wenn es ihm darauf ankäme, schon längst ein bequemeres Leben hätte führen können.

32 AEKW.

Entschuldigen Sie, daß ich Sie wiederum bemühe; aber, wie gesagt, ich halte es für meine Pflicht, Ihnen hiervon Kenntnis zu geben.
Mit ausgezeichneter Hochachtung
Ihr Ihnen gehorsam ergebener
[gez.] Hellmut Traub
P. S. Am Donnerstag werde ich auch eine Unterhaltung mit Herrn Landesbischof D. Meiser haben, und werde Sie von ihrem Inhalt sofort in Kenntnis setzen[33].

Auch Barths Freund Ernst Wolf erhält den Vermerk der beiden Münchner Vikare. Wolf ist nicht ganz so ahnungslos wie die beiden Gesprächspartner Meisers. Er merkt »Zur Sache« an[34]:

1. Bereits am 8. Dezember ist Professor Horst zur Mitteilung der an Göttinger (einige Greifswalder) Studenten gerichteten Verlautbarung, die von den Bekenntnisstudenten in Bonn veranlaßt und von den Professoren Horst und Weber formuliert worden ist, ermächtigt worden.
2. Am 10. oder 11. ist die Verlautbarung namens der vorläufigen Kirchenleitung von D. Koch dem Ministerium und der Presse übergeben worden.
3. Karl Barth hat sich völlig (E. Wolf fast völlig) zurückgehalten. Er mußte durch die Kollegen Horst und Weber gedrängt werden, unter Hinweis auf die kirchliche Verlautbarung seine Zusatzforderung zurückzuziehen.
4. Die Rede vom »prozessualen Vorteil« ist niedriger zu hängen.
5. Theologische Unklarheiten und formale Widersprüche sind Sache des bischöflichen Gesprächsführers selbst; das »vor seiner Entscheidung« beachtet z. B. nicht, daß erst die Aufforderung zur Eidablegung für K. B. die Entscheidung »konkret« gemacht hat!

Am 2. Weihnachtstag empfiehlt Professor D. Rudolf Bultmann seinem Bonner Kollegen Barth, auf jeden Fall gegen das Kölner Urteil Berufung einzulegen[35]:

Lieber Herr Barth!
Über die Vorgänge hat uns, wie Sie wissen, Herr Wolf unterrichtet. Daß unsere Gedanken in diesen Tagen oft zu Ihnen gingen – in Sorge um die Sache wie in treuem Gedenken an Ihre Person – brauche ich kaum zu sagen . . . Herr v. Soden und ich möchten wissen, ob Sie gegenüber dem über Sie ergangenen Urteil an die nächste Instanz, das Oberverwaltungsgericht, appelliert haben. Wenn – wie wir nicht hoffen – nicht, so bitten wir dringend, es alsbald zu tun. Aus dem Bericht, den uns Herr Wolf geschickt hat, geht

33 Das Gespräch Meiser-Traub hat stattgefunden. Ob Traub Präses Koch darüber unterrichtet hat, ist unbekannt.
34 AEKW.
35 Barth-Bultmann, a.a.O., S. 158 ff.

mit Wahrscheinlichkeit hervor, daß der Vorsitzende Ihre Auffassung vom Eide teilte und daß das Urteil auf die den Vorsitzenden überstimmenden Beisitzer zurückgeht. Diese sind keine Juristen[36], während der Vorsitzende Jurist ist. Die nächste Instanz, das Oberverwaltungsgericht, besteht ganz aus Juristen, und es ist nicht ganz unwahrscheinlich (so meint Herr v. S.), daß das Urteil dort anders ausfallen wird. – Daran ist aber im Interesse der Sache entscheidend gelegen. Und es ist unsere dringende Bitte (falls Sie nicht von sich aus schon ebenso entschieden haben), daß Sie die Sache in die zweite Instanz bringen, auch wenn Sie das – wie ich mir sehr wohl denken könnte – um Ihrer Person willen verschmähen würden . . .

Am Donnerstag, dem 27. Dezember 1934, erlebt Hellmut Traub »eine Unterhaltung mit Herrn Landesbischof D. Meiser«. Er hat bereits mehrere Gespräche mit Meiser gehabt, »da M. im Hause meines Vaters verkehrte«[37]. Was sich jedoch an diesem Tage in Meisers Dienstzimmer im Münchner Landeskirchenamt ereignet, hat sich dem gelernten Juristen und Theologiestudenten Traub tief ins Gedächtnis eingeprägt[38]:

. . . Meiser bestritt, daß eine »Veröffentlichung« einer amtl. kirchlichen Stelle zum Beamteneid erfolgt sei . . . Das war insofern entscheidend, als K. B. alles davon abhängig gemacht hatte, daß eine solche Erklärung »öffentlich« geschähe. Denn die Öffentlichkeit, die an seinem Prozeß teilnahm, mußte auch unterrichtet sein über das Warum seiner Bereitschaftserklärung [den Eid nunmehr ohne Vorbehalt zu leisten] . . . Nun also bestritt Meiser solche Öffentlichkeit. Von mir auf die »Basler Nachrichten« verwiesen, leugnete er, diese zu kennen u. zu lesen. Ja, das ganze stimme nicht. Mir entfuhr daraufhin, daß das alles eine bare Lüge sei. Er wehrte sich, aber zu glatt, als daß ich ihm hätte glauben können. Darauf (es kam noch ein Oberkirchenrat hinzu) fragte ich, ob nicht . . . in der Kirchenleitung die »Basler Nachrichten« vorhanden wären. Es wurde nachgesucht und ein sehr geordneter Haufen der gebundenen Zeitung gebracht. Ich schlug die Seite auf und fand sofort die angestrichene Notiz. Darauf gestellt, wurde die Situation sehr peinlich. M. bestritt, aber sehr unglaubwürdig, daß er dieses zur Kenntnis genommen hätte. Ich aber beharrte scharf darauf . . . daß er seine Kenntnis zugäbe, was geschah, und darauf, daß er nun zurücknehmen müsse, u. zwar öffentlich (das heißt, was wir damals so nennen konnten, also: kirchenintern), daß Barth prozessuale Vorteile hätte gewinnen wollen . . .

F 5
S. 285
Nachdem sich unter den Bekenntnisstudenten herumgesprochen hat, daß das Regiment Marahrens gegenüber Staat und Öffentlichkeit überhaupt keine Erklärung zum Fall Barth und Führer-Eid habe herausgehen lassen, daß dies allein durch einen

36 Auch Beisitzer Dr. Ernst war Jurist.
37 PKGTr.
38 Ebenda.

»bösen Streich« einiger Barth-Freunde noch rechtzeitig vor dem Kölner Prozeß geschehen sei – daß vor allen Dingen aber die Vorläufige Leitung auch nach dem Kölner Prozeß nicht daran denke, diese Verlautbarung allen Christen in Deutschland bekanntzugeben[39] –, erscheint als ein weiterer »Streich« gegen die offizielle Politik der Werbung um die Gunst des NS-Staates plötzlich ein gedrucktes Flugblatt aus dem bekenntniskirchlichen Untergrund. Es zitiert Barths Brief vom 18. Dezember 1934 an den Rektor der Bonner Universität. Dieser Brief enthält ja nicht nur die umstrittenen »amtlichen« Verlautbarungen zum Führer-Eid. Barth unterstreicht darin auch eindringlich deren Verbindlichkeit für jeden evangelischen Christen[40].
Am 29. Dezember 1934 schreibt George Bell, der Lordbischof von Chichester, dem Präsidenten des Schweizer Kirchenrates[41]:

Mein lieber Koechlin,
sehr vielen Dank für Ihren Brief vom 21. Dezember, der mir die Tatsachen über die Entlassung Karl Barths berichtet. Ich habe in einer Zeitung gelesen, daß Karl Barth seither ein Lehrstuhl in Basel angeboten worden sei und er ihn angenommen habe. Ist das so? Natürlich ist mir klar, wie ernst diese Entlassung und die Umstände sind, unter denen sie geschah.
Die ganze Lage innerhalb der deutschen Kirche scheint im Augenblick dunkler denn je . . . Ich habe eine Weile nichts aus Deutschland gehört. Ich schrieb an Koch vor über 14 Tagen und schickte meinen Brief durch Cragg, der ihn aus Berlin am 19. Dezember bestätigte . . . Bonhoeffer war Ende November und Anfang Dezember 14 Tage lang in Berlin. Ich sah ihn bei seiner Rückkehr, aber er hatte keine besonderen Nachrichten, außer daß es viele Zeichen allgemeinen Durcheinanders gibt . . .

An diesem 29. Dezember 1934 versucht nun der Vorsitzende der Vorläufigen Leitung, D. August Marahrens, durch ein kirchenamtliches Machtwort Ordnung in das kirchenpolitische und staatspolitische »Durcheinander« in der Deutschen Evangelischen Kirche zu bringen. Für ihn ist nach wie vor »Karl Barth die größte Gefahr für die Deutsche Evangelische Kirche«. So gilt das bischöfliche Machtwort dem ›Fall Karl Barth‹. Als Ausweis staatspolitischer Zuverlässigkeit des »Reichsbischofsverwesers« erhält Reichskultusminister Rust mit gleicher Post eine Abschrift des Briefes an die deutschen Reformierten[42]:

Sehr geehrter Herr Doktor!
In einem unter dem Datum des 14. XII. d. Js. an den Herrn Reichsminister für Wissenschaft, Kunst und Volksbildung gerichteten Schreiben geben Sie

39 Am 19. 12. 1934 zitierte auch die hannoversche Bekenntnisgemeinschaft die Meldung der ›Westdeutschen Eilkorrespondenz‹ vom 13. 12. 1934, allerdings mit dem Hinweis: »nicht zur Veröffentlichung« und mit dem Zusatz: »Von einem Vorbehalt kann also beim religiösen Eid nach Auffassung der Vorläufigen Leitung der DEK, wie man sieht, keine Rede sein« (ALKH).
40 PKNir; das Flugblatt befindet sich in mehreren Archiven. Es fand offensichtlich weiteste Verbreitung.
41 Bell-Koechlin, a.a.O., 195f.
42 AEKW.

als Moderator des Reformierten Bundes gemeinsam mit Pastor Immer als Vorsitzenden des Coetus Reformierter Prediger für Deutschland folgende Erklärung ab:
»1. Die amtliche Verlautbarung der Vorläufigen Leitung der DEK zur Eidesfrage, die Ihnen mitgeteilt wurde, stimmt überein mit den Erklärungen, die Professor D. Karl Barth zum Beamteneid abgegeben hat.
2. Gebunden an das in der Heiligen Schrift bezeugte Gebot Gottes hat Professor Barth gehandelt in der Verantwortung eines evangelischen Lehrers an einer deutschen Universität.
3. Die Entscheidung eines jeden evangelischen Christen in Deutschland kann auf Grund der Bindung an Gottes Wort nicht anders ausfallen, als wie sie von Professor D. Karl Barth getroffen wurde.«
Da Ihre Erklärung unsere Verlautbarung mit dem ›Fall Barth‹ in Verbindung bringt, halten wir uns zu folgender Feststellung verpflichtet:
1. Die amtliche Verlautbarung der Vorläufigen Leitung der DEK zur Eidesfrage ist durch zahlreiche Anfragen aus Hochschulkreisen veranlaßt und sieht ausdrücklich von einer Bezugnahme auf den »Fall Barth« ab.
2. Die Verlautbarung der Vorläufigen Leitung stimmt *nicht* überein mit den Erklärungen, die Prof. D. K. Barth zum Beamteneid abgegeben hat. Die Frage, ob der Eidesformel ein ausdrücklicher Vorbehalt hinzuzufügen ist, muß auf Grund unserer Verlautbarung verneint werden.
3. Auch wir bezeugen Professor D. K. Barth, daß er in der Verantwortung eines evangelischen Lehrers an einer deutschen Universität gehandelt hat. Aber wir weisen die Vorstellung auf das Entschiedenste zurück, als ob der Verantwortung derjenigen evangelischen Lehrer an den deutschen Universitäten, die den Beamteneid geleistet haben, heiliger Ernst fehle.
4. Professor D. Karl Barth hat mit Schreiben vom 18. 12. 1934 an den Rektor der Universität Bonn auf den ursprünglich erhobenen Vorbehalt verzichtet. Dieser Verzicht enthebt uns der Aufgabe, zu Ziffer 3 der Erklärung Stellung zu nehmen.
Eine Abschrift dieses Schreibens geht an Herrn Reichsminister für Wissenschaft, Kunst und Volksbildung.
(gez.) Marahrens

Durch dieses kirchenamtliche Machtwort zum Fall Barth – mit dem sich Marahrens zwar nicht mehr von der »amtlichen« Verlautbarung der Vorläufigen Leitung, dafür aber um so kräftiger von Barth und seinen Reformierten distanziert – ist tags darauf Wilhelm Kolfhaus' Artikel in der Reformierten Kirchenzeitung im voraus dementiert[43]:

... Was die Reformierten bei diesem Urteil empfinden, ist in Worten schwer auszudrücken. Mit uns teilen aber auch unsere lutherischen Brüder den Schmerz, denn Barth ist uns allen ein von Gott der Kirche geschenkter

43 RKZ vom 30. 12. 1934.

Lehrer. – Im Urteil der Kölner Dienststrafkammer wird von »Vorbehalten« gesprochen. Tatsächlich aber handelt es sich nur um den *einzigen Vorbehalt*, der nach Apostelgeschichte 5,29 aber *für alle Christen notwendig* ist (»Man muß Gott mehr gehorchen denn den Menschen«). Nur so war zunächst der von Karl Barth gewünschte Zusatz zur Eidesformel (»soweit ich es als evangelischer Christ verantworten kann«) gemeint. Nur so versteht Karl Barth es heute, wenn ein evangelischer Christ den Staatsbeamteneid auch ohne solchen Zusatz leistet, nachdem die Vorläufige Leitung eine in dieser Richtung gehende Erklärung abgegeben hat und nachdem sich der Moderator des Reformierten Bundes und der Vorsitzende des Coetus reformierter Prediger dem Reichserziehungsminister gegenüber zu solcher Auffassung bekannt haben. Wir können daher nur auf die Anerkennung seitens des preußischen Oberverwaltungsgerichts hoffen, daß diese an Gottes Wort gebundene Stellungnahme eines evangelischen Christen, der darum weiß, daß keine Obrigkeit ist ohne von Gott und der ihr als Dienerin Gottes gehorsam sein will (Röm. 13,1.4), im Dritten Reich Raum hat . . .

Das Jahr 1934, das Geburtsjahr der Bekennenden Kirche, hat dem ›Vater der Bekennenden Kirche‹ eine Fülle von Enttäuschungen und Demütigungen beschert. Eine Maßnahme trifft den Bonner Presbyter und ›Laien‹[44] Karl Barth jedoch im Zentrum seiner theologischen Existenz: Daß Pastor Frick, »der führende Bekenntnispfarrer in Bonn«, dem »Lehrer der Kirche« in der Bekenntnisgemeinde Bonn die Kanzel verweigert[45]. Bei soviel Staatstreue der Bekenner kann der NS-Staat seine Zurückhaltung in Sachen ›Kirchenstreit‹ allmählich lockern. Und in seiner programmatisch angelegten Silvester-Rede weist Reichsminister Dr. Josef Goebbels über alle deutschen Sender die Richtung[46]:

. . . Leider haben die inneren Spannungen auf dem Gebiet der kirchlichen Auseinandersetzungen mancherorts unerfreuliche Formen angenommen. Das muß um so bedauerlicher erscheinen, als sich hier und dort bereits die Nörgelsucht und boshafte Rechthaberei einer kleinen Schicht von ewigen

44 Bundespräsident Dr. Dr. Gustav Heinemann 1974: »Es liegt mir daran, daß *eins* wirklich in die Kirchengeschichte eingehe: Der Entwurf für die Barmer Erklärung ist von einem rheinischen ›Laien‹-Synodalen gefertigt worden. Das war allerdings ein sehr besonderer Mann, der bekannteste Theologe des Protestantismus in der Gegenwart, nämlich Karl Barth. Er gehörte auch zu den rheinischen Synodalen. Da er aber nicht Pastor war, sondern Universitätsprofessor und gewählter Kirchenältester in Bonn . . ., wurde er uns Laien zugerechnet. Karl Barth gehörte also damals zu den ›Laien‹-Brüdern auf der Barmer Synode und als solcher habe ich damals – neben ihm sitzend – die Barmer Synode und ihre Erklärung miterlebt« (Sonntagsblatt für evangelisch-reformierte Gemeinden, vom 26. 5. und 2. 6. 1974).

45 Dr. Werner Koch, damals Vikar in Bonn, am 4. 2. 1975 auf Anfrage des Verfassers: »Ich erinnere mich wohl, daß Barth mit mir über die Kanzelverweigerung durch Frick gesprochen hat . . . Fricks Begründung war die übliche, man könne der Gemeinde nicht zumuten, ›Gottes Wort‹ von einem Manne anzunehmen, gegen den zumindest ein Großteil der Gemeinde die schwersten Vorbehalte habe. Gemeint waren natürlich die politischen« (KKo).

46 Gauger, Chronik, S. 440.

Kritikastern ihrer bemächtigt hat, um im Schutze des sogenannten Kirchenkonfliktes Sabotagearbeit am Staate selbst zu betreiben. Es bedarf keiner Betonung, daß Partei und Regierung mit wachsamem Auge diese Entwicklung beobachten, ohne einen Zweifel darüber zu lassen, daß sie keineswegs gewillt sind, dem Staate oder dem Volke Schaden antun zu lassen. Und der ewige Kritikaster wird allmählich so in den Schmollwinkel hineingedrängt, daß man ihn im ganzen Volk nur noch als lächerliche Zeitfigur ansieht. Innerpolitisch wollen wir mit Ernst und Sachlichkeit den Versuch machen, den Kirchenstreit zu beendigen und damit auch auf diesem Gebiet innerer Spannungen die noch verbliebenen Reste von Krisenstoffen aus dem Wege zu räumen . . .

7. Ratlosigkeit

Schon in den ersten Tagen des neuen Jahres befassen sich verschiedene bekenntniskirchliche Leitungsorgane mit dem »Fall Karl Barth«. In Bad Oeynhausen tagt am Donnerstag, dem 3. Januar 1935, ab 9.30 Uhr der Reichsbruderrat. Es ist seine erste Zusammenkunft nach der von Bischof Meiser erzwungenen Notsitzung, in der jene erreichbare Minderheit von sieben Mitgliedern den von den Bischöfen seit ihrem Empfang beim Führer betriebenen Sturz des Rates der Deutschen Evangelischen Kirche mit einer Mehrheit von sechs Stimmen ›beschlossen‹ hatte und so das Marahrens-Regiment zur Leitung der Bekennenden Kirche »einsetzte«. Unter den Teilnehmern Bischof Marahrens, als Vorsitzender der Vorläufigen Leitung, und – auf Einladung von Präses Koch – die vier ausgetretenen Mitglieder Barth, Hesse, Immer und (ab 14 Uhr) Niemöller. Die Bischöfe Meiser und Wurm fehlen. Zu Beginn der Sitzung kommt es über die umstrittenen November-Beschlüsse zu heftigen Auseinandersetzungen, und die Debatte über das Tun und Lassen der Vorläufigen Leitung während der ersten 40 Tage ihres Amtierens ist nicht minder erregt[1]:

Immer: VKL hat jeden enttäuscht. Unsere Befürchtungen haben sich schnell bewahrheitet. VKL ist Koalition – Verbindung alter und neuer Kirche . . . Die Bruderschaft hätte es erfordert, daß man nicht über fünf »Nein« zur Tagesordnung überging . . .
Bosse: . . . Spannungen waren da, obwohl die, die sie verursacht hatten, nicht mehr zu positiver Mitarbeit bereit waren. Nach Bildung der vorläufigen Leitung darf kein Schreiben des Präses der Bekenntnissynode mehr herausgehen . . . das Schreiben vom 12. 12. an Innenminister durfte so nicht herausgehen ohne Fühlung mit VKL. Marahrens hat es erst am 30. 12. erfahren.
Zuruf: Meiser schreibt auch Briefe . . .
Hahn: . . . [Confessio] Aug[ustana, Artikel] 16 behauptet Recht des Christen auf den Eid[2]. Eid leisten ist kein peccare. Verschiedene Betonung des Eides bei Reformierten und Lutheranern . . . Barths Einschub schon beim alten Hahn bei der Ordination durch Harnack anerkannt[3] . . .

1 Kloppenburg-Protokoll, Bl. 115–130.

2 CA, Art. XVI, hält für geboten: ». . . aufgelegte Eide in Gerichten schwören«.

3 Superintendent Hugo Hahn, Dresden, irrte. Traugott Hahn leistete zwar am 31. 12. 1871 im livländischen Dorpat im Rahmen seiner Ordination den Eid auf das zaristische Kirchengesetz mit dem Zusatz: »sofern es nicht dem Worte Gottes widerspricht«, doch Harnack hatte eben diesen eigenmächtigen Akt Traugott Hahns während der öffentlichen Ordinationshandlung streng gerügt und strikt gefordert: »Sie müssen mir morgen das Eidesformular in der kir-

Flor: Ich verweise auf die Ausführungen vom 6. XII. – Jemand hat mir dazu geschrieben, er habe nie kümmerlichere Begründung gesehen als diese. Bis jetzt war alles Kinderei bzw. Selbstverständlichkeit. Nur, daß viele Leute den Mund halten und wir nicht. – Jetzt wird es schwieriger ...

Als Mitglieder vorschlagen, der Reichsbruderrat möge nun eine Erklärung zum Eid abgeben, trägt D. Hesse den Wunsch von Professor Horst vor, wonach baldmöglichst die Bekenntnissynode der DEK zum Thema Eid einberufen werden möge. Danach stellt D. Hesse zwei Anträge:

1. Reichsbruderrat bittet Karl Barth, Berufung einzulegen. Reichsbruderrat erklärt, daß jeder ... Eid ein Tun ausschließt, das wider das Gebot Gottes ist.
2. Sollte Dienstentlassung Barths wegen dieses Vorbehaltes rechtskräftig werden, so begrüßt der Reichsbruderrat Gründung einer rheinisch westfälischen Fakultät der Bekennenden Kirche ...

Marahrens: ... Grundsätzlich wichtig: wie stehen wir zum Staat? Ich stehe viel positiver in bezug auf Verpflichtung gegenüber Staat als Humburg ... Es ist unmöglich, daß quergeschossen. Etwa zur Eidesfrage. Warum besond. Verlautbarung? Es kann doch nur »ja« oder »nein« sein – oder zunächst private Äußerung ...

Niemöller: ... Wir stehen auf verschiedenem Boden. Wollen wir zu der kirchlichen und nichtkirchlichen Häresie, die das Evangelium angreift, schweigen oder reden? Die Neujahrsbotschaft [von Marahrens unterzeichnet, von Dr. Paul Winckler in der »Westdeutschen Eilkorrespondenz« inzwischen »hochgespielt«] *schweigt.* Hören und reden wir von Rechtfertigung allein aus dem Glauben? *Spricht* VKL zu Rosenberg oder *nicht?* Zu dem, was unter Rosenberg im Volk und unter Firma DC in Kirche geschieht, *müssen* wir reden. –

Breit: ... Stellung zum Staat. Wir dürfen es ihm nicht so leicht machen. Wir müssen ihn bei seinem eigenen Wort halten. Staat zeigen, wie er Wurzeln seiner eigenen Kraft zerstört, wenn er Kirche in die Distanz zwingt. Wir haben seelsorgerliche Aufgabe am Staat. Lassen Sie uns doch ein *wenig Zeit.*

Manchmal überfällt mich Zweifel, ob wir Kirche noch selber in Ordnung

chengesetzlichen Fassung ohne Veränderung oder Zusatz mit Ihrer Unterschrift zustellen.« Grund für Hahns Vorbehalt war der berüchtigte § 7: »Privatandachtsversammlungen, welche die Grenzen gemeinsamer Familien- oder Hausandachten überschreiten, werden nicht anders gestattet, als mit Genehmigung des Konsistoriums und mit Vorwissen der Zivilobrigkeit des Ortes«, wobei schließlich zu beachten war, daß »alle geistlichen Beschäftigungen darin sich aufs Lesen der Heiligen Schrift *ohne alle Erklärungen,* oder nur solcher Abhandlungen geistlichen Inhalts, die von den Konsistorien genehmigt sind, jedoch gleichfalls *ohne weitere Zusätze und Erklärungen,* und aufs *Singen geistlicher Lieder* und *Verrichtung von Gebeten,* die auch von den Konsistorien *geprüft und genehmigt sein müssen,* beschränken«. Traugott Hahn gehorchte Harnack und unterzeichnete. Vgl.: Traugott Hahn, Erinnerungen aus meinem Leben, 1923, Bd. 2, S. 11ff.

bringen können – bei all den Zweifeln und Spaltungen. Ich will nicht schrekken, aber werben dafür, daß wir nicht scheiden, was Gott zusammengefügt hat im letzten Jahr.
Kinder [DC-Führer] und Rollkommando. Ich habe Kinder als unentbehrlich bezeichnet. Das Rollkommando sollte künftige Ordnung vorbereiten, die DC in Zucht nehmen. Kinder sollte Zucht an seinen Brüdern vollziehen, sie entmächtigen. – Funktionsfähig ist das Rollkommando nur mit Hilfe des Staates. Darum hielt ich Kinder für diskussionsfähig.
Immers Thesen sind Katastrophenpolitik. Freie Fakultät indiskutabel. Ich habe Sorge, daß Hesses Erklärung schuld ist an der Absetzung Barths . . .

Bis zu diesem Beitrag am Nachmittag hat Barth geschwiegen. Jetzt, gegen Ende der achtstündigen Debatte, meldet er sich zu Wort:

Barth: Ich bin gern noch mal hierhergekommen. Es wird mir doch schwer, zu sagen, was ich sagen muß. Hahn sprach von der »Einigung«. Es wird dazu kommen, wie auch am 20. 11. Aber ich kann mich nicht einbeziehen lassen. Wirkliche »Einigung« wäre etwas anderes. Ich wollte kein Dekret gegen die VKL. Aber ich meinte, hier hätte man eingesehen, *daß* der 20. 11. Fehleinschätzung war. Über 6 Punkte komme ich nicht hinweg:
1. Der 20. 11. war Ergebnis dreiwöchiger Auseinandersetzung. Der *Beginn* dieser Verhandlungen bedeutete Preisgabe der Arbeit des Rates an kirchenpolitische Spekulation. An jenem 29. 10., 8 Tage nach Dahlem, fing das an. Es sei eine prinzipielle Änderung eingetreten – Intaktheit[4].
2. Die Motive, die zum 20. 11.[5] führten, waren nicht geistlich. Wir spähten zum Staat und seinen von uns vermuteten Gründen. Das Glaubensdenken, das kindliche Denken von Dahlem war weg.
3. Der Beschluß vom 20. 11. war Überschreitung der Vollmachten, die der Reichsbruderrat hatte. Wir waren nicht dazu berufen, einen Mann zu bestellen, der bis dahin uns ferne stand.
4. Die Haltung der VKL in der Eidesfrage ist nicht so, wie eine vom Bekenntnis kommende Leitung sie haben müßte. Weg einer klugen Diplomatie, die etwas tun will und doch nicht zu viel. Was soll Brief an *Studenten* in *Göttingen*. Mühsam durchgekämpft, daß es dem Kultusminister mitgeteilt wurde, daß es in die Öffentlichkeit kam. Das ist kein kirchenregimentliches Handeln.
5. Die Berliner Verhandlungen mit Kinder verstehe ich nicht.
6. Neujahrsbrief ist von A–Z theologisch unmöglich, von A–Z DC-Theologie. »Die *Zeit* stellt der Kirche ernste Fragen«. Das ist schon DC! Es ist *genau umgekehrt*. Wo ist in dem Brief etwas von Botschaft, von Verkündigung? Das ist die Spitze der VKL.

4 Nach dem Führerempfang konsolidierten sich die Verhältnisse in den süddeutschen Landeskirchen zugunsten der Bischöfe. Seither betrachteten die lutherischen Landesbischöfe ihre Landeskirchen als »intakt«.
5 Barth datierte fortan den Zerfall der Bekennenden Kirche auf den »20. 11.«.

Ich konnte sagen: tolerari potest[6]. Aber hier in diesem Kreis wird mein ganzes Bedenken *nicht* geteilt. Das erschreckt mich. Da kann man sich nicht *»einigen«*.

Zum Eid: der Antrag Hesse 1. *betr. Berufung*. Ich habe kein Interesse an dieser Berufung. Im nationalsozialistischen Staat mußte das Urteil so ausfallen. Es ist Aberglaube zu meinen, daß es Richter gibt, die anders urteilen können. Ich lasse mir das nicht zum 2. Mal sagen, daß ich das Vertrauen nicht verdiene. Aber wenn der Bruderrat mich *auffordert*, Revision einzulegen, will ich es tun.

2. *Freie Fakultät*. Dazu große Bedenken. Bitte dringend, genau zu prüfen. Es geht um mein Bleiben in Deutschland. Wenn ich heute hier nicht *sehr* Bestimmtes höre, nehme ich Ruf nach Basel an. Soll ich in Deutschland bleiben oder nicht? In doppelter Hinsicht hat die Eidesfrage ihr Gericht . . .

Insgesamt sechs Beschlüsse faßt der Reichsbruderrat zum Abschluß seiner Beratungen[7]:

I. Der Bruderrat der DEK fordert Herrn Professor D. Barth auf, gegen das Urteil der Dienststrafkammer bei der Regierung in Köln vom 20. 12. 1934 Berufung einzulegen.

II. Der Bruderrat der DEK ersucht die Vorläufige Leitung der Deutschen Evangelischen Kirche, sobald die Begründung des Urteils in Sachen Professor D. Barth erschienen ist, mit dem Staat über die Eidesfrage in Verhandlungen zu treten.

III. Der Bruderrat der DEK ist der Überzeugung, daß zur Erreichung geistlicher Einmütigkeit die bei uns ungeklärten Fragen einer Beantwortung bedürfen und daß ihre Beantwortung ein uns jetzt gebotener Schritt zum inneren und äußeren Aufbau der Kirche ist. Er beauftragt darum das Präsidium der Bekenntnissynode der DEK, die Schritte zu tun, welche geeignet erscheinen, zu möglichst einhelliger Stellungnahme zu kommen.
Zu den Ergebnissen dieser Arbeit hat der Bruderrat noch im Laufe des Januar Stellung zu nehmen und diese Stellungnahme der Vorläufigen Leitung richtunggebend mitzuteilen.

IV. Der Vorläufigen Kirchenleitung werden die Herren 1.) Pfarrer Weber, Stuttgart, 2.) Pfarrer Karwehl, Osnabrück, 3.) Pfarrer Dürr, Pforzheim, 4.) Pfarrer Putz, München, zu Mitgliedern des Bruderrates der DEK vorgeschlagen.

6 Barth am 20. 11. 1934: »Marahrens ist Exponat einer Stellung, mit deren Vertretern ich wohl zusammenarbeiten kann, die aber, wenn sie an die Führung kommt, Verlassen des Bodens von Dahlem bedeutet« (siehe S. 39).

7 ALKH. Den Empfängern des Protokolls teilte G. Weber in einem Begleitbrief vom 5. 1. 1935 mit: »daß der Bruderrat den unter I) genannten Beschluß als vertraulich behandelt wissen will. Der genannte Beschluß ist nicht zur Weitergabe an die Amtsbrüder bestimmt!« (ALKH).

V. Pfarrer Weber, Stuttgart, wird zum Stellvertreter des Herrn Präses der Bekenntnissynode der DEK in der Geschäftsführung in Bad Oeynhausen bestellt.
VI. Die Vorläufige Leitung der DEK ist am 20. 11. 1934 durch den Bruderrat der DEK im Einvernehmen mit der Leitung der Landeskirchen von Hannover (luth.), Württemberg und Bayern unter der Bedingung eingesetzt, daß die Neuordnung der DEK gemäß den Botschaften von Barmen und Dahlem zu vollziehen ist. Diese Bedingung schließt aus, daß in die Leitung der DEK ein Mitglied aufgenommen wird, das diese Botschaften nicht als für sich verbindlich anerkennt.
Eine Änderung der Zusammensetzung der Vorläufigen Kirchenleitung bedarf der Zustimmung des Reichsbruderrates.

In Wuppertal-Barmen schlägt am Freitag, dem 4. Januar 1935, das Moderamen des Reformierten Bundes für Deutschland dem Verwaltungsrat der Theologischen Schule Elberfeld vor, den verurteilten Barth »zum Leiter der theologischen Schule zu wählen«[8]. Daraufhin beschließt der Verwaltungsrat noch am gleichen Tage[9]:

1. Der Verwaltungsrat der Theologischen Schule gibt der Erwartung Ausdruck, daß das Oberverwaltungsgericht das Kölner Urteil gegen Prof. D. K. Barth in der Eidesfrage aufhebt.
2. Verwaltungsrat beschließt, für den Fall, daß dies nicht geschieht, Herrn Professor D. K. Barth als Leiter der Theologischen Schule Elberfeld zu berufen und beauftragt den Vorstand mit ihm in Verhandlungen zu treten.

Tags darauf, am Sonnabend, dem 5. Januar 1935, hält der Rheinische Rat in Wuppertal-Barmen seine erste Sitzung im neuen Jahr. Von den anwesenden Mitgliedern Beckmann, Held, Humburg und Dr. Mensing wird ein Antrag von Professor Friedrich Horst, Bonn, »betr. Eideserklärung der Vo. Ki. Lei.« unter Punkt fünf der Tagesordnung behandelt, aber dann »als zur Zeit überflüssig zurückgestellt«.
Der Präsident des Schweizer Kirchenrates läßt sich fortlaufend von Eduard Thurneysen über die weitere Entwicklung des Falles Barth berichten. Am 7. Januar gibt er seine Informationen weiter an Bischof Bell[10]:

... Karl Barth weiß noch nicht, ob er Berufung bei einem höheren Gericht einlegen will. Ehe er das tut, wartet er, bis er das schriftliche Urteil in der

8 In dieser Sitzung wurde aber auch gleichzeitig darüber geklagt, daß »infolge Einführung des Arbeitsdienstes und Einschränkung der Zulassung zum Hochschulstudium« nur 22 Studenten eingetragen waren, und der Jahreshaushalt 1935 nur noch 12900 RM auswies; »ob wir damit auskommen, ist aber recht zweifelhaft« (Heinrich Graffmann, Jahresbericht, in: RKZ vom 3. 2. 1935. Vgl. dazu auch: H. Vorländer, Kirchenkampf in Elberfeld 1933–1945, S. 332ff.).
9 Brief D. Hesse vom 28. 6. 1935 an Karl Barth.
10 Bell-Koechlin, a.a.O., S. 196f.

Hand hat, und das wird er wahrscheinlich erst in einigen Wochen bekommen. Die Führer der Bekennenden Kirche drängen ihn, Berufung einzulegen. Er ist nicht geneigt, das zu tun, weil ihm deutlich zu sein scheint, daß kein anderes Urteil erwartet werden kann, und weil die Verhandlungen im Kölner Gerichtsverfahren sehr höflich waren.
Allem Anschein nach bemüht sich Karl Barth um seine Zukunft. Er fühlt sich moralisch verpflichtet, in Deutschland zu bleiben und der deutschen Kirche so lange wie möglich zu helfen, aber nur, wenn die Bekennende Kirche ihm ein rechtes Angebot in einem Bekenntnisseminar oder anderswo machen kann. Wenn das nicht der Fall ist, will er zusehen, daß er Deutschland verläßt. Sie wissen von dem Angebot, das ihm gemacht wurde, nach Genf zu gehen und beim Aufbau eines ökumenischen Seminars zu helfen. Andererseits hat die Regierung von Basel, dessen Bürger Karl Barth ist, ihm grundsätzlich eine Stellung an der Theologischen Fakultät der Universität angeboten und ihn gebeten, so bald wie möglich persönlich zu kommen, damit man eine Vereinbarung treffen könne. Weiter sind die Dinge im Augenblick nicht gediehen. Karl Barth will die beiden Möglichkeiten sehr ernsthaft überdenken. Die eine in Basel würde es ihm möglich machen, in Ruhe mit seinem theologischen Hauptwerk voranzukommen, dem Schreiben seiner Dogmatik. Genf würde ihm erlauben, möglicherweise größeren Einfluß auf die lateinische und angelsächsische Welt zu gewinnen. Er scheint sich ein bißchen davor zu fürchten, wenn er daran denkt, daß die ruhige Denkarbeit von der Unruhe eines möglicherweise unguten Internationalismus gestört werden könnte . . .

Unter der Leitung von Lic. Hermann Schlingensiepen findet für die Bonner Studenten im Diakonissenhaus Kaiserswerth eine praktisch-theologische Freizeit statt. Am Nachmittag des 9. Januar 1934 hält Barth dort einen zweistündigen Vortrag über das Thema: »Die Gemeindemäßigkeit der Predigt«[11]:

. . . Wenn ich vorhin gewarnt habe vor der eigenen Mächtigkeit, mit der mancher Prediger seine Ideen meint vortragen zu dürfen und zu sollen, so ist nun auch zu warnen vor dem trägen Ungehorsam, der da nicht folgt, wo der Text gebietet, die Wahrheit konkret und direkt zu sagen. Der Raum will auch nach dieser Seite durchaus nicht luftleer bleiben. Aber es kommt *alles* darauf an, wer führt. Führt das Wort, dann ist alles gut. Dann besteht volle Freiheit. Ich würde keine Bedenken dagegen haben, daß schließlich auch einmal eine ganz politische, ganz moralische, ganz philosophische Predigt gehalten werde, wenn der Text Meister ist. Es kann Auftrag dazu da sein, daß eine Predigt in höchst einsichtiger Weise eingreift in das Tagesgeschehen. Zur Kontrolle wäre hier noch zu sagen: Es hat dann höchstwahrscheinlich nicht seine Richtigkeit mit diesem Eingreifen, wenn das Gesagte ohnehin ein Lieblingsgedanke des Predigers, der Gemeinde, der ganzen Zeit viel-

11 PKGTr.

leicht ist. Wenn die Propheten und Apostel in das Leben eingegriffen haben und in die Geschichte, so haben sie damit nicht ihre Lieblingsgedanken vorgetragen, sondern eben gerade das, was ihnen und ihren Zeitgenossen gegen den Strich ging. Sollte das Gesagte nur eine Unterstreichung solcher Lieblingsgedanken bedeuten, dann bleibt es besser ungesagt . . .

Während der abendlichen Andacht dieses Mittwoch in Kaiserswerth legt Barth den ersten Vers aus Psalm 16 aus: »Bewahre mich, Gott, denn ich traue auf dich«[12]:

. . . laßt uns darüber nachdenken, meine Freunde, und wenn wir auseinandergehen und wenn es Abend und Nacht wird, laßt uns bedenken, ob wir nicht allen Anlaß haben, uns in die Reihe derer zu stellen, die auf Gott trauen und die darum ihre Hände gewiß jammernd, aber gewiß auch getröstet, ausstrecken dürfen nach ihm, ihrem Führer, ihrem Helfer, der sie gefunden hat, lange bevor sie ihn suchten. –
Laßt uns stille sein vor Gott und ihm dankbar sein, dankbar für alles und hoffen auf ihn, welches auch sein Weg sein mag mit uns und mit unserer Kirche. Er hat es gut mit uns gemacht bis heute und wird endlich und zuletzt alles herrlich hinausführen! . . .

In diesen Tagen erscheinen zum Fall Barth verschiedene Informationen und Meinungen in der Presse. Das »Protestantenblatt« greift eine ganz neue DC-Version auf[13]:

Zur Entlassung Barth sind die verschiedensten Stimmen laut geworden, mehr oder weniger verständige und erfreuliche. Eine Äußerung aber verdient festgehalten zu werden. Im badischen »Deutschen Christ« wird unter der Überschrift »Der Papst in Bonn« folgende Schilderung von Barths Berufung gegeben:
»Die marxistische Regierung hatte sich nach dem deutschen Zusammenbruch für die theologische Wissenschaft einem Schweizer Sozialdemokraten verschrieben, der einerseits ihre politischen Ziele teilte, andererseits in der gewünschten Distanz ein ›Christentum‹ aufbaute, das ›mit all dem nichts zu tun hatte‹.«
Hierzu erlauben wir uns eine bescheidene Anfrage. Wenn also Barths theologische Wirksamkeit lediglich eine abgekartete marxistisch-sozialdemokratische Sache war, wie kommt es denn, daß man in den Kreisen der heutigen »Deutschen Christen« damals so wenig davon gemerkt hat? Es sind doch recht viele der Prominentesten unter den DC recht lange begeisterte, ja, fanatische Anhänger Barths gewesen. Waren diese etwa vor 1933 Marxisten und Sozialdemokraten? Oder hatten sie so wenig Urteilsfähigkeit, daß

12 Nachschrift in: ThEx 25, S. 3f.
13 Protestantenblatt 2/1935.

sie den wahren Charakter der Barthschen Theologie gar nicht erkannten? Wir hätten gern eine Erklärung dieses schwierigen Sachverhalts[14].

In seinem Wochenblatt »De Gereformeerde Kerk« versucht der niederländische Theologe Dr. J. Chr. Kromsigt, den holländischen Protestanten den wahren Grund für all den frommen Haß gegen Karl Barth zu verdeutlichen[15]:

. . . Barths Streit ist ein Streit gegen Verweltlichung in Theologie, Kirche und Christentum, gegen eine Verweltlichung, die im Gewand der Frömmigkeit tatsächlich gottlos ist, ein Streit für wahres Christentum, für neuen Gehorsam und neues Leben, gegen das alte. Denn ist nicht das alte Leben das Leben des Menschen, der sich selbst behauptet neben und gegen Gott? und ist das neue Leben nicht das, in dem Gott allein herrscht? . . . Wenn Barth den Humanismus bekämpft, streitet er nicht gegen den Menschen als solchen, wie man wohl behauptet, als wäre dieser Mensch ein böses Geschöpf, sondern dann *be*streitet er die Selbstbehauptung des Menschen gegenüber Gott, besonders die feinste Form der Selbstbehauptung, bei der das Ich, das Fleisch fromm wird wie bei den Pharisäern und Paulus vor seiner Bekehrung, um der Kreuzigung zu entgehen und auf seinem Thrönchen sitzen zu bleiben. Barth kennt nur einen Weg zum neuen Leben, den Weg dieser Kreuzigung: »Ich bin mit Christus gekreuzigt.« Deshalb findet er m. E. gerade so heftige Gegnerschaft . . .

Der Staatssekretär des Reichsinnenministeriums, Dr. Wilhelm Stuckart, unterrichtet seinen Kollegen und Chef der Reichskanzlei, Dr. Hans-Heinrich Lammers, am 12. Januar 1935 über zwei amtliche Schreiben der Vorläufigen Leitung der DEK, die mit dem Fall Barth in Zusammenhang stehen[16]:

Sehr verehrter, lieber Herr Lammers!
In der Anlage übersende ich Ihnen, wie verabredet, das Schreiben der Vorläufigen Leitung der Deutschen Evangelischen Kirche vom 11. 12. 1934[17] an

14 Die RKZ vom 20. 1. 1935 stellte hierzu fest, »daß Karl Barth gar nicht von einer marxistischen Regierung nach Deutschland gerufen wurde. Vielmehr hat der Reformierte Bund diese Berufung veranlaßt und jahrelang finanziell die reformierte Professur in Göttingen ermöglicht. Vor allem Geheimrat Prof. D. Karl Müller in Erlangen und der heimgegangene Pastor Heilmann von der reformierten Gemeinde in Göttingen sind für Barths Kommen nach Deutschland tätig gewesen und Prof. August Lang in Halle als Moderator des Ref. Bundes hat für die nötigen Mittel gesorgt . . .« Vgl. dazu: Hans Schlemmer, Von Karl Barth zu den Deutschen Christen, 1934, S. 19ff.

15 De Gereformeerde Kerk vom 10. 1. 1935.

16 BUK.

17 Siehe S. 85. Und die Verärgerung des Staates über diesen Brief Breits an die Fakultäten erklärt wohl auch Meisers Brief vom 31. 1. 1935 an Oberkirchenrat Breit, in welchem der bayrische Landesbischof seinem Gewährsmann im Marahrens-Regiment nahelegte, sein Amt in der Vorläufigen Leitung der DEK zur Verfügung zu stellen (vgl. Chronologie des bayrischen Kirchenkampfes, S. 110).

die Theologische Fakultät der Universität Breslau. Die beigefügte Abschrift stimmt mit dem Original des Schreibens wörtlich überein. Derartige Schreiben sind, wie ich inzwischen festgestellt habe, an alle von mir angefragten evangelisch-theologischen Fakultäten Deutschlands versandt worden. Gleichlautende Schreiben sind ferner an die obersten Landeskirchenbehörden gegangen. Das Schreiben hat also eine ganz erhebliche Verbreitung. Es stellt den Versuch dar, den Staat und insbesondere die Autorität des Führers mit theologisch-religiösen Spitzfindigkeiten, genannt Gewissensbedenken, zu unterhöhlen. M. E. erbringt dieses Schreiben nunmehr den schlüssigen Beweis, daß alle vorgeschützten Glaubens- und Bekenntnisfragen nur Tarnung für feindliche Absichten und Ziele im Politischen sind.
Breit, der Unterzeichner des Schreibens, ist Oberkirchenrat in München, der theologische Berater des Landesbischofs Meiser. Er ist gelegentlich als Anwärter auf das Reichsbischofsamt von einer Gruppe von Bekenntnisleuten genannt worden.
In der Anlage füge ich weiter Abschrift eines Schreibens der Vorläufigen Leitung der Deutschen Evangelischen Kirche vom 29. 12. 1934[18] an den Moderator des Reformierten Bundes für Deutschland Dr. D. Hesse bei. Aus diesem Schreiben ergibt sich, daß der Führer des Reformierten Bundes Hesse und der Vorsitzende des Coetus Reformierter Prediger Imme[r] auf Grund der amtlichen Verlautbarung der Vorläufigen Leitung der Deutschen Evangelischen Kirche in der Eidesfrage staatlicher Beamter den gleichen Standpunkt wie Prof. D. Karl Barth einnehmen. Marahrens, der wohl der Klügste der Bekenntnisleute ist, selbst auch nicht einen so schroffen Standpunkt als Breit und Präses Koch einnimmt und dem inzwischen die Empörung bekannt geworden ist, die das Breit'sche Schreiben vom 11. 12. 1934 im Lande ausgelöst hat, rückt nun in seinem Schreiben vom 29. 12. 1934 von dem Standpunkte Barths, nämlich, daß ein ausdrücklicher Vorbehalt bei der Eidesleistung von dem evangelischen Christen gemacht werden müsse, ab.
In der amtlichen Verlautbarung der Vorläufigen Leitung heißt es denn auch, daß ein ausdrücklicher Vorbehalt nicht notwendig sei, daß aber bei einem solchen Eide, wie er auf den Führer zu leisten sei, ein gewisser stillschweigender Vorbehalt selbstverständlich sei. Barth hat dann im Laufe des gegen ihn eingeleiteten Disziplinarverfahrens seine Verteidigung dahin geführt, daß er in einem Schreiben erklärte, den ausdrücklichen Vorbehalt fallen zu lassen, weil der von der Vorläufigen Leitung als allgemein von jedem Christen zu machende stillschweigende Vorbehalt ausreichend sei und er mit seinem ausdrücklichen Vorbehalt nichts anderes beabsichtigt habe.
Das Disziplinargericht hat Barth trotz dieser Erklärung wegen seiner Eidesverweigerung zur Dienstentlassung verurteilt. Es wäre m. E. zweckmäßig,

18 Siehe S. 107.

dieses Disziplinarurteil durch das Kultusministerium beiziehen zu lassen. Wichtig ist, daß weder Marahrens noch der Präses Koch, noch der Pfarrer D. Humburg, noch Dr. Fiedler, die mit Breit zusammen das sogenannte Vorläufige Kirchenregiment bilden, sich von Breit wegen des Schreibens vom 11. 12. 1934 getrennt haben. Die sogenannte Vorläufige Leitung der Deutschen Evangelischen Kirche kann sich daher m. E. durch nichts der Verantwortung für das Schreiben vom 11. 12. 1934 entziehen.
Mit deutschem Gruß und Heil Hitler!
Ihr sehr ergebener
[gez.] Stuckart

An diesem Sonnabend erscheint in der »Kölnischen Zeitung« eine amtliche Stellungnahme des Vorsitzenden der Kölner Dienststrafkammer, des Oberregierungsrates Dr. Scheerbarth, zum Kölner Prozeß gegen Karl Barth[19]:

Die vielfach in der Presse erschienene Behauptung, der evangelische Theologieprofessor D. Barth aus Bonn sei wegen seiner Haltung gegenüber der Leistung des neuen Beamteneides aus dem Dienst entlassen worden, ist unzutreffend. Professor Barth mußte vielmehr wegen einiger politisch bedenklicher Äußerungen, wegen Verweigerung der Leistung des Deutschen Grußes in der Vorlesung an der Universität und wegen seiner für einen deutschen Beamten und Jugenderzieher nicht tragbaren Ablehnung des neuen Staates entlassen werden. Die Frage der Eidesleistung hat nur eine ganz untergeordnete Rolle gespielt. Auch hat es sich in dem Verfahren nicht um die Entscheidung über einen Konflikt zwischen staatlichen Ansprüchen und dem Willen Gottes gehandelt.
Universitätsprofessor Barth hat gegen das Urteil der Dienststrafkammer noch die Möglichkeit einer Berufung an das Oberverwaltungsgericht, so daß seine Dienstentlassung noch nicht endgültig ist.

Diese Erklärung, die ganz offensichtlich im Gegensatz zum tatsächlichen Prozeßverlauf der mündlichen Verhandlung des 20. Dezember 1934 in Köln steht, veranlaßt Barths Freund und Verteidiger Otto Bleibtreu, den Kölner Oberregierungsrat Dr. Scheerbarth auf diesen eindeutigen Widerspruch hinzuweisen, und bittet ihn noch am Sonntag, dem 13. Januar 1934, um alsbaldige Zusendung der Urteilsbegründung[20]:

. . . gestatte ich mir als Verteidiger des z. Z. verreisten Angeschuldigten[21] und in dessen besonderen Auftrag ergebenst anzufragen, wann mit der Zustellung der Urteilsausfertigung gerechnet werden kann.
Herrn Prof. D. Barth ist um so mehr an dem baldigen Empfang der schriftlichen Urteilsbegründung gelegen, als gestern und heute in der »Kölnischen

19 Dieselbe Erklärung erschien auch am 13. 1. 1935 in der ›Frankfurter Zeitung‹.
20 HD.
21 Barth hatte am 11. 1. 1935 einen Urlaub in der Schweiz angetreten.

Zeitung« und der »Frankfurter Zeitung« eine Mitteilung der Dienststrafkammer über die Gründe des Urteils veröffentlicht worden ist, die mit Herrn Prof. D. Barth und meiner Erinnerung an die in der Dienststrafkammersitzung *mündlich* mitgeteilten Entscheidungsgründe nicht völlig übereinstimmen und die auch zu der in der deutschen Tagespresse am 22. XII. 1934 – anscheinend amtlicherseits[22] – veröffentlichten Meldung über das ergangene Urteil in einem gewissen Widerspruch steht . . .

Während am 14. Januar 1935 der »Bund nationalsozialistischer Pastoren« von Schwerin aus die Nachschrift des Barth-Vortrages vom 1. Dezember 1934[23] an seine Mitglieder im Reich verschickt[24], beginnt in Bad Oeynhausen die »Rüstzeit der Bekennenden Kirche«, zu der Präses Koch – gemäß Beschluß III. des Reichsbruderrates vom 3. 1. 1935 – eingeladen hat. In Oeynhausen soll u. a. sowohl das strittige Thema »Staat und Kirche« als auch der durch den Fall Barth aufgezeigte Konflikt in der Eidesfrage theologisch und interkonfessionell aufgearbeitet werden. Doch nicht nur unter den Teilnehmern dieser Rüstzeit hat die Pressemitteilung vom Wochenende erhebliche Verwirrung ausgelöst; denn diese Scheerbarth-Erklärung verleiht plötzlich dem Fall Barth innerkirchlich eine weitaus politischere Dimension als die bisher – mühselig genug – theologisch und damit am Ende auch kirchlich akzentuierte Eidesfrage. So setzt zunächst einmal die »Kirchliche Rundschau für Rheinland und Westfalen« am 15. Januar 1935 den Kölner Kammervorsitzenden Scheerbarth mit einer Drei-Punkte-Erklärung »von unterrichteter Seite« ins Unrecht[25]:

. . . 1. Die am 26. November 1934 erfolgte Einleitung des Dienststrafverfahrens gegen Professor Barth sowie dessen vorläufige Dienstenthebung wurde in dem dem Genannten zugestellten amtlichen Schreiben allein mit dessen Stellungnahme zum Beamteneid begründet. Ein Zusatz lautete: »Erweiterung dieses Beschlusses auf weitere, im Verlaufe des Untersuchungsverfahrens etwa auftretende Beschuldigungen bleibt vorbehalten.«
2. Die vom 7. Dezember 1934 datierte Anschuldigungsschrift des Beamten der Staatsanwaltschaft bezieht sich in Punkt 1 auf Professor Barths Stellungnahme zum Beamteneid. Punkt 2 spricht von privaten Äußerungen Professor Barths im Oktober 1933; Punkt 3 davon, daß Professor Barth es im Dezember 1933 unter Mitteilung an den Minister abgelehnt hatte, seine Vorlesungen mit dem deutschen Gruß zu eröffnen.
3. Die schriftliche Begründung des Urteils vom 20. Dezember 1934 liegt Professor Barth bis zur Stunde noch nicht vor. Aus der amtlichen Pressenachricht über dieses Urteil war nicht erkennbar, daß die Frage der Eidesleistung für die Dienststrafkammer im Gegensatz zu den Dokumenten vom 26. November und vom 7. Dezember eine »untergeordnete Rolle spielte«.

22 Meldung des presseamtlichen Deutschen Nachrichten-Büros (DNB) vom 22. 12. 1934 (siehe S. 100f.).
23 Siehe D/11.
24 Absender ist Landespfarrer Sager, Schwerin, Schlageterplatz 6.
25 Diese Erklärung wurde noch am 26. 1. 1935 im rheinischen ›Brief zur Lage‹ nachgedruckt.

Während seiner Ferien in der Schweiz, hat Barth sich auch mit dem Schweizer Kirchenpräsidenten Koechlin zu einem Meinungsaustausch getroffen. Am 15. Januar 1934 berichtet dieser hierüber seinem englischen Freund Bell[26]:

Mein lieber Lordbischof,
eine Zeile, um Ihnen mitzuteilen, daß ich am letzten Samstag Karl Barth sah, der für 14 Tage Ferien in die Schweiz kam. Er ist vom Reichsbruderrat der Bekenntnissynode dringend gebeten worden, gegen das Urteil des Kölner Disziplinargerichts Berufung einzulegen. Er hat sich entschlossen, das zu tun, aber muß warten, bis er das schriftliche Urteil . . . in Händen hat. Ehe der höhere Gerichtshof sein Urteil nicht gesprochen hat, kann Karl Barth natürlich keinen endgültigen Entschluß über seine Zukunft fassen. Zwei Möglichkeiten nehmen den ersten Platz in seinen Gedanken ein: Zuerst das Angebot der Reformierten Kirchen des Rheinlandes, die Leitung des Reformierten Theologischen Seminars in Elberfeld zu übernehmen und es auszubauen. Das würde ihm eine Möglichkeit geben, in Deutschland zu lehren, würde ihm erlauben, seine theologische systematische Arbeit fortzusetzen und würde es ihm möglich machen, in Deutschland zu bleiben und dabei der Kirche in dem vielleicht entscheidenden Abschnitt ihres Kampfes weiterhin zu helfen, worum man ihn dringend bittet. Obwohl Karl Barth kein Deutscher ist, fühlt er sehr stark, daß er, wenn nicht entscheidende Gründe ihn dazu zwingen, die deutsche Kirche jetzt nicht verlassen darf . . .
Das zweite sehr ernsthafte Angebot ist das der Universität Basel. Alle damit befaßten Körperschaften haben ihm in bemerkenswerter Einmütigkeit eine Stellung an unsrer Universität angeboten. Hier könnte er seine ruhige Denkarbeit ebenso weiterführen wie seine Lehrtätigkeit. Soviel ich verstehen konnte, scheint Karl Barth die Basler Möglichkeit der Genfer Möglichkeit vorzuziehen. Aber er scheint sich nicht frei zu fühlen, jetzt Deutschland und seine Brüder aus der Bekennenden Kirche zu verlassen, vor allem weil er von den Schwierigkeiten stark beeindruckt ist, die vor der deutschen Kirche liegen.
Eine repräsentative Gruppe von Pfarrern und Laien aus Basel traf sich mit Karl Barth, um ihm zu sagen, wie einmütig der Wunsch sei, ihn hier zu haben, aber daß man sich nicht in der Lage fühle, ihn unter Druck zu setzen, den Ruf anzunehmen, wenn sein Gewissen ihm befehle, fest in Deutschland auf seinem gefährlicheren und unsicheren Posten zu bleiben . . .

19 Am Spätnachmittag des 16. Januar 1935 überbringt ein Bote Frau Nelly Barth in
286 Bonn die schriftliche Urteilsbegründung, die das Dementi »von unterrichteter Seite« zunichte macht[27]:

. . . Was schließlich die Beurteilung der Eidesleistung angeht, so ist diese Frage . . . nach Auffassung des Gerichts von der ursprünglich wichtigsten

26 Bell-Koechlin, a.a.O., S. 197f.
27 AKHB.

zur am wenigsten bedeutungsvollen herabgesunken und würde für sich allein zu einer Dienstentlassung des Angeschuldigten in keiner Weise mehr ausreichen können . . .

Noch an diesem Mittwochabend legt Otto Bleibtreu gegen das derart begründete Urteil Berufung ein, deren »schriftliche Begründung gemäß § 51 BDStO. bleibt ausdrücklich vorbehalten«. Anderntags schickt Otto Bleibtreu das Original der Kölner Urteilsbegründung an Karl Barth, der sich derzeit bei seinem Jugendfreund Martin Nil im Grindelwald aufhält[28]:

Sehr verehrter Herr Professor,
in aller Eile füge ich der beiliegenden Urteilsausfertigung, die gleich als Eilsendung an Sie abgehen soll, ein paar Worte bei.
Die Ausfertigung ging gestern am Spätnachmittag ein. H. W. Landgr.[29] und ich haben gestern abend und heute mit verteilten Rollen und unter gütiger Diktierbeihilfe Ihrer Frau mehrere Abschriften hergestellt, um so bald wie möglich das Original Ihnen zugehen lassen zu können.
Wie ja vorauszusehen war, entspricht das Urteil in seiner schriftlichen Begründung leider der am Samstag veröffentlichten Zeitungsnotiz. Auf Einzelheiten werde ich nach Rücksprache mit Fr. v. K.[30], die heute abend heimkehrt, eventuell noch brieflich zurückkommen. Im übrigen wird die Berufungsfrage entsprechend Ihren Weisungen gehandhabt.
Mit verehrungsvollen Grüßen und den besten Wünschen für Ihre Erholung . . .

In Bonn vernimmt an diesem Donnerstag der Universitätsrichter – von den Studenten mit dem Spitznamen »Bierrichter« bedacht – die Verfasser und den Verleser der studentischen Protesterklärung gegen die Entlassung Karl Barths und die Einsetzung eines Barth-Vertreters vom 7. Dezember 1934: Martin Eras, Siegfried Hajek, Heinrich Quistorp und Karl Krämer. Den drei Verfassern wird vorgeworfen, »durch die Erklärung und durch ihre Veröffentlichung in den Basler Nachrichten gegen die akademische Sitte und Ordnung verstoßen . . . und mit einzelnen Ausdrücken (zugemutet, Surrogat) eine unzulässige Kritik an den Maßnahmen des Kultusministeriums geübt« zu haben[31]. Den Vorwurf der Veröffentlichung jener Protesterklärung in den »Basler Nachrichten« weisen alle Beschuldigten entschieden zurück. Auch die von den DC immer wieder verbreitete Behauptung, die drei Verfasser seien Ausländer, stellt sich schon zu Beginn der Untersuchung als falsch heraus.
Nachdem der Richter weiterhin klärt, daß Karl Krämer lediglich »wegen seiner guten Stimme« in den Fall verwickelt ist, widmet sich der »gemütliche, katholische Amtsrichter, dessen Wohlwollen wir sofort spürten«, den drei Autoren der Protesterklärung. Dabei geht es ihm vornehmlich um den Schlußsatz: »Wir wollen die Sache und kein Surrogat!«: »Nu saren se mal, meine Herren, ne Professor ene Zuro-

28 HD.
29 Student Landgrebe.
30 Fräulein von Kirschbaum.
31 PKEr und KQui.

jaat zu nenne, dat is e stark Stück!« Die Barth-Schüler differenzieren: »Wir meinten damit die Theologie, nicht die Person des Herrn Professor Schmidt-Japing.« Der richtende Rheinländer bittet die Studenten der evangelischen Theologie[32] um Aufklärung: »Wat is dat dann für en Theolojie? Ich bin nämlich Katholik.« Und nach einem evangelisch-theologischen Exkurs, mit dem sie ihrem Richter »den Gegensatz zwischen der abgöttischen Theologie der DC (Christus *und* Hitler) und dem reformatorischen ›Allein Christus!‹« deutlich machen können, findet die Verhandlung ein allseits befriedigendes Ende. Nach Verlesung und Unterzeichnung eines Protokolls entläßt der rheinische Universitätsrichter die Protestanten mit der glaubwürdigen Versicherung: »Ich bin doch kein Christenverfoljer . . .« Dennoch stellen sich den drei Angeschuldigten die Professoren Horst, Weber und Wolf vorsichtshalber als Verteidiger zur Verfügung.

In Bad Oeynhausen endet am Nachmittag dieses 17. Januar die »Rüstzeit der Bekennenden Kirche« mit der Verabschiedung einer *gemeinsamen* Resolution der lutherischen und reformierten Teilnehmer, in der es in Teil »II Staat und Kirche nach lutherischer und reformierter Auffassung« heißt[33]:

1. Wir leisten der uns gesetzten Obrigkeit willig den in der Heiligen Schrift geforderten Gehorsam. Wenn der Anspruch auf diesen Gehorsam zu einem Totalitätsanspruch der nationalsozialistischen Weltanschauung verkehrt wird, der die Gewissen knechtet, ist ihm von der Kirche, ihren Gliedern, Predigern und ihrer Leitung zu begegnen mit der Bezeugung der Herrschaft Gottes in Christus als seinem Wort. Denn die angefochtenen Gewissen derer, die Jesu Christo eigen sind, dürfen nicht ohne Mahnung, Warnung und Trost bleiben.
2. In Ausübung dieses Amtes ist die Kirche verpflichtet, alsbald ein öffentliches Wort zu sagen, u. a. in den Fragen des staatlichen Treueeides . . .

Am Sonnabend, dem 19. Januar 1935, beschließt die Bekenntnissynode Bonn, die einen Kurswechsel der Bekennenden Kirche befürchtet, der Bruderrat der Rheinischen Bekenntnissynode möge strikt auf Einhaltung der Barmer und Dahlemer Beschlüsse bedacht sein und sich im Fall Barth engagieren[34]. Nach der Lektüre der Urteilsschrift schickt Karl Barth an diesem 19. Januar Otto Bleibtreu eine Postkarte aus dem Grindelwald[35]:

Lieber Herr Bleibtreu!
Ich danke Ihnen herzlich für Ihren Brief und für die Zusendung des Dokuments, das ich mit Kopfschütteln über so viel Unredlichkeit zur Kenntnis genommen habe. Mein erster Gedanke war der, ob es nicht besser sei, die unter diesen Umständen ganz uninteressant gewordene Berufung zu unterlassen.

32 Martin Eras war damals katholisch. Bald darauf trennte er sich von seiner Kirche und wurde evangelischer Theologe.

33 K. D. Schmidt, Bekenntnisse 1935, a.a.O., S. 50.

34 AEKR. Der Rat der Rheinischen Bekenntnissynode beauftragte mit der Erledigung dieses Bonner Antrages in seiner Sitzung am 22. 1. 1935 in Dortmund Präses D. Humburg.

35 HD.

Aber Fr. v. Kirschbaum versprach mir am Telefon weitere Nachrichten über mir noch unbekannte Verhältnisse, die ich nun erst abwarten will. Das Ganze mißfällt mir überaus. Hier oben ist es sehr schön und ich erhole mich zusehends.
Mit herzlichem Gruß und mit den besten Empfehlungen an Ihre Eltern
Ihr Karl Barth

Im Hause des Wuppertaler Kaufmannes Willy Halstenbach findet an diesem Tage ein Gespräch statt, in welchem Barths an die Wupper geeilten Schweizer Freunde Thurneysen und Pestalozzi immer wieder versuchen, in ihrer Einschätzung der politischen wie der bekenntniskirchlichen Lage des Falles Barth ihre deutschen Gesprächspartner[36] von der Aussichtslosigkeit eines weiteren Wirkens des gemeinsamen Freundes und Lehrers Barth in Deutschland zu überzeugen. Ein Ruf an die Universität Basel sei jederzeit realisierbar. Karl Immer gibt im Einvernehmen mit seinen Freunden zu bedenken: »Wir brauchen hier in Deutschland jetzt eine Stätte[37], wo die ›Pfeile Gottes‹ geschnitzt werden für den Kampf, der uns bevorsteht«[38], und diese theologische ›Rüstkammer‹ ohne Barth – das wäre für die deutschen Gesprächspartner undenkbar. Dennoch hat Karl Immer nach diesem Gespräch kein gutes Gefühl: »Die Aussprache hat in mir die ernste Sorge zurückgelassen, daß wir vielleicht um Ihretwillen und um der großen Anliegen der Kirche Christi willen Sie werden ziehen lassen müssen.«[39]
Als am 22. Januar 1935 in der Geschäftsstelle der Bekenntnissynode der DEK bekannt wird, daß die auch in der Bekennenden Kirche umstrittene Nachschrift des Barth-Vortrages vom 1. Dezember 1934 vom Bund nationalsozialistischer Pastoren versandt wird, wendet sich der neue Geschäftsführer, Pastor Gotthilf Weber, an seinen mecklenburgischen Amtsbruder in Neubuckow, Dr. Beste[40]:

Lieber Bruder Beste!
Das Rundschreiben des Bundes der nationalsozialistischen Pastoren Mecklenburgs, das sich mit einem Vortrag Karl Barths befaßt, veranlaßt mich, Ihnen sofort zu schreiben.
Es ist anzunehmen, daß die in dem genannten Rundschreiben enthaltene Darstellung im wesentlichen den Darlegungen Karl Barths entspricht. Jedoch darf nicht vergessen werden, daß Karl Barths Vortrag noch ganz unter dem frischen Eindruck der überaus schmerzlichen Vorgänge vom 22. November gehalten wurde. Es ist in der Tat richtig, daß man mit guten Gründen anzweifeln kann, ob jene Entscheidung des 22. November eine wirklich kirchliche war. Selbstverständlich bedeutet das nicht, daß wir die einzelnen,

36 Die deutschen Gesprächspartner sind: Immer, D. Hesse, Klugkist Hesse, Humburg, Bockemühl, Mensing, Jacobs, de Quervain, Siebel und von Kirschbaum.
37 Eine Ausbildungsstätte der Bekennenden Kirche.
38 Protokoll des Gesprächs aus: Robert Steiner, Gemarke und Karl Barth, in: Karl Halaski und Walter Herrenbrück (Hg.), Kirche Konfession Ökumene – Festschrift für Professor D. Dr. Wilhelm Niesel zum 70. Geburtstag, 1973, S. 128.
39 Brief Immer vom 23. 1. 1935 an Barth, ebenda.
40 AEKW.

zum Teil pointierten Formulierungen Karl Barths uns aneignen. Wir stehen auf dem Standpunkt, daß wir uns auch mit der Tatsache des Vorläufigen Regiments abzufinden haben, und es nun unser Bemühen sein muß, möglichst viel Fruchtbares daraus werden zu lassen.
Wenn ich persönlich (nicht in meiner offiziellen Eigenschaft) zu der ganzen Sache etwas sagen darf, dann wäre es dies, daß es sich bereits herausgestellt hat, daß die Voraussetzungen unter denen man das Vorläufige Kirchenregiment eingesetzt hat, sich als falsch erwiesen haben. Man erhoffte durch die Lösung Marahrens eine Frontverbreiterung, hat aber diese erkauft mit dem Weggang der aktivsten Kräfte aus dem Reichsbruderrat und mit starker Resignation bei manchen anderen Mitgliedern. Man hoffte auf ein stärkeres Entgegenkommen von Seiten des Staates. Tatsächlich hat sich aber die Lage eher verschärft. Das werden Sie mir auch im Blick auf den Mecklenburger Status bestätigen.
Kurz und gut, ich meine, daß man gegenüber der Darstellung des Rundschreibens des Bundes der nationalsozialistischen Pastoren nichts unternehmen, sondern die Sache sich totlaufen lassen sollte . . .

Nach Rücksprache mit dem Universitätsrichter über den Stand der Untersuchung der Studentendemonstration vom 7. Dezember 1934, schreibt Universitätsrat Dr. Wildt am Mittwoch, dem 23. Januar 1935, einen amtlichen Hintergrundbericht – Nr. 569 – zum »Fall Karl Barth« an den Reichskultusminister. Dem Lagebericht ist ein Dossier beigefügt über die beiden Söhne des Moderators des Reformierten Bundes für Deutschland, Friedrich und Eduard Hesse[41]:

Wie ich soeben erfahre, ist der derzeitige Dekan der Evangelisch-theologischen Fakultät, Prof. Dr. Pfennigsdorf, heute schon dort zum Vortrag gelangt über einige weitere Auswirkungen des Falles Barth. Ich hatte einen Teil der Fragen vorher mit ihm besprochen, ihm auch meinerseits Unterlagen für den Vortrag gegeben und ihm in Aussicht gestellt, sobald wie möglich einen ergänzenden Bericht dem Herrn Minister vorzulegen.
Wenn es auch richtig sein mag, daß die Angelegenheit Barth zur Zeit in der Öffentlichkeit zurückgetreten ist, so ist meines Erachtens ebenso sicher, daß sie im Stillen weiterwirkt, vielleicht sogar in einer sich steigernden Weise. Dekan Pfennigsdorf schildert mir, daß der Boykott der Vorlesungen der loyalen Professoren erkennbar nach und nach auch Kreise ergeife, die sich zunächst von ihm ferngehalten hätten, offenbar aber planmäßig bearbeitet würden. Durch meine Dienststellung als ein politischer Referent im Stabe der hiesigen Standarte der SA ist mir bekannt geworden, daß Prof. Barth in seiner Wohnung regelmäßig »Bibelkränzchen« abhält. Ich füge hierzu eine beglaubigte Abschrift einer Meldung eines Sturms an seinen Sturmbann, die mir auf meinen Wunsch durch die Standarte zur Verfügung

41 AUB.

gestellt wurde, bei[42]. In einer SA-Führerbesprechung wurde dazu ausgeführt, daß einer der Kameraden, der zunächst dem »Bibelkränzchen« folgte, davon später zurückgetreten sei mit der Erklärung, daß er Politik nicht weiter mitmachen wolle; ich habe hierüber aber eine einwandfreie schriftliche Niederlegung nicht erhalten können[43].

Es liegt die Vermutung nicht fern, daß die »Bibelkränzchen« eine Fortführung der Vorlesungen von Prof. Barth darstellen. Es erscheint auch nicht völlig von der Hand zu weisen, daß diese »Bibelkränzchen« auch mit dazu dienen, eine gewisse Geschlossenheit in der Handhabung der Maßnahme gegen die loyalen Dozenten erhalten oder herbeiführen zu helfen. Ich habe eine entsprechende Maßnahme getroffen, nach deren Ergebnis ich weiter berichten werde.

Bei dieser Sachlage stimme ich mit Dekan Pfennigsdorf darin überein, daß es zweckmäßig erscheint, auf die Zusammensetzung des Lehrkörpers, soweit wie es der gegenwärtigen Rechtslage entspricht, Einfluß zu nehmen. Dekan Pfennigsdorf hat in dieser Besprechung, wie ich annehme, schon einen bestimmten Wunsch bezüglich des Privatdozenten Lic. Stauffer vortragen wollen und auch Versetzungsanregungen vorgebracht. Ich bitte, auf seine mündlichen Ausführungen verweisen zu dürfen, vorbehaltlich einer Stellungnahme zu dem von ihm für einen Austausch hierin genannten Lehrkräften, die mehr nach ihrer wissenschaftlichen Bedeutung natürlich nicht ohne weiteres möglich ist. Es erschienen mir seine Vorschläge insbesondere auch deshalb besonders erwägenswert, weil er mir ausdrücklich erklärte, daß die von ihm für den Austausch hierin genannten Lehrkräfte von dem nach Lage der Verhältnisse größt denkbarem wissenschaftlichen Ruf seien. Gerade dieser Gesichtspunkt erscheint mir nach der Disziplinierung Barths auch von erheblicher politischer Bedeutung, weshalb ich ihn meinerseits überhaupt vorzutragen mir erlauben möchte, um mit verhüten zu helfen, daß etwa von den Kreisen um Barth, deren Einwirkung auf das Ausland aus den nächstliegenden Gründen sicher anzunehmen ist, in irgendeinem Schein von Recht gesagt werden könnte, daß Prof. Barth nicht vollwertig ersetzt werden könne.

Dekan Pfennigsdorf hatte sein Bedauern darüber zum Ausdruck gebracht, daß bei der auch ihm planmäßig erscheinenden Hetze der Kreise um Barth ein aufklärendes Wort seitens der Staatsbehörden fehle. Über die Verlautbarung, die ich beizufügen mir erlaube, deren Formulierung ich übrigens

42 In diesem dreifach beglaubigten Dossier der Bonner »SA der NSDAP Sturm 32/160« vom 18. 1. 1935 »An Sturmbann IV/160« wird »ehrenwörtlich« bescheinigt, »daß die SA-Männer Hesse (Friedrich und Eduard), wenigstens zweimal auf dem hiesigen Sturmbüro erschienen und um Dienstbeurlaubung baten, da sie ein Bibelkränzchen in der Privatwohnung des Professor Barth besuchen müßten. Die schriftlichen Entschuldigungen können nicht mehr beigebracht werden, da dieselben den Scharführern zugingen« (AUB).

43 Dr. Wildt meldet diesen Namen dem Minister am 28. 2. 1935: »Helmut Kolfhaus aus Offenbach a. M. Dreieichenring 14«.

fernstehe, empfand er eine gewisse Erleichterung[44]. Ich darf anheimstellen, zu erwägen, auch höheren Orts eine aufklärende Verlautbarung für weitere Kreise in die Öffentlichkeit gelangen zu lassen.
Über die Frage der Disziplinierung derjenigen Studierenden, die für Prof. Barth demonstriert haben, darf ich mir nach meiner heutigen Aussprache mit dem Universitätsrat, der die Verhandlungen im wesentlichen zum Abschluß gebracht hat, in den nächsten Tagen Bericht vorbehalten[45].
Auch gerade im Zusammenhang mit der Angelegenheit Barth würde ich für erwünscht halten, daß die Emeritierung des jetzigen Dekans Pfennigsdorf, die jetzt aus Altersgründen ansteht, hinausgeschoben würde. Auch der Rektor hat sich schon jetzt in einem Vorbericht, den ich in meiner Sammlung demnächst vorlegen werde, dafür ausgesprochen. – Zur Würdigung der Person des Dekans Pfennigsdorf darf ich anliegend . . . noch einen auszugsweisen Abdruck aus dem ›Evangelischen Beobachter‹[46] überreichen . . .

Zum letzten Sonntag im Januar 1935[47] fordert die Vorläufige Leitung der bekennenden Deutschen Evangelischen Kirche die ihr angeschlossenen Landeskirchen, Bekenntnissynoden und Bekenntnisgemeinden auf, aus »Anlaß des 2. Jahrestages der Machtübernahme des Führers und Reichskanzlers am 30. Januar im Gottesdienste des vorhergehenden Sonntags fürbittend zu gedenken. Der Wortlaut des angeregten Fürbittegebetes ist folgender«[48]:

44 Vermutlich die u.a. von Hauptamtsleiter Wilhelm Lang und Seminarwart Paul Seifert unterzeichnete Gegenerklärung, siehe S. 93 und D/17

45 Dieser Bericht erfolgt am 31. 1. 1935: ». . . Die Angelegenheit des Studenten Carius dürfte wohl etwas schwerer wiegen, als der Fall der Unterzeichnung der Erklärung durch die drei Genannten . . . Bei der geforderten Eröffnung des Disziplinarverfahrens gegen Eras, Hajek und Quistorp erweist sich einiges als mißlich . . .« (AUB).

46 Evangelischer Beobachter vom 8. 1. 1935, S. 4f. Unter der Überschrift »Man kann auch unter dem Sowjetstern stehen« begrüßte Pfennigsdorf das Kölner Urteil gegen Barth: »Wer Barth kennt, weiß, daß seine *Motive politischer Natur* sind. Barth hat von jeher auf dem Standpunkt gestanden, daß das Christentum seine Kraft im Abwehrkampf gegen den ›Nationalsozialismus‹ erweisen müsse. Durch ihn angeregt, hat seinerzeit Günther Dehn in theologischen Reden und Schriften gegen Nationalsozialismus und Wehrgedanken geeifert. Barth hat erst vor kurzem in einer Auseinandersetzung mit einem Tübinger Kollegen [Gerhard Kittel] schreiben können: ›Stehen Sie ruhig unter dem Hakenkreuz, wenn Sie es für richtig halten. *Man kann auch* unter dem Schweizer Kreuz, unter dem Doppeladler, *unter dem Sowjetstern (!) stehen*‹ . . . Das ist eine Sprache, der man ihre zynische Redeweise nachrühmen kann, ohne sie doch als deutsch oder gar christlich anzuerkennen. Unterschiede werden deutlich, wie sie schon zu Luthers Zeiten bestanden haben, als der Reformator von Wittenberg den Schweizer Theologen zurief: ›Ihr habt einen anderen Geist als wir.‹ Im Endergebnis wird also festzustellen sein, daß dem ferneren Wirken Barths an einer deutschen Hochschule auch von der religiösen Seite her schwerwiegende Bedenken entgegenzusetzen sind. Deutsche Theologie und Deutsche Evangelische Kirche verzichten auf den ›Papst von Bonn‹. E. P.« Vgl. dazu: Ernst Bizer, Der Fall Dehn, in: Festschrift für Günther Dehn, 1957, S. 239–261, und: Karl Barth/Gerhard Kittel, Ein theologischer Briefwechsel, 1934.

47 Dieses fürbittende Gedenken fand in den Bekenntnisgottesdiensten des 27. 1. 1935 statt.

48 AEOK. Informationsbrief des Stuttgarter Oberkirchenrats, Januar 1935, S. 2: »Fürbitte zum 30. Januar 1935. Wichtig!«

Am heutigen gedenken wir in besonderer Weise des Führers und Kanzlers unseres Reiches. Wir danken Dir, Herr, für alles, was Du in Deiner Gnade ihn in diesen 2 Jahren zum Wohle unseres Volkes hast gelingen lassen. Wir bitten Dich, Du wollest ihn leiten durch Deinen Heiligen Geist, ihm weise Gedanken, ein festes Herz und einen starken Arm verleihen, daß er in Deiner Furcht unser Volk regiere und daß in allem Dein heiliger Wille geschehe.

8. Taktik

Während die deutsche Öffentlichkeit aus der Zeitschrift »Unter dem Wort« erfährt, daß Karl Barth gegen das Kölner Urteil Berufung eingelegt hat[1] und somit Barths Verurteilung nicht rechtskräftig geworden ist, hat Eduard Thurneysen in Basel ein vertrauliches Gespräch der Basler Erziehungsbehörde mit Karl Barth arrangiert. Der Nationalrat bietet Barth eine Berufung an die Universität Basel an. Barth bittet jedoch seinen amtlichen Gesprächspartner, keine Berufung auszusprechen, bevor nicht alle Möglichkeiten seines Bleibens und Lehrens in Deutschland erschöpft sind. Während dieses Gespräches unterläuft Barth augenzwinkernd einen Test auf seinen eidgenössischen Patriotismus, als er nach seiner Einstellung zur Landesverteidigung gefragt wird. Auf die in der Schweiz gerade leidenschaftlich diskutierte Frage gibt er »scherzend« die ironische Antwort: »Natürlich bin ich dafür. Insbesondere für die Verteidigung der Nordgrenze.«[2]
Indessen gibt in Bonn der Dekan der evangelisch-theologischen Fakultät, Professor Dr. Emil Pfennigsdorf, am Montag, dem 28. Januar 1935, das Ergebnis seiner jüngsten Aushorchungen auf den Dienstweg[3]:

Sehr geehrter Herr Kurator!
Nach mehrfach eingezogenen Erkundigungen (Stud. theol. Karl Fuhr, Ufer, Keller-Platz) und telefonischer Rücksprache mit dem Leiter der Diakonissenanstalt Kaiserswerth ist nicht daran zu zweifeln, daß in den Weihnachtsferien ein Kursus über praktisch-theologische Fragen für Bonner Studierende daselbst stattgefunden hat, bei dem außer Prof. Barth auch der Bonner Privatdozent Lic. Schlingensiepen, jetzt Direktor des evangelischen Auslandsseminars in Ilsenburg und zwei Pfarrer mitgewirkt haben.
Prof. Barth ist zu einer Nachmittagsversammlung erschienen und hat dabei einen Vortrag über »Volksnahe Predigt«[4] gehalten. Der Kursus steht insofern im Zusammenhang mit der heutigen studentischen Boykottbewegung, als dadurch den Studenten, welche die betreffenden Vorlesungen und Übungen in Bonn nicht hören wollten (bei den verdächtigten Professoren Pfennigsdorf und Schmidt-Japing), ein Ersatz geboten werden sollte.
Heil Hitler!
[gez.] Pfennigsdorf

1 Unter dem Wort vom 27. 1. 1935.
2 Brief Immer an Präses Koch vom 18. 5. 1935.
3 AUB.
4 Das Thema hieß: »Die Gemeindemäßigkeit der Predigt« (siehe S. 116f.).

Da Karl Barth am Monatsende noch nicht aus seinem Urlaub in der Schweiz zurückgekehrt ist, gerät Otto Bleibtreu in Terminnot. Am 2. Februar 1935 läuft die Frist zur Vorlage der schriftlichen Berufungsbegründung ab. Deshalb telefoniert Bleibtreu am Dienstag mit dem Kölner Kammervorsitzenden Scheerbarth. Der »sagt zu, daß er ohne weiteres eine angemessene Fristverlängerung bewilligen werde«[5]. So weiß Otto Bleibtreu bereits bei Absendung des förmlichen Antrages auf Fristverlängerung, am 30. Januar 1935, daß dieserhalb keine Schwierigkeiten zu erwarten sind[6]:

. . . bitte ich als Verteidiger des Angeschuldigten und in dessen Auftrag, die Frist zur schriftlichen Begründung der Berufung gemäß § 51 Abs. 2 BDStO. bis zum 17. Februar 1935 zu verlängern.
Gründe: Der Angeschuldigte ist aus dringlichen Gründen seit Mitte Januar verreist. Es ist deshalb nicht möglich, die schriftliche Begründung der am 19. Januar eingelegten Berufung bis zum 2. Februar auszuarbeiten und einzureichen. Es bedarf hierzu vielmehr der beantragten Fristverlängerung, da der Angeschuldigte erst in einigen Tagen von der Reise zurückkehren wird.
[gez.] Bleibtreu
Gerichtsassessor

In einem weiteren Hintergrundbericht an Kultusminister Rust bittet Universitätsrat Dr. Wildt am 31. 1. 1935, im Blick auf eine Bestrafung der Unterzeichner jener Protesterklärung vom 7. Dezember 1934, folgendes zu bedenken[7]:

. . . Die Studierenden sind zum Teil schon abgereist und die Durchführung des förmlichen Disziplinarverfahrens würde auch in einer ganzen Anzahl von größeren oder kleineren Orten außerhalb Bonns in der Öffentlichkeit unmittelbaren Anlaß zu Erörterungen geben . . .
Bei dem Schritt der Studenten handelt es sich selbstverständlich um einen Akt, der auch gegen die Staatsautorität gerichtet war, wenn das freilich auch sich mehr unmittelbar bei dem Kampf um die Aufrechterhaltung der Dozententätigkeit von Professor Barth ergab.
Da aber selbstverständlich eine Bestrafung unerläßlich erscheint, würde ich aus all den vorerwähnten Gründen bitten, nicht in erster Linie das Disziplinarverfahren zu eröffnen, sondern erwägen zu wollen, ob nicht etwa eine der höchsten Strafformen, die ohne förmliches Disziplinarverfahren möglich sind, zweckdienlicher erscheint.
Bei der geforderten Feststellung des Übersenders der Erklärung an die Schweizer Presse erscheint aus den Akten glaubhaft hervorzugehen, daß es sich nicht um einen Deutschen handelt; es liegt ja auch viel näher, daß es ein Schweizer gewesen ist. Die schweizer Studierenden dürften gerade in erheblichem Umfange schon abgereist sein. Ihre Befragung, sei es bei einer

5 HD.
6 Ebenda.
7 AUB.

Vorladung, sei es auf einem Formular, ob sie die Erklärung weitergegeben hätten oder nicht, würde von ihnen voraussichtlich mindestens zum Teil überhaupt nicht, wenn nicht gar in disziplinwidriger Weise beantwortet werden, da sie nach der Amtsenthebung von Prof. Barth an einem weiteren Studium in Deutschland zum großen Teile gar kein Interesse mehr nehmen dürften.
Im Anschluß an meinen Bericht vom 23. Januar 1935 – Nr. 569 –, auf den ich auch wegen des politischen Zusammenhangs, in den diese Disziplinarangelegenheiten zu bringen sind, verweisen darf, überreiche ich anliegend noch abschriftlich einen Bericht des Dekans der Evangelisch-theologischen Fakultät an mich vom 28. Januar 1935.
[gez.] Wildt

Staatliche wie bekenntniskirchliche Behörden geben sich gleichermaßen allergrößte Mühe, den Fall Barth nicht zu einem Dauerthema gedeihen zu lassen. Anders im Ausland. Da ist Karl Barth nicht nur Thema einer »Pastorenkonferenz in Lincoln (Nebraska)«; selbst in den methodistischen Kirchen der USA und Englands »beginnt man, auf ihn zu hören«[8]. Und während in Holland ein Komitee die Berufung Barths auf einen Lehrstuhl in den Niederlanden vorbereitet[9], ergreift der Reformierte Weltbund mit einer weltweit veröffentlichten Kundgebung seines Vorsitzenden, Professor Dr. Curtis, Edinburgh, für Karl Barth Partei[10]:

Seit dem Beginn des Kampfes um kirchliche Freiheit in Deutschland ruhen die Augen der christlichen Welt auf dem hervorragenden und seiner Sache ergebenen Theologen, dem tapferen Vertreter der reformierten Theologie in Bonn. Ich brauche nicht zu schreiben von seinen großen Beiträgen für die Homiletik, Exegese und systematische Theologie, von seiner eindrucksvollen, man möchte sagen prophetischen Persönlichkeit, von seinem Einfluß als Wortführer einer theologischen Bewegung, in der das Zeugnis Calvins, Augustins und des Apostels Paulus wieder auflebt. Sein Name ist der ganzen reformierten Familie bekannt und vertraut.
Unter den Leitern der deutschen Bekenntniskirche, der der Reformierte Weltbund mehrfach seine Gemeinschaft bezeugt hat, hat niemand mehr unsre herzliche Bewunderung als er. Wir sind erstaunt gewesen, daß ein so unerschütterlicher Führer solange sein Lehramt bekleiden konnte, und fühlen tief mit ihm in der Lage, in die er hineinversetzt ist, da er seinem Gewissen folgen mußte.
Als Ausländer äußern wir kein Urteil über das, was ihm vorgeworfen wird, und wir bitten, daß entweder in Deutschland, das ihm geistlich zu unaussprechlichem Dank verpflichtet ist, oder in seiner gastlichen schweizerischen Heimat Dr. Barth bald Gelegenheit haben wird, seinen Dienst als Christlicher Lehrer – as a Master of Christian doctrine – fortzusetzen.

8 RKZ vom 24. 2. 1935.
9 Christliche Welt vom 16. 2. 1935.
10 Presbyterian Register, Februar 1935, in: RKZ vom 24. 2. 1935.

Nun will sich auch Hitler unmittelbar über den aktuellen Stand des Falles Barth informieren, deshalb fordert am 2. Februar 1935 der Chef der Reichskanzlei, Staatssekretär Dr. Lammers, bei Kultusminister Rust die Barth-Akte an[11]:

Hochverehrter Herr Reichsminister!
Von verschiedenen Seiten ist mir mitgeteilt worden, daß aus Anlaß der Weigerung des früheren Universitätsprofessors Barth, den Eid auf den Führer und Reichskanzler zu leisten, eine Reihe von theologischen Fakultäten von der Vorläufigen Leitung der Deutschen Evangelischen Kirche um Erstattung eines Gutachtens über den dem Führer zu leistenden Eid der Beamten und der Amtswalter der NSDAP gebeten worden ist.
In diesem Zusammenhang wäre es für mich von Interesse zu erfahren, ob die kürzlich durch die Tagespresse veröffentlichte Nachricht zutrifft, daß Barth wegen seiner Eidesverweigerung vom Disziplinargericht zur Dienstentlassung verurteilt worden ist. Besonders würde es mich interessieren zu hören, ob es sich hier um ein endgültiges Urteil handelt. Falls keine Bedenken entgegenstehen, wäre ich für kurze Überlassung der Disziplinarakten dankbar, weil der Führer und Reichskanzler sich für die Angelegenheit interessiert.
Mit dem Ausdruck meiner ausgezeichneten Hochachtung und Hitler-Heil
Ihr sehr ergebener
[gez.] Lammers

Am gleichen Tage bedankt sich Lammers bei seinem Kollegen Stuckart für dessen informatives Schreiben vom 12. Januar 1935[12]:

Sehr verehrter, lieber Herr Stuckart!
Haben Sie vielen Dank für Ihr Schreiben vom 12. Januar d. Js. und die beigefügten Anlagen über den dem Führer und Reichskanzler zu leistenden Eid der Beamten und Amtswalter der NSDAP. Ich habe das Material mit großem Interesse gelesen und dem Führer und Reichskanzler vorgetragen. Ihrer Anregung entsprechend, habe ich den Herrn Kultusminister um Übersendung der Disziplinarakten gegen Barth gebeten.
Zum Schluß möchte ich nicht verfehlen, Ihnen zu der Ernennung zum Oberlandesgerichtspräsidenten in Darmstadt meine aufrichtigen Glückwünsche auszusprechen.
Mit deutschen Gruß und Hitler-Heil!
Ihr sehr ergebener
[gez.] Lammers

Als Barth am Sonnabend, dem 2. Februar 1935, aus seinem Urlaub nach Bonn zurückkehrt, liegt Scheerbarths Fristverlängerung zur Vorlage der schriftlichen Revisionsbegründung »antragsgemäß bis 17. 2. 1935« bei Otto Bleibtreu schriftlich vor.

11 BUK.
12 Ebenda.

Anderntags, am Sonntag, dem 3. Februar, findet in Barmen-Gemarke die Konferenz der Vertrauensmänner des Rheinisch-westfälischen Gemeindetages »Unter dem Wort« statt. Zu »unbeschreiblichen Szenen«[13] kommt es vor Beginn des Gottesdienstes, weil an der Konferenz der Vertrauens*männer* – also auch an dem Sonntagsgottesdienst in der Gemarker Kirche – keine Frauen teilnehmen dürfen. Während die Gemarker Presbyter draußen dem Ansturm der Barmer Frauen standhalten, legt drinnen Karl Barth den Männern den Text von der »Stillung des Sturmes« aus[14]:

. . . In dieser gefährlichen Welt, in der es zu solchen Stürmen kommen kann, lebt die *Kirche*. Und dem Ungestüm dieser Welt ist auch sie ausgesetzt, ist auch sie unterworfen. Wir wollten es wohl gerne anders haben, wir wollten wohl gerne, daß die Kirche inmitten dieser Welt des Menschen eine Insel der Seligen, des Friedens, wäre. Aber dem ist nicht so. Sondern alle Irrtümer und Lügen, alle Gottlosigkeiten der Welt, sie treffen auch die Kirche. Also daß auch das Schifflein mit Wellen bedeckt ward. Und alle Not, die die Welt, die die Menschen sich bereiten, sie ist auch die Not der Christen, auch die Not der Gemeinde Jesu Christi. Und was sie da trifft und bedeckt, das ist nicht eine Not, die nur von außen an sie herankäme. Auch die Kirche Jesu Christi besteht aus Menschen. Welche Ratlosigkeit, welche Schwäche, welche Leidenschaft, welche Sünde wäre nicht auch in ihr, auch in diesen Menschen, die die Kirche bilden? Auch? Müßten wir nicht aufrichtigerweise sagen: Welche Sünde der Welt wäre nicht *gerade* in ihnen, gerade in den Jüngern Jesu sichtbar, ganz anders sichtbar als je in den anderen Menschen? Erinnert Ihr Euch noch, wie es war in der Zeit des Krieges, wie es da Menschen gab, die sagten: Alle Schrecken des Krieges, alles Furchtbare, was wir da erlebt haben, war nicht so schlimm wie die Tatsache, daß wir es in diesen Kriegsjahren erleben mußten, daß auch die Kirche sich hineinziehen ließ in das Tun der Welt, daß die Kirche aller Länder betete für den Sieg der Waffen, der blutigen Waffen ihres Volkes . . .

Am Dienstag, dem 5. Februar 1935, unterbreitet Barth in Berlin der Vorläufigen Leitung seinen mit Otto Bleibtreu abgesprochenen Plan zum weiteren Gang des Revisionsverfahrens. Barth verlangt von der Vorläufigen Leitung – wenn schon der Reichsbruderrat ihn am 3. Januar ausdrücklich aufgefordert hat, gegen das Kölner Urteil Revision einzulegen –, daß sich die Leitung der Bekennenden Kirche durch offizielle Übernahme der Verteidigung durch ihren amtierenden Juristen Eberhard Fiedler mit dem Verurteilten solidarisiert und sich Barths Sache »zu der ihrigen macht«. Für Barth und seine Freunde ist diese Forderung letztlich auch die Nagelprobe auf die ständigen Bekundungen von Bekenntnistreue des Marahrens-Regimentes. Am Ende der Besprechung gibt es jedoch nur Fiedlers persönliche Bereitschaft, die Verteidigung Barths vor dem Berliner Oberverwaltungsgericht zu übernehmen. Offen bleibt, ob sich das Marahrens-Kabinett insgesamt dafür entscheidet.

13 Brief Immer an Barth vom 7. 2. 1935.
14 PKGTr.

In der Bonner Universität beschafft Barths neuer Kollege weiteres Material zum Fall Barth[15]:

Prof. Stauffer Bonn, 7. 2. 35
Kaiserplatz 11

Hoch verehrter Herr Kurator!
In der Anlage übersende ich Ihnen den gewünschten Vortragsdruck[16], der nach den Erkundigungen, die ich bis jetzt anstellen konnte, auf die Nachschrift eines von D. Barth ziemlich frei gehaltenen Vortrags zurückgeht. Die sonst von Ihnen heute morgen noch angeregten Vorbereitungen für Sonntag[17] sind getroffen worden.
Heil Hitler!
[gez.] Stauffer
Sie wollen bitte den schlechten Zustand der Blätter entschuldigen: der Vortragsdruck ist eine viel gefragte und schwer erreichbare Rarität.

Die Aktivitäten des niederländischen Komitees, Barth an eine holländische Universität zu berufen, haben zu einem Teilerfolg geführt. Vor »etwa 600 Studenten« beginnt Barth am Freitag, dem 8. Februar 1935, an der Universität Utrecht mit einer sechzehnteiligen Vorlesungsreihe über das Credo. Der Dekan der dortigen theologischen Fakultät, Professor Dr. Brouwer, begrüßt den Gast unter dem stürmischen Beifall der Studenten und der zur Eröffnung dieser Gastvorlesungsreihe zahlreich anwesenden niederländischen Theologen[18]:

... Mit tiefer Teilnahme haben wir den Kirchenkampf in Deutschland verfolgt und das Ringen um die Freiheit und Reinheit von Kirche und Evangelium bewundert. Ihre dogmatischen Arbeiten sind uns wohlbekannt und auch die, die nicht Ihrer Überzeugung sind, müssen zugeben, daß sie von Ihnen beeinflußt sind ...

Der Kölner Strafkammervorsitzende Scheerbarth hat mit seiner zum tatsächlichen Prozeßverlauf im Gegensatz stehenden Presseerklärung vom 12. Januar 1935 und der schriftlichen Urteilsbegründung vom 16. Januar 1935 unter den Theologen in den Leitungsorganen der Bekennenden Kirche erhebliche Verwirrung und Unruhe ausgelöst. Für sie ist der Fall Barth nunmehr viel politischer als ohnehin befürchtet. Demgegenüber hat die Auswertung der Urteilsschrift bei einigen Juristen der Bekennenden Kirche eher zu einer optimistischen Einschätzung im Blick auf die Rechtslage des Falles Barth geführt. Denn während der Einleitungsbeschluß vom 26. November 1934 nur Barths Verhalten in der Eidesfrage nennt und eine Erweiterung

15 AUB.
16 Bei dem »Vortragsdruck« handelte es sich um die Nachschrift des Barth-Vortrages vom 1. 12. 1934 (siehe D/11).
17 An diesem Sonntag hielt Barth während einer von Hans Asmussen geleiteten Zusammenkunft von Barths Studenten und Bonner Freunden in Bad Godesberg seine letzte Bibelstunde (siehe S. 139).
18 RKZ vom 24. 2. 1935.

der Anklage auf weitere Punkte dem Minister ausdrücklich vorbehält, ist die Anklage vom 7. Dezember 1934 auf drei Punkte ausgeweitet, ohne daß es Anzeichen dafür gäbe, daß Minister Rust seinen Einleitungsbeschluß je dementsprechend geändert hat. Und wenn der Kölner Spitzenjurist[19] Scheerbarth den Angeklagten Barth nun ausgerechnet auf eben jene beiden weiteren Punkte der Anklage hin verurteilt haben will und den rechtlich einzig möglichen Punkt des Einleitungsbeschlusses als alleinigen Grund einer Verurteilung Barths ausdrücklich ausschließt[20], so kann das im Blick auf das juristisch noch weitgehend als korrekt geltende Berliner Oberverwaltungsgericht[21] möglicherweise die Kassierung des Kölner Urteils bedeuten.

Doch bei den kirchlichen Beratungen des Falles Barth stehen nicht die rechtlichen, sondern die politischen Dimensionen weit im Vordergrund, und die Angst, daß die Bekennende Kirche – wie Barth – als Gegner des nationalsozialistischen Staates angesehen werden könnte, wird durch die Verlagerung der Urteilsgründe von der Eidesfrage auf Barths Verweigerung des Hitlergrußes und dessen staatsfeindlichen Äußerungen nur noch größer. Nach Vorliegen der Urteilsschrift betrachtet nicht nur die Vorläufige Leitung den Beschluß II des Reichsbruderrates vom 3. Januar 1935 als gegenstandslos. So findet Barth denn auch bei seiner Heimkehr aus den Niederlanden am 9. Februar immer noch keine Antwort der Vorläufigen Leitung der Deutschen Evangelischen Kirche auf seine Bitte nach Übernahme seiner Verteidigung vor. Statt dessen erwartet ihn ein Brief des Juristen Wilhelm Flor, in dem der Reichgerichtsrat Barths Bitte vom 5. Februar brüsk als Zumutung zurückweist. Barth antwortet dem verhinderten Mitglied der Vorläufigen Leitung nicht minder deutlich und sendet eine Abschrift dieses Briefwechsels[22] am 9. Februar 1935 an Präses D. Paul Humburg[23]:

19 Staatssekretär a. D. Prof. Dr. W. Loschelder, Düsseldorf, am 28. 10. 1974 auf die Frage des Verfassers nach Scheerbarths fachlicher Qualifikation: ». . . kann ich uneingeschränkt dahin beantworten, daß Herr Dr. Scheerbarth zu den qualifiziertesten Juristen gehörte, die ich in meinem langen Berufsleben kennengelernt habe.«

20 Scheerbarths Gründe zu dieser Urteilsmanipulation sind unbekannt. Nutzen ziehen könnten Vorläufige Leitung und Reformierter Bund, da nun deren Erklärungen zum Führer-Eid durch das Kölner Urteil nicht mehr desavouiert werden (vgl. ›Basler Nachrichten‹ vom 21. 12. 1934).

21 Walter Hempfer, Die nationalsozialistische Staatsauffassung in der Rechtssprechung des Preußischen Oberverwaltungsgerichts, Berlin 1974, S. 175f. In diesem Zusammenhang sei erwähnt, daß Scheerbarth 1937 von Bill Drews, der später dem Widerstand zugerechnet wird, an das OVG berufen wurde (GHWS).

22 Nach anfänglich großzügiger Unterstützung stellte das Barth-Archiv in Basel ohne Angabe von Gründen den Briefwechsel mit dem Verfasser ein: das Schreiben des Verfassers vom 8. 7. 1974 mit der Bitte um Überlassung einer Fotokopie auch von dieser »Korrespondenz mit Flor« blieb unbeantwortet. Nach weiteren schriftlichen Anfragen und Bitten des Verfassers vom 22. 2. 1976 und 31. 3. 1976 stellte die ›Nachlaßkommission‹ mit Schreiben des Karl Barths-Archivs vom 10. 4. 1976 u. a. die »Bedingung«: »Bevor sie darüber entscheidet, ob und in welchem Umfang Ihre Bitte gewährt werden kann, möchte sie Einblick in Ihr Manuskript bzw. in so weite Teile davon nehmen, daß sie sich ein zureichendes Bild von dem Charakter Ihrer Arbeit machen kann.« Da der Verfasser in vielen anderen Punkten inzwischen anderweitig fündig geworden ist, hält er es aus grundsätzlichen Erwägungen für vertretbarer, eher auf Zitate aus dieser »Korrespondenz mit Flor« zu verzichten, als auf jene »Bedingung« aus Basel einzugehen.

23 PGRS.

Lieber Herr Pastor!
Ich sende Ihnen beiliegend eine Abschrift meiner Korrespondenz mit Herrn Reichsgerichtsrat Flor mit der Bitte um Kenntnisnahme.
Was die in dieser Korrespondenz berührte Frage im besonderen angeht, muß ich Sie dringend und herzlich bitten, zu veranlassen, daß ich binnen kürzester Frist (da die Revisionsfrist abläuft) ein Ja oder ein Nein von der Vorläufigen Kirchenleitung haben muß. Ohne die Erklärung, daß Dr. Fiedler mich vertreten wird, würde ich die eingelegte Berufung demnächst *zurückziehen*, da ich, wie ich in Berlin ausdrücklich erklärt habe, wenn die bekennende Kirche meine Sache nicht zu der ihrigen macht, an der Fortsetzung des Prozesses kein Interesse habe.
Im übrigen habe ich von der Vorläufigen Kirchenleitung als solcher seit dem vergangenen Dienstag . . . keine Nachricht erhalten. Damit ist zunächst meine Teilnahme an der Reichsbruderratssitzung am kommenden Dienstag in Oeynhausen in Frage gestellt: ich bin nämlich entschlossen, dort auch als Gast erst wieder mitzutun, wenn wir auf unsre in Berlin klar und einfach und im Sinn von Bedingungen gestellten Fragen eine befriedigende Antwort erhalten haben . . .

Noch an diesem Sonnabend gelangt diese Post an Präses Humburg, der nun seinerseits alle drei Briefe postwendend noch am 9. Februar 1935 an Präses Koch nach Bad Oeynhausen schickt[24]:

Lieber Herr Präses!
Einliegend sende ich Ihnen mit der Bitte um schnellste Rückgabe einen Brief von Herrn Prof. Barth an mich, sowie Durchschlag eines Briefes von Flor an Barth und von Barth an Flor.
Ich bitte Sie herzlich, die Sache mit Herrn Dr. Fiedler sobald wie möglich zu besprechen und mir dann Ihre Meinung mitzuteilen. Ich meine, wir müßten doch auf jeden Fall versuchen, Prof. Barth zu einer Aussprache nach Oeynhausen zu bitten, so daß diese Aussprache am Dienstag bei Gelegenheit unserer Tagung stattfinden könnte. Das müßte dann aber von Ihnen ausgehen und könnte von mir dann noch unterstützt werden.
Ich bitte, mir Ihre Antwort mit den Durchschriften in beiliegendem Eilbriefumschlag zuzusenden. Der Brief müßte nur morgen, am Sonntag, möglichst bald zur Post besorgt werden, damit ich ihn, wenn möglich, abends noch hier hätte.
Mit herzlichem Gruß
Ihr
[gez.] Humburg

24 AEKW.

D 20
S. 296
An diesem Sonnabend ist für Präses D. Humburg aber auch der Zeitpunkt gekommen, Karl Barth einmal ganz offen zu seinem Fall seine Meinung zu sagen[25]:

. . . Die Bedenken gegen die Verteidigung durch Fiedler ergeben sich nur aus der unseligen Verquickung Ihrer Angelegenheit mit Ihrer früheren politischen Stellungnahme. Und als ich, in der Schlacht unterlegen, mir hernach in der Stille alles noch einmal vor Augen führte, kam ich zu dem Entschluß, Sie einmal zu fragen, ob Sie hier nicht auch Zusammenhänge sehen, die Sie in Ihrer Stellungnahme stutzig machen müssen. Ihre frühere Parteinahme für die bekannte politische Partei war, soviel ich davon weiß, keine kirchliche Haltung. Sie haben die Christusfeindschaft der Partei nicht tragisch genommen, wie sie sagten[26] . . .
Ich weiß, daß Sie jetzt sehr vieles gegen meine Ausführungen einwenden können. Dann würde ich stille warten und mir zuletzt doch die Frage erlauben: Sehen Sie nicht in der Verquickung Ihres geistlichen Amtes mit politischer Betätigung für jene Partei eine Schuld, die jetzt nach inneren Gesetzen die gegenwärtigen Schritte beschattet und belastet? . . .

Präses Koch bestätigt am Sonntag, dem 10. Februar 1935, den Empfang der Post von Präses Humburg und geht auf dessen Vorschläge ein[27]:

Lieber Bruder Humburg!
Im Besitz Ihres Materials teile ich Ihnen mit, daß ich heute nachmittag ein Brieftelegramm mit der dringenden Bitte an Professor Barth, Dienstag mindestens zu einer Rücksprache in kleinerem Kreise in Bad Oeynhausen zu erscheinen, richten werde.
Es wäre also gut, wenn auch Sie Barth bitten möchten, er wolle sich der Aussprache in unserem Kreis nicht versagen.
Herzl. Gruß in treuer Verbundenheit
Ihr
(gez.) Koch

Nachmittags gibt Präses Koch an Barth ein Telegramm auf[28]:

BITTE DRINGEND AN BESPRECHUNG DIENSTAG HIER TEILZUNEHMEN. KOCH.

25 PGRS. Seit dem 3. 2. 1935 hatte sich Humburg mit Mißtrauensbekundungen auseinanderzusetzen. Hellmut Traub berichtete lt. Brief an B. Heiermann vom 9. 2. 1935, »daß Vikare und Kandidaten Herrn Präses Humburg auf seine Ansprache am Nachmittag des gleichen Tages in der Gemarker Kirche hin ihr Mißtrauen ausgesprochen hätten, oder ihr Vertrauen entzogen hätten, weil, bei aller Klarheit und Offenheit dieser Rede, eine Entscheidung gefehlt habe« (AEKR).
26 Siehe Urteilsschrift D/19.
27 AEKW.
28 Ebenda.

An diesem Sonntag hält Barth in Bad Godesberg die letzte der bereits als ›Bibelkränzchen‹ aktenkundig gewordene Bibelstunde. Barth will die zahlreichen Studenten nicht länger in Gefahr bringen. Diesmal ist denn auch dafür gesorgt, daß Spitzel an dieser Zusammenkunft der Barth-Hörer und des Barthschen Freundeskreises teilnehmen[29]. Barth stellt diese Bibelstunde unter die Herrnhuter Losung des Tages: »Ehe ich gedemütigt ward, irrte ich, nun aber halte ich dein Wort« (Psalm 119,67) und »Gott widersteht den Hoffärtigen, aber den Demütigen gibt er Gnade« (Jakobus 4,6)[30]:

... Liebe Freunde, es ist so, daß diese Stunde und dieses Gegenüber von uns heute nach menschlichem Ermessen einen *Abschied* bedeutet. Ich bin zwar in der glücklichen Lage, daß ich über meine Zukunft nicht nur nicht verfügen sondern auch nicht wissen kann, wie sie sich gestalten wird. Aber man hat seine Vermutungen und Eindrücke und sie sprechen mehr dafür, daß, was uns bis jetzt hier verbunden hat in Bonn, nicht nur seinem Ende entgegengeht, sondern sein Ende bereits gefunden hat. Alles hat seine Zeit und nun scheint mein Verhältnis zu Ihnen hier und Ihr Verhältnis zu mir in seiner bisherigen Form beendigt zu sein. Ich möchte im Blick auf die fünf Jahre, die ich nun unter Ihnen hier in Bonn gewesen bin, nochmals einen kleinen Gang antreten an Hand unserer beiden Losungsworte. –
Als ich vor fünf Jahren nach Bonn kam, hat die Welt sehr anders ausgesehen. Ich bin gerne hierher gekommen und ich habe Freude gehabt an dem Unterricht und ich habe gesehen, daß auch die Studenten mit Freude dabei waren. Es war ein munterer und es war auch ein ernster Studienbetrieb. Meinetwegen hätte es noch lange so weitergehen können und ich hatte mich schon darauf gefaßt gemacht, mein Grab hier am Rhein zu finden!! Mit anderen Kollegen, die jetzt auch nicht mehr oder nicht mehr lange da sind, hatte ich Zukunftspläne – aber siehe da: Es fiel ein Reif in der Frühlingsnacht! Und nun ist das Ende gekommen und es scheint daran nichts mehr zu ändern zu sein. Wie sollen und wie können wir uns dazu stellen? Auch hier Aufstieg und Niedergang! Auch hier begegnen uns diese beiden Worte und ich möchte raten, daß wir auch hier, gerade hier, uns ganz schlicht unter sie stellen und es uns gefallen lassen: Gott widersteht den Hoffärtigen. Den Hoffärtigen? Das hatten wir uns nicht gedacht, daß dieses Wort uns gelten könnte, damals, als wir auf dem Höhepunkt unserer schönen Arbeit standen! und doch war gewiß auch damals viel Hoffart dabei. Ich zweifle nicht daran. Es war viel Selbstbewußtsein unter uns und der Gedanke gefiel uns gar gut, hier so etwas wie eine theologische Schule zu gründen. Und nun? ...

29 Siehe Bericht Dr. Wildt vom 13. 2. 1935, S. 144f.

30 ThEx 19, S. 15f. Dazu: Martin Eras, In Barths Bonner Hörsaal, a.a.O., S. 874ff. Teilnehmer M. Eras glaubte dort noch 30 Jahre später, Barths »lautere, väterlich-brüderliche Art verhinderte es, daß jemand von uns sich zum Angeber bei Parteistellen erniedrigte«. Ein Irrtum.

Weder Humburgs Brief noch das Telegramm von Präses Koch können Barth dazu bewegen, am kommenden Dienstag an der Sitzung des Reichsbruderrates teilzunehmen (Barth hat vermutlich Kenntnis erlangt von jenem Marahrens-Brief an D. Hesse vom 29. Dezember 1934). Er hält jetzt jegliche Verhandlung mit dem Marahrens-Regiment über seinen Fall für verlorene Zeit. Deshalb läßt er am 11. Februar Präses Koch wissen[31]:

... Nachdem mir eine Antwort auf unsere am letzten Dienstag vorgebrachten Anliegen an die VKL nicht zugekommen, nachdem mir dafür das beiliegende Dokument sichtbar geworden ist, durch das mir die Haltung der VKL in der Eidesfrage aufs neue schwer verständlich wurde, muß ich Sie freundlich bitten, mich in der morgen stattfindenden Sitzung des Reichsbruderrates zu entschuldigen ...

Am Montagabend spricht Barth auf einer Versammlung der Bekenntnisgemeinde in Mönchengladbach über das Thema: »Die Möglichkeit einer Bekenntnis-Union«. Der Reformierte Karl Barth kommt dort zu dem Schluß[32]:

... Ich meine, wenn wir das Vergangene und das Gegenwärtige nebeneinanderhalten, dann wird die Entscheidung darin bestehen, ob wir einig sind in einem Doppelten: Einmal darin, daß der bisherige Weg der Union nicht weitergegangen werden kann, daß uns diese alten Wege verrannt sind, daß wir hier Halt zu machen haben. Und zum anderen darin, daß in den letzten Jahren die Dinge geschehen sind, die wir eben aufzeigten: die Tatsache des Einbruchs der Irrlehre, die Tatsache des Widerstandes und die Tatsache der Barmer »Union«.
Wären wir einig darin, ich glaube, dann könnten wir miteinander Ja sagen zu der Möglichkeit einer echten und rechten Bekenntnisunion ... Jeder Schritt auf diesem Weg müßte unter allen Umständen ein Schritt sein, den wir nicht eigenmächtig tun, sondern den wir erkennen und auffassen müßten als einen Schritt, der uns wirklich befohlen ist. Jede weitere Einheit zwischen Reformierten und Lutheranern müßte eine gefundene nicht eine gesuchte Einheit sein ...

Aber bereits einen Tag später schon ist diese von Barth skizzierte Möglichkeit einer *Barmer Bekenntnis-Union* aussichtsloser denn je. In dem Bestreben, einen weiteren Punkt ihres Hitler angedienten Kirchenpapiers abhaken zu können, schließen die lutherischen Bischöfe Marahrens, Meiser und Wurm für deren Landeskirchen einen »Lutherischen Pakt«[33]. In der Präambel ihrer »Vereinbarung« vom 12. Februar 1935 fixieren sie ihre Gründe[34]:

31 AEKW.

32 EvTh 1935, S. 26ff.

33 Nach dem im geheimen Kirchenpapier geplanten und am 23. 11. 1934 besiegelten Sturz des Rates der DEK und dem dort geplanten, aber am 21. 12. 1934 gescheiterten Befriedungsakt mit den DC, erfüllten die Bischöfe mit dem »Lutherischen Pakt« schon vor der neuen Gaueinteilung die »Zusammenlegung der Landeskirchen gleichen Bekenntnisses«, gemäß Punkt I./3) des Hitler überreichten geheimen Kirchenpapiers.

34 Gauger, Chronik, a.a.O., S. 453 und 455.

... Wir haben uns daher entschlossen, uns innerhalb der DEK zu einer engeren Zusammenarbeit zu vereinigen. Wir wollen dabei die Kräfte des lutherischen Bekenntnisses zu verstärktem Einsatz bringen in der Überzeugung, daß gerade diese Kräfte Form und Inhalt der erneuerten DEK maßgebend werden bestimmen müssen. Wir glauben damit auch dem Verlangen und Anliegen aller evangelischen Deutschen und insbesondere aller lutherischen Kirchenglieder zu entsprechen. Zugleich dienen wir damit dem Gedanken der von dem Führer und Kanzler angestrebten und fortschreitend verwirklichten Einheit des Deutschen Volkes ...

In Berlin unternimmt an diesem Dienstag der schweizerische Gesandte, Minister Dinichert, »eine Demarche bei dem zuständigen Reichs- und Preußischen Ministerium für Wissenschaft, Erziehung und Volksbildung« im Zusammenhang mit der inzwischen verfügten Sperrung der Exmatrikulation für die mehr als zweihundert Bonner Studenten, die für Barth demonstriert und jene Erklärung vom 7. Dezember 1934 unterzeichnet hatten – darunter auch Studenten aus der Schweiz. Daraufhin wird der Rektor der Bonner Universität von Minister Rust angewiesen, »die zurückbehaltenen Studienausweise der in Frage stehenden Studierenden freizugeben und auf Wunsch die Exmatrikulation vorzunehmen«, zudem wird dem Gesandten der Schweiz »bedeutet, daß ein ursprünglich erwogenes Disziplinarverfahren gegen diese Studenten nicht in Frage komme«[35].
In Bad Oeynhausen berät der Reichsbruderrat nach dem Antrag der Reformierten, »Einberufung der Bekenntnissynode«, bereits den Punkt 3 der Tagesordnung: »Karl Barth«. Aus gegebenem Anlaß können die bischöflichen Gründer des »Lutherischen Paktes« und mehrere andere Lutheraner an dieser Oeynhauser Sitzung nicht teilnehmen. Im Vordergrund steht die Forderung Barths nach offizieller Übernahme der Verteidigung Barths durch den amtierenden Juristen der Vorläufigen Leitung, Dr. Eberhard Fiedler[36]:

Koch: Soll Fiedler ihn vertreten? Flor sagt: »Nein.« Wir können Barth jetzt nicht im Stich lassen. Andererseits ist die Urteilsbegründung rein politisch – mit Ausnahme einiger Stellen. 1) Ist für die Reformierten Fall Barth conditio für Rückkehr [in den Reichsbruderrat]? 2) Müssen wir uns öffentlich hinter Karl Barth stellen?
Humburg: Kann Fiedler für den *kirchlichen* Teil des Prozesses eingeschaltet werden?
Fiedler: Wir müssen die latent kirchlichen Fragen in diesem Prozeß in Aktualität bringen.
Asmussen: Reichsbruderrat soll völlig ausschließen, was vor Augen ist. Ich habe nie die Leute für so dumm gehalten, daß sie in Urteilsbegründung wesentliche kirchliche Dinge hineinbringen. Wird die Bekennende Kirche in Fällen, in denen es sich um Perfidien handelt, diese Dinge durchschauen und entsprechend handeln?

35 SB.
36 Kloppenburg-Protokoll Bl. 137–141.

Fiedler: Wir *wollen* für Barth eintreten. Aber mit kühlem Kopf. *Wie* machen wir es?

Link: Barths Stellung zum Dritten Reich ist Folge einer religiösen Haltung.

Fiedler: Aus dem Urteil: 1. Barth ist schweizerischer Staatsbürger, 2. angeschuldigt wegen a) Eid, b) Küppersbrief, c) in Bonn seit 1933 deutschen Gruß verweigert; eröffnet wegen a), hinzugekommen b) und c), die in Begründung in den Vordergrund gestellt werden. Sache b) ist schon vor einem Jahr untersucht, ohne daß Folgen gezogen wurden. c) Barth hat Vorlesung als gottesdienstliche Handlung angesehen. Im Wintersemester 1933 hat Barth sich beim Minister beschwert gegen Befehl in dieser Sache. Diese Beschwerde ist nicht beantwortet worden.

Urteil sagt: Barth im Dritten Reich nicht tragbar. Als Jugenderzieher unwürdig. 1) Hat Kirche ein Interesse daran, daß bei theologischen Gesprächen in hypothetischer Form bestimmte Fragen *verboten* sind? 2) Kann Kirche es sich sagen lassen, Barth sei als Jugenderzieher »unwürdig«? 3) Ist Vorlesung gottesdienstliche Handlung? 4) Ist der Satz: »Im nationalsozialistischen Reich ist nicht einmal die Möglichkeit zu einer Anordnung des Führers gegen Gottes Gebot« [gegeben, theologisch anzuerkennen? 5) Warum] hatte 1933 Minister auf Barths Brief keinen Anlaß zum Einschreiten genommen?

Arnim: Wir verlangen doch, daß man uns glaubt. Etwa wenn wir sagen, wir haben keine Reaktionäre. Der Staat will politisch aufräumen. Ist das Vorgehen gegen Barth nicht von daher bestimmt? Vorwurf: fahrlässige Unwahrhaftigkeit.

Bosse: Das hieße: ich muß Pfarrernotbund starkmachen.

Hahn: Nicht hundertprozentig mit Barth identifizieren.

v. Thadden: Aber etwas Charaktervolles tun! Fall liegt sehr ernst für uns.

v. Soden: 1. Barth hat mit niemandem vorher über Eidesprotest gesprochen. Er wollte der Katze die Schelle umhängen. 2. Das Verfahren lief sehr günstig. Eideserklärung konnte Verfahren nicht mehr hemmen. 3. Wir rieten deswegen zur Berufung. 4. Nun Begründung, die Sache aufs politische dreht. Damit [wird] die Bekennende Kirche in die Lage versetzt: wenn sie sich für Barth erklärt, erklärt sie damit das Recht solcher Äußerungen. 5. Barth fragt, ob wir auch jetzt noch Berufung wollen. Das Zeichen dessen sollte Auftrag Fiedler zum Verteidigen sein. 6. Wir müssen verlangen, daß ein Mann wie Barth *bleibt*. 7. Aber für Staat schwierig, wenn ein Nichtdeutscher mehr verlangt, als alle Berufskollegen. Andererseits sollen Privatgespräche nicht mehr zur Anklage werden. 8. Warum nimmt Barth SPD *nicht* tragisch, deutschen Gruß tragisch? 9. a) Gesuch an Minister machen. b) Stellung gegen bestimmte Stellen des Urteils. c) Frage, ob Barth Berufung einlegen soll, muß er selber entscheiden.

Kloppenburg: 1. Hier ganze Problematik des Berufsbeamtengesetzes. 2. Ehre der Kirche. Viele freuen sich, ihn anständig los zu werden. 3. Durch Karl Barth hat Gott in der Kirche gewirkt.

Sache der Dankbarkeit und Sache der Ehre. Es *muß* gesagt werden, daß Barths Sache wesentliche Sache der Kirche ist.

Thimme: Trotz allem ist Barth würdiger Lehrer, es *geht* um kirchliche Sache. Das muß die bekennende Kirche sagen und darf ihn nicht allein lassen. Tatkräftig und sichtbar decken und stützen.
Asmussen: Auch ich mache mir politische Stellung Barths nicht zu eigen. Aber was er bei Jacobi sagte, sagten andere auch . . . *Zuruf:* Aber jeder auf eigene Kappe! . . . Liebe ist auch Anerkennung des Gesetzes des anderen. – Für die süddeutschen Bischöfe sind wir auch eingetreten. So, wie der Bruderrat jetzt steht, muß er Mut aufbringen zu sagen: lege keine Berufung ein. Aber man könnte Antrag stellen: Im nächsten Rundbrief sagen wir: Barth *ist* ein würdiger Lehrer. Gesetz der Brüderlichkeit und Liebe auch anwenden, wo es Schwierigkeiten bringt. Das muß *real* werden. Das alles wäre ja nicht so schwierig, wenn nicht in Bekenntnissynode selber starke Agitation gegen Barth'sche Theologie [vorläge].
Putz: Kirchenregierung verletzt dann nicht die Brüderlichkeit, wenn sie einen Mann dem Disziplinarverfahren des Staates aussetzt, wenn er etwas verschuldet hat. Man kann auch sagen: habe ich's so dumm gemacht, dann nehmt mich zurück . . . 1) Wie können wir Karl Barth halten? 2) Wie vertreten wir die kirchlichen Anliegen? 3) Wie halten wir die kirchliche Ehre? Hitler gab denen, die etwas peniert hatten, seinen Rechtsanwalt. Kirche *muß* ihre Solidarität mit ihm beweisen. Warum hat Karl Barth sein Werk durch die politischen Äußerungen so gefährdet? Der Staat ist nur konsequent. Ich habe ja gerade von Karl Barth gelernt, daß kirchliche Lehre nicht zum politischen Urteil führt. Barth hat mir die natürliche Theologie ausgetrieben. Durch ihn kann ich als Mann mit goldenem Parteiabzeichen mit Asmussen und Immer zusammenstehen. Mein Gefühl sagt mir: Karl Barth muß unter allen Umständen durchgebracht werden. Mein anderes: darf ich das?
Fiedler: es sind Anträge [gestellt:] 1) Bruderrat fordert Karl Barth auf, Berufung einzulegen. 2) Bruderrat überläßt das Barth, sagt aber dem Staat: bedenke! 3) Bruderrat erklärt in irgendeiner Form, daß wir an Karl Barth als Mann der Kirche festhalten.
Pressel: mir geht's ähnlich wie Karl Barth. Ich stehe vor Parteigericht. Würde allerdings von meinen württembergischen Freunden verlangen, daß sie unter meinem Verhalten das religiöse sehen und *sich zu eigen machen.* Die Frage geht uns alle an. Wir sind alle in ihm angegriffen.

Am Ende spricht niemand mehr von Übernahme der Verteidigung Barths durch den amtierenden Juristen der Leitung der Bekennenden Kirche. Das Bekenntnis zu Barth und seiner theologischen Sache findet nur noch verbalen Ausdruck[37]:

Stellungnahme zum Fall Karl Barth
Die Evangelische Kirche und Theologie in Deutschland verdanken der Wirksamkeit des Professors der Theologie D. Karl Barth so Wesentliches,

37 AEKR. Rundbrief Nr. 33 vom 17. 2. 1935.

daß der Reichsbruderrat Barths weiteres Verbleiben in Deutschland um der Kirche, der evangelischen Theologie und des theologischen Nachwuchses willen für gefordert hält und die Vorläufige Kirchenleitung bittet, alles zu tun, um Professor D. Karl Barth Deutschland und der Deutschen Evangelischen Kirche zu erhalten.

Selbst die in diesem abschließenden Beschluß des Reichsbruderrates ausgesprochene Bitte an das Marahrens-Kabinett stellt letztlich eine deutliche Abschwächung seines Beschlusses II vom 3. Januar 1935 dar.

D 21
S. 299
Barth weiß noch nichts von dieser stillschweigenden Ablehnung seiner Forderung vom 5. Februar nach Übernahme der Verteidigung durch Dr. Fiedler, als er an diesem Dienstag Humburgs Brief vom vergangenen Samstag beantwortet[38]:

... Ob ich mich hinsichtlich meiner früheren Parteizugehörigkeit damals politisch geirrt habe oder nicht, das ist eine Frage, deren Erörterung hier zu weit führen würde. *Dagegen* aber habe ich mich immer gewehrt und muß ich mich nachträglich auch heute wehren, als hätte »die große Wahrheit der lebendigen Glieder der gläubigen Gemeinde« auch nur das geringste Recht gehabt zu der Erklärung, daß man als Christ zwar der DNVP oder DVP oder CVD, sicher aber nicht der SPD angehören dürfe. Wenn ich es aus bestimmten politischen Erwägungen heraus für richtig hielt, dies zu tun, so mag ich damit im Urteil des heutigen Staates als fehlbar dastehen, eine »Schuld« im ernsthaften christlichen Sinn kann ich in dieser Tatsache als solcher nicht erblicken ...

In Kenntnis des Briefes vom 9. Februar 1935 an Präses Humburg, durch den Barth die Vorläufige Leitung wissen ließ, »ohne die Erklärung, daß Dr. Fiedler mich vertreten wird, würde ich die eingelegte Berufung demnächst zurückziehen«, beschließt das Marahrens-Regiment am 13. Februar 1935 zum Ansinnen Barths:

Entschließung zu diesem Punkt bleibt, wie nach eingehender Besprechung festgestellt wird, vorbehalten, bis feststeht, ob Herr Prof. Barth die von ihm eingelegte Berufung durchführt.

Bereits an diesem Mittwoch liegt dem staatlichen Auftraggeber das Ergebnis der Bespitzelungsaktion vom Sonntag, dem 10. Februar 1935, vor, so daß Universitätsrat Dr. Wildt schon unter dem Datum des 13. Februar 1935 seinen dritten Bericht zum Fall Barth an den Reichskultusminister anfertigen kann[39]:

... In Rücksprachen mit dem Dekan Pfennigsdorf und Professor Stauffer habe ich angeregt, daß diese Tagung durch loyale Studierende besucht und mir darüber berichtet würde. Der mir durch die Vermittlung des Herrn De-

38 PGRS.
39 AUB.

kan Pfennigsdorf erstattete Bericht ergibt, daß auch in der Bibelauslegung durch Professor Barth über die »Hoffärtigen« zwar seine Angelegenheit stark erörtert worden ist, daß das aber keineswegs in einer aggressiven Form geschehen ist. Die Ausführungen sollen sogar resigniert geklungen haben, und auf mein ausdrückliches Befragen hin wurde mir erläutert, daß diese Resignation nicht den Eindruck gemacht hat, nun gerade erst recht zu Demonstrationen oder Ovationen für Barth anzuregen. Es wurde von Herrn Dekan Pfennigsdorf aus allem Vorstehenden gefolgert, daß Barth seinen Kampf mindestens zur Zeit nicht hier verschärfen wolle.
Ich habe festgestellt, daß die am Sonnabend, dem 10. Februar [9. Februar] 1935 fernmündlich erfolgte Sperrung der Exmatrikel der Unterzeichner der demonstrativen Erklärung vom 7. Dezember 1934 für Prof. Barth, mindestens einem Teil der Teilnehmer an der Godesberger Tagung am 10. Februar 1935, wahrscheinlich aber fast allen Beteiligten bekannt war und daß sie nicht öffentlich erörtert wurde.
Es besteht mithin Anlaß, anzunehmen, daß die erkennbare Absicht des Herrn Ministers, Maßnahmen zu ergreifen, abkühlend gewirkt hat. Soeben teilt mir fernmündlich der Rektor die mir noch nicht bekannt gewesene fernmündliche Weisung des Ministers mit, daß die Sperrung der Exmatrikel aufgehoben worden sei.
Ich glaube aber trotzdem für das noch schwebende Verfahren gegen Prof. Barth nicht von dem weiteren Versuch einer Feststellung, ob sein »Bibelkränzchen« politischen Charakter trug, absehen zu wollen und werde gegebenenfalls weiter berichten. –
Nach Vorlage der Reinschrift des vorstehenden Berichts erhalte ich noch die anliegende Niederschrift über die Godesberger Tagung, in der zur Erleichterung der Durchsicht die Bleistiftanstriche von anderer Seite und die Tintenanstriche von mir gemacht worden sind[40]. Wenn auch dadurch meine vorstehenden Berichtsausführungen über eine etwas resigniertere Grundhaltung Professor Barths in etwa bestätigt werden, so ergibt sich doch aber andererseits auch daraus, daß die Grundhaltung der Studierenden nur wenig an Angriffslust und Gegnerschaft gegen die deutsche Staatspolitik eingebüßt hat. Im Zusammenhang mit meinen vorstehenden Berichtsausführungen über die Anhaltung und doch spätere Ausfolgung der Exmatrikel bitte ich, auf die Ausführungen der Aufzeichnungen auf Seite 9 bei den 2 Tintenanstrichen am Rande hinweisen zu dürfen.
Zum Vergleich mit früheren Reden Barths füge ich noch eine mir von Prof. Stauffer zur Verfügung gestellte Aufzeichnung über eine Rede vom 1. Dezember 1934 an.
[gez.] Wildt

Als die schwachen Ergebnisse der Oeynhauser Beratung des Falles Barth im Rheinland bekannt werden, macht sich in Barmen Dr. Paul Schulze zur Wiesche, der neue **D 22**
S. 301

40 Dieser Bericht konnte bisher nicht aufgefunden werden.

Leiter der Rechts- und Verwaltungsabteilung der Rheinischen Bekenntnissynode, zum Sprecher der Kritiker der Organe der bekennenden Deutschen Evangelischen Kirche. In einem dreiseitigen Memorandum fordert der junge Jurist die taktierenden Theologen auf, nun endlich im Fall Barth Farbe zu bekennen[41].

I. Die Evangelische Bekenntniskirche muß sich zu Herrn Professor D. Karl Barth bekennen, weil er in den ihm im Urteil des Disziplinargerichts vorgeworfenen drei Fällen das Anliegen der Kirche wahrgenommen hat und für die Freiheit der Kirche gegenüber dem Totalitätsanspruch des Staates eingetreten ist . . .
II. Selbst wenn man als Theologe anderer Ansicht sein sollte – was innerhalb der Bekenntniskirche nicht möglich sein dürfte –, und man die Anschuldigungen gegen Barth als nur ihn angehend betrachtete, müßte man sich mit Rücksicht auf seine Person, aber lediglich aus Liebe zur Sache der Evangelischen Kirche zu ihm bekennen . . .
III. Dem Bekenntnis zu Professor D. Barth können und dürfen politische Erwägungen nicht entgegenstehen . . .
IV. Ein Bekenntnis zu Karl Barth bedeutet *jetzt*, daß die Bekenntniskirche ihm in seinem Disziplinarverfahren zur Seite steht . . .

Schon am Donnerstag, dem 14. Februar 1935, schickt Schulze zur Wiesche seine Denkschrift an den Präses der Bekenntnissynode der DEK, D. Karl Koch[42]:

Sehr geehrter Herr Präses!
Ich gestatte mir, Ihnen in der beiliegenden Schrift meine Stellungnahme zu der Verteidigung Karl Barths durch die Bekenntniskirche mitzuteilen; denn die Sache läßt mir keine Ruhe und ist nach meiner Auffassung eine Angelegenheit von grundsätzlicher Bedeutung, bei welcher alle Ansichten über die Person Barths zu schweigen haben.
Ich bitte Sie, zu erwägen, ob nicht doch Karl Barth von der Vorläufigen Kirchenleitung aus verteidigt werden kann. Ich meine, taktische Erwägungen müßten vollkommen ausscheiden. Dieser Fall ist gerade geeignet, zu bekennen, daß wir es ernst nehmen mit dem Kampf um die Freiheit der Kirche gegenüber dem Totalitätsanspruch des Staates.
Ich erlaube mir, die Bitte aussprechen zu dürfen, Ihre Stellungnahme zu meinem Schreiben zu erfahren[43].
Mit vorzüglicher Hochachtung!
[gez.] P. Schulze zur Wiesche

Präses Koch bittet daraufhin zwei Mitglieder des Reichsbruderrates – Dr. Reinold von Thadden und Professor D. Freiherr von Soden –, zu Barth nach Bonn zu reisen,

41 AEKW.
42 Ebenda.
43 Eine Antwort Kochs oder des Präsidiums der Bekenntnissynode der DEK ist bis heute unauffindbar. Auch Rechtsanwalt Dr. Schulze zur Wiesche konnte sich 1975 nicht mehr erinnern, ob Präses Koch auf seine Eingabe überhaupt reagiert hat (GSzW).

um ihm die Möglichkeiten und Grenzen der Bekennenden Kirche in seinem *politischen* Fall zu erläutern und ihn zu bitten, seine Verteidigung auf »eigene Verantwortung« zu führen. Indessen beantragt Otto Bleibtreu trotz der »festgefahrenen« Situation erst einmal am 16. Februar 1935 vorsorglich eine weitere Fristverlängerung zur Vorlage der schriftlichen Revisionsbegründung, »und zwar möglichst bis zum 3. März 1935«[44]:

. . . *Gründe.* Die Begründungsfrist war bereits durch Verfügung vom 1. d. M. bis zum 17. d. M. verlängert worden, läuft also – da der letztgenannte Tag auf einen Sonntag fällt – am 18. dieses Monats ab. Wider Erwarten hat der Angeschuldigte auch während der beiden letzten Wochen aus dringenden Gründen, die mit seinen künftigen Wirkungsmöglichkeiten im Falle der Zurückweisung der Berufung zusammenhängen, fast beständig von Bonn abwesend sein müssen. Bei der besonderen Eigenart des Falles legt er aber begreiflicherweise größten Wert darauf, auf die Ausarbeitung der Berufungsbegründung auch in den Einzelheiten entscheidenden Einfluß zu nehmen. Infolgedessen hat es sich leider trotz aller Bemühung nach der gestern abend erfolgten Rückkehr des Angeschuldigten als unmöglich erwiesen, die Begründung bis zum 18. d. M. fertigzustellen. Es bedarf hierzu vielmehr einer nochmaligen Fristverlängerung, und zwar möglichst um die beantragten zwei Wochen, da der Angeschuldigte in der kommenden Woche wiederum auf mehrere Tage verreisen muß.
Der Angeschuldigte bittet daher angesichts der dargelegten besonderen Gründe um eine nochmalige Verlängerung der Frist gemäß § 51 Abs. 2 BDStO. Es darf dazu noch bemerkt werden, daß eine unangemessene Verzögerung des Verfahrens dadurch kaum eintreten dürfte, da für den Fall, daß der Angeschuldigte die erst heute abgelaufene Frist zur Einlegung der Berufung voll ausgenutzt hätte, sich die gesetzliche Begründungsfrist ja auch noch bis Anfang März erstreckt haben würde.
[gez.] Bleibtreu
Gerichtsassessor

In der Bonner Universität stößt der politische Kommissar Dr. Wildt an diesem Sonnabend beim Studium der Barth-Akte auf ein möglicherweise prozeßentscheidendes Problem. Noch am 16. Februar unterrichtet er Minister Rust über seine Entdeckung[45]:

. . . Betr. Dienststrafverfahren gegen Professor Dr. Barth, Erlaß vom 26. November 1934.
Im nebenstehenden Erlaß ist das Dienststrafverfahren lediglich unter Bezugnahme auf die Eidesverweigerung eröffnet worden, wenn auch ein Erweitern des Beschlusses ausdrücklich vorbehalten worden ist. In der mit

44 HD.
45 AUB.

meinem Bericht vom 23. Januar 1935 – Nr. 569 – vorgelegten Zeitungsveröffentlichung des Vorsitzenden der Dienststrafkammer in Köln ist ausdrücklich gesagt: »Die Frage der Eidesleistung hat nur eine ganz untergeordnete Rolle gespielt«. In dem Urteil der Dienststrafkammer selbst ist dieser Satz tatsächlich in überraschender Weise noch sehr weit begründet und ausgeführt. Außer dem genannten Urteile habe ich keine Kenntnis der Dienststrafakten Barth, die sich schon vor meinem Dienstantritt in Berlin befanden; auch das Urteil ist mir lediglich einmal auf meine Bitte vom Ministerialkommissaren gezeigt worden. Ich bin infolgedessen nicht in der Lage, zu sagen, ob nicht in dem Dienststrafverfahren selbst durch eine Erweiterung des Eröffnungsbeschlusses weitere disziplinwidrige Tatbestände mit heran gezogen worden sind. Bei meinem nur kurz möglichen Durchlesen des Urteils kannte ich noch nicht den Einleitungsbeschluß und habe dabei nicht darauf geachtet, ob etwa in den Gründen des Urteils ein Hinweis auf eine Erweiterung des Einleitungsbeschlusses enthalten war. Wenn ich auch annehme, daß diese Erweiterung tatsächlich erfolgt ist, so möchte ich doch immerhin nach der mir soeben erst zufällig bekannt gewordenen Fassung des Eröffnungsbechlusses darauf hinweisen, da dann, wenn etwa der Eröffnungsbeschluß nicht erweitert worden sein sollte, schon deshalb beim 1. Disziplinarsenat des Preußischen Oberverwaltungsgerichts unter Umständen entscheidende formale Schwierigkeiten für die Durchsetzung der staatlichen Ansprüche sich ergeben könnten. Ich darf mithin Prüfung anheim stellen . . .

Am Sonntag, dem 17. Februar 1935, predigt Barth in der Unterbarmer Hauptkirche. Dort wiederholt er seine Predigt über die »Stillung des Sturmes«, die er am 3. Februar in der Gemarker Kirche nur vor Männern hatte halten können[46] – an diesem Sonntag nun vor den Barmer Frauen. Bis Dienstag bleibt Barth in Wuppertal. Am Montag beraten die führenden Männer des Reformierten Bundes in seiner Anwesenheit den Fall Barth. Es ist ein hartes Gespräch, das die Reformierten einer Zerreißprobe aussetzt[47]. Am nächsten Morgen glaubt der Moderator des Reformierten Bundes für Deutschland, D. Hermann Hesse, es sowohl Barth als auch den anderen Brüdern schuldig zu sein, zum Verlauf dieser Auseinandersetzung über den Fall Barth eine »private Erklärung« abzugeben, »betr. Politische Fragen um Herrn Prof. K. Barth«[48]:

46 Siehe Anm. 13, Kap. 8.

47 Gesprächsteilnehmer Prof. Dr. Heinrich Graffmann, damals Lehrer an der Theologischen Schule Elberfeld, am 6. 11. 1974 auf Anfrage des Verfassers: »Es ging um die Frage, ob der Kampf der BK sich nur gegen den Einbruch der DC in die Kirche oder auch gegen den NS-Staat richtete. Barth hatte sich in ›Theologische Existenz 1‹ gegenüber Hitler noch abwartend-zurückhaltend ausgedrückt, geriet aber schon bald in offene Gegnerschaft . . . Die führenden Leute der BK, auch Hesse, Humburg u. a. folgten ihm darin nur zögernd. Sie kamen ja durchweg von der konservativen Rechten oder bestenfalls vom Christl. Volksdienst. Sie wollten sich auch um ihrer kirchl. Stellung willen . . . politisch nicht gern exponieren. Das wäre damals gefährlich gewesen. Aus dieser Situation ist Hesses ›Erklärung‹ zu verstehen. Er wurde aber im Gefolge von Barth immer mutiger u. kam ja schließlich ins KZ« (KGr).

48 AEKW.

Vorbemerkung: Ich komme mir heute morgen vor wie einer, der zu einem Erkundungsflug über gefährlichem, unbekanntem Gelände aufgestiegen ist und der nach seiner Landung feststellen darf: 1) Die Maschine ist heil zurückgekehrt, 2) Es sind nicht schädliche Brandbomben, sondern nur harmlose Leuchtkugeln abgeworfen worden, 3) Das Ergebnis der Erkundung ist durchaus erfreulich und befreiend.

Erklärung

Herrn Prof. Barth und dieser Versammlung glaube ich folgende private Erklärung schuldig zu sein:

1) Mein Anliegen war im Sinn von 1. Petr. 2,18f., daß ein Christ auch im Bekennen vor Fürsten und Gewaltigen allein leide um des Gewissens und nicht um irgendeiner Missetat willen. Das könnte, recht verstanden, auch das Anliegen von Flor und Humburg gewesen sein, als sie fragten, ob das Kölner Urteil wirklich ganz und rein die Kirche angeht. Dies Anliegen gedachte ich vorzutragen, gereinigt von allem juristisch-diplomatischen Ballast.

2) Dies Wollen entschuldigt aber nicht meine schweren Mißgriffe, auf die ich hier kurz eingehen möchte. Es war unbedacht, das Gegenspiel von Geist und Fleisch hier überhaupt heranzuziehen, ohne daß klar genug betont wurde: hier kann nur gefragt werden, ob ein Bruder nach dem Fleisch oder nach dem Geist wandelt, aber hier darf nicht gerichtet und geurteilt werden. Richtig konnte an dieser Stelle nur ein Hinweis auf Römer 8,13 stehen. Und unter solchem Urteil würden dann wir alle stehen, wo auch immer unser politischer Standort sein möchte.

3) Mein zweiter schwerer Mißgriff war, daß ich über diese persönlichsten Dinge von Herrn Professor zu reden wagte, ohne vorher sorgfältig genug hingehorcht zu haben, was er wohl mit seiner früheren und jetzigen politischen Haltung gemeint haben könnte. Dann hätte ich nicht das falsche Zeugnis wider ihn geredet, daß er eine mehr oder weniger unverantwortliche Privatmeinung gehabt habe, unter deren verhängnisvollen Folgen jetzt die ganze Bekenntniskirche leiden müsse. Ich nehme dieses falsche Zeugnis in aller Form zurück und erkläre, daß Herr Professor uns gestern abend, für viele wohl geradezu im Sinn einer befreienden Richtigstellung, hat hineinblicken lassen in seine politische Verantwortlichkeit, die er als Staatsbürger, als Beamter und als evangelischer Christ hat und gehabt hat.

4) Ich bedaure aufrichtig, Herrn Professor durch diese Mißgriffe gekränkt zu haben. Aber trotz dieses Angriffs auf seine Ehre hat Herr Professor gestern abend nach der Regel Heiliger Schrift geantwortet: Ps. 141,5. Dafür möchte ich ihm von Herzen danken. Als Lehrer ist er dadurch für mich und wohl auch für viele andere nur noch größer geworden.

5) Es muß also festgestellt werden: die Befürchtungen, auf dem politischen Handeln von Herrn Professor möchte irgendwie der Bann einer unberechtigten Eigenmächtigkeit liegen, haben sich nach menschlichem Urteil als gegenstandslos erwiesen. Freilich sind hier noch eine Reihe von theologisch-politischen Fragen zu klären. Aber ich glaube sagen zu dürfen, daß

ein, will's Gott, fruchtbare Aussprache darüber bereits zwischen Herrn Prof. und seinen Schülern und Freunden begonnen hat.
6) Damit ist uns allen nun wieder durch die bewahrende Freundlichkeit des Herrn der Kirche möglich gemacht worden, mit ungeteilter und ungestörter Aufmerksamkeit zu lauschen auf die Warnung und Mahnung, die uns unser verehrter theologischer Lehrer gerade jetzt im Blick auf die gestern abend von den Herren Pastor Weber[49] und Pastor Immer angedeuteten kirchlichen Gefahren zu geben hat.

Nachdem der Streit des vergangenen Tages durch diese Erklärung des Moderators beigelegt ist, beraten die Mitglieder aus Moderamen, Verwaltungsrat der Theologischen Schule Elberfeld und Vorstand, sowie die Vertrauensmänner des Coetus Reformierter Prediger die Errichtung einer »Freien Fakultät« der reformierten Kirche Deutschlands mit dem Ziel, daß Barth dort – nach Scheitern der Revision – im Auftrage des Reformierten Bundes seine Vorlesungen und Seminare fortsetzen kann. Die Basis eines Lehrauftrages der Reformierten Kirche erscheint Barth jedoch im Blick auf die Ergebnisse der Bekenntnissynoden von Barmen und Dahlem als zu schmal. Barth berichtet über seine Gespräche im Basler Erziehungsdepartement und betont immer wieder, daß er nach negativem Ausgang in Berlin lieber jener Berufung aus Basel folgen werde, als – in Abweichung vom angestrebten Ziel einer Barmer Bekenntnis-Union – diesen schmalen, konfessionellen Weg einzuschlagen. Die lange Aussprache an diesem Dienstag wird nur durch wenige Sätze im Protokollbuch zusammengefaßt[50]:

Professor Barth: Die Frage der Fakultät muß behandelt werden unter völligem Ausschluß seiner Person. Er sieht nicht die Möglichkeit seiner Unterordnung an dieser Sache. Wenn er auch in zweiter Instanz verliere, könne seines Bleibens in Deutschland nicht mehr sein. Er führt das näher aus. D. Hesse dankt Professor Barth für alle Arbeit und Hilfe in der reformierten Theologie und Kirche.

Die Akten im Berliner Kultusministerium bestätigen die Befürchtungen des Bonner Universitätsrates Dr. Wildt: Der Einleitungsbeschluß vom 26. November 1934 wurde vom Minister nicht um die Punkte 2 und 3 der späteren Anklage erweitert. Aus diesem Grunde wird der Kölner Strafkammervorsitzende Scheerbarth zunächst einmal aus Berlin angewiesen, noch am 19. Februar 1935 Bleibtreus Antrag auf Fristverlängerung abzulehnen[51]:

Auf Ihr Schreiben vom 16. 2. 1935 in Sachen Professor D. *Barth* teile ich ergebenst mit, daß auf Grund eines Anrufes aus dem Ministerium dem Antrage um nochmalige Verlängerung der Begründungsfrist nicht entsprochen werden kann. Weitere Nachricht über die Abgabe der Akten an das Oberverwaltungsgericht wird Ihnen in den nächsten Tagen zugehen.
gez. Dr. Scheerbarth

49 Vermutlich Pastor Gotthilf Weber, Bad Oeynhausen.
50 Brief Hesse an Barth vom 28. 6. 1935.
51 HD.

Auf der Pfarrerversammlung am 21. Februar 1935 in Osnabrück berichtet Pfarrer Bodensiek über die letzte »Vertrauensmännerversammlung der Bekenntnisgemeinschaft Hannover« in Hannover. Der Fall Barth steht an erster Stelle[52]:

. . . Karl Barths politische Haltung ist nach dem Urteil des Disziplinargerichts in Bonn entscheidend für seine Absetzung gewesen. Der Bruderrat glaubte ihn in dieser Richtung nicht vertreten zu können und hat ihn darum gebeten, diese Seite der Angelegenheit als seine persönliche Sache anzusehen und persönlich seinen Prozeß weiterzuführen. Das Berechtigte dieses Wunsches des Bruderrates ist: Die Vorläufige Leitung nicht belastet zu sehen durch irgendwelche politischen Dinge. Das ist bei der Entscheidung ziemlich schwerwiegend ins Gewicht gefallen. Aus dem angeführten Grunde wollte man Barth bitten, seine Sache persönlich durchzuführen. Barths Sache ist eine Privatsache, man müsse sie herauslassen aus der Vorläufigen Kirchenleitung und aus dem Reichsbruderrat.
Duensing erklärt, jetzt können alle Kräfte eingesetzt werden, da eine Klärung der Lage darin zu erblicken sei, daß Karl Barth durch seine politisch querliegende Haltung ausgeschieden sei . . .

Das von Präses Koch initiierte Gespräch der beiden Reichsbruderratsmitglieder von Thadden und von Soden mit Barth in seiner Bonner Wohnung bestärkt Barth in der Auffassung, »meinen Sitz im Rat bzw. im Bruderrat der DEK nicht wieder einzunehmen«. Am 24. Februar 1935 teilt er Präses Koch dies – »nachdem ich mir seither alles noch einmal wohl überlegt habe« – als seine endgültige Entscheidung unter Angabe der Gründe schriftlich mit[53]:

52 AEKW. Während dieser Versammlung beklagt Pastor Klügel das theologisch-konfessionelle »Kuddelmuddel« des Ergebnisses der Oeynhauser Rüstzeit vom 17. 1. 1935 (siehe S. 124f.): »Die anderen hätten nicht gewußt wohin sie gehörten. Weil es in diesen Dingen zu einer Klarheit nicht gekommen ist, müssen wir versuchen, auf der vorgezeichneten Linie zu einer Klarheit zu kommen und herauszustellen suchen, wie die Auffassung von Kirche und Staat von dem lutherischen Gesichtspunkt aussieht. Die Haltung der Theologie von Karl Barth zum Staat sei immer eine negative gewesen.« Auf Grund solch »intakter« Kirchenpolitik der Hannoverschen Bekenntnisgemeinschaft schließen sich die lutherischen »Barthianer« noch enger als bisher im ›Osnabrücker Kreis‹ zusammen. Unter den Mitgliedern Richard Karwehl, Osnabrück, der schon 1931 die Kirche vor den Versuchungen des Nationalsozialismus in der von Barth herausgegebenen Zeitschrift ›Zwischen den Zeiten‹ warnte (ZZ, 1931, S. 519ff.: »Politisches Messiastum«). In der Festschrift zum 70. Geburtstag von Karl Barth dankte er Barth noch 1956 für die theologische Ermutigung, »von der im Worte Gottes gegründeten Freiheit zum Widerstand gegen die im ›Einvernehmen mit dem nationalsozialistischen Staat gebildete Kirchenregierung‹ Gebrauch zu machen. Hätten wir das doch nur noch rücksichtsloser und gründlicher getan! Nach dem *Zusammenbruch* im Jahre 1945 konnte sich die Kirchenleitung mit erstaunlicher Wendigkeit umstellen. Dieselben Prediger, die man zwölf Jahre lang zu nazifizieren suchte, wurden plötzlich von derselben Kirchenbehörde *ent*nazifiziert. Unter diesen Umständen ist es kein Wunder, daß das Stuttgarter Schuldbekenntnis hier ebensowenig wie anderswo ein deutlich vernehmbares ›Pater peccavi‹ ausgelöst hat« (Richard Karwehl, Was ich als lutherischer Prediger von Karl Barth gelernt habe, in: E. Wolf, Antwort, 1956, S. 903).
53 KBA.

. . . Angesichts dessen, was sich seit November zugetragen hat, kann ich mich der Einsicht nicht verschließen, daß die Wege sich tatsächlich wieder getrennt haben. Ich könnte in *dem* Bruderrat, der die derzeitige VKL gewollt und geschaffen hat und der sie ohne Legitimation durch die Synode auch fernerhin zu unterstützen gedenkt, nur als ein störendes und aufhaltendes Element tätig sein. Und ich meinerseits kann die Mitverantwortung für das, was der Bruderrat getan hat und tut und für das was darüber aus der ganzen Bekenntnissache notwendig werden muß, nicht übernehmen. Der Bruderrat wird seine jetzigen Absichten besser ohne mich als mit mir verwirklichen können und auch ich werde meinen besonderen Verantwortungen besser gerecht werden können, wenn ich auch äußerlich aus einer Bindung entlassen werde, die zu einer mir innerlich fremden geworden ist . . . Noch darf ich Ihnen mitteilen, daß ich die eingelegte Revision in meinem Disziplinarverfahren nun doch nicht zurückgezogen habe, sondern die Sache auf meine eigene Verantwortung und Gefahr unter Mitwirkung meines bisherigen Rechtsberaters zu Ende führen werde – ohne Erwartung eines positiven Ergebnisses, aber mit Rücksicht auf die vox populi, die, wie man mir von allen Seiten gesagt hat, diese Konsequenzen nun einmal von mir gezogen zu sehen wünscht. In non necessariis muß man ja, auch ohne von der Güte eines Unternehmens überzeugt zu sein, auch einmal nachgeben können . . .[54]

54 Damit braucht die Vorläufige Leitung nicht mehr auf ihren Beschluß vom 13. 2. 1935 zurückzukommen.

9. Kraftproben

Da Reichskultusminister Rust immer noch nicht auf das Schreiben von Staatssekretär Lammers vom 2. Februar 1935 reagiert hat, stellt der in der Reichskanzlei zuständige Referent die von ihm inzwischen gesammelten Informationen zum »Fall Karl Barth« am 27. Februar 1935 zu einem zweiteiligen Vermerk für seinen obersten Dienstherrn zusammen, »Betrifft: Eidesverweigerung des Professors *Barth* – Stellung kirchlicher Stellen zum Beamteneid und Amtswaltereid«[1]:

a) Eidesverweigerung des Professors Barth.
... Professor Barth hat gegen das Urteil Berufung eingelegt. Reichsminister Rust rechnet mit einer Berufungsverhandlung vor dem Oberverwaltungsgericht etwa im April. Er ist im Gegensatz zu dem Urteil der Dienststrafkammer Köln der Ansicht, daß die ursprüngliche Eidesverweigerung wieder in den Mittelpunkt der Anklage gestellt werden müsse. Diese Auffassung dürfte nicht richtig sein.
b) Stellung kirchlicher Stellen zum Beamteneid und Amtswaltereid.
Nach Mitteilung des Reichs- und Preußischen Ministers des Innern – R. K. 1687 – sind alsbald die erforderlichen Schritte unternommen worden, um die Erstattung der Gutachten seitens der theologischen Fakultäten zu verhindern, um die Oberkirchenrat Breit in bezug auf den auf den Führer und Reichskanzler zu leistenden Eid gebeten hatte[2]. Breit hat sich entschuldigt und versichert, daß ihm jede staatsfeindliche Einstellung fern gelegen habe. Reichsminister Frick hält weitere Maßnahmen zur Zeit nicht für erforderlich ...

Seit 1933 haben die Parteigänger der DC keine Gelegenheit versäumt, vor dem »undeutschen« und »staatsfeindlichen« Theologen Karl Barth zu warnen. Nachdem nun auch ihnen die Kölner Urteilsschrift bekannt geworden ist, nutzen sie den Fall Barth aus zu den bisher stärksten Angriffen gegen die Bekennende Kirche. Schnelle und weite Verbreitung im Reich findet die in hoher Auflage erscheinende Flugschrift des Bunzlauer Superintendenten Waldemar Lorenz mit dem Titel: »Warum wir die ›Bekennende Kirche‹ ablehnen«[3]:

1 BUK.

2 Die Fakultät Marburg hatte reagiert. Hans von Soden am 19. 12. 1934 an Breit: »Es ist nicht Sache des den Staatseid leistenden Beamten und es ist die Formel des Eides nicht der Ort, den Staat zu einer Erklärung über sein Verständnis von Totalität zu nötigen« (vgl. Angelika Gerlach, Die Kirche vor der Eidesfrage, S. 68ff.).

3 Erschienen Februar 1935 im Verlag Gustav Winter Nachf. Gnadenfrei in Schlesien.

... Weil Karl Barth ihr Mitbegründer ist und ihrer theologischen Grundlage, »Barmer Bekenntnis« genannt, das Gepräge gegeben hat.
Wer ist Karl Barth?
Barth, Theologieprofessor in Bonn a. Rh., ist Ausländer (Schweizer Nationalität), der seltsamerweise die deutsche dazu angenommen hat. Er war bis 30. 1. 1933 eingeschriebenes Mitglied der SPD. Er hat wörtlich erklärt, er sei nicht mehr SPD, weil es keine SPD-Organisation mehr gebe. Zwar hat er seine Loyalität gegen den Staat erklärt, aber von einer Änderung seiner Gesinnung ist nichts bekannt geworden. Er ist internationaler Pazifist[4]. Daher seine theologische und nationale Einstellung:

a) Er hat in der Universität den Hitlergruß verweigert. Von Studenten zu ihm gezwungen, hat er diesen lateinisch zugerufen: »Sündigt tapfer!«

b) Er hat im Blick auf den 30. Januar 1933 erklärt, es sei Theologie so zu treiben, als ob nichts geschehen wäre. Also für Theologie und Kirche ist es gleichgültig, ob über Deutschland der Sowjetstern oder Hitlers Hakenkreuz weht.

c) Er hat es feierlichst im Namen der Leitung der Reformierten Kirche als Irrlehre erklärt, wenn die Kirche Gott für Adolf Hitler dankt. Darum wohl hat auch die »Bekennende Kirche« Gott nicht für Hitler gedankt in ihrer Erklärung, mit der sie sich Deutschland und der Welt vorstellte, obwohl sie dabei Gelegenheit dazu gehabt hätte. Andernfalls hätte Barth und seine Reformierte Kirche nicht mitgemacht, und hätte man die »Bekenntnisfront« nicht zusammengebracht, die man vor der Öffentlichkeit darstellen wollte. Beten darf natürlich die Kirche nach Barth für den Führer, aber nicht danken.

d) Barth empfiehlt in seiner Auslegung des Römerbriefes 1933 Seite 467 den Christen als angebliche Auffassung des Apostels Paulus das Bestehende, nämlich Staat, Kirche, Gesellschaft, positives Recht, Familie, zünftige Wissenschaft *seelisch*[5] zu unterhöhlen und *auszuhungern* und zwar dadurch, daß man die Größen ohne Begeisterung gelten lasse. Denn sie lebten

4 Barth war kein Pazifist. Er bekannte sich nicht nur im Januar 1935 zur Verteidigung der Schweiz, sondern meldete sich auch 1940 freiwillig zum Militär. Aufsehen in der Welt und heftigen Widerspruch in der deutschen Bekennenden Kirche rief sein Brief vom 19. 9. 1938 an den Prager Theologen Professor Josef Hromádka hervor: »Ich wage zu hoffen, daß die Söhne der alten Hussiten dem allzu schlaff gewordenen alten Europa dann zeigen werden, daß es auch heute noch Männer gibt. Jeder tschechische Soldat, der dann kämpft und leidet, der wird dies auch für uns und – ich sage es jetzt ohne Rückhalt – er wird es auch für die Kirche Jesu tun . . . Eines aber ist sicher: Jeder nur menschenmögliche Widerstand muß jetzt an den Grenzen der Tschechoslowakei geleistet werden.« Die Leitung der Bekennenden Kirche konterte in ihrem Rundbrief vom 28. 10. 1938: »Mit dieser Erklärung hat Karl Barth den Weg verlassen, den er als Lehrer der Kirche einst gewiesen hat. Aus seinen Worten redet nicht mehr der Lehrer der Theologie, sondern der Politiker« (AEKR).

5 Barth in der 1. Auflage von 1919: »Der Staat aber mag sich mit seinen Sklaven und Verehrern dabei beruhigen, daß wir ihm vorläufig ›*nur*‹ die Seelen entfremden. Sollte er einst die Ge-

ja von der durch Feldpredigerschwung und feierlichen Humbug aller Art immer wieder zu nährenden Gläubigkeit der Menschen.

e) Barth hat im Oktober 1934 *Stadtarrest* gehabt, d. h. er durfte Bonn nur mit Genehmigung des Staates verlassen, weil er mit seinen theologischen Vorträgen im Ausland Deutschland geschadet hat. Der Staat hat Barth deshalb nicht wie andere sozialdemokratische Professoren abgesetzt, weil zu befürchten ist, daß alsdann deutsche Professoren in der Schweiz entlassen werden.

Die unter a bis d genannten Äußerungen Barths lagen bereits zur Zeit der Begründung der B. K. öffentlich gedruckt vor. Trotzdem haben ihre Väter, deutsche Theologen, darunter die Bischöfe D. Meiser und D. Wurm, es fertig gebracht, Arm in Arm mit diesem Undeutschen und unstaatlichen Manne das Reichskirchenregiment geistlich abzusetzen und von sich aus privatim die angebliche wahre Deutsche Evangelische Kirche zu gründen. Solchen Männern können wir nicht zutrauen, daß sie für deutsches Wesen, Sehnen und Bedürfen hinreichend Verständnis und Verantwortung besitzen. Es hilft Pfarrern, die sich zur B. K. halten, gar nichts, wenn sie persönlich Barth weithin ablehnen. Sie sind an ihn durch die B. K. solange gebunden, bis entweder sie sich von ihr trennen oder das »Barmer Bekenntnis« geändert wird . . .

Pastor Udo Smidt aus Wesermünde-Lehe unternimmt daraufhin den Versuch, mit einer Erinnerung an Barths »Notschrei« aus dem Jahre 1930, »Quousque tandem . . .?«[6], die Auseinandersetzung zu versachlichen[7]:

. . . Wir beabsichtigen mit dieser Gedächtnisauffrischung gewiß keine Lobrede auf Karl Barth. Es wäre nur gut, wenn man sich in den verschiedenen Lagern ganz nüchtern und ruhig einmal daran erinnern ließe, daß Karl Barth lange vor dem akuten Kampf doch recht »volksnah« und praktisch zu sagen verstanden hat, aus welchen Gründen und zu welchem Zweck er sich aufgerufen wußte. Wer ein inzwischen historisch gewordenes Dokument ohne Voreingenommenheit zu lesen vermag, wird – und wenn er Wilhelm Stapel oder Waldemar Lorenz heißt – hier keine politischen Ressentiments entdecken. Ebensowenig wird man aus den angeführten Sätzen die Lust am professoralen Theologengezänk heraushören. Ob Freund oder Feind – man wird nun einmal um die Feststellung nicht herumkommen, daß jene vor

fährlichkeit *dieser* Revolutionsmethode erkennen, dann wird's immer noch Zeit sein, uns als Märtyrer zu bewähren. Vorläufig leiden wir nicht in Gottes, sondern in eigener Sache, wenn wir um selbsterwählter Geistlichkeit und Dienstverweigerung willen leiden müssen« (S. 390f.).

6 Unter diesem Titel hatte Barth im Januar 1930 »unter Außerachtlassung aller professoralen Umständlichkeit, Rücksicht und Vorsicht« die »Führung« der evangelischen Kirche Deutschlands angegriffen (ZZ, 1930, S. 6).

7 RKZ vom 3. 3. 1935, S. 67ff.

fünf Jahren erhobene Warnung notwendig und richtig – und vor allen Dingen nicht übertrieben gewesen ist. Hier ist aus *kirchlicher Verantwortung* gesprochen und prophezeit. Diese Verantwortung hat sich in dem zum Teil dramatischen Ablauf der fünf Jahre wohl vertieft und konkretisiert, aber nicht verlagert . . .

Daß derartige beschwichtigende Bemühungen längst unwirksam sind, zeigt die »Erklärung der Siegener Deutschen Christen gegen Barth und Bekenntnissynode«[8]:

Evangelische Glaubensgenossen!
Barth, der Undeutsche, ist dienstentlassen, aber das Gift seiner Lehre, sein böser Geist, wirkt weiter.
Armer Bekenner, der sich Barths »Erklärung« verschreibt und noch eine rote Karte in seinem Hause beherbergt, an der Barthsches Gift klebt!
Gott helfe uns! . . .

Doch die Basis der Bekennenden Kirche läßt sich nicht einschüchtern. Der Bruderrat der Bekenntnissynode Siegen wehrt sich mit einem eigenen Flugblatt und bekennt sich zu Barths Theologie[9]:

. . . 1. Die bekennende Kirche ist in ihrer Lehre und Verkündigung nicht gebunden an die von Pastor Blecher so bekämpfte Theologie Prof. Barths, gebunden ist sie, wie sämtliche Gemeinden des Siegerlandes am 27. Januar in der Nikolaikirche in Siegen einmütig vor der Gemeinde bekannt haben, allein an die Heilige Schrift und an das Bekenntnis unserer Kirche. Sie dankt aber Prof. Barth, daß er durch seine Theologie sie die Schrift und das Bekenntnis von neuem und tiefer als bisher erfassen gelehrt . . .
2. Pastor i.R. Blecher hat u.W. nach seiner eigenen Angabe von Prof. Barths zahlreichen Büchern und Aufsätzen noch nichts gelesen; auch nach der Erklärung der DC kennt er nur einen Aufsatz über Barth und die Barmer Erklärung. Was für ein ungeheuerliches Unternehmen ist es, mit so überaus geringer Kenntnis einen theologischen Lehrer und seine ganze Lehre zu beurteilen und mit so sicheren und anmaßenden Worten zu verurteilen.
3. Wie kann ausgerechnet die Richtung, die nach ungezählten Erklärungen ihrer Glieder ganz neue, widerbiblische Glaubenssätze aufstellt (Verbindung von Glaube und Blut, neue Offenbarung außer der Schrift in der deutschen Geschichte usw.), ja weithin unsere evangelische Kirche an die sogenannte Nationalkirche verraten wollte, es wagen, sich zum Hüter der reformatorischen Bekenntnisse aufzuwerfen!?
4. . . . Prof. Barth ist der Theologe, der uns mit bisher unerhörter Kraft, Ernst und Einseitigkeit auf die Heilige Schrift, auf sie allein, auf die ganze

8 Wilhelm Niemöller, Karl Barths Mitwirkung im deutschen Kirchenkampf, in: EvTh 1954, S. 54.
9 AEKW; Flugblatt.

Schrift gewiesen hat . . . Nun sagen uns ausgerechnet die, die die Irrlehre von einer Offenbarung Gottes neben Christus erfunden haben, Prof. Barth und die Bekenntnissynode raubten Jesus die Ehre und die Anbetung . . .

Am 1. März 1935 wird Barth »auf dem Bahnhof in Bonn!«[10] amtlich eröffnet, daß die Staatspolizeistelle Köln über ihn ein »allgemeines Redeverbot erlassen« hat. In Berlin-Dahlem treten vom 4. bis 5. März 1935 die unierten Landeskirchen der Deutschen Evangelischen Kirche zu ihrer »Zweiten Bekenntnissynode der Evangelischen Kirche der altpreußischen Union« zusammen. Diese Synode beschließt ein »Wort an die Gemeinden«, das sich vordergründig gegen die »tödliche Gefahr« jener »neuen Religion« wendet, die in Rosenbergs »Mythus« von »Blut und Rasse, Volkstum, Ehre und Freiheit« abgöttische Begründung findet; doch diese Botschaft mündet in den auf den Fall Barth zielenden Schlußabsatz[11]:

. . . Darum muß die Kirche darüber wachen, daß die ihr durch Gottes Wort befohlene Fürbitte und Danksagung für alle Obrigkeit in der Wahrheit geschehe und nicht zu einer religiösen Verklärung und Weihung irdischer Mächte und Ereignisse werde.
Jeder Eid wird vor Gottes Angesicht geleistet und stellt die in ihm übernommene Verpflichtung unter die Verantwortung vor Gott. Der Eid findet seine Grenze darin, *daß allein Gottes Wort uns unbedingt bindet* . . .

Damit nimmt erstmalig ein bekenntniskirchliches Organ offiziell und öffentlich die von Karl Barth gestellte Eidesfrage auf und erteilt klare und verbindliche Weisung – eine Weisung, die sich mit der praktischen Beantwortung der Eidesfrage durch Karl Barth vollinhaltlich deckt.
Erst an diesem 5. März 1935 – viereinhalb Wochen nach Anforderung – überläßt Kultusminister Rust dem Führer und Reichskanzler die Barth-Akte zur Einsichtnahme »mit der Bitte um alsbaldige Rückgabe«[12] und bestätigt den Vermerk des Referenten der Reichskanzlei vom 27. Februar: »Ich rechne mit einer Berufungsverhandlung vor dem Oberverwaltungsgericht etwa im April.«
In Magdeburg tagt am Donnerstag, dem 7. März 1935, der Reichsbruderrat. Diesmal sind die Bischöfe Marahrens, Meiser und Wurm anwesend. Und die seit dem Führerempfang vom 30. Oktober 1934 auf »Einheit« und »Befriedung« programmierten Bischöfe suchen und erhalten einen – einstimmigen – Beschluß, der ihre Position für weitere Verhandlungen mit dem NS-Staat und den DC stärkt[13]:

10 Eberhard Busch, Lebenslauf, a.a.O., S. 272.

11 HD; Flugblatt. Vgl. dazu: Wilhelm Niesel, Um Verkündigung und Ordnung der Kirche, 1949.

12 BUK.

13 Kloppenburg-Protokoll Bl. 152. Marahrens im Einleitungsreferat: »Zeit der Privataktionen und Husarenritte muß vorüber sein. Ob die Reichssynode solcher Geschlossenheit dient, muß sehr ernsthaft erwogen werden. Es spricht vieles für Reichssynode. Es *muß* aller Öffentlichkeit sichtbar werden, daß hier eine geschlossene Front steht. Gott möge uns zu einer Tat führen, die er zu segnen vermag« (Kloppenburg-Protokoll Bl. 143f.).

Die Vorläufige Leitung der DEK und der Reichsbruderrat stehen unverrückt zusammen. Ihr gemeinsames Ziel bleibt unverändert. Wem die Sache Jesu Christi und seiner Kirche am Herzen liegt, stelle sich an unsere Seite.

Dann wählt der Reichsbruderrat sechs neue Mitglieder hinzu[14] und setzt einen »Arbeitsausschuß« ein[15], der u. a. auch eine dritte Bekenntnissynode der DEK vorbereiten soll.

Barth weilt an diesem Tage in Basel, wo seine Tochter Franziska den Basler Geschäftsmann Max Zellweger heiratet. Barth nutzt diesen kurzen Besuch in Basel, den dortigen Universitätsrat wissen zu lassen, daß er bereit ist, im Falle einer Bestätigung des Kölner Urteils durch die Revisionskammer, einen Ruf aus Basel anzunehmen. In Köln erteilt indes Strafkammervorsitzender Scheerbarth in der Strafsache Barth Nachricht über die Abgabe der Strafakten an das Berliner Oberverwaltungsgericht in gleichlautenden Schreiben an Barth und Bleibtreu. Demzufolge »sind die Akten heute dem Preußischen Oberverwaltungsgericht in Berlin Charlottenburg, Hardenbergstraße, zur Entscheidung übersandt worden. Ich ersuche daher, etwaige weitere Schriftsätze an die genannte Behörde zu richten.«[16]

Bereits am 8. März 1935 gibt der Chef der Reichskanzlei, Staatssekretär Lammers, die Barth-Akte an Minister Rust zurück mit der Bitte, »von dem Urteil des Oberverwaltungsgerichts mich in Kenntnis zu setzen«[17].

D 23
S. 304
In Ausnutzung des Vorteils, daß Barth noch keine schriftliche Begründung seiner Berufung gegen das Kölner Urteil eingereicht hat, und in der Erwartung, daß wegen Fristversäumnis diese nun ohnehin nicht mehr erfolgen kann, legt der von Rust beauftragte Beamte der Staatsanwaltschaft, Ministerialrat Kasper, am 11. März 1935 beim Berliner Oberverwaltungsgericht gegen Barths Revisionsantrag vom 16. Januar Widerspruch ein[18]:

. . . Ich halte die Berufung für unbegründet und beantrage, sie zu verwerfen.

Zur Begründung meines Antrages beziehe ich mich auf den Inhalt der Anschuldigungsschrift und die dort vorgetragenen Gründe. Das angefochtene Urteil stimmt mit diesen Gründen insoweit überein, als die Anschuldigungspunkte 2 und 3 in Betracht kommen. Hinsichtlich des Anschuldigungspunktes 1 widerspreche ich jedoch der Auffassung der Dienststrafkammer . . .

Der Arbeitsausschuß des Reichsbruderrates ist in seiner Sitzung am 13. März 1935 mit der Vorbereitung einer dritten Bekenntnissynode der DEK befaßt. Ausschußvorsitzender von Thadden berichtet schon nachmittags der Vorläufigen Leitung über die ersten konkreten Beratungsergebnisse. Tagungsort soll Augsburg sein, als

14 Stoevesandt, Schieder, Müller, Remé, Kremer und Otto.

15 Ihm gehören an: von Thadden (Vorsitzender), Schieder, Müller, Link, Kloppenburg und Asmussen.

16 HD.

17 BUK.

18 HD.

Termin schlägt der Ausschuß »Mittwoch, den 3. und Donnerstag den 4. April« 1935 vor[19].

Anderntags sendet Otto Bleibtreu seine umfangreiche Berufungsbegründung an das Berliner Oberverwaltungsgericht[20]: **D 24 S.306**

. . . Der Angeschuldigte bittet somit in allen Punkten, auf die die Dienststrafkammer seine Verurteilung gestützt hat, um eine nochmalige Nachprüfung der Frage, ob bei Berücksichtigung der besonderen Umstände, insbesondere der theologischen Gründe, auf die er sich zur Erklärung seiner Handlungsweise berufen hat und die in diesem Schriftsatz nochmals dargestellt sind, wirklich in seinem Verhalten dienststrafrechtlich zu ahndende Verfehlungen zu erblicken sind. Es will dem Angeschuldigten schwer in den Sinn, daß er sich durch gewissenhafte *Erfüllung* des ihm als Theologen erteilten Auftrags – der zwar selbst von der *Kirche* herrührt, zu dessen Ausführung ihn (den Angeschuldigten) aber der *Staat* durch Berufung in das Amt eines Professors der evangelischen Theologie bestellt hat – seine Amtspflichten *verletzt*, ja, daß er sich dadurch sogar der Achtung, des Ansehens und des Vertrauens, die sein Beruf erfordert, *unwürdig* gezeigt haben soll . . .

Die Anti-Barth-Propaganda zeigt Wirkung. Groß ist die Zahl der Fragen und Mahnungen an die Reichs- und Landesgeschäftsstellen der Bekenntnissynoden. Da schreibt beispielsweise Hans Dannhäuser aus dem Brüderhaus des Johannesstiftes in Berlin-Spandau am 15. März 1935 an Präses Koch[21]:

Sehr geehrter Herr Präses!
In ehrlichem Ringen um die Wahrheit über unsere Evang. Kirche u. die Wahrheit im kirchenpol. Kampf unserer Tage, wird mir von den Gegnern der Bekenntnisfront so manche »Tatsache« entgegengehalten was mir bis dahin noch nicht bekannt war und um dessen Prüfung nach Wahr- und Unwahrheit ich bemüht bin. Aus dieser Lage heraus gestatten Sie mir bitte folgende Anfrage:
Mir wird entgegengehalten, daß Prof. D. K. Barth bis 1933 Mitglied der SPD gewesen wäre und außerdem erklärt hätte, daß er gegenwärtig nur nicht Mitglied der SPD wäre, weil es in Deutschland keine SPD mehr gäbe[22]. – Es wäre für meine kirchenpolitische Haltung äußerst wertvoll, wenn Sie mir freundlicherweise über diese Behauptung Aufklärung geben würden. Ebenso gestatte ich mir, Sie zu bitten, mir mitzuteilen wie Prof. Barth, Sie, sehr geehrter Herr Präses u. damit die Bekennende Kirche, das

19 Wilhelm Niemöller, Die dritte Bekenntnissynode der Deutschen Evangelischen Kirche zu Augsburg. Text – Dokumente – Berichte, 1969, S. 15.
20 HD.
21 AEKW.
22 Siehe Barth-Brief vom 28. 1. 1934, S. 14.

Verhältnis zwischen Kirche und Staat sieht und erstrebt – vielleicht unter Angabe der Schriften, die diese Frage behandeln.
Ich wäre Ihnen für eine baldige Antwort dankbar.
Mit deutsch-evangl. Gruß
[gez.] Hans Dannhäuser

Die Bekenntnissynode der altpreußischen Union hatte es allen bekenntnistreuen Pfarrern und Predigern in ihren unierten Landeskirchen zur Pflicht gemacht, das »Wort an die Gemeinden« vom 5. März in den Gottesdiensten des 17. März 1935 von den Kanzeln zu verlesen. Die Führung des NS-Staates ist jedoch fest entschlossen, die öffentliche Verkündigung dieses Wortes, das die erste bekenntnissynodale Erklärung zum Führer-Eid enthält, zu verhindern. Alle Gestapo- und Polizeistellen im Reich werden von Marahrens-Freund Dr. Frick angewiesen, sich von den Predigern vor Beginn der Gottesdienste am Sonntag, dem 17. März[23], die schriftliche Versicherung geben zu lassen, daß sie dieses »Wort an die Gemeinden« nicht abkündigen werden. Bei Nichtbefolgung ist Verhaftung angeordnet. Ergebnis dieser ersten Staats- und Polizeiaktion gegen die Bekennende Kirche: 715 Pfarrer und Prediger werden im Zusammenhang mit dieser Synodalerklärung, welche zum ersten Mal Stellung nimmt zum Führer-Eid, verhaftet. Viele Polizeibeamte befolgen – z. B. am 16. März in Wuppertal – nur höchst widerstrebend den Befehl[24]:

. . . erschien der Polizist und bat sehr höflich um eine Unterschrift. Der Vorgang war ihm unangenehm, und als ich ablehnte, erklärte er mir sehr verbindlich – ich meine, er habe in der 3. Person mit mir gesprochen – daß ich mich in Schutzhaft genommen betrachten müsse. Er bat mich, mit ihm zur Wache zu gehen, aber ich möchte etwa 10–20 m vor ihm hergehen, es solle keine Aufregung im Volke geben. Auf der Wache war Dr. Kaiser schon anwesend und spielte mit den Polizisten Karten[25]. Der oberste Beamte erklärte mir bei meinem Eintritt, die unteren Organe seien bemüht, die »Sache möglichst zu umgehen«. Dann ließ man uns allein oder in Ruhe und wir verbrachten den »freien« Samstagnachmittag im guten Gesprach. Gegen Abend fuhr das Polizeiauto vor, um uns nach W.-Barmen zu bringen. Im gleichen Augenblick ging das Telefon. Dem eintretenden Polizeioffizier eröffnete unser Wachtmeister: »Die Pfarrer sind frei, eben durchgegeben.«

23 An diesem Sonntag, dem ›Heldengedenktag‹, verkündete Hitler in der Berliner Staatsoper die Wiedereinführung der Wehrpflicht. Hitlers militärpolitische »Proklamation an das deutsche Volk« erfolgte bereits am Tage zuvor; vgl. Alan Bullock, Hitler – Eine Studie über Tyrannei, 1961, S. 328 ff. Die Vermutung, das Verlesungsverbot stehe im Zusammenhang »mit der Verkündigung der Wiederherstellung der Wehrpflicht am gleichen Sonntagvormittag!«, ist durch Dokumente widerlegt (KKo).

24 Herbert Köhler, Neuwied, damals Pfarrer in Wuppertal, am 22. 5. 1976 in seinem Briet an den Verfasser (KKö).

25 Auf Anfrage des Verfassers vom 27. 5. 1976 bestätigt Dr. Johannes Kaiser, Wuppertal-Ronsdorf, mit Schreiben vom 15. 6. 1976 an den Verfasser die Ausführungen seines damaligen Kollegen Köhler (KJK).

Kaiser: »Schade, auf die Fahrt im Flitzer hatte ich mich gefreut.« Auf dem Markt hatten sich inzwischen viele Leute eingefunden. So mußten wir noch eine Zeit lang warten, bis wir gehen durften ...

Doch nahezu fünfhundert Prediger bleiben über Sonntag hinaus in den Gefängnissen. Am Montag protestiert Präses Koch und ruft die Gemeinden zur Fürbitte auf[26]:

Fast fünfhundert Pfarrer der evangelischen Kirche der altpreußischen Union sitzen in Haft. Sie hatten Weisung, das Wort ihrer Bekenntnissynode gegen das Neuheidentum den Gemeinden bekanntzugeben. Das Wort der Kirche an die Glieder, das zu sprechen das Evangelium sie verpflichtet, ist dadurch unterbunden. Gott hat uns in die Bruderschaft gestellt. Leidet ein Glied, so leiden alle, die Glieder sind. Das hat sich bewährt, als die süddeutschen Kirchen in Bedrängnis waren, das soll auch jetzt gelten. Wir beten für die leidenden Brüder, ihre Familien und die verwaisten Gemeinden. In den Gottesdiensten wollen wir um die Freiheit des Wortes Gottes beten. Sorget nicht! Die Rechte des Herrn behält den Sieg!

Doch die süddeutschen Bischöfe Meiser und Wurm, an deren Bedrängnis und Befreiung durch die Solidarität der Dahlemer Synode der Präses in seinem Aufruf erinnert, lassen sich dann zwar auch am Dienstag, dem 19. März 1935, zu einem Brief an Innenminister Frick herbei, distanzieren sich jedoch eingangs von dem Alleingang der Preußen-Synode[27], obwohl auch Präses Koch selber von Haft bedroht ist[28]:

... Diese Ansprache ist ohne Fühlung mit uns beschlossen und formuliert worden, eine Verlesung deshalb nicht in Aussicht genommen. Nachdem aber die Verlesung der Ansprache und die staatlichen Maßregelungen gegen die Geistlichen, die sie vorgenommen haben, großes Aufsehen erregt haben, sehen wir uns auch zu folgender Erklärung veranlaßt ...

Unterdessen werden die Geschäfte der Bekenntnissynode der DEK in Bad Oeynhausen von Gotthilf Weber weitergeführt. So antwortet Weber am 18. März 1935 dem verunsicherten Hans Dannhäuser aus dem Berliner Johannesstift[29]:

Sehr geehrter Herr Dannhäuser!
In einem Brief vom 15. März stellen Sie uns eine Frage wegen der politi-

26 Gauger, Chronik, a.a.O., S. 485.

27 Dabei hatte die Vorläufige Leitung bereits am 21. 2. 1935 selber eine »Kundgebung ... *gegen das neue Heidentum* in Deutschland« veröffentlicht, auf die sogar das »Wort an die Gemeinden« einleitend Bezug nimmt (Gauger, Chronik, a.a.O., S. 459). Die Botschaft der Synode weicht allerdings in einem Punkte von der Kundgebung der VKL ab: Sie greift im Schlußabsatz die Eidesfrage auf.

28 Kloppenburg-Protokoll Bl. 154ff. In der hektischen Nachtsitzung des Reichsbruderrates vom 19. 3. 1935 berichtete Lücking um 24 Uhr: »In derselben Nacht Eingreifen der Polizei ... Alle intellektuellen Urheber sollten in der Nacht zum 19. verhaftet werden.«

29 AEKW.

schen Haltung von Herrn Professor D. Karl Barth. Es stimmt, daß er bis 1933 Mitglied der SPD war. Wir möchten aber in diesem Zusammenhang darauf hinweisen, daß daraus keine kirchl. Disqualifizierung gefolgert werden darf und zwar aus grundsätzlichen theologischen Überlegungen, die es verbieten, daß für irgendein politisches Programm, sei es welches es wolle, die Christlichkeit in Anspruch genommen werden kann. Alle politischen, d.h. menschlichen Programme sind schlechtweg geschieden und unterschieden von dem, was Gott will. Das trifft nicht nur zu für die politischen Theorien des Marxismus, sondern auch für alle anderen. Die Kirche kann nicht, ohne sich selber aufzugeben, von ihren Gliedern ein politisches Glaubensbekenntnis verlangen. Sie dürfen weder aus der Begeisterung für das 3. Reich, noch aus einem politischen Ressentements gegen den Nationalsozialismus heraus handeln und reden. Sondern ihre Haltung ist ganz und gar bestimmt durch den in der Schrift uns bezeugten, in Jesus Christus geoffenbarten Gotteswillen.
Von da her ist auch das Verhältnis der Bekennenden Kirche zum Staat bedingt. Es ist ein für allemal festgelegt durch Römer 13, das uns lehrt, in der staatlichen Obrigkeit die gute Ordnung und Gabe Gottes zu sehen, andererseits uns aber an den Totalitätsanspruch Gottes bindet durch den all unser Gehorsam gegenüber der Obrigkeit begründet und begrenzt wird. Sollten Sie sich näher über das Verhältnis von Staat und Kirche, wie es von der Bekennenden Kirche her gesehen wird, orientieren wollen, so empfehle ich die Schrift »Reformation oder Restauration?«, in welcher die Vorträge einer Rüstzeit der Bekennenden Kirche enthalten sind, darunter auch zwei Vorträge über das Verhältnis zum Staat. Die Schrift ist zu beziehen im Kommissionsverlag E. Müller, Wuppertal-Barmen (Preis 70 Pf.).
Von einer Äußerung Barths, daß er auch jetzt noch Mitglied der SPD wäre, wenn diese noch bestünde, ist mir nichts bekannt. Es ist geboten, allen solchen Äußerungen gegenüber strengste Vorsicht walten zu lassen . . .

An diesem Montag schickt Barth dem Präses der Rheinischen Bekenntnissynode, D. Paul Humburg, eine Durchschrift der Berufungsbegründung[30]:

Lieber Herr Pastor!
Ich sende Ihnen hier einen Durchschlag der von Herrn Assessor Bleibtreu verfaßten Verteidigungsschrift in dem Wortlaut, wie sie jetzt dem Oberverwaltungsgericht vorliegt. Sie können jeden Ihnen wünschbar erscheinenden Gebrauch davon machen und es ist mir sogar recht, wenn die Sache vervielfältigt und allen denjenigen Stellen zugesandt wird, in deren Hände die Urteilsbegründung von Köln durch Sie gekommen ist.
Mein Kollege Wolf hat mir von Ihren Vorschlägen betr. Rechtsanwalt Holstein und theol. Sachverständigen (Beckmann?) gesprochen. Ich glaube

30 PGRS.

doch, daß beides praktisch für mich nicht mehr in Frage kommt. Im Einzelnen will ich Ihnen das lieber einmal mündlich erklären. Für Ihre persönliche Anteilnahme danke ich Ihnen herzlich.
Mit den besten Grüßen . . .

Weil die Bruderräte auf Reichs-, Landes- und Gemeindeebene gegen die Staatsaktion des 17. März protestieren und von den örtlichen Polizeibehörden bis hin zum Reichsinnenministerium die Freilassung der verhafteten Prediger fordern, sieht sich Reichsinnenminister Frick zu Verhandlungen mit Repräsentanten der Preußensynode gezwungen. Die Preußensynode entsendet ihre Mitglieder Präses Koch, Lücking und von Thadden. Während der Endphase der Verhandlungen wird auch Bischof Marahrens hinzugebeten. Und wie wenig es dem Hitler-Staat bei Anordnung der reichsweiten Polizeimaßnahmen um die Angriffe der Preußensynode gegen das »Neuheidentum« gegangen ist – dagegen hatte sich ja bereits am 21. Februar 1935 die Vorläufige Leitung der DEK in einer öffentlichen Kundgebung ausgesprochen, ohne daß der NS-Staat darauf reagiert hatte[31] –, als vielmehr um jene Schlußpassage des »Wortes an die Gemeinden«, die sich im Sinne Barths mit der Eidesfrage befaßt und damit dem Totalitätsanspruch des Führer-Staates deutliche Grenzen setzt, zeigt der am Ende ausgehandelte Kompromiß:
Nahezu alle verhafteten Prediger werden bis zum 22. März 1935 wieder entlassen, und das inkriminierte »Wort an die Gemeinden« darf sogar in den Sonntagsgottesdiensten des 24. und 31. März 1935 ungekürzt, unverändert und von Staatsorganen unbehindert von den Kanzeln im Bereich der unierten Landeskirchen verlesen werden – allerdings *nur unter der ausgehandelten Bedingung*, daß im Zusammenhang mit der Verlesung den Gemeinden mitzuteilen ist[32]:

Zu diesem Wort hat der Präses der Bekenntnissynode der evangelischen Kirche der altpreußischen Union dem Herrn Reichsinnenminister in persönlicher Aussprache dargelegt, daß dieses Wort sich lediglich gegen die neuheidnische Religion wendet und vor der hier für Volk und Staat drohenden Gefahr warnen will.

Damit ist der Schlußabschnitt des »Wortes an die Gemeinden« mit der Erklärung zum Führer-Eid unter ganz besonderer Mitwirkung von Bischof Marahrens[33] politisch neutralisiert und die ärgerliche Störung laufender, neuer Geheimverhandlungen des Marahrens-Regimentes mit dem NS-Staat beseitigt. Denn schließlich wird zur Zeit in lutherischen Kreisen der Bekennenden Kirche hinsichtlich des Eidnehmers Adolf Hitler ernsthaft erwogen, dem Diktator das Amt eines summus episcopus, das oberste Bischofsamt der Deutschen Evangelischen Kirche anzubieten[34].

31 Siehe Anm. 27, Kap. 9.
32 Gauger, Chronik, a.a.O., S. 485.
33 Eberhard Klügel, Die lutherische Landeskirche Hannovers und ihr Bischof 1933–1945, 1964, S. 190: »Als die Abkündigung des Rats der Altpreußischen Union über das Neu-Heidentum, *die ohne vorherige Fühlung mit der VKL ergangen war*, am 17. März 1935 zu einer Verhaftungswelle im ganzen Gebiet der Altpreußischen Union führte, setzte sich mit anderen auch die VKL – insbesondere D. Marahrens – *wirksam für ihre Freilassung ein.*«
34 Oberstes Leitungsamt der preußischen Landeskirchen, das bis 1918 der deutsche Kaiser,

Inzwischen hat Präses Humburg Otto Bleibtreus Revisionsschrift in der laufenden Strafsache Barth beim Verlag des Westdeutschen Jungmännerbundes in Wuppertal-Barmen drucken und – Barths Wunsch vom 18. März entsprechend – all den Stellen und Personen zuschicken lassen, die auch die Kölner Urteilsschrift erhalten oder auch nur gelesen haben. Als Barth am 26. März nach seiner Ankunft in Siegen hört, daß Präses Humburg Bleibtreus Berufungsschrift als Broschüre von 31 Seiten hat *drucken* lassen, fordert er Humburg auf, diese Art der Vervielfältigung und Weitergabe des Dokumentes eines laufenden Prozesses sofort zu stoppen. Auf Weisung von Präses Humburg schreibt dessen Pfarrhelferin N. Berger in Barmen noch am 26. März an alle Empfänger der Druckschrift die gleichlautende Nachricht[35]:

Sehr wichtig!
Im Auftrage von Herrn Pastor D. Humburg, auf dessen Veranlassung Ihnen heute die Verteidigungsschrift für Herrn Professor D. Karl Barth in einem oder auch mehreren Exemplaren zugegangen ist, soll ich Ihnen dringend mitteilen, daß *kein Stück* von diesen Schriften aus der Hand gegeben werden darf, sondern alles streng vertraulich beiseitegelegt werden muß, da nachträglich festgestellt worden ist, daß es nur zum Schaden des betreffenden Herrn gereichen kann.

Zur Eröffnung der Zweiten Freien Reformierten Synode, vom 26. bis 28. März 1935 in Siegen, predigt Barth um 20 Uhr in der Siegener Nikolaikirche über 2. Mose 20,4–6[36]:

... Und nun sind wir in unseren Tagen ernstlich erschrocken angesichts der fast unzweideutig gewordenen Tatsache, daß im deutschen Volk wieder einmal eine mächtige Bewegung entstanden ist zur Herstellung, zur Anbetung und zum Dienst eines eigenmächtig entworfenen Gottesbildes. »Wieder einmal«, sage ich, denn das deutsche Volk war immer ein besonders tiefsinniges und schöpferisches Volk, dem die Versuchung, nach Herzenslust zu einer Gestalt, zu einem Bildnis und Gleichnis nach dem Vorbild der Schöpfung in Natur und Geschichte seinen Gott sich zu formen, immer besonders nahe lag. Ich brauche den Grundriß und die Materialien, die heute zu diesem Unternehmen dienen sollen, nicht mehr besonders zu nennen. Die bekennende Kirche hat ein gutes, klares und entschiedenes Wort dazu gesagt und in der Haltung dieses Wortes wird sie diesem Unternehmen gegenüber unter allen Umständen und was da kommen mag beharren müssen.

als König von Preußen, innehatte. In der Sitzung des Arbeitsausschusses am 21. 3. 1935 wußte Putz, der als Gast teilnahm, zu berichten: »Meiser empfindet, daß dies Faustschlag in Verhandlungen hinein ist.« Marahrens: »Ich fürchte, die Hannoversche Bekenntnisgemeinschaft kann jetzt nicht mehr mit Preußen« (Kloppenburg-Protokoll Bl. 160).

35 AEKW.

36 ThEx 22, S. 43 ff. Da Barth seit dem 1. März 1935 mit einem Redeverbot belegt war, kündete Karl Immer den Prediger in seinem Coetusbrief vom 19. 3. 1935 vorsichtigerweise mit dem Nachsatz an: »Die Predigt am Dienstagabend wird barba halten.«

Aber gerade wenn es damit hoffentlich uns allen ernst ist, dann gilt es zu bedenken: die bekennende Kirche wird dem neuen Bilderdienst gegenüber nur in dem Maß ernsthaften und siegreichen Widerspruch einlegen können, als sie nicht etwa heimlich oder offen selber daran beteiligt ist. Sie wird nicht befähigt sein, heute das zweite Gebot zu verkündigen, wie es jetzt allerdings mit aller Macht geschehen müßte, wenn sie sich von den anderen etwa bloß dadurch unterscheidet, daß sie dasselbe Gottesbild, um das es dort geht, noch um einige Züge aus dem Alten und Neuen Testament und aus der Erinnerung an Luther bereichert oder wenn sie seine Anbetung und Verehrung nur etwas matter als die anderen und mit einigen Vorbehalten betreibt. Sie wird aber auch dann nicht zu dieser Aufgabe befähigt sein, wenn sie dem Irrtum heute nichts Besseres als ein anderes von Menschen geschaffenes Gottesbild entgegenzuhalten hat, das nun eben ihr eigenes ist: ein altes Ideal von Landeskirche oder ein neues Ideal von Freikirche, das Gespenst eines lutherischen oder reformierten Konfessionalismus oder auch das Gespenst der wahrscheinlich dem Untergang geweihten Moral und Weltanschauung des Bürgertums des 19. Jahrhunderts. In allen diesen Zeichen werden wir sicher nicht siegen . . .

Laßt mich noch ein ganz persönliches Wort sagen: ich denke, daß heute abend auch mehr als einer von den jungen und jüngeren Streitern der bekennenden Kirche, junge Pfarrer, Vikare, Kandidaten und Studenten in unserer Mitte sind. Viele von uns Älteren haben uns gefreut an der Haltung, die sie in dieser gerade für sie so versuchungsvollen und harten Zeit an den Tag gelegt haben. Aber laßt mich euch das Eine sagen: Ihr werdet doch nur dann recht kämpfen und schließlich gekrönt werden, wenn ihr gerade auch alle Gottesbilder, vor allem auch die der Theologie – auch die der Theologie, die ihr bei mir gelernt habt – von euch tut, um ganz frei zu werden für das Wort Gottes selber. Gefangene eines Prinzips und Systems, heiße es, wie es wolle, sind dem Kampf gegen den Götzendienst nicht gewachsen, weil sie selber noch Götzendienst treiben. Laßt euch, ich bitte euch darum, durch eine rechte Theologie auch von der Theologie befreien, damit ihr ganz Diener Christi seid . . .

In dem Wissen, daß Barth sich einer schmalen, konfessionellen Lösung des Hochschulproblems angesichts der Möglichkeit einer Barmer Bekenntnis-Union versagen wird, faßt die reformierte Siegener Synode nach tagelangen Beratungen einen Grundsatzbeschluß in Sachen Hochschule[37]:

Die Kirche hat den Auftrag, das Wort Gottes lauter und unverkürzt zu verkündigen. Daraus erwächst ihr die Aufgabe, die künftigen Prediger heranzubilden und die Reinheit und Gesundheit der kirchlichen Verkündigung immer neu zu erforschen und zu prüfen.

Die Ausübung ihres Lehrauftrages, die bisher an den theologischen Fakultä-

37 K. D. Schmidt, Bekenntnisse 1935, a.a.O., S. 82f.

ten der staatlichen Hochschulen erfolgte, ist heute nahezu unmöglich gemacht. Wird aber die Lehre verfälscht oder läßt man sie verkümmern, so entartet die Verkündigung zur Menschenweisheit und die Gemeinde verfällt dem geistlichen Tod.

Darum beschließt die Zweite Reformierte Synode: Angesichts dieses Tatbestandes muß die Bekennende Kirche die Errichtung einer Hochschule für reformatorische Theologie in die Wege leiten. Diese kirchliche Hochschule für reformatorische Theologie hat die Aufgabe, die künftigen Prediger und Lehrer der Kirche für die Verkündigung des göttlichen Wortes in den Gemeinden des reformierten und lutherischen Bekenntnisses vorzubereiten. Die Erforschung und die Prüfung der kirchlichen Lehre soll durch gemeinsame Arbeit der Lehrer beider evangelischen Bekenntnisse gefördert werden.

Synode bestellt einen Ausschuß mit der Vollmacht, sofort alle geeigneten Schritte zu Errichtung der Hochschule zu tun. Insbesondere wird er beauftragt, mit dem Bruderrat der Evangelischen Kirche der altpreußischen Union und anderen Stellen der Bekennenden Kirche zu gemeinsamer Erfüllung dieser Aufgabe in Verbindung zu treten.

Das Berliner Büro der amerikanischen Nachrichtenagentur United Press verbreitet am Donnerstag, dem 28. März 1935, eine Meldung, die in der Welt großes Aufsehen erregt:

Summus Episcopus Adolf Hitler?

Berlin, 28. März. United Press. Wie die United Press erfährt, ist im Verlauf der Kirchenverhandlungen die Möglichkeit erwogen worden, eine staatliche Kontrolle über die Protestantische Kirche in der Weise herzustellen, daß Hitler ersucht würde, den Titel eines *Summus Episcopus* der Kirche anzunehmen, wie ihn früher die preußischen Könige trugen. Hitler würde dann seine Vollmachten einem Gremium oder einer Behörde übertragen. Die Anhänger dieses Gedankens sind der Meinung, daß es Hitler als oberstem Kirchenführer gelingen würde, den Kirchenstreit in Kürze zu beenden. Das Haupthindernis für solche Pläne liegt jedoch im Katholizismus Hitlers. Man glaubt daher nicht, daß Hitler sich entschließen wird, die oberste Kirchenführung zu übernehmen, hält es jedoch für möglich, daß er die Bildung einer besonderen Kirchenbehörde zur Regelung der kirchlichen Angelegenheiten begünstigen würde.

Otto Bleibtreu erfährt am Freitagmorgen in Bonn von Charlotte von Kirschbaum, daß Präses Humburg einen *Druck* seiner Revisionsschrift veranlaßt hat und daß schon etliche Exemplare davon verschickt sein sollen. Bleibtreu hält das für einen unzulässigen »Eingriff in ein schwebendes Verfahren« und ruft noch am 29. März 1935 seinen Kollegen Schulze zur Wiesche in der Geschäftsstelle der Rheinischen Bekenntnissynode an. Die beiden Juristen kommen überein, daß sich Bleibtreu schriftlich absichern und bestätigen lassen muß, daß die Drucklegung »ohne B-S und mein Wissen« vorgenommen wurde. So schreibt Otto Bleibtreu am 1. April 1935 an den Präses der Rheinischen Bekenntnissynode[38]:

Sehr geehrter Herr Pastor!
Als juristischer Berater von Herrn Professor D. Barth gestatte ich mir Ihnen folgende Mitteilung zu machen, zu der ich mich im Interesse meines Mandanten für verpflichtet halte.
Wie ich in diesen Tagen erfahre, haben Sie mit Herrn Pastor Immer zusammen die von mir in der Strafsache gegen Herrn Professor Barth verfaßte Berufungsbegründung drucken lassen und eine ziemlich große Zahl von Druckexemplaren an Freunde von Herrn Professor Barth übersandt. So sehr ich selbstverständlich dankbar anerkenne, daß Sie dadurch der Sache Professor Barths haben nützen wollen, so muß ich Ihnen doch im Interesse meines Mandanten ausdrücklich erklären, daß ich diese Verbreitung der Berufungsbegründung in Druckform, die ohne Herrn Professor Barths und mein Wissen und Willen erfolgt ist, für sehr bedauerlich halte. Es gilt vom juristischen Standpunkt aus als unzulässig, während eines noch schwebenden Verfahrens dem Gericht überreichte Schriftsätze in einer solchen Weise wie es hier geschehen ist, zu vervielfältigen und zu verbreiten. Für die Verteidigung von Herrn Professor Barth in der Berufungsinstanz könnten daraus unerwünschte Schwierigkeiten erwachsen.
Ich bitte Sie daher, von einer weiteren Verbreitung der Druckabzüge unter allen Umständen abzusehen und, soweit möglich und nötig, auch die Empfänger der bereits versandten Druckexemplare entsprechend zu benachrichtigen.
Mit vorzüglicher Hochachtung
Ihr sehr ergebener
[gez.] Bleibtreu

Präses Humburg antwortet Otto Bleibtreu am 6. April 1935[39]:

Sehr geehrter Herr Bleibtreu!
Für Ihr Schreiben vom 3. April danke ich Ihnen verbindlichst[40]. Leider habe ich mich in der erwähnten Sache zu spät beraten lassen. Ich hoffe aber, daß jeder Schade vermieden wird, da ich nur eine ganz beschränkte Anzahl des Druckstückes herausgegeben habe und sämtliche Empfänger, zum Teil schon, ehe sie das Druckstück selbst bekommen hatten, ein Schreiben erhalten haben, daß sie es nicht aus der Hand geben dürften.
Bei der Vorläufigen Leitung in Berlin stellte ich z. B. diese Woche fest, daß das Paket, in dem zwanzig Drucksachen sind, auch jetzt noch nicht geöffnet ist, weil Dr. Fiedler es nicht herausgibt. Dr. Fiedler hatte Ihren Schriftsatz vorher gelesen in dem Durchschlag Ihrer Niederschrift. Gott gebe, daß aller Schade verhütet wird! Wir wollen es ihm befehlen.

38 HD.
39 Ebenda.
40 Bleibtreus Schreiben war vom 1. April, vermutlich zitierte Humburg das Eingangsdatum.

Übrigens grüße ich Sie vermutlich richtig, wenn ich in Ihnen einen Enkel meines Amtsvorgängers Bleibtreu in der Gemeinde Dhünn vermute[41].
Mit ergebener Begrüßung
Ihr
[gez.] Humburg

An diesem Samstag beendet Barth in Utrecht seine Gastvorlesungsreihe über das Credo mit der Beantwortung einer Reihe von Fragen, die ihm seine zahlreichen Hörer schriftlich vorgelegt haben[42]:

... Ein wenig alle Ihre Fragen verraten mir, daß Sie noch in der Lage sind, in *Gemächlichkeit* Theologie zu treiben, in einer gewissen Ruhe und Distanz zu den Problemen, wie wir es in Deutschland auch einmal gekannt haben, aber wie wir es so heute nicht mehr kennen. Sie haben hier noch eine schöne Möglichkeit, den theologischen Dingen wirklich *gegenüber* zu stehen, sie zu betrachten, sie an sich herankommen zu lassen. Und nun ist da dieser Professor aus Deutschland eingetroffen und hat zu manchen Dingen sehr *Bestimmtes* in einer gewissermaßen *bindenden* Weise gesagt und Sie machen aus Ihrer Situation heraus – in Ihren Briefen wurde das recht deutlich – eine mehr oder weniger sachte *Abwehr*bewegung. Sie möchten gerne haben, daß alle oder möglichst viele Fragen offen gelassen werden. Ich bin Ihnen, obwohl ich Ihnen bekannt bin als »Haupt der dialektischen Theologie« nicht »dialektisch« genug!! Und weiter: Sie können es sich hier noch leisten, gewisse Lieblingsgedankengänge zu pflegen, Sie wollen gewisse *Spezialitäten* bestätigt, andere abgelehnt haben. Eine Fülle von Richtungen wartet offenbar darauf, zu hören, was ich nun gerade zu Ihrem Anliegen zu sagen habe. Enttäuschungen konnten auch unter diesem Gesichtspunkt nicht ausbleiben. – Sie müssen das alles nicht als Kritik verstehen. Es hat mich gefreut, zu sehen, daß diese Art von Theologie in der heutigen Welt noch möglich ist, denn ich bin überzeugt davon, daß die Theologie es nötig hat, auch in dieser Art zu existieren, wie es hier noch der Fall sein darf. Ich komme aus einer Kirche und ich komme von einer Fakultät, deren Leben äußerlich und innerlich sehr anders ist als Ihr kirchliches – und Ihr Fakultätsleben hier. Machen Sie sich klar, was in diesen letzten Monaten in Deutschland und in Bonn passiert ist[43] . . . Wo solche Dinge möglich sind, da weht eine sehr andere Luft. Und das ist ja nicht erst seit einigen Wochen so in Deutschland, sondern im Grunde seit Jahren, und in den Voraussetzungen eigentlich seit dem Kriegsende[44] . . .
Durch das alles wurde bei uns die Kirche und die Theologie, wurde und wird

41 Pfarrer Walter Bleibtreu in Dhünn, Rheinisch-Bergischer Kreis, war in der Tat Otto Bleibtreus Großvater.

42 Karl Barth, Credo, 1935, S. 150f.

43 Auslassung im Original.

44 Auslassung im Original.

jeder einzelne Theologe aufgerufen zur Stellungnahme, zur Entscheidung, zum Bekennen. – Wenn Sie auf meine Vorlesungen zurückblicken oder wenn Sie jetzt meine Antworten auf Ihre Fragen hören, dann müssen Sie daran denken, daß dies die Situation ist, aus der heraus ich rede. Auch diese Situation, diese direkte Gefordertheit von der Not des Lebens, von der Bedrängnis, in der die Kirche in Deutschland sich jetzt befindet, hat natürlich ihre guten *und* ihre gefährlichen Seiten. Aber es ist nicht zu leugnen, daß die Situation einer ecclesia militans eine nähere Verwandtschaft aufzuweisen hat zu den großen Zeiten der kirchlichen Vergangenheit, zu den Zeiten, in denen das kirchliche Dogma entstanden ist. Unwillkürlich wird man zu diesem Dogma eine andere innere Stellung einnehmen, als sie etwa eingenommen wird in einer ruhigen kirchlichen Situation, in der man es bloß ehrt und wohl auch kritisiert als Vermächtnis einer nicht mehr gegenwärtigen Vergangenheit . . .

Als Barth am Samstagabend von Utrecht nach Bonn zurückkehrt, erfährt er, daß nach seiner Predigt auf der Siegener Synode das Berliner Geheime Staatspolizeiamt am 3. April 1935 eine Rundverfügung erlassen hat, nach der sich das am 1. März über Barth verhängte Redeverbot auch auf Predigten erstreckt[45]:

Geheim!
An die Herren Leiter der Preußischen Staatspolizeistellen
Gegen den Professor Barth in Bonn hat die Staatspolizeistelle in Köln ein allgemeines Redeverbot erlassen. Das Redeverbot erstreckt sich auch auf die Predigttätigkeit, da Barth Beamter ist. Ich ersuche entsprechend zu verfahren.
Im Auftrage
(gez.) Hartmann

Seit Hinterlegung ihres geheimen Kirchenpapiers am Vorabend des Reformationstages 1934 bei Führer und Reichskanzler Adolf Hitler und Reichsinnenminister Frick entwickeln die lutherischen Bischöfe Marahrens, Meiser und Wurm fortwährend neue Ideen und Aktivitäten in ihrem Bestreben, die Beziehungen zwischen Bekennender Kirche und NS-Staat zu einem »Vertrauensverhältnis« zu gestalten. Auch nicht die gegenwärtigen Zeiten offener Verfolgung, vornehmlich im unierten Teil der Bekennenden Kirche, vermögen die Kirchenführer davon abzuhalten. Als Bischof Meiser am 9. April 1935 gegen 10 Uhr in Halle die Sitzung des Lutherischen Rates eröffnet, weist er abermals nachdrücklich auf dieses Ziel lutherischer Kirchenpolitik[46]:

. . . Frage Staat und Kirche heute brennend. Staatsakt steht bevor. Wir wissen, *ohne* Rechtshilfe des Staates geht es nicht.

45 Wilhelm Niemöller, Barths Mitwirkung, a.a.O., S. 303f.
46 Kloppenburg-Protokoll Bl. 36.

Drei Möglichkeiten: a) Legalisierung Müllers, b) Summepiscopat[47], c) Minister in evangelicis.
Wenn noch Einfluß genommen werden soll, müssen wir *schnell* und deutlich reden. Daneben die Frage des Neuheidentums. DC nur Vortrupp, Vorfeldkämpfe. Auch hier ungeklärte Situation.
Aber soviel steht fest: viele leitende Posten mit unbedingten Anhängern der Glaubensbewegung besetzt. Seit Preußen-Erklärung Mißtrauen gegen die Kirche stark gestiegen. Auffassung: Fehdehandschuh hingeworfen.
Es ist nicht ganz leicht, sich unbedingt hinter diese Erklärung zu stellen. Wenn man zum Staat in ein Vertrauensverhältnis kommen will, muß man nicht nur negativ reden. Wir können uns von unserer klaren Linie durch *nichts* abbringen lassen. Wir wären unglaubwürdig, wenn wir jetzt auch anders könnten . . .

Obwohl inzwischen längst bekannt geworden ist, daß mindestens vier der am 22. März noch in Haft verbliebenen Prediger in die berüchtigten Konzentrationslager Columbia-Haus, Dachau oder Sachsenburg verschleppt worden sind[48] und daß gerade in diesen Tagen bei einer neuen Verhaftungswelle weitere Mitarbeiter der Kirche in Konzentrationslager »verbracht« werden, läßt Bischof Marahrens zum 20. April 1935 die Vorläufige Leitung der Bekennenden Kirche nicht allein »Fürbitte zum Geburtstag des Führers« verfügen[49]:

. . . Gleichzeitig ordnen wir für den 20. April die Beflaggung der kirchlichen Gebäude zum Zeichen dankbarer Mitfreude der Deutschen Evangelischen Kirche an[50].

47 Prof. Hermann Sasse hält während der Sitzung des Lutherischen Rates in Halle »über *Summepiscopat*« das Hauptreferat und sieht dieses Amt mit dem lutherischen Bekenntnis unvereinbar: »Es gibt Institutionen, die, wenn sie einmal gestorben sind, nicht wiederherstellbar sind. Landeskirchlicher Summepiscopat entstand aus bestehender historischer Situation. Man kann nicht zum Mittelalter zurückkehren. Zeichen völliger Ideenlosigkeit. Beleidigung des Dritten Reiches, ihm Rezept aus 17. Jahrhundert zuzumuten. Ein nichtlutherisches Staatsoberhaupt kann nicht Bischof der lutherischen Kirche sein. Das begreift jeder Konfirmand, nur die Theologen und Kirchen . . . nicht« (Kloppenburg-Protokoll Bl. 40).

48 Pastor Lic. Brunner aus Ranstadt bei Gießen, Vikar Hickel aus Bechtheim bei Worms, Pastor Ruhland aus Hirschborn, Vikar Wolf aus Wörrstadt. Vgl. Kogon, Der SS-Staat.

49 Mitteilungsblatt der Vorläufigen Leitung Nr. 5/1935.

50 Marahrens schreibt nicht vor, *welche* Flagge die Bekennende Kirche zeigen soll. Die Frage ist seit Monaten ungeklärt: Während es zur Zeit des Staatskirchentums für die evangelischen Landeskirchen selbstverständlich war, ihre kirchlichen Gebäude mit der Fahne des Staates zu beflaggen, erfanden sie nach 1918 die Fahne mit dem violetten Kreuz auf weißem Grund, um nicht das Symbol der verhaßten Republik – die Farben Schwarz-Rot-Gold – hissen zu müssen. Der Deutsche Evangelische Kirchenausschuß erklärte dann am 9. 12. 1926 dieses antirepublikanische Wahrzeichen zur offiziellen ›Kirchenfahne‹ für den Deutschen Evangelischen Kirchenbund. Aber schon eine Woche nach dem Tode des Reichspräsidenten von Hindenburg, noch während der ›Staatstrauer‹ um jenen letzten Repräsentanten der Weimarer Verfassung, beschloß die Nationalsynode am 9. 8. 1934 »einstimmig« (also mit den Stimmen der bei den anderen Gesetzesvorlagen so heftig widerstreitenden Minderheit der Bekennenden Kirche,

Barth gibt die in Utrecht gehaltene Vorlesungsreihe unter dem Titel »*Credo*« in Druck. An die Stelle eines Vorwortes setzt er die demonstrative Widmung:

1935!
den Pastoren
Hans Asmussen
Hermann Hesse
Karl Immer
Martin Niemöller
Heinrich Vogel
im Gedenken an alle, die
standen
stehen
und stehen werden

siehe D/13) die »Abschaffung der Kirchenfahne« zugunsten des neuen Staatssymbols – der Hakenkreuzfahne. Zwar bedauerte Bischof Wurm am 15. 8. 1934, daß das »Beflaggungsgesetz . . . ohne Not dem Kirchenvolk die Kirchenfahne mit dem Zeichen des Kreuzes und dem evangelischen Auslandsdeutschtum das Symbol der Verbundenheit nicht nur mit seiner Kirche, sondern auch mit der deutschen Heimat« genommen habe; doch einzig der Bruderrat der Evangelischen Kirche der altpreußischen Union erteilte den unierten Gemeinden im Reich am 20. 9. 1934 die klare Weisung, »die *Kirchenfahne nicht preiszugeben*. Wo immer die Möglichkeit dazu sich bietet, ist die Kirchenfahne in gleicher Weise wie bisher zu setzen.« Für die Bayrische Kirchenleitung erklärte indessen OKR Sammetreuther noch am 1. Mai 1936 während der »Bruderschaftszusammenkunft in München« auf diesbezügliche Fragen: »Es sei grundsätzlich kein Unterschied zwischen dem Kirchengebäude oder irgend einem Profanbau. Die Fahne sei politisches Zeichen des Staates und deshalb sei *Beflaggen nicht status confessionis*.« Als sich Karl Steinbauer in Penzberg trotzdem weiterhin weigerte, auf seinem Kirchengrund die Hakenkreuzfahne aufzuziehen, rief Bischof Meiser am 28. 5. 1936 seinen »expon. Vikar« in Penzberg (vergeblich) zur Ordnung: »Es ist Ihnen aber bekannt, daß wir Ihre Gründe für die Verweigerung der Beflaggung Ihrer Kirchen für nicht richtig, weil nicht von der Schrift und vom Bekenntnis her zu rechtfertigen, ansehen können . . . Durch die Nichtbeflaggung Ihrer Kirchen verweigern Sie den Gehorsam gegenüber Ihrer vorgesetzten Behörde.« So mußte Karl Steinbauer seine Verweigerung der Kirchenbeflaggung vor dem Gericht in Weilheim am 9. 6. 1936 allein verantworten. Für den einsamen bayrischen Vikar Steinbauer war auch in dieser Frage längst status confessionis (PGKS).

10. Ausgesperrt

Während der Sitzung des Präsidiums der Bekenntnissynode der DEK[1] am 17. April 1935 in Bad Oeynhausen werden im Blick auf die angestrebte Dritte Bekenntnissynode der DEK verschiedene Vereinbarungen getroffen. Demnach sind unverzüglich Voraussetzungen zu schaffen, »unter denen die Mitarbeit der seit 20. November abseits stehenden Brüder wieder möglich ist«. Eine besondere *Kommission* soll diesen Auftrag ausführen[2]. Schließlich soll die Dritte Bekenntnissynode der DEK »an die Bekennenden Gemeinden ein autoritatives Wort über Grundlage und Wesen der Kirche« richten, zu dessen vorheriger Ausarbeitung ausdrücklich auch Karl Barth einzuladen ist.

Da inzwischen der am 13. März in Aussicht genommene Termin samt Tagungsort (3. bis 4. April 1935 in Augsburg) längst hinfällig geworden ist, die in Konzentrationslagern und Gefängnissen sitzenden Brüder aber durch eine DEK-Synode eine baldige Entlastung erfahren sollen, wird ein neuer Termin für den 5. Mai und als Tagungsort Frankfurt/Main vorgeschlagen.

In der Osterausgabe 1935 meldet die »Junge Kirche« unter Personalien:

Dem Professor D. Emil Pfennigsdorf in Bonn, der die Altersgrenze erreicht hat, ist wegen seiner »Verdienste um den Neuaufbau seiner Fakultät« die Lehrtätigkeit um ein Jahr verlängert worden[3].

An diesem Osterfest stellen sich Pfennigsdorfs »Verdienste« folgendermaßen dar: Barth ist amtsenthoben. Mit dessen »Vertretung« wird der a. o. Professor Schmidt-Japing beauftragt. Da jedoch der Studentenboykott gegen Schmidt-Japing das ganze Wintersemester 1934/1935 über anhält, ist für das Sommersemester 1935 Professor Friedrich Gogarten[4] von Breslau als Barth-»Vertreter« vorgesehen, der würde in

1 Lt. Protokoll anwesend: Koch, Jacobi, Immer, Asmussen, Stratenwerth, Frör, Weber, Kunkel, Thimme. Vorsitz Koch bzw. Jacobi.

2 Vorgeschlagen und »von Präses Koch gutgeheißen«: Koch (Vorsitzender), Marahrens, Wurm, Meiser, Fricke, H. Hesse, Immer, Lücking, Müller, Niemöller, Weber.

3 Siehe S. 126, Empfehlung des stellvertretenden Kurators der Bonner Universität an Minister Rust, vom 23. 1. 1935.

4 Friedrich Gogarten war weit über Deutschland hinaus bekannt. Er gehörte 1922 neben Barth, Thurneysen und Merz zu den Gründern des Organs der Dialektischen Theologie, der Zeitschrift ›Zwischen den Zeiten‹. Im Sommer 1933 trennte sich Barth jedoch endgültig von dem Parteigänger der DC und gab während der letzten Konferenz der ZZ-Herausgeber am 30. 9. 1933 u. a. zu Protokoll: »Bei Gogarten z. B. sind die entscheidenden, von mir aus gesehen haeretischen Sätze schon immer dagewesen. Der entscheidende theologische Satz, auf dem letztlich auch ein Hossenfelder steht, ist der Satz von der *Identität des Gesetzes Gottes mit dem*

Breslau durch den in Bonn gescheiterten Schmidt-Japing ersetzt. Für den schon 1933 in die Schweiz emigrierten Professor Karl Ludwig Schmidt ist der Privatdozent Lic. theol. Ethelbert Stauffer von Halle nach Bonn berufen, Professor D. Ernst Wolf ist nach Halle versetzt, für ihn wird Professor D. Ernst Kohlmeyer von Halle nach Bonn beordert. Professor Gustav Hölscher muß nach Heidelberg gehen, seinen Platz in Bonn nimmt Professor Anton Jirku aus Greifswald ein, Professor Goeters wird nach Münster abgeschoben. Die Strafversetzung von Professor Hans Emil Weber nach Münster und die Entlassung des nichtbeamteten Stiftsinspektors Professor Horst stehen unmittelbar bevor. Damit ist die weltbekannte Evangelisch-theologische Fakultät der Bonner Universität radikal zerstört und für die Bekennende Kirche verloren.

Nach den Festtagen schickt Otto Bleibtreu am 24. April die erbetene Durchschrift seiner Berufungsbegründung[5] an das Berliner Oberverwaltungsgericht und fragt »auf besonderen Wunsch des Angeschuldigten« den 1. Dienststrafsenat[6]:

> . . . ob mitgeteilt werden kann, wann etwa mit dem Termin zur mündlichen Verhandlung über die Berufung zu rechnen ist. Dem Angeschuldigten ist aus begreiflichen Gründen sehr daran gelegen, ungefähr zu wissen, wie lange Zeit bis zur Entscheidung der Berufungsinstanz noch verstreichen wird . . .

Abends in Berlin mißlingt ein erneuter Versuch der Kommission, die am 22. November 1934 aus dem Reichsbruderrat ausgetretenen Pastoren Immer, Hesse und Niemöller zur Rückkehr zu bewegen. Auch während der Nachmittagssitzung des Reichsbruderrates am 25. April 1935 ist man sich nur einig in der von Pastor Jacobi getroffenen Feststellung: »Wenn Ihr nicht zurückkehrt, fällt Synode ins Wasser.« Aber dann setzt der Reichsbruderrat mit dem ausdrücklichen Einverständnis Niemöllers einen *Ausschuß* ein mit der Aufgabe, die Rückkehr der Brüder Hesse, Immer und Niemöller – von Barth ist an beiden Tagen in diesem Zusammenhang keine Rede mehr – zu erreichen. Präses Koch macht sogar abschließend »davon, daß eine völlige Einigung erzielt wird, seinerseits abhängig, ob er dem Plan der Bekenntnissynode zustimme«[7]. Dennoch legt der Reichsbruderrat bereits Termin und Tagungsort für die Dritte Bekenntnissynode der DEK fest: 6. bis 7. Mai in Augsburg.
Vom 28. bis 30. April 1935 tagt in Wuppertal-Barmen die Vierte Bekenntnissynode der Evangelischen Kirche im Rheinland. Da der Auftrag des Reichsbruderrates vom 12. Februar 1935 an die Vorläufige Leitung der DEK – »alles zu tun, um Professor D. Karl Barth Deutschland und der DEK zu erhalten« – immer noch zu keinem Ergebnis oder auch nur zu irgendeiner diesbezüglichen Aktivität des Marahrens-Regimentes

Gesetz des Deutschen Volkes der Gegenwart. Hossenfelder sagt diese Dinge brutal, demagogisch, oder vielmehr, er sagt sie nicht, aber er legt sie aus in seiner gewalttätigen Kirchenpolitik. Stapel und nochmehr Gogarten sagen die gleichen Dinge, klug und überlegt und theologisch. Aber für mich ist es klar: dieser Satz ist als solcher Haeresie. Und das Kirchenpolitische ist nur die Consequenz dieser prinzipiellen Differenz« (PGKTr).

5 Der Berliner Senatspräsident Dr. Groethuysen hatte Bleibtreu am 11. 3. 1935 um eine Durchschrift für Staatsanwalt Kasper gebeten.

6 HD.

7 Wilhelm Niemöller, Augsburg, a.a.O., S. 22.

geführt hat, setzt sich auf dieser rheinischen Synode der Essener Pastor Friedrich Graeber[8] dafür ein, daß sich dann wenigstens Barths Heimatsynode dieses bekenntniskirchlichen Auftrages um so entschlossener annimmt. Graeber stellt zwei Anträge[9]:

I. Die Synode beklagt die weitgehende Zerstörung der theologischen Fakultät Bonn und beauftragt den Bruderrat, auf geeignetem Wege durch ernstlichen Einspruch und dringliche Bitte um Herstellung einer bekenntnistreuen Fakultät beim zuständigen Minister vorstellig zu werden.
II. Synode fordert den Bruderrat auf, in Verbindung mit dem Westfälischen Bruderrat beschleunigt dafür Sorge zu tragen, daß Professor D. K. Barth seine Arbeit als theologischer Lehrer der Kirche zum Segen sonderlich unserer kirchlichen Westprovinzen fortsetzen kann.

Obwohl Graeber in seiner »unionistischen Haltung«[10] während der Diskussion seiner Anträge den aus seiner Sicht zu konfessionell angelegten Siegener Beschluß der Reformierten, eine »Kirchliche Hochschule für reformatorische Theologie« anzustreben, scharf kritisiert[11], zweifeln selbst die reformierten Synodalen keinen Augenblick daran, »daß wir den Anträgen Graeber trotzdem von reformierter bzw. reformatorischer Seite aus ohne weiteres zuzustimmen hatten«[12]. So erhält schließlich der rheinische Bruderrat von seiner Synode einstimmig den Auftrag, im Fall Barth »beschleunigt« zu handeln.
Zur Einberufung der Dritten Bekenntnissynode der DEK auf Anfang Mai nach Bayern hat der Münchner Bischof D. Hans Meiser plötzlich »unüberwindliche Hindernisse« ausgemacht. Am 29. April 1935 schreibt er Oberkirchenrat Breit[13]:

... daß unsere Landeskirche gerne bereit ist, die Bekenntnissynode in ihrer Mitte aufzunehmen, und es soll im Zusammenwirken mit den zuständigen Stellen von meiner Seite alles geschehen, um der Synode einen würdigen Empfang zu bereiten und sie die Verbundenheit spüren lassen, in der unsere Landeskirche zur ganzen bekennenden Kirche Deutschlands steht. Der

8 Als Bundespräsident Dr. Dr. Gustav Heinemann 1970 gefragt wurde, was ihn motiviert habe, sein »Leben an der christlichen Botschaft zu orientieren«, wies er auf seinen damaligen Essener Pastor: »Die Predigt – und der Umgang mit Pfarrer Friedrich Graeber ... Graeber konnte nicht nur predigen, daß die Fetzen flogen, er konnte auch einer Kuh beistehen, die Blähungen hatte. Er konnte nicht nur Gottesdienst halten, sondern auch bedürftige Bauern ansiedeln und kranke Kumpels verarzten ... Graeber interpretierte das Evangelium so realistisch, daß es seinen Zuhörern nicht schwer wurde, ihre eigene Situation darin zu erkennen. Mich ergriff diese Nüchternheit, mit der der Mensch gesehen wird in der Bibel, diese totale Nüchternheit. Er ist für mich deshalb der Wegbereiter zum Verständnis des Evangeliums gewesen, weil er alles und jedes mit der Inanspruchnahme seiner Hörer für eigene Aktivität zu verbinden wußte« (in: Günther Klempnauer, Über Lebenschancen – Prominenteninterviews, 1970, S. 8).
9 K. D. Schmidt, Bekenntnisse 1935, a.a.O., S. 108.
10 Brief H. Hesse vom 28. 6. 1935 an Karl Barth (AEKW).
11 Ebenda.
12 Ebenda.
13 In: Wilhelm Niemöller, Augsburg, a.a.O., S. 22f.

kurzfristigen Ansetzung der Synode jedoch stehen unüberwindliche Hindernisse im Wege. Nicht nur beansprucht die technische Vorbereitung der Synode, wenn nicht der Eindruck der Improvisation entstehen soll, genügend Zeit; mehr noch ist erforderlich, daß vor der Synode die inneren Voraussetzungen geschaffen werden, die einen fruchtbaren Verlauf derselben gewährleisten . . . Diese Gründe veranlassen mich, Dich als unseren Vertreter in der VKL zu bitten, sowohl mit der VKL als mit der Leitung des Reichsbruderrates in beschleunigte Verhandlungen darüber einzutreten, daß in Rücksicht auf die entgegenstehenden Hindernisse ein späterer Zeitpunkt für die Synode gewählt wird, der es ermöglicht, dieselbe nach allen Seiten hin ganz gründlich vorzubereiten und die von mir angedeuteten Fragen im voraus in allseits befriedigender Weise zu klären . . .

In Berlin trifft sich am Dienstag, dem 30. April 1935, unter Vorsitz von Präses Koch, der Arbeitsausschuß des Reichsbruderrates, um die seit März laufenden Vorbereitungen einer Dritten Bekenntnissynode der DEK fortzusetzen. Nachdem Hans Asmussen die Zustimmung zu seinem Grundsatzreferat, »Vom Notrecht zur Notordnung«, erhalten hat, macht Oberkirchenrat Breit seine Ausschußkollegen mit dem Brief Meisers vom Vortage bekannt. Die im Bischofsbrief angedeuteten Gründe für die Ausladung der Synode zum vorgesehenen Termin rufen bei etlichen Mitgliedern des Arbeitsausschusses erhebliches Mißtrauen hervor. Link: »Dann ist es doch richtiger, daß wir nicht nach Bayern gehen.«[14] Dortmund wird vorgeschlagen. Aber Präses Koch rät seinen Brüdern, das bedingte Veto aus München zu akzeptieren. So wird der auf den 6. und 7. Mai festgesetzte Termin aufgegeben und erst einmal ein klärendes Gespräch mit Bischof Meiser angestrebt.
Der anschließend tagende »Ausschuß zur Befriedung«, der die Rückkehr der Pastoren Hesse, Immer und Niemöller in den Reichsbruderrat ermöglichen soll, findet eine Formel, die von allen Mitgliedern getragen werden kann: »1. Bekenntnissynode bestätigt VKL als rechtmäßige Leitung der DEK. 2. Beschlüsse der Bekenntnissynode sind richtunggebend für Arbeit der Leitung. 3. [Reichs-]Bruderrat vertritt die Synode.«[15] Damit ist seit diesem 30. April das Hindernis zur Einberufung der Dritten Bekenntnissynode seitens des Reichsbruderrates abgeräumt. Die mit Barth am 22. November 1934 aus dem Reichsbruderrat ausgetretenen Pastoren Hesse, Immer und Niemöller werden dem Reichsbruderrat wieder beitreten. Da Barths Brief vom 24. Februar 1935 an Präses Koch als unabänderlich Absage an den Reichsbruderrat angesehen wird, sind mit Barth keinerlei offizielle Verhandlungen mehr geführt worden.

Der Einspruch Meisers gegen die Einberufung der Synode der DEK auf Anfang Mai nach Augsburg hat innerhalb der Bekennenden Kirche Unruhe und Bestürzung ausgelöst. Da meldet sich beispielsweise Superintendent Hahn am 2. Mai 1935 aus Dresden mit einem Appell an das Verantwortungsbewußtsein der leitenden Kirchenmänner zu Wort[16]:

14 Kloppenburg-Protokoll, Bl. 162–168.
15 Ebenda.
16 AEOK.

... Ohne ein Urteil abzugeben, wer für die noch nicht erfolgte Verständigung verantwortlich ist, möchte ich nur dies aussprechen, daß die Tatsache, daß wir zu keiner Bekenntnissynode in diesem Augenblicke tiefster Bedrängnis bei uns in Sachsen und wohl auch anderswo kommen, eine ganz furchtbare Erschütterung bei uns in Sachsen bedeuten würde. Ich kann mir überhaupt nicht vorstellen, daß die in Sträflingstracht im Konzentrationslager Zwangsarbeit leistenden Brüder in ihrem jetzigen stellvertretenden Leiden davon hören sollten und ebenso ihre Gemeinden, ihre Familien und alle, die ständig unter der Bedrohung eines ähnlichen Schicksals stehen. Von dem Hohngelächter derer, die sie in diese Not hereingebracht haben, möchte ich nicht weiter reden[17].
Ich möchte nur an Sie alle die eindringliche Frage und Bitte richten: Ob nicht die Beantwortung der Fragen, über die Sie sich noch nicht verständigen können, einem späteren Zeitpunkt vorbehalten bleiben können. Ich appelliere an Ihrer aller Verantwortungsbewußtsein. Ich wage dieses zu tun bei aller schuldigen Ehrfurcht und Verehrung, weil ich nicht weiß, ob ich nicht morgen oder übermorgen vielleicht auch dauernd nicht mehr zu Ihnen reden kann ...

An diesem Tage erhält Barth in Bonn den Besuch des Essener Pfarrers Friedrich Graeber. Der unierte »Einzelkämpfer«[18] erläutert Barth die von ihm initiierten Beschlüsse der Rheinischen Bekenntnissynode zum Fall Barth und bittet Barth, ihn wissen zu lassen, unter welchen Bedingungen er überhaupt bereit sei, weiter in Deutschland zu lehren. Barth gibt zu verstehen, daß er bei negativem Ausgang der Berufungsverhandlung einen für diesen Fall am 7. März vereinbarten Ruf an die Universität Basel annehmen werde. Den Ruf der Reformierten an deren Theologische Schule Elberfeld habe er wegen der schmalen konfessionellen Basis ablehnen müssen – eine Anfrage der Reformierten nach dem Siegener Beschluß ist an Barth nicht ergangen[19] –, einem Ruf der Bekennenden Kirche werde er sich selbstver-

17 Inzwischen wurden weitere 20 Prediger in Konzentrationslager verschleppt: Pastor Akkermann aus Tannenberg, Pastor Alberti aus Chemnitz, Pastor Denneberg aus Sacka, Pastor Gehring aus Etzdorf, Pastor Dr. Harnisch aus Berlin, Pastor Dr. Klemm aus Burkhardswalde, Pastor Körner aus Borna, Pastor Kruspe aus Geilsdorf i. V., Pastor Kühne aus Rathendorf, Studienrat Künzelmann aus Chemnitz, Vikar Lau aus Groitzsch, Pastor Lehmann aus Großbarden, Pastor Leweck aus Leipzig, Pastor Meder aus Leipzig, Vikar Michael aus Chemnitz, Pastor Schanz aus Gersdorf, Pastor Schwabe aus Falkenstein i. V., Pastor Tzschucke aus Netzschkau, Pastor Walther aus Leipzig, Vikar Weber aus Buchschlag b. Frankfurt/M. Damit befanden sich insgesamt 24 Prediger in den Konzentrationslagern Columbia-Haus, Dachau und Sachsenburg.

18 Altpräses Prof. Dr. J. Beckmann, damals Mitglied des rheinischen Rates, betonte, als er am 11. 9. 1975 vom Verfasser nach Graebers diesbezüglicher Aktivität befragt wurde, Graeber habe hierzu vom Rat keinen Auftrag gehabt. Das habe er auf eigene Faust gemacht, Graeber sei immer ein »Einzelkämpfer« gewesen. Auf die Frage des Verfassers, warum denn der rheinische Rat nicht sofort – eben »beschleunigt« – nach dem Beschluß der Synode selber aktiv geworden sei, gab Beckmann zu bedenken, daß das einfach seine Zeit gebraucht habe, und schließlich sei Barth sowieso nicht zu halten gewesen (GBe).

ständlich nicht verschließen. Aus bekannten Gründen knüpfe er an eine Berufung gemäß Beschluß II. der Rheinischen Bekenntnissynode zwei Bedingungen: daß er »einen unzweideutigen Ruf seitens der Bekenntniskirche bzw. der beiden beteiligten Bruderräte bekommen müsse« und daß der Zeitpunkt dieser Berufung *»vor«* dem Termin der Revisionsverhandlung liegen müsse. Sobald Barth den genauen Termin der Berliner Verhandlung erfahre, werde er Graeber das Datum unverzüglich mitteilen.

Am 8. Mai 1935 erfährt der Arbeitsausschuß des Reichsbruderrates zur Vorbereitung der Dritten Bekenntnissynode der DEK bereits einen der von Bischof Meiser angedeuteten Hinderungsgründe zur Einberufung der Synode Anfang Mai in Bayern[20]:

. . . Während der Erörterungen ging aus Oberkirchenrat Breit hervor, daß als 7. Punkt die etwaige Teilnahme von Professor Barth für Bayern ein ernstes Problem sei. Sie werden verstehen, daß da die Synodalen hochgingen und das als schweres Unrecht gegen Barth empfanden, mit Recht. Barth war von seiner Rheinischen Bekenntnissynode zur Teilnahme aufgefordert worden und es gab keine Stelle, die ihm diesen Auftrag verwehren könnte . . .

Anderntags hat sich der rheinische Bruderrat – »Protokollführer: Beckmann« – zu Beginn seiner Sitzung im »Wuppertaler Hof« zu Barmen mit einer »Beanstandung Barth betr. Veröffentlichung der Synodalbeschlüsse« vom 30. April 1935 zu befassen. Der Rat weist Barths Beanstandung zurück und stellt fest: »Bruderrat hat das Recht, Synodalbeschlüsse weiterzugeben mit seinem Votum, falls bestimmte Weisungen der Synode fehlen.«[21]

In München treffen sich an diesem Donnerstag die beiden Beauftragten von Präses Koch, von Arnim-Lützlow und Kloppenburg, mit Bischof Meiser[22], um jene »unüberwindlichen Hindernisse«, die einer Einberufung der Synode nach Bayern entgegenstehen, zu erfahren. In diesem Gespräch können alsbald alle Fragen der Bayern einvernehmlich geklärt werden; selbst ein neuer Termin zur Einberufung der Synode nach Bayern »wird festgestellt: . . . am 21. und 22. Mai, in Augsburg«. Am Ende hat Bischof Meiser nur noch eine »eindringliche Bitte«: ohne Barth[23]!

. . . Wir haben beide sofort erkennen lassen, daß wir über diesen Punkt uns nicht weiter in Verhandlungen einlassen wollten. Wir klappten unsere No-

19 Brief H. Hesse vom 28. 6. 1935 an Karl Barth; siehe dazu die ›Basler Nachrichten‹ vom 26. 6. 1935. Kurt Meier irrt sich, wenn er schreibt, daß Barth »schon einen Ruf an die Universität Basel hatte« (vgl. K. Meier, Der evangelische Kirchenkampf, 1976, Bd. 2, S. 59).

20 In: Wilhelm Niemöller, Augsburg, a.a.O., S. 30, Bericht von Armin-Lützlow vom 22. 5. 1935.

21 AEKR. Um welche Veröffentlichung es sich damals handelte, das konnte der Verfasser auch vom damaligen Protokollführer Beckmann nicht erfahren. Er konnte sich am 11. 9. 1975 daran nicht mehr erinnern.

22 Teilnehmer aus Bayern waren: D. Meiser, OKR Bogner, Pastor Stoll und Lic. Frör.

23 Bericht Arnim-Lützlow vom 22. 5. 1935, in: Wilhelm Niemöller, Augsburg, S. 31.

tizen zu und machten erkenntlich, daß wir an diesem Punkt festhalten. Da, und an einigen anderen Stellen ist es für mich klar geworden, daß die Bayern sich die Bekenntnissynode in Bayern wünschten im Kreise ihrer Landeskirche. Da blieb also ungeklärt übrig die Teilnahme von Professor Barth. Das wurde von der anderen Seite vorgebracht. Und da hat Kloppenburg seinerseits vorgeschlagen, daß er ins Rheinland fahren würde und Professor Barth oder Vertreter der Rheinischen Synode sprechen wollte, um festzustellen, ob die Annahme der Bayern richtig wäre, daß diese Bestürmung der Synode, Professor Barth möge seine Ablehnung zurücknehmen, ob das nicht demonstrativen Charakter hätte[24]. Das ist von den Bayern behauptet worden. Pastor Kloppenburg wollte das feststellen . . .

An Barths Geburtstag, unter dem 10. Mai 1935, läßt Reichsbischof Ludwig Müller in seinem »Informationsdienst« die folgende Nachricht verbreiten[25]:

Und so etwas war »deutscher« Professor!
Heft 12 der »Schweizerischen Monatshefte« meldet auf Seite 639 über den geistigen Führer der Bekenntnisfront, den aus dem deutschen Staatsdienst entlassenen Professor D. Barth: »An Barth ist von vaterländisch gesinnten Schweizern die Frage gestellt worden, wie er es mit der Landesverteidigung halte; er gab die zwar schlaue aber ausweichende Antwort, er sei für eine stärkere Verteidigung der *Nordgrenze* gegen Deutschland.« Auf die Eidesverweigerung dieses Herrn Barth fällt von hier aus neues Licht!

In Bonn erhält Otto Bleibtreu am 11. Mai per Einschreiben die Ladung des Berliner Oberverwaltungsgerichts zum Berufungstermin in der Strafsache Barth, den Charlotte von Kirschbaum noch am gleichen Tage schriftlich an Pastor Friedrich Graeber weiterleitet: »Freitag, den 14. Juni um 91/2 Uhr im Dienstgebäude in Berlin-Charlottenburg, Hardenbergstraße 31, Gerichtssaal III, I. Obergeschoß, Zimmer 236.«[26]
Pastor Kloppenburg hat am 9. Mai seine Rückreise von München nach Wilhelmshaven nicht in Bonn oder Barmen unterbrochen. Er fertigt zunächst einmal am 11. Mai daheim ein Protokoll über das Gespräch mit Bischof Meiser und sendet dem bayrischen Landesbischof ein Exemplar mit der Bitte, »Einwendungen . . . bzw. . . . Einverständnis« Herrn Präses Koch »sofort zu Kenntnis zu bringen«[27]:

. . . 5. Redner auf der Synode. Es wird festgestellt, daß Pastor Asmussen durch eine Erklärung im Synodalausschuß des Reichsbruderrates mitgeteilt hat, daß er das theologische Referat nicht halten werde, und daß ebenfalls nicht vorgesehen ist, Herrn Professor Barth um dieses Referat zu bitten.

24 Die Bayern gingen davon aus, daß Barth selber ja gar nicht mehr zur Synode wolle, deshalb von dem Einspruch Meisers letztlich auch nicht betroffen sein könne.

25 Informationsdienst 5/35, vom 10. 5. 1935, S. 7.

26 HD.

27 »Niederschrift über die Besprechung in München am 9. Mai 1935«, in: Wilhelm Niemöller, Augsburg, a.a.O., S. 28ff.

Der endgültige Vorschlag der Redner soll dem theologischen und dem juristischen Ausschuß überlassen bleiben.
Aus Anlaß der Frage der Redner wird über die Teilnahme von Herrn Professor D. Barth an der Synode gesprochen. Die Vertreter von Herrn Präses D. Koch geben die Erklärung ab, daß nach einer etwaigen Bestellung von Prof. Barth zum Synodalen durch die zuständige Stelle, die rheinische Synode[28], über diese Frage grundsätzlich nicht zu diskutieren sei. Über diese grundsätzliche Feststellung besteht Einverständnis. Anbetrachtlich der großen sachlichen Schwierigkeiten, die eine Teilnahme von Professor Barth aber zweifellos bewirken können, richtet Herr Landesbischof D. Meiser an Herrn Präses Koch die eindringliche Bitte, die hier vorliegende Frage noch einmal nach allen Seiten hin durchzuprüfen und gegebenenfalls seinerseits in dieser Sache eine Initiative zu ergreifen . . .

Ein zweites Exemplar dieser Niederschrift sendet Pastor Kloppenburg mit einem Begleitschreiben an Präses Koch[29]:

. . . Bezüglich der Teilnahme von Professor Barth hat Landesbischof D. Meiser seine Besorgnisse ausdrücklich in die Form einer *Bitte* gekleidet. Er meinte, es stünde u. U. ein Verbot zu erwarten, wenn B. teilnähme. Bogner meinte, wenn B. selber sich hätte zurückhalten wollen, und nur durch bestimmte Beeinflussungen bewogen worden sei, doch das Amt als Synodaler anzunehmen, wäre die Teilnahme nun eben dadurch doch möglicherweise zu einer Demonstration geworden, die als *Demonstration* doch keiner von uns wolle. Ich muß sagen, daß mich diese Frage belastet und habe in München persönlich erklärt, daß ich wohl noch nach Bonn fahren wolle, um das festzustellen. Aber hierüber hätte ich gern erst Ihre Meinung. Könnten Sie, Herr Präses, darüber mit Humburg sprechen?
Nun gebe Gott uns eine gute Synode! . . .

Trotz jener Meiser-»Bitte« schickt Gotthilf Weber im Auftrage des Präses der Bekenntnissynode der DEK am 13. Mai 1935 eine gesonderte Einladung an die Mitglieder des theologischen Ausschusses der Bekenntnissynode – und allen Eingeladenen sichtbar – auch an Karl Barth[30]:

. . . Vorbehaltlich der endgültigen Bestätigung durch die Synode sind Sie als

28 Am 29. 4. 1935 wurden von der Vierten Evangelischen Bekenntnissynode im Rheinland für die Synode der DEK folgende 12 Mitglieder/Stellvertreter gewählt: *Als Theologen* 1. Humburg/Encke, 2. Held/Boué, 3. Schlingensiepen/Hötzel, 4. Wehr/Johannes Graeber, 5. Lutze/Weiß, 6. Böttcher/Sachsse. *Als Älteste* 7. Horst/Weber, 8. Frowein/Halstenbach, 9. Dr. Heinemann/Dr. Wiesner, 10. Dr. Mensing/Dr. Schütz, 11. *Barth*/Buddeberg, 12. Roossinck/Lauffs. Damit war Karl Barth auch für die Dritte Bekenntnissynode der DEK rechtmäßig gewählter Synodaler.
29 In: Wilhelm Niemöller, Augsburg, a.a.O., S. 27f.
30 AEKR.

Mitglied des theologischen Ausschusses der Synode vorgesehen. Da die Synode am 22. und 23. 5. in Augsburg stattfindet und der Ausschuß vorher noch zusammentreten muß, bitten wir Sie, sich für den 21. Mai nachmittags für eine in Augsburg stattfindende Sitzung freizuhalten . . .

D 25 Unmittelbar nachdem diese Einladung an Barth und jene Müller-Meldung vom 10.
S. 326 Mai im Münchner Landeskirchenrat bekannt werden, stellt Bischof Meiser – der bisher auf das Kloppenburg-Protokoll nicht reagiert hat, weil er keinerlei Anstalten des Präses im Sinne seiner »eindringlichen Bitte« bisher hatte registrieren können – dem Präses der Bekenntnissynode der DEK am 16. Mai 1935 *fünf Bedingungen*, unter denen eine Bekenntnissynode jetzt nur noch nach Bayern einberufen werden kann: 1. Im Blick auf eine Hitler-Rede nicht zum vereinbarten Termin. 2. Ohne den Synodalen Professor Karl Barth. 3. Nicht ohne Aufteilung der Synode in konfessionelle Konvente. 4. Ohne ein Gelübde, das die Synodalen allein auf die Erklärungen von Barmen und Dahlem verpflichtet. 5. Nicht ohne die vorherige Kenntnis und Billigung aller auf der Synode zu fassenden Beschlüsse durch den gastgebenden, bayrischen Landesbischof[31]:

. . . 2. Nach dem, was der »Informationsdienst« des Sekretariats des Reichsbischofs . . . über Karl Barth mitteilt, kann ich es nicht mehr bei einer bloßen Bitte bewenden lassen, von einer Entsendung oder Einladung Karl Barths zur Synode abzusehen, sondern muß das zur förmlichen Bedingung machen, wenn die Synode auf bayrischem Boden tagen soll. Selbst wenn die Karl Barth in der erwähnten Nummer des »Informationsdienstes« zugeschriebene Äußerung nicht den Tatsachen entsprechen sollte, wird es doch immerhin einige Zeit dauern, bis diese Angelegenheit öffentlich geklärt ist. Solange aber keine öffentliche Klarstellung erfolgt ist bringt uns die Anwesenheit Barths auf der Synode in kaum übersehbare Schwierigkeiten. So schmerzlich es für viele sein mag, wenn Karl Barth, dem wir gewiß alle viel verdanken, auf der Synode fehlt, so darf doch nicht außer acht gelassen werden, daß er sich durch solche und andere von ihm bekannt gewordene Äußerungen, die mit Theologie und Kirche nichts zu tun haben, den Weg zur Synode selbst verbaut hat . . .[32]

31 AEOK.

32 Gut vier Jahre später ordnete Bischof Hans Meiser nach dem deutschen Überfall auf Polen für seine bayrische Landeskirche am 29. 9. 1939 (Aktenzeichen Nr. 10895, »Die Verlesung hat am Erntedankfest zu erfolgen«) folgende Kanzelabkündigung an: ». . . Aber der Gott, der die Geschichte der Völker lenkt, hat unser deutsches Volk in diesem Jahr noch mit einer anderen, nicht weniger reichen Ernte gesegnet. Der Kampf auf den polnischen Schlachtfeldern ist, wie unsre Heeresberichte in diesen Tagen mit Stolz feststellen konnten, beendet, unsere deutschen Brüder und Schwestern in Polen sind von allen Schrecken und Bedrängnissen des Leibes und der Seele erlöst, die sie lange Jahre hindurch und besonders in den letzten Monaten ertragen mußten. Wie könnten wir Gott dafür genugsam danken! Wir danken ihm, daß er unseren Waffen einen schnellen Sieg gegeben hat. Wir danken ihm, daß uralter deutscher Boden zum Vaterland heimkehren durfte und unsere deutschen Brüder nunmehr frei und in ihrer Zunge Gott im Himmel Lieder singen können. Wir danken ihm, daß jahrzehnte altes Unrecht durch

Diese neueste Entwicklung im Fall Barth erfahren die am 17. Mai in Bad Saarow versammelten Mitglieder des Arbeitsausschusses nachmittags durch einen Anruf des rheinischen Präses Humburg. Und die Ausschußmitglieder sind plötzlich der Meinung, daß Barths Anwesenheit während der Dritten Bekenntnissynode der DEK nun auch für sie selber »ihre Schwierigkeiten hätte« – vorausgesetzt, daß die Müller-Meldung stimmt. Doch als abends, nach einem weiteren Anruf Humburgs, daran kein Zweifel mehr besteht, reist Pastor Immer noch in der Nacht aus der Sitzung in Saarow heraus nach Bonn, um Barth in einem persönlichen Gespräch die einhellige Meinung der Brüder aus den Leitungsorganen der Bekennenden Kirche zu übermitteln: Barth möge jetzt unter allen Umständen von der Synode fernbleiben. Und das Urteil des führenden bayrischen Bekenners und Nationalsozialisten Eduard Putz, »Das ist ja Landesverrat!«, erregt unter den Bekennern im Reich die Furcht, durch weitere Zusammenarbeit mit dem »Vater der Bekennenden Kirche« der Kollaboration mit dem eidgenössischen Staatsfeind bezichtigt zu werden. So teilt schon der Münchner Kirchenrat Sammetreuther am Samstag, dem 18. Mai 1935, Karl Barth ohne Umschweife mit, was heutzutage selbst Barth-Freunde über seinen Fall denken, und kündigt dem weltbekannten Bonner Theologen ab sofort jede weitere Zusammenarbeit und »Zugehörigkeit zur Bekenntnisfront« auf[33]:

Verehrter, lieber Herr Professor,
Bruder Immer ist heute bei Ihnen. Sie wissen von ihm, wie wir nun zu Ihrer Teilnahme an der Bekenntnissynode und – so muß ich hinzufügen – zu Ihrer Zugehörigkeit zur Bekenntnisfront stehen. Das hat nun auch seine Konsequenzen in bezug auf den Brief, den ich vor drei Tagen an Sie geschrieben habe[34].
Ich muß daraufhin meine Einladung an Sie als Mitarbeiter an den Bekenntnispredigten zurücknehmen. Ich möchte schriftlich nicht mehr darüber sagen. Ich weiß nicht, ob Sie das nun verstehen werden oder nicht. Ich kann nur sagen und klagen: was haben Sie angerichtet! Ich hatte immer noch ge-

das Geschenk seiner Gnade zerbrochen und die Bahn freigemacht ist für eine neue Ordnung der Völker, für einen Frieden der Ehre und Gerechtigkeit. Und mit dem Dank gegen Gott verbinden wir den Dank gegen alle, die in wenigen Wochen eine solche gewaltige Wende heraufgeführt haben: gegen den Führer und seine Generale, gegen unsere tapferen Soldaten . . ., die freudig ihr Leben für das Vaterland eingesetzt haben. Wir loben Dich droben, Du Lenker der Schlachten, und flehen, mögst stehen uns fernerhin bei. (gez.) D. Meiser« (PGKS). Vgl. dazu auch: Karl Steinbauer, Einander das Zeugnis gönnen, 1977.

33 AEKW.

34 In diesem Brief hatte Sammetreuther Barth zur Mitarbeit aufgefordert an einem theologischen Projekt, das die ›Junge Kirche‹ am 24. 6. 1935 folgendermaßen umschreibt: »›Bekenntnispredigten‹, herausgegeben von Kirchenrat J. Sammetreuther, erscheinen jetzt ungefähr jeden Monat . . . Ihre Mitarbeit haben bisher zugesagt: Pastor Asmussen, Oberkirchenrat Breit, Lic. Peter, Stadtpfarrer Fausel, Lic. Otto Fricke, Lic. Kurt Frör, Sup. Hahn, Lic. Herntrich, Pfr. Gerh. Jacobi, Pfr. Klein, Pastor H. Kloppenburg, Lic. Künneth, Landesbischof D. Meiser, Pfr. Metzger, Pastor Martin Niemöller, Pfr. Wilhelm Niemöller, Lic. W. Niesel, Oberkirchenrat Pressel, Pfr. Putz, Lic. A. de Quervain, Pfr. W. Rüdel, Stadtpfr. D. Sannwald, Pfr. Paul Schempp, Lic. Dr. Schlink, Pastor E. Schmidt, Pfr. H. Schmidt, Prof. Dr. Schmidt, Prof. D. Dr. H. Schreiner, Pfr. Stoll, Pfr. Hch. Vogel, Landesbischof Wurm, Bischof D. Zänker.«

hofft, daß das, um was es sich handelt, von Ihnen im vollen Umfang als unwahr dementiert werden könnte. Da Sie das aber nun nicht können, kann man nur trauern über das, was Sie in Unbedachtheit getan haben.
Mit herzlichem Gruß
Ihr ergebener
gez. J. Sammetreuther

Der Besuch Immers am Samstagmorgen bei Barth in Bonn führt zu einem langen, bitteren Gespräch der beiden Freunde. Für Barth ist die Aussperrung von der Bekenntnissynode nur das sichtbare Zeichen eines Ausschlusses aus der Bekennenden Kirche, einer endgültigen Befreiung von der theologischen, konfessionellen und politischen »Belastung«, wie sie am Bußtag 1934 ihren Anfang nahm. Immers Offenheit läßt Barth zudem erkennen, daß ihn nun nicht einmal mehr seine reformierten Kampfgefährten ertragen und für seine Sache streiten wollen. All das verursacht an diesem frühen Samstagmorgen bei Barth »einen Knacks«. Schließlich beendet Immer dieses schmerzliche Gespräch mit dem dringenden, brüderlichen Rat, nicht nach Augsburg zu reisen, sondern einstweilen Deutschland zu verlassen – eine »Schweizerreise« anzutreten. Noch an diesem Sonnabend versendet Karl Immer von Barmen aus ein Rundschreiben an den Präses der Bekenntnissynode der DEK, D. Karl Koch, und an alle Landes- und Provinzialbruderräte im Reich[35]:

... Die Unterredung, auf die sich oben stehende Meldung[36] bezieht, fand im Januar 1935 in Basel statt. Ein Vertreter der Universitätsbehörde verhandelte mit Herrn Prof. Barth wegen seiner Berufung nach Basel. Nachdem alle Fragen geklärt waren, kam der betreffende Herr auf Pazifismus und Landesverteidigung zu sprechen und fragte, wie Herr Prof. Barth zur Landesverteidigung stehe. Prof. Barth antwortete: »Natürlich bin ich dafür« und fügte scherzend hinzu: »insbesondere für Befestigung der Nordgrenze«. Diese scherzhafte Äußerung bezog sich auf die in jenen Tagen geführte Debatte über die Anlage von Fords an der Nordgrenze.
Wie sehr es Prof. Barth fern gelegen hat, mit dieser Bemerkung eine politische Äußerung über Deutschland auszusprechen, ergibt sich aus der Tatsache, daß er die Unterredung mehrmals in Deutschland erzählt hat um deutlich zu machen, wie er zur Landesverteidigung stände.
[gez.] Karl Immer

Am Sonntag, dem 19. Mai 1935, hat Otto Bleibtreu den Entwurf einer Stellungnahme gegen die Abweisung seiner Berufung durch Staatsanwalt Kasper vom 11. März fertiggestellt. Da Barth Immers Rat befolgt und eine »Schweizerreise« angetreten hat, sendet Bleibtreu seine Skizze dem Zwangsurlauber zum Schweizer Bergli/Oberrieden nach mit der Bitte um Korrektur und Verständnis dafür, »daß ich manche Wendungen – Sie werden wissen, welche – nach forensischem Brauch aus

35 AEKW.
36 Meldung aus dem Informationsdienst des Reichsbischofs vom 10. 5. 1935: »Und so etwas war ›deutscher‹ Professor.«

verteidigungstaktischen Gründen etwas zugespitzt habe. Der Abschnitt II 2) gefällt mir am wenigsten. Hier wäre ich für kritische Bemerkungen und vielleicht für einige theologisch einwandfreie Formulierungen besonders verbunden.«[37]
Die »Basler Nachrichten« melden in der Dienstagausgabe am 21. Mai unter der Überschrift, »Plötzlich abgesagte Synode der Bekenntniskirche«:

Die auf Mittwoch oder Donnerstag einberufene Bekenntnissynode in Augsburg ist plötzlich abgesagt worden. Der Grund dafür liegt in der Haltung der Landeskirchen von Bayern und Württemberg; an Stelle der gesamtdeutschen Synode werden daher die einzelnen Landeskirchen außer Bayern und Württemberg die neue Lage beraten . . .

Da die Einladungen zur Dritten Bekenntnissynode längst verschickt waren, etliche Synodale in Unkenntnis der Absage an diesem Dienstag bereits in Augsburg eintreffen, läßt Präses Koch alle Synodalen – ausgenommen jene aus Bayern, Württemberg und Hannover – zum 22. und 23. Mai 1935 ins westfälische Gohfeld und Bergkirchen zu einer bekenntniskirchlichen »Konferenz« umdirigieren[38]. Dort schildert Präses Koch am Mittwoch die jüngste Entwicklung in der Bekennenden Kirche. Der Fall Barth bestimmt weite Abschnitte der erregten Beratungen. Nach einem detaillierten Bericht des Synodalen von Arnim-Lützlow über die Münchner Verhandlungen mit Bischof Meiser, die er im Auftrage des Präses zusammen mit Pastor Kloppenburg geführt hatte, erteilt Präses Koch auch Pastor Kloppenburg das Wort[39]:

Kloppenburg: Ich darf Ihnen sagen, daß das Protokoll genehmigt ist. Ich habe Bischof Meiser gebeten, wenn er Einwendungen gegen dieses Protokoll hätte, das nach Oeynhausen zu berichten, so daß es dann ein nicht beiderseitig anerkanntes Protokoll gewesen wäre. Diese Einwendung ist, wie ich höre, nicht erfolgt. Somit ist also der Wortlaut des Protokolls von Herrn D. Meiser stillschweigend genehmigt worden . . .
Präses D. Koch: Ich möchte meinen, daß wir heute hier zu sorgen haben, daß diese Aussprache sich nicht gestaltet zu einer Erörterung über die Frage der Teilnahme von Professor Barth an der Synode oder nicht. Bruder Immer, wollen Sie ein Wort dazu sagen?
Immer: Ein paar kurze Feststellungen. Es entspricht nicht den Tatsachen, daß Professor Barth die Teilnahme an der Synode abgelehnt hätte. Es hat also auch keinerlei Ansturm auf ihn stattgefunden . . .
Am Freitag vergangener Woche vertrat Kirchenrat Sammetreuther als Beauftragter von Bayern die Bitte oder schließlich die Forderung, Barth möchte veranlaßt werden, fern zu bleiben. Einmütig haben die in Saarow versammelten Mitglieder des Arbeitsausschusses erklärt, daß für sie eine

37 Siehe D/26.
38 Aus den »intakten« Landeskirchen durften lediglich als »Gäste« teilnehmen: Karwehl, Bourbeck, Ranft, Dipper, van Senden und Putz.
39 Aufzeichnung der Gohfelder Beratungen, in: Wilhelm Niemöller, Augsburg, a.a.O., S. 32 ff.

solche Bitte an Barth *nicht* in Frage käme. Es ist dann auch gleich gesagt worden, daß dann, wenn man eine solche Forderung in Bayern aufrecht erhalte, nicht nur die reformierten Glieder der Synode, sondern auch wohl alle anderen an der Synode *nicht* teilnehmen würden.
Es kam dann ein erschwerendes Moment in die Aussprache durch eine Nachricht des reichsbischöflichen Informationsdienstes . . .
Präses D. Koch: Bruder Niemöller, bitte.
Niemöller: . . . Es ist ja schwer, bei solchen Sachen nicht bitter zu werden. Es ist schwer, nicht daran zu denken und nicht davon zu sprechen, daß die deutsche Bekenntnissynode Ende Oktober 1934 einberufen wurde, weil Meinzolt aus München um Hilfe schrie: »Unser Bischof hat Stubenarrest!« Jetzt haben wir 24 Pfarrer im Konzentrationslager, so und so viel verhaftet und sagen, jetzt muß die Synode ein deutliches Wort sprechen, und wir sind glücklich soweit, und plötzlich wird uns das aus 5 Gründen unmöglich gemacht und die Sache abgeblasen. Ja, liebe Freunde, und das von demselben Bischof, der damals im Stubenarrest saß. Ich sage, es ist schwer, nicht bitter zu werden . . .

An diesem 22. Mai 1935 antwortet Barth aus seinem Schweizer Refugium auf dem Bergli dem Münchner Kirchenrat Sammetreuther auf dessen Schreiben vom 18. Mai[40]:

Sehr geehrter Herr Kirchenrat!
Sie haben sich letzte Woche von Bischof Meiser nach Oeynhausen entsenden lassen und haben es dabei übernommen, dort auch dies durchzusetzen, daß ich an die inzwischen abgesagte Augsburger Synode nicht eingeladen werden solle. Und nun haben Sie mir Ihren Brief vom 18. Mai schreiben zu müssen geglaubt. Angesichts dieser beiden Tatsachen werde ich mir nicht so leicht ausreden lassen, daß Ihr wirklicher Grund, mich an den »Bekenntnispredigten« nicht zu beteiligen, schlicht der gewesen ist, daß Sie sich oder das, was Sie für die Kirche zu halten scheinen, durch meine Mitwirkung an jener Sache politisch zu kompromittieren vermeiden wollten. Wie viel einfacher würden sich auch in der heutigen schwierigen Lage alle Dinge gestalten, wenn man wenigstens ganz offen miteinander umgehen und dann auch die Freiheit haben würde, ein bißchen folgerichtiger zu handeln!
Was soll ich zu Ihrem Brief vom 18. sagen? Also die Bayern waren wieder einmal ohnehin bemüht, mich auszuschalten (und nebenbei: die ganze Synode zu verunmöglichen!). Dabei kommt ihnen nun ein schon in seinem ersten Ursprung reichlich trübes Elaborat aus der Küche des Reibi gerade recht. Auch die Norddeutschen, auch meine aufrichtigeren Freunde, auch die bei anderen Anlässen grundsätzlicher Denkenden erbleichen. Ein auch nur menschlich anständiges und würdiges Wägen der wahren Substanz je-

40 AEKW.

ner Anklage kommt gar nicht in Betracht. Er hat gesagt . . . und Teilnahme an der Bekenntnissynode, Zugehörigkeit zur Bekenntnisfront (dies hatte mir Immer noch nicht gesagt!) Mitwirkung bei den Bekenntnispredigten, alles, alles ist dahin! Ich könnte nun wohl auch »sagen und klagen: Was haben Sie angerichtet?« Aber was hätte das Ihnen gegenüber für einen Sinn? Was für einen Sinn gegenüber der seit dem letzten November so betrüblich ins bayrisch-hannöversche Schlepptau genommenen, in der Hauptsache ohnehin dauernd nur »sagenden und klagenden« Leitung der Bekenntniskirche? Was ich vom Sommer 1933 an als die eigentliche Not der Bekenntniskirche aufgefaßt und nach Kräften bekämpft habe: ihre fast völlige theologische Ungrundsätzlichkeit und ihre fast nie überwundene jämmerliche Menschenfurcht nach der politischen Seite, das ist in dem Vorgang, an dem Sie sich nun so führend beteiligt haben, wieder einmal sichtbar geworden. Ich wundere mich wirklich nicht, nachdem ich es ja in der Eidessache bereits einmal am eigenen Leibe erfahren habe, welches das Gesetz des Handelns ist, das den Zickzackkurs dieser butterweichen »Bekenntnisfront« letztlich bestimmt. Oder ich wundere mich nur darüber, daß man es immer noch wagt, dieses prahlerische Wort »Front« als Selbstbezeichnung in den Mund zu nehmen. Und diese »Front« (»Wir sind nicht von denen, die da weichen«!!) will mich nun mit dem großen Bann belegen? Ich lache darüber. Ich verachte das. Ich tröste mich dessen, daß es in ganz Deutschland eine verborgene aber wirkliche Bekenntnisfront gibt, die diese verfluchte Kirchendiplomatie nicht mitmacht.

Ein persönliches Wort zum Schluß. Ich weiß nicht, ob Sie sich des Gesprächs erinnern, das wir letzten Herbst in München miteinander hatten. Von daher weiß ich, daß Ihre Eindrücke und Anschauungen hinsichtlich der allgemeinen Lage von den meinigen ebensowenig grundsätzlich verschieden sind, wie Sie sich theologisch ernsthaft von mir zu distanzieren in der Lage wären. Ich weiß dasselbe von den meisten anderen »Prominenten« der Bekenntnisfront. Ich weiß also, daß Sie und die anderen, die es angeht, für den Sinn meiner jetzt inkriminierten Äußerung im Grunde – wie empört Sie sich jetzt darüber aussprechen mögen – sehr wohl Verständnis haben. Und weil ich das weiß, darum muß ich Ihnen sagen, daß ich für Ihr und für das ganze Vorgehen gegen mich nicht nur sachlich sondern auch menschlich moralisch nichts übrig habe. Die Kirche wird wohl vom Nationalsozialismus noch ganz andere Nackenschläge mit Recht in Empfang nehmen müssen, bis in ihr endlich – von allem anderen abgesehen – auch eine männlichere *Gesinnung* ans Ruder kommen wird. Wenn es soweit ist, werden wir weiter miteinander reden können.

Ihr
gez. Karl Barth

Bischof Wurm nimmt am 23. Mai seine Zusage, an der zum 24. Mai einberufenen Konferenz aller Führer der Bekennenden Kirche teilzunehmen, in einem Brief an

Präses Koch zurück, billigt jedoch ausdrücklich das Verhalten seines Amtsbruders Meiser[41]:

... Im Hinblick auf meine Geschäftslage und die Notwendigkeit, zweimal nacheinander bei Nacht fahren zu müssen und am Sonntag bei einem großen Kirchengesangsfest predigen zu müssen, bitte ich nun aber doch, mein Fernbleiben zu entschuldigen ...
So sehr ich die Verschiebung der Synode mit Rücksicht auf die Lage in den bedrängten Kirchengebieten bedauert habe, so muß ich doch den Standpunkt D. Meisers billigen, daß der Führer der Landeskirche, in deren Gebiet die Synode tagt, über die Vorlagen und die Referenten genau unterrichtet sein sollte. Ich kann nicht verstehen, warum in den Wochen, die seit der ersten Verschiebung vergangen sind, die Dinge nicht weiter gefördert wurden. Es scheint, daß die Abneigung gegen die kirchliche Bürokratie die Gefahr mit sich bringt, daß manches zu leicht genommen wird ...
Ich kann heute noch nicht verstehen, warum in dem psychologisch günstigsten Augenblick nach dem 30. Oktober[42] ein gemeinsames Handeln vor Staat und Öffentlichkeit nicht möglich war; ich scheue mich, irgendwelche persönlichen Motive zu vermuten, muß aber dann einen Doktrinarismus anklagen, der so oft in der Geschichte des Protestantismus verhängnisvoll gewesen ist ...

Der Basler Kirchenrat Alphons Koechlin unterrichtet am 24. Mai 1935 Bischof Bell über seine neuesten Informationen im Fall Barth[43]:

Mein lieber Lordbischof,
... Karl Barth ist in diesen Tagen in der Schweiz. Die endgültige Entscheidung des staatlichen Gerichtshofs über seine offizielle Stellung in Deutschland wird am 14. Juni getroffen werden. Unglücklicherweise wurden eine oder zwei seiner sehr ausfallenden Äußerungen über die Wiederbewaffnung gegenüber einigen offiziellen Basler Leuten in einer Schweizer politischen Zeitschrift zitiert und an den Reichsbischof geschickt. Sie sind auch den Führern der Bekenntnissynode und den Bischöfen von Hannover, Bayern und Württemberg zur Kenntnis gekommen. Die Bischöfe meinen, sie könnten in der Bekenntniskirche nicht mehr mit einem Mann mit den politischen Ansichten Karl Barths zusammenarbeiten, und auch Männer wie Koch und Immer bezweifeln, daß es ihnen möglich sein wird, die Zusammenarbeit mit Barth aufrechtzuerhalten ...

41 In: Wilhelm Niemöller, Augsburg, a.a.O., S. 45f.
42 Empfang der drei Bischöfe Marahrens, Meiser und Wurm durch Hitler und Innenminister Frick, denen die Bischöfe abschließend ihr geheimes Kirchenpapier überreichten.
43 Bell-Koechlin, a.a.O., S. 217ff.

Da eine Teilnahme Barths an der Dritten Bekenntnissynode der DEK nun selbst von den Bayern nicht mehr befürchtet werden muß, können sich die in Berlin versammelten Kirchenführer[44] am Freitag, dem 24. Mai 1935, rasch auf Konzept und Termin der Dritten Bekenntnissynode der DEK in Augsburg einigen[45]:

1. Die Synode wird einberufen auf Dienstag, den 4. bis Donnerstag, den 6. Juni 1935. Anreisetag ist Montag, der 3. Juni. Tagungsort ist Augsburg. Die Synode beginnt mit einem Gottesdienst Dienstag vormittag 9.30 Uhr in St. Anna.
2. Die Festlegung der Grundsätze über die Zugehörigkeit zum lutherischen Konvent wird der im Juni tagenden lutherischen Synode überlassen. Auf der Augsburger Synode entscheidet jedes Mitglied der Synode selbst über seine Zugehörigkeit zu einem Konvent.
3. Das Synodalgelübde wird in folgender Form festgelegt: »Ich gelobe mein Amt als Synodaler in der Bindung an die Heilige Schrift und die Bekenntnisse meiner Kirche auszuüben, und weiß mich gegenüber den Irrlehren unserer Zeit in Übereinstimmung mit den Erklärungen von Barmen und Dahlem.«
4. Gegenstände der Tagung: a) Theologische Erklärung. b) Erklärung der Zuständigkeiten innerhalb der Bekennenden Kirche.

Die Einigkeit der Kirchenführer reicht an diesem Freitag bis hin zur synodalen Kleiderordnung: »Schwarzer Anzug«.

44 Es sind in Berlin anwesend: Breit, Fiedler, Humburg, Kloppenburg, Koch, Marahrens, Meinzolt, Meiser, Müller/Dahlem und von Thadden.
45 In: Wilhelm Niemöller, Augsburg, a.a.O., S. 47.

11. Unberufen

Während der Gohfelder »Konferenz« erhielt das Präsidium der Bekenntnissynode der DEK einen tiefen Eindruck von der Trauer, Angst und Empörung, die die bekennenden Gemeinden angesichts der Verhaftung zahlreicher Bekenner und deren Verschleppung in Konzentrationslager ergriffen haben. Darum hatte Präses Koch Pastor Karl Immer in Gohfeld spontan beauftragt, ein Wort des Trostes und der Wegweisung für die beunruhigten Gemeinden im Reich zu entwerfen und der Versammlung vorzulegen. Aber Immers Text, den er »in einer der Oeynhauser Nächte entwarf«, soll erst *nach* der Konferenz von einer Kommission beraten werden. Pastor Immer mag jedoch im Blick auf die innerkirchliche Lage keine Verzögerung mehr hinnehmen. Ohne zu wissen, ob sein Entwurf »vor den Augen der Kommission . . . Gnade gefunden hat«, gibt er sein »Sendschreiben an die Gemeinden unter dem Kreuz« am Samstag, dem 25. Mai 1935, von Bethel aus in eigener Verantwortung auf den Weg in die Öffentlichkeit[1]:

Die in Oeynhausen versammelten Abgeordneten der zerstörten ev. Kirchen grüßen die bedrängten und z. T. ihrer Hirten beraubten Gemeinden unter dem Kreuz, sowie die Prediger des Evangeliums, die um ihres Herrn Jesus Christus willen Ausweisung, Haft oder Konzentrationslager erdulden, mit der apostolischen Mahnung Hebr. 12,2: »Lasset uns aufsehen auf Jesum, den Anfänger und Vollender des Glaubens, welcher, da er hätte mögen Freude haben, erduldete er das Kreuz und achtete der Schande nicht und ist gesessen zur Rechten auf dem Stuhl Gottes.«
Wundert euch nicht, wenn ihr um Jesu willen Schmach leidet, denn unter dem Kreuz als dem Zeichen, dem widersprochen wird, hat die Kirche bis zum Kommen ihres Herrn mit der Feindschaft der Welt immerdar zu rechnen.
Werdet nicht kleinmütig, denn der Herr, dem wir dienen, ist der Aufer-

1 Brief Immer an den Coetus Reformierter Prediger vom 25. 5. 1935. Karl Immer erinnerte mit der Überschrift seines Sendschreibens an die bis aufs Blut verfolgten »geheimen« evangelischen »Gemeinden unter dem Kreuz« in den katholisch beherrschten Gebieten des Rheinlandes. In Köln z.B. datiert ihre leidvolle Geschichte von der öffentlichen Verbrennung des lutherischen Predigers Adolf Clarenbach und seines Schülers Peter Fliesteden am 28. 9. 1529 zu Melaten (vgl. W. Rotscheidt, Ein Martyrium in Köln im Jahre 1529, 1904; K. Hesse, Frühlicht am Rhein – Adolf Clarenbach, Sein Leben und Sterben, 1929) bis zur Verfügung des Rechts auf freie Religionsausübung durch den Eroberer Napoleon I. seit dem Frieden von Lunéville im Februar 1801.

standene. Er hat Tod und Teufel überwunden und ruft den geängstigten Seinen zu: Niemand wird sie mir aus meiner Hand reißen.
Laßt euch nicht verwirren durch Bosheit und Gewalt der Menschen. Unser Herr, der gen Himmel gefahren ist, regiert. Ohne Seinen Willen kann uns kein Haar gekrümmt werden. Alles, was uns trifft, kommt aus seiner Hand.
Gedenkt der Verheißung unseres Herrn: Ich will den Vater bitten, und er soll euch einen anderen Tröster geben, daß er bei euch bleibe ewiglich.
Darum mahnen wir euch: Betet um den heiligen Geist für euch selbst, für die Kirche, für die Verfolgten, für die verlassenen Familien unserer verhafteten Pfarrer. Bittet den Herrn vor allen Dingen, daß Er Seine Knechte ausrüste mit Freimut und Vollmacht zu reden Sein Wort. Vergeßt nicht, täglich das deutsche Volk und seine Obrigkeit fürbittend vor Gott zu bringen und haltet ihm Seine Verheißung vor; daß Er dem Gekreuzigten die Starken zum Raube und die Menge zur Beute geben will.
Der Herr aber, unser Gott, mache uns zu wartenden Knechten, die in aller Trübsal und Verfolgung ihre Häupter erheben, weil sich ihre Erlösung naht. Es kommt der Tag, wo nur noch eines wichtig ist, das Wohlgefallen Gottes in Christus Jesus unserm Heiland.

In Bonn bedankt sich Otto Bleibtreu an diesem Sonnabend für Barths schnelle Durchsicht und Korrektur des Entwurfs seiner Stellungnahme im Berufungsverfahren[2]: **D 26** **S. 329**

Liebes Fräulein von Kirschbaum,
in aller Kürze möchte ich Ihnen nur mitteilen, daß der Entwurf vorgestern glücklich wieder an mich zurückgelangt ist. Ich bitte Sie, meinen herzlichsten Dank für die Durchsicht und vor allem für die Korrekturen und Ergänzungen des bewußten Abschnittes[3] zu übermitteln, an denen mir besonders gelegen war. Daß an den übrigen Teilen des Entwurfs keine Änderungen vorgenommen worden sind, darf ich wohl dahin verstehen, daß insoweit wenigstens keine allzu erheblichen Bedenken bestehen. Ich habe daher nunmehr mit der endgültigen Ausarbeitung begonnen und werde etwa Ende der kommenden Woche das Skriptum absenden. Wenn irgend möglich, erhalten Sie dann natürlich sofort eine Abschrift.
Im übrigen ist der Stand der Sache unverändert. Sollte inzwischen noch

2 HD.
3 Bei diesem Dokument (D/26) handelt es sich um die Endfassung, die Otto Bleibtreu am 8. 6. 1935 an das Berliner OVG geschickt hatte. Im Abschnitt II/2. korrigierte bzw. ergänzte Barth lediglich den Schlußteil des 2. Satzes. In *Bleibtreus Entwurf* lautete er: ». . . abgenommen werden kann, so handelt es sich doch andererseits für den evgl. Christen bei dem Willen Gottes nicht um subjektive menschliche Vorstellungen und Gewissensregungen, sondern um das in der Heiligen Schrift und nur in ihr geoffenbarte Gebot des Herrn, also um etwas durchaus Objektives.«

Neues zu meiner Kenntnis kommen, werde ich Sie selbstverständlich unverzüglich unterrichten.
Ich wünsche Ihnen Beiden eine recht gute Erholung!
Mit herzlichen Grüßen und mit der Bitte um eine Empfehlung bei Herrn und Frau Pestalozzi . . .

Weder die Vorläufige Leitung in Berlin noch der Rat der rheinischen und westfälischen Bekenntnissynode, noch der Reformierte Bund entwickeln erkennbare Aktivitäten, »um Barth der DEK zu erhalten«. Statt dessen diskutieren Lutheraner und Reformierte seit Wochen öffentlich über Sinn und Unsinn einer gemeinsamen »staatsfreien Fakultät«. Wilhelm Kolfhaus kommt am 26. Mai 1935 zu dem Ergebnis[4]:

. . . D. Sasse fürchtet, daß das konfessionelle Prinzip geopfert werden müsse, zugunsten einer »reformatorischen« d. h. überkonfessionellen Theologie, einer Theologie etwa wie sie in Blättern wie »Theologische Existenz« oder »Evangelische Theologie« laut werde und von einer Schulmeinung zum Merkmal der wahren Kirche zu erheben sei. Er ruft am Schlusse seiner Ausführungen aus: »Was sollen wir von einer Synode denken, die in einem Atemzuge die Wiederherstellung der nach Gottes Wort reformierten Kirche *und* die neue Union reklamiert?« »Gott helfe uns allen, den Reformierten und den Lutheranern, daß wir nüchtern und nicht neuem Irrtum zum Opfer fallen!« –
Das ist auch die Bitte der Reformierten, die ebenfalls die Schwierigkeiten wohl sehen, die Prof. Sasse besorgt machen. Auch wir möchten um keinen Preis einen Bau errichten, dessen Grundlagen unsicher sind. Auch wir wünschen nicht Teil zu haben an nebelhaften Plänen und sind daher von Herzen bereit, mit unseren lutherischen Brüdern über die Sorgen zu sprechen, denen Prof. Sasse Ausdruck verleiht. Vielleicht würden wir an eine solche Aussprache mit einer anderen Voraussetzung herantreten als er: wir würden es nicht von vornherein für unmöglich halten, daß die beiden evangelischen Kirchen in echter theologischer Arbeit doch noch den Weg zueinander finden möchten. Aber das steht nicht in unserer Gewalt. Jedenfalls verdienen Sasses Bedenken, daß sie ernst genommen und nicht als unwesentlich beiseite geschoben werden. Ist die in der Ferne geschaute reformatorische Fakultät wirklich möglich als »kirchliche« Fakultät? Wir Reformierten und Lutheraner in Westfalen und Rheinland, die wir seit einem Jahrhundert an

4 RKZ vom 26. 5. 1935, S. 124, Kolfhaus bezog sich auf Sasses Artikel in der AELKZ 18/1935, in dem es hieß: »Eine solche Hochschule wäre also das gerade nicht, was sie nach dem Willen der Antragsteller sein soll, nämlich eine kirchliche Fakultät. Eine staatsfreie Fakultät ist ja noch nicht allein deswegen eine kirchliche Fakultät, weil fromme und gelehrte Leute an ihr unterrichten und fromme und wohlhabende Leute sie bezahlen. Eine kirchliche Fakultät wäre sie erst, wenn sie von einer Kirche beauftragt wäre, deren Lehre zu vertreten, und wenn sie damit der Aufsicht dieser Kirche unterstellt wäre. Eine Fakultät wie die geplante würde zwei Kirchen gehören . . .«

brüderliche und kirchliche Gemeinschaft untereinander und mit den unierten Gemeinden gewöhnt sind und dabei in unbewegter Treue unserem Bekenntnis anhängen, werden uns der an uns gerichteten Frage nicht entziehen dürfen.

Nachdem Barths Freund Ernst Wolf am Himmelfahrtstag, am 30. Mai 1935, erfahren hat, daß der »Alte Kämpfer« und Träger des Goldenen Parteiabzeichens Pastor Eduard Putz jenes in der Bekennenden Kirche umgehende und auf Barth zielende Stichwort »Landesverräter!« ausgegeben haben soll, schreibt er dem Meiser-Berater am 1. Juni 1935[5]: **D 27**
S. 331

... Ich sehe die Sache diesmal nicht unter dem Gesichtswinkel an, was man etwa damit K. B. »angetan« habe, sondern unter dem, was man sich selber damit, vielleicht unüberlegt, zufügt. Wenn wirklich die Kirche ihn als »Landesverräter« außer Landes gehen heißt, dann kann sie das kaum je wieder gutmachen ...

Eine Pressemeldung in der Schweiz beunruhigt Karl Barth auf dem Schweizer Bergli. Am Sonntag, dem 2. Juni 1935, schreibt Charlotte von Kirschbaum in Barths Auftrag an Otto Bleibtreu[6]:

Lieber Herr Bleibtreu!
Haben Sie herzlichen Dank für Ihre Zeilen. In der Tat war K. B. *sehr* einverstanden mit Ihrem Schriftstück. –
Heute möchte ich Ihnen in s. Auftrag mitteilen, daß in diesen Tagen hier durch die *evang.* Presse (Schweiz. Kirchenfreund) die Falschmeldung ging: K. B. habe den Ruf nach Basel angenommen. Der verantwortl. Redakteur sendet nun für *hier* eine Berichtigung ein. Da aber anzunehmen ist, daß die Meldung in deutschen kirchl. Blättern abgedruckt wird, läßt K. B. Sie fragen, ob es nicht tunlich wäre, daß Sie das Berliner Gericht unterrichten? Es könnte sonst doch vielleicht zu einer neuen Verärgerung führen. –
Im übrigen ist noch mitzuteilen, daß wir nun doch den 14. Juni *hier* abzuwarten gedenken. Wir wären Ihnen sehr dankbar, wenn Sie gleich nach der Verhandlung von Berlin aus anrufen würden bei uns (Zürich 920334) ...

Am Vorabend der Dritten Bekenntnissynode der Deutschen Evangelischen Kirche veröffentlicht der »Hannoversche Kurier« am 3. Juni 1935 eine grundsätzliche Stellungnahme des Innenministers und Marahrens-Freundes Dr. Frick. Diese bemerkenswerte Erklärung des NS-Staates zum Thema Staat – Kirche, die auf alle bisher ausgesprochenen Angriffe verzichtet, wird als Ergebnis der wochenlangen Geheimverhandlungen zwischen Marahrens-Regiment und Innenministerium gewertet[7]:

5 AEKW.
6 HD.
7 Hitler hatte am 21. 5. 1935 keinerlei »Wort zur Kirchenfrage« abgegeben, wie dies von Bischof Meiser im Brief vom 16. 5. 1935 an Präses Koch (siehe S. D/25) noch in einem der Hinderungsgründe zur Einberufung der Synode zum 22. 5. 1935 angekündigt wurde.

... So wenig die Judenfrage mit eingeworfenen Fensterscheiben gelöst werden kann, so wenig läßt sich auch der Kirchenstreit mit dem Polizeiknüppel lösen. Wir brauchen zu all diesen Fragen Zeit. Ich sprach eben von der Kirche . . ., es ist dies eine schwierige innerpolitische Frage. Aber ich darf Sie versichern, auch sie wird gelöst werden, so oder so. Grundsätzlich möchte ich sagen: Partei und Staat mischen sich nicht ein in Glaubensangelegenheiten. Es ist absolut das friderizianische Rezept maßgebend, daß jeder nach seiner Fasson selig werden kann. Aber eifersüchtig werden wir darüber wachen, daß die Kirche ihren Kirchenbezirk nicht überschreitet. Die Aufgabe der Kirche ist die Seelsorge, nicht aber ist es ihre Aufgabe, auf das politische Gebiet überzugreifen. Hier werden wir unerbittlich sein und je stärker der Staat ist, desto weniger werden auch solche Machtansprüche irgendeinen Boden im deutschen Volke finden.
Man kann dem nationalsozialistischen Staat nicht vorwerfen, daß er seinem Grundsatz in dem Parteiprogramm vom Jahre 1920 untreu geworden sei, der da lautet, daß die Partei eintritt für ein positives Christentum[8]. Der nationalsozialistische Staat ist absolut bereit, mit den christlichen Kirchen zusammen zu arbeiten, aber es ist eine Selbstverständlichkeit, daß auch die Volksverbundenheit der Kirchen da sein muß, d.h. auch die Kirche muß sich volksverbunden fühlen und darf niemals in einen Gegensatz zur nationalsozialistischen Staatsführung kommen . . .

Und nachdem die Leitung der Bekennenden Kirche tags darauf ihre »Volksverbundenheit« im Fall ihres theologischen »Vaters« Karl Barth unmißverständlich durch die Aussperrung des »Westlerischen« und »Undeutschen« von der Bekenntnissynode öffentlich demonstriert – den Platz des Ausgesperrten nimmt in Augsburg dessen Kölner Stellvertreter Buddeberg ein –, entsendet der NS-Staat erstmalig einen offiziellen Vertreter zur Tagung einer Bekenntnissynode der DEK[9]. Um 17.15 Uhr des ersten Sitzungstages der Synode kann Präses Koch sogar noch eine weitere Gegenleistung des NS-Staates bekanntgeben: Tief bewegt erfahren die Synodalen, »daß die in den Lagern befindlichen Pfarrer aus Nassau-Hessen und Sachsen jetzt alle frei sind«[10].
Danach bewältigt die Augsburger Bekenntnissynode sang- und klanglos mit zwei Beschlüssen die junge, durch den Fall Barth bewegte und geprägte Vergangenheit der Leitungsorgane der Bekennenden Kirche[11]:

8 Die NSDAP drückte seit 1920 ihr Verständnis von ›Religionsfreiheit‹ in Artikel 24 ihres Parteiprogramms aus: »Wir fordern die Freiheit aller religiösen Bekenntnisse im Staat, soweit sie nicht dessen Bestand gefährden oder gegen das Sittlichkeits- und Moralgefühl der germanischen Rasse verstoßen. Die Partei als solche vertritt den Standpunkt eines positiven Christentums . . .«

9 Frick ließ Bischof Meiser am 3. 6. 1935 über die Augsburger Polizeidirektion das folgende Telegramm zustellen: »Im Auftrage Reichsministers nimmt Regierungsrat Schucht an morgiger Synode in Augsburg teil – Reichsinnenministerium Auftrag Buttmann.«

10 Studienrat Küntzelmann aus Chemnitz wurde erst am 20. 7. 1935 freigelassen.

11 In: Wilhelm Niemöller, Augsburg, a.a.O., S. 74f.

1.) In der Bedrängnis der Deutschen Evangelischen Kirche beriefen im November 1934 die verantwortlichen Leitungen von Landeskirchen zusammen mit dem Bruderrat der Bekenntnissynode die Vorläufige Leitung der Deutschen Evangelischen Kirche. Die Synode spricht der Vorläufigen Leitung der Deutschen Evangelischen Kirche für ihre aufopfernde Arbeit den Dank der Kirche aus . . .

2.) Die Synode bestätigt den Beschluß des Reichsbruderrates vom 22. November 1934, durch den dieser zusammen mit den Landeskirchen Hannover-luth., Württemberg und Bayern r. d. Rh. die aus den Herren Marahrens, Koch, Breit, Humburg, Fiedler (i. V.) bestehende Vorläufige Leitung der Deutschen Evangelischen Kirche gebildet hat.

Schließlich wird auch noch vom Moderator des Reformierten Bundes, von D. Hermann Hesse persönlich, »vor dem Plenum der Synode folgende Erklärung feierlich verlesen«, dem Präses übergeben und zu den Akten der Synode genommen[12]:

Der reformierte Konvent der in Augsburg versammelten Bekenntnissynode der Deutschen Evangelischen Kirche teilt der Synode mit:
Nach der auf dieser Tagung erfolgten Neuordnung der Zuständigkeiten der Organe der Bekennenden Kirche bestätigt und beauftragt der reformierte Konvent Präses D. Humburg als reformiertes Mitglied der Vorläufigen Leitung der Deutschen Evangelischen Kirche.

Am Ende sind die zusammen mit Barth einst ausgetretenen Brüder H. Hesse, Immer und Niemöller wieder Mitglieder des Reichsbruderrates – neben dem Neuling Sammetreuther.

Die Synodalen Hesse und Immer verlassen Augsburg am frühen Nachmittag des 6. Juni, um sich im Auftrage des reformierten Konvents und der rheinischen Synodalen abends und am nächsten Tage mit Barth zu treffen und auszusprechen. Barth ist verständigt und hat zugesagt, von seinem Refugium auf dem Schweizer Bergli an den Bodensee nach Friedrichshafen zu kommen. Dort unterrichten die beiden Abgesandten den Zwangsurlauber ausführlich über Verlauf und Ergebnisse der Augsburger Synode. Barth kann vor diesem »Augsburger Religionsfrieden« nur warnen und findet all seine Befürchtungen voll und ganz bestätigt. Als sie dann seinen Fall besprechen, versichern Hesse und Immer ihrem von der Bekennenden Kirche mißhandelten Freund und Lehrer[13]:

1. Sie sind für uns nach wie vor der Lehrer der Kirche, auf den wir dankbar hören.
2. Sie sind für uns nach wie vor rechtmäßiges Mitglied der Bekenntnissynode der DEK.
3. Wir bitten Sie, wenn Ihnen, wie wir zu Gott hoffen, die Möglichkeit bleibt, Lehrer der theologischen Jugend in Deutschland zu bleiben, daß Sie dann diese Möglichkeit benutzen, wo und wie Sie können.

12 RKZ vom 16. 6. 1935, S. 149.
13 Brief H. Hesse vom 28. 6. 1935 an Karl Barth.

Erst in Friedrichshafen hören Hesse und Immer von jener Vereinbarung zwischen Barth und Graeber vom 2. Mai 1935, nach der Barth bereit ist, an einer »freien Fakultät« der Bekennenden Kirche für den Fall einer endgültigen Amtsenthebung weiterhin in Deutschland zu lehren, wenn er »*vor* dem 14. Juni« – vor dem Revisionstermin – eine offizielle Berufungsurkunde eines Organs der Bekennenden Kirche in Händen hat. Doch als beide mit diesem Wissen am 8. Juni, am Samstag vor Pfingsten, nach Wuppertal heimkehren und Rat schaffen wollen, ist wegen der Feiertage niemand und nichts zu erreichen.

Die »Junge Kirche« meldet an diesem Tage in ihrer Festausgabe: »Die Mitteilung des (Schweizer) »Kirchenfreundes«, Prof. D. Karl Barth habe eine Berufung an die Universität Basel angenommen, entspricht den Tatsachen *nicht*.«

An diesem Sonnabend schickt Otto Bleibtreu seinen von Barth autorisierten Schriftsatz[14] an das Berliner Oberverwaltungsgericht. In diesem Zusammenhang läßt er den 1. Dienststrafsenat wissen[15]:

... daß ich inzwischen aus dem Staatsdienst ausgeschieden bin[16] und mich als Rechtsanwalt bei dem Land- und Amtsgericht in Bonn niedergelassen habe.

Ferner gestatte ich mir im besonderen Auftrag des Angeschuldigten folgende Mitteilung zu machen:

Vor etwa einer Woche ist in der Schweizer evangelischen Presse die Nachricht veröffentlicht worden, der Angeschuldigte habe einen an ihn ergangenen Ruf an die Universität Basel angenommen. Der Angeschuldigte legt Wert auf die Feststellung, daß diese Nachricht – was sich ja angesichts der von ihm nach wie vor aufrecht erhaltenen Berufung gegen das Urteil der Dienststrafkammer von selbst verstehen dürfte – unzutreffend ist. Die Nachricht ist übrigens inzwischen auch in dem fraglichen Schweizer Blatt berichtigt worden.

Schließlich darf ich noch zur Ergänzung meiner Ausführungen im Schriftsatz vom 14. III. 1935 unter B III 2a bb) – S. 23–26 – darauf hinweisen, daß nach einer Mitteilung von Dreher in JW. 1935 S. 899 auch das Reichsgericht in einer unveröffentlichten Entscheidung vom 18. V. 1934 (4. D. 476/34) die Ansicht vertreten hat, bei der Frage, ob im Sinne des § 3 der sog. Abwehrverordnung vom 21. III. 1935 eine Tatsachenbehauptung geeignet sei, das Wohl des Reiches usw. zu schädigen, müßten auch die *äußeren Umstände* der Behauptung, die *Persönlichkeit der Hörer*, die *Besonderheit des Tatortes* sowie *Zusätze, die der Täter zu seinen Behauptungen gemacht habe*, mitberücksichtigt werden.

[gez.] Bleibtreu
Rechtsanwalt

14 Vgl. D/26.
15 HD.
16 Da Bleibtreu der SPD angehörte, erhielt er keine feste Anstellung im Staatsdienst.

Am Dienstag nach Pfingsten, es ist der 11. Juni, kehrt Präses Humburg von einer Reise durch Süddeutschland zurück nach Barmen. Noch am gleichen Tage fordert Pastor Immer den Präses der Rheinischen Bekenntnissynode in Sachen Berufung zu unverzüglichem Handeln auf – notfalls auf eigene Verantwortung für Barth eine Berufungsurkunde der Rheinischen Bekenntnissynode auszufertigen. Doch Humburg, der Immer versichert, vor diesem Anruf nichts von jener zwischen Barth und Graeber vereinbarten Terminbindung, »*vor* dem 14. Juni«, gewußt zu haben, mag im Blick auf die derzeitige innerkirchliche Lage für einen solch eigenmächtigen Amtsakt die Verantwortung nicht auf sich nehmen. Er erreicht über seinen westfälischen Amtsbruder Präses Koch nur noch, daß sich nun wenigstens der westfälische Bruderrat – dem Wunsch der Rheinischen Bekenntnissynode vom 30. April entsprechend – mit dem Fall Barth befassen wird: aber erst am 15. Juni.
So beginnt am Freitag, dem 14. Juni 1935, um 9.30 Uhr, in Berlin die Revisionsverhandlung, ohne daß sich die Bekennende Kirche mit einer Für-den-Fall-Berufung zu Barth bekannt oder zumindest eine weitere Lehrtätigkeit ihres theologischen »Vaters« auf bekenntniskirchlicher Basis auch nur halbwegs verbindlich in Aussicht gestellt hätte. Als diese Fakten während der an diesem Freitagvormittag in Düsseldorf stattfindenden »Tagung der Vertrauensmänner der rhein. Bruderschaft der Hilfsprediger und Vikare« bekannt werden, unterbricht der Konvent seine Tagesordnung, diskutiert bestürzt die neueste Entwicklung im Fall Barth und schickt mittags Karl Barth das folgende Telegramm[17]:

DIE DURCH VERTRAUENSLEUTE VERTRETENE BRUDERSCHAFT RHEINISCHER HILFSPREDIGER UND VIKARE GRUESST IN HERZLICHER VERBUNDENHEIT UND ERWARTET, DASS SIE EINEN AN SIE ERGEHENDEN LEHRRUF DER BEKENNENDEN KIRCHE SICH UNBEDINGT OFFENHALTEN.

Zur gleichen Zeit erfährt Barth am Telefon von Otto Bleibtreu direkt aus Berlin das Unglaubliche[18]:

. . . Auf die Berufung des Angeschuldigten wird das Urteil der Dienststrafkammer bei der Regierung in Köln vom 20. Dezember 1934 aufgehoben. Das Verfahren wird bezüglich der Anschuldigungspunkte 2 und 3 der Anschuldigungsschrift eingestellt. Wegen des Anschuldigungspunktes 1 wird der Angeschuldigte mit Gehaltskürzung in Höhe von einem Fünftel auf die Dauer eines Jahres bestraft. Die baren Auslagen des ersten Rechtszuges werden dem Angeschuldigten, die des zweiten Rechtszuges je zur Hälfte dem Angeschuldigten und der Staatskasse auferlegt . . .

Barth jubiliert auf offener Postkarte an seinen treuen Freund Ernst Wolf in Halle: **D 28**
»Es gibt noch Richter in Berlin!!« und unterzeichnet als »Prof. ord. Bonn. quasimodogenitus«[19]. Anderntags begründet er seinem Freund Wilhelm Niesel sein Urteil über die Leitungsorgane der Bekennenden Kirche[20]: **S. 333**

17 AEKR.
18 HD.
19 AKZ.
20 PKNil.

... Sie deuteten mir gestern am Telefon an, daß die Sache eines »einzelnen« gegenüber den großen Interessen der Gesamtheit, über die man in Berlin und Essen zu wachen und zu walten habe, so wichtig nicht sein könne. Ich meine dem gegenüber, daß man auch die Sache des bescheidensten Küsters der Bekenntniskirche mit dieser Bummelei nicht hätte behandeln dürfen, auf die die Behandlung meines Falles laut der angegebenen »Gründe« hinausläuft, wenn – ja wenn hier nicht wieder einmal jene Kirchendiplomatie im Spiel gewesen ist, deren Anwendung, wie mir scheint, in der Bekenntniskirche schon so zur Gewohnheit geworden ist, daß man es in guten Treuen gar nicht mehr merkt, wenn man krumme Wege geht ...

Der westfälische Bruderrat diskutiert gleich zu Beginn seiner Sitzung die unerwartete Entwicklung im Fall Barth. Und da die Justiz den westfälischen Brüdern nicht erspart hat, sich im Fall Barth entscheiden zu müssen, beenden sie ihre diesbezüglichen Beratungen mit einem Ergebnis, das ihnen weiteren Zeitgewinn bringt[21]:

I. Eingangs ist eine Besprechung des Falles Barth. Dem Wunsche des Rheinischen Bruderrates nach einer gemeinsamen Besprechung über diesen Fall u. a. wird stattgegeben und auf Dienstag, den 25. Juni eine gemeinsame Bruderratssitzung festgesetzt.

Während einer gemeinsamen Sitzung von Moderamen und Synodalausschuß verliest Moderator D. Hesse am 17. Juni 1935 Barths Brief vom 15. Juni an Wilhelm Niesel. Das reformierte Gremium übermittelt Barth daraufhin den dringenden Wunsch, die dargestellten Probleme in einem gemeinsamen Gespräch zu erörtern. Auch Barth legt Wert auf ein klärendes persönliches Gespräch – vordringlich jedoch auf ein Gespräch mit Minister Rust, dem er eine entsprechende Bitte unterbreitet, »ob er mich so wie ich bin, fernerhin haben wolle oder nicht«. Und während alle bekenntniskirchlichen Instanzen erst einmal abwarten, wie der NS-Staat denn wohl reagieren wird, beklagt die rheinische Bruderschaft der Hilfsprediger und Vikare das taktische Gebaren der Bekennenden Kirche im Fall Barth und fordert den rheinischen Präses und das Mitglied der Vorläufigen Leitung der bekennenden DEK, D. Paul Humburg, am 20. Juni auf zu entschiedenem Handeln[22]:

Sehr geehrter Herr Präses!
Wie uns mitgeteilt wurde, ist Herrn Prof. D. Barth trotz seines ausdrücklich in Friedrichshafen geäußerten Wunsches bis heute noch keine offizielle Berufung seitens der Bekenntnissynode zuteil geworden, obwohl der Beschluß der Barmer Synode bereits seit mehr als einem Monat vorliegt. Da Herr Prof. Barth diese Berufung bis zum Tage der Verhandlung vor dem Oberverwaltungsgericht erwartet, aber, wie wir gern unterstellen durch mancherlei – auch bei vorhandenem guten Willen nicht abwendbares Mißgeschick nicht erhalten hatte, haben die am 14. Juni in Düsseldorf versammel-

21 AEKW.
22 AEKR.

ten synodalen Vertrauensleute der Bruderschaft rhein. Hilfsprediger und Vikare folgendes Telegramm an ihn geschickt: . . .
Wir sahen uns zu diesem Schritt genötigt in der bitteren Erkenntnis, daß die notwendigen Konsequenzen aus dem Beschluß der Bekenntnissynode d.h. eine konkrete Berufung von Herrn Prof. Barth nicht zur Zeit gezogen worden waren. Die Vertrauensleute waren der einhelligen Meinung, daß es nicht zu verantworten war, die von der Synode beschlossene vocatio bis zum Bekanntwerden des Urteils im Fall Barth hinauszuschieben, weil sie der Meinung sind, daß die Frage, ob Herr Prof. Barth Lehrer der evang. Kirche im Rheinland ist, und die Bekenntnissynode daher die kirchliche Verantwortung hat, ihm diesen Lehrauftrag zu bestätigen, von dem Ausgang des staatsrechtlichen Prozesses ebenso unabhängig ist, wie *jetzt* von der Entscheidung des Herrn Kultusministers.
Daher geben wir in sinngemäßer Ausführung jenes Beschlusses der Vertrauensleute der bestimmten Erwartung Ausdruck, daß *Sie* als Präses der rhein. Bekenntnissynode allen Widerständen zum Trotz umgehend Herrn Prof. Barth seine Berufung bestätigen.
Wir wissen wohl, daß ein Teil des zu überwindenden Widerstandes bei Herrn Prof. Barth selbst liegt (Brief an Niesel ist uns bekannt) – dies ist wohl nach allem vorhergegangenen begreiflich genug, wenn auch Herr Prof. Barth nicht von allem unbedingt reingewaschen werden soll – wir haben aber auch den nicht unbegründeten Eindruck, daß in dieser Sache eine große Zahl der verantwortlichen Männer eine gewisse Passivität ergriffen hat, von der wir nur vermuten können, daß sie zum Teil auf gewisse menschliche und theologische Widerstände, die nicht offen zu fassen sind, zurückzuführen ist.
Sehr geehrter Herr Präses! Karl Barth ist der theologische Lehrer gewesen, der mit ganzer Klarheit und Entschiedenheit von Anfang an der theologischen Jugend – und wahrlich nicht nur ihr! – den Weg des Schriftgehorsams gezeigt hat und selbst ihn gegangen ist. Uns ist der Gedanke unerträglich, daß man – abgesehen davon, daß die Kirche sich ihren Lehrauftrag nicht durch den Ausgang irgendwelcher Prozesse oder ministeriellen Verhandlungen aus der Hand nehmen lassen kann – diesen Mann aus welchen Gründen immer seiner Pfade ziehen läßt.
Darum bitten wir Sie, *alle* taktischen, menschlichen und finanziellen Erwägungen und Bedenken dahinten zu lassen, und die unbedingt notwendigen Schritte zur Berufung von Herrn Prof. D. Barth zu tun, ehe es zu späte ist. Wir sind es ihm und der Sache schuldig, sonst machen wir uns an der Sache und ihm schuldig.
Für die Leitung der Bruderschaft rhein.
Hilfsprediger und Vikare
[gez.] Hellbardt [gez.] Erhard Müller

Einen Tag später bereits reagiert der Staat. Mit Schreiben vom 21. Juni 1935 »An den ordentlichen Professor Herrn D. Karl Barth in Bonn, Siebengebirgsstraße 18« verfügt Minister Rust[23]:

Auf Grund von § 6 des Gesetzes zur Wiederherstellung des Berufsbeamtentums vom 7. April 1933 werden Sie hiermit in den Ruhestand versetzt. Wegen der Regelung Ihrer Bezüge ergeht demnächst weitere Verfügung . . .

An den Bonner Universitätskurator richtet Minister Rust in Sachen Barth unter gleichem Datum das Ersuchen[24]:

. . . Die Zahlung der Dienstbezüge ist mit Ende September 1935 einzustellen. Ich ersuche, eine Nachweisung zur Festsetzung der Versorgungsbezüge nebst den erforderlichen Unterlagen (Personalakte) mit möglichster Beschleunigung einzureichen . . .

Und am 22. Juni 1935 sendet Minister Rust auch noch ein Telegramm zum Schweizer Bergli, von wo aus Barth den Minister vor wenigen Tagen erst um eine persönliche Unterredung gebeten hatte[25]:

23 AUB. Mit Rücksicht auf Barths internationalen Ruf hatte der NS-Staat seinen »staatsfeindlichen« Beamten Barth solange im Dienst belassen, bis es im November 1934, nach den Bußtagsereignissen (siehe Kap. 2, »Das Signal«), für eine »Entlassung« aus den politischen Gründen des § 4 Berufsbeamtengesetz – z. B. gegen Barths Kollegen Ernst Fuchs (13. 9. 1933), Karl Ludwig Schmidt (15. 9. 1933) und Fritz Lieb (21. 11. 1933) noch angewandt – zu spät war. Die gesetzlich festgeschriebene Frist war spätestens am 31. 3. 1934 verstrichen. Und nachdem auch der Weg des Dienststrafverfahrens nicht zur »Entlassung« führen konnte, blieben Minister Rust noch zwei Möglichkeiten, Barths Bonner Lehrtätigkeit »legal« zu beenden: 1. *Versetzung* nach § 5: »Jeder Beamte muß sich die Versetzung in ein anderes Amt derselben oder einer gleichwertigen Laufbahn, auch in ein solches von geringerem Rang und planmäßigem Diensteinkommen . . . gefallen lassen, wenn es das dienstliche Bedürfnis erfordert . . .« 2. *Pensionierung* nach § 6: »Zur Vereinfachung der Verwaltung oder im Interesse des Dienstes können Beamte in den Ruhestand versetzt werden, auch wenn sie noch nicht dienstunfähig sind . . . Wenn Beamte aus diesen Gründen in den Ruhestand versetzt werden, so dürfen ihre Stellen nicht mehr besetzt werden . . .«
Mit Rusts Entscheidung für § 6 mündete der Fall Barth staatlicherseits in eine ›Rationalisierungsmaßnahme‹, der formal nichts »Ehrenrühriges« anhaftete. Grund für Barths Freunde, um so nachdrücklicher die Berufung Barths in ein bekenntniskirchliches Lehramt zu fordern: Barth war als ›Jugenderzieher‹ höchstrichterlich rehabilitiert, in Ehren pensioniert, ja, die Bekennende Kirche brauchte jetzt nach einer Berufung Barths nur noch einen ›Zuschuß‹ zur Pension, statt eines vollen Gehaltes für ihren ›Lehrer der Kirche‹ aufzubringen (die Höhe der jährlichen Pensionsbezüge wurde amtlich auf 5614,– RM zuzüglich Kindergeld festgesetzt). Die Entscheidung des Ministers für § 6 hatte zwar zur Folge, daß Gogarten die Bonner Barth-»Vertretung« erspart blieb (er ging nach Göttingen), Barths Bonner Leerstelle wurde jedoch schon bald in einen Lehrstuhl an der Technischen Hochschule Berlin-Charlottenburg umgewandelt und dort auch wieder besetzt.

24 AUB.

25 Das Telegramm des Ministers enthält einen irreführenden Fehler. Rust hatte am 21. 6. 1935 eben nicht Barths ›Entlassung‹ verfügt, sondern Barth nach § 6 Berufsbeamtengesetz »in den Ruhestand versetzt« (siehe Anm. 23). Vielleicht geht die bis heute gepflegte ›Entlas-

ERBETENE UNTERREDUNG GEGENSTANDSLOS, DA ICH IHRE ENTLASSUNG NACH § 6 DES BERUFSBEAMTENGESETZES VERFUEGT HABE. DER REICHWISSENSCHAFTSMINISTER, RUST.

In Deutschland verbreitet das presseamtliche Deutsche Nachrichten-Büro an diesem Sonnabend zur Pensionierung Barths einen Kommentar, der deutlich macht, daß diesem Staatsakt grundsätzliche Bedeutung zuzumessen ist[26]:

... Der nationalsozialistische Staat kann aber einen Beamten, der nicht bereit ist, den Eid auf den Führer und Reichskanzler sofort bedingungslos zu leisten, nicht mehr aktiv weiter verwenden. Hierbei bleibt völlig außer acht, ob diese Bedingungen religiöser, allgemein weltanschaulicher oder sonstiger Art sind. Wer einen Eid nur unter inneren Vorbehalten schwören will, wird niemals von sich sagen können, daß er jederzeit und unter allen Umständen rückhaltlos für Führer und Staat einzutreten in der Lage ist. Dies aber ist die erste an einen Beamten des nationalsozialistischen Staates gerichtete Forderung. ...

Barths Bonner Studenten, die sich schon auf die Fortsetzung von Barths Lehrtätigkeit eingestellt hatten, sind von der Ministerverfügung zutiefst betroffen. Viele Briefe gehen zum Bergli. Die Studenten Heinrich Giesen und Wilhelm Otto Münter schreiben am 22. Juni 1935 ihrem Lehrer[27]:

Sehr geehrter, lieber Herr Professor!
Kurzem, freudigem Hoffen, folgte heute der niederschmetternde Schlag mit den Nachrichten, die wir von Fräulein von Kirschbaum erhielten. Wir haben uns sehr gefreut, daß Sie unserer Arbeitsgemeinschaft in den freundlichen Grüßen gedacht haben, und am liebsten würden auch wir unsere Rosse jetzt satteln und als Ihre Gefolgsmänner gen Süden reiten. Solange aber noch der Venusberg die Grenze unseres Ritts sein muß, rufen wir Ihnen ein herzliches Lebewohl zu.
Mit unserem Dank für die theologische Arbeit, die wir unter Ihrer Leitung treiben durften, verbinden wir die inständige Bitte: Lassen Sie uns jetzt nicht allein. Setzen Sie doch bitte unserer Neigung zum Kompromiß und zur Verharmlosung auch weiter Ihr eisernes »Nein« entgegen!

sungs‹-Legende auf diesen Fehler zurück, wie z. B. in RGG, 1957, 3. Auflage, Bd. I, Sp. 894 oder bei Karl Kupisch, »Karl Barths Entlassung«, a.a.O., Werner Koch jedenfalls – »mit der Herausgabe sämtlicher Briefe Barths aus den Jahren 1933–45 betraut« (KKo) – belegt noch in seinem Vortrag vom 7. 9. 1975 vor Studenten in Hannover (»Überfahrene Signale«) jene Minister-Verfügung des 21. 6. 1935 einzig mit diesem irreführenden Telegramm an Barth vom 22. 6. 1935.

26 Diese staatliche Wertung des Eides setzt selbst Wilhelm Stapel ins staatliche Abseits, der in Barths Zusatzklausel insofern eine »Selbstverständlichkeit« sah, »wenn sie dasselbe bedeuten sollte, was für Tausende von Beamten, die den Eid geschworen haben, selbstverständlich ist: daß dadurch kein Zwang gegen ihr Christliches Gewissen geübt werde« (siehe S. 94).

27 AEKW.

Da das von Basel ja auch möglich ist, hoffen wir, daß das theologische Gespräch, das Sie mit uns an Hand des Catechismus Genevensis zuletzt geführt haben, auch jetzt nicht beendet ist. Theologische Existenz, Evangelische Theologie und Dogmatik I »2« werden einstweilen die Abende in Ihrem Studierzimmer ersetzen müssen, bis wir vielleicht doch – vielleicht bald – unsere Rosse im Rhein bei Basel tränken.
In treuer Dankbarkeit grüßen wir Sie!
gez. Wilhelm Otto Münter gez. Heinrich Giesen

Nach Rücksprache mit Moderator H. Hesse telefoniert Pastor Immer im Auftrage des Reformierten Bundes für Deutschland mit Karl Barth. In Ausdeutung des Schriftwortes 1. Mose 26,22 – »Nun hat uns der Herr weiten Raum geschafft, daß wir im Lande wachsen können« – bittet Immer den Staatspensionär, sich nun doch »für eine freie theologische Hochschule für reformatorische Theologie offen zu halten«. Barth lehnt die Bitte der Reformierten diesmal nicht rundweg ab, dämpft jedoch die Hoffnung der Brüder mit der Vermutung, daß jederzeit der Ruf nach Basel eintreffen könne und daß damit »die Entscheidung wahrscheinlich schon gefallen sei«[28].
Führende Staatsmänner nutzen an diesem Wochenende die Sonnenwendfeiern dazu, erneut auf staatsfeindliche Tendenzen in der Bekennenden Kirche hinzuweisen. Mit seiner Ansprache in Koblenz zielt Reichskultusminister Rust auf die internen Auseinandersetzungen zwischen den rheinischen Barthianern und den lutherischen Bischöfen[29]:

. . . Die früheren Gegner des Nationalsozialismus hätten wenigstens Parole gegen Parole gesetzt. Demgegenüber geißelte der Minister als Absurdität, wenn man heute im Rheinland der Parole des Nationalsozialismus den Ruf »Heil unserm Führer Jesus Christus« entgegenstelle. Man vergreife sich dadurch nicht nur an Deutschland, sondern auch an Gott. Christus habe gesagt: »Mein Reich ist nicht von dieser Welt.« Der Führer aber habe auf seine Fahne geschrieben: »Für Freiheit und Brot.« Es könne doch niemand daran zweifeln, daß diese beiden Prinzipien in absolut verschiedenen Ebenen liegen und nichts miteinander zu tun hätten. »Wir wollen«, so betonte der Minister, »den Kulturkampf nicht, denn Deutschland hat dadurch nichts zu gewinnen, sondern nur unendlich viel zu verlieren. Diejenigen, die ein Interesse am Kulturkampf haben, sind verbrüdert mit denen, die früher ein Interesse am Klassenkampf hatten. Wir sind für Frieden und Gleichberechtigung. Euch die Kirchen, uns die Sportplätze und die Kolonnen und niemandem sonst. Ich wende mich an die Vertreter der Kirche, die Bischöfe, und frage sie noch einmal, ob sie mit mir zusammenarbeiten wollen.« Zum Schluß seiner Ausführungen richtete der Minister an die Versammelten den Appell: »Geht in eure Kirchen, kommt aber unter unsere Fahnen« . . .

28 Brief H. Hesse vom 28. 6. 1935 an Karl Barth.
29 Kreuz-Zeitung vom 23. 6. 1935.

Auf dem Hesselberg in Franken fragt Ministerpräsident Hermann Göring die dort versammelte Volksmenge[30]:

... wann ist jemals in Deutschland tiefer, leidenschaftlicher geglaubt worden? Wann ist jemals stärker ein Glaube wiedererweckt worden wie der Glaube an den Führer? Wer hat jemals die Fackel eines Glaubens stärker entzündet, wer hat dem mutlosen, verzagten, zerrissenen deutschen Volk einen Glauben eingepflanzt, wer hat mit der Stärke eines leidenschaftlichen Glaubens Deutschland wieder aufgebaut? Es ist besser, im Glauben seines Volkes stark zu sein als im Katechismus manches vergessen zu haben.
Wir fragen die Diener am Worte, die ein Volk glaubenslos werden ließen. Wo wart ihr denn in jener schweren Zeit, wo waren denn die Diener am Worte, als der Drache des Marxismus Deutschland verschlingen wollte, wo waren sie, als Deutschland im Unglauben zu ersticken drohte? Wenn ein Volk aufhört, an sich selbst zu glauben, dann nützen auch die Gotteshäuser nichts mehr ...

In ihrer Montagsausgabe vom 24. Juni berichten die »Basler Nachrichten« mit einem Aufmacher auf der Titelseite dreispaltig über die jüngste Zuspitzung im ›Fall Karl Barth‹: »Prof. Karl Barth von Reichsminister Rust endgültig seines Amtes enthoben«[31]:

... Die Antwort ist nun erfolgt. Insofern hat Prof. Barth *doch nicht umsonst gekämpft*. Für die deutsche Kirche aber ergibt sich aus dieser Antwort eine überaus ernste Lage. Denn was für Barth gilt, gilt auch für alle anderen. Wie wird sie sich damit auseinandersetzen?
Was Prof. Barth selber betrifft, so ist zu sagen, daß für ihn nun endlich die klare Situation geschaffen ist, auf die er seit Monaten wartet. Seine Wirksamkeit im Dritten Reich ist nun nach reichen Jahren des Lehrens an drei preußischen Universitäten abgeschnitten. Es wird dies weit in Deutschland

30 Westdeutscher Beobachter vom 24. 6. 1935. Auf diese Fragen Görings antwortete neben Bischof Meiser u. a. (vgl. Gauger, Chronik, a.a.O., S. 526ff.) der Reichsbund der Deutschen Evangelischen Pfarrervereine am 10. 7. 1935: »... Von den heute in Bayern im Amte stehenden Pfarrern ist ein gutes Drittel, über 400, im Felde gestanden; darunter befanden sich allein 250 Frontsoldaten mit mehr als 80 Offizieren. Von 400 sind 150 gefallen; das ist mehr als ein Drittel. Diese Zahl steht hoch über dem Reichsdurchschnitt ... Hier, wo es gilt, die Liebe zum Vaterland mit Blut und Leben, mit dem Tode zu besiegeln, steht unsere evangelische Pfarrerschaft an der Spitze, ein leuchtendes Vorbild dem ganzen Volk. Dasselbe Bild zeigt sich uns, wenn wir die Frontkämpfer aus den Pfarrerssöhnen überblicken. Bis heute kennen wir die Namen von 516 bayrischen Pfarrerssöhnen, die im Felde standen, dazu kommen 105 Töchter als Schwestern und Pflegerinnen ... Auch Horst Wessels Wiege ist in einem deutschen evangelischen Pfarrhause gestanden ... Im Frühjahr 1919 haben die Spartakisten den Pfarrer Hans Meiser ... unseren jetzigen verehrten Herrn Landesbischof von Bayern in einer Münchner Schule als Geisel eingesperrt; sie wollten damit einen aufrechten, deutschen Mann beseitigen, der als evangelischer Pfarrer nichts mit marxistischer und internationaler Reaktion zu tun haben wollte ...«

31 Nach der einleitenden Nachricht besteht der Artikel überwiegend aus einem Eingesandt:

herum in den wissenschaftlichen Kreisen und in der hart bedrängten evangelischen Kirche Bestürzung und Trauer erwecken. Und über Deutschland hinaus wird die *gesamte protestantische Welt, vor allem auch die Englands und Amerikas,* diese neue Wendung in der überall mit innerer Beteiligung verfolgten Angelegenheit mit *tiefem Befremden aufnehmen.* Dafür steht der Gelehrte nun seiner schweizerischen und insbesondere baslerischen Heimat zur Verfügung. Hoffen wir nun, daß die bereits eingeleiteten Verhandlungen über seine *Berufung* an die *Basler Universität* rasch zu einem guten Ende führen.

D 29
S. 335
Vergeblich hat sich die Bruderschaft rheinischer Hilfsprediger und Vikare darum bemüht, daß sie mit einem Vertreter an den gemeinsamen Beratungen des rheinischen und westfälischen Rates am 25. Juni in Dortmund teilnehmen kann. Deshalb übergibt die Bruderschaft Präses Humburg noch an diesem Montag ein vierseitiges Memorandum zum ›Fall Karl Barth‹[32]:

. . . Wir können all diese Dinge nur in einem großen inneren Zusammenhang sehen und darum erfüllt uns die schwere Sorge, daß falsches Handeln in der Sache Barth die Bekennende Kirche überhaupt auf einen falschen Weg führen könnte. Wir möchten es vermeiden, daß so eine tiefe Kluft entstehen könnte zwischen den jungen Theologen und der Bekennenden Kirche, für die sie zu vollem Einsatz bereit sind, der aber auch die Gewißheit fordert, daß der Weg der Bekennenden Kirche der Weg des Gehorsams und des Glaubens ist. Deshalb bitten wir Sie herzlich, bringen Sie unsere Fragen und unsere Bitten als Ihre eigenen – was wir erhoffen – zur Geltung, nicht weil wir uns bemerkbar machen wollten, sondern weil wir aus unserer Verantwortung glauben so sprechen zu müssen . . .

Das Bekenntnispresbyterium der reformierten Gemeinde Elberfeld unterstützt am Montagabend durch einen Beschluß die Bitte des Reformierten Bundes an Professor Barth, er möge sich »für eine freie Fakultät offenhalten«[33]. Und als die Räte der rheinischen und westfälischen Bekenntnissynoden am Dienstagmorgen, am 25. Juni 1935, im Dortmunder »Bürgerhaus« dann endlich gemäß Beschluß der Rheinischen Bekenntnissynode vom 30. April die Berufung Barths in ein bekenntniskirchliches Lehramt beraten, sind in Basel die Würfel auch noch nicht gefallen – hat Barth noch keine Berufung nach Basel angenommen[34]:

»Hierzu wird uns geschrieben . . .«, dessen Verfasser jedoch unbekannt ist. Vermutlich war es Eduard Thurneysen.

32 AEKR.

33 In dieser Zeit, so erinnert sich D. Walter Herrenbrück, soll sich auch die reformierte Gemeinde in Emden darum bemüht haben, Barth an die ostfriesische Gemeinde als Pfarrer zu berufen. Alle Unterlagen darüber sind jedoch durch die Kriegsereignisse in Emden vernichtet worden (KGHe und EGE).

34 AEKW.

Anwesend: D. Koch, Lücking, Heilmann, Siebel, Wich, Wichern, Eickhoff, D. Humburg, Harney, Immer, Schlingensiepen, Mensing, Sander, Schulze zur Wiesche. Als Gast: Asmussen . . .

II. K. Barth

Humburg: Zusammenhang mit Zerstörung der Universität Bonn! Ausbildung der Theologen. Freie Hochschule. Weber nach Münster versetzt. Zusammenhang mit der Eidesfrage.

Koch: Gegenstand der Besprechung in der VKL. Reden Görings und Goebbels[35].

Immer: Die Vorarbeiten für die freie theologische Hochschule sind soweit gediehen, daß im November die Vorlesungen beginnen können. Aufhebung einer Stelle. Das Ehrenrührige fehlt zunächst . . . Es besteht also die Möglichkeit, daß Prof. Barth irgendwo liest. Von dieser Lage aus bitten wir die westfälische Bekenntnissynode, an Prof. Barth einen Ruf an eine zu eröffnende kirchliche Hochschule zu richten. Barth hat gesagt, *wahrscheinlich* seien die Würfel schon gefallen für Basel.

Die christlichen Erzieher im Rheinland sind einstimmig an die Bekenntnissynode des Rheinlandes [herangetreten, daß] Barth [uns als] Erzieher oder Lehrer erhalten bleibe. *Praktisches:* Pension plus Zuschuß der bekennenden Kirche (2000,– M jährlich, steht zur Verfügung) . . . Fonds von 100000,– M durch Gaben jährlich aufbringen. Weitere Lehrer: Asmussen, Schlier, Brunner, Vischer, Niesel. Barth hat erklärt, er brauche zu seiner Arbeit den Austausch mit forschenden Mitarbeitern (freie Fakultät!).

Harney: Ist nicht baldiges Redeverbot für Barth zu erwarten?

Schlingensiepen: Es darf nicht eine Universität ad hoc, d. h. zur Unterbringung von Karl Barth sein. *Grundsätzlich* ist die Frage der freien Fakultät zu prüfen; aber *jetzt*, weil wir Gelegenheit haben, Barth zu halten.

Heilmann: Ist der Zeitpunkt schon da, daß wir den Weg der staatlichen Fakultäten verlassen?

Humburg: Auch *dieser* Kampf um die Fakultäten ist zu führen. Die Studenten sollen auch nicht von der Fakultät gelöst werden. Das Triannium soll bleiben!

Immer: Die Versuche, durch Ersatzkurse den Studenten zu helfen, sind im Rheinland als gescheitert anzusehen.

35 Goebbels hatte sich an diesem Wochenende nicht zur Kirchenfrage geäußert, hier war wohl Rust gemeint. Goebbels befaßte sich seit seiner Silvester-Rede erst wieder auf dem Berliner Gautag, am 29. 6. 1935, mit dem Kirchenstreit: »Wenn ich der liebe Gott wäre, würde ich mir auf Erden andere Wortführer aussuchen als die, die heute vorgeben, daß sie seine Wortführer sind. Die Herren Pastoren führen sich manchmal auf wie die zänkischen Marktweiber. Wenn man manchmal die Phrase hört: ›Hitler ist ja gut, aber die kleinen Hitler . . .‹, so könnte man mit viel größerem Recht sagen: ›Der liebe Gott ist gut, aber die lieben kleinen Götter . . .‹«

Koch: Zwei Fragen: 1) Soll man eine theologische Schule wie Bethel[36]? 2) Soll man Barth berufen?
Asmussen: Die alte Form der theologischen Prüfung ist radikal zum Sterben verurteilt. Man merkt das an den theologischen Prüfungen. Die universitas litterarum besteht entweder nicht mehr oder sie besteht – heidnisch. Was unsre Studenten heute wissen, haben sie nicht auf der Fakultät gelernt, sondern im engsten Leben mit der Kirche. Die besprochenen Pläne knüpfen an das Alte an. Zu beachten ist der Gegensatz der konfessionellen Frage. Besetzung der Hochschule erscheint schwierig. Der Weg der Verheißung ist der der neuen Predigerseminare.
Heilmann: Hält Berufung Karl Barths für bedenklich. Karl Barth muß eine Zeit der Ruhe haben. Er ist Schweizer und in Spannung geraten zum Staat. Parteipolitische Haltung . . .
Präses [Koch]: Befürchtet, daß wir Barth mit dieser Berufung einen schlechten Dienst tun, – und es den Herren in Berlin zu leicht machen, nun eine starke Stimmung gegen uns zu erzeugen. –

Nach dieser ergebnislosen Dortmunder Diskussion, zieht sich der rheinische Rat zu einer eigenen Sitzung zurück. Anwesend sind nunmehr fünf Mitglieder[37]: Humburg, Mensing, Sander, Schlingensiepen und Schulze zur Wiesche. Unter Punkt 8) seiner Tagesordnung nimmt der rheinische Rat zu Protokoll[38]:

Der Rat hat in der gemeinsamen Besprechung mit dem Bruderrat der westfälischen Bekenntnissynode die Berufung von Prof. Karl Barth in den Dienst der Kirche beraten. Die Glieder des rheinischen Rates waren einstimmig für die Berufung, konnten aber bei den westfälischen Brüdern keine einmütige Zustimmung zu einer rheinisch-westfälischen Berufung finden. Es lagen dort Bedenken gegen die zu gründende Kirchliche Lehranstalt und auch gegen eine Berufung von Prof. Barth in diesem Augenblick vor.

Und dann reicht der rheinische Rat den unerledigten Auftrag seiner Bekenntnissynode weiter an den Bruderrat der altpreußischen Union[39]:

Der Rat beschließt, an den Bruderrat der altpreußischen Union zu seiner Sitzung am Freitag, dem 28. Juni, den Antrag zu stellen, die kirchliche Be-

36 Die Bekenntnissynode der Evangelischen Kirche der Altpreußischen Union hatte außerdem bereits am 1. 11. 1934 ein erstes Predigerseminar der Bekennenden Kirche in Bielefeld-Sieker eröffnet, das mit der Theologischen Schule Bethel sehr eng zusammenarbeitete. Unter den Dozenten: D. Schmitz (Leiter) und D. Merz.
37 Die Ratsmitglieder Beckmann und Held nahmen an keiner der beiden Dortmunder Sitzungen teil, Sander gehörte weder dem Rat noch dem Bruderrat der Rheinischen Bekenntnissynode an.
38 AEKR.
39 Ebenda.

rufung von Herrn Professor Barth an eine vom Bruderrat der altpreußischen Union in Gemeinschaft mit der Freien reformierten Synode zu gründende kirchliche Hochschule (Akademie) auszusprechen.

Jetzt fallen in Basel die Würfel; Barth nimmt die Berufung des Basler Regierungsrates in eine zunächst außerordentliche Professur der Universität Basel an[40]:

. . . Ich möchte ausdrücklich hervorheben – das wird Sie alle interessieren – daß die zwei Männer, die hier in Basel für meine Berufung eingetreten sind, beide erklärte Atheisten waren. Es waren Regierungsrat Hauser und Ständerat Thalmann . . . die mich nach Basel gebracht haben. »Dei providentia et hominum confusione Helvetia regitur« . . .

Und während der Berner »Bund« diese Berufung des weltbekannten Theologieprofessors wegen der »theologischen Unverträglichkeit und Unduldsamkeit des Kandidaten« kritisiert[41], würdigen die »Basler Nachrichten« am 26. Juni 1935 das vaterstädtische Ereignis:

. . . Karl Barth ist freilich nicht ganz aus freien Stücken nach Basel gekommen, sondern weil er durch die bekannten Vorgänge des deutschen Kirchenkampfes aus Deutschland herausgetrieben worden ist. Es war seine theologische Arbeit, die ihn in diesen Kampf hineingerufen hatte. Eben die strenge, an die Schrift und die Bekenntnisse der Kirche gebundene Art seiner Theologie hatte in diesem Augenblick etwas unerhört Zeitgemäßes. Die Kirche bedurfte gerade solcher Leitung. Ohne daß Barth es gesucht hätte, denn er hätte an sich viel lieber seiner eben begonnenen großen Veröffentlichung der Dogmatik gedient, stand er mit einem Schlage mitten im Streit für die *Bekenntniskirche*, sah um sich seine zahlreichen jungen Schüler geschart und sah sich aufgefordert von den leitenden Leuten der Bekenntnisfront als ihr theologischer Berater. Und es ist zu sagen, daß Prof. Barth sich innerlich so sehr an die Sache der Bekenntniskirche gebunden fühlte, daß er wohl auch die Entlassung als staatlicher Professor mißachtet und in irgendeiner freien Stellung der deutschen Kirchensache weiter gedient hätte, wenn sich die Möglichkeit dazu gezeigt hätte. Aber leider ist zu sagen, daß vor allem die inneren Verhältnisse der deutschen Bekenntnisfront selber sich im Laufe der letzten Zeit so gestalteten, daß auch von ihnen aus gesehen der Raum des Wirkens für Prof. Barth enger und enger wurde. Er hatte vor allem von seiten der bayrischen *Lutheraner* eine starke Opposition gegen sich. Man witterte in der unerbittlichen Sachlichkeit und Strenge, mit der Karl Barth der politischen Macht gegenüber um die Freiheit der Kirche kämpfte, nicht mit unrecht *reformierte* Einflüsse, die sich mit der dem deut-

40 Karl Barth, Dankesworte anläßlich der Feier zu seinem 80. Geburtstag am 9. Mai 1966, in: EvTh 1966, S. 618.
41 Gauger, Chronik, a.a.O., S. 441.

schen Luthertum eigentümlichen Stellungnahme zu Volk und Staat nicht vertrügen. Es ist diesen Einflüssen zuzuschreiben, daß Barth an die *Augsburger Synode* nicht eingeladen wurde, obgleich er als Abgeordneter der rheinischen Kirche dazu das Recht gehabt hätte. Man wollte den unbequemen Mahner nicht dabei haben. Und es ist zu sagen, daß die Augsburger Synode vielleicht einen etwas anderen Verlauf genommen hätte, wenn Barths Stimme bei den Beratungen hätte laut werden können. Es muß nämlich bemerkt werden, daß für den ruhig prüfenden Beobachter die Beschlüsse dieser Synode nicht ohne Bedenken sind, Bedenken, denen Prof. Barth, wenn er in Augsburg hätte dabei sein können, vielleicht Nachachtung verschafft hätte. Diese inneren Spannungen in der Bekenntniskirche selbst hatten es schon vorher mit sich gebracht, daß die Bekenntniskirche Karl Barth in seinem Kampfe mit der politischen Macht nicht in der Weise gestützt hatte, wie er es hätte erwarten können. Er wäre bis zum letzten Augenblick bereit gewesen, einen klaren und begründeten Ruf der deutschen Bekenntniskirche anzunehmen, um in ihr als freier theologischer Lehrer zu wirken. Dieser Ruf ist nicht gekommen. Er konnte nicht kommen, trotzdem weiteste Kreise der bekennenden Kirche innerlich zu Prof. Barth standen, obwohl die rheinische Synode sich für ihn erklärte, weil eben die Leitung dieser Kirche aufs Ganze gesehen sich doch für jenen Kurs entschieden hatte, der durch den Namen Marahrens ausgedrückt ist, und gegen den Prof. Barth aus letzter Verantwortung für die Kirche heraus immer mehr geglaubt hatte sich wenden zu müssen.
So traf der telegraphische Bescheid des Ministers am letzten Samstag Barth als das Zeichen, daß er den deutschen Raum zu verlassen habe. Man hatte einen Augenblick lang geglaubt, daß durch den Berliner Gerichtsentscheid die akademische Laufbahn doch wieder eröffnet sei. Barth hatte sich an den Minister gewandt, um in einer Besprechung mit ihm die Lage abzuklären. Aber Rust antwortete zurück, daß es keiner Besprechung mehr bedürfe, da er seine, Barths, Absetzung verfügt habe. Dafür kann ihn nun Basel aufnehmen. Es ist den Behörden des Staates und der Universität unser Dank zu sagen für die großzügige und rasche Hand, mit der sie dem heimatlos gewordenen Gelehrten unsre Hochschule eröffnet haben. Wir sind überzeugt, daß die theologische Fakultät davon reichen Gewinn haben wird.

So bleibt es dann dem Rat der Evangelischen Kirche der altpreußischen Union am Freitag, dem 28. Juni 1935, erspart, nun auch seinerseits noch über eine Berufung des umstrittenen Bekenntnistheologen Karl Barth beraten und – entscheiden zu müssen. Der Rat braucht sich jetzt nur noch verbal zum »Vater der Bekennenden Kirche« zu bekennen. Er tut das mit einem kurzen Nachruf »Zum Weggang von Professor D. Karl Barth nach Basel«[42]:

42 AEKW. Erstmalig veröffentlicht in einem Anschreiben des Preußen-Rates vom 4. 7. 1935 an die Gemeinden der Altpreußischen Union.

Wir danken Herrn Professor D. Karl Barth für den entscheidenden Dienst, den er der Evangelischen Kirche dadurch erwiesen hat, daß er durch seine theologische Arbeit das Wort Gottes als alleinige Richtschnur für Lehre und Ordnung der Kirche unter uns wieder zur Geltung gebracht hat.
Wir bezeugen, daß er getreu seinem Auftrag als Lehrer der Kirche in der Stunde der Gefahr zum Bekennen aufgerufen hat. Die von ihm vertretene Sache der Erneuerung von Kirche und Theologie aus dem ewigen Wort des dreieinigen Gottes ist und bleibt die Lebensfrage der Christenheit und darf von uns in der Deutschen Evangelischen Kirche nicht wieder preisgegeben werden.

In der Oeynhauser Zentrale der Bekenntnissynode der DEK scheint Geschäftsführer Gotthilf Weber indessen nur unzulänglich über die Meinung seines Präses und über die neueste Entwicklung in Sachen Barth unterrichtet zu sein[43]:

Hochverehrter lieber Herr Professor!
Der Herr Präses hat mich gebeten, im Auftrag des Reichsbruderrates Ihnen die Genugtuung darüber auszusprechen, daß bei dem Urteil zweiter Instanz diejenigen Sätze des 1. Urteils weggeblieben sind, die Sie in Ihrer persönlichen Ehre gekränkt haben. Um so schmerzlicher hat es uns berührt, daß der Reichsminister Rust Ihre Dienstentlassung ausgesprochen hat. Die Begründung, die man dieser Maßnahme in den öffentlichen Pressenotizen gegeben hat, macht es dringend nötig, daß von seiten der Kirche – nicht von dieser oder jener nicht legitimierten Personengruppe innerhalb der Kirche – noch einmal und unüberhörbar deutlich zur Eidesfrage gesprochen, und dadurch die Solidarität der Bekennenden Kirche mit Ihrer Haltung in der Eidesfrage bekundet wird.
Meine persönliche Hoffnung ist, daß nunmehr der rheinische Bruderrat, bzw. der altpreußische den Augenblick für gekommen erachtet, um sich auch für die Zukunft Ihrer theologischen Arbeit zu versichern und ihr jene sachliche Basis zu geben, die zu ihrer freien Entfaltung nötig ist. Durch einen an Sie ergehenden Ruf zur Arbeit an einer freien Schule würde auch dokumentiert, daß die Bekennende Kirche sich wirklich als Kirche versteht und in Kraft kirchlicher Entscheidung gewillt ist, jeder Zumutung sich zu versagen, als sollte sie ihren Lehrern irgendein bestimmtes politisches Glaubensbekenntnis abverlangen.
Welche Bedeutung hat die Nachricht aus Basel, daß Sie von der dortigen Universität gewählt sind? Das soll doch wohl hoffentlich nicht heißen, daß Sie sich schon entschieden haben, von uns wegzugehen? . . .

Wenn auch Moderator H. Hesse die Anfrage der Barth-Assistentin Charlotte von Kirschbaum, ob Karl Barth »auch weiter Mitglied unseres Moderamens bleiben«

43 AEKW.

könne, am 29. Juni 1935 »selbstredend nur mit einem fröhlichen Ja« beantwortet[44], bittet Barth dennoch am 30. Juni 1935 das Moderamen »um meine Entlassung aus seiner Mitte«[45], gleichzeitig tritt er auch aus dem Bonner Presbyterium aus, dessen »Fraktion« der Wählerliste 3, »Für die Freiheit des Evangeliums«, er seit jenen Kirchenwahlen im Juli 1933 anführte. Am Sonntag, dem 30. Juni 1935, teilt er seinem treuen Freund Otto Bleibtreu mit, wen er dort als seinen würdigen Nachfolger betrachtet[46]:

D 30
S. 338

... Ist es Ihnen wohl klar, daß Sie nun nach Hoelschers, Wolfs und meinem Wegzug *der* »prominente« Vertreter der Liste »Für die Freiheit des Evangeliums« in der evang. Gemeinde sein werden? Soweit ich sehe, müssen Sie nun an meine Stelle in das Presbyterium . . . einrücken. Lassen Sie sich den Anspruch unserer Liste auf keinen Fall . . . aus den Händen winden und genieren Sie sich auch persönlich nicht, ruhig die nötigen Schritte zu tun, wenn man etwa je versuchen sollte, Sie zu übergehen. Sie können und wissen lange genug, um Presbyter zu werden und werden dort das nun so klein gewordene Fähnlein mit allem Anstand vertreten . . .

D 31
S. 339

Erst am Montag, dem 1. Juli 1935, findet der »Alte Kämpfer« und Meiser-Berater Eduard Putz die Zeit, Professor Ernst Wolf auf dessen Anfrage vom 1. Juni 1935 zu antworten[47]:

... Als ich nach Saarow, wo ich nicht war, hörte, daß Karl Barth tatsächlich diese Äußerung getan hatte, war ich schrecklich entsetzt und zwar nach jeder Richtung hin. Es entschlüpfte mir das Wort: »Das ist ja Landesverrat!« Jetzt schließe ich mich, nachdem ich mit Karl Barth selbst darüber eine ziemlich bewegte Aussprache hatte, natürlich Ihrem Urteil an und verstehe die Situation besser. Trotzdem ich es tief bedaure, was ich gesagt habe, – ist es mir auch beim besten Willen und auch nach der Darstellung Karl Barths selbst nicht möglich, in den Chor derer einzustimmen, die erklärten: »Es ist völlig unbegreiflich«, »es kann nur böswillige Deutung sein«, »es kann nur völlig verranntes, humorloses Urteil sein«, »wenn man über diese Bagatelle ein solches Aufhebens macht«. Hier steht mir allerdings der Verstand still, und ich kann solchen Barth-Schülern gegenüber nur ganz schlicht erklären: »Gut, dann leben wir eben auf einem anderen Planeten als ihr« . . .

Der »Fall Karl Barth« findet in der Weltpresse auch in diesen Tagen wieder besondere Beachtung. Aber keine Zeitung der Welt ist im Fall Barth so engagiert und berichtet bis in die Details hinein so informiert wie die »Basler Nachrichten«. Seit diesem Monatsende warten jedoch die zahlreichen deutschen Leser vergeblich auf das Basler »Intelligenzblatt«. Am Montag, dem 1. Juli 1935, meldet das Deutsche Nachrichten-Büro den Grund:

44 Nachtrag vom 29. 6. 1935 zum Brief D. Hesses vom 28. 6. 1935 an Karl Barth.
45 Brief Karl Barth vom 30. 6. 1935 an D. Hesse.
46 HD.
47 AEKW.

Der Vertrieb der Schweizerischen Zeitung »Basler Nachrichten« im deutschen Reichsgebiet ist auf Veranlassung des Reichsministers für Volksaufklärung und Propaganda auf unbestimmte Zeit verboten worden.

Und während sich in Bonn Familie Barth und Charlotte von Kirschbaum auf ihren Umzug nach Basel vorbereiten, schreibt Barth auf dem Schweizer Bergli am 5. Juli einen Brief des Dankes und der Ermutigung an seinen treuen Haus- und Kampfgenossen Hellmut Traub, der in Deutschland bleiben will, aber zwangsläufig nun auch die Bonner Siebengebirgsstraße 18 verlassen muß[48]: **D 32 S. 341**

Lieber Herr Traub!
Der Glärnisch und der Etzel in einem Kranz von Schönwetterwolken und im Vordergrund die dunklen Tannen und das Schicksalshäuschen des Bergli schauen unter einem blauen Himmel in mein Zimmer und wieder und wieder muß ich – nunmehr wieder endgültig in diesem Lande zu Hause – mich fragen, ob mit meinem Abgang nun noch einmal das geschehen sei, was L. von Ranke und manchmal doch auch L. v. Kirschbaum den Eidgenossen von 1501 zum Vorwurf machen: Die Flucht vor den großen Sorgen des »Reiches«, in welchem inmitten eines Meeres von Torheit und Bosheit die Entscheidungen über die abendländischen Dinge nun einmal gefallen sind, fallen und fallen werden? . . .[49]

48 PKGTr.

49 Erst im Zusammenhang mit Barths Vortrag »Zur Genesung des deutschen Wesens« (November 1945) wurde dem Vertriebenen des Jahres 1935 dessen 10jährige Abwesenheit von den »großen Sorgen des ›Reiches‹« und damit Inkompetenz vorgehalten. Während Helmut Thielicke noch 1945 dem »Ausländer« in der »Etappe« im Rahmen seiner Vorlesungsreihe »Die geistige und religiöse Krise des Abendlandes« einen »Exkurs über Karl Barths Vortrag in Tübingen« widmete, vgl. Brief Ernst Wolf an Helmut Thielicke vom 28. 12. 1945 (ALKH) oder H. Diem, Ja oder Nein, S. 152ff und Brief des Tübinger Historikers Manfred Eimer an Karl Barth vom 13. 11. 1945 (AUB), klagte Friedrich Baumgärtel den von der Bekennenden Kirche einst verstoßenen Eidgenossen Barth im Jahre 1958 an: »wer ist Karl Barth, daß er uns Deutsche im Geschehen unseres Zusammenbruchs attackiert mit seinen Darlegungen, wer und wie wir Deutsche (damals!) eigentlich sind, wie reparaturbedürftig wir sind, was wir nun menschlich, politisch, kirchlich, theologisch zu tun und zu lassen haben. Hätte er doch . . . geschwiegen, ehe er belehrend . . . in eine Welt hineinredete, die ihm völlig unbekannt war . . ., der niemals in seinem Leben im furchtbaren Geschehen einer Schlacht und in den unsäglichen soldatischen Strapazen gewesen ist, der niemals in jahrelanger bedrückender und jedes menschliche Frohwerden lähmender Zerrissenheit des Herzens in einer von ihrer Führung her des militärischen und menschlichen Ethos beraubten Armee soldatischen Dienst hat tun müssen, der niemals in seinem Leben auch nur eine Stunde in einem unter dem Bombeneinschlag schwankenden und mit atemerstickendem Staub angefüllten Keller zugebracht hat, der nie in seinem Leben Nächte und Wochen lang ohne ausreichenden Schlaf war, der nie gehungert und nie gefroren hat, der nie eigene Kinder in der Hitlerjugend, im Arbeitsdienst, im Feld gehabt hat – hätte er doch erst einmal still und lange, lange in diese ihm völlig unbekannte Welt hineingehört, um wenigstens ein Tüpfelchen vom deutschen Menschen damals zu erfassen! . . . Wer ist Karl Barth, daß er uns Deutsche Anfang 1945 attackiert hat!« (Friedrich Baumgärtel, Kirchenkampf-Legenden, a.a.O., S. 60).

Am 6. Juli 1935 folgen Barths Familie und Charlotte von Kirschbaum dem Vertriebenen in die Schweiz. An diesem Sonnabend zieht Barth offiziell und ohne staatlichen Zwang um nach Basel, St. Albanring 186, nachdem er sich ordnungsgemäß bei der Bonner Meldebehörde unter Angabe seines künftigen Wohnsitzes abgemeldet hat[50].

50 Universitätskurator Pietrusky meldete Minister Rust am 17. 7. 1935, daß Barth »als in Basel, Münsterhof 1, wohnhaft« im Personalverzeichnis der Universität Basel aufgeführt sei. Daraufhin hatte Pietrusky amtlich ermitteln lassen, »daß er sich und seine Familie am 6. 7. 35 nach Basel, St. Albanring 186, polizeilich abgemeldet hat. Nach Ermittlungen des zuständigen Polizeireviers hat er am gleichen Tage seinen Umzug nach Basel bewerkstelligt.«

Nachtrag

Mit der endgültigen Vertreibung Barths aus der Bekennenden Kirche (und damit F 6
nun auch aus Deutschland) ist der ›Fall Karl Barth‹ längst zu einem Fall Bekennende D 33, 34,
Kirche geworden. Mannigfaltig sind denn auch die Reaktionen. Und nicht nur die 35, 36,
Briefe, die dieser Tage zwischen den Hauptakteuren dieses Falles gewechselt wer- 37, 38
den[1], dokumentieren – allen Einigkeitsbekundungen seit der Augsburger Synode S. 344–
zum Trotz – eine tiefgreifende, konfessionell und politisch bedingte Spaltung der 358
Bekennenden Kirche durch den ›Fall Karl Barth‹.

Während das Marahrens-Regiment zur presseamtlichen Verlautbarung des DNB vom 22. Juni 1935[2] schweigt, greift das Präsidium der Bekenntnissynode der DEK am Freitag, dem 28. Juni 1935, die in diesem DNB-Kommentar erneut angesprochene Eidesfrage auf, indem es einen eigenen Kommentar veröffentlicht[3]:

1 *F/6:* Brief Immer vom 29. 6. 1935 an Karl Barth (PGRS). *D/33:* Brief Barth vom 30. 6. 1935 an Hermann Hesse (AEKW), dieser Brief kreuzte sich mit einem Schreiben vom 28. 6. 1935 von Hermann Hesse an Barth (AEKW), in welchem Hesse Buch führte über alle Dienstleistungen der Reformierten gegenüber Barth (vgl. Beckmann, Die Briefe des Coetus Reformierter Prediger 1933–1937, 1976, S. 64ff.). *D/34:* Brief Barth vom 1. 7. 1935 an Immer (PGRS). *D/35:* Brief Barth vom 5. 7. 1935 an Humburg (PGRS). *D/36:* Brief Gotthilf Weber vom 10. 7. 1935 an die Mitglieder des Reichsbruderrates und die Vorsitzenden der Landes- und Provinzialbruderräte (AEKR). *D/37:* Brief Humburg vom 11. 7. 1935 an Karl Barth (PGRS). *D/38:* Brief Gotthilf Weber vom 18. 7. 1935 an Bischof Wurm (AEKW); das erwähnte Schreiben von Bischof Wurm an Präses Koch ist bisher unauffindbar, doch Webers Anwort läßt dessen Inhalt erkennen. Noch 1953 schrieb Wurm: »Daß es Hitler gelang, die Fesseln von Versailles Stück für Stück abzuwerfen, ist in den kirchlichen Kreisen und also auch in der Pfarrerschaft freudig begrüßt worden. Dort wo Karl Barths Einfluß stark war, haben naturgemäß die Bedenken gegen die ganze Entwicklung, gegen den militärischen und politischen Aufstieg Deutschlands überwogen. Auf dieser Seite hat man nicht bloß die Übergriffe des Staates auf dem kirchlichen Gebiet, sondern den Staat als solchen bekämpft als eine Macht von unten, die sich Befugnisse angemaßt hatte, die ihr nicht zustanden. Auf der landeskirchlichen Seite hätte man es begrüßt, wenn in Verständigung mit dem Kirchenminister ein friedliches Verhältnis zum Staat erreicht worden wäre. In den Bruderräten wollte man das gar nicht, weil man zu sehr davon überzeugt war, daß dies doch nur der Kirche zum Verderben geraten mußte. Als tiefste Ursache dafür, daß der Zwiespalt zwischen den beiden Teilen der Bekennenden Kirche nicht zu beseitigen war, sehe ich . . . die allzu große Verwandtschaft der ›jungen‹ Kirche mit dem totalitären Staat. Gerade weil sie auch totalitär dachte, konnte sie auf eine mittlere Linie sich nicht einlassen. Je stärker sie ihren Auftrag im Lichte Barthscher Gedanken sah, desto weniger konnte sie innerhalb der Kirche Toleranz im Sinne des Liberalismus gewähren« (Th. Wurm, Erinnerungen, a.a.O., S. 132f.).

2 Siehe S. 199.

3 Rundbrief Nr. 43, vom 28. 6. 1935.

. . . In dieser Zeitungsnotiz wird festgestellt: 1. daß Professor Karl *Barth* in den Ruhestand versetzt worden ist, *nur*, weil er den Eid auf den Führer nicht *sofort bedingungslos* geleistet hat. 2. daß damit kein Einfluß auf die religiöse Überzeugung Barths ausgeübt werden soll.
Nach evangelisch-kirchlicher Lehre und nach den damit übereinstimmenden zur Eidesfrage erfolgten Verlautbarungen der Vorläufigen Leitung als der verantwortlichen Vertretung der bekennenden evangelischen Kirche Deutschlands schließt jeder Eid durch die Anrufung Gottes ein Tun aus, »das wider das in der Heiligen Schrift bezeugte Gebot Gottes ist«. Die eine große »Bedingung« – um mit dem Wort der Zeitungsnotiz zu reden –, unter der jeder, der mit Ernst Christ sein will, den Eid nur schwören kann, ist die Übereinstimmung der auf Grund des Eides an ihn gestellten Forderungen mit der Heiligen Schrift als dem Worte Gottes an uns . . .

Der Rat der Evangelischen Kirche der altpreußischen Union, der sich im Verfolg der Polizeiaktion des 17. März mit Rücksicht auf die 715 Verhaftungen eine Neutralisierung seiner Synodalerklärung zum Führer-Eid am 21. März 1935 hatte gefallen lassen müssen, gibt am 4. Juli 1935 in einem Anschreiben an seine Gemeinden die folgende Stellungnahme ab[4]:

. . . Angesichts der vielen Fragen die uns wegen der letzten *in der Presse erschienenen Verlautbarungen über den Eid und seine Deutung* erreichen, weisen wir darauf hin, daß die Vorläufige Leitung der Deutschen Evangelischen Kirche am 6. Dezember 1934 folgendes festgestellt hat[5]: . . .
Die gleiche Auffassung hat die Bekenntnissynode der Evangelischen Kirche der altpreußischen Union am 5. März 1935 kundgetan: »Jeder Eid wird vor Gottes Angesicht geleistet und stellt die in ihm übernommene Verpflichtung unter die Verantwortung vor Gott. Der Eid findet seine Grenze darin, daß allein Gottes Wort uns unbedingt bindet«.

Die Vorläufige Leitung selber sieht abermals keinen Anlaß, nun endlich ihr Schweigen in Sachen Eid gegenüber Staat und Öffentlichkeit aufzugeben. So kann Minister Rust am 12. Juli 1935 ohne jeden Widerspruch der Leitung der Bekennenden Kirche die am 22. Juni veröffentlichte Auffassung des NS-Staates über den Führer-Eid durch Erlaß für rechtsverbindlich erklären[6]:

Ich habe Anlaß darauf hinzuweisen, daß die Leistung des durch Gesetz vom 20. August 1934 vorgeschriebenen Beamteneides nach geltendem Recht zu den Pflichten des Beamten gehört. Die Eidesverweigerung führt daher zum Ausscheiden aus dem Dienst auf dem dafür gesetzlich vorgesehenen Wege (Zurruhesetzung, gegebenenfalls Entlassung, Dienststrafverfahren).

4 AEKW.
5 Hier folgt der volle Wortlaut jener vertraulichen »Erklärung« aus dem Privatbrief an den Studenten Heinrich Harms, vgl. F/3.
6 Frankfurter Zeitung vom 1. 8. 1935.

Einer Eidesverweigerung kommt es gleich, wenn ein Beamter den Eid nur mit Vorbehalten leistet; der Schwur der Treue verträgt seiner Natur nach keine Einschränkungen.
Ein Beamter, der trotzdem den Eid nur mit Vorbehalten oder Einschränkungen zu leisten bereit ist, wird daher als aufrechter Mann selbst die Folgerungen zu ziehen haben, daß er sein Amt zur Verfügung stellt. Tut er das nicht, hat er die gleichen Folgerungen zu gewärtigen wie derjenige, der den Eid vollständig verweigert.

Damit haben zahllose Beamte, vom Postboten bis zum Universitätsprofessor[7], ihren Eid unter falschen Voraussetzungen geleistet, damit haben sich aber auch Barths so eindringlich ausgesprochenen Befürchtungen im nachhinein als voll begründet erwiesen. Dennoch schweigt die Vorläufige Leitung weiterhin beharrlich. Das Präsidium der Bekenntnissynode der DEK nimmt indessen in seinem neuesten Rundbrief vom 14. Juli 1935 – neben der Danksagung des Preußenrates an Karl Barth vom 28. Juni 1935[8] und einem Nachruf auf Karl Barth von Bischof Wurm[9] – eine theologische Stellungnahme zum Beamteneid auf, in der der Verfasser[10] zu dem Schluß kommt: **D 39** **S. 358**

. . . Durch die Zurruhesetzung Karl Barths und die der Entscheidung beigegebene Begründung hat der Staat praktisch die Erklärung der Kirche zurückgewiesen; er verlangt damit tatsächlich einen Eid, wie ihn der Christ nicht leisten darf. Die Gewissensnot bleibt damit bestehen. Die Kirche hat jetzt die selbstverständliche Pflicht, sich auf die Seite Barths zu stellen und erneut zu erklären, daß trotz dieser gegen sie gefallenen Entscheidung des

7 Zu den getäuschten Beamten gehörten z. B. auch die Professoren von Soden (siehe D/12) und Bultmann (siehe S. 70).
8 Siehe S. 206f.
9 Auf Seite 5 zitierte dieser 44. Rundbrief – wohl als Empfehlung für lutherische Leser – eine Art Nachruf von Bischof Wurm auf Karl Barth: »Karl *Barth* ist der von allen Gliedern der bekennenden Kirche anerkannte Lehrer der evangelischen Kirche Deutschlands. Reformierte, Lutheraner und Unierte stimmen darin überein. Der Verlust, den die bekennende Kirche durch Karl Barth erlitten hat, wird am besten deutlich, wenn wir uns sein großes Verdienst um die evangelische Kirche Deutschlands klar machen. Der lutherische Landesbischof D. Wurm schrieb darüber: . . .« Doch was der 44. Rundbrief dann zitierte, schrieb Bischof Wurm bereits in der Neujahrsausgabe 1935 seines Württembergischen Sonntagsblattes. Dort würdigte Wurm zwar Barths frühe, theologische Verdienste bis ins Jahr 1933, schloß jedoch seinen wenige Tage nach dem Kölner Prozeß veröffentlichten ›Nachruf‹ mit der Barth-Schelte: »Wie groß wäre die Aufgabe einer neuen kirchlichen Bewegung gewesen, wenn sie sich um die Unterscheidung des von der Kirche nicht bestrittenen politischen Totalitätsanspruchs des Staates von dem seelischen Totalitätsanspruch einer rein völkischen Weltanschauung bemüht hätte; sie hätte der Kirche und dem Staat die größten Dienste leisten können. Aber auf so heikle Probleme einzugehen wurde versäumt und statt dessen die geistige Gegenwehr immer mit Anleihen aus dem Politischen bestritten, als wäre es nötig, das Deutsche Reich und Volk gegen die Herrschaftsansprüche eines mittelalterlichen päpstlichen Kirchentums zu schützen!« Diese Barth-Schelte zitierte der 44. Rundbrief allerdings nicht.
10 Der Verfasser ist unbekannt.

Staates ihre Glieder den Eid nur christlich, d.h. mit der in der Anrufung Gottes enthaltenen Begründung und Begrenzung leisten werden. Es wird dabei zu erwägen sein, ob die Kirche nach dem Geschehenen sich noch damit begnügen kann, wenn der Staat dieser neuerlichen Erklärung nur nicht ausdrücklich widerspricht, oder ob sie nicht vielmehr von ihren Gliedern verlangen muß, daß bis auf weiteres jeder Christ vor der Eidesleistung sich ausdrücklich die Erklärung seiner Kirche zu eigen macht.

Die Vorläufige Leitung der DEK schweigt. Statt dessen nimmt ihr Vorsitzender, Bischof D. August Marahrens, am 17. Juli 1935 Gelegenheit, sich auf seine Art vom Fall Barth zu verabschieden[11]:

Meine Brüder!
Kampfzeiten sollen uns hart und entschlossen machen und zum Einsatz aller Kräfte zwingen. Aber zugleich bedürfen wir, die wir im geistlichen Amte stehen, gerade in solchen Zeiten einer Führung, die uns aus allen Leidenschaften herauslöst und von allen Verkrampfungen frei macht. Unter eine solche Führung treten wir in der Vorbereitung des kommenden Sonntags, wenn wir das Apostelwort hören: »Wandelt wie die Kinder des Lichts. Die Frucht des Geistes ist allerlei Gütigkeit und Gerechtigkeit und Wahrheit.« Eph. 5,19. Gegenüber allen Versuchungen bitter zu werden und im Trotz seine Stärke zu suchen – wie beglückend, daran erinnert zu werden, daß wir uns Kinder des Lichts nennen dürfen! Damit ist doch auch gesagt: wir stehen in der Welt, aber wir sind nicht von der Welt. Diese Tatsache legt eine große Verantwortung auf Führung und Gestaltung unseres Lebens. Weder dürfen wir uns preisgeben an die Welt, noch ihr gegenüber bloß uns verneinend abgrenzen; weder DC-Methoden noch Reaktion! Wir müssen in der Welt stehen, denn »wer sein Volk nicht liebt, das er sieht, wie kann er Gott lieben, den er nicht siehet?« und müssen doch »nein« sagen können und widersprechen, denn wir haben unsere politeia im Himmel . . .
In den vergangenen Wochen ist nunmehr Karl Barth einem Rufe in sein Heimatland gefolgt. Auch wenn ich besonders in den letzten Jahren in der Beurteilung der kirchlichen Fragen sehr viel anders gestanden habe, als er, insofern er der ausgesprochene Typ des reformierten Kirchenmannes war und in unverhüllter Deutlichkeit aus diesem seinem Ansatz keinen Hehl machte, weiß ich um mancherlei Dank. Es sei ihm unvergessen, wie stark er namentlich in den ersten Jahren des vorigen Jahrzehnts die Arbeit unserer jüngeren Theologen befruchtet und angeregt hat. Auch im Kirchenkampf war er einer von denen, die sehr früh eine klare Stellung gegenüber den Dingen genommen haben. Ich habe mich freilich je länger um so klarer dem Eindruck nicht entziehen können, daß sowohl aus seinem reformierten theologischen Ansatz wie aus der Tatsache, daß er Schweizer war und bewußt blieb, z.B. in seinem Denken über Staat und Obrigkeit Linien die

11 Wochenbrief Nr. 4571. II, 30 vom 17./18. 7. 1935.

Oberhand gewannen, die vom lutherischen Bekenntnis aus unmöglich waren und viele von uns zu klarer Distanzierung zwangen. Ob übrigens Karl Barth nicht doch viel stärker, als er glaubte, von Umständen und Eigenheiten seines Lebens statt grundsätzlich von der Heiligen Schrift bestimmt war? – Nicht wenige würden darin eine schmerzliche Tragik sehen . . .

Von den sechs Vertretern der Liste 3, »Für die Freiheit des Evangeliums«, in der Bonner Größeren Gemeindevertretung sind im Zusammenhang mit dem »Neuaufbau« der Bonner theologischen Fakultät inzwischen die Mitglieder Barth, Hölscher, von Kirschbaum, Weber und Wolf wegen Änderung des Wohnsitzes ausgeschieden, so daß nach dem jüngsten Wegzug der Presbyter Barth und von Kirschbaum[12] nur einer der beiden vakanten Plätze der Liste 3 im engeren Presbyterium durch Nachrücken – von Otto Bleibtreu – besetzt werden kann. Deshalb muß das Presbyterium in seiner Sitzung am 22. Juli 1935 eine Nachwahl vornehmen[13]:

Als Mitglied des Presbyteriums ist ausgeschieden Prof. D. Barth, der seinen Wohnsitz nach Basel verlegt hat, und die Gemeindeverordnete Charlotte von Kirschbaum, die ebenfalls den Wohnsitz Bonn aufgibt. Für Herrn Prof. Barth ist Neuwahl im Presbyterium notwendig. An seiner Stelle wird einstimmig gewählt Herr Professor Dr. Bonnet, Quantiusstraße 8.

Proteste aus der hannoverschen Pfarrerschaft zwingen Landesbischof Marahrens, in seinem Wochenbrief vom 24. Juli 1935 auf seine Barth-Würdigung vom 17. Juli zurückzukommen[14]:

. . . Von einem meiner persönlichen Mitarbeiter und von einem Amtsbruder unsrer hannoverschen Landeskirche werde ich darauf aufmerksam gemacht, daß die Sätze, die ich im letzten Wochenbrief aus Anlaß des Fortgangs von Professor Karl Barth schrieb, zu sehr einer in den kirchlichen Wirren von mir empfundenen Not Ausdruck gebe und nicht deutlich genug den Dank und die Verbundenheit erkennen lasse, von denen ich doch wisse. Gern habe ich mir unter diesem Hinweis nochmals das von mir Geschriebene vergegenwärtigt. Auch wenn Karl Barth der neuen staatlichen Wirklichkeit in Deutschland gegenüber nicht so aufgeschlossen war, wie ich es für selbstverständlich hielt, und wenn er es manchem unter uns dadurch oft so schwer gemacht hat, wird von mir nie vergessen werden, daß er in unerbittlicher theologischer Besinnung uns allen nach ganz bestimmter Richtung hin wie sonst keiner den Blick geschärft hat. Daß auch mich das Studium von Karl Barths Schriften oft in die Unbedingtheit theologischer Fragestellung hinein gezwungen hat und ich deshalb von aufrichtigem Dank weiß, braucht nicht erneut ausgesprochen zu werden . . .

12 Nach der Versetzung von Prof. Dr. Hölscher nach Heidelberg stellte das Bonner Presbyterium am 1. 4. 1935 fest, »daß an seine Stelle der nächste Bewerber desselben Wahlvorschlages, Fräulein Charlotte v. Kirschbaum, Siebengebirgsstraße 18, tritt« (EKB).

13 EKB.

14 Wochenbrief Nr. 4713. II, 31 vom 24. 7. 1935.

Und da die Vorläufige Leitung immer noch nichts zur neuesten Entwicklung in der Eidesfrage zu sagen weiß, wendet sich der Württembergische Landesbruderrat am Freitag, dem 26. Juli 1935, an den Reichsbruderrat[15]:

. . . Der Landesbruderrat ist der Überzeugung, daß die Kirche ihr Zeugnis versäumt, wenn sie die Deutung, die hier in autoritativer Weise dem Eid gegeben wurde, unwidersprochen läßt. Daß es sich um eine sehr schwierige und weitreichende Frage handelt, können die bisherigen Erklärungen der VKL zu dieser Frage nicht mehr genügen. Es erscheint vielmehr notwendig, daß ein dem ganzen Gewicht der Sache entsprechendes Wort an den Staat gerichtet wird.
Da diese Frage aber nicht nur die Kirche in ihrem Gesamtauftrag dem Staat gegenüber, sondern unzählige einzelne Glieder der Kirche berührt, muß dafür Sorge getragen werden, daß das Votum der Kirchenleitung nun wirklich zur Kenntnis der Gemeinde kommt und den einzelnen zur Hilfe in ihrer Anfechtung wird. Dies muß nicht notwendig in Form einer Kanzelverkündigung geschehen, die leicht als kirchliche Aktion gegen den Staat mißverstanden werden könnte. Es ließe sich auch denken, daß es nur den Pfarrämtern mitgeteilt wird mit der Aufforderung, innerhalb der Predigt eines Hauptgottesdienstes davon Zeugnis zu geben, wie vom Evangelium her der Eid allein verstanden und geleistet werden kann.
Der Landesbruderrat bittet daher den Reichsbruderrat, er möge die VKL veranlassen, 1. ein dem Gewicht der Frage des staatlichen Gehorsamseids entsprechendes Votum an den Staat zu richten, 2. von diesem Votum den Gemeinden in geeigneter Form Kenntnis zu geben . . .

D 40
S. 361
Vier Professoren der Universität Greifswald sind da ganz anderer Meinung. In einem Brief an Präses Koch rügen die Theologen Leißner, Fichtner, Hermann und Schott an diesem 26. Juli vor allem auch die abermalige Verquickung der Eidesfrage mit dem Fall Barth[16]:

. . . Ob der Kirche in Zukunft aus der Eidesfrage Schwierigkeiten erwachsen mögen, bleibt dahingestellt[17]; einen Anlaß, die Eidesfrage gerade jetzt aufzurollen, sehen wir nicht. Jedenfalls aber erachten wir eine Verkoppelung mit dem Fall Barth als evangelische theologische Universitätsprofessoren und Dozenten für nicht wohlgetan . . .

D 41
S. 362
Weil »Prof. Barth nach Basel, Schweiz, verzogen ist«, gelangte die Urteilsschrift des Berliner Oberverwaltungsgerichts Mitte Juli nach etlichen Irrwegen an Otto Bleibtreu. Barths Verteidiger kommt jedoch aus einem tragischen Grund erst am 28. Juli 1935 dazu, diese schriftliche Urteilsbegründung an Barth weiterzuleiten[18]:

15 AEOK.
16 AEKW.
17 Die Bekennende Kirche sah sich spätestens im Jahre 1938 diesen ›Schwierigkeiten‹ gegenüber – ungerüstet; vgl. Angelika Gerlach, Die Kirche vor der Eidesfrage, 1967.
18 HD.

Liebes Fräulein von Kirschbaum!
In der Anlage übersende ich die für Herrn Professor bestimmte Ausfertigung des Urteils des Oberverwaltungsgerichts, die *mir* zugestellt worden ist, weil sich die Zustellung an Herrn Professor selbst wegen seiner Übersiedlung ins Ausland als unmöglich erwiesen hatte. Soweit ich bisher auf Grund vorläufiger Durchsicht habe feststellen können, weichen die schriftlichen Urteilsgründe in den wesentlichen Punkten nicht sehr stark von der mündlichen Begründung ab, wie ich sie in der Ihnen übergebenen Notiz festzuhalten versucht hatte.
Ich darf Sie ferner bitten, mich bei Herrn Professor nochmals zu entschuldigen, wenn ich mich auch dieses Mal wieder kurz fasse und ihm selbst immer noch nicht für seinen Brief vom 30. VI. und für die Übersendung des »Credo« ausführlicher gedankt habe. Zu meiner starken Inanspruchnahme durch die bis Mitte August noch andauernde Kölner Anwaltsvertretung ist ein sehr trauriger Todesfall hinzugekommen. Der Vater meiner Braut[19], der im Sommer 1933 auf Grund des Ihnen ja auch wohlbekannten Beamtengesetzes seines Amtes als Erster Staatsanwalt enthoben worden und daraufhin in eine schwere depressive Psychose verfallen war, die sich trotz Anwendung aller ärztlichen Künste nicht bessern wollte, hat in einem tiefen Schwermutsanfall das Leben nicht mehr ertragen können. Ich habe mich natürlich nun nach dem Tode meiner Verlobten und meiner Schwiegermutter besonders annehmen müssen. Sie und Herr Professor werden das sicher verstehen und es mir nicht übel nehmen, wenn ich infolgedessen erst jetzt und nur so kurz von mir hören lasse.
Ich hoffe, daß Sie selbst gesundheitlich wieder ganz hergestellt sind und daß Sie sich ebenso wie Herr Professor auf dem Bergli gut erholen. Ich freue mich sehr darauf, Herrn Professor und Sie demnächst wiedersehen zu können.
Mit herzlichsten Grüßen, auch an alle dortigen Bekannten, insbesondere natürlich an Herrn Professor . . .

Nicht zuletzt die »Behandlung von Karl Barth« hat mit dazu beigetragen, daß am 30. und 31. Juli 1935 49 Theologen der Einladung Martin Niemöllers gefolgt sind, um »davon [zu] reden, was hinter den Zeilen in Briefen steht«[20]:

Niemöller: . . . Kein offizieller Kreis. Alle, die Blick noch frei haben, sind gerufen, zu fragen, was denn jetzt unsere Aufgabe sei. Es geht eine Welle des Übels über die Bekennende Kirche . . . Unser Eindruck geht dahin, daß wir auf gefährlichen Weg geraten . . .
Asmussen: . . . seit dem Herbst eine Reihe von Positionen verloren, die wir

19 Otto Schüller hatte sich in Bonn als Erster Staatsanwalt durch Prozesse gegen Nationalsozialisten hervorgetan und wurde deshalb nach § 4 des Gesetzes zur Wiederherstellung des Berufsbeamtentums fristlos und ohne Versorgungsbezüge entlassen (GKBl).
20 Kloppenburg-Protokoll, Bl. 46–51. Siehe F/6 und D/33 bis D/38.

innehatten. Waffe der Kanzelabkündigung. Position des 17. März . . . Im Lande herrscht darüber Unsicherheit, ob das, was je und je getan wird, der Gesamtmeinung der Bekennenden Kirche entspricht. Oft die Frage: Wenn du dich so oder so exponierst, wirst du dann überhaupt getragen und verstanden? . . .

Niemöller: Wenn wir diesen Schwund an Vertrauen sehen – was hindert uns, mit neuer Freudigkeit an die Arbeit zu gehen. Das ist die Frage, ob wir Mut haben. Sind wir *Kirche* oder Zweckverband zur Erkämpfung der kirchlichen Freiheit? . . .

Bonhoeffer: Meine Kandidaten sagten: Du mußt hinfahren und sagen, was uns bewegt[21]. 1. Es ist restlose Opferbereitschaft da. 2. Aber es fehlt die *Richtungs*angabe!

Jeder unserer Brüder weiß: Hoffnung zum Staat war trügerisch. Warum dann noch immer Anspruch darauf, warum dann nicht Wagnis: staatsfreie Kirche? Es *muß* heute gesagt werden: a) nur staatsfreie Kirche kann sagen, daß § 24 Lüge ist[22]. b) Judenfrage. Muß hier nicht bekennende Kirche reden[23]? c) Anstoß an dem, was in Augsburg *nicht* gesagt wurde! Wird das nicht bald gesagt, ist alles Vertrauen weg. d) Eidesfrage. Kann jeder einzelne sich auf Vorbehalt der Vorläufigen Leitung berufen? Oder ist das Generalvorbehalt?

Hahn: Klare positive Weisungen sind nötig . . .

Baumann: . . . Aus dem Stoßtrupp Notbund ist im Lande weithin Etappe geworden. Wir müssen an Gemeinde arbeiten und in Seelsorge an den Brüdern ganz klare praktische Weisungen [geben] . . .

Vogel: . . . Sorge, daß uns entscheidender Schlag ungerüstet trifft, weil kein geistlicher Widerstandsherd da ist.

Traub: a) Nötig, daß wir unter eine *Zucht* gestellt werden. b) Reichsbischofsfrage nicht mehr so in den Vordergrund stellen. c) Gemeinde ganz anders in Vordergrund stellen.

Niemöller: Wir müssen wagen: entweder wird einheitlich von Barmen und

21 Dietrich Bonhoeffer war inzwischen dem Ruf Barths, »mit dem nächsten Schiff« nach Deutschland zurückzukehren, gefolgt (siehe Anm. 1, Kap. 4) und leitete das Predigerseminar der BK in Finkenwalde/Pommern; vgl. Eberhard Bethge, Dietrich Bonhoeffer, 1975.

22 Artikel 24 des Parteiprogramms der NSDAP (siehe Anm. 8, Kap. 11).

23 Die Rassegesetze waren längst formuliert und wurden am 15. September 1935 auf dem Nürnberger »Reichsparteitag der Freiheit« als geltendes Recht beschlossen und verkündet: 1. das »Reichsbürgergesetz« und 2. das »Gesetz zum Schutze des deutschen Blutes und der deutschen Ehre« (vgl. Walter Hofer, Der Nationalsozialismus. Dokumente 1933–1945, 1957, S. 277ff.), die 1936 mit dem amtlichen Kommentar von Dr. Wilhelm Stuckart und Dr. Hans Globke »erläutert«, die aber »auch von evangelischen und katholischen Theologen verteidigt und erklärt« wurden (in: Friedrich Heer, Der Glaube des Adolf Hitler – Anatomie einer politischen Religiosität, 1968, S. 229). Vgl. dazu auch: Eberhard Bethge, Dietrich Bonhoeffer, S. 499f. und 556ff.; demnach war auch Bonhoeffer selber bereits durch seinen Schwager, den Reichsgerichtsrat Hans von Dohnanyi, über die Vorbereitung der Rassegesetze informiert.

Dahlem her gesprochen – oder ihr seid nicht mehr bekennende Kirche.
Immer: Gruß von Karl Barth[24].
Mittwoch, 31. 7. . . . Von 1–5 [Uhr] nachts haben Niemöller, Rendtorff, Vogel an Entwurf [eines Flugblattes] gearbeitet . . .

Dieser »inoffizielle Kreis« bekennender Theologen beschließt dann Mittwoch mittag den Text eines Flugblattes, der sich entschieden gegen die den Bekenntnissen von Barmen und Dahlem widersprechende Kirchen-Politik und Geheimdiplomatie der lutherischen Bischöfe und deren Ausführung durch die Vorläufige Leitung der Bekennenden Kirche richtet[25]: **D 42 S. 368**

. . . Geboten ist uns vor dem allen und über dem allen, in unserem Amt und in unserer Gemeinde Ernst zu machen damit, *daß die Bekennende Kirche allein aus dem Wort, allein aus der Gnade, allein aus dem Glauben lebt.* Das Schwergewicht aller unserer Arbeit, vorab der theologischen Besinnung und der damit verbundenen Reinigung der Kirche, liegt in unserer Gemeinde und unseren Synoden als dem uns gewiesenen Ort unserer Arbeit. Die Entscheidung fällt da, wo durch Wort und Geist Gottes Buße und Glaube gewirkt wird. – Das Wort schließt uns zusammen; es bewahrt uns davor, einander je im Stich zu lassen, es treibt uns, unseren Dienst miteinander und füreinander zu tun; denn es stellt uns in die Bruderschaft Christi. Das ist die Erneuerung, die unsern Pfarrbruderschaften und Gemeinden nottut, die wir erbitten, und die wir dem Wort zutrauen. *Christus ist der eine Trost, der uns bleiben wird!*

Der erfolgreiche literarische Barth-Verfolger Wilhelm Stapel braucht ob solchen Streites »um des Teufels Barth« nur noch Knüttelverse zu schmieden[26]:

Der Kirchen- und Bekenntnisstunk / Bringt nicht die kleinste Förderung. / Es ist nicht schön, wenn die Pastoren / Sich zerrn bei den Pastorenohren / Und wenn die Professorentoren / Desgleichen tun mit ihren Ohren. / Die Christenfronten, grimm geschart, / Sie streiten um des Teufels Barth. / Mit funkelndem Bekenntnisblicke / Erhebt sich Clique gegen Clique. / Der liebe Gott mag so was nicht. / Er wendet ab sein Angesicht / Und sagt zu dem Diabolus: / Mein Knecht, mach' mit dem Unfug Schluß! / Der Teufel grinst befriedigt Hohn. / Man riecht ihn schon, man riecht ihn schon. / Es naht des Zornes Überbringer! / Drum heb ich warnend meinen Finger: / Geht, Kinder, macht die Bude zu, / Laßt das geplagte Volk in Ruh! / Es gibt auch außerdem genung / Stunk, Stunk, Stunk, Stunk. St.
(Ich habe nichts dagegen, wenn diese Verse von enragierten Kirchenkämpfern unter der Rubrik »Niedriger hängen!« abgedruckt werden. St.)

24 Immer hatte Barth am voraufgegangenen Wochenende in Basel besucht.
25 AEOK; gedrucktes Flugblatt.
26 Deutsches Volkstum, Augustheft 1935, S. 645.

In der Sitzung des Rates der Evangelischen Kirche der altpreußischen Union, am 1. August 1935, berichtet Martin Niemöller über die Vorarbeiten zur Gründung einer kirchlichen Hochschule. Der Lehrbetrieb soll demnach am 1. November 1935 beginnen. Die Pastoren Niemöller und Immer werden daraufhin »ersucht, in kürzester Zeit einen genauen Plan über Aufbau, Finanzierung und Ort der Hochschule vorzulegen«. Außerdem beschließt der Rat, »am 1. September in allen Kirchen Altpreußens eine Kollekte für die Hochschule einzusammeln. Zur Gewinnung eines Grundstocks sollen hundert Einzelgeber oder Gemeinden gesucht werden, die je 1000 RM für die Hochschule opfern.«[27]

Am Samstag, dem 3. August 1935, verfügt Minister Rust mit Schreiben an Kurator Pietrusky, die noch an Barth zu zahlenden Dienstbezüge »auf ein Sperrkonto einzuzahlen . . . Prof. Barth hatte zum dauernden Aufenthalt im Ausland die vorherige Genehmigung bei mir einzuholen. Mir will scheinen, daß er diese Bestimmung mit Absicht unbeachtet gelassen hat.«[28]

In ihren Ausgaben vom 4. und 11. August 1935 würdigt die Reformierte Kirchenzeitung den »Dienst Karl Barths an unserer reformierten Kirche und Theologie«:

. . . Nun ist unser Freund und Lehrer in seine Heimat zurückgekehrt. Nicht nur seine »Trabanten« werden ihn entbehren, wie Gerh. Kittel-Tübingen sich im Aprilheft der »Deutschen Theologie« so geschmackvoll ausdrückt, also nicht nur seine Mitarbeiter werden ihn entbehren, sondern ebenso, vielleicht noch mehr, unsere reformierten Gemeinden und namentlich unser Reformierter Bund. Auch wenn wir sein gedrucktes Wort haben, so ist das doch kein voller Ersatz für den fröhlichen Christenmenschen, der als Bruder in den Gemeinden aus und ein ging. *Aber das gedruckte Wort haben wir.* Als das erste Heft der »Theologischen Existenz heute« im Juli 1935 erschien, saß ich mit einigen Gemeindegliedern des Wuppertals zusammen und erzählte ihnen etwas aus dem Inhalt. Sofort bestellte der Kirchmeister von Barmen-Gemarke für jedes Glied des Presbyteriums und der Gemeindevertretung das Heft. Es wurde gelesen, und daß das Wort gehört wurde, bezeugt jeder Schritt, den diese Gemeinde seitdem gegangen ist[29]. Gott

27 RKZ vom 1. 8. 1935.

28 AUB. Nach verschiedenen Schreiben und Berechnungen verfügte Minister Rust am 11. 3. 1936 abermals: »ohne meine ausdrückliche Genehmigung keinerlei Zahlungen an Dienst- und Versorgungsbezügen.«

29 Am 11. 7. 1935 beschloß das Presbyterium einen Brief an Karl Barth (Vorlage von Harmannus Obendiek), den dann Karl Immer bei seinem Besuch in Basel Barth »überbracht und vorgelesen« hatte (RKZ vom 4. 8. 1935). Barth antwortete am 12. 8. 1935: »Ich bin froh darüber, daß Sie mir in dieser Weise noch einmal die konkrete Verantwortung vor Augen geführt haben, die mir selber immer mehr zum Sinn auch meiner akademischen Professur geworden ist. Ich glaube in dieser wie in anderer Hinsicht im Rheinland etwas gelernt zu haben. Was die Umstände meines jetzigen Übergangs nach Basel betrifft, so bitte ich Sie, liebe Herren und Brüder, mir zu glauben, daß sich, von mir her gesehen, ein Stein oder Glied so sehr zum anderen fügte, daß mein Entschluß mir schließlich als eine Notwendigkeit vor die Füße gelegt war, an der ich nichts mehr zu ändern finden konnte« (RKZ vom 1. 9. 1935). Unmittelbar nach dem Kriege beschloß das Presbyterium, »die im Krieg zerstörte Gemarker Kirche mit Hilfe des Ökumenischen Rates als Gedächtniskirche wieder aufzubauen« (Robert Steiner, Gemarke und

gebe, daß noch manches Wort von Basel aus zu uns dringt und unsere Kirche und ihre Theologie anhält, Kirche der Schrift, nach Gottes Wort erneuerte Kirche zu werden. Kolfhaus-Vlotho.

Während seines Sommerurlaubs am Walchensee erhält Professor Ernst Wolf Kenntnis vom Schreiben der Greifswalder Kollegen an Präses Koch. Daraufhin wendet er sich am 19. August 1935 mit einem Brief an den Mitunterzeichner Professor D. Rudolf Hermann[30]: **D 43** **S. 370**

... Die Bedeutung von K. Barths Vorgehen sehe ich – und nicht ich allein – eben darin, daß mit ihm die nun nachträglich durchaus gerechtfertigte Frage nach der Anerkennung der conditio christiana tacita im neuen Beamteneid gestellt wurde; nicht nur für ihn allein. Daß diese conditio für uns unaufgebbar ist dürfte auch Ihre Ansicht sein. Mit Luther: »Wo man Menschen etwas gelobt, soll und muß allezeit der Vorbehalt drinnen verstanden werden, ob er gleich nicht gemeldet wird, nämlich: sofern es nicht wider Gott ist; denn wider Gott kann man nichts geloben« (EA 40,322) ...

Reichsbischof Ludwig Müller läßt am 7. September 1935 in seinem Informationsdienst neben anderen Dokumenten den Brief Barths vom 30. Juni 1935 an D. Hesse[31] in vollem Wortlaut veröffentlichen[32]:

Dokumente vor Toresschluß.
Im folgenden bringen wir fünf Dokumente von bekenntniskirchlicher Seite zur Kenntnis. Sie sind insofern überholt, weil sie nicht die Kraft haben werden, den jetzt angetretenen Weg zu einer Befriedung[33] innerhalb der DEK

Karl Barth, a.a.O., S. 135). Dazu Barth am 5. 4. 1946 in seiner erbetenen Stellungnahme an Stewart W. Herman in Genf: »Die Deutschen sind ein merkwürdiges Volk. Nun denken sie wahrhaftig schon wieder an Monumente! Es war 1934 so mühsam, jenes [Barmer] Bekenntnis gegen die Lutheraner und andere langweilige Leute schließlich durchzudrücken! In den folgenden Jahren hat man dann auch an so wenigen Orten mit jenem Bekenntnis ernst gemacht! Was es bedeutet (und nicht bedeutet!), daß die EKiD sich in Treysa [August 1945] offiziell auf den Boden jenes Bekenntnisses gestellt hat, das ist praktisch noch so wenig klar! Unter den heutigen Jungen in Deutschland wissen heute sicher so wenige, was darin steht und was damit gesagt ist! Und nun eine ›Gedächtniskirche‹!«

30 AEKW.

31 Siehe D/33.

32 Informationsdienst 10/35 vom 7. 9. 1935.

33 Mit dem hier angekündigten »Weg zu einer Befriedung innerhalb der DEK« konnten die Bischöfe Marahrens, Meiser und Wurm einen weiteren Teilerfolg auf dem Wege zur Realisierung ihres Hitler angedienten, geheimen Kirchenpapiers vom 30. 10. 1934 verbuchen, in dem sie unter II./3), als Vorstufe zur endgültigen Formierung der DEK, einen »Ausschuß« vorgeschlagen hatten (siehe D/8). Der am 16. 7. 1935 ernannte Reichskirchenminister Kerrl ließ am 3. 10. 1935 nach Gesprächen mit den DC (am 21. 8. 1935, einschließlich Reichsbischof Müller) und Vertretern der BK (am 23. 8. 1935, einschließlich Marahrens, Meiser und Wurm) Zusammenarbeit der beiden verfeindeten Seiten im Kirchenkampf verordnen und über »Ausschüsse« institutionalisieren. Durch das von Hitler und Kerrl unterzeichnete »Gesetz zur Si-

zu stören. Aber als Dokumente, in denen sich so gerade vor Toresschluß noch einmal die Grundlinien des bekenntniskirchlichen Denkens und Handelns offen zeigen, haben die nachfolgenden fünf Stücke mehr als historischen Wert . . .

Unter demselben Datum kündigt die »Junge Kirche« einen Besuch Barths in Deutschland an[34]:

Seit einigen Jahren finden in zweijährigen Abständen theologische Wochen in Elberfeld statt. Diese Einrichtung ist von dem Bruderrat der Evangelischen Kirche der Altpreußischen Union aufgegriffen worden, so daß in diesem Herbst vom 7. bis 10. Oktober eine theologische Woche in Barmen veranstaltet wird im Auftrage des ganzen Bruderrates. Die Vorbereitung ist in die Hände von Pastor Asmussen, Bad Oeynhausen, und Pastor Lic. Obendiek, Wuppertal-Barmen, gelegt worden. Drei Themen sollen behandelt werden: 1. Evangelium und Gesetz; 2. Schrift und Bekenntnis; 3. Gemeinde und Amt. Das erste Thema hat Prof. D. Karl Barth, Basel, übernommen. Zu dieser theologischen Woche werden Pfarrer, Hilfsprediger, Vikare und Studenten herzlich eingeladen . . .

Durch diese Informationen sieht sich der Dekan der Bonner evangelisch-theologischen Fakultät, Professor Dr. Pfennigsdorf, der gerade erst der Presse mitgeteilt hatte, »daß alle Professoren, die Anhänger der Sozialdemokratie waren, restlos verschwunden sind«[35], abermals gezwungen, den NS-Staat gegen seinen Kollegen Karl Barth um Hilfe anzurufen. Am 20. September 1935 wendet er sich direkt an Minister Rust[36]:

cherung der Deutschen Evangelischen Kirche«, vom 24. 9. 1935, wurde der neue Kirchenminister nämlich »ermächtigt, Verordnungen mit rechtsverbindlicher Kraft zu erlassen«. Und während innerhalb der Bekennenden Kirche diese Kirchenausschüsse auf Reichs-, Landes- und Provinzialebene bestenfalls als »Hilfsorgane des Staates« beargwöhnt wurden, erklärten deren bischöfliche Repräsentanten Marahrens, Meiser und Wurm noch am 20. 11. 1936, »daß wir in der Bereitschaft, alle Kräfte der Kirche gegen den Bolschewismus einzusetzen, in dem Anliegen, das innere Verhältnis von Kirche, Volk und Staat so zu gestalten, daß jedem wird, was ihm zukommt, und in dem Willen, eine gesunde Neuordnung der Deutschen Evangelischen Kirche zu fördern, mit dem Reichskirchenausschuß übereinstimmen, und daß wir bereit sind, alle dahingehenden Maßnahmen des Reichskirchenausschusses zu unterstützen«. Barth hoffte – nicht vergebens – auf die »theologische Jugend« in der Bekennenden Kirche, »die einiges gelernt hat«, als er am 5. 10. 1935 in den ›Basler Nachrichten‹ schrieb: »Herr Kerrl mit seinen schwarzen und braunen Scharen soll einmal versuchen, was er diesen Unbewaffneten oder vielmehr anders bewaffneten gegenüber vermag! Ich getraue mich ihm zu prophezeien, daß er außer einigen Schein- und Teilerfolgen *nichts* ausrichten wird« (dazu: K. D. Schmidt, Bekenntnisse 1935, a.a.O., S. 245 ff.; Kloppenburg-Protokoll, Bl. 169–184; Wilhelm Niemöller, Zur Geschichte der Kirchenausschüsse, in: Hören und Handeln, a.a.O., S. 301–320).

34 Junge Kirche vom 7. 9. 1935, S. 833.

35 Bergisch-Märkische Zeitung vom 14. 9. 1935.

36 AUB.

... Dem Herrn Reichsminister übergebe ich zur Kenntnisnahme Nr. 10/35 Informationsdienst aus dem Sekretariat des Reichsbischofs v. 7. Sept. 1935. In diesen Mitteilungen ist von Seite 6–11 ein Brief von Prof. Karl Barth an den Pastor Hermann Hesse in Wuppertal Elberfeld enthalten, dessen Ausführungen auf Seite 10 unter Nr. 4 eine derartig abgünstige, ja feindselige Stellung zu dem nationalsozialistischen Staate verraten, daß zu erwägen ist, ob dem Prof. Barth fernerhin gestattet sein soll, in Deutschland Vorträge zu halten[37] ...

Unter dem Druck zahlreicher Gemeinden und Landesbruderräte, des Präsidiums der Bekenntnissynode der DEK wie auch des Reichsbruderrates, befaßt sich die Vorläufige Leitung der Bekennenden Kirche schließlich am 27. September 1935 mit der seit dem 22. Juni 1935 erneut gestellten Eidesfrage. Doch das Marahrens-Regiment lehnt es auch diesmal ganz entschieden ab, »ein dem Gewicht der Sache entsprechendes Wort an den Staat« oder gar an die Öffentlichkeit zu richten, von dem Ansinnen, »sich auf die Seite Barths zu stellen«, ganz zu schweigen. Es dokumentiert lediglich in einem Brief an die ihm »angeschlossenen Kirchenregierungen und Landesbruderräte«, daß es selbst nach dem Erlaß des Kultusministers vom 12. August 1935 nichts zu erklären hat, was über jenen vertraulichen Brief vom 6. Dezember 1934 an den Studenten Harms hinausginge, der doch nur durch jene »bösen Streiche« couragierter Einzelgänger zwischen dem 8. und 17. Dezember 1934 Staat und Öffentlichkeit als »amtliche« Erklärung der Vorläufigen Leitung der DEK bekanntgeworden ist. Doch einen Unterschied zu jenem Privat-Brief vom 6. Dezember 1934 gibt es an diesem 27. September 1935 dann doch: Diesen Brief der Vorläufigen Leitung der DEK »An die der Vorläufigen Leitung der Deutschen Evangelischen Kirche angeschlossenen Kirchenregierungen und Landesbruderräte« unterzeichnet immerhin der Vorsitzende Marahrens[38]:

... Wir werden von verschiedenen Seiten gebeten, noch einmal zur Frage des Eides Stellung zu nehmen. Hierzu bemerken wir, daß unserer Auffassung schon im Dezember 1934 Ausdruck gegeben worden ist. *An dieser unserer Stellung zum Eid hat sich seit der Erklärung im Dezember nichts geändert.* Sie lautet:
Der unter Anrufung Gottes dem Führer Adolf Hitler geleistete Eid gibt der Treue und Gehorsamsverpflichtung den Ernst der Verantwortung vor Gott und damit ihre rechte Begründung. Er schließt durch die Berufung auf Gott ein Tun aus, das wider das in der Heiligen Schrift bezeugte Gebot Gottes ist. Damit halten wir uns an das Wort des Herrn: »Gebt dem Kaiser, was des Kaisers ist, und Gott, was Gottes ist« und an die apostolische Auslegung:

37 Kirchenminister Kerrl hatte am 5. 9. 1935 durch eine unveröffentlichte Verordnung im Zusammenhang mit einer Geste des guten Willens gegenüber der Bekennenden Kirche u. a. auch die bisher verhängten Redeverbote aufgehoben, so daß seitens des Staates auch einem Barth-Vortrag in Deutschland nichts mehr im Wege stand.
38 AEOK.

»Man muß Gott mehr gehorchen, denn den Menschen« und »Jedermann sei untertan der Obrigkeit, die Gewalt über ihn hat«.
Damit bezeugen wir:
Das Wesen des Eides besteht nach christlicher Auffassung darin, daß wir eine von uns geforderte Verpflichtung vor *Gott bekräftigen, Gottes Hilfe* für ihre Erfüllung *erbitten* und den *Ernst der göttlichen Strafe* im Falle der Nichterfüllung uns vor Augen stellen. Die eidliche Verpflichtung spricht also die tiefste Begründung aus, die eine irdische Bindung überhaupt haben kann.
Entscheidend für die Verpflichtung ist dabei für uns Christen die Tatsache, daß wir bei dem Gott schwören, der der Vater Unseres Herrn Jesus Christus ist.
Wie bei jeder Anrufung Gottes, so ist auch beim Eid unmittelbar eingeschlossen, daß vor Gott nichts versprochen und bekräftigt und zu nichts seine Hilfe erbeten werden kann, was seinem geoffenbarten Willen widerspricht[39].
Diese grundsätzliche christliche Auffassung vom Eid erübrigt Zusätze oder Einschränkungen oder Vorbehalte bei der Ablegung des Eides. Die oben genannte Erklärung vom Dezember 1934 wurde der Staatsbehörde unter dem 12. Dezember 1934 mitgeteilt.
gez. Marahrens

Inzwischen haben der Bruderrat der altpreußischen Union und der Reformierte Bund unter ständigem Arbeitseinsatz der Pastoren Immer und Niemöller die Errichtung von *zwei* kirchlichen Hochschulen zum 1. November 1935 beschlossen. Ende September sind bereits die Lehrkräfte berufen. Dozenten an der Hochschule *Berlin:* Asmussen, Albertz, Chambon, Hildebrandt, Niesel, Osterloh und Vogel. Dozenten der Hochschule *Elberfeld:* Hellbardt, Graffmann, Klugkist Hesse, de Quervain, Obendiek, Schempp, Schlier und Vischer[40].
Der Bruderrat der Evangelischen Bekenntnissynode im Rheinland hat sich in seiner Sitzung am 1. Oktober 1935 im Düsseldorfer Kronenhaus mit einer Anfrage seines Mitgliedes Dr. Dr. Gustav Heinemann zu befassen. Der Freund des Essener Pastors Friedrich Graeber erbittet eine Stellungnahme zu den Vorwürfen, die D. Hesse und Präses Humburg in ihren Briefen vom 28. Juni und 11. Juli an Karl Barth[41] gegen

39 In der von Landesbischof D. Dr. Hanns Lilje eingeleiteten Marahrens-Biographie von Eberhard Klügel, Die lutherische Landeskirche Hannovers und ihr Bischof 1933–1945, aus dem Jahre 1964, wird auf Seite 191 als »Stellungnahme der VKL in der Frage des Eides« dieser Absatz des Briefes *vom 27. 9. 1935* als das Hilfsangebot der Vorläufigen Leitung an den suspendierten Karl Barth zitiert, woraufhin denn auch Barth *am 18. 12. 1934* seinen bekannten Vorbehalt zum Eid zurückgezogen haben soll. Abschließend merkt Klügel noch an: »Die Entlassung Barths war dadurch freilich nicht mehr aufzuhalten.« Letzteres war erklärtermaßen von Marahrens weder am 6. 12. 1934 noch am 27. 9. 1935 beabsichtigt. –
40 Junge Kirche vom 5. 10. 1935, S. 936.
41 Hesse: »Daß aber Ihrerseits an Graeber die Bedingung gestellt war, Sie müßten eine kirchliche Berufungsurkunde von den Bekenntnissynoden in Rheinland und Westfalen vor dem 14. Juni erhalten, das wußte wohl niemand als Graeber allein. (Der ist mit all' seinem Re-

Friedrich Graeber erheben[42]. Der Bruderrat beschließt jedoch auf Antrag von Präses Humburg »Vertagung dieser Frage, die besprochen werden muß in Gegenwart von Pastor Fritz Graeber«[43].

Der Bonner Privatdozent Dr. Ernst Friesenhahn gilt nicht nur in Bonn als Experte für Fragen des politischen Eides[44], doch selbst dieser Fachmann in Sachen Eid ist noch nicht in den Besitz der »Erklärung der Bekenntniskirche zur Eidesfrage« gelangt. Am 2. Oktober 1935 wendet er sich an Otto Bleibtreu[45]: **D 44 S. 372**

Lieber Herr Bleibtreu!

Wir haben uns seinerzeit einmal kurz über den Prozeß Karl Barths unterhalten, und Sie wissen ja, daß ich mich für die Fragen des politischen Eides speziell interessiere. Da ich nun beabsichtige, über die neuere Entwicklung des Beamteneides einmal einen kleinen Aufsatz zu schreiben[46] (natürlich mit der nötigen Vorsicht!), wäre es mir sehr interessant, einmal die Urteile des Bezirksgerichts und des Oberverwaltungsgerichts in Sachen Karl Barth zu sehen. Sollten Sie sie in Besitz haben, so wäre ich für kurze Überlassung sehr dankbar. Ebenso wäre ich Ihnen sehr dankbar, wenn Sie mir mitteilen

den so unfähig geworden zum Hören, daß er diese Bedingung wie es scheint nicht ernstlich beachtet hat.) Bemüht hat er sich, soviel ich weiß, (dennoch) sehr ernst, kam aber mit den Westfalen nicht so leicht zum Ziel« (AEKW). Humburg: »Meine Schuld wird es sein, daß ich mich nicht früher darum gekümmert habe, aber auf der Synode am 30. April nahm Pastor Graeber diese ganze Sache so energisch und endgültig in die Hand – auf meine Frage sagte er: ›das laß mich man machen‹ – und in der Bruderratssitzung nach der Synode wurde so klar ausgesprochen, daß Graeber diese Sache fördern werde, daß ich ganz davon losgedacht habe und es gar nicht als eine Aufgabe empfand, die mich beschäftigen könnte« (siehe D/37).

42 Während sich weder Rechtsanwalt Dr. Paul Schulze zur Wiesche noch Altpräses Prof. Dr. Joachim Beckmann an diesen Vorgang jener Ratssitzung des 1. 10. 1935 erinnern konnten – Frau Grete Graeber besitzt auch »keine Unterlagen aus dieser Zeit« (KGG) –, ließ Altbundespräsident Dr. Dr. Gustav Heinemann am 9. Februar 1976 den Verfasser wissen, daß er »sich damit befassen« wolle. Drei Tage später schickte ihm der Verfasser das Manuskript und dazu eine Reihe von Fragen: »a) Was waren die Gründe zu Ihrer Anfrage? b) Ist Ihre Anfrage später überhaupt noch behandelt worden? c) Ist die Beurteilung Friedrich Graebers durch – Hesse . . ., – Humburg . . . [siehe Anm. 41], – Beckmann . . . [siehe Kap. 10, Anm. 18] im Zusammenhang mit dem Beschluß der Rheinischen Bekenntnissynode zutreffend? d) Da mit Sicherheit anzunehmen ist, daß Graeber die Angelegenheit nicht verbummelt hat – woran ist er gescheitert? Nur an den Westfalen oder auch an Mitgliedern des Rheinischen Rates . . . [siehe D/34, 2. Abs.]? e) Sie waren mit Graeber sehr verbunden – wie hat er auf das alles reagiert? f) Haben auch Sie mit Barth über diese Affäre gesprochen?« Altbundespräsident Heinemann hat sich »wegen einer Erkrankung« dann doch nicht mehr mit den erbetenen Fragen befassen können. Gustav Heinemann starb am 7. 7. 1976 (KHei).

43 AEKR.

44 Friesenhahn war durch seine 1928 erschienene Schrift »Der politische Eid« bekannt geworden.

45 HD.

46 Friesenhahn reichte am 30. 10. 1935 »die mir freundlicherweise überlassenen Akten der Sache Barth wieder zurück. Ich habe sie mit größten Interesse studiert und danke Ihnen herzlichst, daß Sie mir Einsicht gewährt haben. Ausgewertet habe ich diese Kenntnisnahme nicht« (HD). Der Aufsatz erschien dann in der Festschrift zum 10jährigen Bestehen der Mittelrheinischen Verwaltungsakademie Bonn, 1935, S. 62–73. Mit Schreiben vom 28. 4. 1976 an den

würden, wo die seinerzeit ergangene Erklärung der Bekenntniskirche zur Eidesfrage zu finden ist. Vielleicht haben Sie auch deren Wortlaut in Besitz und könnten ihn mir zur Einsichtnahme überlassen? Hat Karl Barth irgendwo über die Eidesfrage und seinen Prozeß etwas veröffentlicht? Es war doch wohl mal daran gedacht, das ganze Material zu publizieren?
Im voraus herzlichen Dank für Ihre Bemühungen!
Mit besten Grüßen
Ihr
[gez.] Ernst Friesenhahn

Auf eine Anfrage von Otto Bleibtreu[47], ob und wann denn nun »die Barmer Sache stattfindet«, antwortet Charlotte von Kirschbaum am 2. Oktober 1935[48]:

Lieber Herr Bleibtreu!
Nicht wahr, Sie sind mir nicht böse, daß wir so schweigsam sind? Es hat sich so vieles zugetragen in letzter Zeit, was mich auf Ihren Brief nicht antworten ließ[49]. Nun möchte ich Ihnen aber doch rasch mitteilen, daß K. B. am 8. X. in Barmen an der Theologischen Woche spricht. Wenn es in Ihrer Absicht liegt, dorthin zu kommen, so müßten Sie bei P. Immer, Klingelholstr. Barmen alles Nähere erfahren können. Sollten Sie nicht kommen, so langt es vielleicht zu einer kurzen Begrüßung in Bonn oder Köln? Frau Dr. Schlomka wird über die Durchreise orientiert sein, sobald ich den Zug melden kann. Vielleicht fragen Sie, wenn Ihre Zeit dies erlaubt, telefonisch bei ihr nach. K. Barth läßt Sie herzlich grüßen.
Ihre L. v. Kirschbaum

Verfasser legt Bundesverfassungsrichter a. D., Prof. Dr. Dr. h. c. Ernst Friesenhahn besonderen Wert auf die Feststellung, »daß meine 1935 verfaßte kleine Abhandlung über den Beamteneid mit dem Fall Karl Barth nichts zu tun hatte, daß ich die Akten, die Herr Bleibtreu mir zur Einsicht überlassen hatte, nicht ausgewertet habe, . . . daß meine Abhandlung ›mit der nötigen Vorsicht‹ geschrieben werden mußte« und »daß es sich um eine positivistische, auf die damalige faktische ›Rechts‹-Lage abgestellte Anwendung der Thesen meiner Dissertation ›Der politische Eid‹ aus dem Jahre 1928 handelte.« Und dennoch hatte Ernst Friesenhahn damals Schwierigkeiten. Der Herausgeber des ›Handbuches des Staatskirchenrechts der Bundesrepublik Deutschland‹ erinnert sich: »Soweit von der an abgelegener Stelle publizierten kleinen Abhandlung überhaupt Notiz genommen wurde, wurde mir von linientreuer Seite übel angekreidet, daß ich die Bindung des Eides begrenze, ›solange Adolf Hitler der Führer des Deutschen Reiches und Volkes ist‹, und weiter vermerkt, daß ich zu rationalistisch dächte und das magische Element des Eides verkannte« (PKFr).

47 HD; Brief Bleibtreu vom 14. 9. 1935 an Charlotte von Kirschbaum. Auf Bleibtreus Brief vom 28. 7. 1935 hin hatte Barth seinen einstigen Nachbarn und erfolgreichen Berliner Verteidiger zu einem Erholungsurlaub aufs Bergli eingeladen, wo sich Otto Bleibtreu »außerordentlich gut« erholte. Während dieser Zeit weilten Barth und Charlotte von Kirschbaum auf Einladung des tschechischen Theologen Josef Hromádka in Prag und auf der Heimreise noch in Budapest und Venedig.

48 HD.

49 Barth hatte sich seit seiner Rückkehr aus Prag über seinen holländischen Freund Visser't Hooft erfolgreich für die Freilassung seines Schülers Hellmut Traub eingesetzt (PKGTr).

Am Montag, dem 7. Oktober 1935, trifft Barth mit dem Zuge in Barmen ein. Er wohnt bei Pastor de Quervain[50]:

... Wir hatten uns sehr auf seinen Besuch gefreut und plauderten bis tief in die Nacht. Am nächsten Tage sollte in Klingelholl der Vortrag stattfinden. Als wir dort eintrafen, hieß es, daß die Gestapo ihn verboten habe. Nun zogen wir in die Gemarker Kirche in der Hoffnung, daß der Vortrag innerhalb eines Gottesdienstes stattfinden könne. Aber die Gestapo war schnell zur Stelle und verbot Karl Barth, auf die Kanzel zu steigen. Sie war bereit, mit Gewalt ihm die Kanzel zu verwehren. Der einzige Ausweg bestand darin, daß der Autor der Arbeit unter der Kanzel saß, der Vortrag[51] aber von der Kanzel durch Karl Immer vorgelesen wurde.
Am Nachmittag versammelten sich im ehemaligen Studierzimmer Kohlbrügges etwa fünfzehn Menschen, um mit Karl Barth die Aussprache vorzubereiten. Dann fuhren wir zum Klingelholl. Schweigend saß Karl Barth auf dem Podium.
Bevor die Aussprache anfing, war die Gestapo da und forderte Karl Barth auf, aufs Polizeipräsidium nach Barmen zu kommen. Als sein Gastgeber durfte ich mit. Der junge, immer tapfere Pfarrer der Hessischen Renitenz Rudolf Schlunk rief: »Es ist eine Schande für Deutschland!« Nur knapp entging er der Verhaftung. Auf dem Polizeipräsidium wurde erklärt, Karl Barth sei nur durch ein Versehen an der Grenze nicht angehalten worden, er werde noch an diesem Abend unter Begleitung eines Gestapomannes an die Schweizer Grenze gebracht werden. Ich erklärte, daß Karl Barth vorher noch bei uns zu Abend essen müsse. Das wurde gewährt. Als wir an der Deweerthstraße ankamen, war große Freude im Hause. Sie waren beunruhigt durch das Gerücht, Karl Barth sei verhaftet worden ...

Otto Bleibtreu schreibt am späten Abend dieses 8. Oktober 1935 auf einen Notizblock[52]:

1) Heute in Wuppertal gewesen, um Vortrag von K. B. zu hören und Frl. v. K. wegen Tr.[53] zu sprechen.
2) Nach Ankunft 18.24 bei P. Immer angerufen, von wo mir mitgeteilt wurde, daß Vortrag bereits heute morgen habe gehalten werden sollen, aber auf Grund polizeilichen Verbots nur von anderen habe verlesen werden dürfen. K. B. u. Frl. v. K. seien dort und äßen gleich zu Abend, um dann in den Bekenntnisgottesdienst in die Gemarker Kirche zu gehen. Ich solle am besten gleich dorthin kommen.

50 AEKW; Alfred de Quervain, Unser gemeinsamer Lebensweg, 1959, unveröffentlichtes Manuskript.
51 Karl Barth, Evangelium und Gesetz, in: ThEx 32, 1935.
52 HD; der handgeschriebene Vermerk Bleibtreus bricht in Punkt 9 ab.
53 Wegen der Angelegenheit Hellmut Traub.

3) Auf dem Wege dorthin von Vikar Koch gehört, B. sei soeben verhaftet worden. Im Haus bestätigt Pastor Immer.
4) Nicht festzustellen, welche Polizeistelle zuständig, auch nicht, wo Frl. v. K. P. de Quervain telefonisch nicht erreichbar.
5) Gemäß allg. Anweisung von Barth für solche Fälle – sollte von P. Immer aus dem Generalkonsulat Köln Mitteilung von Sachverhalt kurz gemacht werden. Doch meldete sich nur Sekretärin am Apparat. Sie erklärt, Konsul werde möglicherweise nach 8 Uhr seinerseits anrufen.
6) Inzwischen erfuhr P. Immer, daß K. B. im Polizeigewahrsam Im kleinen Werth in Barmen sei.
7) Ich fuhr sofort dorthin; Kommissar teilte mir mit, K. B. werde als unerwünschter Ausländer an die Grenze zurückgeleitet, u. zwar heute abend noch. Z.Z. sei er bei de Quervain, wo er vor Abfahrt (bis Köln mit dem Auto, dann Bahn) sich zwecks Abendessen noch bis 9 Uhr aufhalten dürfe.
8) Zu de Quervain gefahren; dort obiges bestätigt gefunden u. sodann telefoniert. Um 1/2 9 bei P. Immer bzw. Vereinshaus festgestellt, daß Köln nicht mehr angerufen hatte.
9) Mit B. verabredet, morgen Konsulat über wahren Sachverhalt zu unterrichten, damit kein –

Der Schweizerische Generalkonsul in Köln berichtet Mittwoch morgen sogleich dem Schweizer Konsul, Minister Dinichert, nach Berlin[54]:

Herr Minister,
als ich gestern zu einer Abendgesellschaft kam, erfuhr ich aus meiner Wohnung, daß ich dringend Wuppertal anrufen müsse, da unser Landsmann Herr Prof. D. *Barth* dort verhaftet worden sei.
In Anbetracht der Persönlichkeit, um die es sich handelte, verließ ich sofort die Gesellschaft und rief Wuppertal an, erfuhr aber leider, daß ein Rechtsanwalt Bleibtreu aus Bonn, der sich mit dem GK in Verbindung setzen wollte, nicht mehr zu erreichen war. Trotzdem Wuppertal nicht zum Konsularbezirk Köln gehört, wollte ich sofort im Auto dorthin fahren, zumal der dortige Oberstaatsanwalt zufällig ein Duzfreund von mir ist. Nach verschiedenen Anrufen in Wuppertal konnte ich endlich die Frau eines Pfarrers Immer sprechen, die mir bestätigte, daß Herr Prof. Barth sich in Polizeigewahrsam befinde und in Begleitung zur Grenze gebracht werden solle. Er habe Wuppertal bereits verlassen. Der einzige Zug, der von dort an diesem Abend noch in Köln ankommen konnte, war 21 Uhr 39 fällig. Ich war am Bahnhof, doch kam unser Landsmann nicht mit diesem Zuge, auch war er nicht in dem Schnellzuge, der von Köln um 23 Uhr 39 nach Basel fährt.
Heute früh rief ich wieder in Wuppertal an und konnte diesmal Herrn Pfarrer Immer selbst sprechen. Er sagte mir, daß Herr Prof. Barth dorthin ge-

54 BB.

kommen war, um im Rahmen einer theologischen Woche einen Vortrag über »Evangelium und Gesetz« zu halten. Bereits gestern morgen habe ihm die Gestapo mitgeteilt, daß er den Vortrag nicht halten dürfe. Darauf habe man beschlossen, einen Gottesdienst in einer Kirche zu halten, bei dem unser Landsmann hätte sprechen sollen. Die Gestapo habe aber erklärt, daß sich das Redeverbot auch auf diese Veranstaltung erstrecke. Herr Prof. Barth sei dann festgenommen worden, um an die Grenze geschafft zu werden.

In Begleitung zweier Detektive ist er im Auto nach Köln gekommen und von hier in Begleitung eines Beamten nach Basel gebracht worden. Man soll ihm mitgeteilt haben, daß gemäß Weisung der deutschen Behörden seine Einreise in deutsches Gebiet bereits in Basel hätte verhindert werden müssen, und daß seine Reise nach Wuppertal nur durch die Unachtsamkeit der deutschen Grenzstellen möglich gewesen sei. Mit anderen Worten: über unseren Landsmann war nach Rückkehr in die Schweiz damals schon die Grenzsperre verhängt worden. Da Herr Prof. Barth wahrscheinlich schon wieder in unserer Heimat angelangt ist, darf ich die Angelegenheit wohl als erledigt betrachten.

Genehmigen Sie, Herr Minister, die Versicherung meiner ausgezeichneten Hochachtung.

Der Schweizerische Generalkonsul
i. A. [gez.] Weiß

Nach dem Besuch Otto Bleibtreus am Mittag dieses 9. Oktober 1935 im Generalkonsulat am Kölner Kaiser-Wilhelm-Ring schickt Generalkonsul von Weiß Minister Dinichert einen weiteren Bericht[55]:

Herr Minister,

im Nachgang zu meinem heutigen Schreiben betr. Herrn Prof. D. *Barth* beehre ich mich, Ihnen mitzuteilen, daß sein Verteidiger Herr Rechtsanwalt Bleibtreu, Bonn, heute mittag hier vorsprach und die gestrige telefonische Mitteilung über die Verhaftung unseres Landsmannes dahin berichtigte, daß ihm lediglich von der Polizei bedeutet worden sei, daß sein Aufenthalt in Deutschland nicht erwünscht wäre. Was damit gemeint ist, geht ohne weiteres daraus hervor, daß Herr Prof. Barth von der Polizei begleitet wurde, von der er, wie mir Herr Rechtsanwalt Bleibtreu sagte, äußerst zuvorkommend behandelt worden sei. Auch sei ihm gestattet worden, mit seinem Verteidiger zu sprechen und in aller Ruhe sein Gepäck fertigzumachen.

Das Entgegenkommen scheint so weit gegangen zu sein, daß Herr Prof. Barth tatsächlich von einem Beamten der Gestapo bis nach Basel begleitet worden ist. Einen schriftlichen Befehl über die Maßnahmen der Polizei soll

55 Ebenda.

er nicht zu Gesicht bekommen haben, auch kein schriftliches Verbot seines Aufenthaltes in Deutschland. Außerdem soll jegliches Vortrags- und Redeverbot über ihn verhängt worden sein. Herr Bleibtreu sagte schließlich noch, daß Herr Prof. Barth in Wuppertal [nach dem dort verhängten Redeverbot *im Gottesdienst* (vgl. 1. Bericht des Generalkonsuls)] keinen Vortrag habe halten wollen, da er wußte, daß das nicht erlaubt würde; es sei vielmehr sein Vortrag verlesen worden.
Herr Prof. Barth, der inzwischen wieder in Basel sein dürfte, wird übrigens über diese Reise selbst die nötigen Angaben machen können. Eigentümlich berührt, daß man ihn bis Basel begleitet hat, ohne daß ihm s. Z. ein schriftliches Einreise-, bzw. Aufenthaltsverbot zugegangen ist.
Genehmigen Sie, Herr Minister, die Versicherung meiner ausgezeichneten Hochachtung.
Der Schweizerische Generalkonsul:
i. A. [gez.] Weiß

Und nachdem inzwischen auch Barth selber in Basel hat verlauten lassen, »daß es sich um *keine formelle Ausweisung* aus dem deutschen Reichsgebiet handele und daß er sehr höflich behandelt worden sei«[56], schreibt Otto Bleibtreu am 10. Oktober 1935 Barths Assistentin[57]:

Liebes Fräulein v. Kirschbaum!
In Eile möchte ich Ihnen nur rasch mitteilen, daß ich gestern morgen abredegemäß in Köln vorgesprochen habe. Es war wohl doch zweckmäßig, dort die Sache klarzustellen.
Dienstag abend konnte ich bei meiner Ankunft in Köln zu meiner Beruhigung noch mit einem Blick zufällig feststellen, daß Sie beide mit Ihrem Reisebegleiter wohlbehalten in dem auf dem nächsten Geleise gerade ausfahrenden D-Zug saßen. Hoffentlich ist auch der weitere Teil Ihrer Heimreise gut verlaufen.
Wenn auch die Begleitumstände sonderbar waren, war es mir doch eine große Freude, Sie und Herrn Professor wiedergesehen zu haben. Ich bitte Sie, ihn ebenso wie Frau Prof. und die Kinder herzlichst zu grüßen.
Ihr
[gez.] Bleibtreu

56 Gauger, Chronik, a.a.O., S. 441.
57 HD. Am 29. 10. 1935 bedankte sich Barth bei dem Wuppertaler Kaufmann und Presbyter Willy Halstenbach »für Ihre Hilfe, die in jener rauhen Nacht für uns die harten Holzbänke in weiche Polstersitze verwandelte. Wir haben das alle sehr dankbar empfunden und sind auf diese Weise geschonter ans Ziel gekommen, als dies ohne Ihre freundliche Fürsorge der Fall gewesen wäre!«

Dokumente

D 1 zu S. 1

Brief Karl Barth vom 4. 4. 1933 an Reichsminister Rust

z. Zt. Zürich, 4. IV. 33

An den
Herrn Kommissarischen Minister für
Wissenschaft, Kunst und Volksbildung
Berlin
Unter den Linden 4

Hochgeehrter Herr Minister!
Gestatten Sie mir bitte hinsichtlich meiner Stellung und Tätigkeit als ordentlicher Professor der ev. Theologie an der Universität Bonn folgende Anfrage an Sie zu richten.
Angesichts bestimmter, bis jetzt nicht dementierter Nachrichten aus Deutschland (z. B. über die Verhaftung der Rectoren der Universität Frankfurt a/Main und der Technischen Hochschule in Braunschweig) bin ich in den letzten Tagen etwas unsicher geworden, ob es der Absicht der Regierung entsprechen möchte, wenn ich meine Arbeit in Bonn zu Beginn des S.S. wie gewohnt aufnehme oder fortsetze oder ob bei der Regierung bezw. in den massgebenden Kreisen der N.S.D.A.P. umgekehrt die Absicht besteht, meiner Bonner Wirksamkeit in irgend einer Form ein Ende zu setzen.
Ich gehöre aus praktisch-politischen Gründen der Sozialdemokratischen Partei an. Mit meiner Lehrtätigkeit hat dies insofern nichts zu tun, als diese allein durch das Bekenntnis der evangelischen Kirche bestimmt und gebunden ist. Ich darf mit Bestimmtheit alle meine deutschnational oder nationalsozialistisch gerichteten akademischen Zuhörer zu Zeugen dafür anrufen, dass keiner von ihnen unter meiner politischen Stellungnahme wissenschaftlich oder persönlich zu leiden hatte.
Ausserhalb meiner akademischen Tätigkeit habe ich mich bisher an den politischen Kämpfen auch nicht beteiligt.
Meine Arbeit in Bonn ist mir lieb und ich würde sie ungern aufgeben. Ich habe sie bisher um der ev. Kirche willen mit Freuden getan und glaubte gerade so auch als Schweizer auch dem deutschen Volk dienen zu können. So würde ich es auch in Zukunft halten. Die Versicherung, dass ich meinen theologischen Auftrag von jetzt ebensowenig zur Bekämpfung des neuen politischen Systems wie bisher zur Unterstützung des alten missbrauchen würde, ist in meinem Mund für Jeden, der mich kennt, überflüssig. Ich kann darüber hinaus die Zusage geben, dass ich der neuen Staatsform gegenüber auch als Bürger dieselbe Loyalität bewähren würde, die ich während der 12 Jahre, die ich an preussischen Universitäten zugebracht habe, meine politisch rechtsstehenden Kollegen der bisherigen Staatsform gegenüber bewähren sah. Mehr, hochgeehrter Herr Minister, kann und darf ich allerdings nicht zusagen. Meine akademische Tätigkeit wird auch mit Bekämpfung des alten, bzw. mit Unterstützung des neuen politischen Systems nicht zu tun haben können, sondern allein durch das Gebot theologischer Sachlichkeit bestimmt sein dürfen. Ich könnte aber auch eine Aufforderung zum Austritt aus der S.P.D. als Bedingung der Fortsetzung meiner Lehrtätigkeit nicht annehmen, weil ich von der Verleugnung meiner politischen Gesinnung, bzw. von der Unterlassung ihrer offenen Kenntlichmachung, die

dieser Schritt bedeuten würde, weder für meine Zuhörer, noch für die Kirche, noch auch für das deutsche Volk etwas Gutes erwarten könnte.
Und nun wäre ich Ihnen, hochgeehrter Herr Minister, verpflichtet und dankbar, wenn Sie die Güte hätten, mir – da der Anfang des Semesters naht – wenn es sein kann in Bälde – zu eröffnen, ob der preussische Staat unter diesen Umständen meinen Dienst als Professor der Theologie fernerhin wünscht und ob ich also meine Vorlesungen und Uebungen ungestört und in derselben Lehrfreiheit wie bisher ausüben zu können erwarten darf oder ob ich mich darauf gefasst zu machen habe, dass ich über meine höchste und fernere Zukunft anders zu dispinieren versuchen muss.
Mit vorzüglicher Hochachtung
Ihr sehr ergebener
[Prof. D. K. Barth]

F 1 zu S. 7

Für die Freiheit des Evangeliums!

Für evangelischen Glauben in kirchlicher Arbeit.

Das Evangelium ist die Kraft Gottes, Jesus Christus.

Das Evangelium geht zu **allen** Menschen. Es geht auch unser deutsches Volk an. Es will auch im nationalsozialistischen Staat verkündigt werden. Das Evangelium ist so frei wie Gott selber. Evangelischer Glaube kennt keine anderen Götter neben ihm.

Die evangelische Kirche dient dem Evangelium.

Sie erwartet **alle** Hilfe für **alle** Not von diesem einen Gott. Sie dient den Menschen, indem sie ihnen diesen einen Gott verkündigt. Sie ist die Kirche des deutschen Volkes im nationalsozialistischen Staat, aber sie weiß sich dem Evangelium allein unterworfen und verantwortlich. Evangelischer Glaube und nur er schafft kirchliche Arbeit.

Die Kirche ist aufgerufen, zu bleiben und neu zu werden, was sie ist:

Die Kirche Jesu Christi!
Die Kirche des evangelischen Glaubens!
Die Kirche des freien Evangeliums!

Allein Gott in der Höh sei Ehr und Dank für seine Gnade!

Die bevorstehende Kirchenwahl gibt uns Anlaß, dies zu bekennen. Wir fordern die Mitglieder der evangelischen Gemeinde Bonn auf, zu wählen die

Liste für die Freiheit des Evangeliums!

Universitätsprofessor D. Karl Barth;
Frau Prof. Siegrid Fitting;
Gerichtsassessor Otto Bleibtreu;
Universitätsprofessor Dr. Gustav Hölscher.

Verfasser: Georg Lanzenstiel
Druck: O. Nehrdich, Langgasse 1

Bonner Flugblatt zur Kirchenwahl am 23. 7. 1933

D 2 zu S. 9

Rundbrief Erica Küppers vom 11. 11. 1933 an Freunde (Auszug)

. . . Doch von meinem persönlichen Kram wollte ich Euch gar nicht so lange unterhalten, sondern Euch von meiner Berliner Reise erzählen! Am 30. warf ich mich mittags nach der Schule in ein Auto, dann in Zeitz in einen Schnellzug, und nachmittags um 4 holte mich Goti am Anhalter Bahnhof ab und brachte mich nach Eichkamp zu Rosenbergs. Abends waren wir alle zeitig in der Singakademie zu Barths Vortrag: Was ist Reformation? Es war in der Oeffentlichkeit kaum bekannt gemacht, weil man bis zuletzt fürchten mußte, es würde verboten. Trotzdem waren schon mehrere Tage vorher alle Karten verkauft. Alle möglichen Bekannten traf man: Frl. Fabritius schüttelte mir gerührt die Hand. Frühere Schülerinnen wie Irene und Lydia tauchten auf. Und plötzlich begrüßte mich mit überströmender Freude eine frühere Mitschülerin aus Hannover (Else Hebner), die sich als die Frau von Hans Blüher entpuppte und mich am liebsten mitgenommen hätte, um mir ihren Mann zu zeigen!! (»Wir haben 2 Kinder; aber ich bin außerdem Aerztin und übe meine Praxis aus.«) Gertr. Staewen wurde freudig begrüßt. Günther Dehn sah man Platz nehmen. Und auf einmal tauchte Lollo auf! o Freude, sie wieder zu sehn! (sie war bei meinem Anblick nicht nur erfreut, sondern erschrocken, weil sie dachte, ich sei nun endgültig abgebaut.) Dann plötzlich stand Karl am Rednerpult, und der Vortrag begann. Ueber den Inhalt will ich nichts sagen; Ihr müßt es selbst lesen. Er wird als Heft 3 der neuen Schriftenreihe »Theologische Existenz heute«, die er und Thurneysen herausgeben, erscheinen. (In diesen Tagen kam als Heft 2 sein Vortag vom Sommer über »die Freiheit des Evangeliums«. Bestellt es Euch schnell und subscribiert auf die Schriftenreihe, b. Chr. Kaiser.) Wie einfach und zwingend kann er vor einem Laienhörerkreis sprechen! Man hatte den Eindruck, daß alle mitgingen, und am Schluß erhob sich die Versammlung, um zu singen: ». . . nehmen sie uns den Leib, Gut, Ehr, Kind und Weib.« In den Basler Nachrichten stand nachher darüber (am 7. Nov.), man hätte den Eindruck gehabt, daß da nicht irgendein Theologieprofessor seine mehr od. minder verbindlichen Gedanken vorgetragen hätte, sondern da redete ein Kirchenlehrer, »und zwar ein legitimer Kirchenlehrer, der, indem er seinen Auftrag u. seine Vollmacht von der Heil. Schrift herkommen weiß, Achtung u. Gehör, nicht Begeisterung u. Massenzulauf verlangt. Das setzte uns in Erstaunen: das Phänomen des Kirchenlehrers! . . . Etwas Ungeheures in der gegenwärtigen Situation! denn das hat es seit der Reformation nicht mehr recht gegeben.« Aber man hätte sich auch nicht verbergen können, daß dieser Mann ganz allein stände, keine Bewegung, keine realpolitische Macht hinter sich, »keine Front gegen die breite Front der christlich getarnten Gottlosigkeit.« Doch hätte man die Möglichkeit der Bildung eines geistlichen Widerstandszentrums gesehen. »Wird es als die wahre Kirche wirklich werden? Kommt das Ende der Gefangenschaft der Kirche od. wird die protestantische Kirche Deutschlands nicht mehr sein? Mitten in dieser furchtbaren Gefahr stand der eine, lauter u. unbestechlich, sehr tapfer u. konsequent: der Kirchenlehrer der gefangenen, angefochtenen u. wahren Kirche – Karl Barth.« So war es! Nach dem Vortrag saß man noch mit vielen Leuten etwas zusammen. Ich saß neben Lollo; das war sehr tröstlich und schön. Ihm selbst konnte man nur ein paar mal die Hand schütteln. Während dieser anderthalb Tage war er ganz wahnsinnig beschlagnahmt. Als er am Montag Nachmittag gegen halb 6 aus den Zug stieg, warteten schon 150 Pfarrer auf ihn, um bis zum Abend mit ihm zu diskutieren. Und am

Dienstag früh hatte er zuerst eine Unterredung mit einer amerikanischen Kirchengröße, die nach Deutschland gekommen war, um Barth u. Hitler zu sehen! Dem Mann hat er alles mögliche mit auf den Weg gegeben, um es Hitler zu unterbreiten! U. a. hat er ihm bestellen lassen: daß er Ludwig das Kind zum Reichsbischof gemacht habe, sei genau so katastrophal, wie wenn er den Hauptmann v. Köpenick zum Reichswehrminister würde ernannt haben! Von 10 ab war bei Jakobi eine Aussprache im kleineren Kreise, bis gegen 1. Dann aß er dort zu Mittag, und um 2 versammelten sich dort 200 Pfarrer, um mit ihm zu diskutieren. Abends um 8 begann dann im Hause eines andern Pfarrers ein offener Abend, wo vor allem Laien Barth kennen lernen sollten. Ich selbst konnte nur die Aussprache am Morgen mit erleben, zu der sich etwa 20 geladene Gäste eingefunden hatten, darunter Günther Dehn, Lic. Künneth v. Johannisstift Spandau, ein Mann der Konzilianz u. liebenswürdigen Vermittlung, Missionsdirektor Knak, eine fürchterliche Type, sentimental, empfindlich, beleidigte Leberwurst (weil Karl ihn ganz u. gar mißverstanden hätte; »ich weiß ja, daß ich hier nur störe! ich gehe auch gleich. . .« Dann mußte er erst wieder von allen Seiten besänftigt werden.) Niemöller (Dahlem), früher Korvettenkapitän u. U'Bootkommandant, e. wackrer Mann. (Er sagte z. B.: wenn Laien zu den Deutschen Christen gingen, könne man es ihnen nicht übel nehmen. Wenn aber ein Theologe das täte, sei das unerhört. Merke er, daß beim Abendmahl sich ein Theologe eingefunden habe, der zu den D. Chr. gehöre, so gehe er mit dem Kelch an ihm vorüber!!) Ein nett aussehender Lic. Hildebrandt, der sein Amt bereits niedergelegt hatte, weil er vom Arierparagraphen betroffen werden würde. Lindemeyer, ein aufrechter Seemannspfarrer, u. noch etliche mehr od. weniger gute Gestalten. (Uebrigens auch Paul Fricke.)

Worauf es Barth jetzt in allen seinen Aeußerungen ankommt, das versuchte er auch hier: zur Besinnung u. zur Klarheit aufzurufen. Ein Nein zu den Deutschen Christen hat keinen Sinn, wenn es kein notwendiges ist, das den Kern trifft. Bei den Jungref. auch in diesem kleinen Kreis, herrschte im Grunde keine Klarheit u. darum auch keine wahre Einheit; das bestätigte jedes Wort v. Künneth u. Knak. Mit den beiden ging darum vor allem der Streit, der allerdings durch Knaks Unfähigkeit zu kapieren u. durch seine persönliche Empfindlichkeit nicht immer erquickliche Formen hatte.

Ich will nur einige der wichtigsten Gedanken wiedergeben. (Ich hatte diesen Brief eine Woche liegen lassen müssen, und heute hab ich gar keine Geduld mehr.) Es war gesagt worden: wenn man die Deutsch. Chr. ganz u. gar ablehne, wie Barth es tue, u. damit auch gegenüber der Kirchenregierung nur ein glattes Nein habe, müsse man dann nicht aus der Kirche austreten? Bliebe man aber, so folge daraus: mitarbeiten. Barth: v. austreten kann keine Rede sein. Denn *wir* sind d. wahre Kirche! Drinbleiben heißt allerdings: arbeiten in der Kirche, aber nicht »mit« der Ketzerei, die durch Gewaltakt die Kirchenregierung besetzt hat. Nichts tun, wodurch man sie als legitim anerkennt! man kann sie nur geschehen lassen, wie man Gewalt geschehen lassen muß, so weit das Gewissen es erlaubt. Also z. B. sich nicht mit den Deutsch. Chr. zusammen setzen zur Beratung, in freien Gruppen od. sonst. Darum sind Barth u. Thurneysen aus Zw. d. Zeiten ausgetreten, weil Georg Merz (leider!) als Herausgeber sich nicht entschließen konnte, von nun an der Zeitschrift dieses eindeutige Gesicht zu geben, sondern auch weiterhin Deutsch. Chr. das Wort erteilen wollte. Barth aber steht heute zu Gogarten in keiner näheren Gemeinschaft als etwa mit Przwara od. wen man will. (Im Dez. heft v. Zw. d. Z. werden Erklärungen v. Barth u. Thurneysen über ihren Austritt erscheinen. Beschafft Euch das.) Ferner

selbstverständlich in keiner Weise an der Kirchenregierung und ihren Funktionen teilnehmen! So war Barth neulich aufgefordert worden, in die theologische Kammer einzutreten! (ein gar nicht dummer Gedanke seiner Gegner!) und hat es glatt abgelehnt. Zwischenfrage: »Aber da hätten Sie doch kämpfen u. Ihre Anschauungen vertreten können! Nein! Im Kirchenregiment wird nicht mehr gekämpft. Die theol. Kammer entspricht dem Staatsrat auf politischem Gebiet. Der Reichsbischof entscheidet souverän. Auch wo er die Kammer befragt, würde Barth überstimmt, und doch könnte man nachher sagen: »In der Kammer, die dem od. jenem zugestimmt hat, hat auch K. B. gesessen«. Dies gute Gewissen darf man ihnen nicht geben. Bei jeder Verfügung des Kirchenregim. muß man v. Fall zu Fall entscheiden, ob man sie ausführen kann od. nicht. Handelt es sich um Besoldungsfragen od. ähnliches, so kann man die Sache ausführen. Unmöglich aber darf man häretische Aufrufe von der Kanzel verlesen. (Es wurde einer des thüringischen Landesbischofs erwähnt, in dem vom schuldigen Dank »gegen Gott u. Adolf Hitler« die Rede war!!)
Künneth fand diese Haltung zu schroff u. »pharisäisch«; auch unter den Deutsch. Chr. gäbe es doch ernste Theologen u. fromme Christen! Dieser Vorwurf war für B. »ein liberales Requisit«, das ihm keinen Eindruck machen könne. Es handle sich hier um die Frage des Gehorsams. Können wir uns an der Sünde, an dem Verrat beteiligen od. nicht? Sagen wir ja zu dem Stapelschen Satz, daß der Nomos des Volkes das Gesetz Gottes sei? Er ist die Voraussetzung der Richtlinien der Deutsch. Chr. Von ihm lebt das Pathos dieser Bewegung. Diese Wahrheitsfrage darf man nicht einfach unter den Tisch wischen durch den Hinweis, daß es auch drüben anständige Leute gibt und daß anständige Leute miteinander auskommen können. Wer den Mitgliedszettel der D. Chr. ausfüllt, unterwirft sich ausdrücklich der Kirchenregierung in Berlin und bekennt sich damit zu Gott und dem Mammon. Von den Christen, die im 3. Jahrh. das Weihrauchkorn vor dem Bild des Kaisers opferten, sagten die andern auch nicht: »sie können es aber trotzdem fromm u. ernst meinen«, sondern: »sie haben Christus verleugnet.« Auf Knaks beweglichen Hinweis, daß doch auch die Fragen, die der Tag od. »d. konkrete Situation« uns stellt, wenn wir sie ernst nehmen, Fragen Gottes an uns sind, durch Gott seien wir heute aufgerufen zur Verteidigung des deutschen Volkstums etc, stellte Lindemeyer fest, daß heute der Kirche eine andre Religion gegenübersteht, mit dem Mittelpunkt: Volk u. Rasse; von diesem Mittelpunkt aus wird bestimmt, was Wahrheit, Wissenschaft, Sitte, Religion ist. Die konsequente Auspägung dieser Religion ist die Richtung Hauer, Reventlow, Baldur v. Schirach. Die D. Chr. sind nur ein Zwischenglied. Für die Kirche gibt es hier nur ein klares Nein. Lindem. erinnerte auch daran, daß nach neutestam. Auffassung *wir* in das Bild Christi gestaltet werden, nicht die Völker das Bild Christi nach ihrem eigenen Bilde formen sollen. G. Dehn beleuchtete die Lage gut durch einen Vergleich mit den Religiös-Sozialen, denen er bis 1923 angehört habe. Ihnen u. den D. Chr. sei gemeinsam, da[ß] man das profane Geschehen theologisch deute u. darin einen Ruf Gottes zu erkennen glaube. Die Rel.-Soz. hätten 1919 gemeint, die große Stunde Gottes mit unserm Volk (der Kairos, wie Tillich sagte!) sei angebrochen; in der Revolution v. 1919 sei unser Volk durch Gott aufgerufen, ein Volk der Gemeinschaft zu werden. Dann aber sei ihm klar geworden, daß es das nicht gibt. Wohl müssen wir uns *politisch* entscheiden u. uns fragen, ob durch Hitler, politisch gesehn, das Rechte geschieht. Aber wir wissen nicht, ob dies die Stunde Gottes ist; denn Gottes Wege in der Geschichte sind uns verborgen. Er offenbart sich uns nur in Christus; eine 2. Offenbarungsquelle daneben gibt es für uns nicht. Das griff dann Barth bestätigend auf u. führte aus, daß die entscheidende Frage nicht laute: wollen

wir auf Gottes Gebot hören oder nicht? (denn das wollen die andern natürlich auch), sondern: kennen wir 2 Offenbarungsquellen? hören wir mit dem einen Ohr auf die Schrift u. mit dem andern auf die Geschichte, die Gegenwart od. was es sei? Wer sagt: die Frage, die der Tag uns stellt, ist Gottes Frage an uns, meint diese Gottesfrage zu kennen u. damit auch die Antwort darauf. Ueberall, wo heute erklärt wird: die Kirche sei aufgerufen zu einer Stellungnahme zum geschichtlichen Geschehen unsrer Tage, meint man selbstverständlich: zu einer *positiven* Stellungnahme, also zu einer Bejahung des Nationalsozialistischen Staates u. seines Totalitätsanspruchs. Auf diesem, dem politischen Gebiet, *sind* aber verschiedene Interpretationen möglich. Innerhalb der christlichen Kirche kann es nicht zweifelhaft sein, daß unsre Interpretation der geschichtlichen Lage *nicht* das Wort Gottes ist. Mit welchem Recht will man etwa den Rel. Sozialisten bestreiten, daß damals die große Stunde Gottes war? Gottes Frage ergeht von Christus her in den Kairos hinein, nicht »*auch* v. der geschichtlichen Lage her.« – Darauf wandte jemand ein: freilich, es gibt keinen Weg zu Gott von der Geschichte her, und also keine natürliche Theologie. Aber müssen wir nicht vom 2. Artikel aus in das Gebiet des 1. Artikels hinein sprechen? Man kann doch den Nationalsozialismus nicht einfach ansprechen als Heidentum, wenn man z. B. bedenkt, welche ganz andre Würdigung die Ehe heute erfährt als vorher od. die Volksordnung usw. Barth: Allerdings müßte vom 2. Art. aus in das Gebiet des 1. hineingesprochen werden. Aber die Meinung ist doch im Grunde: es *muß* ja gesagt werden! das kann ja auch sein, hier u. dort. Aber es wäre dann ebenso zu fragen: was sagt die Kirche zu dem, was in den Konzentrationslagern geschieht? od. zu der Behandlung der Juden? od. zu allem, was im Namen der Eugenik unternommen wird? od. zum »totalen Anspruch« des Staates? oder zum 12. November? (handelt es sich da um eine loyal gestellte Frage od. um ein raffiniertes Manöver? werden wir die wahren Ergebnisse erfahren?) od. zum Reichstagsbrandprozess u. seinen Hintergründen? Wenn man das alles erwägt, wird man dann nicht auf den Mund geschlagen, u. muß man sich dann nicht eingestehn, daß man geradezu ein Prophet sein müßte, um es wagen zu können, Gottes Wort zur Lage zu sagen! Die Kirche muß freilich immer wieder sagen: es *gibt* das Gebot Gottes, unabhängig von allen Wünschen u. Anliegen der Menschen, das *gilt!* Aber bei dem Versuch, es zu interpretieren, lauert ständig die Gefahr, daß sich politische Leidenschaft einschleicht. *Gottes* Wort zur Lage ist jedenfalls nicht, was *ich* über das 3. Reich denke! Wer das bedenkt, wird vielleicht gegenüber dem Konkreten sehr zurückhaltend sein. Und grade dann könnte sein Wort sehr konkret wirken. Als Beispiel erwähnte er seine Predigt vom Juli, wo er nicht versucht hätte, »ein zündendes Wort« an die Gemeinde zu richten, sondern einfach, das Evangelium des Sonntags auszulegen; und grade da sei ihm von verschiedenen Seiten gesagt, wie sehr sein Wort die gegenwärtige Situation getroffen habe.

Heute bekam ich den Berliner Vortrag als Heft 3 der Schriftenreihe »Theol. Ex. heute«. Schafft ihn Euch schnell an u. lest!!! Man muß jeden Tag froh u. dankbar sein, daß es Barth gibt. Und ich begreife nicht, wie man abwägend u. bedenklich u. kompromißbereit daneben stehn kann, statt ihn das sein zu lassen u. als das anzuerkennen, was er nun doch einfach ist: der »legitime Kirchenlehrer«, der in unbeirrbarer Sachlichkeit sagt, was seines Amtes ist. Wunderbar ist, wie weite Kreise jetzt auf ihn hören u. durch ihn wieder eine Ahnung bekommen können, was eigentlich Kirche ist. Und darum ist heute trotz allem die Situation für die Kirche hoffnungsvoller als seit Jahrhunderten.

Am 13. Nov. stand in der Times ein beschwörender Apell, den die außerdeutschen

evangelischen Kirchen an unsern Reichsbischof gerichtet hatten wegen des Arierparagraphen u. wegen des Terrors der D. Chr. Am 15. erschien dann Müllers Erklärung zu den Sportpalastvorgängen!! – . . .
[gez.] Erkü Küppers

D 3 zu S. 11

Brief Karl Barth vom 16. 12. 1933 an Reichsminister Rust

. . . Bonn, den 16. 12. 33

An den
Minister für Wissenschaft, Kunst
und Volksbildung
Berlin

Hochgeehrter Herr Staatsminister!
Mir ist vorgestern, den 14. Dezember von Se. Magnifizens dem Herrn Rektor der Universität Bonn, Professor Dr. Pietrusky, in Gegenwart des Herrn Universitätsrats Dr. Wildt der Befehl erteilt worden, meine Vorlesungen in Zukunft mit dem »deutschen Gruß« zu eröffnen. Eine schriftliche Ausfertigung dieses Befehls ist mir verweigert worden. Ich gestatte mir, gegen diesen Befehl bei Ihnen Beschwerde einzulegen.
I. Ein am 27. Oktober 1933 ergangenes Schreiben des Herrn Rektors an die Dozenten enthielt unter Punkt 5 den Satz: »Ich bitte die Herren Kollegen, die Vorlesungen mit dem deutschen Gruß zu beginnen und zu schließen.« Diesem in Form einer Bitte ausgesprochenen Ansinnen gegenüber durfte ich mich für frei halten, ihm zu entsprechen oder auch nicht zu entsprechen. Ich konnte mich auch durch die mir bekannte Verordnung über die Pflichtmäßigkeit des »deutschen Grußes« innerhalb der staatlichen Dienstgebäude nicht für gebunden halten, diese Bitte in meinen Vorlesungen einzuführen, weil der Sinn der Verordnung zwar deutlich der war, die in den staatlichen Dienstgebäuden bei den bisher üblichen Gelegenheiten gebrauchte Grußform durch eine neue zu ersetzen, nicht aber der, mit der neuen Grußform auch neue Gelegenheiten zu ihrer Anwendung vorzuschreiben. Da ich meine Vorlesungen bisher nie mit irgendeinem Gruß eröffnete, konnte und kann ich nicht finden, daß die Eröffnung meiner Vorlesung unter die bewußte Verordnung falle.
II. Aufgrund dieser Voraussetzungen nahm ich an, mich in dieser Sache nach wie vor frei entschließen zu sollen. Wenn ich mich dazu entschließen mußte, die neue Sitte in meinen Vorlesungen nicht einzuführen, so hatte ich dazu zwei Gründe, von denen der erste für mich beiläufiges, der zweite aber entscheidendes Gewicht hat.
1. Ich eröffne meine im Sommer um 7 Uhr, im Winter um 8 Uhr morgens stattfindende Vorlesung seit zweieinhalb Jahren mit einer kurzen Andacht, bestehend aus der Verlesung zweier Bibelsprüche und dem gemeinsamen Gesang von 2 bis 3 Strophen eines Kirchenliedes. Die Einführung des »deutschen Grußes« in diesem Zusammenhang wäre unangemessen und stilwidrig.
2. Ich meine den »deutschen Gruß« als eine ernste Angelegenheit verstehen und behandeln zu sollen, nämlich als die Symbolhandlung der Anerkennung des Totali-

tätsanspruches der Volkseinheit im Sinne des nationalsozialistischen Staates. Ich lehne es nicht ab, diese Symbolhandlung bei anderen Gelegenheiten vorschriftsgemäß zu vollziehen. Ich muß es aber als Eröffnung einer theologischen Vorlesung für unsachgemäß halten, weil sie zu dem Wesen einer solchen Vorlesung im Widerspruch steht. In der Theologie geht es, auch wenn sie an der Universität und in einem staatlichen Dienstgebäude gelehrt wird, eindeutig und ausschließlich um die Sache der Kirche, das heißt um die Verkündigung des Evangeliums. Auf diese Sache kann sich der Totalitätsanspruch der Volkseinheit nicht beziehen, sondern in ihr findet er seine sinngemäße Grenze und zwar darum, weil er hier auf einen anderen, überlegenen Totalitätsanspruch stößt. Würde ich zur Eröffnung meiner Vorlesungen jene Symbolhandlung vollziehen, so würde ich den genannten Sachverhalt, der zu den selbstverständlichen Voraussetzungen meiner Lehrtätigkeit überhaupt und jeder einzelnen Vorlesung gehört, durch die Tat verleugnen. Das ist mir verwehrt und das kann ich nicht tun. – Nur um ganz deutlich zu machen, wie ich es meine, füge ich hinzu: ich würde es für richtig halten, wenn die Ausführung des »deutschen Grußes« in den sämtlichen evangelisch- und katholisch-theologischen Vorlesungen geradezu verboten würde. Sie muß an dieser Stelle sowohl von der Kirche als auch vom Staate her als unsachgemäß bezeichnet werden.

III. Meine zweihundertfünfzig bis dreihundert Zuhörer hatten in den ersten Wochen des Semesters nicht durch das geringste Zeichen verraten, daß sie eine andere Haltung von mir erwarteten und wünschten. Eine gewisse Spannung wurde dadurch in sie hineingetragen, daß ihnen eines Tages von der Fachschaftsleitung befohlen wurde, mich zu Beginn der Vorlesung mit dem deutschen Gruß zu empfangen. Ich legte ihnen darauf dar, warum ich mich bei dieser Sitte nicht beteiligen werde und mit Ausnahme einer kleinen Gruppe gaben sie mir alle unzweideutig ihre Zustimmung zu erkennen. Als daraufhin ein Teil meiner Zuhörer es ebenfalls unterließ, sich an der neuen Sitte zu beteiligen, ging die Fachschaftsleitung ein zweites Mal vor, indem sie eine Anzahl der Betreffenden mit einem Verweis bestrafte. Ich habe dann in einer zweiten Erklärung dem Auditorium den Rat gegeben, sich dem ausgeübten Zwang zu fügen, während ich selbst es zur Erinnerung an das, was an dieser Stelle eigentlich sachgemäß wäre, beim Alten lassen werde. Hier griff dann Se. Magnifizenz der Herr Rektor ein, indem er mich zu sich beschied und mir den eingangs erwähnten Befehl erteilte.

Ich kann diesen Befehl aus den unter II. genannten Gründen nicht ausführen. Ich kann ihn aber aufgrund der unter I. genannten Erwägungen auch nicht für rechtmäßig ergangen halten. Ich erhebe Beschwerde gegen diesen Befehl und bitte, daß Se. Magnifizenz der Herr Rektor veranlaßt werde, ihn zurückzunehmen.

In ausgezeichneter Hochachtung
Ihr sehr ergebener
[gez.] Prof. D. K. Barth

D 4 zu S. 11

Brief Rektor Pietrusky vom 19. 12. 1933 an Reichsminister Rust

Rheinische Friedrich-Wilhelm-
Universität
Der Rektor

Bonn, den 19. Dezember 1933

Betr. Nichtausführung des deutschen Grußes durch Prof. Dr. Barth.

1 Anlage.
Beiliegende Beschwerde des Herrn Professor Dr. Barth überreiche ich ergebenst mit folgenden Bemerkungen:

Durch die Verfügung A Nr. 1717 vom 22. VII. 1933 wurde angeordnet, daß im Dienst von allen Beamten, Angestellten und Arbeitern der deutsche Gruß anzuwenden sei. In einem Rundschreiben an die Herren Dozenten wies ich sie mit der Bitte, dies zu tun, erneut darauf hin. Nach einiger Zeit wurde mir mitgeteilt, daß Herr Prof. Barth den Gruß in seiner Vorlesung nicht anwende. Ich wartete zunächst ab. Vor einigen Tagen wurde mir nun offiziell durch den Herrn Dekan der ev. Theol. Fakultät die entsprechende Meldung gemacht. Ich bat Herrn Professor Barth zu einer Unterredung. In dieser sagte er mir, daß ich den Gruß nicht befohlen, sondern die Herren nur darum gebeten habe, daß es ihm also frei stände, zu tun oder zu lassen, was er für richtig hielte; er wünsche einen Befehl. Auf meinen Einwand, ich zöge es vor, in der von mir gewählten Form mit den Herren Dozenten dienstlich zu verkehren, blieb er auf seiner Forderung bestehen, selbst nachdem ich ihn auf den Ministererlaß aufmerksam gemacht hatte. Mit dem Hinweis, daß ich zur Beruhigung seines Gewissens ihm gern die Bitte erfülle, gab ich ihm den gewünschten Befehl. Das befriedigte ihn aber nicht, er verlangte ihn schriftlich, was von mir abgelehnt wurde.
Im Laufe der Unterhaltung erklärte mir Herr Professor Barth darauf, es sei für ihn untragbar, sich solchem Zwang zu beugen. Der Versuch, die Kirche in die Angelegenheit zu ziehen und seine Vorlesung einem Gottesdienst gleichzustellen, wurde von mir sehr entschieden zurückgewiesen. Es gelang mir nicht, trotz sehr eindringlichen Zuredens, ihn zu einer Änderung seiner Meinung zu bewegen. Er sprach dauernd von einem seelischen Druck, den er nicht ertragen könne. Als alles keinen Erfolg hatte, wies ich ihn darauf hin, daß er einem solchen Drucke doch ständig bei den jetzigen Verhältnissen in Deutschland und bei seiner politischen Einstellung ausgesetzt sei. Man müsse von ihm deshalb eigentlich erwarten, daß er es ablehne, im Dienste des heutigen Staates zu stehen und daß er so schnell wie möglich auf seine Lehrtätigkeit hier verzichte. Er entgegnete mir darauf, das wolle er nicht. Als ich ihm erklärte, ich glaube an den seelischen Druck, den die Ausübung des deutschen Grußes in der Vorlesung angeblich für ihn bedeute, nicht, sondern sei der Meinung, daß er mit der Ablehnung nur demonstrieren wolle, gab er mir dies zu. Schließlich behauptete er, er habe bisher in der Vorlesung überhaupt nicht gegrüßt, die Anordnung könne ihn also gar nicht betreffen. Ich drückte ihm darauf meine Verwunderung darüber aus, daß er als Hochschullehrer den Gruß seiner Studenten nicht erwidere. Als er sich von mir verabschiedete, gebrauchte er – ebenso wie bei seinem Eintreten – den deutschen Gruß! Am nächsten Tag erhielt ich von ihm die Nachricht, daß er den Gruß in der gewünschten Form nicht auszuführen in der Lage sei und in der Angelegenheit eine Beschwerde an den Herrn Minister richten werde.

Herr Professor Barth ist gegen den heutigen Staat eingestellt. Er sucht meines Erachtens nach Gründen, die seine Entlassung herbeiführen müssen, aber auch den Eindruck erwecken könnten, als sei er wegen seines Eintretens für Religion und Kirche verfolgt worden. Ich glaube, daß er mit seinem Abgang in absehbarer Zeit rechnet, dabei aber hofft, daß dieser Abgang ihn zu einem »berühmten Fall«, zu einem Märtyrer in den Augen der Welt macht. Nach der mit ihm geführten Unterredung vermute ich weiter, daß er den in dieser Sache geführten Schriftwechsel später an anderer Stelle verwerten will.
(gez.) Pietrusky

D 5 zu S. 18

Protokoll der Vernehmung Karl Barths vom 30. 4. 1934

Verhandelt in der Universität Bonn am 30. April 1934
Gegenwärtig: Ministerialrat Schnoering
Bürogehilfe Fischermann, als Protokollführer

Auf Bestellung erscheint Herr Professor D. Karl Barth aus Bonn. Er wurde mit dem Gegenstand der Verhandlung bekannt gemacht und erklärte:

Ich bin doppelter Nationalität. Ich habe meine Schweizer Staatsangehörigkeit nicht aufgegeben und habe dadurch, daß ich preußischer Universitätsprofessor geworden bin, die Preußische Staatsangehörigkeit erworben.
Ende Oktober v. J. war ich in Berlin und habe dort am 30. Oktober einen Vortrag gehalten über das Thema »Reformation als Entscheidung«. Dieser Vortrag ist im Wortlaut hinterher abgedruckt in Heft 3 der Schriftreihe »Theologische Existenz heute«, welche im Verlag von Christian Kaiser, München, erscheint. Über meinen Vortrag hat in den Basler Nachrichten ein Bericht gestanden, dem ich vollständig fern stehe. Am folgenden Tage (nach dem Vortrag) hatte ich eine Unterhaltung mit dem früheren Vorsitzenden der protestantischen Kirchen der Vereinigten Staaten, Macfarland, mit dem ich kirchliche Dinge besprochen habe. Dieser hat hinterher auch Gelegenheit gehabt, den Reichskanzler zu sprechen. Ich habe Macfarland keinen Auftrag gegeben, bestimmte Dinge dem Reichskanzler vorzutragen, insbesondere nicht Fragen politischer Art. Scherzhaft habe ich ihm gesagt, er könne dem Reichskanzler mitteilen, die Ernennung Müllers zum Reichsbischof sei ebenso katastrophal, wie wenn er den Hauptmann von Koepenick zum Reichswehrminister ernannt hätte. Daß ich dem Amerikaner gegenüber den Reichsbischof als »Ludwig das Kind« bezeichnet haben sollte, halte ich für höchst unwahrscheinlich. Der Ausdruck »Ludwig das Kind« ist in dem Kreise, in dem ich mich damals bewegte, wiederholt gefallen, so daß es von einem Teilnehmer dieses Kreises in meine Bemerkung hineingebracht sein kann. Ich möchte nochmals betonen, daß ich dem amerikanischen Kirchenmann keine Aufträge oder Anregungen politischer Art für seine Unterhaltung mit dem Reichskanzler mitgegeben habe. Möglich ist noch, daß ich gesagt habe, daß Mitglieder der kirchlichen Opposition nie Gelegenheit hätten, mit dem Reichskanzler selbst in Verbindung zu treten und ihre Gedanken darzulegen, daß hierzu nur der Reichsbischof Müller Gelegenheit habe, und es ist auch möglich, daß ich Macfarland gebeten habe, beim Reichskanzler anzuregen, auch mit Mitgliedern

der Opposition Fühlung zu nehmen. Dies war aber auf keinen Fall der Hauptgegenstand meiner Unterhaltung mit Macfarland. Es kann von mir nur beiläufig erwähnt sein.
Anschließend an meine Unterhaltung mit dem Amerikaner fand eine Aussprache im kleinen Kreis bei dem Pfarrer Jacobi, Achenbachstr. 18 in Berlin statt. Anwesend waren vielleicht 20 Gäste, darunter Professor Günter Dehn, der Licentiat Künneth, ein Missionsdirektor Knaak und wohl auch Pfarrer Niemöller. Mir ist Seite 8 eines Berichtes über diese Unterhaltung bei Pfarrer Jacobi vorgelesen worden und zwar von den Worten an: »es war gesagt worden. . .« bis Seite 9, Ende des ersten Absatzes ». . . Dank gegen Gott und Adolf Hitler die Rede war«. Dieser Bericht stimmt inhaltlich in allen Teilen. Auch die Fortsetzung des Berichtes, insbesondere die Ausführungen von Künneth, Knaak, Pfarrer Lindemeier (Adresse kann ich nicht angeben), Günter Dehn (Seite 9 bis 10 des Berichtes) sind mir vorgelesen worden; sie sind ebenfalls inhaltlich vollständig richtig.
Die weiteren Ausführungen, die ich dann nach Bl. 10–12 bei dieser Aussprache gemacht haben soll, sind mir vorgehalten und vorgelesen worden. Ich erkenne sie als von mir gemacht an. Der Satz auf Seite 11: »Darauf wandte jemand ein: freilich, es gibt keinen Weg zu Gott von der Geschichte her. . .« muß verstümmelt sein. Meine Erwiederung auf den Einwand, daß vom 2. Artikel aus in das Gebiet des 1. Artikels hineingesprochen werden muß (2. Artikel »Ich glaube an Jesus Christus« – 1. Artikel »Ich glaube an Gott den Vater, den Schöpfer«), ist ebenfalls richtig. Es ist auch richtig, daß ich dann die Frage aufgeworfen habe, was die Kirche zu dem sage, was in den Konzentrationslagern geschehe, zur Behandlung der Juden, zu den im Namen der Eugenik getroffenen Maßnahmen, zum »totalen Anspruch« des Staates, zum 12. November u.s.w. Ich wollte mit diesen Punkten lediglich Fragen aufwerfen, um – wie es den unmittelbar anschließenden Ausführungen Seite 11 unten und Seite 12 oben dargelegt ist – deutlich zu machen, daß die Kirche sich unmöglich auf ein eindeutiges Ja zum heutigen Staat festlegen dürfe, als könnte sie mit solchem Ja Gottes Wort verkündigen (Gottes Wort ist weder mit unserem politischen Ja noch mit unserem politischen Nein identisch). Ich muß auf Vorbehalt allerdings zugeben, daß aus der Anführung meiner Beispiele für den unbefangenen Zuhörer ohne weiteres eine kritische Stellungnahme zu diesen einzelnen Erscheinungen des heutigen politischen Lebens ersichtlich ist. Ich betone, daß es sich um einen kleinen Kreis von geladenen Gästen handelte, von dem ich glaubte, daß ich in ihm ohne weiteres ein offenes Wort sprechen dürfte und daß mit meinen Worten kein Mißbrauch getrieben würde. Es ist natürlich, daß in einem solchen Kreis manche Dinge erörtert werden, die sonst vor einem größeren Kreis nicht erörtert werden, und daß die Unterhaltung leicht eine erregte wird, und man den Diskussionsgegner auf Dinge hinweist, von denen man glaubt, daß sie ihm weniger gefallen. Ich wollte daher zum Ausdruck bringen, man dürfe bei der Deutung des politischen Geschehens unserer Tage nicht nur auf die Dinge hinstarren, die uns ohne weiteres gefallen.
Was den Reichstagsbrand anlagt, so muß ich allerdings als meine persönliche damalige Auffassung darlegen – wir standen zur Zeit meiner Ausführungen erst im Beginn des Prozesses –, daß wir aus den Zeitungsberichten nicht die volle Klarheit und Wahrheit in der Angelegenheit erfahren konnten. Ich muß auch ohne weiteres zugeben, daß mir – es war damals noch vor der Wahl und dem Volksentscheid vom 12. November – das Ergebnis dieser Volksabstimmungen sehr problematisch erscheinen mußte, da meines Erachtens der politische Gegner keine Gelegenheit hatte, seine gegenteilige Auffassung frei dazulegen.

Der 1. Absatz Blatt 12 ist mir ebenfalls vorgelesen worden und enthält den Kernpunkt meiner Ausführungen richtig dargestellt. Die in dem Bericht erwähnte Zeitschrift »Zwischen den Zeiten« ist Ende 1933 eingegangen. Meine Assistentin Fräulein von Kirschbaum hat damals über die erörterte Diskussion im Hause des Pfarrers Jacobi einen Bericht angefertigt, der an Freunde versandt worden ist. Ich glaube, von diesem Bericht noch eine Abschrift mitteilen zu können, und werde mir alsbald eine solche zu verschaffen suchen und nach Berlin übersenden.
Ich bin aufgefordert worden, mich noch zu folgendem Satz: »Wer die Mitgliederliste der Deutschen Christen ausfüllt, unterwirft sich ausdrücklich der Kirchenregierung in Berlin und bekennt sich damit zu Gott *und* dem *Mammon*« zu erklären. Ich habe dazu zu sagen: Gott und Mammon bedeutet: 2 Herren, 2 Götter (vgl. Bergpredigt). Ich werfe den Deutschen Christen vor, daß ihr Religionssystem elliptisch (2 Brennpunkte) ist, sofern es als Grundlage die heilige Schrift *und* die »Deutsche Stunde« (Rasse, Volk, Nation im Sinne des Nationalismus) voraussetzt.
Im Stenogramm vorgelesen, genehmigt und unterschrieben
(gez.) Prof. D. Karl Barth
(gez.) Schnoering
(gez.) Fischermann

Nachschrift:
Dem Artikel »Deutsche Professoren entlassen« in The British Weekly vom 26. 10. 33 und den darin erwähnten Artikel aus den Basler Nachrichten »Entlassungen an deutschen Universitäten« stehe ich völlig fern. Der Artikel in den Basler Nachrichten stammt von meinem Freund, dem schweizer Theologen Thurneysen, Pfarrer und Privatdozent in Basel.
Es ist richtig, daß ich vor Kurzem in Paris 3 Vorträge gehalten habe. Daß ich mich in diesen Vorträgen mit der »heidnischen Stammesreligion der Müller und Krause« und der Deutschen Glaubensbewegung von Prof. Hauer, Rosenberg und Reventlow« auseinandergesetzt hätte ist unrichtig. Meine in Paris gehaltenen Vorträge sind in Heft 9 der oben erwähnten Theologischen Existenz abgedruckt, ebenso auch auf Französisch in einer französischen Zeitschrift.
Ich habe keine besondere Erlaubnis für meine Reise nach der Schweiz und nach Frankreich eingeholt. Mir war bisher nicht bekannt, daß ich für derartige Reisen eine Erlaubnis einzuholen hätte. Ich habe meine Ferien ohne besondere Erlaubnis immer in der Schweiz verbracht. Ich habe auch dort noch im März den deutschen Gesandten in Bern auf seinen Wunsch aufgesucht, der mich dem deutschen Botschafter in Paris empfohlen hat. Ich habe in Paris beim deutschen Botschafter meine Karte abgegeben; dieser hat sie wieder bei mir abgegeben.
Mir ist dienstlich eröffnet worden, daß ich bis auf weiteres keine größeren Reisen, insbesondere nicht ins Ausland unternehmen, daß ich mich vielmehr in Bonn und nächsten Umgebung aufhalten soll. Ich nehme diese Anweisung zu Kenntnis und erhebe dagegen Protest.
v. g. und im Stenogramm unterschrieben
(gez.) Prof. D. Karl Barth
(gez.) Schnoering
(gez.) Fischermann

D 6 zu S. 19

Brief Karl Barth vom 23. 5. 1934 an Reichsminister Rust

Hochgeehrter Herr Reichsminister!
Am 30. April d. Js. wurde ich hier von Herrn Ministerialrat Schnoering auf Grund eines beschlagnahmten Schriftstückes einem mehrstündigen Verhör unterzogen. Im Anschluß daran teilte mir Herr Ministerialrat Schnoering mit, daß es mir bis auf weiteres untersagt sei, Bonn zu verlassen, daß diese Maßregel aber nach Klärung der Angelegenheit in einigen Tagen wieder aufgehoben werden solle. Ich blieb zunächst 10 Tage ohne Nachrichten. Als ich mich dann an Herrn Ministerialrat Schnoering wandte mit der Bitte, das bewußte Verbot für einen bestimmten dringenden Fall aufzuheben, wurde ich von ihm an den hiesigen Universitätskurator gewiesen, dem ich den Fall zu erklären hatte und von dem ich für diesen bestimmten Fall von dem Verbot freigesprochen wurde mit der Anweisung, daß ich mich auch in Zukunft von Fall zu Fall an ihn zu wenden und an seine Erlaubnis zu halten hätte. Eine Nachricht darüber, was ich von dieser ganzen Maßregel zu denken habe, ist mir auch seither nicht zugekommen.
Gestatten Sie mir nun, hochgeehrter Herr Reichsminister, daß ich mich in dieser Sache (unter Bekanntgabe an den Herrn Universitätskurator) direkt an Sie wende. Ich empfinde dieses Verbot, gegen das ich Herrn Ministerialrat Schnoering gegenüber sofort meinen Protest zu Protokoll gegeben habe, als untragbar und ich bitte Sie, mich gänzlich davon zu befreien.
Die Frage der Urlaubnahme ist für mich als o. Professor durch § 13 Abs. 2 der Satzung der Universität Bonn klar geregelt und ich werde mich selbstverständlich an die dort gegebenen Bestimmungen halten, wie ich dies immer getan habe. Ich kann aber nicht einsehen, mit welchem Recht ich auch nur vorübergehend, geschweige denn dauernd, zum Gegenstand jener Sondermaßnahme gemacht worden bin. Meine Arbeit für Theologie und Kirche sowohl wie meine persönlichen Verhältnisse verlangen es, daß ich gelegentlich im In- und Ausland reisen muß und ich wüßte nicht, wie es begründet sein sollte, daß ich mich dabei jener peinlichen Beaufsichtigung unterziehen müßte. Was ich denke, will und vertrete, liegt besonders in meinen seit dem letzten Sommer herausgegebenen Schriften zur Kirchenfrage, die ich sämtliche auch Ihnen und dem Herrn Reichskanzler zu übersenden die Ehre hatte, vor Jedermanns Augen. Die Klärung der Frage, wegen der ich in jenes Verhör kam, dürfte in Anbetracht der Geringfügigkeit ihres Gegenstandes einfach sein. –
Dankbar anerkenne ich, daß ich bis jetzt an meiner Tätigkeit nicht beeinträchtigt worden bin und es erscheint mir darum als ausgeschlossen, daß die Absicht jener Maßnahme nun etwa doch die sein sollte, mich nach außen zur Passivität zu zwingen. Vielmehr nehme ich an, daß irgendein Mißverständnis im Spiel sein muß, und gebe darum der Hoffnung Ausdruck, daß Sie meiner Bitte, jene Maßnahme so rasch als möglich aufzuheben, Gehör schenken.
Es versteht sich von selbst, hochgeehrter Herr Reichsminister, daß ich, wenn Sie den Wunsch nach einer persönlichen Aussprache über diese Sache oder über meine ganze Stellung und Situation haben sollten, jederzeit zu Ihrer Verfügung stehe.
Ehrerbietigst ergeben
mit deutschen Gruß
[gez.] Prof. D. Karl Barth

D 7 zu S. 21

Wilhelm Stapel: »Wie Karl Barth ausländische Kirchen aktiviert«

In New York, bei Macmillan, erschien ein Buch »The new church and the new Germany« von Charles S. Macfarland. Darin gibt Dr. Macfarland ein Gespräch mit Karl Barth vom Herbst 1933 wieder, auf Seite 132/33:
»Barth war klar, schlüssig und bündig. Er begann die Unterhaltung sofort mit der Erklärung, die ökumenischen christlichen Körperschaften sollten nicht länger Zuschauer des Konfliktes bleiben. Die Männer in Deutschland, die für die Freiheit kämpfen, müßten die unmittelbare, offen dargebotene Hilfe solcher Körperschaften bekommen. Ihre Gegner hätten die kirchliche Macht ergriffen, und, obwohl jene Männer zahlreich seien, seien sie offiziell doch ohnmächtig und schienen im denkbar größten Nachteil zu sein.
Er bedauerte sehr (deplored), daß der Erzbischof von Upsala [Erling Eidem im Mai 1934] offiziell an einer offiziellen kirchlichen Veranstaltung teilgenommen hätte, weil das als eine Anerkennung von Praktiken erschiene, die von Christen nicht anerkannt werden dürften. Nein, es wäre für ökumenische und andere christliche Körperschaften keineswegs genug, außerhalb Deutschlands einfach ihre Prinzipien der Übernationalität und Bruderschaft immer wieder zu konstatieren. Sie müßten genau und konkret eben das aussprechen, was sie meinen.
Er wies den Vorwurf zurück, daß seine Opposition politischen Motiven entspränge. Das sei ohne jeden Schimmer von Wahrheit. Er sei ganz einfach am Bestand des Evangeliums interessiert. Die Unterscheidung von Ariern und Nichtariern verletze das überrassische Prinzip des Christentums. Unnachgiebig (uncopromising) vertrat er den Standpunkt, daß die anderen christlichen Körperschaften der Welt die deutsche Kirche nicht anerkennen oder keinerlei Gemeinschaft mit ihr pflegen dürften, solange sie in ihrer gegenwärtigen Haltung verharre. Es sei nicht eine internationale Frage, aber eine, die die gesamte Kirche und das Evangelium berühre. Jetzt könne allein eine Aktion der ökumenischen Körperschaften der Kirche in Deutschland die nötige Hilfe bringen.
In bezug auf die umfassendere Frage fuhr er fort, die derzeitige kirchliche Organisation mache Kirche und Staat identisch. Angebliche Unterscheidungen konstituierten keine Unterschiede.«

Hier wird so klar wie vordem nie
Karl Barths politische Theologie,
Und es enthüllt sich unserm Blick
Seine theologische Politik.

Erstens. Die Stellung Barths gegenüber dem Staat ist ironische Ablehnung. Nach ihm läuft Römer 13 darauf hinaus: gebt dem Staate was er nun einmal fordern muß, in kühler »Überlegenheit«. Zwar hat er das Wort von der »Überlegenheit« später getilgt. Aber noch im »Römerbrief« von 1933 lesen wir: »Es gibt keine energischere Unterhöhlung des Bestehenden, als das hier empfohlene sang- und klang- und illusionslose Geltenlassen des Bestehenden. Staat, Kirche, Gesellschaft, positives Recht, Familie, zünftige Wissenschaft uff. leben ja von der durch Feldpredigerelan und feierlichem Humbug aller Art immer wieder zu nährenden Gläubigkeit der Menschen. Nehmt ihnen das Pathos, so hungert ihr sie am gewissesten aus.« (S.

467) »Sie, die ahnungslose (»Obrigkeit« in Gänsefüßchen), freut sich über den merkwürdig ruhigen Bürger, der ihr in dem Menschen erwächst, dessen Tun »nur« das Gericht Gottes bedeutet.« (S. 471) Von dieser Haltung aus muß Barths *politische Nichtpolitik* und *unpolitische Politik* verstanden werden.
Zweitens: Barth versichert, seine Motive seien unpolitisch, er kämpfe nur für den Bestand des Evangeliums (for the furvival of the gospel). Richtig mit *seiner* Theologie. Aber so wie er das Evangelium versteht ist die Erweisung der Staatspflicht eben nicht Gottesdienst, sondern Dienst des göttlichen Zornes: »Unterhöhlung«, »Aushungerung« des Staates vom Grund her. Also ist zwar nicht das Motiv, wohl aber die *Wirkung* Barths politisch. Darum sollte er nicht so verwundert sein, wenn theologisch schlichtere Gemüter ihn als »politisch« empfinden.
Drittens. Seine theologischen Unterscheidungen erlauben es *ihm*, in demselben Atemzug, in dem er beteuert, daß er unpolitisch sei, die ausländischen Kirchen anzufeuern, der deutschen Kirche »the needed help« zu bringen, ihre derzeitigen Machthaber zu verfemen usw. Wenn er in den Werdensnöten der deutschen Kirche sich nicht »nur« mit dem *Gebet* und der *Verkündigung* »begnügt«, sondern ausländische Kirchenmächte gegen die deutschen Kirchen aktiviert, so begeht er der Substanz nach – und keine theologischen Distinktionen ändern etwas daran – eine *politische* Handlung. Was zwischen Gott und dem deutschen Volke vor sich geht, will er durch sehr irdische Machtwirkungen solcher kirchlicher Organisationen, deren Lehren er bekanntlich als »Irrlehren« verwirft, beeinflussen. Dem politischen Zorne Karl Barths müssen selbst die Irrlehrer dienen.
Barth wirft mir »vollzogenen Verrat am Evangelium« vor (Theol. Ex. h. Heft 7). Ich bedaure, ihm den Vorwurf eines vollzogenen Verrats am deutschen Volke zurückreichen zu müssen. Ohne Pathos, lieber Herr Professor. Ich lasse diesen Satz nicht einmal in Sperrdruck setzen. And I repudiate the charge, daß das »Motiv« dieses Mangels an »Pathos« etwas sei, Sie zu »unterhöhlen« und »auszuhungern«. St.

F 2 zu S. 25

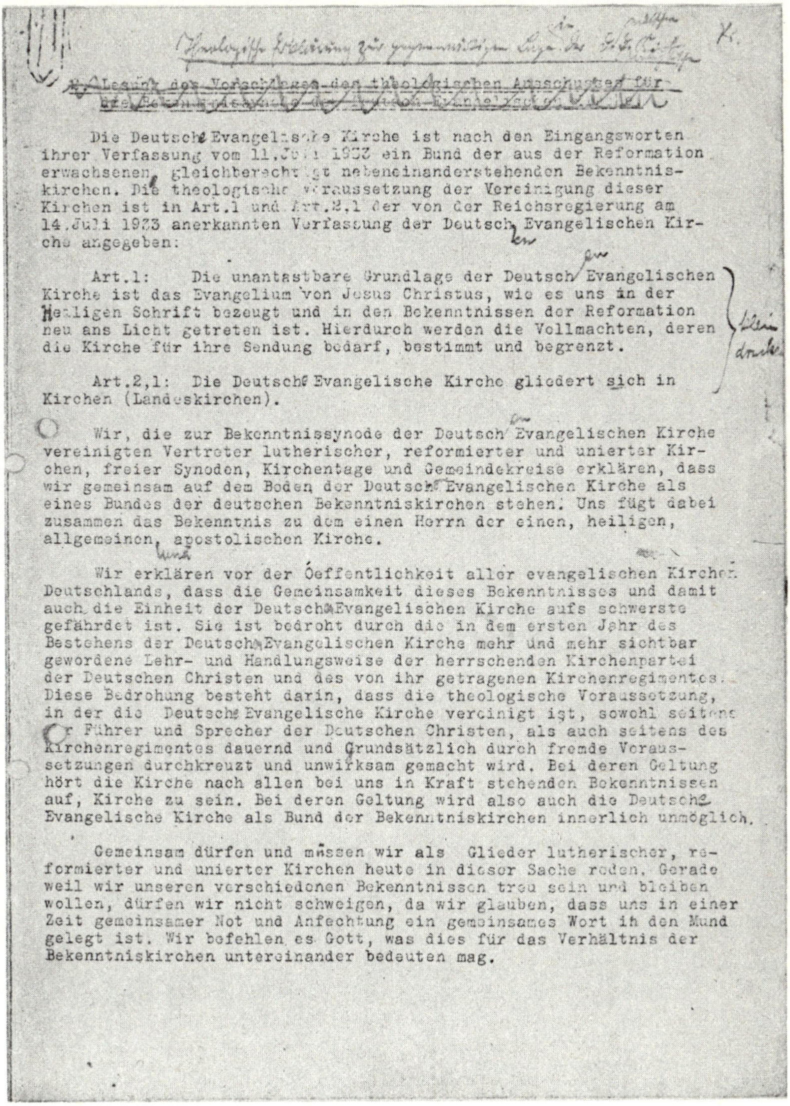

Die Deutsche Evangelische Kirche ist nach den Eingangsworten ihrer Verfassung vom 11. Juli 1933 ein Bund der aus der Reformation erwachsenen, gleichberechtigt nebeneinanderstehenden Bekenntniskirchen. Die theologische Voraussetzung der Vereinigung dieser Kirchen ist in Art. 1 und Art. 2,1 der von der Reichsregierung am 14. Juli 1933 anerkannten Verfassung der Deutschen Evangelischen Kirche angegeben:

Art. 1: Die unantastbare Grundlage der Deutschen Evangelischen Kirche ist das Evangelium von Jesus Christus, wie es uns in der Heiligen Schrift bezeugt und in den Bekenntnissen der Reformation neu ans Licht getreten ist. Hierdurch werden die Vollmachten, deren die Kirche für ihre Sendung bedarf, bestimmt und begrenzt.

Art. 2,1: Die Deutsche Evangelische Kirche gliedert sich in Kirchen (Landeskirchen).

Wir, die zur Bekenntnissynode der Deutschen Evangelischen Kirche vereinigten Vertreter lutherischer, reformierter und unierter Kirchen, freier Synoden, Kirchentage und Gemeindekreise erklären, dass wir gemeinsam auf dem Boden der Deutschen Evangelischen Kirche als eines Bundes der deutschen Bekenntniskirchen stehen. Uns fügt dabei zusammen das Bekenntnis zu dem einen Herrn der einen, heiligen, allgemeinen und apostolischen Kirche.

Wir erklären vor der Oeffentlichkeit aller evangelischen Kirchen Deutschlands, dass die Gemeinsamkeit dieses Bekenntnisses und damit auch die Einheit der Deutschen Evangelischen Kirche aufs schwerste gefährdet ist. Sie ist bedroht durch die in dem ersten Jahr des Bestehens der Deutschen Evangelischen Kirche mehr und mehr sichtbar gewordene Lehr- und Handlungsweise der herrschenden Kirchenpartei der Deutschen Christen und des von ihr getragenen Kirchenregimentes. Diese Bedrohung besteht darin, dass die theologische Voraussetzung, in der die Deutsche Evangelische Kirche vereinigt ist, sowohl seitens der Führer und Sprecher der Deutschen Christen, als auch seitens des Kirchenregimentes dauernd und grundsätzlich durch fremde Voraussetzungen durchkreuzt und unwirksam gemacht wird. Bei deren Geltung hört die Kirche nach allen bei uns in Kraft stehenden Bekenntnissen auf, Kirche zu sein. Bei deren Geltung wird also auch die Deutsche Evangelische Kirche als Bund der Bekenntniskirchen innerlich unmöglich.

Gemeinsam dürfen und müssen wir als Glieder lutherischer, reformierter und unierter Kirchen heute in dieser Sache reden. Gerade weil wir unseren verschiedenen Bekenntnissen treu sein und bleiben wollen, dürfen wir nicht schweigen, da wir glauben, dass uns in einer Zeit gemeinsamer Not und Anfechtung ein gemeinsames Wort in den Mund gelegt ist. Wir befehlen es Gott, was dies für das Verhältnis der Bekenntniskirchen untereinander bedeuten mag.

Barmer Theologische Erklärung – korrigierte Synodalvorlage in der am 31. 5. 1934 beschlossenen Endfassung

- 2 -

Wir bekennen uns angesichts der die Kirche verwüstenden und damit auch die Einheit der Deutsch.Evangelischen Kirche sprengenden Irrtümer der Deutschen Christen und der gegenwärtigen Reichskirchenregierung zu folgenden evangelischen Wahrheiten:

1) "Ich bin der Weg und die Wahrheit und das Leben; niemand kommt zum Vater denn durch mich." (Joh.14,6)
"Wahrlich, wahrlich ich sage euch: Wer nicht zur Tür hineingeht in den Schafstall, sondern steigt anderswo hinein, der ist ein Dieb und ein Mörder. Ich bin die Tür; so jemand durch mich eingeht, der wird selig werden." (Joh.10,1.9)
Jesus Christus, wie er uns in der heiligen Schrift bezeugt wird, ist das eine Wort Gottes, das wir zu hören, dem wir im Leben und im Sterben zu vertrauen und zu gehorchen haben.
Wir verwerfen die falsche Lehre, als könne und müsse (die Kirche) als Quelle ihrer Verkündigung ausser und neben diesem einen Worte Gottes auch noch andere, Ereignisse und Mächte, Gestalten und Wahrheiten als Gottes Offenbarung anerkennen.

2) "Jesus Christus ist uns gemacht von Gott zur Weisheit und zur Gerechtigkeit und zur Heiligung und zur Erlösung." (1.Kor.1,30)
Wie Jesus Christus Gottes Zuspruch der Vergebung aller unserer Sünden ist, so und mit gleichem Ernst ist er auch Gottes kräftiger Anspruch auf unser ganzes Leben; durch ihn widerfährt uns frohe Befreiung aus den gottlosen Bindungen dieser Welt zu freiem, dankbarem Dienst an seinen Geschöpfen.
Wir verwerfen die falsche Lehre, als gäbe es Bereiche unseres Lebens, in denen wir nicht Jesus Christus, sondern anderen Herren zu eigen wären, (Bereiche) in denen wir nicht der Rechtfertigung und Heiligung durch ihn bedürften.

3) "Lasset uns aber rechtschaffen sein in der Liebe und wachsen in allen Stücken an dem, der das Haupt ist, Christus, von welchem aus der ganze Leib zusammengefügt ist." (Eph.4,15-16)
Die christliche Kirche ist die Gemeinde von Sündern, in der Jesus Christus in Wort und Sakrament durch den Heiligen Geist als der Herr gegenwärtig handelt. Sie hat mit ihrem Glauben wie mit ihrem Gehorsam, mit ihrer Botschaft wie mit ihrer Ordnung mitten in der Welt der Sünde als die Kirche der begnadigten Sünder zu bezeugen, dass sie allein sein Eigentum ist, allein von seinem Trost und von seiner Weisung in Erwartung seiner Erscheinung lebt und leben möchte.
Wir verwerfen die falsche Lehre, als dürfe die Kirche die Gestalt ihrer Botschaft und ihrer Ordnung ihrem Belieben oder dem Wechsel der jeweils herrschenden weltanschaulichen und politischen Ueberzeugungen überlassen.

4) "Ihr wisset, dass die weltlichen Fürsten herrschen und die Oberherren haben Gewalt. So soll es nicht sein unter euch; sondern so jemand will unter euch gewaltig sein, der sei euer Diener." (Matth.20,25-26)
Die verschiedenen Aemter in der Kirche begründen keine Herrschaft der einen über die anderen, sondern die Ausübung des der ganzen Gemeinde anvertrauten und befohlenen Dienstes.
Wir verwerfen die falsche Lehre, als könne und dürfe sich die Kirche abseits von diesem Dienst besondere, mit Herrschaftsbefugnissen ausgestattete Führer geben oder geben lassen.

5) "Fürchtet Gott, ehret den König." (1.Petr.2,17).

Die Schrift sagt uns, daß der Staat nach göttlicher Anordnung die Aufgabe hat, in der noch nicht erlösten Welt, in der auch die Kirche steht, nach dem Maß menschlicher Einsicht und menschlichen Vermögens unter Androhung und Ausübung von Gewalt für Recht und Frieden zu sorgen. Die Kirche anerkennt in Dank und Ehrfurcht gegen Gott die Wohltat dieser seiner Anordnung. Sie erinnert an Gottes Reich, an Gottes Gebot und Gerechtigkeit und damit an die Verantwortung der Regierenden und Regierten. Sie vertraut und gehorcht der Kraft des Wortes, durch das Gott alle Dinge trägt.

Wir verwerfen die falsche Lehre, als solle und könne der Staat über seinen besonderen Auftrag hinaus die einzige und totale Ordnung menschlichen Lebens werden und also auch die Bestimmung der Kirche erfüllen.

Wir verwerfen die falsche Lehre, als solle und könne sich die Kirche über ihren besonderen Auftrag hinaus staatliche Art, staatliche Aufgaben und staatliche Würde aneignen und damit selbst zu einem Organ des Staates werden.

6.) "Siehe, ich bin bei euch alle Tage, bis an der Welt Ende." (Matth. 28,20).

"Gottes Wort ist nicht gebunden." (2.Tim.2,9).

Der Auftrag der Kirche, in welchem ihre Freiheit gründet, besteht darin, an Christi Statt und also im Dienst seines eigenen Wortes und Werkes durch Predigt und Sakrament die Botschaft von der freien Gnade Gottes auszurichten an alles Volk.

Wir verwerfen die falsche Lehre, als könne die Kirche in menschlicher Selbstherrlichkeit das Wort und Werk des Herrn in den Dienst irgendwelcher eigenmächtig gewählter Wünsche, Zwecke und Pläne stellen.

Die Bekenntnis-Synode der Deutschen Evangelischen Kirche erklärt, dass sie in der Anerkennung dieser Wahrheiten und in der Verwerfung dieser Irrtümer die unumgängliche theologische Grundlage der Deutschen Evangelischen Kirche als eines Bundes der Bekenntniskirchen sieht. Sie fordert alle, die sich ihrer Erklärung anschliessen können, auf, bei ihren kirchenpolitischen Entscheidungen dieser theologischen Erkenntnisse eingedenk zu sein. Sie bittet alle, die es angeht, in die Einheit des Glaubens, der Liebe und der Hoffnung zurückzukehren.

Verbum Dei manet in aeternum.

Für die theologische Kommission

Asmussen Barth Beckmann Putz Obendiek

D 8 zu S. 31

Kirchenpapier der Bischöfe Marahrens, Meiser und Wurm

I. Wir wollen eine innerlich und äußerlich geeinigte, nach den Weisungen des Neuen Testaments geleitete Reichskirche. Wir sind daher gewillt, über die Verfassung vom Juli 1933 hinaus die Zentralgewalt der Reichskirche und die Stellung des Reichsbischofs zu verstärken.
Dies würde sich vor allem auswirken:
1) in dem Recht des Reichsbischofs, den Landesbischöfen bei der Durchführung reichskirchlicher Gesetze Weisungen zu erteilen,
2) in seinem Recht, bei der Berufung und Abberufung der Landesbischöfe maßgebend mitzuwirken,
3) in dem Bestreben, die Zusammenlegung der Landeskirchen gleichen Bekenntnisses tunlichst der kommenden Gaueinteilung des Reichs anzupassen.
Wir bedauern, daß die Durchführung dieses Plans durch die Unzuverlässigkeit und Unchristlichkeit der gegenwärtigen Reichskirchenregierung uns unmöglich gemacht wird. Nur der Rücktritt der gegenwärtigen Reichskirchenregierung öffnet den Weg zu diesem Ziel.
II. Wir luth. Bischöfe von Bayern, Hannover und Württemberg, getragen vom Vertrauen unseres evangelischen Kirchenvolks, fühlen uns verantwortlich für den Neubau der Reichskirche. Um die Grundlage dafür zu schaffen, halten wir folgende Übergangsregelung für nötig:
1) Für den aus dem Amt zu scheidenden Reichsbischof ist ein Verweser zu bestellen.
2) Dieser Verweser beruft 4 Mitglieder einer vorläufigen Reichskirchenregierung, darunter einen Juristen.
3) Die vornehmste Aufgabe dieser Reichskirchenregierung ist, durch Außerkraftsetzung der rechtsungültigen Gesetze und Verordnungen, sowie durch Wiedergutmachung der Gewaltakte das geschwundene Vertrauen im Volk wieder herzustellen. Sodann hat ein Ausschuß die unverzügliche Neuordnung der Verfassung vorzubereiten.
4) Die endgültige Bestellung eines neuen Reichsbischofs ist sobald als möglich in die Wege zu leiten.
III. Die vorgesehenen Maßnahmen können eine wirkliche Befriedung nur dann erreichen, wenn die Partei sich aller Eingriffe in das kirchliche Leben enthält und die Möglichkeit geschaffen wird, die Öffentlichkeit zuverlässig über die getroffenen Maßnahmen zu unterrichten.

Berlin, 30. Oktober 1934. Die drei lutherischen Landesbischöfe vor der Reichskanzlei. Nach dem 25. Januar und dem 13. März ist es ihr dritter Empfang beim Führer und Reichskanzler Adolf Hitler in diesem Jahr. Sie haben ein Kirchenpapier (D 8) in der Tasche, das sie Hitler an diesem Tage überreichen. Mit ihrer Geheimdiplomatie stürzen die Bischöfe (v.l.n.r.) D. Wurm, D. Marahrens und D. Meiser die Bekennende Kirche in eine schwere Krise. (Unten) Das Einladungstelegramm vom 26. 10. 1934 an Bischof Wurm.

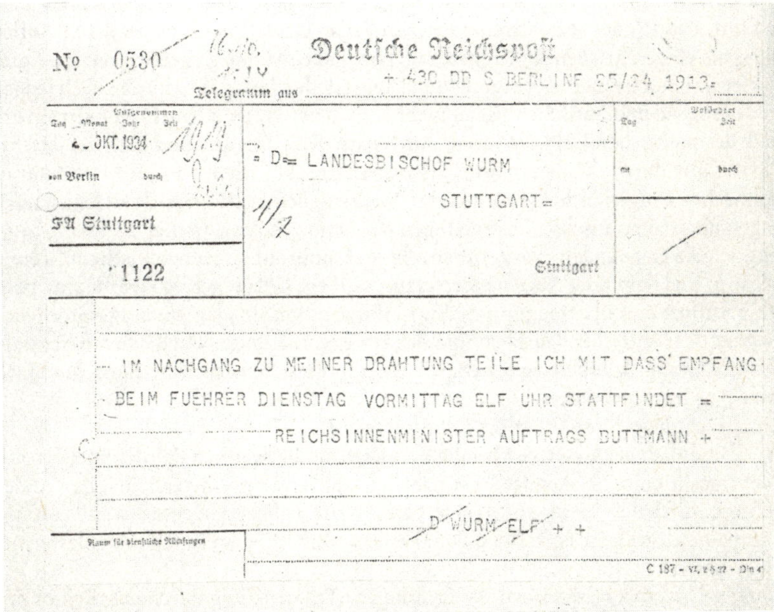

№ 0530

Deutsche Reichspost

Telegramm aus + 430 DD S BERLINF 25/24 1913=

Aufgenommen Tag Monat Jahr Zeit

– OKT. 1934

von Berlin durch

FA Stuttgart

1122

= D= LANDESBISCHOF WURM

STUTTGART=

Stuttgart

Verzögert Tag Zeit

an durch

IM NACHGANG ZU MEINER DRAHTUNG TEILE ICH MIT DASS EMPFANG BEIM FUEHRER DIENSTAG VORMITTAG ELF UHR STATTFINDET =

REICHSINNENMINISTER AUFTRAGS BUTTMANN +

D WURM ELF + +

Raum für dienstliche Rückfragen

C 187 – VI, 2 § 32 – Din 4

D 9 zu S. 55

Protokoll der Vernehmung Karl Barths vom 27. 11. 1934

Anwesend: Bonn, den 27. November 1934
Landgerichtsrat Borries als Untersuchungsführer,
Landgerichtsrat Kasper als Beamter der Staatsanwaltschaft,
Justizbüroassistent Stute (vereidigt) als Protokollführer.
Verhandelt im Landgerichtsgebäude in Bonn.

Auf Vorladung erscheint der ordentliche Professor der evangelischen Theologie an der Universität Bonn Dr. Karl Barth aus Bonn, Siebengebirgsstraße 18. Dieser wurde mit dem Gegenstand der Untersuchung unter Mitteilung der Hauptanschuldigung und der möglichen weiteren Anschuldigungspunkte bekanntgemacht. Er erklärte:
Ich bin am 10. Mai 1886 in Basel geboren. Ich besitze durch Abstammung die schweizerische Staatsangehörigkeit. Im Jahre 1925 habe ich durch meine Ernennung zum ordentlichen Professor an der Universität Münster die preußische Staatsangehörigkeit hinzuerworben. Ich bin also heute sowohl schweizerischer als auch deutscher Staatsangehörigkeit.
Zunächst lege ich gemäß meiner beigefügten schriftlichen Erklärung vom 27. 11. 1934 gegen meine Suspendierung Verwahrung ein, da mir keine Gelegenheit gegeben worden ist, mich vorher zu den gegen mich erhobenen Anschuldigungen zu äußern. Ferner fühle ich mich dadurch beschwert, daß ich vorgeladen worden bin ohne eine sachdienliche Mitteilung und ferner, daß in der Presse eine amtliche Mitteilung über meine Suspendierung erschienen ist, welche den Tatsachen nicht entspricht.
Zur kurzen Orientierung über meine politische Haltung in der Vergangenheit teile ich mit, daß ich der sozialdemokratischen Partei Deutschlands bis zu deren Auflösung als eingeschriebenes Mitglied angehört habe. Meine Zugehörigkeit zu dieser Partei war und ist meinen vorgesetzten Dienststellen bekannt. Ich habe mich jedoch in der sozialdemokratischen Partei nicht aktiv betätigt, da meine Interessen außerhalb des politischen Gebietes lagen. Auch nach dem Umsturz und nach der Machtübernahme durch die nationalsozialistische Partei bin ich aus meiner Passivität in politischen Dingen nicht hervorgetreten. Insbesondere habe ich mich weder für noch gegen die rein politischen Bestrebungen der nationalsozialistischen Richtung betätigt. Ich bin erst auf den Plan getreten, als der Kampf auf kirchenpolitischem Gebiete begann, und damit die Auseinandersetzung auf ein Gebiet geführt wurde, mit dem ich beruflich und überzeugungsmäßig verbunden bin. Ich bin ein ausgesprochener Gegner der Deutschen Christen und der zur Zeit im Amte befindlichen Reichskirchenregierung. Meine Gegnerschaft habe ich öffentlich schriftlich und mündlich zum Ausdruck gebracht.
Zur Beschuldigung selbst erkläre ich folgendes:
1. Den Inhalt des Gesetzes über die Vereidigung der Beamten und der Soldaten der Wehrmacht vom 20. August 1934 habe ich während der Universitätsferien in der Schweiz durch die Presse kennen gelernt und hatte dadurch Gelegenheit, mich schon vor meiner Rückkehr nach Bonn zum Ferienschluß mit dem Inhalt der Eidesformel zu befassen.
Anfang November erhielt ich die Ladung zur Eidesleistung durch den Rektor der

Universität. Vor dem Termin suchte ich den Rektor auf und erklärte ihm, ich sei an sich zur Eidesleistung bereit, müsse aber einen Zusatz machen, nämlich, »Soweit ich es als evangelischer Christ verantworten kann.« Ich erklärte mich mithin bereit, den Eid in der von mir als Anlage zu den Akten überreichten Formulierung zu leisten, worin der gewünschte Zusatz in roter Schrift erscheint.
Der Rektor der Universität entband mich daraufhin von der Verpflichtung, in dem Termin zur Eidesleistung zu erscheinen. Er sagte mir zu, meinen Wunsch an den Herrn Minister weiter zu leiten. Seitdem habe ich von der Sache nichts mehr gehört, bis ich gestern Abend fernmündlich durch den Stellvertreter des Universitätskurators Universitätsrat Dr. Wildt die Mitteilung erhielt, daß der Herr Minister meine sofortige Suspendierung vom Amte und die Einleitung des Disziplinarverfahrens verfügt habe. In der Zwischenzeit ist mir eine Aufforderung, zur Eidesleistung zu erscheinen, nicht mehr zugegangen.
Es ist demnach unrichtig, daß ich die Eidesleistung schlechthin verweigert hätte. Ich bin auch heute noch bereit, den Eid zu leisten; allerdings nur mit dem von mir gemachten Zusatz, welcher sich, wie die Satzstellung erkennen läßt, auf die Verpflichtung zur Treue und zum Gehorsam gegenüber dem Führer Adolf Hitler bezieht.
Die Gründe meiner Haltung in der Eidesfrage habe ich in meiner von mir überreichten schriftlichen Erklärung vom 27. 11. 34 zu Ziffer 1 bis 6 niedergelegt. Ich nehme darauf Bezug und mache die schriftliche Erklärung zum Gegenstand meiner Aussage. Der Kernpunkt meiner Stellungnahme liegt darin, daß ich aus Gründen der religiösen Überzeugung und der Achtung vor einer von mir zu übernehmenden eidlichen Verpflichtung keine Bindungen eingehen kann, deren Umfang und Grenzen mir nicht bekannt sind. Die Eidesformel ohne meinen Zusatz hat einen unendlichen und unübersehbaren Inhalt. Sie macht auch nicht da Halt, wo für mich als überzeugten Christen durch das göttliche Gebot die Grenzen gesetzt sind. Nur um diesen Gewissenskonflikt zu umgehen, habe ich den Zusatz und die Einschränkung gemacht, und ich erkläre nochmals ausdrücklich, daß ich nicht davon abgehen kann.
Ich bin mir auch nicht bewußt, durch meine Haltung gegen meine Pflichten als Beamter dem Staate gegenüber zu verstoßen. Auch die Gehorsams- und Treuepflicht gegenüber dem Staate hat nach meiner Auffassung ihre Grenzen und muß notwendigerweise einen greifbaren, übersichtlichen und in seiner Tragweite faßbaren Inhalt haben. Diese Auffassung vertrete ich, weil ich als evangelischer Christ und als berufener Lehrer der christlichen Kirche mein Denken und Handeln an der Heiligen Schrift zu orientieren habe.
Meine Haltung veranlaßt mich auch nicht, um die Entlassung aus meinem Amte zu bitten. Denn das Beamtenverhältnis, insbesondere die bei der Begründung dieses Verhältnisses geltenden Gesetze, können mich weder moralisch noch rechtlich verpflichten, eidlich ein Treue- und Gehorsamsverhältnis unbegrenzten Umfanges und bisher nicht bekannten Inhalts zu begründen. Ich sehe daher auch noch heute keinen Grund, freiwillig aus meinem Amte zu scheiden und lehne es ab, meine Haltung in der Eidesfrage als einen rechtlichen Grund für meine zwangsweise Entfernung anzuerkennen.
2. Was die Verweigerung des deutschen Grußes angeht – ein weiterer möglicher Anschuldigungspunkt –, so kann ich mich der Kürze halber auf meine mir vorgelesene Eingabe an den Herrn Minister vom 16. 12. 1933 beziehen. Was ich in dieser Eingabe ausgeführt habe, halte ich unverändert und lückenlos aufrecht. Ich mache die Eingabe zum Gegenstand meiner Vernehmung. Ich betone nochmals ausdrücklich, daß meine schriftlich niedergelegte Einstellung zur Frage »Deutscher Gruß«

unverändert ist und auch in Zukunft unverändert bleiben wird, wovon mich auch die von mir anerkannte Tatsache nicht abbringen kann, daß die akademischen Vorlesungen an einer staatlichen Universität Unterricht sind und einen Zweig der vom Staate veranstalteten Jugenderziehung darstellen.

3. Der nächste mögliche Anschuldigungspunkt betrifft meine angeblichen Äußerungen gelegentlich einer Besprechung bei dem Pfarrer Jakobi in Berlin Ende Oktober 1933. Auch zu diesem Punkt kann ich mich auf eine bei den Personalakten bereits befindliche Niederschrift beziehen: nämlich auf die Niederschrift der Verhandlung in der Universität Bonn vom 30. April 1934 in Gegenwart des Ministerialrats Schnöring. Der Inhalt dieser Niederschrift ist mir heute von dem Untersuchungsführer vorgelesen worden. Die Niederschrift enthält erschöpfend alles das, was ich zu diesem Punkt zu sagen habe. Ich habe daran weder etwas zu ändern noch etwas hinzuzufügen. Ich bekenne mich nach wie vor zu den von mir gemachten Äußerungen, wie sie in der Niederschrift wiedergegeben sind.

4. Zu dem letzten möglichen Anschuldigungspunkt: Übertretung des Verbotes, Bonn zu verlassen, kann ich, obschon dieser Punkt ebensowenig wie die Punkte 2 und 3 bisher amtlich zum Gegenstand des Verfahrens gemacht worden sind, im Interesse der Beschleunigung heute schon folgendes erklären:

Bei der bereits erwähnten Verhandlung in Bonn mit dem Ministerialrat Schnöring am 30. April 1934 wurde mir am Schluß eröffnet, daß ich bis auf weiteres Bonn und seine nähere Umgebung nicht verlassen dürfe. Ich protestierte sofort lebhaft gegen diese mich als einen ordentlichen Universitätslehrer kränkende und störende Maßnahme.

Daraufhin erklärte mir Herr Ministerialrat Schnöring, es handele sich nur um eine kurze Übergangszeit von etwa 3 Tagen, ich würde dann weiteren Bescheid zu diesem Punkte erhalten. Diese Zusage beruhigte mich, und aus diesem Grunde ist es auch wohl unterlassen worden, die Zusicherung des Herrn Ministerialrats, daß die Beschränkung nur eine ganz vorübergehende sein werde, protokollarisch festzulegen. Da ich aber längere Zeit nichts hörte und ich nach auswärts verreisen wollte, wandte ich mich an den Herrn Minister mit der Bitte um Aufklärung über den Stand der Sache gemäß unserer Absprache. Der Herr Minister bzw. der Herr Ministerialrat Schnöring antwortete mir, ich solle mich an den Herrn Kurator als die zuständige Stelle wenden. Dies habe ich auch in einem für mich besonders wichtigen Falle getan, nämlich als es sich darum handelte, an der in Barmen zusammentretenden Bekenntnissynode der Deutschen Evangelischen Kirche teilzunehmen. Da der Herr Kurator es ablehnte, mich auch für diese Reise zu beurlauben, habe ich ihm brieflich am 30. Mai 1934 mitgeteilt, daß ich auch ohne seine Erlaubnis nach Barmen zwecks Teilnahme an der Synode fahren würde. Auf meinen Brief vom 30. Mai nehme ich Bezug. Ich bin dann auch in Barmen gewesen und habe in der Folgezeit das Verbot nicht mehr beachtet sondern es in zahlreichen Fällen übertreten. Ich hielt dieses Verbot nicht mehr für verbindlich: einmal da Herr Ministerialrat Schnöring dessen kurze Befristung ausdrücklich zugesichert hatte, sodann auch deswegen, weil es nach meiner Überzeugung ausschließlich dazu dienen konnte, in der Wirkung jedenfalls darauf hinauslaufen mußte, mich als Redner und Kirchenpolitiker matt zu setzen. Ich bin auch heute noch der Überzeugung, daß eine Aufenthaltsbeschränkung in dem Umfange, wie sie mir auferlegt worden ist, sich gegen einen Universitätslehrer weder aus rechtlichen noch aus politischen Gründen rechtfertigen läßt.

[gez.] Prof. D. Karl Barth [gez.] Borries [gez.] Stute

D 10 zu S. 63

Protokolle der Zeugenvernehmung vom 1. 12. 1934

Bonn, den 1. Dezember 1934

Gegenwärtig:
Landgerichtsrat Borries als Untersuchungsführer,
Justizangestellter Adam als Protokollführer.
Verhandelt im Landgerichtsgebäude in Bonn, Zimmer Nr. 91.
In der Voruntersuchung in der Dienststrafsache gegen den Universitätsprofessor Dr. Barth in Bonn erschienen in dem auf heute angesetzten Termin zur Vernehmung von Zeugen:
1.) der Beschuldigte Professor Dr. Barth persönlich und Rechtsanwalt Dr. Dahs aus Bonn, den der Angeschuldigte zu seinem Verteidiger bestellt. Der Verteidiger Rechtsanwalt Dr. Dahs erteilte dem miterschienenen Gerichtsassessor Bleibtreu für den heutigen Zeugenvernehmungstermin Vertreterbefugnis. Der Verteidiger überreichte schriftl. Vollmacht und Untervollmacht.
2.) folgende Zeugen: . . .
1. Zeuge: Hans Naumann. . .
Ich bin Rektor der Bonner Universität seit dem Beginn des laufenden Wintersemesters, also seit dem 15. Oktober 1934. Zu meinen dienstlichen Aufgaben gehörte es, diejenigen Dozenten der Universität, welche infolge Abwesenheit während der Ferien den Eid gemäß dem Gesetz vom 20. 8. 1934 noch nicht geleistet hatten, nachträglich zu beeidigen. Zu diesen Dozenten gehörte auch der Angeschuldigte Prof. Dr. Barth. Ich erließ eine allgemeine Anordnung des Inhalts, daß die noch nicht vereidigten Dozenten am 7. 11. 1934 in der Aula zur Eidesleistung zu erscheinen hätten. In den ersten Tagen des Novembers rief der Angeschuldigte mich fernmündlich an und bat mich um eine Rücksprache. Die Rücksprache fand dann auch an einem der nächsten Tage, aber noch vor dem Eidestermin vom 7. 11. 34 auf meinem Dienstzimmer statt. Der Angeschuldigte erklärte mir bei dieser Rücksprache, er könne den Eid in der vorgeschriebenen Form nicht leisten. Er müsse einen Zusatz machen und zwar: »soweit ich es als evangelischer Christ verantworten kann«. Trotz meinen Vorstellungen, daß eine Ausnahme nicht gemacht und bei einzelnen Beamten eine Änderung der Eidesformel nicht zugelassen werden könne, beharrte der Angeschuldigte auf seinem Standpunkt. Er ging auch nicht davon ab, als ich seine religiösen Bedenken mit Zitaten aus der Bibel, z. B.: »Gebt dem Kaiser, was des Kaisers ist, und Gott, was Gottes ist« zu zerstreuen versuchte. Auf meine Frage, ob er den Eid auf einen Monarchen oder den früheren Reichspräsidenten, wenn dieser noch lebte, ablegen würde, antwortete der Angeschuldigte bejahend. Diese Antwort war so zu verstehen, und ich habe sie auch so verstanden, daß der Angeschuldigte bereit sei, den Eid auf den Monarchen Deutschlands zu leisten, sofern die frühere *konstitutionelle* Monarchie noch bestünde. In diesem Zusammenhang kam die Rede auf einen Aufsatz des Staatssekretärs Dr. Lammers über den Chrakter des neuen Staates, worin zum Ausdruck gebracht ist, daß an Stelle der Verfassung der Führerstaat nach germanischem Vorbild getreten sei, worin die Verfassung durch den Willen des Führers ersetzt sei. Ich kann naturgemäß nicht wörtlich wiedergeben, in welcher Weise der Angeschuldigte sich gerade zu diesem Punkt geäußert hat, ich hatte aber das Empfinden, daß der Angeschuldigte innerlich mit dem Führerstaat nicht fertig

werden könne. Dabei muß ich betonen, daß sich die Unterredung mit dem Angeschuldigten in durchaus freundlichen und kollegialen Formen vollzog. Ich bin auch überzeugt, daß die Bedenken des Angeschuldigten ihre Wurzel in seinen religiösen Anschauungen haben und maßgebend mitbedingt sind durch seine Eigenschaft als Ausländer, der die deutschen Verhältnisse innerlich nicht so beurteilen kann wie ein Deutscher selbst.

Bei dieser Unterredung erfuhr ich zum ersten Mal von dem Angeschuldigten, daß er auch hinsichtlich des deutschen Grußes eine von der allgemeinen Haltung abweichende Stellung eingenommen hätte.

Der Schluß unserer Unterredung war der, daß ich dem Angeschuldigten erklärte, ich müßte den Vorgang dienstlich dem Ministerium melden sowie den Kurator und den Prorektor, Professor Dr. Pietrusky, davon in Kenntnis setzen. Ich erinnere mich zwar nicht, daß ich den Angeschuldigten von dem Erscheinen in dem Termin zur Eidesleistung vom 7. 11. 34 ausdrücklich entbunden hätte; ich gebe aber zu, ihm bedeutet zu haben, daß unter diesen Umständen sein Erscheinen in diesem Termin nicht erforderlich sei, bevor die Entscheidung des Ministeriums in der Eidesfrage vorliege. Der Angeschuldigte konnte daher mit Recht annehmen, dem Eidestermin einstweilen fernbleiben zu dürfen.

Ich habe sodann unverzüglich die dienstliche Anzeige an das Ministerium im Einvernehmen mit dem Kuratorium und mit dem Prorektor gemacht. In der Folgezeit habe ich dem Angeschuldigten in dieser Sache eine dienstliche Mitteilung nicht mehr zugehen lassen, weder schriftlich noch mündlich. Ich selbst habe auch von dem Ministerium auf meine Anzeige hin eine dienstliche Nachricht nicht erhalten.

Wenn ich zunächst angenommen habe, daß für den Angeschuldigten neben inneren Bedenken auch noch gewisse taktische Gründe in dem von ihm mitgeführten kirchlichen Kampf bestimmend sind, insbesondere die Neigung, ein Martyrium zu erleben, so muß ich doch heute sagen, daß mir nunmehr diese Gründe weit verwickelter erscheinen, namentlich auf dem selischen und religiös-politischem Gebiet.

Auf die Frage des Angeschuldigten:

Wenn der Angeschuldigte behauptet, ich hätte ihn von dem Erscheinen im Termin zur Eidesleistung förmlich entbunden, so kann ich eine bestimmte Erklärung dazu nicht abgeben. Es ist aber durchaus möglich, daß ich dies getan habe. Ich glaube, ihm gesagt zu haben, unter diesen Umständen sei es klar, daß er nicht zu erscheinen brauche.

Was die oben geschilderte Rücksprache mit dem Angeschuldigten Anfang November 1934 in meinem Dienstzimmer angeht, so möchte ich hinzufügen, daß ich und der Angeschuldigte bei dieser Gelegenheit zum ersten Male dienstlich und persönlich in Berührung gekommen sind. Bis dahin kannte ich den Angeschuldigten nur als Kollegen und dem Namen nach. Mit den Bestrebungen, dem wissenschaftlichen und kirchlichen Wirken des Angeschuldigten, hatte ich mich bis dahin nicht beschäftigt. Mir war wohl bekannt, daß er in dem evangelischen Kirchenstreit aktiv tätig war. Mein Urteil über die Motive des Angeschuldigten stützt sich daher im wesentlichen auf persönliche Eindrücke, nicht aber auf ein tieferes Befassen mit seiner Person, seinem Werk und seinem Wirken.

Vorgelesen, genehmigt, unterschrieben

[gez.] Prof. Dr. Hans Naumann

2. Zeuge: Dr. Fritz Pietrusky. . .

Während meines Rektorates erging die Anweisung, daß die Dozenten an den Hoch-

schulen ihre Vorlesungen mit dem deutschen Gruß beginnen und schließen sollten. Ich teilte diese Anweisung durch Rundschreiben den Dozenten mit der »Bitte« um Beachtung mit. Ich weiß nicht mehr, ob in einer Mitteilung an die Dozenten die ministerielle Anordnung wörtlich wiedergegeben war.
Im Dezember 1933 – genau entsinne ich mich des Zeitpunktes nicht – bat ich den Angeschuldigten, den ich bis dahin nicht näher kannte, wegen des deutschen Grußes um eine Besprechung, da mir mitgeteilt worden war, daß der Angeschuldigte in seinen Vorlesungen den deutschen Gruß nicht anwende. In der Besprechung erklärte mir der Angeschuldigte, er pflege seine Vorlesungen mit einer Andacht zu eröffnen, und er sei der Ansicht, daß in diesem Rahmen der deutsche Gruß nicht hinein passe. Außerdem sei ja nur eine »Bitte« ergangen, den deutschen Gruß anzuwenden. Es stehe daher in seinem Belieben, ob er der Bitte entspräche oder nicht. Mein Hinweis darauf, daß es sich um eine dienstliche Anweisung handle, die ich in der kollegialen Form einer Bitte weitergegeben hätte, veranlaßte den Angeschuldigten, mich um einen ausdrücklichen »Befehl«, den deutschen Gruß anzuwenden, zu bitten. Ich habe dem entsprochen und nunmehr dem Angeschuldigten in Anwesenheit des Universitätsrates Dr. Wildt mündlich den förmlichen Befehl erteilt. Die von dem Angeschuldigten gewünschte schriftliche Befehlserteilung habe ich abgelehnt, da ich eine solche für überflüssig hielt und nicht geneigt war, Sonderwünschen nachzukommen, die mir nicht berechtigt erschienen. Der Angeschuldigte hat daraufhin schriftlich mitgeteilt, daß er den Befehl nicht ausführen werde und hat eine Beschwerde über mich an das Ministerium eingereicht. Ich habe die Beschwerde mit einem dienstlichen Bericht, auf den ich mich zur Ergänzung meiner heutigen Aussage beziehe, weitergereicht. Eine Antwort auf meinen Bericht und auf die Beschwerde des Angeschuldigten ist *über mich* bislang nicht ergangen.
Vorgelesen, genehmigt, unterschrieben
[gez.] Fritz Pietrusky

3. Zeuge: Karl Schnoering. . .
Ich war bis zum 10. 9. 1934, bis zu meiner bereits etwa am 25. 8. ausgesprochenen Ernennung zum Generalstaatsanwalt in Düsseldorf Ministerialrat im Preuß. Ministerium für Wissenschaft, Kunst und Volksbildung. Praktisch bin ich aus dem Ministerium infolge Beurlaubung bereits Ende August 1934 ausgeschieden. Ich hatte in dem Ministerium die Rechtsangelegenheiten der Hochschulen zu bearbeiten. Mit Personalsachen der beamteten Hochschullehrer war ich nur insoweit befaßt, als es sich um disziplinäre Angelegenheiten handelte.
Wegen eines Briefes der Studienrätin Küppers an eine Bekannte, der sich mit einer Pfarrerbesprechung in Berlin bei dem Pfarrer Jakobi Ende Oktober 1933 befaßte, und der durch die geheime Staatspolizei zur Kenntnis der Behörde gelangt war, erhielt ich von dem Staatssekretär den Auftrag, den Angeschuldigten Prof. Barth in Bonn persönlich zu hören. In diesem Briefe war nämlich auch von Professor Barth die Rede und von Äußerungen politischen Charakters, welche er bei der gedachten Pfarrerkonferenz gemacht haben sollte. Ich habe den Angeschuldigten auftragsgemäß am 30. April 1934 in Bonn in der Universität vernommen und das Ergebnis dieser Vernehmung in einer Niederschrift zusammengefaßt. Ich wiederhole hier den Inhalt dieser Niederschrift und mache diese zum Gegenstand meiner heutigen Aussage. Die Niederschrift enthält erschöpfend dasjenige, was bei der Vernehmung des Angeschuldigten am 30. April 1934 behandelt worden ist.
Was die Verweigerung des deutschen Grußes in den Vorlesungen angeht, so habe

ich davon dienstlich durch die Akteneinsicht Kenntnis erhalten. Ich selbst habe aber in diesem Punkte dienstlich niemals den Auftrag erhalten, etwas zu veranlassen; insbesondere nicht eine Maßnahme disziplinärer Art. Diese Angelegenheit bearbeitete das Personalreferat. Bei der Vernehmung in Bonn ist die Frage »deutscher Gruß« meiner Erinnerung nach nicht erörtert worden. Es mag sein, daß sie von mir allein ganz beiläufig gestreift worden ist.
Während der Vernehmung des Angeschuldigten in Bonn am 30. 4. 34 rief mich der mit der Vernehmung des Fräulein Küppers in Magdeburg beschäftigte Ministerialrat Huhn an und gab mir im Auftrage des Staatssekretärs die Anweisung, dem Angeschuldigten eine Aufenthaltsbeschränkung aufzuerlegen des Inhalts, daß er Bonn und Umgebung bis auf weiteres nicht verlassen dürfe. Der Angeschuldigte war über diese Maßnahme ungehalten und legte dagegen Verwahrung ein. Ich suchte ihn mit dem Hinweis darauf zu beruhigen, daß allgemein für jeden Beamten die Residenzpflicht bestehe und daß es im Ermessen des dienstlichen Vorgesetzten liege, die strikte Innehaltung der Residenzpflicht zu fordern oder nicht. Der Angeschuldigte solle daher in dieser Aufenthaltsbeschränkung nicht eine persönliche Kränkung erblicken. Als sich der Angeschuldigte dabei nicht beruhigte, sagte ich ihm, ich würde sofort nach meiner Rückkehr nach Berlin bei meinem Vortrage auch diese Frage mit dem Herrn Staatssekretär besprechen und würde mich dafür einsetzen, daß die Aufenthaltsbeschränkung in erträglicher Form gehandhabt würde. In welcher Form ich Herrn Professor Barth meine Bereitwilligkeit, für eine Milderung einzutreten, geäußert habe, kann ich nicht mehr sagen. Ich erinnere mich nicht, von einer Befristung der Aufenthaltsbeschränkung gesprochen zu haben; noch weniger in dieser Hinsicht eine bestimmte Zusicherung gemacht zu haben; schon deswegen nicht, weil ich dazu nicht befugt war und auch über die Erwägungen, die den Herrn Staatssekretär zu dieser Maßnahme veranlaßt hatten, damals noch nicht klar unterrichtet war. Es ist möglich, daß ich bei der Vernehmung abschließend erklärt habe, die Frage der Aufenthaltsbeschränkung würde mit der Untersuchung in der Angelegenheit Küppers-Jakobi ihre Erledigung finden.
Im Ministerium habe ich über die Erledigung meines Auftrages in Bonn dem Herrn Staatssekretär Bericht erstattet und habe dann die Anweisung bekommen, dem Angeschuldigten durch den Kurator mitteilen zu lassen, er solle sich wegen einer Aufhebung des Verbotes in jedem Einzelfalle an diesen wenden. Ich habe auch auftragsgemäß dem Kurator Direktiven gegeben, nach denen er seine Entschließung einrichten solle. Es ist möglich, daß ich die Direktiven in einem Erlaß an den Kurator Klingelhöfer niedergelegt habe, den ich im Auftrage des Staatssekretärs an diesen richtete. Es ist aber auch möglich, daß ich die Direktiven dem Kurator nur mündlich oder fernmündlich mitgeteilt habe. In letzterem Falle sind sie auch in einem Aktenvermerk niedergelegt.
Auf die Frage des Angeschuldigten: wie es zu erklären ist, daß der Fall Küppers-Jakobi erst nach 6 Monaten zum Gegenstand meiner Untersuchung gemacht worden ist, kann ich nicht antworten. Die Vernehmung durch mich hat sich um einige Wochen dadurch verzögert, daß ich damals beurlaubt war.
Vorgelesen, genehmigt, unterschrieben
[gez.] Schnoering [gez.] Borries [gez.] Adam

D 11 zu S. 63

Nachschrift des Barth-Vortrages vom 1. 12. 1934

In diesem erntesten Augenblick seit dem Sommer 1933 ist alles in Frage gestellt, wofür wir gestritten haben. Aber es ist nicht aus, sondern der Kampf geht weiter. Die Reihen werden sich lichten. Korn wird gesondert werden müssen. Es gilt jetzt, in einer ganz neuen Weise ernst zu machen mit den Voraussetzungen, mit denen wir in den Kampf gezogen sind.

1. Die Tatsachen der neuen Lage.
Am 20. November hat in Berlin der Bruderrat, das größere von den beiden Organen der Bekenntniskirche, den Beschluß gefaßt, gemeinsam mit den Bischöfen von Bayern, Württemberg und Hannover ein Notkirchenregiment herauszustellen. Die Meinung war dabei, dieses (Marahrens, Koch, Breit, Humburg, Flor) solle die rechtmäßige DEK bleiben. Dieser Beschluß müsse aber der Synode unterliegen, die noch zu berufen sei. Diese Berufung einer dritten Synode ist nicht angenommen worden. Fünf haben widersprochen (Niemöller, Asmussen, Hesse, Immer, Barth) und ihren Austritt aus dem Bruderrat erklärt. Die Reformierten sollen Baumanus, Stettin, stellen, der aber ablehnte. Dann hat Humburg angenommen. Dieser fragte den reformierten Bund auf seiner Tagung in Detmold am 29. November, ob er mit dem Willen und Vertrauen dieses Bundes in dieses Kabinett eintreten könne. Die Versammlung erklärte ihm, daß er auf eigene Verantwortung handele. Anstelle von Flor tritt vorläufig Fiedler, da der Reichsjustitzminister Flor nicht erlaubte, einen dementsprechenden Urlaub zu nehmen.

2. Wie es dahin hat kommen können?
Ende Oktober – 10 Tage nach Dahlem – wurde ein Ausschuß einberufen zur Ausarbeitung der Vorschläge zur Synode. Diese Tage sind mir in sehr schöner Erinnerung wegen ihrer schlichten Arbeit, wie ich überhaupt viele Tage in diesen Kämpfen in Erinnerung habe. Dann trat eine böse Stunde ein; am Abend kam die Nachricht, daß der Reichskanzler die drei Bischöfe eingeladen habe. Es entstand die Frage: was bedeutet das? Zwei der Bischöfe gehören der Synode an, dagegen Marahrens nicht. Es zeigte sich dann, daß bei der Regierung die Absicht bestand, die Unordnung in Bayern und in Württemberg rückgängig zu machen, die Bischöfe wieder in ihr Amt einzusetzen. In diesem Augenblick war der ganze Kreis von der Frage bewegt: Was soll geschehen? Es ist eine neue Lage entstanden. Man glaubt, die Tage Müllers seien gezählt. Was geschieht, wenn Müller von Hitler in die Wüste geschickt wird? Man sah sich schon im Gebäude der Kirchenregierung! Was mußten wir tun, um vertragsmässige Partner des Staates zu seien. Jetzt gingen bezeichnender Weise die Gedanken in der Richtung Bischof. In Barmen und Dahlem kam der Bischof nur in der Unterschrift Meisers vor, da war nur von Brüdern die Rede. Jetzt glaubt man, unter einem Diktat zu stehen. Sind wir in der Verfassung von Dahlem geeignet für diese große Zukunft? Die eigene Mannschaft wurde gemustert. Ist der Sechserrat in diesem feierlichen Augenblick geeignet, unsere Sache zu führen? Man nahm uns unter die Lupe!
Drei Bedenken hatte man:
1. *Politische* Bedenken. Präses Koch ist deutschnationaler Abgeordneter gewesen! das eignet ihn nicht dazu. Es wurde sogar gesagt: Niemöller hat vom Grabenkrieg zu viel Schmutz an sich, jetzt kommen die Leute mit den roten Streifen an die Reihe,

und ich erstmal – – – –, na, Sie wissen ja! Gegen Asmussen bestehen die gleichen Bedenken, nur Breit ist frei davon. Auch hört man theologisches Raunen, nur nicht so einseitig! Das hieß nun: Man dürfe nicht meinen, die Barmer Erklärung sei geradezu ein Bekenntnis, wie das Nizänum oder die Augustana. Man könne auch die Dinge ein bischen anders ansehen. Es sei doch zu viel Barth'sche Theologie hineingearbeitet. Es gebe auch noch andere Schulen und Richtungen, die nicht geradzu D. C. wären und die doch auch zu hören wären. Sie wissen, dieser Wind kommt aus Althaus! Man hätte Angst, den ersten Satz von Barmen wörtlich zu nehmen.
3. sagte man: Präses Koch ist kein *Bischof!* Ausserdem ist er nur Unions-Lutheraner! Wir haben den Reibi auch nur deshalb bekämpft, weil er nur Unions-Lutheraner ist! (Auch dieser Wind wehte aus Bayern)!
In den Verhandlungen stehen auf der einen Seite Bayern, Württemberg und Hannover. Diese drei wollen ihr Programm wahren, anschliessend an die Restauration im Süden. Im Hinblick auf den Staat will man ein arbeitsfähiges Kabinett. Man sagt: unsere Gemeinden erwarten das! Die Gegenseite sagt das Gleiche. Die Interpretation dessen, was die Gemeinden wollen, ist sehr verschieden. Die einen wollten eine Reichskirche, die geeint war darin, daß man die Gewaltmethoden des Reibi und der D. C. nicht will. Die Verfassung von 1933 ist gültig. Man vergleiche dazu das Kabinett vom Sommer 1933, das ja in derselben Weise aus fünf Leuten bestand! Die anderen, vor allem Preussen, sagen: Die Gemeinden warten auf die Fortsetzung des Aufbruchs, der seinen Ausdruck gefunden hat in Dahlem und Barmen, des Aufbruchs von Schrift und Bekenntnis her. Sie warten nicht auf eine Reichskirche, sondern auf einen Bund von bekenntnisbestimmten Kirchen (Dahlem). Die erste Gruppe stellt Marahrens heraus, der von vielen bis zur letzten Stunde leidenschaftlich abgelehnt wird. Die Zweiten sagen: Der Sechserrat mit Präses Koch! Im Laufe der Verhandlungen wird immer mehr sichtbar, daß das größere Sichanklammern auf Seiten der Süddeutschen ist. Man konnte fast Bewunderung dafür haben, wie sie jeden Tag wiederkamen mit derselben Ansicht. Die am längsten dastehen, haben immer gewonnen. Sie machen zuletzt formale Zugeständnisse: Marahrens (der nie bei der Bekenntnissynode war,) soll nun gemäß Barmen und Dahlem regieren. Koch soll zur Leitung dazu gehören. Marahrens soll dem Bruderrat verantwortlich sein. Die Synoden sollen weiter bestehen als Sicherungen und Ventile. Die Sachen wurden annehmbarer. Man fing an, weich zu werden. Bis zum 1. November hatte Preussen zusammengehalten wie ein Block bis auf Schlesien. Dann fällt einer nach dem andern ab. Ich wurde zu einem Verfechter Preussens, Friedrich des Großen und Bismarcks! Ich wäre beinah schwarz – weiß geworden! Zu *v. Soden*, dem Vertreter Hessen – Kassels, der bereits übergegangen ist, sagte ich: »Lieber Kollege, was denken Sie sich dabei, Preussen gegen Hannover, Hessen, Würtemberg, Bayern. Woran erinnert Sie das? War das nicht 1866 so. Und nicht wahr, der . . . [der König von Hannover, Georg V.] war damals blind? Aber dass wir recht hätten; aber er mahnt zum Frieden, zur Einigkeit und zur Seelsorge. Nun fielen die Leute ab wie die reifen Aepfel vom Baum – Präses Koch selber sagt: Ich rate Euch, den Kampf aufzugeben. Lücking, Beckmann und alle gehen über. Man sah sich allein. Überzeugt war keiner, aber man sagte sich, das geht nicht anders. Die Nachtsitzung werde ich nie vergessen; wir stehen dann auf und sagen unsere Erklärung.

3. *Würdigung.*
Die Kirche war in eine Entscheidung gestellt, in der sie versagt hat. Es ist uns in diesen Jahren etwas geschenkt worden, wie eine Reformation, wie eine junge Kirche.

Was in Barmen und Dahlem gesprochen hatte, war die Erkenntnis, in dieser Not der Kirche wird uns eine Erneuerung an Haupt und Gliedern geschenkt. War es nicht so? Haben wir nicht in der besten Stunde des Jahres etwas zu hören gemeint?
Die Bekenntnissynode hat *Reformation* verkündet, *Reformation*, heute eine Frage an uns. Marahrens und seine Leute aber wollen *Restauration*. Es hat einmal in Deutschland Befreiungskriege gegeben und einen Aufbruch des Volkes, aber dann kam die Heilige Allianz und Metternich! Da kann man dann sagen: so endete eine Liebe! Man könnte auch an das gefährliche Beispiel der Regierung erinnern! – – – Waren Barmen und Dahlem nur starke Worte und Geschwätz? Um dieser Frage willen geht die Situation so auf die Nieren. Sind wir da gebunden worden durch Gottes Wort, oder haben wir uns eigenmächtig an einen Bekenntnisort verfügt? Und siehe da, wir können jetzt auch anders. War Barmen nur ein erquickender Trunk aus goldenen Schalen? (Breit) War die Vertretung von einer Bewegung mit Thesen, mit Bekenntnissen einer schönen Seele, so sagte man, man müsse unterscheiden zwischen einer Bekenntnisbewegung und einer Bekenntniskirche. Wenn das stimmen würde, dann allerdings Marahrens! Jetzt müßte viel mehr exerziert werden, was in Barmen gelernt war. So aber kam auf der innersten Linie der Bruch. Die Linie Barmen – Dahlem ist verlassen worden; dort wollten wir es mit dem Glauben probieren, ganz kindlich, einfältig und freudig; wir wollten nicht auf das sehen, was herauskommen würde, sondern wir wollten schlicht ausmarschieren unter dem lieben Gott, aber jetzt ist die andere Stimmung gekommen. Natürlich wollen wir glauben, natürlich Schrift und Bekenntnis – *aber* jetzt fängt die Wirlichkeit an, das Leben, die Praxis. Wir möchten eine breitere Front gewinnen, dem Staate gefallen! – Das alles kommt nicht aus dem Glauben. Nun ist man merkwürdig gescheit geworden, brüderlich, seelsorgerlich, aber nicht mehr kindlich, Einheit, nicht Wahrheit war die Parole, nicht Kirche Jesu Christi, sondern es muß doch Volkskirche bleiben. Wo steht das im Bekenntnis? Damit ist der entscheidende Punkt wieder aufgegriffen. Wiederkehr von den D. C.-Lehren, von den zwei Offenbarungen, in neuer Auflage, und noch nicht einmal in verbesserter. Wieder das gleiche Denken nach zwei Seiten, wo wir doch meinten, etwas verstanden zu haben von dem Wort: Ihr könnt nicht Gott dienen und dem Mammon. Breit sagt: In den schönen Hallen der Theologie kann man nicht immer bleiben, sondern man muß ins Leben hinaus, wo dann einmal gesündigt werden muß. Das ist wohl eine verdammte Sache, aber es geht nicht anders. Ich dachte, wir hätten gelernt, daß Theologie und Leben zusammengehören, daß auch in den schönen Hallen der Theologie Sünde geschieht, daß auch die Theologie von Gottes Vergebung lebt. Die Ausrede von der sündigen Welt gilt nicht mehr, weil wir selbst in der Kirche sind. Das ist wieder das Satanische in der Theologie.
Auch die äußere Ordnung von Dahlem und Barmen hat man verlassen. Was man der Gemeinde in Dahlem gesagt hatte, das wurde jetzt aufgehoben! Ohne eine neue Synode zu berufen, setzte man den Bruderrat sozusagen ab, Bischöfe tauchten plötzlich neben dem Bruderrat auf. Bei der Abfassung der Botschaft an die Gemeinden stritt man sich sogar darum, ob zuerst die Bischöfe oder der Bruderrat zu nennen wäre! Damit wurde eine *Unordnung* auferrichtet, weiter, der Schatten des Führers fällt auf die Menge. Jetzt heißt es: »Wie soll ich dich empfangen, und wie begegne ich Dir?« Jetzt fangen alle Leute an, dreinzureden. Es findet ein Konvent in München statt, an dem die Bischöfe Schumann(?) Zänker und Marahrens teilnahmen. Man mußte im Michael – Hospiz in Berlin sogar vorsichtig sein, daß nicht etwa die sich überall herumtreibenden Journalisten ein Wörtchen mitredeten.

Dazu kommt ein herzlich unpraktisches Verfahren, indem man Politiker sein wollte, wurde man politischer Dilettant. Man sieht die Fatamorgana auftauchen. Müller tritt ab! Und läßt sich ins Boxhorn jagen. Dabei haben wir keine Reichskirchenregierung bekommen! Was wir wußten, waren Gerüchte. Der eine hatte gute Beziehungen zu einem Ministerialdirektor, der andere kannte einen Standartenführer! Das ist etwas von dem Peinlichsten, was ich in der Erinnerung habe. Und was ist nun geschehen? Der Reibi bleibt! Durch den glänzenden Streich der Legalität hat er sich noch befestigt, indem er sich auf die Verfassung von 1933 zurückzieht, auf der auch das Notkirchenregiment steht.
Der Staat hat sich bei alledem nicht gerührt. Er denkt nicht daran, die Bekenntniskirche anzuerkennen. Man hat sich Illusionen gemacht; auch Marahrens wurde nicht anerkannt, im Gegenteil, wieder ist Grabenkampf. Marahrens ist kein Grabenkämpfer. Wir haben einen Spatzen in der Hand (Sechserrat) gegen eine Taube von uns eingetauscht und diese kann leicht wegfliegen. Lesen Sie neben dem ersten Aufruf des neuen Regiment eine Predigt von Asmussen oder Niemöller oder auch ein Heft der theologischen Existenz. So hören Sie schon einen seltsamen verschiedenen Klang heraus. Die erste Tat von Marahrens war, daß er Herrn Pastor Schirmacher, den »Treuhändler« Jesu Christi bei der Inneren Mission bestätigte.

4. *Was soll nun geschehen?*
Wir haben allen Anlass, zu allem Nein zu sagen. Aber wir stehen noch Gewehr bei Fuß. Es gibt schon Leute, die sagen, man muß gegen Marahrens ebenso wie gegen Müller streiten. Diese Parole möchte ich noch nicht ausgeben. Wir wollen keinen Zweifrontenkrieg. Wir müssen erst deutlich sehen, wo die Wahrheit ist und wo die Lüge. Es kann die Zeit kommen, wo wir gegen zwei Fronten kämpfen müssen ohne kirchenpolitische Rücksicht. Es gibt Leute, die sagen, der Sechserrat war Fanfare. Das Notkirchenregiment ist Schamade. Man wird es an den Tatsachen sehen können. Aber nicht so rasch sein! Auf keinen Fall tumultare Schande! Es ist Aufgabe der theologischen Jugend, Disziplin zu halten, keine Pösfatie (?) nach der einen oder anderen Seite. Es sind genug Männer da, die aufpassen. Die Verantwortung wird jetzt bei denen liegen, ohne innerlich überzeugt zu sein.
Warum bin ich nicht im Bruderrat geblieben? Es darf nicht so sein, daß im Bruderrat drei Gruppen sind, mit der milden Mitte Preußen, denn das wäre der sicherste Weg zum Kirchenschlaf. Es würde dann nie etwas Radikales und Ernsthaftes geschehen. Von daher, wo wir früher standen, müssen die Preussen einen kalten Wind fühlen. Sie sollten keine Möglichkeit haben, sich einmal links und einmal rechts anzuschließen. Jetzt hat diese Mitte die Verantwortung. Für uns alle gilt, die Position Barmen – Dahlem zu beziehen. Die Preußen haben aus Bodelschwingh-Gründen nachgegeben. Sie haben unser Vertrauen weiterhin. Der reformierte Bund hat nach seiner Tagung in Detmold in diesem schwierigen Augenblick sich für oder gegen die Bekanntnissynode entscheiden müssen. Er hat sich entschieden für das Werk von Dahlem und Barmen, für (gegen?) die Bekenntniskirche Marahrens. Das Ganze war noch zu früh, als daß es so einfach weitergehen konnte. Es war fast unheimlich, daß man sagen konnte, das ist ein D. C. und das ist ein Bekenntnismann. Die Fronten sind noch einmal tüchtig durcheinandergeworfen worden. Vielleicht erleben wir jetzt die Sichtungszeit, wie die Brüdergemeinde sie bald nach ihrer Gründung erlebte. Was uns in diesen zwei Jahren an Segen gegeben worden ist, das kann uns durch 10 Marahrens nicht genommen werden. Wir müssen uns die Hände wieder füllen lassen und bereit sein, aufzuteilen und weiterzugeben und weiter zu kämpfen.

D 12 S. 69

Brief Hans von Soden vom 2. 12. 1934 an Karl Barth

Prof. D. Hans von Soden — Marburg/Lahn, den 2. XII. 1934
Wörthstr. 37, F. 2142

Sehr verehrter, lieber Herr Kollege!
Eine besonders angespannte Beanspruchung durch einen Konvent der bekennenden Pfarrer in unserer Landeskirche, den ich zu leiten hatte, läßt mich erst heute dazu kommen, Ihnen auf die Nachricht von Ihrer Suspension zu schreiben. Sie hat mich sehr schwer getroffen, sowohl wegen meiner besonderen persönlichen Teilnahme an Ihrem Wirken, wie auch wegen der großen Bedeutung, die sie für den Kampf der Bekennenden Kirche hat. Ich danke Ihnen und Herrn Kollegen Wolf für die näheren Mitteilungen, die Sie mir durch Bultmann zugehen ließen.
Die durch einige sachliche Meinungsverschiedenheiten, wie ich glaube hoffen zu dürfen, nicht gefährdeten herzlichen persönlichen Beziehungen, die sich im gemeinsamen Kampf für die Kirche zwischen Ihnen und mir gebildet haben und für mich eine ganz besondere Freude darstellen, gestatten mir wohl, mit der Versicherung meiner persönlichen Verbundenheit, die keiner weiteren Worte bedarf, ein schweres Bedenken gegen ihre Entscheidung offen auszusprechen. Ich kann sie nämlich jeder Belehrung gern gewärtig, zunächst gerade von Ihrem *theologischen* Standpunkt aus garnicht verstehen. Sie fordern vom Staat, daß er Ihnen gestatte, formal und prinzipiell einen Vorbehalt des christlichen Gewissens in Ihren Beamteneid zu setzen; das heißt doch: Sie nehmen den status confessionis in einer abstrakten Formalität vorweg, der doch nur in einem konkreten, aktuellen Konflikt gegeben sein kann. Sie fordern vom Staat, daß er eine Glaubensverpflichtung anerkenne, die nach Ihrer ganzen Einstellung der Staat als solcher überhaupt nicht zu erkennen vermag. Die Klausel, die Sie einfügen wollen, hat nur für einen gläubigen Christen einen ernsthafen Sinn; für den »Ungläubigen« erscheint sie und kann nur erscheinen als getarnte Eidverweigerung. Für den gläubigen Christen ist die Klausel selbstverständlich, aber eben so, daß er Gott mehr gehorchen *wird*, als den Menschen, *wenn* dieser Konflikt eintritt, und daß er dann diejenigen Folgen auf sich nimmt, welche die Obrigkeit, welche Gewalt über uns hat, über uns verhängen wird. Ich würde verstehen, wenn Sie den Eid auf einen Menschen grundsätzlich ablehnten; in Deutschland ist er uns freilich aus der monarchischen Tradition her geläufig, und ich würde auch eine grundsätzliche Ablehnung solchen Eides theologisch für irrig halten. Unmöglich aber scheint es mir zu sein, den Eid zu übernehmen und eine Klausel einzufügen, die seine Verbindlichkeit von vornherein anficht und die mit Leistung des Eides anerkannte – irdische! – Souveränität des Staates aufhebt.
Das kanonische Recht scheint mir mit Recht einzuschärfen, daß die Verpflichtung eines Eides stets im Sinne dessen, dem der Eid geschworen wird, auszulegen ist. Somit muß man den Eid leisten oder ablehnen, wie er vorgelegt wird; man muß, wenn man ihn leistet, aber zu gegebener Zeit im Sinne des Schwurfordernden nicht halten kann, die Folgerungen ziehen oder an sich ziehen lassen, also in unserem Fall auf das Staatsamt verzichten. Man kann aber dem Eid nicht eine Formulierung geben, die den Sinn des Schwörenden maßgeblich macht und diesem die Auslegung ständig vorbehält. Damit wird der Eid für den Staat, der ihn fordert, wertlos.
Der Staat kann eine derartige Klausel niemandem zugestehen; vom Staate her ge-

sprochen wäre sie eine staatlich unmögliche Privilegierung. Was Sie für das christliche Gewissen fordern, könnte – vom Staat aus gesehen – ein anderer für sein deutsches Gewissen fordern und ein dritter für sein menschliches und ein vierter für sein wissenschaftliches und ein fünfter für sein Gewissen als Familienvater u.s.w. In Wahrheit fordert der Eid von Ihnen garnichts, was nicht schon bisher von Ihnen gefordert worden und die Voraussetzung Ihres Beamtenverhältnisses gewesen ist. Dieses Verhältnis als für Sie nicht mehr haltbar aufzugeben, muß Ihnen jederzeit unbenommen bleiben; es von jetzt an für Sie unter von Ihnen zu setzende Bedingungen zu stellen, ist dagegen ausgeschlossen.
Ich möchte es doch wagen, Sie sehr herzlich darum zu bitten, zu überlegen, ob Sie diesen Gesichtspunkten in etwa Recht geben können oder müssen; Sie haben sich ja natürlich die Sache schon ernst überlegt, aber wir alle können doch irren und dürfen uns belehren lassen; ich bin meinerseits wirklich auch bereit dazu.
Und bedenken Sie bitte weiter noch folgendes: in welches Licht bringen Sie mit Ihrer Klauselforderung die Ihnen irgendwie theologisch oder persönlich nahestehenden Kollegen, etwa Bultmann und mich, die den Eid ohne Klausel übernommen haben? Sind wir weniger gewissenhafte Christen, die durch einen Eid auf Menschen sich vom Gehorsam gegen Gott leichthin dispensieren lassen? Ich glaube, wir haben doch das Gegenteil unter Beweis gestellt. Oder sind wir solche, die den Eid gegen den Staat nicht ganz ernst nehmen und deshalb darauf verzichten, ihn sorgfältig und gewissenhaft zu formulieren und gehörig zu verklausulieren? Ihre Forderung bringt uns andere unvermeidlich in den Verdacht, nach der einen oder der anderen Seite unaufrichtig zu sein.
Und bedenken Sie weiter: wie belastet Ihr Verhalten unsere gesamte Kampfgemeinschaft für die Bekennende Kirche! Ich bedaure und mißbillige es, daß die offiziöse Pressenotiz gesagt hat, Sie verweigerten den Eid, obwohl sich ihr Urheber nicht ohne ein gewisses Recht darauf berufen könnte, daß eine Klauselforderung sachlich auf Verweigerung hinauskäme. Ich meine jedoch, man hätte Ihnen hier die Billigkeit einer genauen, den Tatbestand wiedergebenden Berichterstattung erweisen sollen. Aber selbst wenn dieser Tatbestand vollständig und zutreffend bekannt wird, so bleibt es doch dann bestehen, daß ein führender Theologe der Bekenntnisfront, ein führender theologischer Lehrer überhaupt, – z. Zt. fraglos der angesehenste unter allen, – hier dem Staat nicht gibt, was nach meiner und vieler Theologen Überzeugung des Staates ist, und so ungewollt aber unvermeidlich dem Verdacht Vorschub leistet, daß die Bekenntnisfront gegen den legitimen Anspruch des Staates stehe und eine unevangelische Autonomie der Kirche im Staat verfechte.
Die Auslassung der »Basler Nachrichten«, Nr. 327, vom 29. 11. 34 über Ihren Fall unter der Überschrift »Besorgnisse der Bekennenden Kirche« stammt, wie ich annehme, nicht aus dem für die Leitung der Bekennden Kirche wirklich verantwortlichen Kreis. Ich könnte sie meinerseits jedenfalls nicht verantworten. Mit der Gründung einer eigenen theologischen Hochschule soll man nicht vor der Zeit spielen. Eine Nötigung dazu wäre für die Kirche dann und nur dann gegeben, wenn an den staatlichen Fakultäten die christliche Theologie nicht mehr gelehrt werden könnte. Davon kann aber wirklich nicht die Rede sein, wenn von den Professoren der Theologie der allgemeine Staatsbeamteneid gefordert wird, in welchem sie sich ja gerade zur gewissenhaften Erfüllung der Verpflichtung ihres Amtes, also in unserem Fall der theologischen Professur, verbindlich machen. Die Verpflichtung der Theologie wie der Hochschullehre überhaupt wird immer in sehr erheblichem Maße eine kritische gegenüber den Institutionen von Staat und Kirche sein, und wir beide sind wohl

darin einig, daß sie als solche durch eine kirchliche Hoheit über die Fakultäten nicht sicherer gestellt wird als durch eine staatliche. Kommt es aber zu der Notwendigkeit, an den staatlichen Hochschulen theologische Fakultäten aufzugeben oder nicht mehr anzuerkennen, so darf es auf jeden Fall dazu nur kommen, wenn und weil der Staat die Fakultäten nicht mehr ihrem sachlichen Auftrag gemäß arbeiten läßt, nicht aber weil die Professoren der Theologie ihren staatlichen Verpflichtungen gemäß den für alle geltenden Gesetzen nicht zu genügen vermögen.
Ich bitte Sie deshalb nochmals herzlich, zu erwägen, ob es nicht einen nach Wahrheit und Recht gangbaren Weg gibt, das gegen Sie eingeleitete Verfahren zu erledigen.
Mit herzlichen Grüßen und dankbarer Verbundenheit
Ihr
H. v. Soden

D 13 zu S. 70

Landesbischof D. Meiser – Bekanntmachung vom 21. 8. 1934 zum kirchlichen Diensteid

Die am 9. August 1934 nach Berlin zusammengerufene Nationalsynode nahm gegen den begründeten Protest unserer Abgeordneten eine Reihe von Gesetzen an, deren Vollzug wir für die Bayer. Landeskirche als eine *lutherische Bekenntniskirche* ausschließen müssen. Namentlich das Gesetz über den Diensteid der Geistlichen und Beamten widerspricht so sehr der evangelisch-lutherischen Auffassung, daß wir uns veranlasst sehen, unseren Geistlichen ausdrücklich die Gründe mitzuteilen, die den Landeskirchenrat – wie die bayerischen und andere kirchliche Vertreter auf der Nationalsynode – bestimmt haben das Gesetz abzulehnen.

I.
Die *Kirche* als Gemeinschaft der Gläubigen kennt nach dem klaren Zeugnis der hl. Schrift keinen Eid als christliches Gebot (Matth. 5,34 ff., Jak. 5,12). Eingedenk der Worte ihres Herrn hat darum die evangelische Kirche – im Unterschied zur römisch-katholischen Kirche – kein Eides*recht* ausgebildet. Sie hat sich je und je – auch als Volkskirche – gescheut, ihren Gliedern einen Eid aufzuerlegen, obschon sie als eine äußere und rechtlich verfaßte Gemeinschaft das feierliche Gelübde und die ernste Verpflichtung als Hinweise auf bestehende Bindungen kennt und festhält.
Dagegen kann der *Staat* in seinem Bereich mit Recht von seinen Untertanen einen Eid fordern (Conf. Aug. Art. 16; F. C. Sol. Decl. XII, 20). So verlangt er z. B. den Eid vor Gericht, den Fahneneid auf den obersten Kriegsherrn, den Diensteid seiner Beamten. Der evangelische Christ leistet diesen Eid im Gehorsam gegen die Obrigkeit als die gute Ordnung Gottes (Matth. 22,21; Römer 13,1 ff.). Luther: »Wenn er (der Eid) aus *Not* geschieht, ist er nicht verboten, ist auch nicht unrecht. Dann geschieht er aber aus Not, wenn die Obrigkeit einen Eid erfordert für Gericht usw., wie auch geschieht, wenn man den Fürsten und Herren huldet und schwöret, und ist recht« (E. A. 36,8).
Insofern als der Pfarrer im Dienste der Volkskirche Träger allgemeiner oder besonderer staatlich anerkannter oder verliehener öffentlicher Funktionen ist, kann der Staat einen Treueid von ihm verlangen. Vgl. den Diensteid des früheren Kgl. Pfarrers, vgl. auch den neuerlichen Staatseid der katholischen Bischöfe:

»Vor Gott und auf die Heiligen Evangelien schwöre und verspreche ich, so wie es einem Bischof geziemt, dem Deutschen Reiche und dem Lande . . . Treue. Ich schwöre und verspreche, die verfassungsmäßig gebildete Regierung zu achten und von meinem Klerus achten zu lassen. In der pflichtmäßigen Sorge um das Wohl und das Interesse des deutschen Staatswesens werde ich in Ausübung des mir übertragenen geistlichen Amtes jeden Schaden zu verhüten trachten, der es bedrohen könnte.« (Konk. Art. 16).
Wenn aber *die Kirche von sich aus* einen Treueid auf den Staat fordert, entgeht sie schwer dem Vorwurf, *in ein fremdes Amt* zu greifen. (Conf. Aug. Art. 16 und 28).

II.
Das Amt der Verkündigung unterscheidet sich grundsätzlich von allem weltlichen Amt und Dienst dadurch, daß es seinen Auftrag *allein von Christus, dem Herrn der Kirche* hat. (»Gleichwie mich der Vater gesandt hat, so sende ich euch!« Joh. 20,21). Deshalb gibt es »im Amt der Verkündigung für den berufenen Diener« keinen anderen Herrn als den Herrn Christus. Aus diesem Grunde bindet das *Ordinationsgelübde* in der Ausrichtung der kirchlichen Verkündigung weder an einen Menschen, noch an eine kirchliche Organisation (Luther zerbrach die päpstliche Hierarchie und wurde zum Reformator, weil er aus der ausschließlichen Bindung an Christus, den Herrn der Kirche lebte und handelte!), sondern allein an das ewige Wort Gottes, das uns in der hl. Schrift gegeben und durch die Bekenntnisse unserer Kirche in seiner Reinheit zu predigen aufgetragen ist. Das Ordinationsgelübde lautet:
»Willst Du das Amt, das Dir befohlen wird, nach Gottes Willen treulich führen, die geoffenbarte Lehre des heiligen Evangelium nach dem Bekenntnis unserer evangelisch-lutherischen Kirche rein und lauter predigen, die heiligen Sakramente ihrer Einsetzung gemäß verwalten und mit einem frommen und gottseligen Leben denen vorangehen, die Dir von Gott vertraut sind, so bezeuge das vor dem Angesichte Gottes und dieser christlichen Gemeinde mit Deinem Ja! – Ja, dazu helfe mir Gott durch Jesum Christum in Kraft des Heiligen Geistes! Amen!«
Dadurch, daß der Pfarrer an, »die geoffenbarte Lehre des heiligen Evangeliums« gebunden ist, weiß er sich auch der rechtmäßigen Obrigkeit in Gehorsam und Treue verpflichtet. Das Ordinationsgelübde schließt diese Verpflichtung ein. (Röm. 13,1 ff., 2. Petr. 2,13 f.17; Conf. Aug. Art. 16.) Es wird in seinem Ernst mißachtet, wenn ein Kirchenregiment von sich aus neben dem Ordinationsgelübde noch einen besonderen Eid auf die Obrigkeit fordert.

III.
Durch Wortlaut und Wortstellung des Diensteides im Gesetz der Deutschen Evangelischen Kirche (». . . daß ich *als* ein berufener Diener im Amt der Verkündigung sowohl in meinem gegenwärtigen wie in jedem anderen geistlichen Amte, so wie es einem Diener des Evangeliums in der DEK geziemt, dem Führer des deutschen Volkes und Staates Adolf Hitler treu und gehorsam sein werde«) wird gerade für den Pfarrer, der es sowohl mit der Treue in seinem geistlichen Amt, als auch mit der Treue und dem Gehorsam gegenüber dem Führer des deutschen Volkes und Staates ganz ernst nimmt, eine unerhörte Gewissensbelastung herbeigeführt. Denn die durch die Ordination begründete Eigenschaft eines zum Amt der Verkündigung berufenen Dieners (»*als* ein berufener Diener«) wird mit der anderen Eigenschaft, nämlich der eines gehorsamen und treuen Staatsbürgers, in unlutherischer Weise verklammert. Damit unterstellt dieser Eid – wenigstens seinem Wortlaut nach – das Amt der Verkündigung dem Gebot der weltlichen Obrigkeit. Der lutherische

Grundsatz, der eine klare Scheidung der beiden Ämter, des Amtes der Kirche und des Amtes des Staates festhält, erscheint hier aufgegeben. (Conf. Aug. Art. 16 und 28; vgl. auch die Kundgebung des Landesbischofs usw. vom 17. März 1934, Abschnitt 5!) Eine Auslegung des Eides aber dahin, als sei bei dieser Unterstellung nur an das öffentliche Amt des Pfarrers als eines Dieners der Volkskirche gedacht (siehe unter I), widerspricht dem Wortlaut der geforderten Eidesformel.
Als besonders hart muß es empfunden werden, daß bei der Durchführung der vorliegenden Eidesforderung alle die, welche gewissensmäßig Einspruch erheben müssen, in den Verdacht kommen, als seien sie keine treuen Bürger des durch den Führer unseres Volkes und Staates verkörperten Reiches. Demgegenüber stellen wir nachdrücklich fest: Wir sind uns dessen bewußt, daß der Führer von uns als Staatsbürgern und Dienern der deutschen lutherischen Volkskirche einen *Staatseid* verlangen kann, und wir sind bereit – entsprechend Abschn. I – diesen Eid auch zu leisten.

IV.
Es ist ferner *unevangelisch*, einen Pfarrer innerhalb der Kirche auf Kirchenordnungen und auf die in diesen Ordnungen ergehenden Weisungen zu *vereidigen*. Die Kirche kann wohl ihre Diener auf Ordnungen verpflichten, doch nur unter der Voraussetzung, daß diese Ordnungen nur die äußere Gestaltung der verfaßten Kirche betreffen und dem Worte Gottes und dem lutherischen Bekenntnis nicht widersprechen. Im Gesetzblatt der DEK. Teil II Nr. 45 S. 130 wird ein Amtseid des Preußischen Staates für die evangelischen Geistlichen zitiert, der aus einer Zeit des ausgesprochenen Staatskirchentums (1815–1852! Metternich!) das unter den Nachwirkungen der Aufklärung stand, erklärt werden muß. Aber sogar dieser Eid redet nur von den »wohlbekannten Pflichten des anvertrauten Amtes«.
Eine Verpflichtung auf Ordnungen in der Kirche wäre nur dann angebracht, wenn diese Ordnungen sich schon bewährt und eine Form gefunden hätten, die Dauer verhieße und dem kirchlichen Leben wirlich diente. Die Deutsche Evangelische Kirche steht aber noch in einer Zeit des Übergangs von einer alten zu einer neuen Ordnung, in der sie um die rechte Gestaltung ihrer Verfassung erst ringen muß.
Vollends unmöglich ist eine Verpflichtung auf Weisungen, die »in den Ordnungen der Deutschen Evangelischen Kirche ergehen« werden. Eine solche Verpflichtung bedeutet die vollkommene Unterwerfung unter alle gegenwärtigen und zukünftigen Anordnungen einer Reichskirchenregierung, bei der die für eine derartige Verpflichtung selbstverständliche Voraussetzung uneingeschränkten Vertrauens keineswegs vorhanden ist und die selbst keine ausreichende Gewähr dafür bietet, daß sie sich in den Ordnungen der Deutschen Evangelischen Kirche und bei den in ihnen ergehenden Weisungen ausschließlich vom Wort Gottes und vom Bekenntnis unserer lutherischen Kirche leiten läßt.
Mit dem vorliegenden Eid wird ein äußerer Friede zu erzwingen gesucht, den innerlich zu begründen man nicht die Vollmacht besitzt. Da dieser Eid durch die *unglückliche Verklammerung von Staatstreueid und eidlicher Verpflichtung* auf *kirchliche Ordnungen* allen kirchlich wohlbegründeten Widerstand vereiteln will und alle Gegner des gegenwärtigen Regiments als Rebellen brandmarken kann, wird er zu einem kirchenpolitischen Kampfmittel, das wir ablehnen müssen. Daß ferner in diesem Eide eine Verpflichtung auf kirchliche Ordnungen mit dem Treueeid gegen den Staat auf gleiche Stufe gestellt wird, bedeutet eine Abwertung des letzteren, was wir ebenfalls ablehnen müssen.

V.
Es könnte der Versuch gemacht werden, *durch einen inneren Vorbehalt oder durch eine besondere Auslegung* die Leistung des Eides vor dem Gewissen zu rechtfertigen. Eine Möglichkeit dazu scheint in der Tat der Zwischensatz der Eidesformel zu geben: »so wie es einem Diener des Evangeliums in der Deutschen Evangelischen Kirche geziemt.« Mit Berufung auf diesen Satz könnte der ganze Inhalt des Eides in Frage gestellt und das Recht in Anspruch genommen werden, in jedem einzelnen Fall selbständig auf Grund des Evangeliums zu entscheiden, was dem Träger des geistlichen Amtes geziemt.
Nun hat aber der Rechtswalter der Deutschen Evangelischen Kirche in der Nationalsynode am 9. August 1934 ausdrücklich festgestellt, daß der Zwischensatz nicht eine Einschränkung, sondern vielmehr eine Bekräftigung darstellt.
Es widerspricht auch grundsätzlich evangelischer Auffassung, einen Eid zu schwören, dessen Fassung unklar ist und der zu einem Vorbehalte verführen könnte, den die eidfordernde Stelle selbst ablehnt.
Ernster noch ist die Frage nach dem *Verhältnis des Ordinationsgelübdes zu dem geforderten Diensteid.* Im Kirchengesetz vom 9. August 1934 lautet § 3:
»Entgegenstehende Bestimmungen finden keine Anwendung. Die Vorschriften über das Ordinationsgelübde werden durch dieses Gesetz nicht berührt.«
Nun ist der Pfarrer in seinem Amt zuerst und maßgeblich an das Ordinationsgelübde gebunden. Das Ordinationsgelübde wird aber – nach dem Wortlaut – durch das Eidgesetz nicht berührt. Damit scheint anerkannt, daß das Ordinationsgelübde in jedem Fall dem Eide vorangeht, daß also mit Recht in jedem Fall von der Bindung an das Ordinationsgelübde aus die Entscheidung über Gültigkeit bezw. Ungültigkeit des Eides getroffen werden kann. Damit aber ist der Eid wiederum in Frage gestellt. Auch daraus erhellt, daß der Pfarrer durch sein Ordinationsgelübde maßgeblich gebunden ist und dieses Diensteides nicht mehr bedarf, so wenig er auch einer eidlichen Versicherung darüber bedarf, daß er »als rechter Verkündiger und Seelsorger alle Zeit der Gemeinde, in die er gestellt wird, mit allen seinen Kräften in Treue und Liebe dienen wird«. Denn zu diesem Dienst ist er durch sein *Installationsversprechen* verpflichtet (vgl. Agende für die Evang.-Luth. Kirchen in Bayern, II. Teil S. 8).

VI.
Aus allen diesen Gründen vermögen wir es nicht, den vorliegenden Eid als die umfassende und feierliche Dienstverpflichtung aller deutschen evangelischen Geistlichen anzunehmen. Wir gehorchen darin auch der Mahnung der Heiligen Schrift, die uns schon in geringeren Dingen verbietet, die Gewissen zu verwirren (Röm. 14,1. 7–13; 1. Kor. 8,9). Denn *es ist »weder sicher noch heilsam, etwas wider das Gewissen zu tun«.*

München, den 21. August 1934.

Landesbischof und Landeskirchenrat der Evang.-Luth. Kirche
in Bayern.
(gez.) D. Meiser.

D 14 zu S. 73

Brief Karl Barth vom 5. 12. 1934 an Hans von Soden

Prof. D. Karl Barth, D. D.

Bonn a. Rhein, 5. XII. 1934
Siebengebirgstr. 18
Fernsprecher 8166

Sehr verehrter, lieber Herr von Soden!
Haben Sie herzlichen Dank für Ihren guten Brief, auf den ich Ihnen gerne Punkt für Punkt antworten will, um Ihnen, wenn es geht klar zu machen, wie sich die ganze Angelegenheit für mich darstellt.
Mir war allerdings vom ersten Augenblick an, da ich in der Schweiz von der Forderung dieses Eides erfuhr, ganz deutlich, daß ich sowie mich diese Forderung erreichen werde, so konkret und aktuell wie nur möglich in den status confessionis versetzt sein werde. Angesichts des besondern Inhalts *dieses* Eides konnte ich mich nämlich durchaus nicht dabei beruhigen: es sei dem evangelischen Christen selbstverständlich, daß er auch nachdem er diesen Eid geschworen, im Konfliktsfall Gott mehr gehorchen werde als den Menschen. Mir schien und scheint nämlich der besondere Inhalt dieses Eides (»dem Führer des deutschen Reiches Adolf Hitler treu und gehorsam zu sein«) im Unterschied zu dem Eid, den wir auf die Verfassung geschworen und den ich N. B. auch auf den Kaiser ohne Widerrede geschworen haben würde, diese »Selbstverständlichkeit« gerade auszuschließen. Er schien und scheint mir nämlich überhaupt nicht auf eventuell in irgend einer Zukunft eintretende problematische Verpflichtungen, sondern auf eine mit der *ganzen* Zukunft sofort meine Gegenwart, meine »Existenz« als solche in Anspruch nehmende Verpflichtung hinzublicken. Sie erklären sich selbst einverstanden mit dem Satz, daß die Verpflichtung eines Eides stets im Sinne dessen, dem der Eid geschworen wird, auszulegen ist. Eben diesen Satz habe ich mir hier zur hermeneutischen Grundregel gemacht: ich habe ihn im Sinne eines hundertprozentigen Nationalsozialismus interpretiert, wie er sich damals im August nach dem Tode Hindenburgs offen genug (ich erinnere an die Ausführungen des Staatssekretärs Lammers!) hat vernehmen lassen, wie er aber auch ohne das aus den Reden wie aus den Taten unserer derzeitigen Machthaber als der Sinn und Wille des heutigen »Staates« eindeutig zu erkennen ist. Der Sinn und Wille des Nationalsozialismus ist aber der, daß wir es in Adolf Hitler mit einem Zaren und Papst in einer Person, theologisch genau genommen würde man zweifellos sagen müssen: mit einem inkarnierten Gott zu tun haben. Ein Eid auf Hitler nach nationalsozialistischer und also maßgeblicher Interpretation bedeutet, daß sich der Schwörende mit Haut und Haar, mit Leib und Seele diesem einen Manne verschreibt, über dem es keine Verfassung, kein Recht und Gesetz giebt, dem ich zum vornherein und unbedingt zutraue, daß er ganz Deutschlands und so auch mein Bestes unter allen Umständen weiß, will und vollbringt, von dem auch nur anzunehmen, daß er mich in einen Konflikt führen könnte, in dem er Unrecht und ich Recht hätte, schon Verrat wäre, dem ich mich also, wenn ich ihm Treue und Gehorsam schwöre, entweder den Einsatz meiner ganzen Person bis auf meine verborgensten Nachtgedanken oder eben gar nichts zuschwöre. Ein Vorbehalt bei diesem Eid ist nicht nur nicht selbstverständlich sondern unmöglich. Es ist ihm wesentlich, daß er mich auf eine schlechthin unendliche, schlechthin unübersichtliche Weise verpflich-

ten will. Da ich den Eid so verstehen muß, werden Sie mir zunächst zubilligen, daß ich ihn so wie er lautet (Adolf Hitler an Stelle (!) der Verfassung bezw. des ebenfalls »übersichtlichen« Monarchen) nicht leisten kann. Beschwören kann man nur eine irgendwie übersichtliche Verpflichtung. Dieser Eid aber verlangt von mir was ich nur – im Glauben eben Gott darbringen kann. Insofern ist er nun doch ein Novum gegenüber dem, was in meinem Beamtenverhältnis schon bisher von mir gefordert gewesen ist. Habe ich nicht das Glück selbst ein hundertprozentiger Nationalsozialist zu sein, der im Sinn und Willen diesen Eid fordernden Staates seinen eigenen Sinn und Willen wiederzuerkennen in der Lage ist, was bleibt mir dann übrig, als entweder diesen Eid überhaupt zu verweigern oder eben – nach einer Ergänzung dieses Eides zu schreien, die ihn nun doch unter Vorbehalt stellt d. h. dem nationalsozialistischen Staate zuzumuten, im Hiblick darauf daß er ja vielleicht doch auch *nicht* hunderprozentig nationalsozialistische Beamte dulden und vielleicht sogar haben wollen könnte, bei dem diesen Beamten aufzuerlegenden Eid auf die eigentliche und strenge Interpretation des »Namens« Adolf Hitler ausdrücklich zu verzichten und also die Beamten doch nur in dem Sinn auf Hitler zu verpflichten, wie sie ehemals auf die Verfassung oder auf den Kaiser, kurz auf eine »Obrigkeit«, die eben keine inkarnierte Gottheit war verpflichtet wurden. Ich bin nicht den Weg einfacher Verweigerung gegangen, sondern habe meinen Vorbehalt angemeldet, weil ich es allerdings für wichtig halte, daß dem nationalsozialistischen Staate das *zugemutet* wird – oder eben gegebenenfalles die Erklärung, daß er sich das *nicht* zumuten lasse, daß er also entsprechend seinen bisherigen Worten und Taten entschlossen sei, wirklich »totaler« Staat zu sein. Setzt er mich wegen dieser Klausel nicht ab, dann dokumentiert er, daß das mit dem totalen Staat so schlimm nicht gemeint sei. Er würde sich dann selbst auf den status einer »Obrigkeit« im Sinn von Röm. 13 etc zurückversetzen. Setzt er mich ab, dann dokumentiert er – auch diese Klarstellung könnte ja dankenswert sein – daß er eben doch antichristlich verstanden sein *will*, wobei ich das dann offenbar werdende Antichristliche natürlich nicht etwa darin sehen würde, daß er gerade meine »christliche« Ergänzung ablehnte, sondern darin, daß er ihr gegenüber seinen Absolutheitsanspruch d. h. die religiöse Bedeutung des Namens Hitler behaupten würde. Ich könnte mir in der Tat sehr wohl denken, daß einer von seinem wissenschaftlichen, ein zweiter von seinem juristischen, ein dritter von seinem künstlerischen, ein vierter von seinem humanen Gewissen aus eine entsprechende Ergänzung jener Formel fordern müßte. Man könnte sich ja wohl ein wenig darüber wundern, daß dies in dem Lande der Dichter und Denker offenbar nicht geschehen ist, daß nun wenigstens im Bereich der Universitätsprofessoren ausgerechnet nur die arme »theologische« Existenz hier protestieren zu müssen meinte. Aber wie dem auch sei: Angenommen, es hätte nun Proteste ähnlich dem meinen in allen Farben des Regenbogens nur so gehagelt – wäre dann die entstehende Absurdität dieser vielseitigen Durchbrechungen der Regel wirklich den Protestierenden, wäre sie nicht restlos dem Staate zuzuschreiben, der mit seinem Absolutheitsanspruch diese Absurdität notwendig auf den Plan gerufen? Dem Staate der sich eben nicht damit begnügte »Obrigkeit« zu sein, sondern wie jenes Fischers Frau durchaus der liebe Gott sein wollte. So kann ich nicht zugeben, daß mein Einspruch auch nur *formal* d. h. wegen seiner Subjektivität absurd sei: er wäre es, wenn der Staat der diesen Eid fordert, gewisse Einsprüche selbst als notwendig und selbstverständlich voraussetzte. Das tut dieser Staat nicht. Wie soll es da anders sein, als daß nun doch die Subjektivität gegen – nein *für* ihn in die Schranken tritt? Für ihn, sofern sie ihn mit ihrem Einspruch bittet, wieder Obrigkeit und damit wieder wirklicher Staat zu werden. Daß mein Einspruch unter Voraussetzungen, daß die Absicht des Eides die schlechthinige Einschaltung des Beschwörenden in den totalen Führerstaat *material* nicht absurd, vielmehr der einzige wirklich durchschlagende Einspruch in dieser Sache ist, darüber brauchen wir uns ja nicht zu unterhalten. Sie haben sich nun darüber beklagt, daß ich mit meinem Vorgehen diejenigen die anders gehandelt haben als ich sozus. als weniger gewissenhafte Christen hingestellt habe. Ich möchte dazu vor Allem sagen dürfen, daß es um das »Gewissen«, das ich ja auch in meiner Formel nicht erwähnt habe, auf der ganzen Linie *nicht* geht. Sondern offenbar zunächst und im Vordergrund um eine Sicht der nationalsozialistischen Wirklichkeit in die dieser Eid hineingehört. Und dann im Hintergrund um die Art der Verantwortung vor dem Evangelium, in der wir mit dieser bestimmten Sicht stehen. Sie meinen den nationalsozialistischen Anspruch in der Eidesformel nicht so verstehen und ernst nehmen zu sollen, wie ich es eben dargestellt habe und dementsprechend ist dann auch Ihre Verantwortung vor dem Evangelium eine andere. Was die erste Seite der Sache betrifft, so könnte ich ja immerhin erzählen, daß sowohl der hiesige nat. soz. Rektor wie der Untersuchungsrichter in meinem Disziplinarverfahren mir die Richtigkeit meiner diesbezügl. Voraussetzung ausdrücklich bestätigt haben. Hinsichtlich der Verantwortung vor dem Evangelium aber müssen und wollen wir uns zwar gegenseitig aufrichtig das Beste zutrauen ohne doch verhindern zu können, daß das Abweichen der Entscheidung des Einen von der des Andern herüber und hinüber eine Frage oder mehr als das bedeuten kann. Und ich bin als Einzelner da nicht eher schwerer dran als Sie alle, denen es doch in Ihrer Einmütigkeit viel leichter fallen muß, sich dessen für versichert zu halten, daß Ihre Stellung in der bewußten Entscheidung in Ordnung sei? Aus der Gefahr, daß ein Einzelner, der so etwas tut, wie ich jetzt, sich dabei irren und also die Andern fälschlich und unnötig vor die Frage oder gar unter die Anklage stellen könnte: Warum habt ihr das nicht auch getan? – aus dieser Gefahr darf doch wohl nicht gefolgert werden, daß solche Einzelvorstöße unter keinen Umständen stattfinden dürften.

Das eigentlich Abnormale der ganzen Situation scheint mir darin zu liegen, daß die evangelische *Kirche* es bis jetzt im Unterschied zu der katholischen (Fulda!) unterlassen hat, eine öffentliche Erklärung des Inhalts abzugeben, daß wie kein Eid so auch nicht der des dritten Reiches den Menschen zu einem Gegensatz zu Gottes Gebot verpflichten könne. Wenn eine derartige Bestreitung des totalen Staates gerade hinsichtlich des Eides seitens der Kirche bei uns vorläge ohne daß der Staat dagegen protestiert hätte, dann wäre die Situation auch für mich klar. Der selbstverständliche Vorbehalt wäre dann gültig auch ohne daß ich ihn persönlich aussprechen müßte. Da die ev. Kirche bis jetzt geschwiegen und damit den totalen Staat vielleicht doch anerkannt hat, muß ich persönlich gefragt auch persönlich antworten d. h. das, was normalerweise die Kirche für mich tun müßte, meinerseits für die Kirche tun. – Ich weiß nicht, ob Sie gehört haben, daß man von verschiedenen Ecken aus ausgerechnet das Kirchenregiment Marahrens um eine öffentliche Erklärung in diesem Sinn angegangen hat und nach meinen Nachrichten von gestern hätte darüber sogar gerade heute die Entscheidung fallen müssen. Wenn das in einem für mich annehmbaren Wortlaut geschehen ist und wenn dann der Staat eine Weile eindrucksvoll dazu geschwiegen hat und wenn – mein Disziplinarverfahren bis dahin nicht vollendet ist, dann würde ich mich ja in der Tat auf diese Tatsache beziehen und den unveränderten Eid schwören können. Und es wäre dann eine neckische Fügung, wenn ausgerechnet der Abt von Loccum mein Retter in der Not geworden wäre. Aber noch ist es nicht so weit und der »Wenn« sind wie Sie sehen, nicht wenige.

Mit den Phantasien der Basl. Nachr. über die Gründung einer freien theol. Hochschule habe ich nicht das Geringste zu tun.
Ich sende einen Durchschlag dieses Briefes an Herrn Bultmann, der mir sachlich gleichlautend wie Sie geschrieben hat. Aus nicht wenig andern Briefen sehe ich doch, daß Viele – auch solche die den Eid schon geschworen haben – ziemlich froh sind darüber, daß nun eben irgend jemand der Katze die Schelle angehängt hat.
Mit freundlichem Gruß!
Ihr sehr ergebener
Karl Barth

F 3 zu S. 74

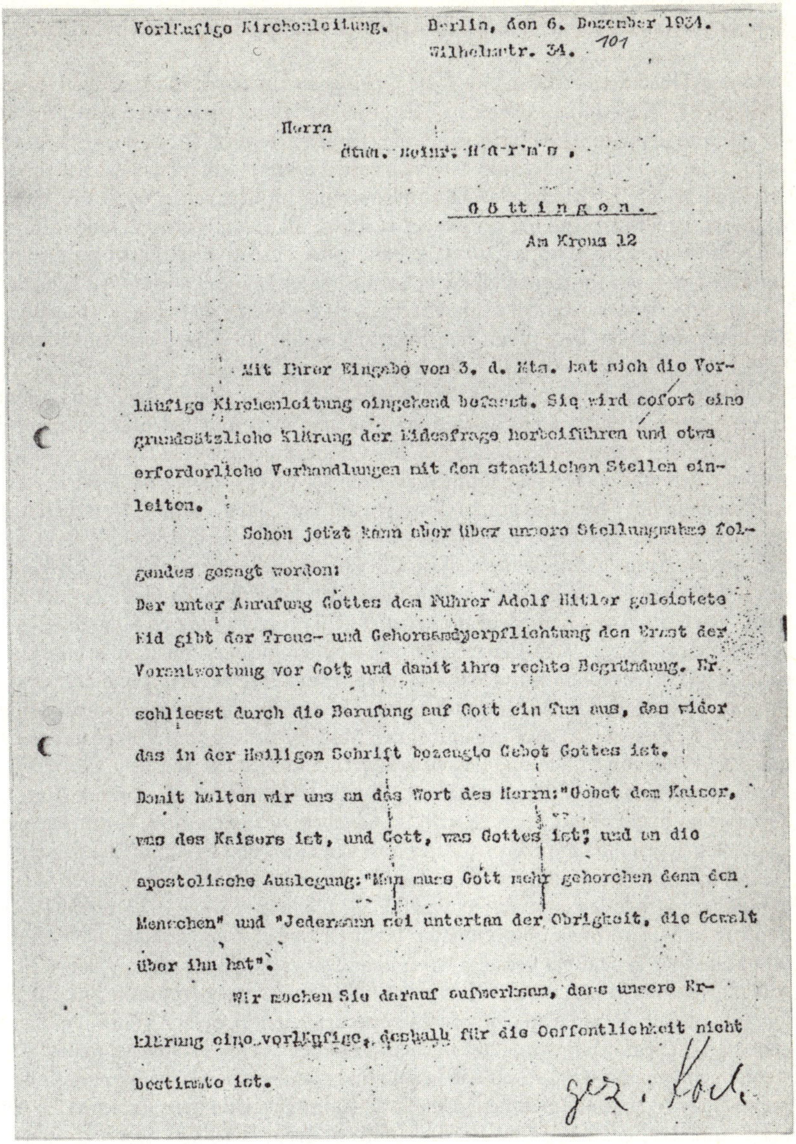

Vorläufige Kirchenleitung. Berlin, den 6. Dezember 1934.
Wilhelmstr. 34. 101

Herrn
stud. Heinr. H a r m s ,

G ö t t i n g e n .
Am Kreuz 12

Mit Ihrer Eingabe vom 3. d. Mts. hat sich die Vorläufige Kirchenleitung eingehend befasst. Sie wird sofort eine grundsätzliche Klärung der Eidesfrage herbeiführen und etwa erforderliche Verhandlungen mit den staatlichen Stellen einleiten.

Schon jetzt kann aber über unsere Stellungnahme folgendes gesagt werden:
Der unter Anrufung Gottes dem Führer Adolf Hitler geleistete Eid gibt der Treue- und Gehorsamsverpflichtung den Ernst der Verantwortung vor Gott und damit ihre rechte Begründung. Er schliesst durch die Berufung auf Gott ein Tun aus, das wider das in der Heiligen Schrift bezeugte Gebot Gottes ist.
Damit halten wir uns an das Wort des Herrn: "Gebet dem Kaiser, was des Kaisers ist, und Gott, was Gottes ist; und an die apostolische Auslegung: "Man muss Gott mehr gehorchen denn den Menschen" und "Jedermann sei untertan der Obrigkeit, die Gewalt über ihn hat".

Wir machen Sie darauf aufmerksam, dass unsere Erklärung eine vorläufige, deshalb für die Oeffentlichkeit nicht bestimmte ist.

gez. Koch

Vertraulicher Brief der Vorläufigen Leitung vom 6. 12. 1934 an den Göttinger Studenten Heinrich Harms zur Eidesfrage

D 15 zu S. 85

Elberfelder Erklärung – »Zur Forderung des Eides«

Zur Forderung des Eides.
Eine Frage junger evangelischer Christen an die Hirten und Ältesten der Kirche.

Wenn ein Glied der Kirche in eine Lage hineingerät, in der es zu einer über seinen persönlichen Kreis hinausgehenden Bekenntnishandlung gezwungen wird, so hat die gesamte Gemeinde die Pflicht, einem solchen Bruder durch ihr eigenes Bekennen an die Seite zu treten. Dabei muß natürlich vorausgesetzt werden, daß das Bekennen des Bruders von der Kirche als Glaubensäußerung im Glauben erkannt und anerkannt ist. In solchem Fall hat der Bruder ja schon, als er auf eigene Verantwortung hin sein Bekenntnis aussprach, als Glied am Leibe Christi seine Pflicht getan, und derselbe Geist, der ihn zum freudigen Auftun seines Mundes nötigte, ist auch der Gemeinde verheißen, auf daß sie ihr Wächteramt getreulich ausrichte. Wenn also in der Frage des Eides gegenüber dem Staatsoberhaupt ein einzelner evangelischer Christ so handelt, daß das prüfende Urteil der Gemeinde darin eine Handlung des Gehorsams gegen den König aller Könige erblickt, so ist auch sie aufgerufen zu dem Freimut gleichen Bekennens. Sie wird dann manche Sorge und Bedenklichkeit tapfer zu überwinden haben. Aber gerade um des Gehorsams gegen die Obrigkeit willen wird sie nicht anders handeln können, als eben so, daß sie deutlich ausspricht, wie ein evangelischer Christ mit gutem Gewissen der von Gott gesetzten Herrschaft untertan sein kann. An dieser Frage wird es mit besonderer Eindrücklichkeit erkennbar, was die Aufgabe der Gemeinde Jesu Christi gegenüber allen irdischen Ordnungen und Herren ist. Sie hat den Großen dieser Erde zu verkünden, daß sie unter der göttlichen Geduld und unter dem göttlichen Befehl in einer sündigen Menschheit ihren Dienst tut, daß sie nicht Vertreter ungebrochener und ewig gültiger Ordnungen, sondern Werkzeuge Gottes in einer von seiner Hand über dem Abgrund der Sünde und des Todes gehaltenen Unordnung sind. Sie hat also ihr einziges Wort, das sie überhaupt zu sagen hat, auch gegenüber den Mächten des eigenen Volkes zu bezeugen: das Wort von Sünde und Gnade und vom kommenden Tag Jesu Christi.
Weil andererseits der Christ die Männer, die das Land lenken, als Knechte Gottes, durch deren Hand er uns regieren will, im Glauben verstehen muß, darum ist sein Gehorsam gegen die Obrigkeit stille geworden in Gott, und es ist ihm kein anderer Weg gewiesen, als mit ruhiger Treue den Gesetzen des Landes zu gehorchen. Aber er muß nun gerade darum kämpfen, daß ihm die Freiheit zu dieser nüchternen Treue und treuen Nüchternheit ungeschmälert erhalten bleibe. Wenn von ihm ein Gehorsam Menschen gegenüber verlangt wird, über dem er die Botschaft von Jesus Christus und von der zukünftigen Welt zurückstellen und vergessen müßte, so nimmt man ihm damit die Stille zu Gott, deren er bedarf, um mit ganzer Treue dem Staat gehorsam zu sein. Man würde mit solchem Verlangen dem Christen sein gutes Gewissen nehmen, das er von Gott haben soll, und man würde ihm damit auch die ungeheuchelte Staatstreue nehmen! Denn wie kann er noch einem irdischen Herrn echte (und das heißt: von Gott her verstandene) Treue schenken, wenn er seinem himmlischen Herrn untreu geworden ist? Wie kann aus der Rebellion gegen Gott Gehorsam gegen Menschen wachsen?
Um diese Dinge geht es, wenn heute ein einzelner evangelischer Christ, wie Professor Barth, darum bittet, den Eid, den der Führer des Dritten Reiches von seinen Be-

amten fordert, in der Freiheit des in Gott gebundenen Gewissens leisten zu dürfen.
Um diese selben Dinge hat es aber jedem evangelischen Christen zu gehen. So muß um Gottes willen, um des gekreuzigten und erhöhten Herrn der Kirche willen von den Hirten und Lehrern der Gemeinde gefordert werden, daß sie die hier liegende Verantwortung willig auf ihre Schultern nehmen, daß sie auch ihrerseits vor Königen und Herren ein gutes Bekenntnis ablegen. Sie können das tun, indem sie feierlich erklären, was ein evangelischer Christ, gebunden an die Heilige Schrift und aufgerufen durch die Bekenntnisse der Reformation, unter einem Treueeid zu verstehen hat. Wer heute in dieser Sache im Gehorsam des Glaubens Stellung nehmen will, der bewährt sich auch als einer, der geschickt ist zur Leitung der Kirche.

D 16 zu S. 88

Bericht Wilhelm Lang vom 14. 12. 1934 an Kirchenrat Mattiat

Als zuständiger Hauptamtsleiter habe ich über die Vorgänge im Zusammenhang mit der Suspendierung von Professor Barth folgendes zu berichten:
1. In der hiesigen evangelisch-theologischen Fachschaft, die ich 2 Semester geführt habe, ist jede sachlich-kirchliche sowie jede nationalpolitische Arbeit sehr erschwert durch den Einfluss von Prof. Barth. Dieser zieht seit Semestern durch seine Persönlichkeit und seine Haltung einen immer grösser werdenden Kreis solcher Studenten nach Bonn, die dem nat.-soz. Geschehen ablehnend oder doch mindestens mit einem abwartenden Misstrauen gegenüberstehen. Dieses Misstrauen hat bereits zu Austritten aus der SA geführt.
Der wirklich nat. soz. Kreis unter den Studenten ist infolgedessen sehr eng. Er steht aber umso gefestigter als es sich in Bonn mindestens für den nat. soz. Theologiestudenten um Kampffeld handelt. Wir haben trotzdem durch sachliche Arbeit in Lagern und Arbeitsgemeinschaften vorstossen können in die Mitgliedschaft der ev. theol. Fachschaft.
2. Diese von den verschiedensten zuständigen Stellen begrüsste und begünstigte Arbeit wurde jedoch an entscheidenden Stellen torpediert durch die für die Mehrzahl einer Offenbarung fast gleich zu achtende Haltung von Prof. Barth gegenüber diesen Dingen. Er hat im November 1933 in seinem Kolleg (»im Raum der Kirche«) den deutschen Gruss auch seitens der Studenten, abgelehnt, weil »die durch diesen Gruss repräsentierte Macht des totalen Staates hier ihre Grenze findet«. Er hat die erstmalige Begrüssung mit dem deutschen Gruss im Kolleg durch seine Hörer als »kleine Demonstration« aufgefasst und damit den Riss in die theologische Studentenschaft gebracht. Er hat, als der Unterzeichnete auf dem deutschen Gruss bestand, einige Tage später seine Hörer unter dem Hinweis auf die Folgen einer Verweigerung zur Grusserweisung aufgefordert mit dem Wort »peccate fortiter« und damit den deutschen Gruss moralisch herabgewürdigt.
3. Im Sommersemester 1934 hat ein Student aus dem Kreis um Prof. Barth in einer Predigt im homiletischen Seminar folgendes gesagt: »Der Gott, der unsre Fahnen weiht und die Eide abnimmt, ist ein positives Zerrbild des Teufels.« Wer die vielleicht vorsichtigeren Aeusserungen Prof. Barths kennt, weiss, das solche Dinge auf dem Boden seiner eigenen Haltung gesagt werden.
4. Prof. Barth hat, ohne die Fachschaftsarbeit zu kennen, obwohl er verschiedent-

lich eingeladen war, diese in dem Vorwort zu der Schrift »Herr, wohin sollen wir gehen« von Lackmann nach Strich und Faden herabgesetzt und abgelehnt. Er hat in diesem Vorwort die aus rein antinationalsozialistischer Haltung geborene Schrift von Max Lackmann als »gut und notwendig« begrüsst.
War seinerzeit der Kreis, der zum Inhalt jener Schrift stand, noch verhältnismässig klein, auch im Kreis der theologischen Freunde von Prof. Barth, so ist heute der Grundsatz derselben Schrift mindestens praktisch der Grundsatz der Haltung der »Hörerschaft des Prof. Barth«. Verantwortlich können wir dafür nur Prof. Barth selbst machen, da wir bis in die jüngste Zeit mit Leuten jenes Kreises sachlich zusammengearbeitet haben und bis heute noch zu einer sachlichen Zusammenarbeit auf dem Boden der Studentenschaft bereit sind.
5. Erst vor kurzem hat Prof. Barth in »Ein theol. Briefwechsel« geäussert: »Stehen Sie ruhig unter dem Hakenkreuz, wenn Sie es für richtig halten, man kann auch unter dem Schweizerkreuz, unter dem Doppeladler unter dem Sowjetstern stehen«. (S. 19).
6. Einen neuen Anstoss hat diese »Front« erhalten durch die für uns einwandfrei feststehende Verweigerung des Eides auf unseren Führer Adolf Hitler durch Herrn Prof. Barth.
Als am 7. Dezember 1934 der Herr Rektor die amtliche Mitteilung von der im Auftrag des Herrn Ministers vorläufig bestellten Vertretung durch Prof. Schmidt-Japing machte, wurde dies mit Missfallenskundgebungen und einer Erklärung gegen die Massnahme und das Vorgehen des Ministeriums aufgenommen. Zu dem Inhalt dieser Erklärung haben nat. soz. Theologiestudenten bereits in einer Gegenerklärung Stellung genommen. [siehe D/17]
Wir lehnen solche liberalen Methoden eines Misstrauens – bezw. Vertrauenserklärung »und versteckter Abstimmungen« grundsätzlich als Nationalsozialisten ab, sahen uns aber zu obiger Gegenerklärung genötigt, nachdem Sr. Magnifizenz die erste Erklärung zur Kenntnis genommen hatte.
7. Im übrigen stand nach begründeten Gerüchten aus dem Kreis der Barthhörer zu befürchten, dass sowohl die Mitteilung des Rektors als auch die erste Vertretungsstunde gewaltsam gestört werden sollten. Für diesen Fall sicherten wir uns in vollster Disziplin. Nur darauf ist es zurückzuführen, dass es zu keiner Störung oder zu tätlichen Zwischenfällen kam, nachdem man unsre Entschlossenheit sah. Ebenso wie dieses ist einwandfrei durch Zeugen zu belegen, dass trotzdem wenigstens Ausländer (Schweizer) eine Störung planten, sie aber im letzten Augenblick absagten. Man forderte nun einfach zum Boykott der Vertretungsvorlesung auf, in Bonn herrscht überhaupt der eigentümliche Zustand, dass ev. Theologiestudenten gerade ihre nat. soz. Professoren boykottieren!
8. Die erwähnte Erklärung »der Hörerschaft von Prof. Barth« war jedoch einem grossen Teil bis zu ihrer Verkündigung am 7. 12. 34 unbekannt. Man hatte weder Unterschriften gesammelt noch etwa die Hörer irgendwie zusammenberufen. Da an dem der Erklärung gezollten Beifall hervorragend Ausländer beteiligt waren, forderte der Unterzeichnete am 10. 12. die Vorlage einer Zustimmungserklärung seitens der Hörer. Zweierlei sollte dadurch festgestellt werden: 1. Inwiefern der Anspruch »im Namen der Hörer« zu sprechen, gerechtfertigt sei und 2. in welchem Verhältnis hinter der gegen Regierungsmassnahmen gerichteten Erklärung Deutsche bezw. Ausländer stünden.
Dies schien umso nötiger als die Hörerschaft keine Organisation und keine selbständige Gruppe ist.

Die bisher nicht vorhandenen Zustimmungen wurden am 10. 12. nun nachträglich durch umlaufende Listen in den Vorlesungen von Prof. Weber und Prof. Wolf gesammelt; auch hieran beteiligten sich vornehmlich Schweizer.
Statt der Listen wurde jedoch der Studentenschaft ein Brief von stud. theol. Quistorp abgegeben, wonach »nach Rücksprache mit dem Herrn Rektor« »jede Einmischung der Studentenschaft und ihrer Organisationen« zurückgewiesen wird, »da es sich um eine zwischen dem Herrn Reichsminister, vertreten durch den Herrn Rektor, und den Hörern von Prof. Barth schwebende Frage handelt.«
Die Studentenschaft muss hier jedoch auf ihrem Recht der »Einmischung« bestehen. Das war auch die Meinung Sr. Magnifizenz bei einer diesbezüglichen Rückfrage am 11. bezw. 12. 12. 34. Der Herr Rektor hatte lediglich auf eine Erkundigung einiger Hörer gesagt, dass er genaue Richtlinien nicht habe.
Dieser Meinung der Studentenschaft ist auch die Dozentenschaft.

9. Die unter dem direkten oder indirekten Einfluss von Herrn Prof. Barth entstandene Stimmung unter den Theologiestudenten zeigt sich u. a. darin, dass am 7. 12. 34 ein Student, Mitglied der Bonner D.C.S.V. und SA-Mann (!) den mit der Vertretung beauftragten Prof. Schmidt-Japing auf offenem Universitätsflur unter Zeugen ein »Schwein« nannte, was die D.C.S.V. mit einer, nebenbei nicht angenommenen Entschuldigung des Studenten für erledigt hält! Ein anderer Student schrieb in den gleichen Tagen einen ganz unverschämten Brief an den Dekan der Fakultät.

10. Dass von seiten der Barthhörer Beziehungen zum Ausland bestehen, (vgl. Punkt 7.) erhellt aus dem Umstand, dass in der Nummer vom 10. oder 11. 12. der »Baseler Nachrichten« die Erklärung der Barthhörer wörtlich abgedruckt ist mit gegen die Regierung gerichteten Zusätzen! In einer etwas älteren Nummer der gleichen Zeitung hat ein in Bonn lebender Schweizer die deutsche Regierung verächtlich gemacht, indem er meinte, diese hätte das Verfahren gegen Prof. Barth in diesem Zeitpunkt eröffnet, um noch die RM 10,– Kolleggelder zu erhalten! Am 13. 12. 34 hat der Luxemburger Sender eine Meldung aus Bonn gebracht, wonach sich die »Studentenschaft« hinter Prof. Barth, »der dem Führer den Treueid verweigerte«, stellt, diesen für »unersetzlich« hält und wonach Prof. Schmidt-Japing ohne Einverständnis der Fakultät mit der Vertretung beauftragt sei!!

11. Die nat. soz. Theologen Bonns müssen es entschieden ablehnen, mit der an Landesverrat grenzenden Haltung dieses Kreises um Prof. Barth belastet zu werden. Die Studentenschaft erklärt, dass sie Prof. Barth nach all diesen Vorfällen für untragbar hält und auch für den Fall einer aus taktischen Gründen etwa noch zu tätigenden Eidesleistung den Herrn Reichsminister bittet, mindestens die Versetzung des Prof. Barth zu verfügen. Sie masst es sich dabei nicht an, über die wissenschaftlichen Leistungen eines Professors zu urteilen. Sie würde es jedoch auf das äusserste begrüssen, wenn nach Erledigung der Sache durch die Rechtsbehörden ein Vertreter des Herrn Ministers einmal vor den Bonner Studenten zu diesen Vorfällen das Wort ergriffe.

Bonn, den 14. Dezember 1934.

[gez.] Wilhelm Lang
Hauptamtsleiter I.

In der Anlage geben wir Ihnen Kenntnis von einer an die vorgesetzten Dienststellen des NSD Studentenbundes gesandten Schreibens. [siehe D/17]

F 4 zu S. 89

— Preis der Nummer 15 Cts. 90. Jahrgang, Nr. 345.

[N]achrichten

[...] Handelsblatt [d]er Stadt Basel

Expedition: Dufourstraße 40. — Telephon 22 660
Postcheck-Konto V 2400 (Basel)

Insertionspreise
Die 1-spaltige Millimeterzeile oder deren Raum für Basel 25 Cts., für die Schweiz 25 Cts., für das Ausland 40 Cts. Reklamen Fr. 1.25. Bei größeren Aufträgen Rabatt. Rubrik-Inserate: Basel 25 Cts., Wiederholungen 20 Cts. Inserate werden von der Publicitas A.-G. und ihren sämtlichen Filialen entgegengenommen. Für die Aufnahme von Anzeigen an bestimmt vorgeschriebenen Stellen oder Tagen wird keine Verantwortlichkeit übernommen.

[V]erwaltung: Publicitas, Schweizerische Annoncen-Expedition Aktiengesellschaft. — Telephon 22 029.

Prof. Barth und die Eidesfrage.

Man schreibt uns:

Aus Anlaß der bekannten Stellungnahme von Prof. D. Karl Barth in Bonn zu der neuen in Deutschland vorgenommenen Vereidigung hat die vorläufige Leitung der Deutschen evangelischen Kirche: Dr. Marahrens Dr. Koch, Dr. Breit, Dr. Humburg, Dr. Fiedler folgende für jeden evangelischen Christen richtungweisende Erklärung erlassen:

„Verlautbarung der Bekenntnisgemeinschaft der Deutschen evangelischen Kirche zur Eidesfrage:

Der unter Anrufung Gottes dem Führer Adolf Hitler geleistete Eid gibt der Treue- und Gehorsamsverpflichtung den Ernst der Verantwortung vor Gott und damit ihre rechte Begründung. Er schließt durch die Berufung auf Gott ein Tun aus, das wider das in der Heiligen Schrift bezeugte Gebot Gottes wäre. Damit halten wir uns an das Wort des Herrn: Gebet dem Kaiser, was des Kaisers ist, und Gott was Gottes ist! und an die apostolische Auslegung: Man muß Gott mehr gehorchen als den Menschen! und: Jedermann sei untertan der Obrigkeit, die Gewalt hat über uns."

Begleitsätze vor oder nach der Erklärung, wie solche da und dort umlaufen, stammen nach ausdrücklicher Auskunft nicht von Seiten der vorläufigen Kirchenleitung, sondern sind willkürliche Zusätze der Verbreiter. Die Verlautbarung will und kann nur verstanden werden im Sinn der hier ebenfalls wiedergegebenen Erklärung der Reformierten Kirche. Diese lautet folgendermaßen:

„Wuppertal-Elberfeld und Wuppertal-Barmen, 14. Dezember 1934.

An den Herrn Reichsminister für Wissenschaft, Kunst und Volksbildung, Berlin.

betreffs Eidesfrage.

Herr Reichsminister!

Als Moderator des Reformierten Bundes für Deutschland, zu dem etwa 300 reformierte Gemeinden gehören, und als Vorsitzender des Coetus reformierter Gemeinden wenden wir uns an Sie mit folgender Erklärung:

1. Die amtliche Verlautbarung der vorläufigen Leitung der Deutschen evangelischen Kirche in der Eidesfrage, die Ihnen mitgeteilt wurde, stimmt überein mit den Erklärungen, die Professor D. Karl Barth zum Beamteneid abgegeben hat.

2. Gebunden an das in der Heiligen Schrift bezeugte Gebot Gottes hat Professor D. Karl Barth gehandelt in der Verantwortung eines evangelischen Lehrers an einer deutschen Universität.

3. Die Entscheidung eines jeden evangelischen Christen in Deutschland kann auf Grund des Gotteswortes nicht anders ausfallen, als wie sie von D. Karl Barth getroffen wurde.

Der Moderator des Reformierten Bundes für Deutschland: gez. Dr. D. Hesse.

Der Vorsitzende des Coetus reformierter Prediger für Deutschland:

gez. Karl Immer, Pastor."

Der Fall von Prof. Barth scheint in sein entscheidendes Stadium getreten zu sein. Barth hat bekanntlich den Beamteneid nicht verweigert, er hat ihm aber die Klausel beigefügt, daß er ihn leiste, sofern er es als evangelischer Christ vor seinem Gott verantworten könne. Deswegen ist er suspendiert und in ein Disziplinarverfahren verwickelt worden. Die oben wiedergegebenen gewichtigen Erklärungen aus der Mitte des evangelischen Deutschland zeigen nun, daß die in der Kirche verantwortlichen Kreise sich mit ihrer Auffassung hinter Barth stellen.

Titelseite der ›Basler Nachrichten‹ vom 17. 12. 1934

D 17 zu S. 93

Erklärung von Funktionären des Bonner Nationalsozialistischen Deutschen Studentenbundes

Die immer neuen Machenschaften einiger Kommilitonen, die sich als Sprecher der sogenannten Barthhörer gebärden, sind geeignet, unsere Bonner Theologenschaft und den deutschen evangelischen Theologiestudenten überhaupt in Verruf zu bringen. Wir sehen uns daher zu einer ganz grundsätzlichen Erklärung gezwungen:

1. Unser Kultusminister hat im Sommer 33 den Befehl ausgegeben: Die Hochschulrevolution ist beendet. Wir nationalsozialistischen Theologiestudenten in Bonn haben diesem Befehl mit zusammengebissenen Zähnen gehorcht und uns durch keine Herausforderung von Seiten der wachsenden Reaktion aus unserer Zurückhaltung bringen lassen. Wir haben schwerer Herzens darauf verzichtet, die offenen oder versteckten, theologischen oder pseudotheologischen Angriffe der »Bathianer« gegen den Nationalsozialismus zurückzuschlagen. Herr Professor Barth selbst hat durch mehr als 2 Semester hindurch den Hitlergruss im Hörsaal verweigert, weil der Ort seiner Vorlesung »Raum der Kirche« sei. Wir haben auf jeden öffentlichen Protest gegen die darin liegende Nichtachtung unserer Staatsführung und Herabsetzung unserer regierungstreuen Theologen verzichtet. Eine Schar junger Kommilitonen hat im Sommer 34 diesem immer unerträglicher werdenden Zustand durch eine Protestkundgebung im Barthschen Hörsaal ein Ende machen wollen. Wir haben diese Kundgebung gegen Herrn Prof. Barth in letzter Stunde verhindert, was jene Gruppe aber nicht hinderte, einige Tage später ein Kolleg eines anderen Dozenten zu stören, weil dieser sich in einem Artikel gegen das staatsfeindliche Treiben einiger aus jenem Kreise wandte.
2. Wir haben darum heute das Recht und die Pflicht, mit aller Entschiedenheit Front zu machen gegen jene Gruppe von Theologiestudenten, die sich die Befugnis anmasst, in die jüngsten Massnahmen unseres Kultusministers einzureden. Wir stellen mit Empörung fest, dass die sogen. Barthhörer und ihre Hintermänner dem Herrn Kultusminister das Recht zu seinen einstweiligen Verfügungen streitig machen wollen, dass sie zur Unterstützung dieser Aktion während der Kollegs Unterschriften sammeln, dass einer von ihnen in einer ausländischen Zeitung die Anordnungen der Regierung durch Hinweis auf finanzielle Gesichtspunkte verächtlich machen will.
3. Wir müssen mit aller Deutlichkeit abrücken von jenen Kommilitonen, die dem vom Herrn Minister vorläufig beauftragten Vertreter nahelegen, in eigenem Interesse auf die Durchführung seines Auftrages zu verzichten. Das ist eine offene Aufforderung zur Disziplinwidrigkeit und Gehorsamsverweigerung und beweist uns, dass jene Gruppe durch die grosszügige Duldungspolitik unserer Regierung allzu sicher geworden ist und ihren theologisch verbrämten Hass gegen die Einrichtungen und Anordnungen unserer Staatsführung nicht mehr länger verbergen kann.
4. Wir verwahren uns gegen jeden Versuch, aus unserer Hochschule ein Abstimmungslokal zu machen, in dem grüne Anfänger oder verbohrte Hetzer über die wissenschaftlichen Qualitäten unserer Lehrer diskutieren und entscheiden. Wir suchen in unseren Lehrern die geistigen Führer, die uns aufrufen zu freier Gefolgschaft, zu selbständiger Arbeit und Kritik. Aber in jenem Massengeschwätz muss jede akademische Freiheit und geistige Selbständigkeit ersticken.
5. Wir sagen uns los von allen, die unsere Hochschule durch lächerlichen Klatsch

und ekelhafte Verleumdung, durch Hetzen und Krawalle entehren. Die sogenannten Barthhörer betrachten seit dem Ueberhandnehmen des Kirchenstreites die akademischen Lehrer und Amtsträger, die das Vertrauen der Staatsführung haben, ohne Ansehn der Person als vogelfrei. Sie begnügen sich heute nicht mehr mit unverschämten Briefen und lichtscheuen Verleumdungen, mit Boykott- und Störungsversuchen aller Art. Ein Barthhörer, der ein unechter SA-Mann, aber ein echter Vertreter der Deutschen Christlichen Studentenvereinigung in Bonn genannt werden muss, hat den derzeitigen Vertreter für Herrn Professor Barth auf offenem Universitätsflur als »Schwein« bezeichnet, einfach aus dem Grunde, weil er den Anordnungen seiner Regierung Folge geleistet hat. In solcher Entgleisung verrät sich ungewollt der Geist, der in jenen Kreisen gepflegt wird.

6. Täglich mehren sich die Anzeichen, dass durch dieses Treiben das Ansehen der evangelischen Theologiestudenten vor aller Welt beschmutzt wird. Wir dürfen darum nicht länger schweigen und müssen vielmehr in aller Feierlichkeit erklären: »Wir wollen als Theologen, Akademiker und Nationalsozialisten mit jenen Elementen nichts zu schaffen haben und lehnen als Amtsträger jede Mitverantwortung für jene Umtriebe und ihre Folgen ausdrücklich ab.«

Bonn, den 13. Dezember 1934.

gez. Paul Seifert Seminarwart
gez. H. Pfaff, Theol. Zellenleiter
gez. Wilhelm Lang, theol. Hauptamtsleiter
gez. Kurt Körber, theol. Presse- u. Propagandawart des NSDStB.
gez. Cuno Windfuhr, Fachschaftsleiter, ev. theol.
gez. Willi Kloster, theol. stellvertr. Fachschaftsleiter

D 18 zu S. 101

»Verhandlungsvorschlag« der Vorläufigen Leitung für Reichskanzler Hitler zur Befriedung der DEK vom 20. 12. 1934

Die Vorläufige Leitung der Deutschen Evangelischen Kirche, eingesetzt durch das Vertrauen einerseits der Landeskirchen von Hannover luth., Württemberg und Bayern und andererseits des Bruderrats der Deutschen Evangelischen Kirche (als des Vertreters der Bruderräte von Anhalt, Baden, Braunschweig, Bremen, Hamburg, Kurhessen, Lippe, Lübeck, Mecklenburg, Nassau-Hessen, Oldenburg, Sachsen, Schleswig-Holstein, Thüringen, Waldeck, und der Bruderräte der Provinzialkirchen der altpreussischen Union: Berlin, Brandenburg, Danzig, Grenzmark-Posen-Westpreussen, Ostpreussen, Pommern, Sachsen, Rheinland, Schlesien, Westfalen) unter Beitritt der Landeskirchen von Baden, Hessen-Kassel, Schaumburg-Lippe und unter Zustimmung der Leiter der grossen kirchlichen Verbände: der Arbeitsgemeinschaft der 43 missionarischen und diakonischen Verbände (s. Anlage), des Evangelischen Vereins der Gustav Adolf-Stiftung und des Bundes Deutscher Pfarrervereine

sowie unter wachsender Anerkennung der an der kirchenpolitischen Auseinandersetzung bisher nicht beteiligten Kreise
bittet die Reichsregierung als Garanten der Reichskirchenverfassung vom 11. Juli 1933 die folgenden Massnahmen zur Wiederherstellung geordneter Zustände in der Deutschen Evangelischen Kirche anzuerkennen und ihre Durchführung zu fördern und zu sichern: Sobald das geschieht, ist nach unseren Feststellungen bestimmt damit zu rechnen, dass auch andere Kirchen z. B. Braunschweig, Schlesig-Holstein, Hannover (ref.), Lippe einer solchen vom Staat gutgeheissenen Lösung ihre Zustimmung geben.

1. An die Stelle der bisherigen Regierung der Deutschen Evangelischen Kirche tritt eine Kirchenverweserschaft mit der Aufgabe, die Deutsche Evangelische Kirche auf der Grundlage der Verfassung vom 11. Juli 1933 als wahrhaft geeinte, auf Schrift und Bekenntnis gegründete und geistlich geleitete Kirche wiederherzustellen und die hiezu erforderlichen Massnahmen zu treffen. Erstrebt wird nicht die Wiederherstellung der alten Zustände in der Kirche im Sinne einer Restauration, sondern eine durchgreifende Erneuerung der Kirche aus ihrem Wesen heraus.

2. Für die Kirchenverweserschaft gelten folgende Grundsätze:

a) Für Lehre, Kirchenregiment und sonstiges kirchliches Handeln gelten in der Deutschen Evangelischen Kirche ausschliesslich die Heilige Schrift, und die in Art. 1 der Verfassung vom 11. Juli 1933 genannten Bekenntnisse. Die Geltung dieser Grundlagen ist gegen jede die Kirche bedrohenden Irrlehren durch bekenntnismässiges Lehren und Handeln zu sichern.

b) Die kirchlichen Körperschaften in der Deutschen Evangelischen Kirche wie in den Landeskirchen sind in diesem Sinne neu zu bilden. Hiezu die nötigen Massnahmen zu treffen, ist Aufgabe der Kirchenverweserschaft. Urwahlen kommen nicht in Frage.

c) Die Kirchenverweserschaft hat dafür zu sorgen, dass die Deutsche Evangelische Kirche tunlichst bald wieder durch verfassungsmässige Organe geleitet werden kann.

d) Die Kirchenverweserschaft hat das Recht, kirchliche Amtsträger in leitenden Stellungen, gegen deren Haltung in Lehre oder Handeln sie vom Bekenntnis her Bedenken zu erheben hat, abzuberufen oder eine Vertretung anzuordnen.

3. Die Kirchenverweserschaft besteht aus Landesbischof D. Marahrens, sowie Präses D. Koch, Oberkirchenrat Breit, Pfarrer D. Humburg, Reichsgerichtsrat Flor . . .
Landesbischof D. Marahrens bestimmt als Kirchenverweser im Einvernehmen mit der Kirchenverweserschaft die Richtlinien der Neuordnung.
Der Kirchenverweser kann im Einvernehmen mit der Kirchenverweserschaft andere Personen (zur Mitwirkung) in die Kirchenverweserschaft berufen.

4. Die Kirchenverweserschaft vertritt bis auf weiteres die Deutsche Evangelische Kirche im Sinne der Artikel 6 und 7 der Verfassung der Deutschen Evangelischen Kirche vom 11. Juli 1933.

5. Bis zur Neubildung der Nationalsynode der Deutschen Evangelischen Kirche werden deren verfassungsmässige Rechte durch eine Synode wahrgenommen, deren Mitglieder zu einem Drittel von der Kirchenverweserschaft berufen werden. Die übrigen zwei Drittel werden von den Landeskirchen entsandt. In Landeskirchen, deren Leitung als verfassungs- und bekenntnismässig nicht anerkannt werden kann, erfolgt diese Entsendung durch die Kirchenverweserschaft im Einvernehmen mit den Bruderräten der betreffenden kirchlichen Gebiete.
Die näheren Bestimmungen hierüber erlässt die Kirchenverweserschaft.

6. Die Wiederherstellung geordneter Zustände in der Deutschen Evangelischen Kirche ist innerhalb eines Jahres vom Inkrafttreten der vorstehenden Bestimmungen an durchzuführen. Zu diesem Zeitpunkt erlischt die Vollmacht der Kirchenverweserschaft. Die Synode ist notfalls berechtigt, die Vollmacht um weitere sechs Monate zu verlängern.

Diese Neuordnung tritt in Kraft, sobald der Reichsbischof den Beginn eines Urlaubs amtlich zur Kenntnis gegeben hat, aus dem er nicht in sein Amt zurückkehrt.

F 5 zu S. 106

Prof. D. Karl Barth, D. D.
Bonn
Siebengebirgstraße 18

18. Dezember 1934.

An Seine Magnifizenz
den Rektor der Universität Bonn
Herrn Professor Dr. Naumann
Bonn.

Hochgeehrter Herr Rektor!

Zu der Frage meiner Stellungnahme zum Beamteneid, die demnächst durch den Entscheid des Disziplinargerichtshofes ihre amtliche Erledigung finden soll, habe ich Ew. Magnifizenz Folgendes mitzuteilen:

Es sind in diesen Tagen zwei Erklärungen seitens der für mich maßgeblichen kirchlichen Stellen dem Herrn Reichsminister Dr. Rust übergeben worden:

1. Eine „Verlautbarung der Bekenntnisgemeinschaft der Deutschen Evangelischen Kirche" folgenden Inhalts:

   Der unter Anrufung Gottes dem Führer Adolf Hitler geleistete Eid gibt der Treue- und Gehorsamsverpflichtung den Ernst der Verantwortung vor Gott und damit ihre rechte Begründung. Er schließt durch die Berufung auf Gott ein Tun aus, das wider das in der Heiligen Schrift bezeugte Gebot Gottes wäre. Damit halten wir uns an das Wort des Herrn: Gebet dem Kaiser, was des Kaisers ist, und Gott, was Gottes ist! Und an die apostolische Auslegung: Man muß Gott mehr gehorchen, als den Menschen! und: Jedermann sei untertan der Obrigkeit, die Gewalt hat über uns.

2. Ein Schreiben (Brieftelegramm) des Moderators des Reformierten Bundes für Deutschland und des Vorsitzenden des Coetus Reformierter Prediger in Deutschland folgenden Inhalts:

   1. Die amtliche Verlautbarung der Vorläufigen Leitung der Deutschen Evangelischen Kirche in der Eidesfrage, die Ihnen mitgeteilt wurde, stimmt überein mit den Erklärungen, die Professor D. Karl Barth zum Beamteneid abgegeben hat.
   2. Gebunden an das in der Heiligen Schrift bezeugte Gebot Gottes hat Professor D. Karl Barth gehandelt in der Verantwortung eines evangelischen Lehrers an einer deutschen Universität.
   3. Die Entscheidung eines jeden evangelischen Christen in Deutschland kann auf Grund der Bindung an Gottes Wort nicht anders ausfallen, als wie sie von Professor D. Karl Barth getroffen wurde.

Ich entnehme den „Basler Nachrichten" vom 17. Dezember 1934, Nr. 345, daß diese beiden Erklärungen der Oeffentlichkeit bekannt geworden sind.

Damit ist für mich eine neue Situation eingetreten. Es steht heute fest, daß meine Auffassung, nach welcher die Verpflichtung auf den Führer Adolf Hitler für den evangelischen Christen nur einen grundsätzlich durch das Gebot Gottes begrenzten Inhalt haben kann, nicht nur die von mir persönlich, sondern die amtlich und öffentlich anerkannte und vorgetragene Lehre der Evangelischen Kirche ist. Nachdem dies kirchlicherseits ausdrücklich und unter Mitteilung an die Staatsbehörde und an die Oeffentlichkeit ausgesprochen und nachdem staatlicherseits kein Widerspruch dagegen erhoben worden ist, wird der von mir als Bedingung meiner Eidesleistung angegebene Zusatz: „soweit ich es als evangelischer Christ verantworten kann" überflüssig, das heißt für mich als einzelnes Glied meiner Kirche dem Staat und der Oeffentlichkeit gegenüber selbstverständlich.

Ich kann diesen Zusatz heute fallen lassen und erkläre mich hiermit unter Hinweis darauf, daß die Interpretation der Eidesformel durch die genannten kirchlichen Kundgebungen für alle evangelischen Christen geklärt ist, bereit, den Beamteneid in der vorgeschriebenen Form zu leisten.

Eine Abschrift dieses Briefes geht gleichzeitig an Herrn Reichsminister Dr. Rust und zu den Akten des Herrn Vorsitzenden des Disziplinargerichtshofes.

In ausgezeichneter Hochachtung
Ew. Magnifizenz sehr ergebener
(gez.) Karl Barth.

Flugblatt aus dem bekenntniskirchlichen Untergrund gegen das Schweigen der Leitung der Bekennenden Kirche in der Eidesfrage

D 19 zu S. 122

Urteil der Kölner Dienststrafkammer gegen Karl Barth

Im Namen des Deutschen Volkes!

In dem Dienststrafverfahren
gegen den
Professor D. Barth in Bonn hat die
Dienststrafkammer bei der Regierung zu Köln
in der Sitzung am 20. Dezember 1934 unter Teilnahme folgender Mitglieder:
Oberregierungsrat Dr. Scheerbarth
als Vorsitzender,
Landgerichtsrat Dr. Ernst
als richterlicher Beisitzer,
Landrat Dr. Groeger
als Beamtenbeisitzer,
Landgerichtsrat Kasper
als Beamter der Staatsanwaltschaft,
Regierungsinspektor Engelke
als Protokollführer.

für Recht erkannt:

Der Angeschuldigte wird mit Dienstentlassung bestraft. Als Unterstützung wird ihm die Hälfte des erdienten Ruhegehalts auf ein Jahr bewilligt:

Gründe:
Der Angeschuldigte, der früher Pfarrer in Safenwil (Schweiz) gewesen war, wurde durch Min. Erl. vom 16. 8. 1921 zum Honorarprofessor in der theologischen Fakultät der Universität Göttingen ernannt. In der Ernennungsurkunde findet sich der Satz: »Eine Aenderung in Ihrer Staatsangehörigkeit tritt durch diese Ernennung nicht ein.« Am 16. 9. 1925 wurde der Angeschuldigte zum ordentlichen Professor in der ev. theol. Fakultät der Universität Münster i. W. ernannt, wiederum mit der ausdrücklichen Massgabe in der Bestalltungsurkunde, dass durch diese Ernennung eine Aenderung in seiner Staatsangehörigkeit nicht eintrete.
Durch Ministerialerlass vom 2. 11. 1927 wurde dem Angeschuldigen ein bei der Universität Münster i. W. freigewordenes Ordinariat der ev. theol. Fakultät verliehen.
Unter dem 26. 10. 1929 erfolgte sodann die Berufung des Angeschuldigten in eine bei der Universität Bonn freigewordene planmässige Professur für systematische Theologie. Nach § 14 des Staatsangehörigkeitsgesetzes von 1913 hätte die Anstellung als Universitätsprofessor, also »im unmittelbaren Staatsdienst« regelmässigerweise als Einbürgerung des Angeschuldigten gegolten. Diese Geltung greift aber nach § 14 dann nicht Platz, wenn in der Anstellungsurkunde ein Vorbehalt gemacht wird. Da im vorliegenden Falle ein derartiger Vorbehalt gemacht worden ist, und der Angeschuldigte auch im übrigen nicht auf seine Schweizer Staatsangehörigkeit verzichtet hat, ist er nach wie vor ausschliesslich Schweizer geblieben.
Durch Verfügung des Reichs- und Preussischen Ministers für Wissenschaft, Erzie-

hung und Volksbildung vom 26. 11. 34 ist gegen den Angeschuldigten das förmliche Dienststrafverfahren gem. §§ 2, 23 a der B.D.Str.O. eingeleitet worden.
Aufgrund des Ergebnisses der daraufhin stattgehabten Voruntersuchung wird dem Angeschuldigten von der Staatsanwaltschaft zur Last gelegt (Anschuldigungsschrift vom 7. 12. 1934):
Die Pflichten verletzt zu haben, die ihm sein Amt auferlegt, und durch sein Verhalten im Amte sich der Achtung, des Ansehens und des Vertrauens, die sein Beruf erfordert, unwürdig gezeigt zu haben, indem er

1. zu Bonn im November 1934 erklärt hat, den durch das Gesetz über die Vereidigung der Beamten und der Soldaten der Wehrmacht vom 20. 8. 1934 (RGBl I, S. 785) allen öffentlichen Beamten auferlegten Eid auf den Führer des Deutschen Reiches und Volkes nur mit dem Zusatz leisten wollen: »soweit ich es als evangelischer Christ verantworten kann,«
2. zu Berlin im Oktober 1933 in privatem Kreise bei Gelegenheit einer Theologenzusammenkunft mit Beziehung auf grundsätzliche Massnahmen der Reichsregierung vorsätzlich oder doch grobfahrlässig unwahre Behauptungen tatsächlicher Art aufgestellt hat, die geeignet sind, das Wohl des Reiches und das Ansehen der Reichsregierung schwer zu schädigen;
3. in Bonn seit Beginn des Wintersemesters 1933 den durch die obersten Landesbehörden für den amtlichen Verkehr angeordneten deutschen Gruss zu Beginn und Ende seiner Vorlesungen nicht angewandt, auch gegenüber dem Rektor der Universität sich geweigert hat, einem dahingehenden Befehl Folge zu leisten.

Die Beweisaufnahme vor der Dienststrafkammer führte aufgrund der eigenen Einlassung des Angeschuldigten und aufgrund der in der Voruntersuchung stattgehabten Vernehmungen der Zeugen Professor Naumann, Professor Pietrusky und Generalstaatsanwalt Schnoerling zu folgenden Feststellungen:
I. Bei Beginn des Wintersemesters wurde dem damaligen Rektor der Universität Bonn, Prof. Pietrusky, mitgeteilt, dass der Angeschuldigte sich weigere, den durch die obersten Landesbehörden für den amtlichen Verkehr angeordneten Deutschen Gruss zu Beginn und Ende seiner Vorlesungen anzuwenden. Der Zeuge, Prof. Pietrusky, bat darauf den Angeschuldigten zu einer Besprechung zu sich, in deren Verlauf der Angeschuldigte erklärte, er pflege seine Vorlesungen mit einer Andacht zu beginnen; in diesen Rahmen passe der Deutsche Gruss nicht hinein. Ausserdem habe der Rektor die Anweisung der Obersten Landesbehörde nur mit der »Bitte um Beachtung« mitgeteilt. Als darauf der Zeuge Pietrusky, der Bitte des Angeschuldigten folgend, ihm in Gegenwart des Universitätsrats, Dr. Wildt, mündlich den Befehl erteilte, den Deutschen Gruss anzuwenden, verlangte der Angeschuldigte diesen Befehl in schriftlicher Form, um, wie er sich in der Hauptversammlung einlässt, in seinen Akten eine Unterlage dafür zu haben, dass ihm die Anwendung des Deutschen Grusses befohlen worden sei. Dieses Verlangen lehnte der Zeuge Pietrusky ab. Der Angeschuldigte teilte darauf dem Zeugen schriftlich mit, dass er dem Befehl keine Folge leisten werde, und überreichte ihm gleichzeitig eine Beschwerdeschrift zur Weitergabe an das Ministerium. Eine Entscheidung über diese Beschwerde ist nicht ergangen.
II. Im Oktober 1933 war im Hause des Pfarrers Jakobi in Berlin eine Zusammenkunft evangelischer Theologen. Hierbei wurde die Stellungnahme der Kirche zu den politischen Ereignissen seit der Machtübernahme durch die N.S.D.A.P. erörtert.

Der Angeschuldigte, der sich damals schon, wie auch heute, als leidenschaftlicher Gegner der »Deutschen Christen« und der Reichskirchenregierung (bekannte), trat nach seiner ergänzenden Erläuterung in der mündlichen Verhandlung dafür ein, dass die Kirche sich grundsätzlich von der Stellungnahme von politischen Dingen fernzuhalten habe. Als der Einwand gemacht wurde, man könne den Nationalsozialismus nicht rundweg ablehnen und ihn als Heidentum ansprechen, wenn man sich das Gute vor Augen halte, was die Bewegung geleistet habe, z. B. die ganz andere Würdigung der Ehe gegen früher, die Volksordnung usw, wandte sich der Angeschuldigte dagegen und betonte, es werde von der Kirche verlangt, sie *müsse* zu allem ja sagen. Sie könne das wohl hier und da tun; dann aber sei ebenso zu fragen, was die Kirche zu dem sagen solle, was in den Konzentrationslagern geschehe, oder zu der Behandlung der Juden oder zu allem, was im Namen der Jugend unternommen werde, oder zum »totalen Anspruch« des Staates, oder zum 12. November. Handele es sich da um eine loyal gestellte Frage oder um ein raffiniertes Manöver? Ob man je die wahren Ergebnisse erfahren werde? Oder, was man zum Reichstagsbrandprozess und seinen Hintergründen sagen solle? Der Angeschuldigte schloss diese Ausführungen mit den Worten, man müsse ja geradezu ein Prophet sein, um es wagen zu können, Gottes Wort zur Lage zu sagen.

III. Im November 1934 erliess der Zeuge, Professor Naumann, zu dieser Zeit Rektor der Universität in Bonn, eine allgemeine Anordnung des Inhalts, dass diejenigen Dozenten, die infolge ihrer Abwesenheit während der Ferien den durch das Gesetz über die Vereidigung vom 20. 8. 1934 vorgeschriebenen Eid noch nicht geleistet hatten, am 7. 11. 1934 in der Aula der Universität zur Vereidigung zu erscheinen hätten. Diese Anordnung betraf auch den Angeschuldigten. Der durch das genannte Gesetz erforderte Eid hat folgenden Wortlaut: »Ich schwöre: ich werde dem Führer des Deutschen Reiches und Volkes, Adolf Hitler, treu und gehorsam sein, die Gesetze beachten und meine Amtspflichten gewissenhaft erfüllen, so wahr mir Gott helfe.«

Vor dem anberaumten Termin erschien der Angeschuldigte beim Rektor der Universität und erklärte ihm, er könne den Eid in der vorgeschriebenen Form nicht leisten. Er müsse einen Zusatz machen, indem er hinter den Worten . . .»treu und gehorsam sein« die Worte einfüge: »soweit ich es als evangelischer Christ verantworten kann«. Der Rektor hielt dem Angeschuldigten entgegen, dass von der für alle Beamten verbindlichen Verpflichtung, den Eid in der vorgeschriebenen Form zu leisten, nicht für einzelne eine Ausnahme gemacht werden könne, und berichtete über den Vorfall dem Ministerium. Im Termin zur Vereidigung erschien der Angeschuldigte nicht. Der Zeuge, Prof. Naumann räumte die Möglichkeit ein, dass er den Angeschuldigten bis zur Entscheidung des Ministeriums über die Frage der Eidesleistung von der Verpflichtung zum Erscheinen in dem Termin entbunden habe.

Unter dem 27. 11. 1934 überreichte der Angeschuldigte eine schriftliche Erklärung, in welcher er sein Verlangen nach Hinzufügung der oben angeführten Worte zur Eidesformel im wesentlichen damit begründet, dass der Eid ohne diesen Zusatz eine Verpflichtung von unendlichem, d. h. unbegrenzten und daher unübersichtlichem Inhalt vorstelle, während der Eid auf die frühere Verfassung eine ihrem Inhalt nach übersichtliche Verpflichtung enthalten habe.

Vor dem Untersuchungsrichter hat der Angeschuldigte den Inhalt dieses Schreibens ausdrücklich zum Gegenstand seiner Vernehmung gemacht und dabei betont, er verweigere nicht den Eid schlechthin, sondern sei bereit, ihn mit dem geforderten Zusatz zu leisten. Er erblicke in seiner Haltung auch keinen Verstoss gegen seine Be-

amtenpflichten dem Staate gegenüber und lehne es ab, aus diesem Anlass um Entlassung aus dem Amte zu bitten oder seine Haltung in der Eidesfrage als rechtlichen Grund für seine Entfernung aus dem Amte anzuerkennen.
Mit Schreiben vom 18. 12. 34, gerichtet an den Rektor der Universität Bonn und in Durchschrift an den Reichsminister Rust sowie an den Vorsitzenden der Dienststrafkammer erklärte sich der Angeschuldigte bereit, den Eid nunmehr ohne den von ihm geforderten Zusatz zu leisten. Als Grund hierfür ist in dem Schreiben ausgeführt, die Interpretation der Eidesformel sei inzwischen für alle evangelischen Christen durch Kundgebungen massgebender kirchlicher Stellen geklärt, die dem Reichsministerium zugegangen und unwidersprochen geblieben seien. Diese Kundgebungen (»Verlautbarung der Bekenntnisgemeinschaft der Deutschen Evangelischen Kirche zur Eidesfrage« und ein Schreiben des Moderators des Reformierten Bundes für Deutschland und des Vorsitzenden des Coetus Reformierter Prediger in Deutschland) sind in dem Schreiben des Angeschuldigten wörtlich angeführt.
Die erstere lautet:
»Der unter Anrufung Gottes dem Führer Adolf Hitler geleistete Eid gibt der Treue- und Gehorsamsverpflichtung den Ernst der Verantwortung vor Gott und damit ihre rechte Begründung. Er schliesst durch die Berufung auf Gott ein Tun aus, das wider das in der Heiligen Schrift bezeugte Gebot Gottes wäre. Damit halten wir uns an das Wort des Herrn: Gebet dem Kaiser, was des Kaisers ist und Gott, was Gottes ist! und an die apostolische Auslegung: man muss Gott mehr gehorchen als den Menschen, und: Jedermann sei untertan der Obrigkeit, die Gewalt hat über uns.«
In dem Schreiben des Vorsitzenden des Coetus Reformierter Prediger in Deutschland ist im wesentlichen ausgeführt, dass die vorgenannte amtliche Verlautbarung mit den Erklärungen des Angeschuldigten übereinstimme und dass jeder evangelische Christ in Deutschland sich ebenso entscheiden müsse, wie Professor Barth.
Den in der Voruntersuchung festgestellten Sachverhalt räumt der Angeschuldigte in der Hauptverhandlung vor der Dienststrafkammer in vollem Umfange ein. Im einzelnen führt er folgendes aus:
Seiner politischen Einstellung nach sei er Demokrat und habe in der Schweiz, wie auch später in Deutschland als eingeschriebenes Mitglied der Sozialdemokratischen Partei angehört. Soweit diese Partei kirchen- und religionsfeindlich eingestellt gewesen sei, habe er keinen Anstoss daran genommen, die religionsfeindliche Richtung der Sozialdemokraten habe er nicht tragisch genommen; in politischer Hinsicht habe er sich nicht betätigt. Er sei stets seinen Weg gegangen und habe auch 1933 seine Haut nicht wechseln können. Nach der Machtübernahme durch die N.S.D.A.P. habe er sich in einer fremden Welt befunden und habe kein Verhältnis zum neuen Staat finden können. Aus diesem Grunde habe er auch seinerzeit in einer Eingabe an den Minister Rust dargelegt, dass er nicht auf dem Boden des Nationalsozialistischen Staates stehe. Der Minister habe ihm lediglich geantwortet, er erwarte, dass der Angeschuldigte keine politische Zellenbildung vornehme.
Auf die Frage des Vorsitzenden, ob der Angeschuldigte überwiegend ablehnend oder überwiegend bejahend zum heutigen Staat stehe, bittet der Angeschuldigte, dass ihm die Beantwortung dieser Frage erlassen werde, da er sie nicht als zur Sache gehörig betrachten könne. Es müsse sonst den Anschein erwecken, dass sein zur Verhandlung stehendes Verhalten aus politischen Gründen zu beurteilen sei, statt, wie es tatsächlich der Fall sei, aus rein theologischen. Dabei bleibt der Angeschuldigte auch auf dem Vorbehalt, dass die gestellte Frage von jedem sonstigen Beamten ohne weiteres bejahend oder verneinend beantwortet werden könne. In dem gegenwärti-

gen Zusammenhang, so meinte der Angeschuldigte, dürfe diese Frage überhaupt nicht wesentlich sein; bei anderer Gelegenheit, etwa bei einem Zusammensein im Cafe, könne er die Frage natürlich glatt beantworten; hier bestehe jedoch die Gefahr, dass er sich durch Beantwortung der Frage »seine Situation verpfusche«. Als Theologieprofessor müsse er auf Schritt und Tritt die Grenzen des Staates aufweisen können. Demnach sei das Hauptproblem, mit dem er nicht fertig werden könne, der Totalitätsanspruch des Staates.

Dieser Totalitätsanspruch des Staates komme auch im »Deutschen Gruss« symbolisch zur Anerkennung. Ein theologisches Kolleg sei neben seiner Eigenschaft als staatlicher Unterricht zugleich stets eine kirchliche Angelegenheit, da es sich darin ausschliesslich um die Verkündung des Evangeliums, also um Gottesdienst im weiteren Sinne handele. Hierauf könne sich der Totalitätsanspruch des Staates oder der Volkseinheit nicht erstrecken, selbst wenn der theologische Unterricht auch als ein Teil der dem Staate obliegenden und durch beamtete Professoren ausgeübten Erziehung der Jugend angesehen werden möge. Hier stosse der Totalitätsanspruch des Staates auf einen anderen, überlegenen Totalitätsanspruch. Ausserdem habe er seit zwei Jahren seine morgendlichen Vorlesungen nie mit einem Grusse begonnen, sondern mit der Vorlesung von Bibelsprüchen und dem gemeinsamen Gesang eines Kirchenliedes. Seine Zuhörer hätten auch an seinem Verhalten keinen Anstoss genommen, bis sie Schwierigkeiten mit der Fachschaftsleitung bekommen hätten. Als diese dazu übergegangen sei, einzelnen Studenten wegen der Nichtausübung des Deutschen Grusses einen Verweis zu erteilen, habe er seinem Auditorium anheimgestellt, sich dem Zwange zu fügen, und zwar deswegen, weil seine Hörer andernfalls hätten geschädigt werden können und er ihnen die Entscheidung nicht allein habe überlassen wollen. Er habe im Hörsaal keinen Kampf der Meinungen haben wollen; dazu sei ihm die ganze Angelegenheit nicht wichtig genug erschienen.

Der Angeschuldigte bestreitet, dem Zeugen Pietrusky gegenüber geäussert zu haben, er habe mit der Ablehnung des Deutschen Grusses demonstrieren wollen. Er gibt die Möglichkeit zu, dass der Ausdruck gefallen sei, er habe jedoch keinesfalls damit sagen wollen, er habe gegen den Staat demonstrieren wollen. Grundsätzlich erklärt der Angeschuldigte, er werde auch in Zukunft im Hörsaal den Deutschen Gruss ablehnen, selbst wenn er vom Gericht dieserhalb mit einem Verweise bestraft werden sollte.

Der Angeschuldigte bestreitet nicht, die ihm zur Last gelegten Aeusserungen in der Versammlung der Theologen bei dem Pfarrer Jacobi in Berlin gemacht zu haben. Bei der Besprechung habe es sich um die Frage gehandelt, was die Kirche gegenüber den politischen Ereignissen in Deutschland zu predigen habe. Es sei ihm vorgehalten worden, er sei weltfremd, wenn er das Gute im politischen Geschehen seit der Machtergreifung der N.S.D.A.P. nicht anerkennen und Gott dafür danken wolle. Darauf habe er erwidert, wenn die Kirche sich überhaupt darauf einlasse, dann gerate sie bald auf ein Gebiet bestrittener Tatsachen. Es seien auch durchaus beweiskräftige Gegenthesen möglich und hierfür habe er dann Beispiele, wie die Novemberwahlen, den Reichstagsbrand usw. angeführt. Seine Bemerkung, man müsse ja ein Prophet sein . . . sei nun so zu verstehen, dass man ein Prophet sein müsse, um die Dinge so richtig zu durchschauen, dass man ein vollständiges Ja oder Nein dazu sagen könnte. Der Angeschuldigte räumt ein, dass ein unbefangener Zuhörer allerdings aus der Anführung der gewählten Beispiele eine kritische Stellungnahme des Angeschuldigten zu diesen einzelnen Erscheinungen des politischen Lebens hätte entnehmen können; dem sei aber entgegen zu halten, dass diese Aeusserungen in

einem engen Kreise guter Bekannter gefallen und nicht für die Oeffentlichkeit bestimmt gewesen seien.
Zur Frage der Eidesleistung führt der Angeschuldigte aus, er habe im Jahre 1925 bei seinem Amtsantritt bei der Universität Münster den Eid auf die Reichsverfassung und die Preussische Verfassung in der damals vorgeschriebenen Form geleistet. Das habe er auch ohne Bedenken tun können, weil eben damals der Eid durch den festgelegten Inhalt der Verfassungsurkunden einen begrenzten und übersichtlichen Inhalt gehabt habe. Der jetzt von ihm verlangte Eid jedoch verpflichte ihn nicht zur Innehaltung der Bestimmungen einer geschriebenen Urkunde, sondern zum unbedingten Gehorsam gegenüber dem Willen eines Menschen, des Führers Adolf Hitler. Wenn dem entgegengehalten werde, der Führer tue alles im Einklang mit Gottes Willen, weil auch er seinerseits zu Gott geschworen habe, so werde damit ein unendliches Vertrauen von ihm verlangt, welches er nur Gott gegenüber, aber nicht gegenüber einem Menschen aufbringen könne. Auch hier tauche wieder die begriffliche Frage auf, ob es neben der Totalität Gottes auch eine solche des Staates gebe. Da aber auch der Staat Adolf Hitlers eine begrenzte Grösse sei, könne er nicht mehr verlangen als Loyalität. Nachdem jedoch nunmehr durch die Erklärung von massgeblicher kirchlicher Seite seine Bedenken insoweit ausgeräumt seien, als durch die Eidesformel: »so wahr mir Gott helfe« jederzeit die Möglichkeit der Prüfung gegeben sei, ob eine von ihm verlangte Handlung mit dem Willen Gottes im Einklang stehe, sei er bereit, den Eid auch ohne Zusatz in der vorgeschriebenen Form zu leisten.
Hierbei betont der Angeschuldigte jedoch auf Befragen des Staatsanwalts ausdrücklich, dass seine Bereitwilligkeitserklärung auch jetzt noch mit der Einschränkung verstanden werden müsse, dass er den Eid in der vorgeschriebenen Form auch dann nicht leisten würde, wenn ein Zwiespalt zwischen seinen religiösen und staatsbürgerlichen Pflichten eintreten würde.

Massgeblich für die Urteilsfindung des Gerichts ist bei aller Würdigung des Persönlichkeitswertes des Angeschuldigten und der Bedeutung seines wissenschaftlichen Wirkens allein die Prüfung der Frage: kann der heutige Staat sich mit dem Verhalten eines beamteten Hochschullehrers und Jugenderziehers, wie der Angeschuldigte es an den Tag gelegt hat, abfinden oder nicht? Diese Frage hat das Gericht aus voller Ueberzeugung verneint.
Schon darin, dass der Angeschuldigte die ihm vom Gericht vorgelegte grundsätzliche und ihrem Inhalt nach eindeutige und einfache Frage, ob er dem heutigen Staat überwiegend bejahend oder verneinend gegenüberstehe, als nicht zur Sache gehörig abtun will und es so darstellen möchte, als ob die Erörterung damit auf eine nicht im Rahmen der Verhandlung liegende Ebene verschoben würde, liegt der Beweis dafür, dass der Angeschuldigte kein Verständnis für das aufbringt oder aufbringen will, was der heutige Staat von einem Beamten, den er zur Ausübung staatlicher Funktionen bestellt hat, und erst recht von einem beamteten Jugenderzieher, dem er das köstlichste Volksgut, die Jugend, anvertraut, verlangen muss. Und das ist in allererster Linie unbedingtes Eintreten für das Ideengut der nationalsozialistischen Bewegung. Diesem Staate gegenüber, der von seinen Dienern den Einsatz des ganzen Menschen mit allen Kräften des Herzens und der Seele verlangt, ist keine laue Loyalität denkbar, mit der es sich der Beamte des früheren Parteistaates genügen lassen konnte. Eine solche Einstellung aber ist dem Angeschuldigten nicht möglich, der sich, nachdem er bis zu ihrer Auflösung eingeschriebenes Mitglied der Sozialdemokratischen Partei gewesen ist, auch heute noch ausdrücklich als Demokrat bekennt.

So ist der Angeschuldigte nach und nach in eine immer stärker werdende oppositionelle Haltung gegenüber allem geraten, was der Staat oder die Reichsregierung tut und was sie von den Beamten verlangt. Wenn demgegenüber der Angeschuldigte es immer wieder so darstellt, als ob lediglich religiöse Motive und Bedenken ihn in seine gegnerische Haltung hineingedrängt hätten, so scheint damit die Tatsache, dass gerade er als evangelischer Theologe eingeschriebenes Mitglied einer politischen Partei gewesen ist und wohl ohne deren Auflösung heute noch wäre, von der die Gottlosenbewegung Jahre hindurch die stärkste Förderung erhielt, in unlösbarem Widerspruch zu stehen.
Wie kann insbesondere ein Theologieprofessor die Gottlosigkeitsrichtung der politischen Partei, der er seit Jahren angehört hat, nicht »tragisch« nehmen, den deutschen Gruss aber, das heisst das Hochheben des rechten Armes – das Hinzufügen von »Heil Hitler« ist nicht einmal nötig – so »tragisch«, dass er glaubt, aus diesem Grunde sein Verfahren zu einem die ganze Welt bewegenden stempeln zu müssen!
Die einzelnen Gründe, die der Angeschuldigte für seine Weigerung zur Anwendung des Deutschen Grusses gibt, sind unhaltbar. Nachdem durch Runderlass des Ministers der Deutsche Gruss zu Beginn und bei Beendigung des Kollegs vorgeschrieben und dem Angeschuldigten in gehöriger Form bekannt gemacht worden war, bestand für ihn als Beamten die Verpflichtung, der Anweisung seiner vorgesetzten Behörde Folge zu leisten, wie das bei allen Behörden des Reiches und der Länder selbstverständlich gehandhabt worden ist. – Wenn demgegenüber der Angeschuldigte zunächst ausführt, er habe nie mit seinen Hörern einen Gruss ausgetauscht, weder zu Beginn noch nach Beendigung der Vorlesung, und ausserdem sei der Deutsche Gruss zu Beginn der Vorlesung, die mit dem Verlesen von Bibelsprüchen und dem Absingen von Kirchenliedern anfange, »stilwidrig«, so kann hierin keine ausreichende Begründung für eine Gehorsamsverweigerung gegenüber einer dienstlichen Anordnung gesehen werden.
Ebenso abwegig ist die Einlassung des Angeschuldigten, das theologische Kolleg sei Auslegung des Evangeliums und daher Gottesdienst, in den hinein der Deutsche Gruss, der eine symbolische Anerkennung des Staates bedeute, nicht passe, weil hier der Totalitätsanspruch des Staates auf den überlegenen Totalitätsanspruch Gottes stosse, wo er seine sinngemässe Grenze finde.
Hierzu ist folgendes zu sagen:
Wie der Angeschuldigte dazu kommt, den Deutschen Gruss so »tragisch« zu nehmen und gerade ihn als symbolhaft für den Totalitätsanspruch des heutigen deutschen Staates zu nehmen, (ihn aber seinen Hörern als nicht wichtig genug anheimzustellen) ist unerfindlich und wirkt gezwungen. Ferner kann seiner Auffassung nicht beigetreten werden, dass dem theologischen Unterricht an einer Universität schlechthin die Bedeutung einer gottesdienstlichen Handlung beigemessen werden kann und darf. Liegt nicht in einer derartigen Herausstellung der theologischen Disziplin eine gewisse Ueberheblichkeit gegenüber den anderen wissenschaftlichen Fächern? Der Angeschuldigte scheint zu verkennen, dass er nicht mehr Pfarrer ist, sondern Beamter in staatsrechtlichem Sinne. Der Staat aber muss, wie es seit dem Allgemeinen Landrecht von 1794 allgemein herrschende Ansicht ist, und wie es auch die Auffassung der für den Angeschuldigten gewiss besonders wertvollen Reichsverfassung von 1919 war, daran festhalten, dass der theologische Unterricht an den Deutschen Universitäten ein Teil der Jugenderziehung ist, die dem Staate obliegt und der er von allen seinen Funktionen die höchste Bedeutung beimisst. Mit der

Ausübung dieser Funktion sind die beamteten Dozenten betraut. Von ihnen muss daher in erster Linie und mit allem Nachdruck verlangt werden, dass sie sich für den Staat einsetzen, den sie als Beamte vertreten, und diesen Willen, sich einzusetzen, sollen sie eben durch die in diesem Sinne als symbolisch aufzufassende Handlung des Deutschen Grusses bezeugen. Diese Gedankengänge sind dem Angeschuldigten keineswegs fremd, denn gerade sie haben ihn ja zur hartnäckigen Ablehnung des deutschen Grusses bewogen.

Aus diesem Grunde ist es daher unrichtig, im vorliegenden Verfahren ein solches über einen Konflikt zwischen der autoritären Staatsführung und dem Willen Gottes zu erblicken. Die gegenteilige Auffassung des Angeschuldigten ist eine unzulässige Verschiebung der Verhandlungsebenen.

Im übrigen geht die innere Einstellung des Angeschuldigten gegen den Deutschen Gruss soweit, dass er in der mündlichen Verhandlung erklärte, er werde auch künftig und immer den Deutschen Gruss verweigern, selbst wenn er deswegen heute nur etwa mit einem Verweis bestraft werden sollte. Hierin und in seiner Weigerung, auf die Frage des Vorsitzenden über seine Einstellung zum heutigen deutschen Staat zu antworten, liegt der Beweis dafür, dass der Angeschuldigte dem Staate, dessen Diener er ist, ablehnend gegenübersteht, und dieses Verhalten allein schon zwingt zu dem Schlusse, dass der Staat einen Beamten mit solcher Denkungsweise nicht in seinen Diensten behalten kann. Ausserdem würde ja die weitere Weigerung, die dienstliche Anordnung des Deutschen Grusses zu befolgen, zu weiteren Dienststrafverfahren gegen den Angeschuldigten und schliesslich schon allein wegen hartnäckiger Verletzung der Gehorsamspflicht zur Dienstentlassung führen müssen.

Wenn es noch eines weiteren Beweises für die verneinende Einstellung des Angeschuldigten zum heutigen Staate, bzw. zu dessen Regierung bedürfte, so wäre dieser in den Aeusserungen zu erblicken, die der Angeschuldigte vor den beim Pfarrer Jacobi in Berlin versammelten Theologen gemacht hat. Aus welchem Anlass diese Aeusserungen gefallen sind und inwieweit sie mit kirchenpolitischen Erörterungen im Zusammenhang stehen, kann hier völlig dahingestellt bleiben. Denn diese Aeusserungen sind von schwerwiegender Bedeutung, soweit dabei weltliche Dinge berührt werden, also in rein tatsächlicher Hinsicht. Als einer der Anwesenden unter Ausführung von treffenden Beispielen die Forderung aufstellte, das Gute, das die Bewegung bereits geleistet habe, müsse mit Dank an Gott gewürdigt werden, hielt der Angeschuldigte – wie er in der Voruntersuchung zugegeben hat: in erregtem Tone – dem Vorredner andere Beispiele entgegen, die beweisen sollten, dass die Reichsregierung sich habe Handlungen zuschulden kommen lassen, die mit dem Gewissen eines evangelischen Christen nicht vereinbar seien. In seinem leidenschaftlichen Verneinungsbedürfnis verstieg der Angeschuldigte sich hierbei zu Behauptungen tatsächlicher Art, die den Tatbestand des § 3 der VO. des Reichspräsidenten zur Abwehr heimtückischer Angriffe gegen die Regierung der nationalen Erhebung vom 21. 3. 1933 erfüllen. So sagte er wörtlich: »Was sagt die Kirche . . . zum 12. November? Handelt es sich da um eine loyal gestellte Frage oder um ein raffiniertes Manöver? Werden wir die wahren Ergebnisse erfahren? Oder zum Reichstagsbrand und seinen Hintergründen?« Dass mit diesen Aeusserungen der Reichsregierung der ungeheuerlichste Vorwurf der beabsichtigten Wahlfälschung gemacht wird, kann auch nicht dadurch ausgeräumt werden, dass dieser Vorwurf bzw. diese Behauptung in Form einer Frage gemacht wurde. Der Angeschuldigte muss selbst einräumen, dass der unbefangene Zuhörer aus der Art der Fragestellung die eigene kritische Stellungnahme des Fragenden heraushören musste, und dass diese Kritik nur eine verneinende, d. h. abfällige sein konnte, war keinem der Versammelten zweifelhaft, umso weniger, als wohl alle die politische Einstellung des Angeschuldigten kannten. Dass der Frage, ob es sich bei den Wahlen (d. h. dem Volksentscheid) vom 12. November 1933 um eine gestellte Frage oder um ein raffiniertes Manöver handle, nicht der Sinn unterlegt werden kann, ob die Reichsregierung etwa in besonders eindringlicher Form dem Auslande gegenüber das Einverständnis der überwiegenden Mehrheit des deutschen Volkes mit dem Austritt Deutschlands aus dem Völkerbund werde beweisen wollen, ergibt sich aus dem weiteren Satz: »Werden wir die wahren Ergebnisse erfahren?« Diese Frage des Angeschuldigten konnte nichts anderes bedeuten und hat nichts anderes bedeutet, als dass der Angeschuldigte eben zum Ausdruck bringen wollte, er halte die von der Reichsregierung demnächst zu veröffentlichenden Abstimmungsergebnisse nicht für die wahren, oder es müsse damit gerechnet werden, dass es nicht die wahren seien. Dasselbe gilt für die Frage des Angeschuldigten nach dem Reichstagsbrandprozess und seinen Hintergründen. Dieser Prozess ist von Anbeginn an in breitester Oeffentlichkeit verhandelt worden und hat zu einer eindeutigen Klärung der Schuldfrage geführt. Die Frage nach diesem Prozess und seinen Hintergründen, zumal im Zusammenhang mit der unmittelbar voraufgegangenen Frage: »Werden wir die wahren Ergebnisse erfahren?«, kann nur den Sinn gehabt haben, dass der Angeschuldigte behaupten wollte, es sei damit zu rechnen, dass bei diesem Prozess das deutsche Volk irregeführt werde, d. h. das Urteil werde bewusst nicht die wahren Schuldigen treffen.

Dass diese Behauptungen geeignet sind, das Wohl des Reiches und das Ansehen der Reichsregierung schwer zu schädigen, bedarf keiner Erörterung. Der Angeschuldigte war sich auch bewusst, dass die von ihm vorgebrachten Behauptungen unwahr waren; jedenfalls aber hat er damit gerechnet. Das ergibt sich mit aller Deutlichkeit aus seiner Einlassung vor dem Zeugen Ministerialrat Schoenring vom 30. 4. 34, in der er ausführt, seine persönliche Auffassung sei damals (zu Beginn des Prozesses) gewesen, »da wir aus den Zeitungsberichten nicht die volle Wahrheit und Klarheit in der Angelegenheit erfahren konnten.« Bezüglich des Volksentscheides vom 12. 11. 33 erklärt der Angeschuldigte in dieser Vernehmung, das Ergebnis der Volksabstimmung habe ihm sehr problematisch erscheinen müssen, da seines Erachtens der politische Gegner keine Gelegenheit gehabt habe, seine gegenteilige Auffassung frei darzulegen. Dem Angeschuldigten war bekannt, dass jeder Abstimmende die Möglichkeit hatte, geheim und unbeeinflusst mit »ja« zu stimmen oder mit »nein« oder einen unbeschriebenen Stimmzettel abzugeben. Das »wahre« Abstimmungsergebnis musste in jedem Falle zutage treten, wenn nicht eine Fälschungshandlung dazwischen trat. Der politische Gegner kam ebenfalls zu Worte, wenn er mit »nein« stimmte oder einen unbeschriebenen Stimmzettel abgab. Wenn also der Angeschuldigte die Frage aufwarf, ob man je das wahre Ergebnis erfahren werde, so enthielt diese Frage sinngemäss die Behauptung, es müsse damit gerechnet werden, dass – je nach dem Ausgang der Volksabstimmung – auch ein unwahres Wahlergebnis durch die Reichsregierung veröffentlicht werden würde, oder mit anderen Worten, dass die Reichsregierung eine Wahlfälschung vornehmen werde.

Aus diesen Erwägungen hat das Gericht keinen Zweifel, dass der Angeschuldigte die ihm zur Last gelegten unwahren Behauptungen mindestens mit dem Eventualvorsatz aufgestellt und verbreitet hat, dass sie unwahr waren. Aber selbst wenn man trotz des gesamten erdrückenden Ergebnisses der Beweisaufnahme – einschliesslich der Voruntersuchung – nicht so weit gehen wollte, beim Angeschuldigten das Vorliegen des Eventualvorsatzes als gegeben anzusehen, so hätte er sich doch zweifellos

bei der Aufstellung dieser Behauptung eine grobe Fahrlässigkeit zuschulden kommen lassen (§ 3, Abs. 3 der VO. vom 21. 3. 1933).
Wenn diese Behauptungen auch zunächst in privatem Kreise, d. h. vor geladenen Gästen, aufgestellt worden sind, so war sich der Angeschuldigte doch bewusst, dass sie durch seine Zuhörer und über sie hinweg den Weg zu einer unübersehbaren Zahl von deutschen Volksgenossen nehmen würden; denn die bei Pfarrer Jacobi versammelten Pfarrer waren ja gewiss deshalb dort erschienen, um aus dem Munde ihres für massgeblich erachteten Führers, des Angeschuldigten, die Richtlinien für ihr künftiges Verhalten als Prediger der evangelischen Kirche zu erfahren.
Das Verhalten des Angeschuldigten vor der Pfarrerversammlung in Berlin stellt demnach eine strafbare Handlung dar, zugleich jedoch eine besonders schwere Dienstpflichtverletzung im Sinne des § 2 der BDStrO.
Was schliesslich die Beurteilung der Eidesleistung angeht, so ist diese Frage durch den erwähnten Brief des Angeschuldigten vom 18. 12. 34 nach Auffassung des Gerichts von der ursprünglich wichtigsten zur am wenigsten bedeutungsvollen herabgesunken und würde für sich allein zu einer Dienstentlassung des Angeschuldigten in keiner Weise mehr ausreichend sein können. Massgebend für die Beurteilung ist die nunmehrige Bereitwilligkeit des Angeschuldigten, den vorgeschriebenen Beamteneid in der Form des Gesetzes vom 20. 8. 34 ohne Zusatz zu leisten. Die die Bereitwilligkeitserklärung begleitende Auslegung der Eidesformel durch den Angeschuldigten enthält nur eine Selbstverständlichkeit, ist also ohne selbständigen Inhalt. Denn in dem nationalsozialistischen deutschen Reich ist bei seiner bejahenden Einstellung zu Religion und Gott und der Wiedereinführung des religiösen Eideszusatzes – im Gegensatz zu einem sozialdemokratischen Staat – nicht einmal die Möglichkeit zu einer Anordnung des Führers und Reichskanzlers gegen Gottes Gebot gegeben, geschweige denn dass ein solches Gebot zu erwarten wäre. Also selbst wenn in den begleitenden Worten des Angeschuldigten ein innerer Vorbehalt zu erblicken wäre, so wäre er doch inhaltsleer und daher unwesentlich.
Aber auch wenn man diesen Erwägungen nicht beitreten will, so muss man auch aus einem anderen Gesichtspunkt – und dieser sei dem Angeschuldigten beonders zur Beachtung nahe gelegt – die Frage der Eidesleistung als in der Hauptsache erledigt betrachten. Der Angeschuldigte geht nämlich von der Auffassung aus, als wenn seine Gehorsamspflicht dem Staat und dem Führer gegenüber auf dem Eid und seiner Leistung beruhe. Das ist nach der in Deutschland geltenden beamtenrechtlichen Auffassung irrtümlich! Die Leistung des Diensteides bedeutet nur eine deklaratorische Bekräftigung von Pflichten, die bereits mit der Anstellung übernommen worden sind. Das Neue der durch Gesetz vom 20. 8. 34 vorgeschriebenen Eidesformel liegt in der Einführung des rein persönlichen Treue- und Gehorsamsgedankens gegenüber dem Führer und Reichskanzler (wie früher gegenüber dem Kaiser und König) anstelle des unpersönlichen Verhältnisses zu einer Verfassungsurkunde. Es kann daher im vorliegenden Verfahren auch gar nicht auf eine nähere inhaltliche Auslegung der neuen Eidesformel ankommen, und die Frage der Stellung des (bekenntnistreuen) Christen zu der Eidesformel spielt deshalb im vorliegenden Verfahren keinerlei Rolle. Zur Gehorsamspflicht im allgemeinen sei hierbei im übrigen angemerkt, dass der Beamte nicht etwa zu einem blinden Gehorsam verpflichtet ist. Dienstbefehle sind vielmehr unter anderem nur dann bindend, wenn sie nicht offenbar einer höheren Norm widersprechen. Ein so beschränktes materielles Nachprüfungsrecht ist dem Beamten also zuzuerkennen. Dabei muss er sich natürlich klar sein, dass er bei einer Gehorsamsverweigerung gegenüber seiner Ansicht nach be-

denklichen Dienstbefehlen Gefahr läuft, dass seine Ansicht von der zuständigen Behörde nicht geteilt und er dann wegen Ungehorsams bestraft wird (Entscheidung des Oberverwaltungsgerichts im Band 26 S. 413). Ebenfalls in diesem Sinne der neueste Kommentar von Brand, die preussischen Dienststrafordnungen, 3. Auflage 1935, S. 166.
Wenn auch, wie gesagt, die Frage der Eidesleistung zu einer Dienstentlassung des Angeschuldigten nicht mehr gereicht hat, so ist aber immerhin das ganze, auch hier an Demonstration erinnenernde Verhalten des Angeschuldigten in der Eidesfrage ein weiterer Beweis für die verneinende Einstellung des Angeschuldigten zum heutigen Staat und dient so der Vervollständigung des durch die beiden anderen Anschuldigungspunkte bereits genügend geklärten Bildes des Angeschuldigten, weil es für den deutschen Staat nicht darauf ankommen kann, ob diese Haltung in der Schweizer Staatsangehörigkeit des Angeschuldigten vielleicht ihre Erklärung findet. – Auch das liberale und demokratische Deutschland kannte den Begriff der beamtenrechtlichen Treuepflicht, und es ist lediglich eine Wiederholung liberalen und demokratischen Gedankengutes, wenn man sie als die Verpflichtung bestimmt, dem Staat die Treue zu halten, für die Staatsform einzutreten und alles zu unterlassen, was das Ansehen des Staates schädigen kann. Es ist schwer vorstellbar, dass der Angeschuldigte selbst überzeugt ist, gegen diese Treuepflicht *nicht* verstossen zu haben. Das Gericht ist jedenfalls der Ueberzeugung, dass auch ein ausländischer Staat einen Beamten, der sich zu ihm wie der Angeschuldigte verhält, unter seinen Staatsdienern nicht dulden könnte. Denn um mit einem Wort des Sokrates aus seiner auch vom Angeschuldigten zitierten Verteidigungsrede zu schliessen: »Das aber weiss ich, dass Gesetzesverletzung und Ungehorsam gegen den uns Überlegenen, er sei Gott oder Mensch, etwas Verwerfliches und Schimpfliches ist!«
Die Kostenentscheidung folgt aus §§ 464 ff. StPO.
gez. Scheerbarth.

D 20 zu S. 138

Brief Präses Humburg vom 9. 2. 1935 an Karl Barth

Lieber Herr Professor!
Ihr Brief und der mir zugesandte Briefwechsel zwischen Reichsgerichtsrat Flor und Ihnen haben mich aufs tiefste bewegt. Als Herr Flor am Mittwoch sofort seine Bedenken in stärkster Weise geltend machte, habe ich selbst ihm die Bitte vorgetragen, daß er sich darüber mit Ihnen schriftlich aussprechen möchte. In seinem Brief vermisse ich etwas die Wärme und Herzlichkeit, die in der mündlichen Besprechung der Frage ganz anders zum Ausdruck kam. Es ist auch zu bedauern, daß Herr Flor nicht am Dienstag anwesend war und hören konnte, wie (jedenfalls von mir und ohne daß sich Widerspruch erhob) dargelegt wurde, daß auch die beiden anderen Punkte der Anklage kirchliche und Glaubensfragen betreffen.
Es ist mir freilich zweifelhaft, ob ihn das von seinem Standpunkt abgebracht hätte. Und nun sitzen wir fest.
Mit liegt daran, jetzt Ihnen ein ganz persönliches Wort zu schreiben. Ich glaube, ich sehe die Gefahr, die Sie heraufsteigen sehen, und verstehe die Notwendigkeit des

Kampfes gegen den falschen Totalitätsanspruch jener Seite voll und ganz. Gerade darum halte ich es für unbedingt notwendig, daß die Revision durchgeführt wird und ein wirklich tüchtiger Jurist durch dieses vorläufige Urteil hindurch die klaren Linien zieht, daß den Richtern der zweiten Instanz darüber kein Zweifel bleiben kann, daß in all Ihrem Vorgehen Sie von kirchlichen Gesichtspunkten und aus der Haltung des Glaubens heraus handeln wollten, daß den Richtern auch etwas von der Bedeutung einer solchen Haltung des evangelischen Predigers bewußt werde. Weiterhin ist es mir wichtig, daß das Urteil jedenfalls nicht mehr die Verfügung enthält, daß Sie unwürdig sind, die deutsche Jugend zu unterrichten, damit nicht jeder weiteren Tätigkeit von Ihnen in Deutschland die Möglichkeit genommen ist. Das ist beides nach meinem Verständnis das kirchliche Interesse, um dessentwillen ich die Durchführung der Revision für nötig halte, wenn auch die Eidesfrage in den Hintergrund geschoben worden ist (Sie fragten mich ja nach dieser Begründung).
Ich würde also alles daransetzen, daß der Prozeß mit den besten Hilfsmitteln zu Ende geführt würde. Nun aber haben Sie am Dienstagabend auf einmal die Forderung der Verteidigung durch Fiedler aufgestellt und sehen in der Erfüllung dieser Forderung den Erweis, daß es der Vorläufigen Kirchenleitung ernst ist mit ihrem Eintreten für Sie und für die von Ihnen verfochtenen kirchlichen Anliegen.
Die Frage, die ich Ihnen nun persönlich vorlegen möchte, wobei ich bitte, es mir zugutzuhalten, daß ich ganz offen rede, wie vielleicht sonst niemand zu Ihnen redet, ist folgende:
Dürfen Sie diese Forderung, nachdem Sie auf die Bedenken von Flor gestoßen sind, so kategorisch aufrechterhalten? Bei der Besprechung in der Vorläufigen Kirchenleitung ist mit den stärksten Worten gesagt worden, wie sehr man Ihnen zum Dank verpflichtet ist; und mehr als einer brachte es zum Ausdruck, wie schmerzlich es sei, daß man jetzt nicht stärker für Sie eintreten könne. »Wenn Barth nicht gewesen wär, wären wir ja alle nicht hier. Er hat doch den Kampf vor allem geführt« u.s.w.
Die Bedenken gegen die Verteidigung durch Fiedler ergeben sich nur aus der unseligen Verquickung Ihrer Angelegenheit mit Ihrer früheren politischen Stellungnahme. Und als ich, in der Schlacht unterlegen, mir hernach in der Stille alles noch einmal vor Augen stellte, kam ich zu dem Entschluß, Sie einmal zu fragen, ob Sie hier nicht auch Zusammenhänge sehen, die Sie in Ihrer Stellungnahme stutzig machen müssen. Ihre frühere Parteinahme für die bekannte politische Partei war, soviel ich davon weiß, keine kirchliche Haltung. Sie haben die Christusfeindschaft der Partei nicht tragisch genommen, wie Sie sagten. Sie haben aber wohl auch sich nicht deshalb beteiligt, um Christus dort zu verkündigen. Zudem standen Sie in Ihrer Stellungnahme wohl gegen alle Ihre christlichen Freunde, jedenfalls gegen die große Mehrheit der lebendigen Glieder der gläubigen Gemeinde, die durch Ihr Vorgehen oft beschwert waren.
Und nun erhebt sich mir die Frage, ob sich nicht jetzt hier in einem entscheidenden Augenblick eines Großkampftages der christlichen Kirche in Deutschland ein Fehler einer früheren friedlicheren Periode auswirkt und die ganze heutige Lage dadurch verwirrt wird. Wären diese politischen Dinge nicht mit im Spiel, so wäre ihr jetziger Prozeß ganz allein ein Kampf um kirchliche Fragen. So wie es jetzt aber liegt, ist die Austragung der kirchlichen Frage belastet durch Ihre frühere politische Stellungnahme, die nach meiner Überzeugung nicht im geringsten dem Gericht das Recht gibt, daraus die jetzt gewünschten Schlüsse zu ziehen, die aber ohne Zweifel die Durchführung des Kampfes für die rein kirchlichen Interessen erschwert.
Ich weiß, daß Sie jetzt sehr vieles gegen meine Ausführungen einwenden können.

Dann würde ich stille warten und mir zuletzt doch die Frage erlauben: Sehen Sie nicht in der Verquickung Ihres geistlichen Amtes mit politischer Betätigung für jene Partei eine Schuld die jetzt nach inneren Gesetzen die gegenwärtigen Schritte beschattet und belastet? Und wenn dem so ist, können Sie dann noch dies Entweder-Oder, Verteidigung durch Fiedler oder Zurückziehung der Revision und auch Zurückziehung von der Vorläufigen Kirchenleitung, stellen?
Ich muß noch eine andere Sache mir vom Herzen sagen. Sie haben früher als ein einsamer Mann gekämpft. Mit dem Aufbruch des Bekenntnisstreites traten Sie zu unserer großen und hellen Freude immer mehr in die Gemeinschaft der Kämpfer hinein als einer, der sich von Herzen zur Bruderschaft hinzurechnete. Ich verstehe und fühle es aufs tiefste, daß der Schmerz, den ich jetzt bei Ihnen beobachte, seine eigentliche Wurzel darin hat, daß Sie sich von den Brüdern verlassen und fast verraten vorkommen. Aber – so erlaube ich mir zu fragen – hätten Sie dann nicht, ehe Sie den ganzen Kampf wegen des Eides anfingen, gerade bei der Bedeutung, die dieser Kampf gewinnen mußte, wenn er wirklich in dem von Ihnen gewünschten Sinne aufgenommen und durchgeführt wurde, sich vorher mit Ihren Brüdern besprechen müssen? So hätte man miteinander überlegen müssen, was zu tun sei, daß die rein kirchliche Frage und die Sache des Glaubens unvermischt zur Darstellung kommen. Man hätte in ganz anderer Weise aufklären können, um welche letzte gewaltige Frage es Ihnen hier wie auch bei den früheren Anliegen ginge. Ich zweifle nicht, daß Ihr Vorgehen weithin mehr Verständnis gefunden hätte.
Die jetzige Lage, daß einer, ohne seine Brüder zu informieren, vorgeht und dann, von sich aus gesehen mit Recht, erwartet, daß sie alle im entscheidenden Augenblick zu ihm stehen, enthält in sich Schwierigkeiten, die hätten vermieden werden können. Sie werden antworten: »Wenn man so überlegt, wird die Sache niemals vorangetrieben.« Ich pflichte weithin bei und meine doch, daß in einem Kampf, der in einer Front geführt wird und in den eine ganze Front hineingezogen werden soll oder werden müßte, man ganz anders vorher Fühlung miteinander haben sollte.
Was hilft solches Überlegen jetzt? Ich möchte wohl wünschen, daß es Ihnen die Frage nahelegte: Tue ich recht, jetzt diese eine Entscheidung, die ich nun für die richtige halte, in dieser Weise zum Schiboleth zu machen?
Es ist gewagt, daß ich dies alles Ihnen so offen schreibe. Es könnte den Eindruck erwecken, als ob ich nur nach Gründen suchte, mich zurückzuziehen. Ich lege solche Bedenken still beiseite; denn ich weiß, warum ich Ihnen schreibe, nicht, um Sie im Stich zu lassen, sondern um mit umso größerer innerer Klarheit Ihre Sache zu der meinigen machen zu können.
Ich weiß, daß Sie meine Meinung nicht allzu bedeutend finden. Trotzdem will ich diese Dinge Ihnen ganz offen äußern. Und vielleicht habe ich auch ein wenig dazu das Recht; denn von mir wird jetzt von dieser und jener Seite verlangt, daß ich die Kabinettfrage stellen soll und soll auf diese Weise sehr weitgehende Folgen verantworten. Das kann ich nicht, ohne mir auch über diese Dinge vor mir selbst und, wenn es möglich wäre, auch mit Ihnen klar zu werden.
Bei allem, was jetzt meine Seele durchwühlt und zerarbeitet, habe ich schon mehr als einmal Seite 13–17 Ihrer Predigt über den sinkenden Petrus durchgelesen. Das sind richtige Worte, wie ich sie jetzt bedarf.

10. II. Soweit hatte ich gestern abend geschrieben. Dabei hätte ich beinahe völlig vergessen, was mir sehr wichtig ist zu betonen, daß nämlich, wenn Sie die Forderung der Verteidigung durch Fiedler fallen lassen, dann die Frage erwogen werden

muß, ob die Vorläufige Kirchenleitung sich irgendwie öffentlich für Sie einsetzen soll – a) ob das innerlich notwendig, b) ob es in diesem Augenblick weise ist –, und wenn ja, dann in welcher Weise. Ich wäre sehr dankbar, wenn Sie doch am Dienstag nach Oeynhausen kommen würden, daß wir alle diese Dinge mit den Brüdern besprechen können.
Mit herzlichem Gruß
Ihr
[gez.] P. Humburg

D 21 zu S. 144

Brief Karl Barth vom 12. 2. 1935 an Präses Humburg

Lieber Herr Pastor!
Ich bin heute trotz Ihres Briefes und trotz eines Telegramms von Präses D. Koch nicht nach Oeynhausen gefahren. Und darüber muß und will ich mich vor Ihnen verantworten. Denn es ist nicht an dem, daß mir Ihre Meinung nicht bedeutsam wäre. Sie sind mir in diesen Jahren, wie Sie in Barmen zu meinen Schweizer Freunden ganz mit Recht sagten, in aufrichtiger »Kriegskameradschaft« lieb und wert geworden. Ich höre gerne und willig auf Sie und so ist es mir auch wichtig, es Ihnen eingehend zu sagen, wo und warum ich Ihnen nicht folgen kann.
Es war nicht ein Mangel an »Wärme und Herzlichkeit«, der mich in dem Brief von Flor betroffen gemacht hat, und die Lage wäre für mich nicht besser geworden, wenn dieser Brief wärmer und herzlicher gehalten gewesen wäre. Was ich ihm entnommen habe und was ich nun Ihrem Brief entnehme, ist schlicht dieses: Flor war und ist der Meinung, daß sich die V.K.L. und also die bekennende Kirche mit meiner Sache nicht politisch kompromittieren solle. Ihnen haben offenbar seine Argumente Eindruck gemacht. Jedenfalls sind Sie ihm gegenüber am Mittwoch mit Ihrer am Dienstag geäußerten Ansicht, daß es sich auch in Punkt 2 und 3 der gegen mich gerichteten Anklage um kirchlich wichtige Dinge handle, nicht durchgedrungen, sondern hatten Flor schließlich nur die Bitte vorzutragen, daß er sich schriftlich mit mir über die Sache ausspreche, und machen sich nun mir gegenüber in der Sache zum Anwalt seiner These. Die V.K.L. als solche aber hat ihre mir am Dienstag halbwegs gegebene Zusage hinsichtlich Dr. Fiedlers nicht bestätigen können. Das sind die nüchternen Tatsachen, an denen weder ein Mehr im Weniger an Wärme und Herzlichkeit etwas ändern kann. Sie bedeuten für mich, daß die V.K.L. trotz Ihrer Mitwirkung (und im Effekt: unter Ihrer Mitwirkung) diejenige Linie nicht bezieht, auf der ich ihre Existenz als Mitglied des R. Br. mitverantworten könnte. Also muß ich jetzt, nachdem die Verhandlung vom letzten Dienstag offenbar umsonst gewesen ist, ernst machen mit meiner Erklärung, daß ich dem R. Br. nicht mehr angehören kann. Darum bin ich heute nicht nach Oeynhausen gefahren.
Zur näheren Erklärung und zur Beantwortung der beiden Hauptpunkte Ihres Briefes muß ich dazu zunächst grundsätzlich das Folgende sagen dürfen. Ich fühle mich mißverstanden, wenn meine Forderung hinsichtlich der Verteidigung durch Dr. Fiedler sozus. als der Apell eines persönlich in Not geratenen Bruders an die Solidarität seiner Mitbrüder verstanden wird. Es wäre mir selbstverständlich, daß ich mit einem Wunsch solcher Art gegenüber dem höheren allgemeinen Interesse der Kirche

gegebenen Falles zurückzutreten hätte. Ich appelliere aber darum an den Beistand der V.K.L. und ich kann darum von diesem Apell nicht zurücktreten, weil ich mit Ihnen der Überzeugung bin, daß es sich nicht nur in der Eidesfrage, sondern auch in den beiden anderen mir zur Last gelegten Punkten um Fragen handelt, die die Kirche als solche angehen und in denen sich darum die Kirche mitverantworten muß, ja die vor Gericht noch einmal zu beantworten nur dann sinnvoll ist, wenn die Kirche dabei offen bekennt, daß sie sich hier selbst in die Verantwortung gerufen weiß. Ich möchte Sie, lieber Herr Pastor, wohl fragen dürfen, warum Sie diesen am Dienstag von Ihnen selbst vertretenen Gesichtspunkt am Tag darauf nicht unerschütterlich festgehalten haben? Wie Sie dazu gekommen sind, mir gegenüber auf einmal die These von Flor zu vertreten mit Argumenten, die doch nur Gewicht haben können, wenn man diesen Gesichtspunkt völlig fallen gelassen hat? Ich für meine Person kann ihn eben nicht fallen lassen.
Ob ich mich hinsichtlich meiner früheren Parteizugehörigkeit damals politisch geirrt habe oder nicht, das ist eine Frage, deren Erörterung hier zu weit führen würde. *Dagegen* aber habe ich mich immer gewehrt und muß ich mich nachträglich auch heute noch wehren, als hätte »die große Wahrheit der lebendigen Glieder der gläubigen Gemeinde« auch nur das geringste Recht gehabt zu der Erklärung, daß man als Christ zwar der D.N.V.P. oder D.V.P. oder C.V.D., sicher aber nicht der S.P.D. angehören dürfe. Wenn ich es aus bestimmten politischen Erwägungen heraus für richtig hielt, dies zu tun, so mag ich damit im Urteil des heutigen Staates als fehlbar dastehen, eine »Schuld« im ernsthaften christlichen Sinn kann ich in dieser Tatsache als solcher nicht erblicken und kann durchaus nicht zugeben, daß ich durch diese Tatsache als Glied der bekennenden Kirche in der Weise belastet sei, daß die anderen Glieder dieser Kirche es aus *diesem* Grund unterlassen dürften, sich gegenüber einer vom heutigen Staat nun gerade an mich gerichteten kirchlich wichtigen Frage ihrer Mitverantwortung zu entziehen. *Ist* diese Frage eine kirchlich wichtige, dann müßte sie von der Kirche verantwortet werden, auch wenn ich einer im Urteil des heutigen Staates noch viel schlimmeren Partei angehört hätte. Oder soll nun doch wieder das Urteil des heutigen Staates und also die politische Opportunität oder gar eine heimliche Vorentscheidung im Sinn dieses Staates den Maßstab dafür abgeben, ob und wie die bekennende Kirche von Fall zu Fall zu reden und zu handeln und also – zu bekennen hat? Sehen Sie, lieber Herr Pastor, da möchte *ich* nun auch stille warten darauf, ob Sie mir sagen werden, daß dies wirklich Ihre Ansicht ist.
Mit meinem Eintritt in den Kampf um die Eidesfrage stand es so: Ich stand zunächst unter dem mich sehr erschütternden Eindruck, daß auch in den Kreisen der bekennenden Kirche im Sommer kein Mensch daran dachte, an der Stelle auch nur ein Problem zu empfinden, wo ich mit aller Deutlichkeit das Ganze in Frage gestellt sah. Hat nicht selbst Präses Koch es im August als eine Selbstverständlichkeit hingestellt, daß sogar die Pfarrer den Staatseid schwören würden? Verhandlungen darüber, die ich hätte anregen können, hätten, da es sich um eine eindeutig ergangene staatliche Anordnung handelte, so wie die Dinge heute aufgefaßt werden, notwendig den Chrakter einer Konspiration haben müssen. Ich wollte keine Bewegung gegen den Staatseid entfachen. Ich wollte eigentlich nur meines Glaubens leben und habe es, da ich mich zunächst allein sah, auch allein getan. Daß eine Demonstration daraus werden könnte, damit mußte ich natürlich rechnen. Es konnte aber auch bloß ein kleiner Skandal daraus werden. Ist nun durch mein Vorgehen tatsächlich etwas geschehen, was das Gewissen der Kirche angeht (ich kann das nicht leugnen und Sie tun es ja auch nicht!) – muß die Kirche sich dann nicht dazu bekennen, ohne sich nachträglich

bei mir darüber zu beklagen, daß ich mich nicht zuvor mit Fleisch und Blut darüber beraten habe? Was hätten die Brüder denn auch davon oder dazu tun können? Geht sie die Sache darum weniger an, weil ich zuvor keine Fühlung mit ihnen genommen habe?

Sehen Sie, lieber Herr Pastor, ich kann diese Ihre beiden Einwände menschlich an sich wohl verstehen; aber ich kann nicht verstehen, inwiefern Sie mir aus der *Sache* heraus denkend, inwiefern Sie mir aus dem *Glauben* heraus jetzt diese beiden Einwände machen. Und darum muß ich fest bleiben, kann ich es der V.K.L. nicht ersparen, ihr sagen zu müssen, daß ihre Stellungnahme zu meinem Wunsch betr. Dr. Fiedler für meine Stellungnahme zu ihr bezw. für die Frage meiner Zugehörigkeit zum R. Br. entscheidend ist, kann ich es nicht annehmen, daß Sie mir für den Fall, daß ich diese Bedingung aufgebe, die Erwägung der Frage in Aussicht stellen, ob sich die V.K.L. etwa anderweitig für mich einsetzen solle: a) ob es innerlich notwendig? b) ob es in diesem Augenblick weise ist? Zweifeln Sie denn einen Augenblick daran, daß eine V.K.L. die mir hinsichtlich Dr. Fiedlers negativen Bescheid gibt, auch diese späteren Bekenntnismöglichkeiten nicht als solche anerkennen und also auch jene Fragen weislich verneinen wird? Irgend einmal wird die V.K.L. ja doch bekennen müssen, wenn sie es überhaupt einmal zu tun gedenkt. Ich kann nicht einsehen, warum man sie nicht einladen darf und soll, es ohne weiteren Aufschub in *diesem* Fall zu tun. Wobei ich bitten darf, zu bedenken, daß man mich ja dringend *aufgefordert* hat, in den Revisionsprozeß einzutreten, sodaß meine Einladung an die V.K.L., sich an dieser Sache zu beteiligen, nicht bedeuten konnte, daß ich mich mit einem individuellen Anliegen vordrängte, sondern eben nur dies, daß ich diese Aufforderung ernst genommen, bezw. daß ich die V.K.L. dabei behaftet habe.

Mit herzlichem Gruß!

Ihr

[gez.] (K. B.)

D 22 zu S. 145

Paul Schulze zur Wiesche – Memorandum zum Fall Karl Barth

Welche Stellung muss die Bekenntniskirche gegenüber Karl Barth einnehmen?

I. Die Evangelische Bekenntniskirche muss sich zu Herrn Professor D. Karl Barth bekennen, weil er in den ihm im Urteil des Disziplinargerichts vorgeworfenen drei Fällen das Anliegen der Kirche wahrgenommen hat und für die Freiheit der Kirche gegenüber dem Totalitätsanspruch des Staates eingetreten ist.

1. Die Auffassung Barth's über den Eid ist die Auffassung jedes evangelischen Christen. Das Gerichtsurteil enthält trotz der Tatsache, dass es die Stellungnahme Barth's zur Eidesfrage für untergeordnet hält, eine gegenteilige Auffassung. Der Satz: »Denn in dem nationalsozialistischen deutschen Reich ist bei seiner bejahenden Einstellung zu Religion und Gott und der Wiedereinführung des religiösen Eideszusatzes . . . nicht einmal die Möglichkeit zu einer Anordnung des Führers und Reichskanzlers gegen Gottes Gebot gegeben, geschweige denn, dass ein solches Gebot zu erwarten wäre,« ist mit dem ersten Gebot nicht vereinbar und antichristlich. Die Kirche muss dem Staat gegenüber offen zeigen, dass sie ein Interesse an der Klärung der Auffassung über den Eid hat.

Man kann nicht einwenden, andere theol. Hochschullehrer hätten den Eid vorbehaltlos geleistet und somit handele es sich nur um eine Barth angehende Sache, denn Barth hat für die Kirche gehandelt, was die Kirche auch dadurch anerkannt hat, dass sie durch ihre Erklärung zur Eidesfrage in der ersten Instanz sich hinter die Sache stellte.

2. Die Verweigerung des Hitlergrusses vor Beginn der Barth'schen Vorlesungen ist gerechtfertigt. Der Raum, in dem eine Andacht (Verlesung der Tageslosung und Absingen eines Kirchenliedes) stattfindet, ist Raum der Kirche, gleichgültig, wer den Raum zur Verfügung stellt. In einem solchen Raum gehört kein politischer Gruss. Die Kirche darf sich dem – vom Staate aus gesehen begreiflichen – Standpunkt nicht anschliessen, der Staat könne im Universitätsgebäude verlangen, was er wolle. Hier zeigt sich deutlich der Kompromisscharakter einer staatlichen theol. Fakultät. Der theol. Universitätsprofessor ist Staatsbeamter, aber auch und in erster Linie Diener Gottes. Der Hörsaal ist Raum des Staates und der Kirche und in gewissen Augenblicken nur Raum der Kirche. Der Staat darf in Augenblicken der Wortverkündigung und des Gottesdienstes, wenn er einmal auf Grund eines Kirchenvertrages den Raum zur Verfügung stellt, lediglich auf Grund seines Besitzes, einer materiellen Beziehung zu dem Raume nicht seinen Totalitätsanspruch erheben; sonst muss die Kirche reden und hinweisen auf den besonderen Charakter der theol. Fakultät oder aber die letzte Konsequenz ziehen und die Belehrung des theologischen Nachwuchses selbst übernehmen. Tut sie es nicht, so verkauft sie sich an die Welt. Es geht nicht an, dass die Kirche ihr Schweigen rechtfertigt mit der Argumentation, in äusseren Dingen habe der Staat auch in der theol. Fakultät das Bestimmungsrecht. Bei dem Gruss handelte es sich nicht um eine äussere Sache; der Staat würde sich eine solche Auffassung verbeten. Zulassung des Grusses bedeutete Anerkennung des Totalitätsanspruches des Staates. Denken wir den Fall, ein grosser Teil der Dozenten und Studenten habe irgendwelche sei es politischen, sei es theologischen Bedenken gegen den Gruss, dann würden diese Menschen entweder durch das Schweigen der Kirche zu Heuchlern erzogen oder die Kirche müsste vielleicht unentbehrliche Kräfte und Glieder aufgeben. Auch diese Erwägung zeigt, dass die Kirche ihren Anspruch gegenüber dem Staat auf eigengesetzliche Bestimmung ihres Lebens auch in der Frage der Gestaltung der Fakultät geltend machen muss. Der Fall Barth ist somit in diesem Punkte von grundsätzlicher Bedeutung und zeigt klar und deutlich die Not der theol. Fakultät gegenüber dem Totalitätsanspruch des Staates. Die Kirche muss jetzt den Fall Barth zum Anlass nehmen, um die Frage nach der Gestaltung der theol. Fakultät zu klären.

3. Die Bemerkung über den Reichstagsbrand, die Wahlen usw. fielen in einem Gespräch über die grundsätzliche Frage, ob die Kirche in politischen Dingen frei sein müsse und ob sie diese Freiheit schon aufgebe, wenn sie sich in politischen Urteilen an ein »Ja« oder »Nein« binde. Barth hat an Hand plastischer Beispiele den für die Bekenntniskirche allein möglichen Standpunkt der Nicht-Bindung an grundsätzliche politische Urteile klarzumachen versucht. Die Beispiele waren belanglos und spielten in diesem Zusammenhang keine Rolle.

Wenn Barth in diesem Falle eines der Hauptanliegen der Bekenntniskirche verfocht und seine Stellungnahme vom Staat falsch ausgelegt wird, muss die Kirche für ihn, ihren massgeblichen Lehrer, eintreten.

II. Selbst wenn man als Theologe anderer Ansicht sein sollte – was innerhalb der Bekenntniskirche nicht möglich sein dürfte –, und man die Anschuldigungen gegen

Barth als nur ihn angehend betrachtete, müsste man sich mit Rücksicht auf seine Person, aber lediglich aus Liebe zur Sache der Evangelischen Kirche zu ihm bekennen.

1. Der Protestantismus verdankt ihm seine Neubelebung durch Reinigung der Kirchenlehre und Zurückführung der Theologie auf die Lehre der Reformatoren.

2. Die Bekenntniskirche schuldet ihm grossen Dank, da er in Zeiten grösster Kämpfe schlechthin ihr Kirchenlehrer gewesen ist und sein Wirken massgeblich war für den Aufbau und Kampf der Bekenntniskirche. Das muss jeder zugeben, gleichgültig, welcher Generation, welcher politischen Einstellung und welcher Konfession er ist.

3. Er ist der Erzieher und Lehrer des Nachwuchses innerhalb der Bekenntniskirche. Ohne sein Wirken wäre die Jugend nicht in so grossem Masse auf Seiten der Bekenntnisfront.

III. Dem Bekenntnis zu Professor D. Barth können und dürfen politische Erwägungen nicht entgegenstehen.

1. Das Verhalten Barth's in den drei Fällen darf nicht politisch gewertet werden.

a) Barth hat – das muss die Bekenntniskirche glauben – lediglich als Theologe gesprochen, ganz abgesehen davon, dass er so gesprochen hat, wie jeder Theologe einer *bekennenden* Kirche sprechen muss.

b) Der Staat hat den beiden Fällen (Hitlergruss und Bemerkungen betr. Reichstagsbrand) selbst nicht grosse Bedeutung bisher beigelegt, sonst hätte er nicht so lange geschwiegen. Die Tatsache, dass wegen Eidesverweigerung das Verfahren eröffnet wurde und dass in den beiden anderen Fällen der Staat nicht vorher eingriff, ergeben, dass die Begründung des Urteils aus der politischen Haltung Barth's heraus eine Schein-, zumindest eine gesuchte Begründung ist.

2. Der Umstand, dass Barth sich als Demokrat bekannte, und seine frühere Zugehörigkeit zur S.P.D. müssen bei der Beurteilung der ganzen Angelegenheit und auch der Gerichtsentscheidung ausscheiden, zumal auch diese Tatsachen dem Staate früher bekannt waren. Es gibt viele frühere S.P.D.-Mitglieder, die heute – gleichgültig, auf welchem Gebiet – Tüchtiges für Staat, Volk usw. leisten. Die Erklärung, Demokrat zu sein, ist völlig belanglos, auch im totalen Staat, da eine politische Einstellung, also die Gesinnung als solche, nicht verboten ist, es sei denn, dass sie sich staatsfeindlich äussert. Solche Äusserungen Barth's liegen nicht vor. Es geht nicht an, *theologische* Äusserungen auf Grund irgendeiner politischen Einstellung des Äussernden als politische aufzufassen, in solche umzudeuten.

3. Selbst wenn das Verhalten Barth's in den drei genannten Fällen auch Ausfluss einer politischen Ueberzeugung wäre, so können diese etwaigen nebenbei gefallenen politischen Aeusserungen für die Stellung der Bekenntniskirche nicht von Einfluss sein, denn dadurch würde das theologische Gewicht und die theologische Begründung seiner Aeusserungen nicht eingeschränkt werden. Der Kirche muss es gleichgültig sein, welche politische Ueberzeugung ihre Glieder haben. Die Bekenntniskirche hat dies bisher auch stets verkündet. Jetzt müssen den Worten die Taten folgen. In dem Augenblick, wo politische Erwägungen das Handeln der Kirche bestimmen, hört sie auf, Kirche Jesu Christi zu sein.

IV. Ein Bekenntnis zu Karl Barth bedeutet *jetzt*, dass die Bekenntniskirche ihm in seinem Disziplinarverfahren zur Seite steht.

1. In der Eidesfrage hat sie einmal die Sache Barth zu der ihren gemacht. Also muss

sie auch weiterhin diese Sache vertreten. Da sie vor der Rechtskraft des Urteils nicht eine öffentliche Erklärung abgeben kann, muss sie schon jetzt offen zeigen, dass sie in einem etwaigen Rechtsmittelverfahren hinter der Sache Barth's steht.
Es kann nicht entgegengehalten werden, die Erklärung zur Eidesfrage sei nicht anlässlich des Barth-Prozesses erfolgt und hätte auch einen anderen Inhalt, als man ihr beigelegt hat.
2. Wenn die Kirche sich nicht jetzt im Prozess zu ihm bekennt, dann besteht auch keine Aussicht darauf und kein Vertrauen dazu, dass die Bekenntniskirche Kraft des ihr eigenen Rechtes, ihr Leben selbst zu regeln, Barth eine konkrete Möglichkeit verschafft, seine für die Erziehung des Nachwuchses der Bekenntniskirche *unbedingt* erforderliche Lehrtätigkeit fortzusetzen.
3. Barth hat kein eigenes Interesse an der Durchführung der Berufung. Seine Gründe müssen respektiert werden. Wenn die Kirche aber aus den zu I und II aufgeführten Gründen ein solches Interesse hat, dann muss sie dafür sorgen, dass die Berufung durchgeführt wird, und zwar ist notwendig, dass die Bekenntniskirche offen dem Staate gegenüber zeigt, dass sie auf die Klärung der im Urteil angeschnittenen Frage bestehen muss.

V. Da sowohl jeder der unter I aufgeführten als auch die unter II angegebenen Gründe, für sich allein genommen, das Einstehen für Barth erfordern, würde ein Schweigen der Kirche Folgendes bedeuten:
1. Sie verpasst – etwas banal ausgedrückt – eine Gelegenheit, um zu zeigen, dass sie noch bekennende Kirche ist, die im Kampf um die Lösung der Fragen der augenblicklichen Zeit steht, und vergrössert noch das – gleichgültig, ob berechtigter oder unberechtigter Weise in grossen Kreisen des Volkes und der Geistlichkeit vorhandene – Misstrauen zum augenblicklichen Verhalten der Bekenntniskirche.
2. Sie erkennt die theologische Einstellung Karl Barth's in den drei Punkten nicht an und gibt dem Totalitätsanspruch des Staates nach und hört somit auf, bekennende Kirche zu sein, deren wichtigstes Anliegen es im Kirchenkampf war, die Freiheit und Eigengesetzlichkeit der Kirche zu verkünden und zuverwirklichen.
3. Sie erkennt die Bedeutung Barth's für die Evangelische Kirche Deutschlands nicht an, leugnet damit entweder Tatsachen oder lässt den »Führer« – anstatt ihm durch Taten zu danken für seine Verdienste – im Stich.
4. Falls sie doch einen der unter I oder II genannten Gründe anerkennt und trotzdem schweigt, dann handelt sie lediglich aus politischen Motiven, aus taktischen Erwägungen heraus, und zwar in einer Sache, in welcher sie bekennen müsste, und hört deswegen auf, Kirche Jesu Christi zu sein.
[gez.] Schulze zur Wiesche

D 23 zu S. 158

Berufungserwiderung des Staatsanwaltes Kasper vom 11. 3. 1935 an das Berliner Oberverwaltungsgericht

. . . In der Dienststrafsache gegen den ordentlichen Professor der evangelischen Theologie an der Universität Bonn, D. Karl Barth, erwidere ich auf die von dem Angeschuldigten gegen das Urteil der Dienststrafkammer vom 20. Dezember 1934 eingelegte Berufung:

Ich halte die Berufung für unbegründet und beantrage, sie zu verwerfen.
Zur Begründung meines Antrages beziehe ich mich auf den Inhalt der Anschuldigungsschrift und die dort vorgetragenen Gründe. Das angefochtene Urteil stimmt mit diesen Gründen insoweit überein, als die Anschuldigungspunkte 2 und 3 in Betracht kommen. Hinsichtlich des Anschuldigungspunktes 1 widerspreche ich jedoch der Auffassung der Dienststrafkammer.
Ich stehe nach wie vor auf dem Standpunkt, daß das Verhalten des Angeschuldigten in der Eidesfrage die schwerste Verletzung seiner durch sein Amt begründeten Verpflichtungen bedeutet. Dieser Anschuldigungspunkt hat für sich allein Anlaß zur Einleitung des Dienststrafverfahrens gegeben. Lediglich deshalb, weil für die Dienststrafrechtliche Beurteilung das ganze Verhalten eines Beamten als Einheit zu betrachten ist, sind auch diejenigen Tatsachen, die abgesehen von dem Tatbestande des Einleitungsbeschlusses als Amtspflichtverletzung anzusehen waren, in das Verfahren einbezogen worden. Die spätere Bereitwilligkeitserklärung des Angeschuldigten zur Ableistung des Eides ohne förmlichen Zusatz hat der Einleitungsbehörde keinen Anlaß zur Aufhebung oder Abänderung des Einleitungsbeschlusses gegeben. In der Sache selbst hat sich durch die bezeichnete Erklärung nichts geändert. Der Angeschuldigte hat vor der Dienststrafkammer selbst ausdrücklich erklärt, daß seine Stellungnahme zu dem von ihm verlangten Eide sachlich nach wie vor die gleiche sei und er nach wie vor für sich das Recht in Anspruch nehme, in jedem einzelnen Fall zu prüfen, ob er ein von ihm verlangtes Verhalten mit seinen Pflichten als evangelischer Christ vereinbaren könne. Er hat leiglich darauf verzichtet, diesen seinen Vorbehalt schriftlich in die Formulierung des Eides aufnehmen zu lassen und will sich mit der durch Worte und Handlungen bestätigten Erklärung des Vorbehalts begnügen.
Die damit vorgenommene Einschränkung des unbeschränkten Eidesinhalts, der unbedingten Gehorsam von den Beamten gegenüber dem Führer verlangt, stellt für einen Beamten eine Pflichtverletzung allerschwersten Grades dar, die, wenn man sie im Falle des Angeschuldigten hingehen ließe, die Bedeutung des Eides auf den Führer des deutschen Reiches und Volkes allgemein in ein Nichts zusammensinken lassen würde. Der Beamte maßt sich bei dem durch den Angeschuldigten eingenommenen Standpunkt das Recht an, eine selbständige Prüfung darüber anzustellen, ob ein von ihm verlangtes Verhalten mit seiner religiösen Überzeugung von seiner bestimmten kirchlichen Auffassung aus zu vereinbaren ist und lehnt für den Fall, daß diese Prüfung zu einer Verneinung der Vereinbarkeit führt, das Vorliegen einer Amtspflicht zur Ausführung der fraglichen Handlung ab. Das aber ist mindestens für den nationalsozialistischen Staat eine Unmöglichkeit. Zwar kann von keinem Beamten verlangt werden, daß er im einzelnen Falle eine Handlung gegen sein Gewissen tut. Wenn er sie aber nicht tun will, so muß er sich darüber klar sein, daß seine Weigerung ihn zu der Konsequenz des Ausscheidens aus seinem Amte zwingt, weil sie eben eine Gehorsamsverweigerung darstellt. Ihr den Charakter der Gehorsamsverweigerung absprechen zu wollen, lediglich weil das verlangte Verhalten der persönlichen Auffassung des Beamten über die Vereinbarkeit dieses Verhaltens mit seinen religiösen Pflichten widerspricht, ist für einen geordneten Staat eine Unmöglichkeit.
Die Amtspflichtverletzung des Angeschuldigten besteht bereits im gegenwärtigen Zeitpunkt. Sie tritt nicht etwa erst dann ein, wenn der Angeschuldigte die Ausführung einer nach Leistung des Eides verlangten Handlung verweigert. Amtspflichtverletzung ist vielmehr das Verlangen des Angeschuldigten, die mögliche Verweige-

rung der Ausführung von vornherein für sich beanspruchen zu dürfen. Sie wiegt im gegebenen Falle um so schwerer, als der Angeschuldigte, der seine innere Gegnerschaft zum Nationalsozialismus nicht ableugnen kann, die Möglichkeit des dauernden Konfliktes mit seinen Amtspflichten vor Augen sieht und weiß, daß er auch weiterhin zu vielfachen Pflichtverweigerungen genötigt sein wird. Diese Tatsache müßte ihn bei einer Amtsauffassung, wie sie jeder Staat – nicht nur der nationalsozialistische – von einem Beamten verlangen muß, zum freiwilligen Ausscheiden aus seinem Amte führen. Da er das ausdrücklich abgelehnt hat, bleibt nur übrig, die Konsequenz seines Verhaltens durch Urteil der Disziplinarbehörden auszusprechen. Dieses muß in dem hier erörterten Fall, auch abgesehen von den beiden anderen Anschuldigungspunkten, die Dienstentlassung sein.
[gez.] Kasper

D 24 zu S. 159

Otto Bleibtreu – Berufungsbegründung vom 14. 3. 1935

An das
Preuß. Oberverwaltungsgericht (Dienststrafsenat)
in *Berlin*.

In der
Dienststrafsache gegen Professor D. Karl Barth
in *Bonn*

Aktenzeichen erster Instanz:
DStK. 111/34 (Köln)

gestatte ich mir namens des Angeschuldigten, der sich auch in der Berufungsinstanz meines Beistandes als Verteidiger gemäß §§ 20, 46 BDStO. zu bedienen wünscht, folgendes mitzuteilen:
Es ist dem Angeschuldigten nicht möglich gewesen, eine schriftliche Berufungsbegründung im Sinne des § 51 BDStO. fristgerecht einreichen zu lassen. Sein Antrag vom 16. 2. 35 auf Fristverlängerung gemäß Abs. 2 der genannten Vorschrift ist von dem Herrn Vorsitzenden der Dienststrafkammer in Köln abgelehnt worden, obwohl der Angeschuldigte triftige Gründe angeführt hatte und obwohl es sich bei Zugrundelegung der bei Brand, Die preuß. Dienststrafordnungen, 3. Aufl. 1935 Anm. 1 zu § 51, wiedergegebenen, von der Dienststrafkammer aber anscheinend nicht geteilten Auslegung dieser Bestimmung nur um eine ganz geringfügige Verlängerung der gesetzlichen Frist gehandelt haben würde. Nichtsdestoweniger wird das Berufungsgericht gemäß § 53 der BDStO. die ganze Sach- und Rechtslage in erneuter mündlicher Verhandlung nachzuprüfen haben. In dieser mündlichen Verhandlung bitte ich namens des Angeschuldigten die folgenden Einwendungen gegen das angefochtene Urteil zu berücksichtigen, die ich mir zur Vorbereitung der Verhandlung jetzt schon schriftlich darzulegen gestatte.

A.
Die *tatsächlichen Feststellungen* des angefochtenen Urteils leiden an mehreren Ungenauigkeiten, von denen die wichtigsten folgende sind:

1. Auf S. 7 des Urteils fehlt in Z. 7–9 v. o. die in der mündlichen Verhandlung vom Angeschuldigten ausdrücklich abgegebene wesentliche Erklärung, er habe an der kirchenfeindlichen Einstellung vieler Sozialdemokraten *deshalb* keinen Anstoß genommen, weil die Partei als solche gemäß ihrem Programm keineswegs religions- oder kirchenfeindlich war.
2. Weder der Angeschuldigte noch der Unterzeichnete können sich entsinnen, daß ersterer in der Verhandlung vor der Dienststrafkammer die S. 7 des Urteils Z. 4 v. u. wiedergebene Bemerkung gemacht habe, hier bestehe die Gefahr, daß er sich durch Beantwortung der Frage »seine Situation verpfusche«.
3. Ebensowenig vermag der Angeschuldigte sich zu erinnern, daß er die S. 9 des Urteils Z. 11–12 v. o. ihm in den Mund gelegten Worte gebraucht habe, »es seien auch durchaus beweiskräftige Gegenthesen möglich«.
4. Auf S. 10 des Urteils heißt es im zweiten Abschnitt von oben, der Angeschuldigte habe erklärt, »daß er den Eid in der vorgeschriebenen Form auch dann nicht leisten würde, wenn ein Zwiespalt zwischen seinen religiösen und staatsbürgerlichen Pflichten eintreten würde«. In Wahrheit hat der Angeschuldigte gesagt, daß seine Bereitwilligkeitserklärung zur Leistung des Eides auch jetzt noch mit der Einschränkung zu verstehen sei, daß er sich an den Eid nicht für gebunden erachte, wenn ein Zwiespalt der genannten Art eintreten würde.

B.
Gegen die eigentlichen *Entscheidungsgründe* des Urteils der Dienststrafkammer wird folgendes vorgebracht.

I.
Die Dienststrafkammer hält die Dienstentlassung, zu der sie den Angeschuldigten verurteilt hat, schon allein deshalb für gerechtfertigt, weil der Angeschuldigte dem nationalsozialistischen Staat ablehnend gegenüberstehe (vergl. S. 10, 13, 18 der Urteilsbegründung). Sie stützt hierauf ihre Entscheidung offensichtlich sogar in erster Linie. Diese Begründung des Urteils unterliegt indes erheblichen rechtlichen Bedenken.
1. Wenn die Dienststrafkammer – wie es den Anschein hat – mit ihren Ausführungen über die politische Gesinnung des Angeschuldigten sagen will, schon die Tatsache, daß ein Beamter eine bestimmte innere politische Einstellung habe, könne *als solche* und *für sich allein* ein Dienstvergehen darstellen, so ist dies nach dem bisher noch geltenden Recht ganz sicher nicht zutreffend.
a) Nach § 2 BDStO. liegt vielmehr ein Dienstvergehen nur vor bei einer Verletzung der Pflichten, die das Amt dem Beamten auferlegt, oder bei einem Verhalten, durch das er sich der Achtung, des Ansehens und des Vertrauens, die sein Beruf erfordert, unwürdig erzeigt. In der Fassung des Gesetzes kommt unzweifelhaft zum Ausdruck, daß in beiden Fällen ein *in der Außenwelt* in die Erscheinung tretendes Verhalten vorausgesetzt wird und daß eine bloß *innere* Einstellung, die sich nicht irgendwie äußert, nicht zur Dienstbestrafung führen kann.
b) Die Möglichkeit, einen Beamten ausschließlich auf Grund seiner politischen Gesinnung aus dem Dienst zu entlassen, hat der Staat lediglich im Rahmen und unter den Vorausetzungen des Gesetzes zur Wiederherstellung des Berufsbeamtentums vom 7. 4. 1933 zugelassen. Innerhalb bestimmter, inzwischen längst abgelaufener Fristen ist bezüglich eines jeden einzelnen Beamten gemäß § 4 dieses Gesetzes nachgeprüft worden, ob er die Gewähr dafür bietet, jederzeit rückhaltlos für den heutigen Staat einzutreten und ob mangels dieser Gewähr seine Entlassung notwen-

dig ist. Wenn auf Grund dieser Prüfung eine Maßregelung des Beamten binnen der gesetzlichen Frist nicht erfolgt ist, so steht damit – wie amtlicherseits mehrfach ausdrücklich betont worden ist – authentisch fest, daß gegen die Belassung des betreffenden Beamten im Dienst keine Bedenken aus dem Gesichtspunkt seiner politischen Gesinnung zu erheben sind. Auch aus diesem Grunde kann es daher nicht zulässig sein, gegen einen Beamten, dessen politische Einstellung bereits auf Grund des *Berufsbeamtengesetzes* nachgeprüft worden ist, eben wegen seiner politischen Gesinnung nachträglich *disziplinarisch* vorzugehen. Das muß insbesondere in einem Falle wie dem vorliegenden gelten, in dem im Dienststrafverfahren hinsichtlich der politischen Einstellung des Angeschuldigten *nichts* festgestellt worden ist, was nicht durch sein auf S. 7 des Urteils erwähntes Schreiben seiner vorgesetzten Behörde bereits seit dem Frühjahr 1933 bekannt gewesen wäre, ohne daß diese daraus die Folgerung gezogen hätte, auf Grund des Berufsbeamtengesetzes irgend welche Maßnahmen gegen den Angeschuldigten zu treffen;

c) Im übrigen kann aber auch – sofern es auf die politische Gesinnung des Angeschuldigten an sich überhaupt ankommt – für ihre rechtliche Beurteilung entgegen der Ansicht der Dienststrafkammer keineswegs die Tatsache unerheblich sein, daß der Angeschuldigte nicht nur von Abstammung und Geburt *Schweizer* ist, sondern auch seine Schweizer Staatsangehörigkeit trotz seiner Anstellung im preußischen Staatsdienst niemals verloren hat. Gewiß ist auch ein Ausländer, der deutscher Staatsbeamter wird, in seiner Amtsausübung und in seinem gesamten äußeren Verhalten zu der Loyalität gegenüber dem Anstellungsstaat verpflichtet, ohne die eine ordnungsmäßige Ausübung des Beamtenberufs überhaupt nicht denkbar ist. Es ist jedoch schon aus Billigkeitsgründen kaum möglich, an die *innere* politische Einstellung eines solchen beamteten *Ausländers* so strenge Anforderungen zu stellen, wie sie gegenüber den Beamten *deutscher* Nationalität – insbesondere heute – für berechtigt gehalten werden. Gefahren können aus einer solchen Sonderbehandlung der Ausländer-Beamten für den Staat kaum entstehen, da es sich hierbei ja nur um eine ganz geringe Zahl von Beamten handelt und es zudem nach § 14 StAngG. völlig im Belieben der Staatsbehörden steht, ob sie bei der Anstellung eines Ausländers im Einzelfall eine Ausnahme von dem an sich damit ipso iure verbundenen Erwerb der deutschen Staatsangehörigkeit zulassen wollen. Hat der Staat aber einmal wie im Falle des Angeschuldigten von sich aus eine solche Ausnahme gemacht, so dürfte darin rechtlich doch wohl u. a. auch zum Ausdruck kommen, daß der Ausländer sich trotz seiner staatlichen Anstellung in seiner inneren politischen Gesinnung nicht in demselben Maße mit dem Anstellungsstaat verbunden zu fühlen braucht wie ein inländischer Beamter.

2. Aber auch soweit die Dienststrafkammer die Dienstentlassung des Angeschuldigten nicht mit seiner *inneren* politischen Einstellung *allein* begründen will, sondern sie darauf stützt, daß der Angeschuldigte seine politische *Gesinnung* durch sein *äußeres* Verhalten in den in der Anschuldigungsschrift aufgeführten drei Fällen »demonstrativ« zum Ausdruck gebracht habe, ist das angefochtene Urteil rechtlich nicht haltbar. Seine Argumentation wäre allenfalls dann zutreffend, wenn das Verhalten des Angeschuldigten in diesen drei Fällen wirklich auf seine *politischen* Anschauungen zurückzuführen wäre und zur Aeußerung *dieser* Ansicht hätte dienen sollen. In Wahrheit hat aber die Handlungsweise des Angeschuldigten in allen drei Punkten mit seiner politischen Gesinnung nicht das Geringste zu tun, weshalb er auch mit vollem Recht die in der mündlichen Verhandlung erfolgte inquisitorische Ausforschung seiner inneren politischen Einstellung als nicht zur Sache gehörig be-

zeichnet hat. Sein Verhalten erklärt sich vielmehr allein und ausschließlich aus rein *theologischen* Gründen bezw. aus seinem *evangelischen* Bekenntnis. Es ist der entscheidende Fehler des Urteils, dies nicht erkannt zu haben, obwohl der Angeschuldigte es sowohl in der Voruntersuchung wie in der mündlichen Verhandlung dem Gericht auf das eindringlichste verständlich zu machen versucht hat. Entscheidend ist dieser Fehler nicht nur, weil bei richtiger Erkenntnis der für den Angeschuldigten allein maßgeblichen *theologischen Motive* sich aus den oben angeführten Gründen seine *politische* Einstellung – deren Vereinbarkeit mit seinem christlichen Bekenntnis übrigens nicht der Entscheidung staatlicher Gerichte unterliegen kann – als für das vorliegende Dienststrafverfahren völlig unerheblich erweist. Der Fehler ist vielmehr auch deshalb von ausschlaggebender Bedeutung, weil dann, wenn der Angeschuldigte in den drei Anschuldigungspunkten lediglich in der Verantwortung gehandelt hat, der er sich als evangelischer Christ und insbesondere als Professor der evangelischen Theologie unterworfen weiß, in diesem Verhalten *auch im übrigen* – also abgesehen von der Frage einer dahinterstehenden politischen Gesinnung – ein Dienstvergehen nicht erblickt werden kann.

a) Dazu bedarf es zunächst der *allgemeinen* Feststellung: Handlungen und Aeußerungen, zu denen sich ein Christ und erst recht ein Theologe aus bekenntnismäßigen Gründen verpflichtet fühlen darf und muß, haben auch im nationalsozialistischen Staate den Anspruch, hinsichtlich ihrer Rechtmäßigkeit oder Rechtswidrigkeit *nicht nur* an den Staatsgesetzen bezw. am Willen der Staatsführung, *sondern auch* an den Forderungen des christlichen Bekenntnisses gemessen zu werden. Das ergibt sich schon aus der Anerkennung des Christentums im Programm der NSDAP, sowie aus der bekannten Tatsache, daß der Führer und Reichskanzler selbst in seinen Reden mehrfach den Angehörigen beider christlichen Konfessionen den staatlichen Schutz bei der Erfüllung ihrer religiösen Pflichten feierlich zugesagt hat. Für den Angeschuldigten als beamteten Professor der Theologie folgt es aber vor allem auch aus der – von der Dienststrafkammer verkannten – besonderen rechtlichen Stellung, die der Staat den evangelisch-theologischen Fakultäten und den an ihnen wirkenden Dozenten auch heute noch einräumt. Für diese rechtliche Situation sind nämlich nicht nur die im angefochtenen Urteil zitierten Vorschriften des Allgemeinen Landrechtes und der Reichsverfassung von 1919 maßgebend, sondern nach wie vor insbesondere auch Bestimmungen wie Art. 11 des Vertrages des Freistaates Preußen mit den Evangelischen Landeskirchen vom 11. Mai 1931 einschließlich der auf diesen Artikel bezüglichen Erklärungen des Schlußprotokolls zu dem genannten Vertrag (GS. 1931 S. 107 ff). Gerade diese letzterwähnten Bestimmungen lassen aber keinen Zweifel daran, daß der Staat den Hochschullehrern der Theologie, auch soweit sie Beamte sind, das Recht gegeben, wenn nicht sogar die Pflicht auferlegt hat, nicht irgend eine profane Religionswissenschaft, sondern Theologie im *kirchlichen* Sinne zu treiben und zu lehren, d. h. so, wie sie von der Kirche her zu verstehen ist, und unter Bindung an die Kirche. Für die Kirche hat es jedoch die Theologie mit nichts anderem als mit der Sache der Kirche selbst, nämlich der Verkündigung des Evangeliums, zu tun. Theologie ist deshalb für die Kirche eine ihrer *eigenen* Funktionen, für deren Ausübung das besondere Amt der kirchlichen Lehrer eingesetzt ist. Läßt der Staat also zu, ja ordnet er sogar an, daß an seinen Universitäten evangelische Theologie im Sinne der *Kirche* und unter Bindung an sie betrieben und gelehrt wird, so anerkennt er damit zugleich, daß sich die Professoren der Theologie unbeschadet ihrer Staatsbeamteneigenschaft gleichzeitig und in erster Linie als Lehrer der Kirche, also als *kirchliche* Amtsträger, fühlen dürfen und müssen und daß sie sich in ihrem Reden und Handeln der *Kirche* gegenüber verantwortlich wissen. Der Staat nimmt dabei bewußt in Kauf, daß er sich damit gegenüber den Theologieprofessoren weitgehend der totalen Ingerenz begibt, die er bezüglich der Amtstätigkeit seiner übrigen Beamten in Anspruch nimmt. Er läßt – offenbar in voller Erkenntnis der Tragweite dieser Ausnahme vom staatlichen Totalitätsprinzip – damit zu, daß der Inhalt der Amtstätigkeit des beamteten Theologen in weitestem Umfang nicht durch die Autorität des Staates, sondern durch die der *Kirche* bestimmt wird. Man könnte sogar sagen, daß es für diese besondere Kategorie von Beamten zu den ihnen vom *Staat* auferlegten amtlichen *Pflichten* gehört, ihre Forschungs- und Lehrtätigkeit in ausschließlichem und unbedingtem Gehorsam gegenüber ihrem von der *Kirche* herrührenden Auftrag auszuüben. Zum mindesten aber sind sie hierzu *berechtigt* und machen sich *keines Verstoßes* gegen ihre Amtsobliegenheiten schuldig, wenn sie sich in ihrer Lehre und in ihrem Handeln allein durch ihre *kirchliche* Verantwortung bestimmen lassen.

b) Daß nun im vorliegenden *konkreten* Falle das Verhalten des Angeschuldigten in allen drei Anschuldigungspunkten tatsächlich *nur* durch diese Verantwortung bestimmt gewesen ist, hätte die Dienststrafkammer von vornherein erkennen müssen, wenn sie sich die – auch für den Nichttheologen nicht allzu große – Mühe gemacht hätte, ein Bild von der besonderen Eigenart der ganzen theologischen Lebensarbeit des Angeschuldigten zu gewinnen.

aa) Es handelt sich nämlich bei dieser Arbeit um den Versuch, die Kirche und insbesondere die kirchliche Verkündigung im Gegensatz zu einem in der Neuzeit in sie eingedrungenden säkularen – d. h. durch die jeweiligen kulturellen und politischen Zeitströmungen entscheidend bedingten – Denken wieder zur Besinnung auf ihre wirklichen Grundlagen zurückzuführen. Das soll bedeuten: *so sehr im weltlichen* Bereich diese Zeitströmungen sich auswirken können und sollen und so sehr auch der Christ, insoweit er in dieser Welt lebt, sich mit diesen Strömungen auseinandersetzen muß – auch der Angeschuldigte selbst hat ja früher außerhalb der theologischen Sphäre am politischen Leben in dem von ihm für notwendig gehaltenen beschränkten Umfang Anteil genommen –, so *wenig* darf sich die *Kirche* in irgend einer Weise von diesen wechselnden politischen und kulturellen Bewegungen abhängig machen und sich durch sie davon abdrängen lassen, daß ihre *einzige* und *ausschließliche* Offenbarungsquelle die Heilige Schrift ist.

Zur Veranschaulichung dieses Grundgedankens der theologischen Arbeit des Angeschuldigten füge ich die von ihm verfaßten Hefte der unter seiner Mitherausgeberschaft erscheinenden Schriftenreihe »Theologische Existenz heute« bei. Ferner verweise ich hierfür auf die beiden aus den letzten Jahren stammenden größeren wissenschaftlichen Veröffentlichungen des Angeschuldigten: »Fides quaerens intellectum (Anselms Beweis der Existenz Gottes im Zusammenhang seines theologischen Programms) und »Kirchliche Dogmatik I/1«.

Wie streng der Angeschuldigte diesen Leitgedanken in seinem ganzen theologischen Wirken durchgeführt hat, ergibt sich daraus, daß er – obwohl er sich in rein politischer Hinsicht zur Sozialdemokratie bekannte – gegen den Versuch einer Gruppe sozialistischer Theologen (der sog. Religiösen Sozialisten), theoretisch und praktisch die christliche Botschaft mit der sozialistischen Heilslehre in eins zu setzen, aus seiner oben dargelegten grundsätzlichen *theologischen* Haltung heraus seit 1920 schon entschieden Stellung genommen hat. Umsomehr muß es aber einleuchten, daß auch für sein Verhalten in den beiden vergangenen Jahren, insbesondere für seine in den erwähnten beigefügten Schriften sichtbare Stellung im gegenwärtigen Kirchenstreit, ausschließlich jene prinzipielle *theologische* Haltung und nicht irgend welche *politischen* Gründe maßgeblich waren. Die besondere Abwehrstellung, die der Angeschuldigte auf dem Boden von Kirche und Theologie seit 1933 eingenommen hat, bedeutet nichts anderes als eine Wiederholung der Abwehr, die er in Verfolgung seiner grundsätzlichen Linie immer und so gerade auch gegenüber dem sog. Religiösen Sozialismus geübt hat;

bb) Hätte sich die Dienststrafkammer dies alles einmal klarzumachen versucht – wozu ihr die Darlegungen des Angeschuldigten in der mündlichen Verhandlung genügenden Anlaß geboten hätten – so hätte sie nicht verkennen können, daß auch in den den Gegenstand des vorliegenden Verfahrens bildenden Fällen das Verhalten des Angeschuldigten im Zusammenhang mit seiner geschilderten *theologischen* Grundhaltung verstanden werden muß und sich allein aus ihr erklärt. Denn in allen drei Fällen hat es sich für den Angeschuldigten um einen wesentlichen Punkt seines im gegenwärtigen Kirchenkonflikt durchgeführten theologischen Abwehrkampfes gehandelt: nämlich um die Sichtbarmachung der Grenze, die dem heutigen nationalsozialistischen Staat gegenüber der Kirche deshalb gezogen ist, weil – bei allem schuldigen Respekt, der ihm in *seinem* Bereich zukommt und den ihm auch der Angeklagte nicht verweigert – auch er (wie jeder andere Staat!) zu den irdischen Mächten zu rechnen ist, deren Uebergriffe in den Raum der Kirche zurückzuweisen zu den Hauptaufgaben der theologischen Arbeit des Angeschuldigten gehört. Bei der Erörterung der einzelnen Anschuldigungspunkte wird dies für jeden Einzelfall noch näher dargetan werden, um zu begründen, warum in allen diesen Fällen gegen die Annahme disziplinarischer Verfehlungen des Angeschuldigten erhebliche rechtliche Bedenken bestehen. Soviel aber dürfte jetzt schon feststehen: In keinem der drei Fälle ist es dem Angeschuldigten darauf angekommen, auf der Ebene der *Politik* und aus *politischen* Gründen gegen bestimmte Handlungen und Anordnungen des nationalsozialistischen Staates zu »demonstrieren«. In allen drei Fällen hat er vielmehr lediglich auf Grund seiner Verpflichtung gehandelt, als *Theologe* gegenüber gewissen staatlichen Maßnahmen an die Freiheit der Kirche Jesu Christi von allen säkularen Mächten zu erinnern – jene Freiheit, die auch der heutige Staat der Kirche grundsätzlich zugesichert hat und zu deren Verteidigung er die beamteten Professoren der Theologie berechtigt, wenn nicht sogar verpflichtet hat.

Der Angeschuldigte hat es übrigens schon lange vor Eröffnung des vorliegenden Verfahrens für seine Pflicht gehalten, die maßgeblichen Staatsstellen über diese seine Auffassung von der Verantwortung eines Professors der evangelischen Theologie im neuen Staat zu unterrichten. Er hat nämlich bereits am 1. Juli 1933 dem Führer und Reichskanzler das beiliegende 1. Heft der Schriftenreihe »Theologische Existenz heute« mit einem Begleitschreiben übersandt, in dem es wörtlich heißt: »Evangelische Theologie muß auch im neuen Deutschland unerbittlich und unbekümmert ihren eigenen Weg gehen. Ich bitte Sie um Verständnis für diese Notwendigkeit«. Um nichts anderes als um das Verständnis des Staates für diese Notwendigkeit handelt es sich letzten Endes auch in dem gegenwärtigen Dienststrafverfahren.

II.

Was die einzelnen Anschuldigungspunkte selbst angeht, so scheint das angefochtene Urteil in der Weigerung des Angeschuldigten, den *Deutschen Gruß* in seinen Vorlesungen zu erweisen, aus zwei Gründen ein Dienstvergehen zu erblicken: einmal, weil darin seine den heutigen Staat verneinende politische Einstellung zum Ausdruck komme, und sodann wegen der in diesem Verhalten liegenden Verletzung der Gehorsamspflicht (vergl. insbesondere S. 13 der Urteilsbegründung).

1. Daß die *erstgenannte* Annahme der Dienststrafkammer unzutreffend ist, ergibt sich größtenteils schon aus dem oben zu I 2) Gesagten. So wenig wie in den übrigen zum Gegenstand des gegenwärtigen Verfahrens gemachten Fällen hat der Angeschuldigte hier durch sein Verhalten *politisch* gegen den nationalsozialistischen Staat demonstrieren wollen. Wie fern dem Angeschuldigten das gelegen hat, hätte das Gericht allein schon daraus entnehmen müssen, daß er sowohl in seinem bei den Akten befindlichen Schreiben an den Kultusminister vom 16. 12. 1933 wie auch in der mündlichen Verhandlung ausdrücklich erklärt hat, er lehne es *nicht* ab, den Deutschen Gruß *außerhalb* seiner Vorlesungen vorschriftsgemäß zu erweisen. Angesichts dieser Tatsache fehlt es an jedem Anlaß, dem Angeschuldigten nicht zu glauben, wenn er sich darauf beruft, daß lediglich *theologische* Gründe ihn dazu bestimmt haben, in den Vorlesungen den Deutschen Gruß nicht anzuwenden.

Zudem sind auch *objektiv* diese Gründe keineswegs so unhaltbar, wie das angefochtene Urteil meint.

Wenn der Angeschuldigte in dieser Hinsicht insbesondere geltend macht, die Erweisung des Deutschen Grußes sei in theologischen Vorlesungen deshalb unsachgemäß, weil es sich bei ihnen in gewissem Sinn um *Gottesdienst* handle, so hat er mit dem letzteren Ausdruck natürlich nicht – wie die Dienststrafkammer anzunehmen scheint – die selbstverständlichen Unterschiede leugnen wollen, die zwischen der sonntäglichen Predigt oder den sonstigen gottesdienstlichen Handlungen eines Pfarrers einerseits und dem theologischen Unterricht andererseits bestehen. Der Angeschuldigte hat vielmehr – wie er übrigens bereits in der mündlichen Verhandlung auseinandergesetzt hat – damit lediglich sagen wollen: die Unterweisung der Theologiestudierenden stimmt mit der gottesdienstlichen Tätigkeit des Predigers trotz aller sonstigen Verschiedenheiten in dem entscheidenden Punkt überein, daß es in beiden Fällen um die wesentliche Funktion der Kirche überhaupt, nämlich um die Verkündigung des Evangelium, geht; und da alle Tätigkeit der Kirche letzten Endes Gottesdienst ist, kommt in diesem Sinne auch dem theologischen Unterricht gottesdienstliche Natur zu. So aufgefaßt, bedeutet das entgegen der Ansicht der Dienststrafkammer keineswegs eine theologische »Ueberheblichkeit« gegenüber den anderen Wissenschaften, sondern lediglich die richtige Erkenntnis der besonderen Stellung, die die Theologie nun einmal ihrem Wesen nach unter den wissenschaftlichen Disziplinen einnimmt und die insbesondere auch der Staat – wie oben zu I 2 a) eingehend dargetan worden ist – ausdrücklich anerkannt hat.

Hat somit aber der Angeschuldigte im Kernpunkt recht, wenn er den theologischen Vorlesungen, die bei ihm ja zudem auch noch durch eine Andacht eingeleitet werden, gottesdienstliche Bedeutung beimißt, so erscheint auch – was übrigens die Dienststrafkammer mittelbar zugibt – die von ihm gezogene Folgerung verständlich, daß die Erweisung des Deutschen Grußes in den Vorlesungen der Theologieprofessoren ebenso unangebracht sei wie bei den üblichen Gottesdiensten in kirchlichen Gebäuden, bei denen der Staat die Anwendung dieser Grußform ja auch weder verlangt noch wünscht. Der im letzteren Fall unzweifelhaft maßgebliche Grund – daß nämlich die kirchliche Verkündigung dem sonst alles durchdringenden Einfluß des totalen Staates, dessen Anerkennung durch den Deutschen Gruß symbolisiert wird, nicht unterworfen sein soll – muß logischerweise auch für die theologischen Vorlesungen gelten.

2. Mit den vorstehenden Ausführungen ist zugleich schon angedeutet, daß auch

die im angefochtenen Urteil vertretene Ansicht, durch die Verweigerung des Deutschen Grußes in den Vorlesungen habe der Angeschuldigte sich einer disziplinarisch strafbaren *Gehorsamspflichtverletzung* schuldig gemacht, erheblichen rechtlichen Bedenken unterliegt.

a) Angesichts der *besonderen juristischen Stellung der evangelisch-theologischen Fakultäten* und der in ihnen tätigen Hochschullehrer, wie sie oben insbesondere zu I 2 a erörtert wurde, dürfte es nicht einmal völlig zweifelsfrei sein, ob überhaupt *objektiv* eine Verletzung der beamtenrechtlichen Gehorsamspflicht vorliegt. Der Umstand, daß der Staat die erwähnte privilegierte Rechtsstellung der theologischen Fakultäten durch einen konkordatsähnlichen *Vertrag* der Kirche zugesichert hat, läßt es immerhin als fraglich erscheinen, ob ein Eingriff in diese Privilegien – wie er materiell sicherlich nach dem oben zu II 1) Gesagten in dem an die Theologieprofessoren gerichteten Befehl zur Erweisung des Deutschen Grußes in den Vorlesungen zu erblicken ist – durch einen einseitigen Akt des Staates und sogar wie hier durch einen einfachen Ministerialerlaß rechtswirksam erfolgen kann. Der Angeschuldigte bittet jedenfalls um eine höchstrichterliche Nachprüfung dieser Rechtsfrage.

Selbst wenn indes ein *objektiver* Verstoß gegen die Gehorsamspflicht anzunehmen wäre, könnte doch eine Dienstbestrafung des Angeschuldigten höchstens dann erfolgen, wenn feststände, daß ihn ein Verschulden trifft und er daher *subjektiv* für diese Pflichtverletzung verantwortlich gemacht werden kann. Das erscheint aber angesichts dessen, daß die objektive Rechtslage nicht völlig klar zutage liegt, und der Angeschuldigte nicht Jurist sondern Theologe ist, kaum möglich.

b) Ganz abgesehen hiervon kann eine Dienstbestrafung des Angeschuldigten wegen der Verweigerung des Deutschen Grußes aber vor allem aus folgendem entscheidenden, von der Dienststrafkammer trotz ausdrücklichen Hinweises durch den Angeschuldigten völlig unbeachtet gelassenen Grunde nicht erfolgen:

Es ist unstreitig, daß der Angeschuldigte bereits zu *Beginn des Wintersemesters 1933* dem damaligen Rektor der Universität erklärt hat, daß und warum er nicht in der Lage sei, in seinen Vorlesungen den Deutschen Gruß zu erweisen. Es ist ferner unstreitig, daß er dasselbe schon am *16. Dezember 1933* durch das S. 5 des Urteils erwähnte Beschwerdeschreiben dem Minister für Wissenschaft, Kunst und Volksbildung mitgeteilt hat. *Gleichwohl hat die vorgesetzte Behörde fast ein ganzes Jahr verstreichen lassen, ohne irgend etwas gegen den Angeschuldigten zu unternehmen.* Es ist ihm nichts davon mitgeteilt worden, daß seine Beschwerde zurückgewiesen worden sei. Es sind ihm auch keine Maßnahmen disziplinarischer oder sonstiger Art für den Fall angedroht worden, daß er weiterhin bei seiner Verweigerung des Deutschen Grußes verharre. Er hat überhaupt in der Angelegenheit bis zu der am 26. November 1934 erfolgten Eröffnung des vorliegenden Dienststrafverfahrens nicht das Geringste mehr gehört!

Dieses merkwürdige Verhalten der vorgesetzten Behörde läßt sich rechtlich kaum anders auffassen denn als eine stillschweigende Entbindung des Angeschuldigten von der Erfüllung des an ihn ergangenen Dienstbefehls. Jedenfalls kann dem Angeschuldigten kein Vorwurf daraus gemacht werden, wenn *er* darin eine solche Entbindung von der Grußpflicht erblickte, zumal er erfahren hatte, daß an anderen Universitäten – z. B. in Halle – die Durchführung des Grußerlasses in den theologischen Vorlesungen auch sehr lax gehandhabt werde. Zum mindesten aus *subjektiven* Gründen schließt daher das langdauernde Schweigen des Ministeriums eine Dienstbestrafung des Angeschuldigten wegen der bisherigen Verweigerung des Deutschen Grußes aus. Es ist schwer zu verstehen, warum die Dienststrafkammer diesen wesentlichen Punkt – auf den sie, wie erwähnt, in der mündlichen Verhandlung mit allem Nachdruck hingewiesen worden war und mit dem sie sich im Urteil doch wenigstens hätte auseinandersetzen müssen – überhaupt nicht erörtert hat.

c) Was schließlich die vom Angeschuldigten in der mündlichen Verhandlung auf Befragen des Vorsitzenden abgegebene Erklärung betrifft, er werde auch *künftig* zu der Frage der Anwendung des Deutschen Grußes in den Vorlesungen keine andere Stellung einnehmen als bisher, so scheint die Dienststrafkammer selbst in dieser Erklärung *für sich allein* – also abgesehen von der ihrer irrigen Ansicht nach darin zum Ausdruck kommenden politischen Einstellung des Angeschuldigten – kein Dienstvergehen zu erblicken. In der Tat würden gegen eine entgegengesetzte Beurteilung dieser Erklärung auch rechtliche Bedenken bestehen. Wollte man in der Aeußerung eine disziplinarisch zu ahnende Gehorsamsverweigerung sehen, so müßte zunächst die – nach den Ausführungen unter II 2 a) nicht ganz zweifelsfreie – Frage geklärt sein, ob dem Ministerialerlaß über die Erweisung des Deutschen Grußes in den Vorlesungen gegenüber den Professoren der *Theologie* dieselbe Rechtswirksamkeit wie gegenüber den *übrigen* Hochschullehrern zukommt. Darüber hinaus wäre aber auch noch zu erwägen, ob nicht in einer solchen Erklärung, wie der Angeschuldigte sie abgegeben hat, eine Verletzung der Gehorsamspflicht erst dann zu erblicken sein würde, wenn sie – woran es hier unstreitig gefehlt hat – *auf besondere Anfrage der vorgesetzten Behörde* (des Kultusministers) und *gegenüber dieser selbst* abgegeben worden wäre. Mindestens in einem Falle wie dem vorliegenden wäre das zu prüfen, in dem der Angeschuldigte angesichts des langen Schweigens des Ministeriums und der milden Handhabung des Grußerlasses an anderen Hochschulen nicht damit zu rechnen brauchte, daß die vorgesetzte Behörde auf die künftige Einhaltung des Erlasses durch ihn besonderen Wert lege.

III.

Auch somit die Dienststrafkammer in den Aeußerungen des Angeschuldigten bei der Theologenzusammenkunft im Hause des Pfarrers Jacobi eine die Dienstentlassung erfordernde schwere Dienstpflichtverletzung erblickt, ist die angefochtene Entscheidung in mehrfacher Hinsicht nicht bedenkenfrei.

1. Irrig ist schon die Ansicht der Dienststrafkammer (S. 14 des Urteils), es komme gar nicht darauf an, aus welchem Anlaß die fraglichen Aeußerungen des Angeschuldigten gefallen seien und inwieweit sie mit kirchenpolitischen Erörterungen zusammenhingen. In Wahrheit ist der *tatsächliche Zusammenhang*, in dem es zu diesen Aeußerungen gekommen ist, für deren rechtliche Würdigung von ausschlaggebender Bedeutung. Denn dieser Zusammenhang läßt nicht nur erkennen, daß entgegen der Meinung des Gerichtes her ebenso wie im Falle des deutschen Grußes für das Verhalten des Angeschuldigten nicht irgend eine »verneinende Einstellung zum heutigen Staat, bezw. zu dessen Regierung«, sondern rein theologische Motive bestimmend waren. Der Zusammenhang macht es vielmehr insbesondere auch fraglich, ob sich der Angeschuldigte durch die in Rede stehenden Aeußerungen wirklich eines disziplinarisch so schwer zu ahnenden Verstoßes gegen § 3 der Verordnung zur Abwehr heimtückischer Angriffe gegen die Regierung der nationalen Erhebung vom 21. März 1933 schuldig gemacht hat, wie die Dienststrafkammer annimmt. Es bedarf daher einer nochmaligen Wiederholung des vom Angeschuldigten bereits in der Voruntersuchung und in der mündlichen Verhandlung unternommenen Versuches, klarzustellen, unter welchen besonderen Umständen er diese Aeußerungen gemacht hat.

In dieser Hinsicht muß zunächst mit allem Nachdruck auf die – auch aus dem Tatbestand des Urteils ohne weiteres ersichtliche – Tatsache verwiesen werden, daß es sich bei der Besprechung im Hause des Pfarrers Jacobi schon *allgemein* betrachtet in keiner Weise um eine Erörterung der Frage gehandelt hat, wie *bestimmte* Tagesereignisse in ihrer *politischen* Bedeutung und vom *politischen* Standpunkt aus zu beurteilen seien, sondern allein und ausschließlich um eine aus rein *theologischen* Gesichtspunkten geführte Diskussion des *theologischen* Problems, ob und wie sich die Kirche als solche in ihrer Verkündigung gegenüber politischen Geschehnissen *generell* zu verhalten habe. Und was insbesondere die Stellung angeht, die der *Angeschuldigte selbst* in dieser Diskussion eingenommen hat, so ist für ihre Bewertung entscheidend, daß es ihm auch in diesem Fall nicht im Geringsten um die Darlegung seiner privaten *politischen* Anschauung ging, sondern lediglich um die Durchführung des oben zu I 2 b) aa) geschilderten Grundgedankens seiner ganzen *theologischen* Arbeit: die Wahrung der Reinheit der kirchlichen Verkündigung gegenüber allen Versuchen, sie mit politischen und kulturellen Theorien irgendwie zu verquikken. Nichts anderes als dieses theologische Prinzip und nicht eine politische Kritik irgendwelcher Art war es daher, was der Angeschuldigte zum Ausdruck bringen wollte, wenn er der im Laufe der Diskussion vertretenen Ansicht, die Kirche müsse in ihrer Predigt gewisse Leistungen des nationalsozialistischen Staates ausdrücklich als erfreulich und begrüßenswert anerkennen, mit dem Hinweis entgegentrat, daß sich die Kirche damit auf ein Gebiet begebe, das – von *ihr* aus gesehen – immer problematisch sei und auf dem sie nicht einfach ihre Billigung oder Mißbilligung aussprechen könne; denn ihre Prediger hätten nur Gottes Wort zu verkündigen, könnten aber ebensowenig wie jeder andere Mensch wissen, ob von Gott aus gesehen zu konkreten politischen Ereignissen Ja oder Nein zu sagen sei.

Lediglich den Sinn einer Veranschaulichung dieser *theologischen* These und nicht den einer *politischen* Stellungnahme hatte es aber auch, wenn der Angeschuldigte im Anschluß hieran die Fragen aufwarf, die zum Gegenstand des vorliegenden Verfahrens gemacht worden sind. Der ganze Zusammenhang ergibt ohne weiteres, daß es dem Angeschuldigten bei der Stellung dieser Fragen entgegen der Ansicht der Dienststrafkammer *nicht* darauf ankam, aus einem angeblichen »leidenschaftlichen Verneinungsbedürfnis« heraus seinen Gesprächsteilnehmern davon Kenntnis zu geben, ob ihm persönlich von seinem privaten *politischen* Standpunkt aus die in diesen Fragen berührten Handlungen des nationalsozialistischen Staates etwa bedenklich erschienen. Etwas anderes läßt sich auch nicht aus seiner gelegentlichen Aeußerung im gegenwärtigen Verfahren entnehmen, ein unbefangener Zuhörer habe vielleicht aus den von ihm gewählten Beispielen auf seine innere kritische Stellungnahme zu einzelnen Erscheinungen des politischen Lebens schließen können; denn damit war nur der gar nicht eingetretene Fall gemeint, daß diese Fragen aus ihrem Zusammenhang herausgerissen und Personen vorgelegt worden wären, die mit den theologischen Absichten des Angeschuldigten nicht vertraut waren. Der Angeschuldigte wollte ferner mit seinen Fragen nicht einmal – wie das angefochtene Urteil gleichfalls irrtümlich annimmt – zum Ausdruck bringen, daß die *Kirche* diese Fragen verneinend beantworten müsse, weil die in Rede stehenden Handlungen der Reichsregierung »mit dem Gewissen eines evangelischen Christen nicht vereinbar seien«. Seine Absicht war vielmehr nur, seine Diskussionsgegner durch die Fragen drauf aufmerksam zu machen, daß sich doch auch noch andere als die von ihnen berührten politischen Ereignisse abgespielt hätten, zu denen von ihrem Standpunkt aus der Prediger doch auch ebenso wie zu den erstgenannten Stellung nehmen müsse. Damit werde aber ohne weiteres die Unhaltbarkeit des gegnerischen theologischen Standpunktes offenbar; denn es zeige sich dann, daß die Kirche, wenn sie in solchen politischen Angelegenheiten ein Ja oder Nein sprechen wolle, es lediglich auf Grund menschlicher Bewertungsmaßstäbe, nicht aber von Gott her tun könne, dessen Entscheidung ihr verborgen sei. Daß dies und nur dies zum Ausdruck gebracht werden sollte, beweist insbesondere die vom Angeschuldigten an seine Fragen geknüpfte Bemerkung, daß nur ein Prophet es wagen könne, eindeutig Gottes Wort zur politischen Lage zu sagen.

Es ergibt sich also: die Aeußerungen des Angeschuldigten bedeuteten erstens keinesfalls eine *persönliche politische* Stellungnahme, sondern dienten der Beantwortung der rein *theologischen* Frage, wie die *Kirche* sich in ihrer Verkündigung zu politischen Vorgängen zu stellen habe. Zweitens sollten die Ausführungen des Angeschuldigten auch nicht besagen, daß die von ihm aufgeworfenen Fragen von der Kirche *verneinend* beantwortet werden müßten; ihr Sinn war vielmehr, daß die Kirche auf derartige Fragen *überhaupt keine* Antwort – weder eine bejahende noch eine verneinende – geben könne, weil es sich für sie hier um ein zweifelhaftes Gebiet handle. Ja der Angeschuldigte hat nicht einmal sagen wollen, daß von der Kirche aus gesehen, *nur* die von ihm erwähnten Maßnahmen der Reichsregierung oder *nur* die Handlungen des nationalsozialistischen Staates überhaupt problematisch seien; er hat vielmehr diese Maßnahmen und Handlungen nur als *Beispiele* angeführt, die sich aus der konkreten Gesprächssituation ergaben, die aber fachlich kein besonderes Eigengewicht hatten, die deshalb an sich ebensogut durch politische Geschehnisse aus der Zeit *vor* 1933 hätten ersetzt werden können und denen von der Kirche her auch keineswegs eine Zweifelhaftigkeit *höheren* Grades beigemessen werden sollte als sämtlichen übrigen Ereignissen des politischen Lebens aller Zeiten und Völker.

2. Vergegenwärtigt man sich in dieser Weise den ganzen Zusammenhang, in den die dem Angeschuldigten zur Last gelegten Aeußerungen hineingehören, so erheben sich schon gewichtige Bedenken dagegen, ob überhaupt sämtliche Voraussetzungen eines strafbaren Verstoßes gegen § 3 der Verordnung vom 21. 3. 1933 zweifelsfrei gegeben sind.

a) Einer genaueren rechtlichen Nachprüfung, als sie von der Dienststrafkammer vorgenommen worden ist, bedarf zunächst die Frage, ob es nicht schon an der Verwirklichung eines wesentlichen Teiles des äußeren *gesetzlichen Tatbestandes* der genannten Vorschrift fehlt, nämlich an der Aufstellung *) von Behauptungen tatsächlicher Art, die geeignet sind, das Wohl des Reiches oder das Ansehen der Reichsregierung schwer zu schädigen.

aa) *»Aufstellen einer Behauptung«* bedeutet: etwas als Gegenstand eigenen Wissens, als objektiv wahr hinstellen (vergl. Schäfer in Anm. 4 zu § 1 des heute anstelle der Verordnung vom 21. 3. 1933 getretenen Gesetzes vom 20. 12. 1934 bei Pfundtner-Neubert: Das neue deutsche Reichsrecht 1933 ff.; Leipz. Komm. z. StGB. § 186 Anm. 3). Unzweifelhaft ist damit zunächst nur die Versicherung des Vorliegens einer Tatsache in *bestimmter* Form gemeint, nicht die bloße Aufwerfung von *Fragen* wie im vorliegenden Fall. Allerdings ist dem angefochtenen Urteil zuzugeben, daß die Frageform einer Aeußerung nicht schlechthin die Möglichkeit ausschließt, in ihr die Aufstellung einer Behauptung zu erblicken. Wie jedoch die ange-

*) Bloße *Verbreitung* tatsächlicher Behauptungen, d. h. deren Mitteilung als von anderer Seite gehört (vgl. R. G. St. 38, 368) fällt zwar auch unter § 3 der Verordnung, ist aber im Vorliegenden dem ganzen Sachverhalt nach begrifflich gar nicht gegeben.

führten Autoren sowie die von ihnen zitierte Reichsgerichtsentscheidung RGSt. 60, 373 mit Recht ausführen, besteht diese Möglichkeit im Einzelfall nur, wenn *besondere Umstände* deutlich erkennen lassen, daß die Form der Frage lediglich zur Verschleierung einer in Wahrheit gemeinten bestimmten Behauptung dient. Ob diese Voraussetzung im vorliegenden Falle gegeben ist, dürfte nun aber durchaus nicht so völlig zweifelsfrei sein, wie die Dienststrafkammer meint, insbesondere wenn man berücksichtigt, daß das Reichsgericht – wie aus der erwähnten Entscheidung eindeutig hervorgeht – mit Recht ziemlich strenge Anforderungen an eine solche Auslegung bloßer Fragen stellt.

Bedenklich ist es zunächst schon, wenn das angefochtene Urteil als Anhaltspunkt für die angeblich offen zutage liegende Absicht des Angeschuldigten, hinsichtlich der Volksabstimmung und des Reichstagsbrandprozesses mit seinen Fragen der Reichsregierung bewußte Irreführung des Volkes vorzuwerfen, in erster Linie dessen eigene Erklärung anführt, ein unbefangener Zuhörer hätte aus der Art der Fragestellung seine (des Angeschuldigten) kritische Stellungnahme heraushören können. Denn einmal läßt sich diese Erklärung des Angeschuldigten gar nicht in solcher Weise gegen ihn verwerten, weil sie – wie oben zu III 1 bereits gesagt worden ist – ganz anders gemeint war, und sodann ist es auch gerade mit Rücksicht auf die RGSt. 60, 373 aufgestellten Rechtsgrundsätze schon sehr zweifelhaft, ob der Umstand *allein*, daß man aus einer Frage die »kritische Stellungnahme« des Fragenden zu einem tatsächlichen Ereignis »heraushören« kann, dazu ausreicht, in dieser Frage eine verschleierte Tatsachenbehauptung zu erblicken.

Im übrigen beschränkt sich die Dienststrafkammer darauf, den Beweis für diese Auslegung der Fragen des Angeschuldigten dadurch zu erbringen zu suchen, daß sie sie aus dem ganzen *Gesprächszusammenhang*, in den sie gestellt worden waren, herausreißt und ihren Sinn erst auf Grund dieser völligen Isolierung zu deuten u ternimmt. Daß diese Auslegungsmethode aber zu einem unrichtigen Ergebnis fü ren muß, bedarf nach den obigen Darlegungen zu III 1 keiner näheren Begründung. Denn aus diesen Darlegungen ergibt sich ohne weiteres, daß sich erst bei Berücksichtigung des besonderen Zusammenhangs, in dem die Aeußerungen des Angeschuldigten gefallen sind, der wahre Sinn der von ihm aufgeworfenen Fragen ermitteln läßt. Dieser bestand aber – wie an der genannten Stelle ausführlich dargetan worden ist – lediglich darin, daß zur Veranschaulichung einer rein theologischen These auseinandergesetzt werden sollte, die Kirche könne auf Fragen solcher Art weder bejahende noch verneinende Antworten erteilen. Der Möglichkeit, die von dem Angeschuldigten gestellten Fragen als versteckte Tatsachenbehauptungen aufzufassen, stehen somit zwei Hindernisse im Wege: erstens hat es sich für den Angeschuldigten keinesfalls darum gehandelt, etwas als Gegenstand *seines persönlichen* Wissens hinzustellen, sondern es ging ihm nur darum, wie die *Kirche* solche Fragen zu beantworten habe, und zweitens hat er auch hinsichtlich der von der Kirche zu gebenden Antwort *nicht* etwa eine *Verneinung* als notwendig oder möglich hinstellen wollen, sondern seine offen erkennbare Meinung war, daß von der Kirche her solche Fragen *überhaupt nicht beantwortbar* seien.

bb) Selbst wenn aber kein Zweifel daran bestände, daß in den dem Angeschuldigten zur Last gelegten Aeußerungen die Aufstellung von Behauptungen tatsächlicher Art im Sinn des § 3 der Verordnung vom 21. 3. 1933 zu erblicken wäre, so unterläge es doch gewissen rechtlichen Bedenken, ob das weitere gesetzliche Tatbestandsmerkmal gegeben ist, daß die Behauptungen *geeignet* sein müssen, das *Wohl des Reiches oder das Ansehen der Reichsregierung schwer zu schädigen.*

Es mag der Dienststrafkammer ohne weiteres zugegeben werden, daß diese Frage keiner Erörterung bedurfte, wenn jemand bei einer Unterhaltung, bei der *politische* Fragen *als solche* besprochen werden, erklären würde, die Reichsregierung beabsichtige die Ergebnisse einer bevorstehenden Volksabstimmung zu fälschen und täusche das Volk über die wahren Ursachen des Reichstagsbrandes. Im vorliegenden Falle verhielt es sich jedoch so, daß – ganz abgesehen von dem oben zu aa) dargelegten Fehlen solcher bestimmten Behauptungen – das Gespräch, in dessen Verlauf es zu den dem Angeschuldigten vorgeworfenen Aeußerungen kam, eine *rein theologische Diskussion* war.

Ob aber Ausführungen, die im Rahmen einer solchen Diskussion und in innerem Zusammenhang mit ihr gemacht werden, auch dann, wenn sie Ereignisse des politischen Lebens berühren, *überhaupt jemals* die Fähigkeit besitzen können, im Sinne des § 3 der genannten Verordnung dem Wohl und Ansehen des Staates und seiner Regierung zu schaden, dürfte ernstlich zu bezweifeln sein. Denn dieses gesetzliche Tatbestandsmerkmal deutet – wie übrigens ebenso die Ueberschrift der ganzen Verordnung vom 21. 3. 1933 (»zur Abwehr heimtückischer Angriffe gegen die Regierung der nationalen Erhebung«) – darauf hin, daß durch den § 3 der Verordnung nur Aeußerungen getroffen werden sollen, die den ganzen Umständen nach, unter denen sie erfolgen, die Eignung haben, *politische* Mißgunst gegenüber dem heutigen Staat zu erzeugen und dadurch das Vertrauen des Volkes zu der Politik seiner Regierung und das politische Ansehen der letzteren im In- und Ausland zu erschüttern. Ob diese Eignung jedoch rein *theologisch* gemeinten Ausführungen zukommen kann, ist schon im allgemeinen sehr fraglich, weil es sich bei ihnen ja – unter der selbstverständlichen, gerade im vorliegenden Fall indes unbestreitbar gegebenen Voraussetzung, daß nicht die äußere Form des theologischen Gesprächs zur Verdekkung einer ausschließlich politisch gedachten Diskussion mißbraucht wird – schon wesensmäßig gar nicht darum handeln kann, innerhalb der *politischen* Ebene von *politischen* Gesichtspunkten aus zu Tagesereignissen Stellung zu nehmen.

Zum mindesten bedürfte die Gefährlichkeit solcher Aeußerungen dann zweifelhaft sein, wenn *im Einzelfall* das theologische Gespräch so geführt wird, wie es gerade seitens des Angeschuldigten vorliegend geschehen und oben zu III 1 näher geschildert worden ist. Denn durch den Hinweis auf die von ihm berührten politischen Ereignisse wollte er ja – und anders ist er auch von seinen Zuhörern nicht verstanden worden – lediglich beispielsweise die prinzipielle theologische These herausarbeiten, daß eine Stellungnahme der Kirche zu politischen Fragen nur auf einer *höheren* Ebene möglich ist, auf der nicht mehr eine politische Ansicht an einer anderen gemessen wird, sondern *alle* politischen Meinungen und Handlungen unter das Gericht *Gottes* gestellt sind, das über sie ebenso wie über alle menschlichen Gedanken und Werke ergeht. Werden aber auf einer *solchen* Ebene, von der aus gesehen *alle* politischen Fakten in gleicher Weise sozusagen im Schatten liegen und keinem von ihnen aus sich selbst heraus höherer Wert gegenüber den anderen zukommen kann, Aussagen über Fragen des politischen Lebens gemacht, so kann durch sie – auch wenn sie negativ formuliert sein sollten – eine politische Gefährdung des Staates, wie sie § 3 der Verordnung vom 21. 3. 1933 verhüten will, kaum eintreten. Denn sie wäre doch wohl nur dann möglich, wenn solche Aussagen auf Grund einer Bewertung erfolgen, die *innerhalb* der politischen Sphäre verbleibt und auf dem Boden der politischen Theorie X die politische Theorie Y und die aus dieser hervorgehenden Handlungen kritisiert. Dagegen ist es schwer vorstellbar, wie eine Gefahr für den Bestand des Staates sollte entstehen können, wenn zu politischen Fragen von einem

Standpunkt aus Stellung genommen wird, der *jenseits* aller denkbaren Politik liegt, von dem aus sämtliche im politischen Bereich vorkommenden Meinungen und Handlungen in gewissem Sinne gleichwertig eingeschätzt werden und der daher die Aufstellung von konkreten Rezepten zur Umgestaltung gesellschaftlicher oder staatlicher Verhältnisse gar nicht zuläßt.
Es kommt übrigens auch sonst vor, daß in der Weise, wie es im Vorhergehenden darzulegen versucht worden ist, eine Aeußerung, die beim Gebrauch zu *politischen* Zwecken dem gesetzlichen Tatbestand einer strafbaren Handlung genügen würde, durch ihre Verwendung in einem *theologischen* Zusammenhang trotz Beibehaltung derselben oder einer ähnlichen sprachlichen Form ihre Tatbestandsmäßigkeit verliert. Man nehme etwa an, es bringe jemand seine politische Unzufriedenheit mit führenden Persönlichkeiten des heutigen Staates dadurch zum Ausdruck, daß er sie als verworfene Menschen bezeichnet, die aller Tugenden ermangeln. Es versteht sich von selbst, daß er damit nicht nur die gesetzlichen Tatbestandsmerkmale der §§ 185 ff. StGB., sondern auch die des Gesetzes gegen heimtückische Angriffe auf Staat und Partei usw. vom 20. 12. 1934 erfüllt. Wenn es sich dagegen für die Kirche bei der Verkündigung des Evangeliums als notwendig erweist, darauf hinzuweisen, daß auch diese führenden Männer vor Gott nichts Anderes als verlorene Sünder sind, so würde niemand daran denken, darin eine Verwirklichung des Tatbestands der genannten Strafgesetze zu erblicken, obwohl hier zur Kennzeichnung dieser Persönlichkeiten eine sprachliche Wendung gebraucht wird, die mit der im ersten Fall verwendeten dem bloßen Wortsinn nach völlig gleichbedeutend ist. Der Grund für diese verschiedene Bewertung ist auch hier, daß die Aeußerung durch ihre theologische Verwendung eine besondere Bedeutung erhält, die jede politische Gefährdung des Staates ausschließt.
b) Auch wenn man sich der oben dargelegten Ansicht nicht anschließen kann, daß infolge ihrer rein theologischen Bedeutung die dem Angeschuldigten zur Last gelegten Aeußerungen schon den äußeren gesetzlichen Tatbestand des § 3 der Verordnung vom 21. 3. 1933 nicht erfüllen, so könnte es sich doch immerhin fragen, ob nicht in diesem theologischen Sinn der fraglichen Aeußerungen ein *besonderer Rechtfertigungsgrund* zu erblicken ist, der trotz der an sich vorliegenden Tatbestandsmäßigkeit der Handlung deren Strafbarkeit ausschließt. Es ist anerkannten Rechtens, daß solche Rechtfertigungsgründe, kraft deren eine an sich die Tatbestandsmerkmale eines Strafgesetzes aufweisende Handlung aus besonderen Gründen des Einzelfalles der Rechtswidrigkeit entbehrt, sich auch aus außerstrafrechtlichen Rechtsnormen ergeben können und daß sie nicht einmal ausdrücklich von der Rechtsordnung ausgesprochen zu sein brauchen, sondern daß es genügt, wenn sie sich aus dem ganzen Sinn und Zusammenhang bestimmter rechtlicher Vorschriften ergeben (vergl. RGSt. 63, 218; 61, 217). Wenn nun – wie oben zu I 2 a) darglegt – der heutige Staat der Kirche im allgemeinen und den Professoren der Theologie im besonderen die Freiheit zur Erfüllung ihres kirchlichen Auftrags, nämlich der Verkündigung des Evangeliums, in rechtlich bindender Weise eingeräumt hat, so müßte erwogen werden, ob damit nicht zugleich von Staats wegen anerkannt ist, daß Aeußerungen, die sich – wie es vorliegend der Fall ist – für einen Christen und Theologen zur Erfüllung dieses besonderen Auftrags der Kirche als notwendig erweisen, auch dann rechtlich zulässig sind, wenn sie, losgelöst aus ihrem theologischen Zusammenhang, dem äußeren Tatbestand eines Strafgesetzes zu genügen scheinen. Alle die Gründe, die aus der theologischen Bedeutung solcher Aeußerungen heraus oben zu III 2 a) bb) schon gegen ihre *Tatbestandsmäßigkeit* geltend ge-

macht worden sind, dürften zum mindesten dafür sprechen, daß ihre an sich vielleicht bestehende Strafbarkeit durch einen in dieser ihrer theologischen Natur zu erblickenden besonderen *Rechtfertigungsgrund* ausgeschlossen wird.

c) Auf jeden Fall aber erscheint im angefochtenen Urteil die Frage nicht hinreichend geprüft, ob der Angeschuldigte durch die in Rede stehenden Aeußerungen – wenn in ihnen wirklich eine objektive Verletzung des § 3 der Verordnung vom 21. 3. 1933 zu sehen wäre – auch *schuldhaft* gegen diese Vorschrift verstoßen hat.

aa) Die Dienststrafkammer befaßt sich mit der subjektiven Seite des Tatbestandes nur insoweit, als sie erörtert, ob und inwieweit sich der Angeschuldigte der *Unrichtigkeit* der ihm zur Last gelegten Behauptungen bewußt gewesen ist oder hätte bewußt sein müssen.

Man wird es dem Angeschuldigten nicht verdenken können, daß es ihn aufs höchste befremdet hat, wie das Gericht in dieser Hinsicht ohne weiteres hat annehmen können, er habe *bewußt* die Unwahrheit gesagt. Gerade die Dienststrafkammer, die sowohl in der mündlichen Verhandlung wie in der schriftlichen Urteilsbegründung (S. 10) ausdrücklich ihren Respekt vor der Persönlichkeit des Angeschuldigten bekundet hat, hätte nicht daran zweifeln dürfen, daß es völlig undiskutabel ist, einem Manne wie ihm eine Lüge zuzutrauen. Der Angeschuldigte vertraut darauf, daß ihm das Berufungsgericht wenigstens bezüglich dieses Punktes des angefochtenen Urteils volle Genugtuung zuteil werden läßt.

Das Gesagte gilt nicht minder von der Hilfsfeststellung der Dienststrafkammer, der Angeschuldigte habe jedenfalls hinsichtlich der Unrichtigkeit der ihm zur Last gelegten Aeußerungen mit *Eventualvorsatz* gehandelt. Soweit sich übrigens zum Beweise hierfür das Urteil auf Erklärungen des Angeschuldigten gegenüber dem damaligen Ministerialrat Schnöring bezieht, würdigt es deren Sinn ganz unzutreffend. Diese Erklärungen ergeben durchaus nicht, daß sich der Angeschuldigte der Unwahrheit seiner Aeußerungen wenigstens bedingt bewußt gewesen sei. Sie lassen vielmehr gerade umgekehrt deutlich erkennen, daß er – mag das auch objektiv nicht berechtigt gewesen sein – auf jeden Fall subjektiv überzeugt gewesen ist, nicht gegen die Pflicht zur Wahrheit zu verstoßen, wenn er in dem geschilderten theologischen Zusammenhang und in der von ihm gewählten Frageform die den Gegenstand dieses Verfahrens bildenden Ausführungen machen zu müssen geglaubt hat.

Damit ist zugleich schon gesagt, daß schließlich auch die Ansicht der Dienststrafkammer erheblichen Bedenken unterliegt, der Angeschuldigte habe – falls ihm weder unbedinger noch Eventualvorsatz zur Last zu legen sei – zum mindesten aus *grober Fahrlässigkeit* (§ 3 Abs. 3 der Verordnung vom 21. 3. 1933) die Unwahrheit seiner Behauptungen nicht erkannt. Wie soeben erwähnt, ist jedenfalls der *Angeschuldigte selbst* – der seiner ganzen Persönlichkeit nach als Christ und Theologe wohl für sich in Anspruch nehmen darf, es mit der Wahrheitspflicht ernst zu nehmen – sich nicht dessen bewußt gewesen, leichtfertig Aeußerungen gemacht zu haben, die sich so, wie sie vorgebracht waren, nicht hätten verantworten lassen. Es muß daher der Prüfung des Berufungsgerichtes anheimgestellt werden, ob sich trotzdem und ungeachtet der sonstigen besonderen Umstände des Falles *rechtlich* einwandfrei feststellen läßt, daß der Angeklagte bei seinen Aeußerungen *gröblich* die Sorgfalt außer acht gelassen hat, zu der er verpflichtet und imstande war, oder ob er sich nicht vielmehr schlimmsten Falls nur eine *leichte* Fahrlässigkeit hat zuschulden kommen lassen, die zur Strafbarkeit nach § 3 der genannten Verordnung nicht ausreicht.

bb) Völlig unerörtert ist im angefochtenen Urteil die Frage geblieben, ob der Angeschuldigte sich überhaupt bewußt gewesen ist oder hätte bewußt sein müssen, daß er mit seinen Aeußerungen *Behauptungen tatsächlicher Art aufstelle* und daß diese Behauptungen *geeignet seien, das Wohl des Reiches und das Ansehen der Reichsregierung schwer zu schädigen.* Gerade hinsichtlich dieser Tatbestandsmerkmale, auf die sich das Verschulden des Täters auch erstrecken muß (vergl. Schäfer a. a. O. Anm. 2; RGSt. 60, 373), ist aber das Vorliegen des subjektiven Tatbestandes noch viel zweifelhafter als bezüglich der Unwahrheit der behaupteten Tatsachen. Denn selbst wenn man aus den eingehenden obigen Ausführungen zu III 2 a) nicht schon entnehmen will, daß vorliegend diese Tatbestandserfordernisse nicht einmal *objektiv* erfüllt sind, so geht doch ganz sicher soviel aus ihnen hervor, daß der Angeschuldigte *subjektiv* nicht das Bewußtsein gehabt hat, im Sinn des § 3 der Verordnung vom 21. 3. 1933 Behauptungen aufgestellt zu haben, die schwere Schädigungen für das Wahl und Ansehen von Staat und Regierung zur Folge haben konnten. Es kann ihm angesichts der geschilderten besonderen Sachlage auch nicht etwa aus dem Mangel dieses Bewußtseins ein berechtigter Vorwurf gemacht werden. Zum mindesten hinsichtlich dieses Teils des gesetzlichen Tatbestands dürfte sich daher dem Angeschuldigten weder Vorsatz noch grobe Fahrlässigkeit einwandfrei nachweisen lassen.

Notfalls wäre übrigens auch noch zu prüfen, ob die hier erörterte innere Einstellung des Angeschuldigten nicht wenigstens unter dem Gesichtspunkt eines Irrtums über das Bestehen eines besonderen Rechtfertigungsgrundes (im Sinne der obigen Darlegungen zu III 2 b) ein Verschulden ausschließen würde.

3. Sollte trotz aller rechtlichen Bedenken, die sich somit aus den verschiedensten Gründen gegen die Annahme einer strafbaren Handlung nach § 3 der Verordnung vom 21. 3. 1933 erheben, dennoch ein Verstoß des Angeschuldigten gegen diese Strafvorschrift anzunehmen sein, so bliebe immer noch fraglich, ob er sich damit zugleich eines *Dienstvergehens*, und gar auch noch eines besonders schweren, wie die Dienststrafkammer meint, schuldig gemacht hat. Die Tatsache allein, daß sich ein Beamter eine kriminell strafbare Handlung hat zuschulden kommen lassen, begründet ja noch nicht ohne weiteres den Tatbestand eines Disziplinardeliktes. Es kommt vielmehr darauf an, ob der Verstoß gegen das Strafgesetz so erheblich gewesen ist, daß damit zugleich den Voraussetzungen des § 2 BDStD. genügt, also eine Amtspflicht verletzt oder ein Verhalten an den Tag gelegt worden ist, durch das sich der Beamte der Achtung, des Ansehens und des Vertrauens, die sein Beruf erfordert, unwürdig zeigt. Im vorliegenden Falle dürfte es keineswegs völlig zweifelsfrei sein, ob die Zuwiderhandlung des Angeschuldigten gegen das Allgemeine Strafgesetz – falls eine solche überhaupt anzunehmen ist – wirklich schwerwiegend genug war, seine Dienstbestrafung zu rechtfertigen. Dem steht schon entgegen, daß sich aus den obigen Ausführungen zu III 2 auch dann, wenn sie nicht schon die Straflosigkeit des Angeschuldigten begründen, zum mindesten eine ganze Reihe von Milderungsgründen zu seinen Gunsten ergibt, die sein Delikt sehr viel geringfügiger erscheinen lassen, als das angefochtene Urteil meint. Außerdem sprechen aber noch zwei weitere Gründe gegen die Annahme der Dienststrafkammer, der Angeschuldigte habe sich in einem solchen Maße kriminell strafbar gemacht, daß zugleich seine *Dienst*bestrafung erforderlich sei.

a) Wie sich aus den tatsächlichen Feststellungen des Urteils selbst ergibt, sind die dem Angeschuldigten zur Last gelegten Aeußerungen bei der völlig *privaten* Zusammenkunft eines ganz *kleinen* Kreises von *Theologen* gemacht worden, also unter Umständen, die jede Gefahr ausschlossen, daß sie in die breiten Massen drangen und dort infolge Verkennung ihrer rein theologischen Bedeutung politisches Mißtrauen

gegen den heutigen Staat erzeugten. Für die gegenteilige Annahme der Dienststrafkammer fehlt es an jedem begründeten Anhalt. Insbesondere konnten sich entgegen der Ansicht des Gerichtes die anwesenden Pfarrer, soweit sie wirklich die Ausführungen des Angeschuldigten als »Richtlinien für ihr künftiges Verhalten als Prediger der evangelischen Kirche« auffaßten, durch ihn in keiner Weise dazu aufgefordert fühlen, seine Aeußerungen in ihren Gemeinden zu verbreiten und dadurch »einer unübersehbaren Zahl von deutschen Volksgenossen« mitzuteilen; sie mußten vielmehr umgekehrt – wie aus den obigen Darlegungen zu III 1 hervorgeht – aus den Ausführungen des Angeschuldigten gerade die Mahnung entnehmen, in der Predigt eine bewertende Stellungnahme zu politischen Ereignissen der von ihm erwähnten Art zu vermeiden. Es ist demgemäß auch nichts davon bekannt geworden, daß irgend einer der Teilnehmer der Zusammenkunft bei Pfarrer Jacobi die Aeußerungen des Angeschuldigten in der von der Dienststrafkammer befürchteten Weise weiterverbreitet hätte. Insbesondere hat es sich bei dem Brief der Studienrätin Küppers – durch dessen polizeiliche Beschlagnahmung allein die vorgesetzte Behörde des Angeschuldigten von seinen Aeußerungen Kenntnis erhalten hat – um ein vertrauliches Schreiben gehandelt, und es ist im Verfahren weder behauptet noch bewiesen worden, daß dieses Vertrauen von den Lesern des Briefes gebrochen worden sei.
b) Wie zweifelhaft es ist, ob dem Verhalten des Angeschuldigten die Bedeutung einer dienststrafrechtlich zu ahnenden Verfehlung beigelegt werden kann, ergibt sich aber vor allem hier genau so wie im Falle der Verweigerung des Hitlergrußes aus der hier ebenso wie dort von der Dienststrafkammer trotz Hinweises des Angeschuldigten vollständig übergangenen Tatsache, daß die *vorgesetzte Behörde des Angeschuldigten fast ein ganzes Jahr lang von seinen Aeußerungen bei Pfarrer Jacobi Kenntnis gehabt hat, ohne es während dieser Zeit für notwendig gehalten zu haben, ein Dienststrafverfahren gegen ihn zu eröffnen.*
Der oben erwähnte Brief der Studienrätin Küppers muß nämlich etwa im November 1933 beschlagnahmt und – wie aus der Aussage des Zeugen Generalstaatsanwalt Schnöring vom 1. 12. 1934 hervorging – bald danach dem Kultusministerium bekannt geworden sein. Gleichwohl unternahm das Ministerium wegen dieser Angelegenheit gegen den Angeschuldigten zunächst monatelang überhaupt nichts. Erst im April 1934 wurde er von dem Zeugen Schnöring im Auftrage des Ministers über die Sache vernommen. Danach vergingen abermals etwa fünf Monate, während der nicht die geringste dienststrafrechtliche Maßnahme gegen den Angeschuldigten getroffen wurde.
Es kann nicht angenommen werden, daß die vorgesetzte Behörde des Angeschuldigten sich damals so verhalten hätte, wenn sie in seinen Aeußerungen bei Pfarrer Jacobi ein ernstzunehmendes Dienstvergehen erblickt haben würde. Da aber inzwischen nichts bekannt geworden ist, was jene Aeußerungen des Angeschuldigten in einem anderen Lichte erscheinen ließe als bisher, so hätte sich die Dienststrafkammer doch fragen müssen, ob es wirklich gerecht ist, plötzlich eine Handlung als schwer zu bestrafendes Disziplinardelikt anzusehen, die die zuständigen Stellen ein ganzes Jahr lang als eine der dienststrafrechtlichen Ahndung nicht bedürfende Bagatelle aufgefaßt haben.

IV.
Was endlich das Verhalten des Angeschuldigen in der *Eidesfrage* betrifft, so hat die Dienststrafkammer selbst hierin für sich allein ein die Dienstentlassung rechtfertigendes Disziplinarvergehen nicht zu erblicken vermocht. Sie hat vielmehr in diesem

Verhalten lediglich eine »Vervollständigung des durch die beiden anderen Anschuldigungspunkte bereits genügend geklärten Bildes des Angeschuldigten« gesehen. Es bedarf daher eigentlich nur in letzterer Hinsicht eines kurzen Eingehens auf die die Eidesfrage betreffenden Ausführungen des angefochtenen Urteils.

1. Die Dienststrafkammer meint, das Verhalten des Angeschuldigten in der Eidesleistungsfrage diene deshalb der Ergänzung und Bestätigung des Bildes, das sie sich auf Grund seiner Handlungsweise in den übrigen Anschuldigungspunkten von seiner Persönlichkeit gemacht habe, weil es sich auch hier um eine politische »Demonstration« gehandelt habe, die sich aus der den heutigen Staat ablehnenden inneren politischen Einstellung des Angeschuldigten erkläre.

In Wahrheit liegt es in diesem Falle noch weit mehr als in der Frage des Deutschen Grußes und der Aeußerungen im Hause des Pfarrers Jacobi auf der Hand, daß für das Verhalten des Angeschuldigten ausschließlich seine unter I 2 geschilderte *theologische* Grundhaltung maßgeblich war und daß es ihm auch hier wieder nur darum ging, die Grenze aufzuweisen, die durch das *Gebot Gottes* dem Staat gesetzt ist. Es bedarf zum Beweise dafür hier keiner ausführlichen Darlegungen, sondern es genügt, auf die Erklärungen zu verweisen, die der Angeschuldigte bezüglich des Eides im gegenwärtigen Verfahren abgegeben hat und die zum Teil sogar im Tatbestand des Urteils wiedergegeben sind. Die Dienststrafkammer hätte die rein theologischen Gründe des Verhaltens des Angeschuldigten in der Eidesfrage, wie sie mit völliger Klarheit und Eindeutigkeit aus seinen erwähnten Erklärungen hervorgehen, umsoweniger verkennen dürfen, als ja maßgebliche Organe der Evangelischen Kirche, nämlich die Vorläufige Leitung der Deutschen Evangelischen Kirche und die Vorsitzenden der Hauptverbände der deutschen Reformierten Kirche, durch ihre bei den Akten befindlichen Erklärungen vom Dezember 1934 dem Angeschuldigten ausdrücklich bestätigt haben, daß er durch seine Handlungsweise in der Eidesfrage ein eigenstes Anliegen der *Kirche* wahrgenommen hat. Da nicht bekannt geworden ist, daß man staatlicherseits diesen kirchlichen Stellen, hinter denen unstreitig weiteste Kreise der Evangelischen in Deutschland stehen, den Vorwurf gemacht hat, die hätten durch diese Stellungnahme zum Eidesproblem sich einer politischen Demonstration gegen den heutigen Staat schuldig gemacht, hätte logischerweise auch gegen den Angeschuldigten dieser Vorwurf nicht erhoben werden dürfen.

2. Im übrigen legt der Angeschuldigte selbst in der Eidesfrage Wert auf die Feststellung, daß die Auslegung, die der Eid in den beiden eben erwähnten kirchlichen Erklärungen erfährt und auf die er sich in seinem Schreiben an den Rektor der Universität Bonn vom 18. 12. 1934 bezogen hat, keineswegs eine inhaltsleere Selbstverständlichkeit enthält, wie das angefochtene Urteil meint. Die Dienststrafkammer vermag zu dieser Annahme nur auf Grund der von ihr gemachten Voraussetzung zu gelangen, daß »im nationalsozialistischen deutschen Reich bei seiner bejahenden Einstellung zu Religion und Gott . . . nicht einmal die Möglichkeit zu einer Anordnung des Führers und Reichskanzlers gegen Gottes Gebot gegeben sei, geschweige denn, daß eine solche Anordnung zu erwarten wäre«. Dieser Voraussetzung muß aber vom christlichen Standpunkt aus mit Nachdruck widersprochen werden. Kein Mensch – und habe er noch so sehr die beste Absicht, nicht gegen Gottes Willen zu handeln, – ist jemals gegen die Möglichkeit geschützt, dennoch das Gebot Gottes zu verletzen. Verhielte es sich anders, so wäre er kein Mensch mehr, sondern maßte sich an, so zu sein wie Gott selbst. Das aber wäre ein offener Verstoß gegen das erste Gebot: »Ich bin der Herr dein Gott. Du sollst keine anderen Götter haben neben mir«. Die Bedeutung, die die Dienststrafkammer dem Eid beimißt, entspricht also

entgegen ihrem Bestreiten letzten Endes doch der Auffassung, die der Beamte der Staatsanwaltschaft in der mündlichen Verhandlung vertrat und die nach dessen ausdrücklicher Erklärung mit der Auslegung des Eides durch den Angeschuldigten und die maßgeblichen Stellen der evangelischen Kirche nicht übereinstimmte. Von einer inhaltsleeren Unwesentlichkeit der zur Eidesfrage abgegebenen Erklärung des Angeschuldigten läßt sich also kaum sprechen.
Es kann auch nicht der von der Dienststrafkammer anscheinend vertretenen Ansicht beigepflichtet werden, daß die Befugnisse des Beamten, jeden Dienstbefehl auf seine Uebereinstimmung mit höheren Normen zu prüfen, der Erklärung des Angeschuldigten über die Begrenzung des Eides ihre Bedeutung nehme. Denn mit dieser Unterscheidung von höheren und geringeren Normen kann nur die Stufenleiter der Rechtsätze des positiven Rechtes gmeint sein, an deren Spitze im heutigen Staat der Wille des Führers steht. Der mögliche Konflikt zwischen dem Willen des Führers und dem Gebot Gottes, auf den sich die Erklärung des Angeschuldigten bezieht, liegt also erst jenseits des Bereichs, in dem sich die von der Dienststrafkammer gemeinte juristische Abwägung zwischen höheren und geringeren Normen vollzieht.

V.

Der Angeschuldigte bittet somit in allen Punkten, auf die die Dienststrafkammer seine Verurteilung gestützt hat, um eine nochmalige Nachprüfung der Frage, ob bei Berücksichtigung der besonderen Umstände, insbesondere der theologischen Gründe, auf die er sich zur Erklärung seiner Handlungsweise berufen hat und die in diesem Schriftsatz nochmals dargestellt sind, wirklich in seinem Verhalten dienststrafrechtlich zu ahnende Verfehlungen zu erblicken sind. Es will dem Angeschuldigten schwer in den Sinn, daß er sich durch gewissenhafte *Erfüllung* des ihm als Theologen erteilten Auftrags – der zwar selbst von der *Kirche* herrührt, zu dessen Ausführung ihn (den Angeschuldigten) oder der *Staat* durch Berufung in das Amt eines Professors der evangelischen Theologie bestellt hat – seine Amtspflichten *verletzt*, ja, daß er sich dadurch sogar der Achtung, des Ansehens und des Vertrauens, die sein Beruf erfordert, *unwürdig* gezeigt haben soll. Er kann nicht glauben, daß der Staat – der gerade durch die den theologischen Fakultäten gewährte besondere Rechtsstellung zum Ausdruck gebracht hat, wie sehr ihm selbst an der Existenz einer nur auf das Wort Gottes hörenden und damit von allen weltlichen Mächten unabhängigen Kirche gelegen ist – es für rechtens halten sollte, einen Theologieprofessor deshalb zu disziplinieren, weil er für die Wahrung dieser Freiheit der Kirche eingetreten ist.
Sollte aber das Berufungsgericht sich nicht dazu entschließen können, den Angeschuldigten in allen ihm zur Last gelegten Fällen von der Anschuldigung des Dienstvergehens freizusprechen, so wird auf jeden Fall seiner Prüfung anheimgestellt, ob nicht wenigstens hinsichtlich der Strafzumessung das auf Dienstentlassung lautende Urteil erster Instanz der Milderung bedarf.
1. Schon wenn man von der Persönlichkeit des Angeschuldigten ganz absieht und lediglich diejenigen seiner *Handlungen als solche* ins Auge faßt, in denen die Dienststrafkammer Dienstvergehen erblickt, fragt es sich, ob nicht das angefochtene Urteil – das übrigens eine nähere Darlegung der Strafzumessungsgründe vermissen läßt – weit über das zulässige Maß hinausgeht, wenn es nur in der schwersten aller Dienststrafen eine ausreichende Sühne für diese Handlungen erblickt. Mag auch alles das, was im Vorhergehenden über die Eigenart der dem Angeschuldigten zur Last gelegten Handlungen ausführlich dargetan worden ist, vielleicht nicht dazu ausreichen, diese Handlungen als *überhaupt nicht* disziplinarisch strafbar erscheinen zu

lassen, so ist es doch angesichts dieser gesamten besonderen Umstände zum mindesten zweifelhaft, ob es sich um so schwerwiegende Dienstverfehlungen handelt, daß sie nur durch die *Dienstentlassung* des Angeschuldigten geahndet werden könnten. In diesem Zusammenhang ist übrigens auch der Umstand von besonderer Bedeutung, daß die für die Einleitung des Dienststrafverfahrens gegen den Angeschuldigten zuständige Behörde – der Minister für Wissenschaft, Erziehung und Volksbildung – allem Anschein nach die *Dienstentlassung* des Angeschuldigten nur mit Rücksicht auf sein Verhalten in der*Eidesfrage* für notwendig gehalten hat. Der Minister hat zwar die Eröffnung des Dienststrafverfahrens mit dem Ziele der Dienstentlassung außer auf diesen Fall auch darauf gestützt, daß der Angeschuldigte den Deutschen Gruß in seinen Vorlesungen verweigert und die Aeußerungen bei Pfarrer Jacobi gemacht habe, wozu übrigens zunächst auch noch der allerdings bereits in der Anschuldigungsschrift wieder fallen gelassene Vorwurf der Uebertretung des dem Angeschuldigten im April 1934 auferlegten Verbotes, die Stadt Bonn zu verlassen, als vierter Punkt hinzukam. Diese letzten drei Fälle waren jedoch – was hinsichtlich des Deutschen Grußes und der Aeußerungen bei Pfarrer Jacobi oben schon erwähnt worden ist – dem Ministerium bereits seit langen Monaten bekannt, ohne daß dieses dem Angeschuldigten auch nur eine Ordnungsstrafe auferlegt, geschweige denn ein förmliches Dienststrafverfahren gegen ihn eingeleitet hätte. Ein solches Verfahren wurde vielmehr erst eröffnet, als zu den genannten drei Fällen der Eidespunkt hinzukam; und daß dieser Punkt der wirkliche Anlaß für den Minister war, nunmehr die disziplinarische Dienstentlassung des Angeschuldigten zu betreiben, während er den übrigen Fällen nur untergeordnete Bedeutung beimaß, ergab sich insbesondere auch aus den amtlichen Mitteilungen, die sowohl nach der Eröffnung des Verfahrens wie nach dem Erlaß des erstinstanzlichen Urteils in den Zeitungen erschienen und in denen lediglich auf die Eidesfrage Bezug genommen war. Dem gegenüber sind in der schriftlichen Begründung des Urteils der Dienststrafkammer die Gewichte genau umgekehrt verteilt: Das Verhalten des Angeschuldigten bezüglich des Eides ist nach der Meinung des Gerichtes »von der ursprünglich wichtigsten zur am wenigsten bedeutsamen« Frage des Verfahrens herabgesunken und hätte nach seiner Ansicht »für sich allein zu einer Dienstentlassung des Angeschuldigten in keiner Weise mehr ausreichend sein können«; dagegen werden nun mit einem Mal in der Verweigerung des Deutschen Grußes und in den bei Pfarrer Jacobi gefallenen Aeußerungen des Angeschuldigten so schwere Dienstvergehen erblickt, daß aus *diesen* Gründen eine Entlassung aus dem Dienst als unumgänglich angesehen wird. Wenn auch selbstverständlich nicht bestritten werden kann, daß die Dienststrafgerichte rechtlich zu einer solchen von der Ansicht der Einleitungsbehörde abweichenden Beurteilung der Anschuldigungspunkte befugt sind, so dürfte es doch angesichts der hier vorliegenden erheblich andersartigen Bewertung der Sach- und Rechtslage durch die vorgesetzte Dienstbehörde des Angeschuldigten besonders fraglich sein, ob die nach der Ansicht der Dienststrafkammer allein übrigbleibenden Dienstvergehen – Verweigerung des Deutschen Grußes in den Vorlesungen und Aeußerungen bei Pfarrer Jacobi – mit Dienstentlassung nicht zu schwer bestraft worden sind.

2. Noch zweifelhafter erscheint dies, wenn man die ganze *Persönlichkeit* des Angeschuldigten in Rechnung stellt. Es ist anerkannt, daß gerade bei der disziplinarischen Strafzumessung die besonderen persönlichen Eigenschaften des Beamten, sein Vorleben, seine bisherige Führung usw. ausschlaggebend zu berücksichtigen sind (vergl. Brand, Die preußischen Dienststrafordnungen, 1932 § 14 Anm. 2). Es ist deshalb sehr wohl möglich, daß gegenüber dem einen Beamten zur Dienstentlas-

sung als angemessener Strafe für ein Dienstvergehen gegriffen werden muß, während bei dem anderen trotz Begehung einer gleichen Handlung schon eine mildere Dienststrafe als ausreichende Sühne erscheint. Ob die Dienststrafkammer im vorliegenden Falle diesen Gesichtspunkt bei der Prüfung der Frage, auf welche Dienststrafe gegen den Angeschuldigten zu erkennen sei, hinreichend beachtet hat, muß bezweifelt werden. Aus der Urteilsbegründung ist nicht ersichtlich, ob sich das Gericht bei der Strafzumessung in ausreichendem Maße bewußt gewesen ist, wer hier als Angeschuldigter vor ihm stand. Dabei ist auch der Dienststrafkammer an sich gewiß nicht unbekannt gewesen, daß es sich bei dem Angeschuldigten um einen Mann handelt, der nicht nur eine jahrzehntelange makellose Amtstätigkeit als Pfarrer und Universitätsprofessor hinter sich hat, sondern auch um einen der hervorragendsten Theologen der Gegenwart, dem die evangelische Kirche mehr als irgend einem anderen Kirchenlehrer die Zurückführung auf ihre wirklichen Grundlagen zu verdanken hat, um einen Gelehrten von Weltruf, der zum Ruhme der deutschen Universitäten, an denen er gewirkt hat, Großes beigetragen hat, und vor allem um einen akademischen Lehrer, zu dem sich die studierende Jugend in einer das normale Maß weit übersteigenden Zahl drängt und der von dem großen Kreis seiner Schüler geliebt und verehrt wird wie selten ein Hochschuldozent. Umso schwerer ist es zu begreifen, daß nach der Ansicht der Dienststrafkammer für diesen Mann als Beamten kein Platz mehr in Deutschland sein und daß ihm insbesondere die Eignung zum deutschen Jugenderzieher fehlen soll. Es ist nicht nur der Wunsch von unzähligen Deutschen, die dem Prediger, Lehrer und Menschen Karl Barth für das, was er ihnen geistlich und geistig gibt, zu unauslöschlichem Dank verpflichtet sind, sondern es besteht nach dem oben Gesagten auch rechtlich aller Anlaß dazu, daß das Berufungsgericht nochmals sorgfältig die Frage prüfe, ob nicht mit Rücksicht auf die ganze Persönlichkeit des Angeschuldigten von seiner Dienstentlassung abgesehen und ihm die Fortsetzung seiner Wirksamkeit als Professor der evangelischen Theologie in Deutschland ermöglicht werden kann.

D 25 zu S. 180

Brief Bischof Meiser vom 16. 5. 1935 an Präses Koch

Der Landesbischof
der Evang.-Luth. Kirche
in Bayern r. ds. Rhs.

München, den 16. Mai 1935

Herrn
Präses D. Koch
Bad Oeynhausen.

Abdruck
an Herrn
Landesbischof D. Wurm
Stuttgart.

Sehr verehrter Herr Präses!
In Sachen der für Augsburg in Aussicht genommenen Bekenntnissynode muss ich mich in ernster Sorge noch einmal an Sie wenden:
1.) Nachdem feststeht, dass der Führer und Kanzler unseres Volkes am 21. Mai bedeutsame Erklärungen vor dem Reichstag abgeben wird und nachdem allgemein

erwartet wird, dass er bei dieser Gelegenheit ein autoritätes Wort zur Kirchenfrage sagt, halte ich es für völlig unmöglich, dass wir am gleichen Tag mit der Synode in Augsburg beginnen. Die Synode soll ihrerseits, wenn ich recht unterrichtet bin, ein Wort über das Verhältnis von Kirche und Staat sagen. Dieses Wort kann der durch die Erklärung der Reichsregierung gegebenen Situation entsprechen, es kann aber auch im Blick auf diese Erklärung völlig falsch sein. Es erscheint mir untunlich, wenn dieses Wort im letzten Augenblick ohne genügende Vorbereitung rasch umredigiert werden müsste. Nötigt uns die erwartete Erklärung der Reichsregierung zu einer besonderen Stellungnahme, so bedarf es dazu einer eingehenden, sorgfältigen Ueberlegung. Deshalb gebe ich ernstlich anheim, die Synode, so misslich das aus mancherlei Gründen sein mag, auf einen späteren Zeitpunkt zu verlegen. Ich persönlich halte diese Verschiebung für unerlässlich.

2.) Nach dem, was der »Informationsdienst« des Sekretariats des Reichsbischofs unter No. 5/35. vom 10. Mai 1935 auf Seite 7 über Karl Barth mitteilt, kann ich es nicht mehr bei einer blossen Bitte bewenden lassen, von einer Entsendung oder Einladung Karl Barths zur Synode abzusehen, sondern muss das zur förmlichen Bedingung machen, wenn die Synode auf bayerischem Boden tagen soll. Selbst wenn die Karl Barth in der erwähnten Nummer des »Informationsdienstes« zugeschriebene Aeusserung nicht den Tatsachen entsprechen sollte, wird es doch immerhin einige Zeit dauern, bis diese Angelegenheit öffentlich geklärt ist. Solange aber keine öffentliche Klarstellung erfolgt ist, bringt uns die Anwesenheit Barths auf der Synode in kaum übersehbare Schwierigkeiten. So schmerzlich es für Viele sein mag, wenn Karl Barth, dem wir gewiss alle viel verdanken, auf der Synode fehlt, so darf doch nicht ausseracht gelassen werden, dass er sich durch solche und andere von ihm bekannt gewordene Aeusserungen, die mit Theologie und Kirche nichts zu tun haben, den Weg zur Synode selbst verbaut hat. Ich möchte meinen, dass Karl Barth das selbst einsieht und es uns erspart, wenn seine Aeusserung richtig wiedergegeben ist und er doch auf der Synode erscheint, öffentlich in aller Form von ihm abrücken zu müssen.

3.) Aus dem Brief des Herrn Pfarrers *Kloppenburg* an Herrn Pfarrer *Weber* ist Ihnen inzwischen bekannt geworden, wie unliebsam es vermerkt wurde, dass entgegen der in München getroffenen Verabredung, die beabsichtigte Aufgliederung der Synode in Konvente in dem Einladungsschreiben zur Synode mit keinem Wort erwähnt worden ist. Herr Pfarrer Weber teilte mir heute dankenswerterweise mit, dass das Unterlassen weder auf ein Versehen noch auf eine besondere Absicht zurückzuführen sei. Es sei nur keine Gelegenheit gewesen, mit Ihnen vor Absendung der Einladung über diese Angelegenheit zu sprechen; die Angelegenheit solle in einem der Einladung nachfolgenden Passus geklärt werden. Ich nehme das gerne zur Kenntnis, muss aber sofort dazu erklären, dass ich mit dem von Herrn Pfarrer Weber vorgeschlagenen Passus nicht einverstanden sein kann. Ich darf voraussetzen, dass Ihnen dieser Passus inzwischen bekannt geworden ist. Ich habe den Herren, die in Ihrem Auftrag zur Vorbereitung der Synode bei mir erschienen sind, einen ganz bestimmten Vorschlag gemacht. Es sollte in dem Einladungsschreiben erklärt werden, dass als Mitglieder des lutherischen Konvents diejenigen Synodalen anzusehen seien, die sich an die Ungeänderte Augsburgische Konfession und die beiden lutherischen Katechismen gebunden wissen und bereit sind, die daraus sich ergebenden Folgerungen für die Gestaltung der Kirche zu ziehen. Dieser Vorschlag ist klar und eindeutig, und es kann niemand, der sich ganz ernst zur lutherischen Kirche bekennt, sich dadurch beschwert fühlen. Es ist nicht einzusehen, weshalb erst kurz vor der Synode noch einmal ein Ausschuss über die Angelegenheit befinden soll, der sich dann vielleicht doch nicht einigt und dadurch der Synode einen sehr unerwünschten Auftakt gibt.

4.) Ich muss weiter erklären, dass die Formulierung des Synodalgelübdes in keiner Weise den Abmachungen entspricht, die bei der schon erwähnten Besprechung in München getroffen wurden – die von Ihnen entsandten Vertreter stimmten zu, dass in dem Gelübde auf die Synoden von Barmen und Dahlem in der gleichen Weise Bezug genommen werden sollte, wie es in der Konstitution geschehen ist, die die Grundlage für das Handeln der V.K.L. bildet. Statt dessen ist in der vorgelegten Formulierung den Erklärungen der genannten beiden Synoden ein Rang zugewiesen, der diese Erklärungen eigentlich noch über die reformatorischen Bekenntnisse stellt und sie förmlich zum Schlüssel für das Verständnis dieser Bekenntnisse und mittelbar damit auch zum Schlüssel für das rechte Verständnis der Heiligen Schrift selbst macht. Ich kann den Erklärungen von Barmen und Dahlen, zumal der letzteren, ein solches Gewicht nicht beimessen und muss mit Grund befürchten, dass diese Formulierung des Gelübdes eine Anzahl von Synodalen von vorneherein abhalten wird, an der Synode teilzunehmen. Ich bitte deshalb dringend, dass über diese Frage noch einmal gehandelt wird.

5.) Endlich muss ich darauf hinweisen, dass es trotz meiner Bitte bis zur Stunde vermieden wurde, mir die endgültigen Beschlüsse über die auf der Synode zu behandelnden Themen und die in Aussicht genommenen Redner, sowie den Wortlaut der Erklärung, die auf der Synode angenommen werden soll, mitzuteilen. Es lag und liegt mir ferne, mir eine Art Zensurrecht über die Synode anzumassen. Als Führer einer in sich geschlossenen Landeskirche, auf deren Boden die Synode tagen soll, trage ich aber nicht nur vor der Oeffentlichkeit der eigenen Landeskirche, sondern weit darüber hinaus ein besonderes Mass der Mitverantwortung für den Inhalt und den Verlauf der Synode, und glaubte aus diesem Grunde einen berechtigten Anspruch darauf zu haben, wenigstens einigermassen über die genannten Punkte vorher ins Bild gesetzt zu werden. Denn es kann mir und meiner Landeskirche nicht zugemutet werden, unter Umständen Ueberraschungen ausgesetzt zu sein, die mich nötigen würden, noch im letzten Augenblick Einspruch zu erheben.

Ich kann Sie nur nochmals dessen versichern, dass es mir bei dem allen nur daran liegt, der Synode von vorneherein einen reibungslosen Verlauf zu sichern und mir und meiner Landeskirche zu ermöglichen, mit voller Freudigkeit das gemeinsame Werk zu fördern und es dem Ziel zuzuführen, das uns allen vorschwebt. Ich bitte Sie deshalb, meinen Bedenken Rechnung zu tragen und noch in letzter Stunde an die mit der Vorbereitung der Synode betrauten Stellen die erforderlichen Anweisungen ergehen zu lassen. Allen Schwierigkeiten, die ich aufzuzeigen genötigt war, kann nur begegnet werden, wenn die Synode, die ich mir schon in Punkt 1) meines Schreibens anheimzugeben erlaubte, auf einen späteren Zeitpunkt verlegt wird.

In aufrichtiger Verbundenheit
Ihr
gez. D. Meiser.

D 26 zu S. 189

Otto Bleibtreu – Erwiderung auf den Einspruch des Staatsanwaltes Kasper an das Berliner Oberverwaltungsgericht

An das
Oberverwaltungsgericht,
1. (Dienststraf-)Senat
Berlin

In der Dienststrafsache
gegen
Professor D. K. Barth in Bonn
– I.D. 22/35 –

gestatte ich mir namens des Angeschuldigten auf den Schriftsatz des Herrn Beamten der Staatsanwaltschaft vom 11. März 1935, mir zugegangen am 17. April 1935, zur Vorbereitung der mündlichen Verhandlung folgendes zu erwidern:

I.
Es darf zunächst darauf hingewiesen werden, daß die Ausführungen des Herrn Beamten der Staatsanwaltschaft auf Seite 1 unten seines Schriftsatzes die Richtigkeit der in meinem Schriftsatz vom 14. März unter B V 1 (Seite 38–40) geäusserten Vermutung erweisen, für die Einleitungsbehörde sei das Verhalten des Angeschuldigten in der Eidesfrage der wirkliche Anlass für die Eröffnung des auf Dienstentlassung gerichteten Disziplinarverfahrens gewesen, während sie den übrigen Anschuldigungspunkten nur untergeordnete Bedeutung beigemessen habe. Damit verstärken sich aber in erheblichem Maße die rechtlichen Bedenken, die in meinem Schriftsatz a.a.O. gegen die Ansicht der Dienststrafkammer geltend gemacht worden waren, die Bestrafung des Angeschuldigten mit Dienstentlassung sei mit Rücksicht auf die sonstigen Anschuldigungspunkte auch dann notwendig, wenn in seinem Verhalten in der Eidesfrage für sich allein ein diese Strafe erforderndes Dienstvergehen nicht erblickt werden könne.

II.
Der Herr Beamte der Staatsanwaltschaft verbleibt demgegenüber freilich bei seiner bereits vor der Dienststrafkammer vertretenen Meinung, dieses letztere Verhalten des Angeschuldigten stelle auch bei Berücksichtigung seiner am 18. Dezember 1934 erklärten Bereitwilligkeit zur Leistung des Eides in der vorgeschriebenen Form die schwerste Verletzung der durch sein Amt begründeten Verpflichtungen dar und mache schon für sich allein seine Dienstentlassung notwendig. Diese Ansicht – die schon vor der Dienststrafkammer mit allerdings zum Teil unrichtiger Begründung abgelehnt worden ist – kann jedoch nicht als rechtlich zutreffend anerkannt werden. Wenn der Angeschuldigte durch sein Schreiben an den Kultusminister vom 18. Dezember 1934 zum Ausdruck gebracht hat, das für einen evangelischen Christen die durch den Eid auferlegte Gehorsamspflicht einen durch das Gebot Gottes begrenzten Inhalt habe und daß daher ein evangelischer Beamter, der diesen Eid geleistet habe, in jedem Einzelfalle prüfen dürfe, ob ein von ihm verlangtes Verhalten mit dem Gebot Gottes vereinbar sei, so vertritt er damit eine Auffassung des Eides, die juristisch als vom Staat gebilligt angesehen werden muss.

1) Es handelt sich ja keineswegs – wie der Herr Beamte der Staatsanwaltschaft anzunehmen scheint – lediglich um eine persönliche Ansicht des Angeschuldigten, die von der allgemein geltenden kirchlichen Anschauung abwiche. Die Auffassung des Angeschuldigten vom Eid deckt sich vielmehr völlig mit der der Evangelischen Kirche, wie sie von deren maßgeblichen Stellen mehrfach amtlich und öffentlich zum Ausdruck gebracht worden ist (vgl. außer den im Schreiben des Angeschuldigten vom 18. Dezember 1934 wiedergegebenen Erklärungen neuerdings die in der Anlage beigefügte Botschaft der Bekenntnissynode der Evangelischen Kirche der altpreussischen Union vom 5. März 1935 zu III 4). Daß die Staatsbehörden aber diese offizielle Lehre der Evangelischen Kirche als für die Staatsbeamten evangelischer Konfession bindend anerkennen, mußte von vornherein schon angesichts der in meinem Schriftsatz vom 14. März 35 unter B I 2 a (Seite 4–5) berührten grundsätzlichen Stellung des nationalsozialistischen Staates zum Christentum und zu den christlichen Kirchen angenommen werden und ergibt sich im übrigen jetzt zweifelsfrei daraus, daß staatlicherseits die erwähnten kirchlichen Kundgebungen widerspruchslos zur Kenntnis genommen worden sind.

2) Die von der Kirche gelehrte Begrenzung des Eidesinhalts bringt den Staat auch durchaus nicht in die vom Beamten der Staatsanwaltschaft offenbar befürchtete Gefahr, daß dadurch die Ausführung der dem Staatsbeamten erteilten Dienstbefehle von der subjektiven Willkür des einzelnen Beamten abhängig gemacht werde. Denn wenn auch nach evangelischer Auffassung nicht daran gerüttelt werden darf, daß die Entscheidung über die Vereinbarkeit eines Dienstbefehls mit dem Gebot Gottes in jedem Einzelfalle von dem einzelnen Beamten selbst getroffen werden muss und ihm in keiner Weise von einem anderen Menschen abgenommen werden kann, so ist doch andererseits wohl zu beachten, daß es sich für den evangelischen Christen bei dem Gebote Gottes nicht um subjektive menschliche Vorstellungen und Gewissensregungen, sondern um den in der Heiligen Schrift und nur in ihr geoffenbarten Willen des Herrn handelt, also um eine objektive Autorität, deren Geltung der Staat, solange und sofern er zur evangelischen Kirche in einem irgendwie positiven Verhältnis steht, implizit selber anerkennt.

3) Aus dem eben gesagten ergibt sich zugleich, daß die innere politische Einstellung des Angeschuldigten, die der Herr Beamte der Staatsanwaltschaft auch in diesem Zusammenhang wieder heranzieht, mit seiner Stellung zur Eidesfrage nicht das geringste zu tun hat. Auch hier werden dem Angeschuldigten ebenso wie in den anderen Anschuldigungspunkten zu Unrecht politische anstatt der für ihn allein maßgeblichen theologischen Motive unterstellt.

III.

Auch wenn man entgegen den obigen Ausführungen dem Herrn Beamten der Staatsanwaltschaft darin beistimmen wollte, daß die Ansicht des Angeschuldigten über den Eid vom Staat nicht anerkannt werden könne, so wäre immer noch zu bezweifeln, ob juristisch gegenwärtig schon eine Amtspflichtverletzung als vorliegend angesehen werden kann.

Selbst wenn – wie der Herr Beamte der Staatsanwaltschaft annimmt – feststände, daß der Angeschuldigte sich bei Abgabe seiner Erklärung zum Eid vom 18. Dezember 1934 dessen bewußt gewesen wäre, er werde infolge seiner Auffassung des Eides in Zukunft in einen »dauernden Konflikt mit seinen Amtspflichten« geraten und zu »vielfachen Pflichtverweigerungen« genötigt sein, dürfte es sich doch fragen, ob mit einer solchen bloß inneren Voraussicht künftiger Dienstvergehen bereits der Tatbe-

stand eines Disziplinardelikts gegeben ist oder ob nicht vielmehr eine disziplinarische Bestrafung des Angeschuldigten erst erfolgen könnte, wenn sein auf Nichterfüllung von Dienstbefehlen gerichteter Vorsatz zum ersten Male zu der tatsächlichen Verweigerung einer konkreten dienstlichen Anordnung geführt hatte (vgl. dazu die Ausführungen unter B I 1 a meines Schriftsatzes vom 14. März 1935, Seite 1). Im vorliegenden Falle ist aber die Zulässigkeit einer Dienstbestrafung des Angeschuldigten noch sehr viel zweifelhafter. Denn er ist ja bei seiner Erklärung vom 18. Dezember 1934 subjektiv unbestreitbar davon ausgegangen, daß der Staat die kirchliche Auffassung des Eides anerkenne, und er hat infolgedessen keineswegs die Möglichkeit dauernder Konflikte mit seinen Amtspflichten vor Augen gesehen, sondern im Gegenteil weder damit gerechnet noch damit rechnen können, der Staat werde in einer der kirchlichen Eidesauffassung entsprechenden Amtsführung jemals ein Dienstvergehen erblicken.
[Bleibtreu]
Rechtsanwalt.
Anlage

D 27 zu S. 191

Brief Ernst Wolf vom 1. 6. 1935 an Eduard Putz

Herrn
Pfarrer Putz
Arcisstr. 13
München

Sehr geehrter Herr Pfarrer,
gelegentlich eines kurzen Himmelfahrtstag-Urlaubs höre ich in Bonn von verschiedenen Seiten, dass sowohl in Saarow wie in Bad Oeynhausen gegen K. Barth in Bezug auf eine Äusserung, die er im Jan. der Baseler Erziehungsbehörde gegenüber getan hat, die man allerdings nur aus reichsbischöflicher Auswertung dieser Äusserung zu kennen scheint, der Vorwurf des Landesverrats erhoben worden sei. Ob in der Tat dieses Stichwort, wie es heisst, von Ihnen ausgegeben und von Ihrem Herrn Landesbischof dann sogleich auf die Person angewandt worden ist, vermag ich nicht zu überprüfen. Ich möchte auch vorerst diese Lesart der Nachrichten nicht glauben, da ich weder Ihnen noch Ihrem Herrn Landesbischof eine solche Leichtfertigkeit zutrauen mag. Wie dem auch sei, das Gerücht als solches gibt mir Anlass, Ihnen zu schreiben, da ich selbst unmittelbar nach jenem Gespräch K.B.s in Basel selbst noch ganz in der Stimmung des Gesprächs und in der Luft, in der es stattgefunden hat auch die, wie ich begreifen kann, da und dort zu einem Ärgernis Anlass gebende Äusserung von K.B. widererzählt erhielt.
Auf die damals in der Schweiz, wie Ihnen erinnerlich sein dürfte, sehr lebhaft diskutierte Frage nach der Stellungnahme zur Landesverteidigung, die an K. B., der immer noch völlig unzutreffend in der Schweiz als Ragaz-Anhänger und mithin Pazifist gilt, in betonter Weise gerichtet wurde, hat er zur Antwort gegeben: er sei natürlich für die Landesverteidigung und im besonderen für die Befestigung der Nordgrenze; der zweite Teil dieser Aussage scheint in Saarow geradezu eine (mir schlech-

terdings unbegreifliche) Panikstimmung ausgelöst zu haben. Es ist mir noch deutlich erinnerlich, dass mit ihr eine damals in Basel wiederum lebhaft erörterte Frage zur Unterstreichung der bejahenden Antwort aufgegriffen worden ist. Man mag das für reichlich unüberlegt halten bei der Person, die es in diesem Falle aufgegriffen hat. Man mag wünschen, dass das lieber nicht geschehen wäre – aber von da aus nun das Verdikt Landesverrat fällen, das bedeutet einfach eine unverantwortliche Verleumdung. Denn Landesverrat liegt bekanntlich dort vor, wo militärische und diplomatische Geheimnisse in der Regel aus gewinnsüchtigen Motiven an eine fremde Macht preisgegeben werden. Hier hat aber ein schweizer Bürger auf schweizer Boden einer schweizer Behörde auf deren Frage so geantwortet, wie man damals, als diese Fragen lebhaft erörtert wurden, eben auch, etwas scherzhaft, antworten konnte.

Ich will die Antwort als solche für Ihr und anderer Empfinden nicht bagatellisieren, ich will Sie aber darauf aufmerksam machen, dass es einfach nicht angeht angesichts der skizzierten Situation hier von Landesverrat zu sprechen. Sollte es doch geschehen sein, dann ist bei dem, der dieses Urteil glaubte wagen zu können, entweder Mangel der Fähigkeit zu sachlichem Urteil oder böser (kirchenpolitischer?) Wille anzunehmen. Im zweiten Falle hätte man fröhlich mit dem »Reichsbischof« denselben Ton geblasen. Von da aus möchte ich vorerst noch hoffen, jene Nachrichten träfen nicht ganz zu. Sollte aber Ihr Herr Landesbischof wirklich gesagt haben, in Bezug auf K. B., mit einem Landesverräter könne er nicht auf einer Synode zusammensein, dann wäre an ihn die Gegenfrage zu richten, wie es denn um jene Äusserung steht, die er unmittelbar nach der letzten Audienz ganz oben hinsichtlich seines unmittelbaren persönlichen Eindrucks gemacht haben soll.

Ich möchte nicht weiter blättern in dem so sehr traurigen Kapitel Landeskirchl. Luthertum in Bayern und K. B. – es zur Gänze, soweit es bis jetzt zu lesen ist, sich vorzuführen ist wirklich erschütternd, aber ich bitte dringend darum, die besondere Sache, in der ich Ihnen schreibe, weil ich glaube hier nicht schweigen zu dürfen, sich ganz ernsthaft nochmals zu überlegen, falls wirklich jene Nachrichten, von denen ich ausgehe und auf die sich meine Urteile (Leichtfertigkeit, Verleumdung) zunächst hypothetisch beziehen, zutreffen sollten.

Ich sehe die Sache diesmal nicht unter dem Gesichtswinkel an, was man etwa damit K. B. »angetan« habe, sondern unter dem, was man sich selber damit, vielleicht unüberlegt, zufügt. Wenn wirklich die Kirche ihn als »Landesverräter« ausser Landes gehen heisst, dann kann sie das kaum je wieder gutmachen.

Der Brief geht Ihnen durch einen Boten zu. Sie mögen ihn, obwohl er zunächst nur für Sie um Ihrer besonderen Stellung willen bestimmt ist, verwenden wie es Ihnen gut scheint. Mir liegt daran, dass Sie durch ihn erfahren, wie das, was geschehen ist, auch und m. E. richtiger zu beurteilen ist, und mir liegt daran, dass dies noch vor der Synode geschehe, darum verzichte ich darauf, die mich zum Schreiben veranlassenden Nachrichten genau zu überprüfen. Auch auf die Gefahr hin, dass ich damit ärgerlich werde.

Mit den besten Wünschen für Ihre Arbeit und im Vertrauen auf den selbstverständlichen Willen zu dem sachlichen Urteil, dass der uns auferlegte Kampf stets erfordert, wenn er kirchlich bleiben will

Ihr sehr ergebener

[gez.] E. Wolf

D 28 zu S. 195

Brief Karl Barth vom 15. 6. 1935 an Wilhelm Niesel

Prof. D. Karl Barth, D. D.

Bergli, Oberrieden
(Kt. Zürich)
15. Juni 1935

Lieber Herr Pastor!
Nach dem, was ich gestern telephonisch durch Rechtsanwalt Bleibtreu, durch Pastor Immer und durch Sie selbst erfahren habe, ist mein Bild von dem vorläufig abgeschlossenen Vorgang dieses:
Ich hatte bei einer Tagung des »erweiterten« Moderamens in Elberfeld am 19. Februar in aller Form erklärt, dass die Möglichkeit einer Fortsetzung meiner Lehrtätigkeit im Rahmen der dortigen TheolSchule für mich nicht in Betracht komme. Dem entsprechend habe ich am 7. März in Basel die Erklärung abgegeben, dass ich für den Fall meiner definitiven Absetzung in Bonn zur Annahme eines Rufes dorthin bereit sei. Es kam dann am 27. März die Verhandlung in Siegen über die Hochschule für reformatorische Theologie, bei welcher es aber nicht um meine Person ging. Eine neue Situation entstand für mich erst an der rheinischen Synode in Barmen 28.–30. April, bei welcher Graeber mit seinem Plan einer von der rheinischen und westfälischen Bekenntniskirche zu veranstaltenden Fortsetzung meiner Vorlesungen in Bonn hervortrat. Am 2. Mai war Graeber lange bei mir, um sich über die von mir aus zu stellenden Bedingungen zu vergewissern. Ich habe ihm als entscheidende Bedingung immer dies genannt, dass ich einen unzweideutigen Ruf seitens der Bekenntniskirche bezw. der beiden beteiligten Bruderräte bekommen müsse und das *vor* dem 14. Juni, weil an diesem Tag, wenn er meine Absetzung bringe automatisch meine Berufung nach Basel erfolgen werde, die ich, wenn einmal erfolgt, unter keinen Umständen ablehnen werde. Was in Frage komme, könne nur ein Versuch sein, diese Berufung noch rechtzeitig d. h. vor dem 14. Juni zu verhindern. Im gleichen Sinn habe ich mich dann immer wieder und so zuletzt noch gegenüber Hesse und Immer in Friedrichshafen ausgesprochen. An der Unzweideutigkeit eines vor dem 14. Juni erfolgenden Rufes der Bekenntniskirche lag mir, wie ich es in Friedrichshafen ebenfalls ausdrücklich ausgeprochen habe – wie man es sich aber schliesslich an den Fingern ablesen konnte! – noch mehr seit den Vorgängen wegen der »Nordgrenze« und insbes. seit Humburg es mit einer Begründung, die ich nicht annehmen kann, unterlassen hatte, mich zu der Augsburger Synode einzuladen. Alle Beteiligten – und nach Ihrem telephonischen Anruf aus Madiswil auch Sie – konnten wissen, dass ich auf ein Wort von draussen des Inhalts, dass man mich auch und gerade als persona ingrata in politicis zu haben und zu halten wünsche, wartete. Ich habe in der Tat diese ganzen Wochen und Tage, zuletzt von einer Post zur andern darauf gewartet. Es ist nicht gekommen. Es ist nicht einmal irgend eine Nachricht gekommen, warum es nicht komme. Statt dessen ereignete sich gestern das kleine Wunder im Oberverwaltungsgericht, auf Grund dessen ich bis auf Weiteres wieder Mitglied der Fakultät Bonn bin und also die ganze Entscheidung zunächst hinfällig wird. Und nun erfahre ich also nachträglich, dass man in Berlin diese Woche beschlussunfähig war, dass Humburg der Ansicht war, der Beschluss der rheinischen Synode hätte mir völlig genügen können, dass der rhein. und der westfälische Bruderrat heute den 15. Juni(!) in dieser Sache zu beraten gedächten, dass man ja auch noch nicht gewusst

habe, ob nicht doch wieder der oder ein Elberfelder Plan (von dem mir gegenüber seit Monaten kein Mensch mehr gesprochen!) aktuell werden solle – und was noch Alles. – Lieber Herr Pastor, dieses Ganze missfällt mir durchaus. Und ich muss Ihnen nun auch offen sagen, was für Folgerungen ich daraus ziehe.
Der naheliegendste Eindruck ist natürlich der, dass hier wieder einmal irgendwelche im Blick auf den Caesar schlau sein d. h. klüglich abwarten wollten, was denn nun etwa am 14. Juni das Gericht über mich zu sagen habe. Ich weiss, dass das bestritten wird. Aber Sie werden mir zugeben müssen, dass es mir nicht leicht fallen kann, angesichts der Erfahrungen, die ich in der Eidessache mit der Bekenntniskirche gemacht habe und angesichts der Art, wie man um Augsburg herum mit mir umgesprungen ist, diesen Gedanken wirklich zu unterdrücken.
Stelle ich ihn zurück, so bleibt – und das dann unbestreitbar – dies übrig, dass offenbar nicht eben Viele und diese nicht eben hitzig sich der ganzen Sache angenommen haben können, wenn sie nach reichlich sechs Wochen bis gestern nicht entscheidungsreif werden konnte. Sie deuteten mir gestern am Telephon an, dass die Sache eines »Einzelnen« gegenüber den grossen Interessen der Gesamtheit, über die man in Berlin und Essen zu wachen und zu walten habe, so wichtig nicht sein könne. Ich meine dem gegenüber, dass man auch die Sache des bescheidensten Küsters der Bekenntniskirche mit dieser Bummelei nicht hätte behandeln dürfen, auf die die Behandlung meines Falles laut der angegebenen »Gründe« hinausläuft, wenn – ja wenn hier nicht wieder einmal jene Kirchendiplomatie im Spiel gewesen ist, deren Anwendung, wie mir scheint, in der Bekenntniskirche schon so zur Gewohnheit geworden ist, dass man es in guten Treuen gar nicht mehr merkt, wenn man krumme Wege geht.
Sicher ist nun jedenfalls dies, dass ich gestern oder heute, wenn das Gericht meine Absetzung bestätigt hätte, den Ruf nach Basel ohne Zaudern angenommen hätte. Und ich hätte dann der Zeugen genug dafür gehabt, dass die Leitung der Bekenntniskirche es – aus welchen Gründen immer – versäumt hatte, für einen andern Ausgang das Nötige und in aller Form Verabredete zu tun.
Und sicher ist zweitens dies, dass ich das Vertrauen zu der Leitung der Bekenntniskirche für die Zukunft endgiltig verloren habe. Ich werde nun den Minister direkt vor die Frage stellen, ob er mich so wie ich bin, fernerhin haben wolle oder nicht. Ich werde bei negativem Ergebnis nach Basel gehen, bei positivem Ergebnis unter Verzicht auf nunmehr *alle* Bekenntniskirchenpolitik in Bonn meiner Dogmatik leben. Ich werde aber mit einer Bekenntniskirche, die mir nun wiederholt *dieses* Gesicht gezeigt hat, über Lehraufträge irgendwelcher Art keine Verhandlungen mehr pflegen, weil ich nun weiss, dass dieser Boden so oder so Moorboden ist. Alles hat seine Grenzen, auch die Möglichkeit, sich in Menschenhände zu geben, deren Unzuverlässigkeit man wieder und wieder erfahren musste. Ich habe sie hier nicht mehr.
Mit freundlichem aber ingrimmigem, ingrimmigem aber freundlichem Gruss!
Ihr
[gez.] Karl Barth

D 29 zu S. 202

Memorandum der Bruderschaft Rheinischer Hilfsprediger und Vikare vom 24. 6. 1935 an Präses Humburg

Ev. Bekenntnissynode im Rheinland.
Bruderschaft Rheinischer
Hilfsprediger u. Vikare.

W.-Barmen, den 24. Juni 1935
Gemarkerstr. 5

An den
Präses der Ev. Bekenntnissynode im Rheinland,
Herrn Pastor D. Humburg,
Wuppertal-Barmen.

Lieber Bruder Humburg!
Unsere Bruderschaft hat Ihnen am 20. Juni 1935 ein Schreiben in der Sache Prof. Karl Barth übersandt, in dessen Beantwortung Sie uns mitteilten, dass morgen, Dienstag, den 25. Juni, in Dortmund eine Besprechung leitender Männer der Rhein. und Westf. Bekenntnissynode in dieser Angelegenheit stattfindet. Wenn wir telefonisch an Sie die Bitte richteten, zu dieser Besprechung unsererseits einen Vertreter entsenden zu dürfen, so geschah das darum, weil wir glauben gerade in dieser Angelegenheit eine *besondere* Verantwortung zu tragen, eine Verantwortung, die weit über den Kreis unserer Rheinischen Bruderschaft hinausging und wohl fast die gesamte junge theologische Generation umfasst. Da Sie unserer Bitte nicht entsprechen konnten, wir also unserere Anschauung nicht mündlich vortragen können, möchten wir Ihnen vor der genannten Besprechung noch einmal unterbreiten, in welchen Zusammenhängen wir die Sache unseres Lehrers Prof. Karl Barth sehen und Ihnen sagen, vor welche *entscheidenden* Fragen wir die Bekennende Kirche wiederum gestellt sehen und welches Handeln uns daraus gegenwärtig geboten und notwendig erscheint. Wir bitten Sie herzlich und *dringend*, auch in den morgigen Besprechungen immer wieder zur Geltung zu bringen, welche Bedeutung gerade wir *jungen* Theologen dieser Frage und ihrer Beantwortung beimessen, weil wir in dieser Beantwortung zugleich eine *grundsätzliche* Entscheidung über den Weg der Bekennenden Kirche sehen müssen.
Die Ev. Bekenntnissynode im Rheinland hat auf ihrer 4. Tagung vom 28.–30. April 1935 folgenden Beschluss gefasst:
»Synode fordert den Bruderrat auf, in Verbindung mit dem Westfälischen Bruderrat beschleunigt dafür Sorge zu tragen, dass Prof. D. D. Karl Barth seine Arbeit als theologischer Lehrer der Kirche zum Segen sonderlich unserer kirchlichen Westprovinzen fortsetzen kann.«
Unsere Stellungnahme zu dem was bisher zur Durchführung dieses Beschlusses getan bzw. nicht getan worden ist, haben wir in unserem Schreiben vom 20. Juni bereits mitgeteilt. Wenn wir dort unserer Meinung Ausdruck gaben, dass grundsätzlich »die Frage, ob Herr Prof. Karl Barth Lehrer der Ev. Kirche im Rheinland ist – und die Bekenntnissynode daher die kirchliche Verantwortung hat, ihm diesen Lehrauftrag zu bestätigen – von dem Ausgang des staatsrechtlichen Prozesses ebenso unabhängig ist, wie jetzt von der Entscheidung des Herrn Kultusministers«, so glauben wir doch auch, dass gerade diese Entscheidung ein grundsätzliches und klares Handeln der Kirche nur *umso mehr* fordert. Das gilt in ganz besonderer Weise

auch darum, weil diese Entscheidung des Herrn Kultusministers und ihre in der Presse veröffentlichte Begründung nicht nur den oben genannten Beschluss der Ev. Bekenntnissynode im Rheinland berührt, sondern darüber hinaus die grundsätzlichen Fragen des Eides und der staatlichen theologischen Fakultäten bzw. der kirchlichen Hochschulen für reformatorischen Theologie der Bekennenden Kirche zu einer erneuten klaren Stellungnahme vorlegt.
Welche Lage ist durch die Massnahme des Kultusministers entstanden?
1. *Prof. Karl Barth* kann – nunmehr endgültig – seine Arbeit als theologischer Lehrer der Kirche *nicht* mehr im Rahmen einer staatlichen theologischen Fakultät fortsetzen.
2. Der Staat hat durch die Massnahme seines Ministers endlich klar Stellung genommen zu der »Verlautbarung der Bekenntnisgemeinschaft der Deutschen Ev. Kirche« über die *Frage des Eides* und zwar im Sinne einer glatten *Ablehnung* der dort ausgesprochenen Begrenzung des Eides durch »das in der Heiligen Schrift bezeugte Gebot Gottes«.

Welche *Folgerungen* ergeben sich daraus für die Bekennende Kirche?

Zu 1)
a) Der Beschluss der Ev. Bekenntnissynode im Rheinland vom 28.–30. April 1935 betr. Prof. Karl Barth ist nunmehr endlich durchzuführen durch eine Berufung Prof. Barths seitens der Bekenntnissynode die es ihm ermöglicht, seine Arbeit als theologischer Lehrer der Kirche fortzusetzen. Wie wir in unserem Schreiben vom 20. Juni mitgeteilt haben, sind wir unsererseits – trotz der schwierigen Lage – an Prof. Karl Barth herangetreten, mit der Bitte sich einem solchen Ruf unbedingt offen zu halten. In dieser Sache muss sich entscheiden, ob Synodalbeschlüsse nur auf dem Papier stehen, oder ob sie das *Handeln* der Kirche bestimmen, das immer nur ein Handeln aus dem Glauben sein kann.
b) Diese Massnahme des Ministers lässt – im Zusammenhang mit der auch sonst erfolgten Zerstörung evangelisch-theologischer Fakultäten, sowie der Entziehung der venia legendi verschiedener Dozenten keinen Zweifel mehr aufkommen an der *kirchlichen Unmöglichkeit* der gegenwärtigen Fakultäten. Werden Lehrer der Kirche willkürlich versetzt, über das geordnete Verfahren hinweg ihnen die Ausübung ihres kirchlichen Auftrages unmöglich gemacht, so muss die Kirche erkennen, dass sie auf solche Fakultäten als Ausbildungsstätte ihrer Prediger verzichten *muss*. Die dem Beschluss C I betr. die theologische Fakultät Bonn zugrunde liegende Hoffnung hat sich nicht nur nicht erfüllt, sondern muss nach der weiteren Versetzung von Prof. D. H. E. *Weber* der klaren Erkenntnis weichen, dass auch im künftigen Handeln nur ein weiteres Zerstören der Fakultäten zu erwarten ist. Der Zeitpunkt der *Entscheidung* ist auch hier *gekommen*. Längeres Zögern vor einer doch nicht zu umgehenden Entscheidung, kann die Bekennende Kirche nur in ihrer Substanz gefährden.
c) Damit im Zusammenhang steht die notwendige Errichtung kirchlicher Hochschulen für reformatorische Theologie, um die wir dringlich bitten, damit die Verwirrung unter den Studenten der Theologie endlich klar Einhalt geboten wird.

Zu 2.)
a) Mit der veröffentlichten Begründung der Massnahme gegen Prof. Barth ist die

Bekennende Kirche vor *schwerwiegendste* Entscheidungen erneut gestellt. Durch die hier ausgesprochene *Vorbehaltlosigkeit* des Eides, der gegenüber auch die Begrenzung durch den Gehorsam gegen Gottes Wort nichts gilt und darum deutlich verworfen und abgelehnt wird, ist der Eid unzähliger Volksgenossen *verfälscht* worden. Daraus ergibt sich eine doppelte Pflicht. Einmal gegenüber den Theologieprofessoren denen damit ein Eid untergeschoben wird, den sie nicht geleistet haben. Will man sie in dieser unmöglichen Lage lassen? Unseres Erachtens muss die Bekenntnissynode die Professoren auf ihre Verantwortung in dieser Lage deutlich hinweisen und ihnen nahe legen dem Staat gegenüber eine entsprechende Erklärung abzugeben, gleichgültig welche Konsequenzen sich daraus ergeben sollten. Auch an diesem Punkt zeigt sich klar die Unmöglichkeit theologischer Fakultäten die an etwas anderes gebunden sind als allein an Gottes Wort. Zum andern die Verpflichtung gegenüber den Volksgenossen, die den Eid geleistet haben so wie ihn jene Verlautbarung versteht und die nun erleben müssen, dass vor aller Öffentlichkeit dieser Eid umgewandelt in eine vorbehaltlose menschliche Erklärung, die der Ehre Gottes widerstreitet und aus einem falschen Glauben geboren ist. *Schweigt* die Bekennende Kirche jetzt und glaubt sie es bei jener Verlautbarung bewenden lassen zu können, so führt sie diese alle in tiefste Gewissensnot und lässt ihnen Bindungen auferlegen, die sie nicht tragen können. Darum halten wir ein neues Wort zur Frage des Eides aus diesem Anlass für *unerlässlich*, ein Wort, welches der gesamten evangelischen Christenheit in aller *Öffentlichkeit* bekannt zu geben ist, auch wenn der Staat es für untragbar halten sollte.

b) Diese Auslegung des Eides seitens zuständiger Stellen bedeutet nichts anderes als die *erneute Feststellung eines staatlichen Totalitätsanspruches*, der für jeden Christen untragbar ist. Dieser Totalitätsanspruch wird auch in fast allen in den letzten Tagen veröffentlichten Reden verantwortlicher Staatsmänner (Göring, Goebbels, Rust) verkündet, die in ganz offener Form das Heidentum fördern und die Grundlagen des Christentums verleugnen. Gerade angesichts dieses unverhüllt proklamierten Totalitätsanspruches, der dem *Staat* gibt, was allein *Gottes* ist, halten wir es für *dringend* geboten ein klares öffentliches kirchliches Wort zu sagen. Es muss ein Wort der *Kirche* sein, damit nicht der einzelne Prediger in die Versuchung kommt zu schweigen, wo er reden müsste. Wir stehen auch hier in der *entscheidenden Stunde*. Schweigen *wir* jetzt, so werden die Steine schreien. Kann *unwidersprochen* so geredet werden, wie es geschieht, dann versäumt die Kirche ihr Wächteramt.

Nur mit ernster Sorge können wir das alles schreiben, und um dringliches, klares *Handeln* bitten. Wir wissen, dass dieser Weg ein Weg durch mancherlei *Not* hindurch sein wird, aber wir erinnern uns Ihres Wortes in Düsseldorf, dass diese Not umso kürzer sein wird, je härter und schwerer sie ist, und wir vertrauen auf Gottes Verheissungen: »Gott ist bei ihr drinnen, darum wird sie fest bleiben, Gott hilft ihr früh am Morgen.«

Wir können all diese Dinge nur in einem grossen inneren Zusammenhang sehen und darum erfüllt uns die schwere Sorge, dass falsches Handeln in der Sache Barth die Bekennende Kirche überhaupt auf einen falschen Weg führen könnte. Wir möchten es vermeiden, dass so eine tiefe Kluft entstehen könnte zwischen den jungen Theologen und der Bekennenden Kirche für die sie zu vollem Einsatz bereit sind, der aber auch die Gewissheit fordert, dass der Weg der Bekennenden Kirche den Weg des Gehorsams und des Glaubens ist. Deshalb bitten wir Sie herzlich, bringen Sie unsere Fragen und unsere Bitten als Ihre eigenen – was wir erhoffen – zur Geltung, nicht

weil wir uns um jeden Preis bemerkbar machen wollten, sondern weil wir aus unserer Verantwortung glauben so sprechen zu müssen.
Die Leitung der Bruderschaft Rhein. Hilfspr. ev. Vikare.
[gez.] J.A. BH.

D 30 zu S. 208

Brief Karl Barth vom 30. 6. 1935 an Otto Bleibtreu

Prof. D. Karl Barth

Bergli, Oberrieden
(Kt. Zürich)
30. Juni 1935

Lieber Herr Bleibtreu!
Sie haben von mir nach dem Ereignis des 14. Juni und seinem Nachspiel vom 22. noch gar kein direktes Wort bekommen. Ich denke aber, dass Sie auch so gewusst haben, wie dankbar ich Ihrer in dieser ganzen Zeit gedacht habe. An Ihnen lag es wirklich nicht, wenn nun die ganze Sache nicht einen andern Ausgang nehmen konnte, sondern Sie werden sich lebenslänglich dessen freuen dürfen, dass Sie in dieser Angelegenheit eine gute und saubere Klinge geschlagen haben. Wenn auch die Argumentation, auf Grund derer das Gericht den erstinstanzlichen Entscheid abgeändert hat, nicht eben die von Ihnen vorgetragene war, so besteht doch sicher kein Zweifel, dass Ihre Arbeit in höchst gewichtiger Weise dazu beigetragen hat, das Gericht zu dieser Abänderung als solcher zu veranlassen. Und wenn schliesslich durch höhere Gewalt die ganze Arbeit sowohl des Gerichts wie die Ihrige nachträglich zur verlorenen Liebesmühe gestempelt wurde – sodass man wohl fragen könnte, warum man nicht schon im November diesen einfacheren Weg gegangen ist und uns Allen (inbegriffen den Untersuchungsrichter und unsre Kölner Freunde!) soviel Zeit und Kraft erspart hat – so gehört das nun eben zu den Unglücksfällen, die der ganzen Weisheit und Gerechtigkeit der gegenwärtigen Weltordnung eigentümlich sind, darf Ihnen aber die ruhige Gewissheit nicht nehmen, dass Sie innerhalb dieser Weltordnung Ihr Bestes aufs Beste getan haben unter dem Beifall der Engel im Himmel. Ich danke Ihnen für Alles und nehme an, dass meine Frau oder Frl. von Kirschbaum über die greifbare Form dieses Dankes mit Ihnen gesprochen und das Nötige in die Wege geleitet haben. Wenn das aus irgend einem Grunde noch nicht geschehen sein sollte, so geben Sie mir schleunig einen Wink, damit ich selber eingreifen kann. Ist es Ihnen wohl klar, dass Sie nun nach Hoelschers, Wolfs und meinem Wegzug *der* »prominente« Vertreter der Liste »Für die Freiheit des Evangeliums« in der evang. Gemeinde sein werden? Soweit ich sehe, müssen Sie nun an meine Stelle in das Presbyterium (dem ich eben meine Entlassung eingereicht habe) einrücken. Sie werden sich sicher mit Wolf über die Sache besprechen. Lassen Sie sich den Anspruch unserer Liste auf keinen Fall – auch nicht von Seiten von Horst, dem ich entsprechende Pläne ein wenig zutraue – aus den Händen winden und genieren Sie sich auch persönlich nicht, ruhig die nötigen Schritte zu tun, wenn man etwa je versuchen sollte, Sie zu übergehen. Sie können und wissen lange genug, um Presbyter zu werden und werden dort das nun so klein gewordene Fähnlein mit allem Anstand

vertreten. Vor der ganzen Schwachheit der Gruppe »Evangelium und Kirche« brauche ich Sie nicht erst auf die Hut zu setzen. Zeigen Sie ihr und den D. C. in der Ihnen eigenen bescheidenen, aber bestimmten Art die Zähne. Es wird endlich und zuletzt nicht ohne Frucht sein, wenn Sie diesen Posten so oder so halten.
Wenn ich auch jetzt nicht mehr persönlich von Ihnen Abschied nehmen kann, so bin ich doch sicher, dass wir uns da oder dort wiedersehen werden und das wird für mich immer eine Freude sein. Merken Sie sich nur eben für künftige Reisen den Platz Basel und das Gastzimmer in dem Hause St. Albanring 186. Umsomehr als ja alsbald auch Schmidt und Lieb an jenem Ort zu finden sein werden.
Ich bin mit den besten Empfehlungen an Ihre verehrten Eltern und mit einem sehr herzlichen Gruss an Sie selber
Ihr
[gez.] Karl Barth

D 31 zu S. 208

Brief Eduard Putz vom 1. 7. 1935 an Ernst Wolf

Hochverehrter Herr Professor!
Entschuldigen Sie bitte, daß ich auf Ihren Brief über Karl Barth jetzt erst eingehe. Die Gründe meines bisherigen Säumens sind folgende:
1.) Ich war über die ganzen Dinge vor der Augsburger Synode so sehr bekümmert, daß ich mich ziemlich zurückhielt und nur sowohl in Oeynhausen als auch im Landeskirchenrat in München gegenseitiges Verstehen zu vermitteln versuchte. Es ist mir auch bis zu einem gewissen Grad gelungen.
2.) Ich traf Karl Barth samt Fräulein von Kirschbaum im Kreise seiner Schüler in München gerade zu der Zeit, als diese Frage aktuell war. Wir haben das Substantielle Ihres Briefes alles besprochen.
Nun aber möchte ich Ihnen, sehr verehrter Herr Professor, nicht nur aus Dankbarkeit für Ihr vornehmes Eintreten und Ihre viele Mühe, sondern auch aus eigenem Wunsche, noch einiges schreiben.
Als ich nach Saarow, wo ich nicht war, hörte, daß Karl Barth tatsächlich diese Äußerung getan hatte, war ich schrecklich entsetzt und zwar nach jeder Richtung hin. Es entschlüpfte mir das Wort: »Das ist ja Landesverrat!« Jetzt schließe ich mich, nachdem ich mit Karl Barth selbst darüber eine ziemlich bewegte Aussprache hatte, natürlich Ihrem Urteil an und verstehe die Situation besser. Trotzdem ich es aber tief bedaure, was ich gesagt habe, – ist es mir auch beim besten Willen und auch nach der Darstellung Karl Barths selbst nicht möglich, in den Chor derer einzustimmen, die erklären: »Es ist völlig unbegreiflich«, »es kann nur böswillige Deutung sein«, »es kann nur völlig verranntes, humorloses Urteil sein«, »wenn man über diese Bagatelle ein solches Aufhebens macht«. Hier steht mir allerdings der Verstand still, und ich kann solchen Barth-Schülern gegenüber nur ganz schlicht erklären: »Gut, dann leben wir eben auf einem anderen Planeten als ihr«. Das ist sehr traurig, und ich habe mich mit Karl Barth und seinem Kreis darüber lange unterhalten. Natürlich weiß ich jetzt, daß es kein Landesverrat ist, natürlich begreife ich jetzt, wie die Situation war. Nicht und niemals werde ich begreifen, daß der Kreis seiner nächsten Schüler nicht nur nichts tut um Karl Barth, – von dem ich es nicht verlangen kann –

immer wieder das Verständnis unsrer deutschen, völkischen, politischen, auch landeskirchlichen bayrischen und sonstigen Personalverhältnisse und Bedingungen nahezubringen. Nein, im Gegenteil! Dauernd wird Karl Barth hineingeritten. Sammetreuther, Meiser und alle anderen werden andauernd so entscheidend falsch dargestellt, daß es kein Wunder ist, wenn eine hoffnungslos verwirrte Lage entsteht. Ebenso geht es mit den politischen und völkischen Situationen. Karl Barth ist ein so großer Mann, daß es ihm immer eine Wohltat ist, wenn man ihm einfach aus unsrer Sitution heraus opponiert. Es wäre für die Schüler des Meisters wichtiger und richtiger, weil auch von größerer Liebe und Treue gewesen, wenn man ihm gesagt hätte, wie die Sache mit der Nordgrenze wirkt, wie hier die Lage in Deutschland ist. Ich denke einfach mit Trauer und Schmerz daran, wie fein und männlich sich Karl Barth, trotz meines Ausspruches, mit mir auseinandersetzte. – Wie völlig und absolut unmöglich es aber war, ihm, aber noch viel weniger seinen Schülern, die Situation des hörenden Deutschen klarzumachen. – Diese Sache liegt mir schon lange auf der Seele. Um einmal auch persönlich zu schreiben: ich habe das tiefe Bewußtsein, daß wir in der Pfarrerschaft Bayerns unter den jungen Pfarrern und denen, die für die Kirche gekämpft haben, für das Verständnis Karl Barths mehr getan haben, als seine sämtlichen Schüler, *alle* eingeschlossen. Und zwar gerade deshalb, weil ich über schwerem persönlichen Kampf zu ihm kam, weil ich nicht sein Schüler bin, weil ich chronologisch zuerst Nazi und dann Theologe war und gerade deshalb das Einzigartige seiner Botschaft verdeutschen konnte. Mit Frör und Schieder zusammen haben wir wider die Patent-Lutheraner Barmen, Dahlem und die theologische Existenz und das Barth'sche sola scriptura, soli deo gloria unermüdlich predigend und handelnd der bayrischen Pfarrerschaft und den Gemeinden eingehämmert, bezeugt und verdeutscht. Gerade auch den ehrlichen nationalsozialistischen Pfarrern haben wir das Anliegen plastisch und deutlich zu machen versucht, und es ist nicht vergeblich gewesen. Unaufhörlich haben wir uns bemüht, hinzuhören, welches Wort Karl Barth gegeben ist. Er ist uns nicht nur eine leuchtende, gewaltige persönliche Erscheinung, sondern ein Ergriffener, auf den man hören muß. Wir danken ihm für jede Predigt und trauern darüber, daß er doch wohl aus Deutschland gehen wird. Aber man muß es doch ganz scharf sagen: Es ist deutlich, daß seine Botschaft gerade von seinen Schülern, weder von Georg Merz, noch von Sammetreuther (die ich beide hoch verehre), erst recht aber nicht von seinen Abklatsch-Schülern verdeutscht und den Hörern in den verschiedenen Lagen ganz klar gemacht worden ist. Entschuldigen Sie, Herr Professor, wenn ich hier einmal ein klein wenig persönlicher geworden bin. Ich meine mit dem allen nicht Sie speziell, denn ich kenne Sie ja garnicht näher, sondern Ihr Brief bietet mir nur Gelegenheit, einmal diese Sorgen niederzulegen bei einem, der Karl Barth lieb hat und der innerlich in der gleichen Front steht. Ich werde jetzt, nachdem ich das so einmal geschrieben habe, ja wohl auch an die Barth-Schüler schreiben müssen, mit denen ich ja sehr gut bekannt bin und mich verbunden fühle.

Was die kirchliche Lage anbelangt, so befinden wir uns ja ohne Zweifel, um mit Asmussen zu reden, in einer Rüben-Winterperiode und überhaupt besinne ich mich nun schon seit Wochen, warum das so ist. Bei allem menschlichen Versagen und anerkannt die vielen Fehler, die gemacht wurden, über die ich mich mit Asmussen, Niemöller und Immer unzählige Male unterhielt, sehe ich die tiefste Ursache unserer kirchlichen Schwäche darin, daß es meiner festen Überzeugung nach bis heute noch nicht gelungen ist, das ungeheure Wort, das Karl Barth geschenkt ist, in den einzelnen Beziehungen klar und deutlich zu machen. Um es noch einmal zu sagen,

diese Botschaft hat uns zwar alle umgestaltet, es ist aber nicht gelungen, wichtigste Unterfragen und Folgerungen zu klären. Und von diesen Schwächen, von diesen Unerfülltheiten und ausschließlich von ihnen lebt der BDM und die DC. In diesem Zusammenhang kann auch die Frage der Lutheraner geklärt werden. Auch der mich ungeheuer schmerzende Zwiespalt und das ärgerliche Versagen der lutherischen Theologie und die Möglichkeit, daß von hier aus quergeschossen wird, ist begründet darin, daß entscheidende Fragen völlig offen geblieben sind. (Gesetz und Evangelium, die sogenannten natürlichen Ordnungen, Kirche, Staat und Volk.) Trotz Barth, trotz Dahlem, Barmen und Augsburg, bei denen ich mitarbeiten durfte, finde ich, daß wir hier das rechte Wort noch nicht haben. Deshalb halte ich es ganz einfach für zerstörend, ganz abgesehen, daß es der Wahrheit und der Demut bar ist, wenn in manchen Kreisen um Barth (am wenigsten von ihm selbst) man so tut, als gäbe es schon eine hundertprozentige, unfehlbare, cathedrale Lehrbildung der Gegenwart.
Hochverehrter Herr Professor, bitte nehmen Sie diesen Brief, wie er gemeint ist. Ich will bloß ein paar Sorgen niederlegen. Im übrigen wünsche ich Ihnen in Ihrer Lehrtätigkeit von Herzen Gottes Segen, danke Ihnen, daß Sie einer der wenigen Professoren waren, der uns geholfen hat zu siegen im Kampf.
In dankbarer Verehrung
Heil Hitler!
Ihr ergebener
[gez.] Eduard Putz.

D 32 zu S. 209

Brief Karl Barth vom 5. 7. 1935 an Hellmut Traub

Bergli, 5. Juli 1935

Lieber Herr Traub!
Der Glärnisch und der Etzel in einem Kranz von Schönwetterwolken und im Vordergrund die dunkeln Tannen und das Schicksalshäuschen der Bergli schauen unter einem blauen Himmel in mein Zimmer und wieder und wieder muss ich – nunmehr wieder endgültig in diesem Lande zu Hause – mich fragen, ob mit meinem Abgang nun noch einmal das geschehen sei, was L. von Ranke und manchmal doch auch L. von Kirschbaum den Eidgenossen von 1501 zum Vorwurf machen: die Flucht vor den grossen Sorgen des »Reiches«, in welchem inmitten eines Meeres von Torheit und Bosheit die Entscheidungen über die abendländischen Dinge nun einmal gefallen sind, fallen und fallen werden? Ich weiss nicht, wie Sie diese Frage noch vor drei Jahren beantwortet hätten, wenn sie damals gestellt gewesen wäre. Aber ich weiss, dass Sie sie heute jedenfalls nur innerhalb einer Klammer in einem für mich peinlichen Sinn beantworten werden. Sie haben in diesen letzten Jahren Alles zu sehr aus der Nähe miterlebt, um nicht einzusehen, dass – welche Fehlschlüsse (auch meinerseits) inskünftig bei der Betrachtung dieser Wegscheide noch entdeckt werden mögen – die Dinge mit einer gewissen Notwendigkeit nun eben diesen Lauf nehmen mußten und dass es nach dem grossen nunmehr geschehenen Aufräumen geboten ist, allseitig ohne Bitterkeit, wenn auch nicht ohne Fragen die Vergangenheit Vergangenheit und die Zukunft Zukunft sein zu lassen. Wie ist doch Alles so heimlich

und so merkwürdig: Deutschland und die Schweiz, der Norden und der Süden, das dritte Reich und was darinnen ist bis zu Pastor Humburg und Herrn Beckmann und durch Alles hindurch das Mozart-Konzert, das drüben ertönt und um deswillen ich eigentlich unmöglich tippen dürfte, die Schöpfung Gottes, der wir als solcher gewiss die Ehre antun sollten, nicht, wie Brunner es mir neulich beibringen wollte, ihre »lineamenta« ergrübeln und darstellen zu wollen und in die es nun doch dort wie hier so deutlich hineingesagt ist: »Der ewig reiche Gott, woll uns in unserm Leben ein immer fröhlich Herz und edlen Frieden geben!« Nein, geschichtsphilosophieren kann man so oder so nur im Spiel, weil es manchmal fast unvermeidlich ist, aber ich bin froh, dass die Tage und Wochen des Abwägens und Sich Rechenschaftgebens – so gewiss die Fragen als solche immer wieder da sind – nun fürs Erste hinter mir liegen und dass mir eigentlich auch alle Nachrichten von draussen bestätigen, dass die Lage nun eben zu dieser Entscheidung bei aller ihr anhaftenden Schmerzlichkeit reif war. Ich habe besonders gerne gehört, dass auch jene Zusammenkunft in Düsseldorf, an der Sie auch teilgenommen haben, im Zeichen einer gewissen Klarheit stand, sodass mein Abgang voraussichtlich keine weitern Kämpfe, Anklagen und Verteidigungen nach sich zu ziehen braucht. Ihnen habe ich herzlich zu danken für das was Sie dort gesagt haben; es war auch nach meiner Einsicht, das was dort gesagt werden musste. Ich wage zu hoffen, dass man vielleicht bald von einer gewissen heilsamen Wirkung meines Abgangs wird reden können. Damit das keine Phrase sei, wird freilich auf der ganzen Linie weiter gearbeitet und gefochten werden müssen. Ich denke aber mit Vertrauen daran, dass dies durch einige Leute wie Sie tatsächlich geschehen und dass dann jeder Einzelne, der das Herz und den Kopf auf dem rechten Fleck hat, mehr zu bedeuten haben wird als dreihundert Schlafmützen und Wirrköpfe miteinander. Es wird Ihnen kurios vorkommen, wenn »sie« als letzte Nachhut und bester Teil der Truppe den dortigen Schauplatz auch noch verlassen und wenn es dann im bisherigen Sinn keine Siebengebirgstrasse mehr für Sie geben wird. Aber viel wichtiger als die Aufgabe, Sie um deswillen zu trösten, ist dies, Ihnen zu sagen, dass ich Sie für einen brauchbaren Mann halte und dass ich sogar erwarte, dass man über kurz oder lang Erhebliches von Ihnen hören wird. Sie wissen und können mehr als Andere und werden sich gar nicht genug auf die Beine stellen können, um den Weg und den Auftrag, wie sie nach menschlichem Ermessen vor Ihnen liegen, omnium virium contentione in Angriff zu nehmen. Also der »Meister« samt der noch viel wichtigeren Meisterin entfernen sich nun aus ihrem nächsten Gesichtskreis. Dies dürfte, wenn etwas, ein signum sein, dass nunmehr unter Abtun alles dessen, was kindisch war, die Zeit selbständiger Leistung endgiltig für Sie angebrochen ist. Sie sollen und dürfen sich nicht im Geringsten fürchten, in diese neue Zeit hineinzugehen! Und Sie wissen, dass wir gerade dann, scheinbar auseinander gehend, jetzt erst recht zu einander kommen und dass jedes Widersehen dann nicht nur eine angenehme sondern eine gute Sache sein wird. – Helmut Traub ist ein unwiederholbares Individuum, ich weiss wohl: dennoch denke ich – und gewiss unter Ihrem Beifall – wenn ich an Sie denke, auch an so viele Andere, jetzt vor Allem an alle die jungen Theologen Ihres rheinischen Vikars- und Kandidatenkreises. Wenn Sie es tun können, ohne mich in den Verdacht der Anmasslichkeit zu bringen, so geben Sie meinen Gruss gelegentlich gerade an diesen ganzen Kreis weiter, vielleicht in Form einer Ansprache deren Inhalt ich Ihrem freien Ermessen anheimstelle! Ich weiss, dass es nicht an diesem Kreise lag, wenn die Dinge nun so liefen wie es geschehen ist. Ich erwarte, dass Einiges anders werden wird, wenn diese Generation einmal nachrückt. Ich denke freilich auch daran, wie schwer es ihr fallen muss, jetzt zwischen einer schwärmerischen Re-

bellion und einer ebenso schwärmerischen Resignation mitten hindurch ihren Weg zu finden. Ich werde, soweit ich es nur kann, an ihrem Weg und an ihrer Sache von Herzen Teil nehmen und mich über jede Nachricht freuen, die mich bewussten Anteil nehmen lässt. Vielleicht lassen Sie sich von »ihr«, die es am Besten weiss, wie ich es meine, noch einige Anregungen zu dieser Botschaft geben!
Damit vorläufig Gott befohlen, lieber Herr Traub! Verlassen Sie sich darauf, das Alles in guten Händen ist und dass es nur darauf ankommt, dass wir es wirklich aus diesen Händen entgegennehmen, statt es uns eigenmächtig verschaffen zu wollen.
Bitte grüssen Sie auch die so vortreffliche Schwester Helene von mir und doch auch Herrn Pfarrer Josten, über den sie mir Gutes zu melden wusste.
Von Herzen
Ihr getreuer
[gez.] Karl Barth

F 6 zu S. 211

Pastor Karl Immer. W.-Barmen, den 29.6.35.

Herrn
Professor D. Karl Barth

Bergli-Oberrieden
b. Zürich
b.Herrn Pestalozzi

Verehrter und lieber Herr Professor!

Ich habe Ihnen zu danken, dass Sie mir die Utrechter Vorlesun gen in dem schönen Band "Credo" nicht nur zugesandt haben, sonder neben anderen werten Brüdern gewidmet haben. Dass dieser herzlich Dank im Tal der Schatten ausgesprochen wird, werden Sie verstehen Denn in dem Augenblick, wo Sie sich so fest mit den Brüdern zusam mengebunden haben, müssen Sie unsere Kirche verlassen. Dass diese Abschied vor allem unter unserer jüngeren Generation Bestürzung hervorruft, stellte ich vorhin noch fest in einem Brief von Brude Kloppenburg.

Wenn man in Selbstprüfung den bisherigen Weg nocheinmal überdenkt, so sieht man die Weichen, nach deren Stellung so oder so vielleicht zwangsläufig alles seinen Weg geht. Ich sehe eine solche Weiche in meinem Entschluss, den ich in Saarow fasste, um in der Nacht zu Ihnen zu fahren und Ihnen die Schweizerreise nahe zu legen. Vielleicht ergab sich daraus alles weitere. Jetzt erst tra mir die Möglichkeit ernst vor die Seele, an jenem Nachmittag in Saarow den Standort der Reformierten zu beziehen: entweder mit Barth oder überhaupt nicht zur Reichssynode. Es ist ja müssig, sic mit solchen Gedanken zu quälen; nur, dass sie einen demütigen und wachsam machen können. Im übrigen zwingt uns Ihr Fortgang, den Helm fester zu binden. Besonders denke ich an unseren theologischen Nachwuchs. Am kommenden Donnerstag wird Niemöller aus dem Urlaub zurückkehren, dann werden wir schnelle Beschlüsse betr. de Hochschule zu treffen haben. Auch um andere Entscheidungen wird sich die Bek.Kirche nicht herumdrücken können, wenn sie sich nicht selber aufgeben will.

Im übrigen mache ich mir zu eigen, was ich im "Credo" las: Die Rechte des Herrn behält den Sieg, Ps.118,15 (S.107); "auf ihn freut sich mit der ganzen seufzenden Kreatur die Kirche in dieser Zwischenzeit"(S.108).

Wir wollen es besser lernen, auf ihn allein unsere Hoffnung zu setzen, um dann getrost mit aufgerichtetem Haupt Seines Tages zu warten. Und da bleibt es dann bei dem Wunsch, den ich Ihnen fernmündlich sagte, dass es auch von uns einmal heissen möchte, w Ebr.11,13 geschrieben steht.

In tiefer Ehrerbietung und steter Dankbarkeit grüsst Sie

Ihr Bruder

Karl Immer.

Brief Karl Immer vom 29. 6. 1935 an Karl Barth

D 33 zu S. 211

Brief Karl Barth vom 30. 6. 1935 an Hermann Hesse

Prof. D. Karl Barth.

Bergli, Oberrieden Kanton Zürich
30. Juni 1935.

Herrn Pastor Dr. Hermann Hesse,
Elberfeld.

Lieber Herr Pastor!
Es wird Ihnen längst bekannt sein, dass ich nachdem Minister Dr. Rust mich 8 Tage nach dem Berliner Urteilsspruch meines Amtes enthoben hat, am Dienstag, dem 25. Juni, den erwarteten Ruf nach Basel erhalten und angenommen habe. Die Entscheidung, deren Erwägung uns allein soviel Sorge und Mühe gemacht hat, ist nun also gefallen. Es bleibt mir zunächst übrig, Ihnen, den Herrn und Brüdern vom Moderamen des Reform. Bundes und den anderen Freunden von den Reformierten und von der Bekenntniskirche fürs erste bedrängten Herzens Lebewohl zu sagen und Ihnen für die mir von Ihnen allen in den vergangenen und letzt vergangenen Zeiten reichlich bezeugte Liebe und Treue herzlich zu danken. Ich möchte dies aber nicht tun, ohne versucht zu haben, Ihnen und den anderen Freunden noch einmal Rechenschaft darüber abzulegen, wie es gekommen ist, dass ich mich schliesslich so und nicht anders entschieden habe.
Es ist dabei wohl gut, wenn ich ausdrücklich dies voranstelle, dass ich weiss und bedenke: Gott allein kennt die Herzen. Es bedeutet in diesem Falle ein Doppeltes: Es steht mir vor Augen, dass meine eigene Entscheidung irgendwo in mir selbst gefallen ist, wo mich nur Gott kennt, wo ich auch mir selber verborgen bin. Die mir bewussten Motive meines Schrittes können und sollen Ihnen also das eigentliche und letzte, das bei mir schliesslich den Ausschlag gegeben haben mag, eben nur andeuten, soweit ich es zu kennen meine. Und es steht mir ebenso vor Augen, dass auch alles das, was andere in dieser Sache getan oder nicht getan haben und das ich hier mit zur Sprache bringen muss, soweit ich es überhaupt kenne, von Geheimnissen umgeben ist, in die ich nicht hineinschaue. Ich kann und darf also im Grunde nur davon reden, wie es sich mir dargestellt und wie es schliesslich auf mich gewirkt hat. Halten Sie es mir also zugute, wenn ich mich über mich selbst oder über andere im einzelnen irren sollte. In solcher Lage müssen wir uns ja wohl immer trösten, dass wir miteinander im Gericht dessen sind, dessen barmherziges Verstehen keine Grenzen hat. Mit diesem Vorbehalt angemeldet, legt sich mir das, was ich hin und her bedacht habe, um dann doch den Baseler Ruf anzunehmen und also für einen Ruf der Deutschen Bekenntniskirche trotz so manches an mich gerichteten Appells nicht mehr offen zu bleiben, in folgende Erwägungen auseinander:
1. Ich hatte, seit mein Verbleiben in Deutschland auf der Rheinischen Synode im April durch den Vorstoss von Graeber aufs neue zur Sprache gebracht war, auf einen deutlichen und bestimmten Ruf seitens der verantwortlichen Bruderräte der Westkirche, also von Rheinland und Westfalen gewartet. Ich hatte das klar und oft genug ausgesprochen und das nicht verheimlicht, dass mir dieser Ruf in Form eines endgültigen und verbindlichen Angebotes in dem Augenblick, in dem der Staat mich voraussichtlich fallen liesse, bekannt sein müsse, wenn er für mich angesichts meiner schon halb bestehenden Baseler Bindung diskutierbar sein solle. Ohne jetzt den in

Betracht kommenden Motiven und Quietiven noch einmal nachgehen zu wollen, wie ich es in meinem Brief an Niesel vom 15. Juni getan habe, kann ich nur feststellen, dass ich dazu, obwohl seit der Rheinischen Synode Zeit genug ins Land gegangen ist, tatsächlich nicht gekommen ist. Wie habe ich hier in den ersten Juniwochen und noch während des ganzen 14. Juni vergeblich auch nur nach einer Nachricht ausgeschaut! Auf Grund welcher Missverständnisse konnte man glauben, dass ich, wie man mir nun nachträglich zumuten will, den Beschluss der Rheinischen Synode (den doch der Bruderrat erst ausführen sollte) oder die Sendung der Brüder Hesse und Immer nach Friedrichshafen (die doch nur das Allgemeine wiederholen konnte, was die Rheinische Synode schon ausgesprochen hatte!) als Ersatz für das, was man in der ganzen Welt unter einer ernsthaften und gültigen Berufung versteht, aufnehmen könne und werde? Oder wie konnte man glauben, damit etwas Hilfreiches zu tun, dass man mir des öfteren, bis in die 12. Stunde und darüber hinaus zurief, ich möchte mich für eine von niemanden verantwortlich beschlossene zukünftige Berufung »offen halten«? Was soll ich davon denken, wenn ich noch in einem vom 25. Juni (!) datierten Brief von D. Humburg sachlich nur das zu lesen bekomme, im übrigen aber vernehmen musste, dass der Westf. Bruderrat sich der Sache überhaupt nicht annehmen wolle, während der Rheinische einen Antrag an den Bruderrat der Altpreussischen Union gerichtet habe, in welchem neuerdings von einer theologischen »Akademie« geredet war, während des Projektes Graeber, mit dem ich mich seit der Rheinischen Synode allein auseinander zu setzen hatte, überhaupt nicht mehr gedacht wurde! Es ist nicht zum Lachen oder auch zum Weinen, dass man sich im Rheinischen Bruderrat in einem Augenblick, da hier schon alles verloren war, über die wichtigen Fragen gestritten zu haben scheint, ob die Sache, zu der mich dann der Altpreuss. Bruderrat berufen solle, besser »Hochschule« oder besser »Akademie« genannt werden solle? Ich frage: Warum hat mich die Leitung der Bekenntniskirche damit so in Not bringen und mir die Baseler Entscheidung förmlich aufzwingen müssen, dass sie in der entscheidenden Stunde trotz Synodalbeschluss, trotz aller Abreden weder wusste, was sie wollte, noch wollte, was sie wusste? Kann es anders sein, als dass ich mir in dieser entscheidenden Stunde durchaus »unberufen« vorkommen musste und darum da zusagte, wo ich eine deutliche und bestimmte Anfrage zu hören bekam?

2. Gewiss würde ich nun den Humor und die Freiheit wohl aufgebracht haben, über die allerdings erschütternde Unklarheit dieses Rufes, der nicht gerufen wurde, hinwegzugehen, wenn mir im übrigen gerade aus den Kreisen der führenden Männer der Bekenntniskirche auch nur ein wenig mehr Vertrauen und Entschlossenheit entgegengebracht worden wäre. Ich hätte einen formellen einwandfreien Ruf schliesslich auch entbehren können, wenn ich in einiger Breite den Boden der Gewissheit unter den Füssen gehabt hätte: ich werde gerade in den besonderen Punkten, die mir von seiten des Staates zum Vorwurf gemacht werden, von den in der BK. öffentlich und verantwortlich handelnden Männern verstanden, gehalten und getragen; meine Sache ist die ihrige, wie die ihrige die meine ist; sie werden, wenn es zum Treffen kommt, unter allen Umständen ebenso solidarisch neben mir stehen, wie ich mich neben sie gestellt habe. Wir sind einig, darin, lieber Herr Pastor, dass die Kirche sich nicht auf menschliche, sondern nur auf göttliche Treue gründen, verlassen und berufen kann. Aber wenn es für einen, der sich nicht für einen Propheten hält, nicht ratsam wäre, allein auf Grund eine vocatio interna et immediata handeln zu wollen, wenn das Wort der Brüder zu eine legitimen vocatio notwendig hinzugehört, dann ist es nicht nur erlaubt, sondern geboten, sich nach einer solchen schlicht

solidarischen Haltung der Brüder als nach dem Zeichen des Vorhandenseins echter Bruderschaft und also als nach dem Zeichen der Echtheit auch der notwendigen vocatio externa et metiata einigermassen umzusehen. Und nun muss ich Ihnen sagen, dass ich seit dem Tage meiner ersten Massregelung im November nun doch zu wenig von diesem Zeichen wahrgenommen habe, um in dem mir allerdings von vielen Seiten ausgesprochenen Wunsch, ich möchte in Deutschland bleiben, einen bindenden Ruf zu erkennen. Die einzige grosse Ausnahme, die ich als solche wahrlich nie vergessen werde, was das öffentliche Votum, das Sie, lieber Herr Pastor, z. Z. zusammen mit Immer zur Eidesfrage abgegeben haben. Alles übrige bewegte sich auf der Linie von Sympathiekundgebungen und Postulaten, die mich wohl gefreut und getröstet haben, die mich aber, unverbindlich, wie sie gemeint waren und ausgesprochen wurden, meinerseits nicht binden konnten. Zu irgendwelchen entsprechenden Taten ist es dann nicht gekommen. Wohl aber kam es zu Vorgängen, in denen ich nur Versuche sehen konnte, sich mir gegenüber vorsichtig abzugrenzen, zu distanzieren, sich frei zu halten und sich zu schützen. Der führende Bekenntnispfarrer in Bonn hat es nach meiner Suspension flugs für richtig gehalten, mir seine Kanzel zu verweigern, obwohl ich doch sogar Mitglied des Presbyteriums war. Man hat nach dem Kölner Urteil und seiner Begründung, in einem Augenblick und in einer Situation in der einer bekennenden Kirche wirklich andere Probleme gestellt waren, nach meinem politischen Denken und Tun gefragt, hat es mir ohne allen bekenntnismässigen Grund als Belastung gerechnet und zum Vorwurf gemacht. Es haben nicht nur die V.K.L., sondern auch die verschiedenen bruderrätlichen Instanzen für selbstverständlich gehalten, dass ich den Revisionsprozess – für dessen Führung man mich zuvor nicht dringend genug (aber freilich auch nicht unverbindlich genug) auffordern konnte – auf eigene Faust, d. h. ohne irgendeinen öffentlichen Erweis, dass meine Sache die der bekennenden Kirche sei, durchzufechten haben. Kaum von den D.C. und meines Wissens garnicht von Staat und Partei, wohl aber von Leuten der Bek.K. bis hin zu prominenten Mitgliedern des Bruderrates wurde von meiner gewiss nicht vorsichtigen, aber auch nicht welterschütternden Aeusserung über die »Nordgrenze« grösstes Aufheben gemacht, wurde sie schriftlich und mündlich über ganz Deutschland verbreitet. Und dann hat man mich noch zuletzt – und dies geschah leider entscheidend vom Rheinland aus – von der Augsburger Synode mit einer Begründung ferngehalten, deren greifbare Künstlichkeit mir nur umso deutlicher machen konnte, was man hinsichtlich meiner wollte und nicht wollte.

Ich bitte Sie, zu verstehen, dass diese Dinge im Blick auf die mich immer wieder erreichende, gewiss ehrlich und freundlich gemeinte Einladung, in Deutschland zu bleiben, nicht nur nicht bindend auf mich wirken konnte, sondern gerade lösend auf mich wirken musste. Man kann eben einen Mann nicht rufen, wenn man ihm gleichzeitig so vielfach und so deutlich zu verstehen gibt, dass man ihn für gefährlich hält und dass man lieber nicht mit ihm zusammen »unter den Linden« sich sehen lassen will. Konnte man es wirklich von mir als eine Tat der »Barmherzigkeit« verlangen, dass ich von Augsburg fernbliebe, dann muss man auch begreifen, wenn in mir der Eindruck entstand, die noch grössere »Barmherzigkeit« könne und müsse darin bestehen, dass ich die deutsche Bekenntniskirche überhaupt von meiner so stark als Belastung empfundenen Gegenwart befreie.

Ist dieser Eindruck ein zufälliger und übertriebener? Bitte, bedenken Sie, dass ich ausser meinem Fall auch das eigentümliche Verfahren vor Augen hatte, das seitens der Führung der Bekenntniskirche gegenüber meinem weniger als ich geschützten Freund D. Günter Dehn, Berlin, zur Anwendung gebracht wurde. Die Bekenntnisgemeinde hat weder hier noch dort die Fähigkeit bewiesen, verbindliche, d. h. durch ein entsprechendes bekenntnismässiges Handeln interpretierte und darum dann auch bindende Berufungen ergehen zu lassen.

3. Ich denke nun aber, dass auch der eben entwickelte Gesichtspunkt, für meine Entscheidung nicht ausschlagebend hätte werden können, wenn ich mich mit der deutschen Bekenntniskirche hinsichtlich ihres allgemeinen Weges nach wie vor in einem genügenden Mass einig wissen könnte. Das ist seit der Augsburger Synode – in deren Würdigung ich (nach unseren Unterhaltungen in Friedrichshafen und nach Ihrem Bericht in den vertraulichen Blättern von Kolfhaus zu schliessen) auch mit Ihnen und Immer nicht ganz einverstanden bin, – nicht mehr der Fall. Es traf sich merkwürdig genug, dass ich, als das verhängisvolle Telegramm des Ministers vom 22. Juli hier eintraf, gerade ahnungslos mit der nachdenklichen Lektüre der gedruckten Beschlüsse dieser Synode beschäftigt war. Ich kann vom Bekenntnis her nicht verstehen, wie man angesichts der bisherigen Entwicklung dazu gekommen ist, der V.K.L. gerade zu den »Dank« der Kirche auszusprechen (5). Ich halte die unverbindliche Form der beschlossenen Neuregelung des Verhältnisses von V.K.L., Reichsbruderrat und Bekenntnissynode angesichts der Problematik die uns seit dem 20. November 1934 beschäfigt hat, für eine Vernebelung, die sich rächen muss (6). Ich beklage es, dass sich in das »Wort an die Gemeinden etc.« auf S. 8 der Satz: »Ehret die Gabe Gottes« einschleichen konnte, die eine offene Konzession an das Dogma der D.C. bedeutet, die man in den früheren Erklärungen mit Bewusstsein unterlassen hatte – die längst ersehnte, aber wirklich nicht wünschbare Frontverbreiterung wird damit geschafft sein! – während in demselben Zusammenhang der wahrhaftig längst sehr konkret gestellten Eidesfrage überhaupt nicht gedacht wird. Wie war es möglich, dass die Bekenntnissynode jetzt auf einmal (13) den einst zwischen dem Reibi und Baldur von Schirach abgeschlossenen Jugendvertrag, den man bisher immer als untragbar bezeichnet hatte, sang- und klanglos ratifizieren konnte? Zu was bekennt sich die Bekenntnissynode (15) mit dem hervorgehobenen Gruss nun gerade an D. von Bodelschwingh? Wir stehen da in 17 wieder für Loyalitätsbeteuerungen? Sind sie aufrichtig? Wie seltsam ahnungslos oder gar schlafend müsste dann die Deutsche Christenheit die Entwicklung der letzten Jahre begleitet haben! Ich weiss aber, wieviele der mir bekannten Führer der Bekenntniskirche über die in Frage kommenden Personen, Ereignisse und Verhältnisse tatsächlich nicht weniger kritisch denken als etwa ich, und darum verstehe ich nicht, wie man aufrichtigerweise noch und noch einmal so tun konnte, als ob für das christliche Verständnis des heutigen konkreten Verhältnisses von Evangelium und Staat allein Röm. 13 etc. und nicht auch die Apokalypse, nicht auch das Verhalten der Alttestamentlichen Propheten massgebend sein müsste! Und was in aller Welt mag man sich bei dem Satz S. 16 »Wir bitten inständigst . . .« vom Bekenntnis her gedacht haben?! Durfte man sich angesichts aller Dinge der erreichten Einmütigkeit und dessen trösten, dass den Episkopalen und Konfessionellen immerhin auch einige Felle weggeschwommen sind? Erquickt man sich nun wirklich auch im Rheinland an jenem Sonnenstrahl, der zum Schlusse (wie einst bei der Proklamation der conceptio immaculata!) auf den silbernen Altar – cruzifix gefallen sei? Besteht wirklich Anlass zu einem Hallelujah darüber, dass die »Linie« künftig die Linie Barmen-Dahlem-Augsburg heissen werde? Ich konnte und ich kann mich dieses Augsburger Religionsfriedens unmöglich freuen. Und wenn ich mich unter anderen Umständen einfach genötigt gesehen hätte, innerhalb der Deutschen Bekenntniskirche den ehrlichen Kampf dagegen aufzunehmen, so musste ich mir, da er in dem Augenblick Ereignis wurde, da diese Bekenntniskirche mich beru-

fen zu wollen schien, sagen: gerade im Zeichen dieser Synode *kann* ich durch diese Bekenntniskirche garnicht legitim berufen werden. Wollte und will die Bekenntniskirche nun eben das, führte ihr Weg von Barmen über Dahlem wirklich nach Augsburg, wo man mich ja ohnehin lieber nicht dabei haben wollte, dann kann sie nicht gleichzeitig meine weiteren Dienste haben wollen. Dann darf, nein dann muss ich meine wirklich nicht angenehme Funktion in diesem kirchlichen Raum, meine Aufgabe, immer wieder meine längst bekannten Fragen zu stellen und Widersprüche anzumelden, als beendigt ansehen.

4. Mit dem Hinblick auf den Tenor des in den Augsburger Beschlüssen Gesagten, steht ein Viertes im Zusammenhang. Meine Gedanken über das gegenwärtige Regierungssystem in Deutschland, die von Anfang an Ablehnung zeigen, in denen ich mir aber anfangs, wie meine Veröffentlichungen zeigen, immer eine gewisse Zurückhaltung auferlegen konnte, haben sich mit der Zeit und mit dem Lauf der Ereignisse so zugespitzt, dass meine weitere Existenz in Deutschland, da die Bekenntniskirche mich bei diesen Gedanken im ganzen nicht tragen kann, sozusagen physisch unmöglich geworden ist. Ich zweifle nicht daran, dass unzählige unter ihren Gliedern im stillen genau so denken wie ich. Und ich bin überzeugt, dass auch die Bekenntniskirche als solche über kurz oder lang vor der Frage stehen wird, ob sie nicht vom Bekenntnis her genau so denken – und dann auch dementsprechend reden und handeln müsse. Im gegenwärtigen Augenblick aber steht die Bekenntniskirche als solche wie gerade Augsburg gezeigt hat, *nicht* dort. Sie denkt noch garnicht daran, dass sie ein »Wort an die Obrigkeit« richtend auch noch etwas anderes auszusprechen haben könnte als die mit der Beteuerung ihrer politischen Zuverlässigkeit begründete »inständige Bitte« um die Erhaltung ihres durch die Reichsregierung garantierten Bestandes, und dass ihr Gebet für die von Gott gesetzte Obrigkeit seine Echtheit darin erweisen müsste, dass es, wo sie die Lüge und das Unrecht zum Prinzip erhoben sieht, eines Tages auch zu dem in den Psalmen vorgesehenen Gebet um Befreiung von einer fluchwürdig gewordenen Tyrannei werden könnte. Sie hat für Millionen von Unrecht Leidenden noch kein Herz. Sie hat zu den einfachsten Fragen der öffentlichen Redlichkeit noch kein Wort gefunden. Sie redet – wenn sie redet – noch immer nur in ihrer eigenen Sache. Sie hält noch immer die Fiktion aufrecht, als ob sie es im heutigen Staat mit einem Rechtsstaat im Sinne von Röm 13 zu tun habe. Und es ist heute weniger als je zu erwarten, dass sich darin sobald etwas ändern werde. Es wird mir eine peinliche Erinnerung an die letzten zwei Jahre sein und bleiben, dass ich selbst nicht kräftiger in der mir gebotenen Richtung vorgestossen habe. Vielleicht stand es mir als Schweizer auch nicht an, dies zu tun. Jedenfalls könnte ich jetzt nicht mehr länger dabei mittun, zu schweigen, wo geredet werden sollte, zu reden wo schweigen die allein würdige Rede wäre. Ich würde aber, wenn ich eine andere Haltung sichtbar machen wollte, von ferne nicht den Boden der Bekenntniskirche unter den Füssen haben, wie sie nun in Augsburg in die Erscheinung getreten ist. Auch darum kann ich mich von dieser Bekenntniskirche jetzt nicht legitim berufen fühlen. Dies, lieber Herr Pastor, sind Dinge, die ich Ihnen und den anderen Herrn, Brüdern und Freunden noch einmal sagen wollte. Ich bitte Sie, am Schluss dieses Briefes des Vorbehalts noch mal zu gedenken, den ich am Anfang allen Ernstes gemacht habe. Und Sie wissen, dass das Gesagte nicht alles ist, was ich von der Deutschen Bekenntniskirche zu sagen habe! Ich habe allen Anlass, nicht nur Gott, sondern auch vielen Menschen dafür zu danken, dass ich in diesem Jahr bei dieser Sache mittun durfte und ich werde sie auch aus der Ferne und ohne die Möglichkeit einer direkten Einwirkung immer als meine eigene Sache betrachten und ihren weiteren

Gang, wie er sich auch gestalten möge, so begleiten, wie Christen die Sache ihres Herrn in der Nähe oder aus der Ferne begleiten sollen. Was ich Ihnen mitteilen wollte, war nur eine Erklärung darüber, warum ich – da ich nun einmal schicksalsmässig im Unterschied zu anderen vor die Wahl gestellt war – schliesslich so und nicht anders und also innerhalb des Raumes der einen Kirche fürs erste den schweizerischen statt des deutschen Raumes gewählt habe. Sie wissen, dass ich nicht nur Ihnen und unseren näheren Freunden, sondern auch den meisten von denen, die sich in diesem Brief direkt oder indirekt angeklagt finden möchten, menschlich und persönlich aufs herzlichste zugetan bin, dass mir die nun eintretende äussere Entfernung sehr, sehr leid tut, und dass ich andererseits gewiss bin, dass in diesen Jahren Verbindungen entstanden sind, die auch den Gefahren dieser Entfernung standhalten werden. Eben im Blick auf diese feste Zusammengehörigkeit habe ich es gewagt, noch einmal ein offenes Wort zu sagen und wage ich es so oder so bestimmt mit Ihrem Verständnis für meine Lage und meinen Entschluss zu rechnen. Es ist mir zum Schluss eine traurige Pflicht, das Moderamen des reformierten Bundes um meine Entlassung aus seiner Mitte zu bitten. Ich war immer gerne in seinem Kreise. Ich grüsse alle und jeden einzelnen und danke für die Offenheit und für die oft nötige Geduld, mit der Sie alle mich aufgenommen und mir die Mitarbeit leicht gemacht haben.
Indem ich Sie und mich mit allen, die wir für Gute und Böse halten Gott befehle, bin ich mit sehr herzlichem Gruss
Ihr gez. Karl Barth.

Ich bin im voraus damit einverstanden, wenn Sie diesen Brief in dieser oder jener Form solchen zur Kenntnis geben wollen, die ihn nach Ihrer Meinung kennen müssen, und darf wohl auch Ihr Einverständnis voraussetzen, wenn ich selber an einige besondere Adressen Durchschläge davon abgehen lasse.

D 34 zu S. 211

Brief Karl Barth vom 1. 7. 1935 an Karl Immer

Lieber Herr Pastor Immer!
Ihr Brief vom 29. Juni kreuzte sich mit einem längeren Schreiben von mir an Hesse, in welchem ich noch einmal versucht habe, zu erklären, was von mir aus in dieser Sache zu erklären ist. Ich denke, daß es ihnen auch unter die Augen kommen wird. Ich möchte aber gerade Ihren Gruß nicht unerwidert lassen. Es giebt in Deutschland draußen eine ganze Reihe von Menschen, die ich erst im Lauf dieser beiden letzten stürmischen Jahre richtig kennen, achten und lieben gelernt habe und ich denke, daß Sie es mir angemerkt haben, daß dazu vor Allem auch Sie gehören. Sie und ich sind reichlich verschiedenartige Geschöpfe des lieben Gottes und in normalen Zeiten würden wir wohl nach kurzer gegenseitiger Beschnupperung mehr oder weniger achtlos aneinander vorüber gegangen sein. Nun ist es anders gekommen. Ich jedenfalls habe alle Begegnungen mit Ihnen, die ich in dieser Zeit haben durfte, in heller ja fröhlicher Erinnerung und denke daß die zwischen uns entstandene Genossenschaft so oder so erhalten bleiben wird auch wenn der Schauplatz für mich – innerhalb der Kirche, die hier wie dort die *eine* ist – nun etwas mehr als bisher nach Süden verlegt wird. Die Zueignung des »Credo« kam – auch und gerade sofern sie Sie betraf aus

aufrichtigem Herzen. Dies ist es was ich Ihnen noch einmal ausdrücklich sagen wollte.
Was Ihre Erwägung über die »Weichenstellung« betrifft, so vermute ich jetzt, da Sie sie aussprechen, daß Sie wohl recht haben könnten. Ich erinnere mich noch recht gut, daß es damals in jener Morgenstunde Ihres Besuches in Bonn bei mir so etwas wie einen Knacks gegeben hat und ich meine auch, Ihnen damals irgend etwas in der Richtung gesagt zu haben, daß mit Ihrer Mitteilung über mehr als über meine Teilnahme an der Augsburger Synode entschieden sein könnte. Aber Sie haben auch darin recht, daß es müßig wäre, jetzt noch darüber zu grübeln, ob und wie man es anders hätte machen können. Wir haben offenbar alle miteinander den Wind nicht in den Segeln gehabt, der nötig gewesen wäre, wenn es anders hätte kommen sollen und dürfen wohl annehmen, daß dies bei allen menschlichen Fehlern, die dabei untergelaufen sein mögen, nicht von Ungefähr so gewesen ist.
Wissen Sie, daß man Deutschland in der Schweiz den »großen Kanton« zu nennen pflegt? Nehmen Sie es als ein Zeichen des Bewußtseins unsrer Zugehörigkeit. Ich brauche Ihnen nicht zu versichern, daß ich mit gespannter Aufmerksamkeit und in tiefster Teilnahme Alles begleiten werde, was nun im Norden weiter geschehen wird. Was mag und wird sich für die Bekenntniskirche aus dem ergeben, was anläßlich meiner Absetzung als offizielle Regierungslehre vorgetragen ist? Wie werden sich die verschiedenen Beschlüsse von Augsburg auswirken? (Sie werden aus meinem Brief an Hesse sehen, daß ich schwere Bedenken dagegen habe) Wie wird das mit dem theologischen Nachwuchs werden? Ich darf Sie bitten, ein besonderes Herz und Auge zu haben für meine jüngeren Schüler und Freunde gerade im Rheinland, von denen ich weiß, daß sie Mühe haben gegenüber dem offiziellen Kurs auch der dortigen Leitung der Bekenntniskirche nicht entweder in helle Rebellion oder in eine verbitterte Resignation zu geraten? – Ich werde kaum dazu kommen, allen denen persönlich zu schreiben, die mir gerade im Wuppertal und unter den Reformierten überhaupt nahe stehen. Vielleicht finden Sie Anlaß, ihnen einmal bei irgend einer größeren Zusammenkunft in globo meinen Gruß und mein treuliches Gedenken zu sagen. Es soll doch ja niemand denken, der der Kirche Jesu Christi verheißene Sieg hänge auch nur von ferne an der Gegenwart dieser und dieser Person. Vielleicht mußte ich nur einmal wegkommen, damit dort jedermann »seinen Helm fester binde« als vorher und bedenke, daß es nur *einen* »Lehrer der Kirche« giebt, dessen *Auftrag* dann aber auch in uneingeschränkter Verantwortlichkeit auch des bescheidensten Bruders Sache ist. Dieser Gedanke soll die Brüder und Freunde auch jetzt ernst und zugleich ganz fröhlich machen. Sie sollen aber auch wissen, daß ich Ihnen für das viele, viele Vertrauen, das sie mir gerade in den vergangenen Jahren entgegengebracht haben von Herzen dankbar bin.
Und nun, lieber Herr Pastor Immer, empfangen Sie selber nochmals meinen warmen Gruß. Sie wissen, daß mich auch in Zukunft jedes Wort von Ihnen – oder gar Ihr persönlicher Besuch in Basel (St. Albanring 186)!! – freuen wird.
In alter und neuer Verbundenheit
Ihr
[gez.] Karl Barth.

D 35 zu S. 211

Brief Karl Barth vom 5. 7. 1935 an Präses Humburg

Sehr verehrter, lieber Herr Pastor!
Es soll doch nicht noch mehr Zeit ins Land gehen, ohne daß ich auch an Sie ein Wort des Grußes und des vorläufigen Abschieds gerichtet habe. Es soll geschehen, ohne daß ich noch einmal auf meine Auffassung von den hinter uns liegenden Ereignissen zurückkomme. Ich habe sie zusammenfassend in einem Brief an P. Hermann Hesse niedergelegt, von dem ich denke, daß er auch Ihnen zu Gesicht kommen wird. Es kann nicht fehlen, daß Sie finden werden, es müßte zu machen von dort berührten Dingen noch anders geredet und Anderes gesagt werden, als es dort geschieht. Sie werden aber auch die gewisse Notwendigkeit anerkennen, durch die ich schließlich zu meiner Auffassung und durch sie zu meinem Entschluß Schritt für Schritt gedrängt worden bin und werden es mir glauben, daß ich nicht so gedacht und gehandelt hätte, wenn ich nicht schließlich gemeint hätte, bei aller Irrtumsmöglichkeit im Einzelnen im Ganzen vor einer klar abgeschlossenen Rechnung zu stehen.
Ich meinerseits möchte Ihnen in dieser Stunde vor Allem dies sagen, daß ich, je mehr ich Abstand von den Ereignissen gewinne, umso weniger geneigt bin, mit irgendwelchen moralischen Affekten und Vorwürfen daran zurück zu denken. Bleibt mir, offen gestanden, Einiges – ich denke etwa an die Haltung von Beckmann – in dieser Hinsicht dunkel, so überwiegt doch bei weitem die Empfindung, daß wir Alle auch in dieser Sache *geführt* u. zw. wie man vielleicht schon jetzt sagen darf gut geführt worden sind, welches auch die Triebfedern und Bestrebungen im Einzelnen gewesen sein mögen. Ich stand von Anfang dieses Jahres an unter dem Eindruck, daß die Dinge, was meine Mitwirkung im reichsdeutschen Raume beträfe, mit einer Notwendigkeit einem Ende entgegentrieben, an der durch die verschiedenen Möglichkeiten menschlicher Entschließung kaum mehr viel zu ändern sein werde. Alles hat seine Zeit. Und so hat nun eben auch meine Tätigkeit in der deutschen Kirche und Theologie ihre Zeit gehabt. Was das für mich bedeutet, mag hier auf sich beruhen. Wenn ich an die deutsche Lage denke, so stelle ich mir vor, daß mein Abgang unter mehr als einem Gesichtspunkte heilsame Wirkungen haben könnte. Es werden nun, wie Immer es ausgedrückt hat, Verschiedene ihren Helm fester binden müssen als zuvor. Das Bewußtsein der auf keinen »Lehrer« mehr abzuwälzenden Verantwortlichkeit wird sich in vielen Einzelnen regen. Die Sache der Freiheit des Evangeliums wird nun, nach dem Abtreten des in dieser Sache nicht ganz einwandfreien Ausländers Einigen mehr als eine Sache einleuchten, der sie sich auch und gerade als Deutsche ohne Vorbehalt und Kompromiß ganz neu annehmen müssen. Ich könnte mir auch denken, daß die Frage nach der politischen Relevanz des kirchlichen Bekenntnisses lebendiger werden wird als bisher, nachdem sie nun der Beschattung durch mich und meine politischen Antezedentien entrückt sein wird. Ich sage Ihnen das Alles wirklich nicht, um nun zum Schluß auch noch prophezeien zu wollen, wohl aber um Ihnen anzudeuten, daß meine Gedanken beim Verlassen der deutschen Bekenntniskirche nicht etwa die Wilhelm Tells beim Absprung aus dem Gesslerschiff sind, sondern daß ich, nachdem ich offen ausgesprochen habe, was ich gegen sie auf dem Herzen habe, von nun an nicht nur mit friedlichen sondern auch mit hoffnungsvollen Erwägungen ihren weiteren Lauf begleiten werde.
Darf ich Ihnen zum Schluß auch das Persönliche noch einmal sagen, daß es mir eine Freude war und bleiben wird, Sie im Lauf dieser letzten Jahre aus einiger Nähe ken-

nen gelernt zu haben? Sie wissen, daß ich mit Ihrem Kurs seit Dahlem nicht einverstanden war. Aber ich habe keinen Augenblick daran gezweifelt, daß Sie es treu und redlich meinten und mehr noch: daß Sie beständig in einem wachen Bewußtsein letzter Verantwortlichkeit handelten. Das ist mir, auch wenn ich Ihnen nicht folgen konnte, mehr als einmal Mahnung und Vorbild gewesen, ohne daß Sie es ahnen konnten. Es liegt mir darum daran, daß auch Sie mir ein freundliches Gedenken bewahren möchten, obwohl nun gerade zuletzt Einiges zwischen uns lag, worin wir uns offenbar gegenseitig nicht richtig verstanden und nach der ganzen Lage der Dinge und Probleme auch nicht richtig verstehen konnten. Ich hoffe, daß ich auch Sie nicht zum letzten Mal gesehen habe und daß die Grenze, die inskünftig zwischen uns liegen wird, für Sie und mich nur dies bedeuten wird, was so eine Grenze auf Erden nun eben bedeuten darf.
Ich muß nun hier andere Lasten auf mich nehmen. Sie sind aus der Nähe besehen und geistlich gewogen, nicht leichter als die die draußen zu tragen sind. Möchte es Ihnen und mir fernerhin gegeben sein zu tragen, was dort und hier getragen werden muß. Ich denke auch an die Krankheit Ihrer Gattin an Ihren Sohn in Holland und an Ihre eigene Gesundheit. Die Quelle des Trostes und der Fröhlichkeit und der immer neuen Demut zur Arbeit ist für uns Alle dieselbe. Möge der Zugang dazu Ihnen und mir immer so offen bleiben, wie wir es für uns selbst und für die Kirche nötig haben.
Mit herzlichem Gruß!
Ihr
[gez.] (K. B.)

D 36 zu S. 211

Rundbrief des Präsidiums der Bekenntnissynode der DEK vom 10. 7. 1935

Das Präsidium
der Bekenntnissynode der
Deutschen Evangelischen Kirche

Bad Oeynhausen, den 10. Juli 1935

An die
Mitglieder des Reichsbruderrats
und die
Vorsitzenden der Landes- bezw. Provinzialbruderräte.

Verehrte Herren und Brüder!
Wir senden Ihnen in der Beilage zwei Schriftstücke. Beilage 1) enthält Teile eines Briefes, den Karl Barth an einen befreundeten Pfarrer [an den Unterzeichner Gotthilf Weber] geschrieben hat und worin er in Kürze die Gründe darlegt, die ihn veranlaßt haben, sich für Basel zu entscheiden . . .
Mit brüderlichem Gruß
[gez.] Weber.

Beilage 1.
». . . 1. Es ist gegen die ausdrückliche Abrede vor dem 14. Juni zu keinem bruderrätlichen (Rheinland, Westfalen, altpreuß. Union kamen in Betracht) Beschluß hin-

sichtlich meiner Berufung gekommen. Ich hatte am 22. als die Absetzung kam, wohl einige Aufforderungen, mich »offen zu halten«, aber daß das irgendwohin führen werde, das mußte mir angesichts meiner bisherigen Erfahrungen zweifelhaft sein. Ich war faktisch »unberufen«.

2. Ich fühlte mich seit meiner Suspension, seit den Verhandlungen über die Führung meines Revisionsprozesses und insbesondere seit meiner mehr als problematischen Ausschaltung von der Augsburger Synode seitens der verschiedenen leitenden Gremien der Bekenntniskirche von so wenig brüderlichem Schneid und Vertrauen hinsichtlich meiner politischen Einstellung umgeben – auch der Berliner Skandal um Günther Dehn stand mir dabei vor Augen! [Mitglieder des Pommerschen Bruderrates forderten z.B. ultimativ die Entfernung Dehns aus dem Prüfungsausschuß der BK in Berlin-Brandenburg] – daß ich mich von dieser Bekenntniskirche auch nicht indirekt berufen fühlen konnte. Wen man rufen will, dessen darf man sich nicht alle Augenblicke aus Gründen, die mit Bekenntnis nichts zu tun haben, doch wieder schämen.

3. Die Augsburger Synode hat nach meinem Eindruck von ihren Beschlüssen der ganzen Bekenntniskirche ein Gesicht gegeben, in welchem ich das, was wir einst in Barmen und Dahlem wollten, nur noch mit Mühe wiedererkenne. Ich hätte, in Augsburg selbst an der Mitwirkung verhindert, wohl in einer von der Bekenntniskirche unabhängigen Stellung direkt oder indirekt so weiterfechten können, wie ich es für richtig halte, ich konnte mich aber von der so gewandelten Bekenntniskirche nicht berufen oder beauftragen lassen.

4. Ich kann bei der Illusion, als ob der eigentliche Gegner einer bekennenden Kirche nicht der nat. soz. Staat als solcher sei, nicht mehr länger mittun, halte die Proteste gegen das Neuheidentum, gegen die *Über*griffe der Staatsgewalt, gegen die Gefangensetzung von *Pfarrern* usw. für längst überholt, müßte statt der ewigen Wiederholung von Röm. 13 endlich auch die Apokalypse und die Propheten aufzuschlagen bitten und würde im voraus wissen, bei dem allen die verantwortlichen Stellen der Bekenntniskirche nicht für mich, sondern gegen mich zu haben . . .
(gez.) Karl Barth.«

D 37 zu S. 211

Brief Präses Humburg vom 11. 7. 1935 an Karl Barth

Sehr verehrter, lieber Herr Professor!
Es hat mich recht beschämt, daß Sie mir so eingehend und so freundlich geschrieben haben. Ich danke Ihnen herzlich dafür. Sicher werde ich Ihnen nicht nur ein freundliches Gedenken erhalten, sondern stets mich an Sie mit dem Gefühl tiefsten Dankes erinnern. Sie schreiben, daß zuletzt einiges zwischen uns lag, worin wir uns offenbar gegenseitig nicht richtig verstanden. Ich möchte nicht alles niederschreiben, was hier zu erzählen wäre, nur liegt mir daran, daß Sie folgendes wissen:
Davon, daß Ihr Termin auf den 14. Juni angesetzt war, erfuhr ich meines Wissens erst acht Tage vorher in Augsburg. Ich sehe jetzt aus dem Schreiben von Frl. von Kirschbaum an Pastor Graeber, in das ich Einsicht nehmen konnte, daß Paster Graeber schon am 11. Mai über diesen Termin unterrichtet worden ist.
Noch wichtiger aber ist mir folgendes: erst am Pfingstdienstag, den 11. Juni, als ich

abends aus Süddeutschland zurückkam, hörte ich zum ersten Mal davon, daß Sie eine Berufung, wenn sie von Ihnen ernst genommen werden sollte, vor dem Termin am 14. Juni zu erhalten wünschten. Neuerdings erfuhr ich, daß Sie das schon am 4. Mai Herrn Pastor Graeber (Essen) gegenüber mit Betonung ausgesprochen hatten. Ich bitte, einen Augenblick innezuhalten, um zu überdenken, wie vielleicht das Bild sich bei Ihnen anders gestaltet, wenn Sie sich vergegenwärtigen, daß ich diese beiden Tatsachen nicht wußte.

Meine Schuld wird es sein, daß ich mich nicht früher darum gekümmert habe, aber auf der Synode am 30. April nahm Pastor Graeber diese ganze Sache so energisch und endgültig in die Hand – auf meine Frage sagte er: »das laß mich man machen« – und in der Bruderratssitzung nach der Synode wurde so klar ausgesprochen, daß Graeber diese Sache fördern werde, daß ich ganz davon losgedacht habe und es garnicht als eine Aufgabe empfand, die mich beschäftigen könnte.

Als ich am 11. Juni die Zusammenhänge erfuhr, wurde mir die Forderung vorgetragen, ich solle sofort für Sie eine Berufung ausstellen. Immer sagte sogar am Telefon: »Auf Deine Verantwortung. Es muß aber eine Urkunde sein«. Das konnte ich nicht. Was sollte auch solche Berufung, die schließlich auf einen einzelnen zurückging? Es war mir völlig unmöglich, einen Mann wie Sie, einen Professor mit Familie zu berufen, ohne zu wissen wohin, zu welchem Dienst, auf welcher finanziellen Grundlage. Ich wußte ja, daß Sie die Berufung an die Theologische Schule, die ich mit Freuden mit beschlossen hatte, nicht angenommen hatten. Nach meinem Eindruck konnte es sich aber jetzt kaum um etwas anderes handeln, als um einen Ausbau der Theologischen Schule-Elberfeld. Den Graeberschen Plan, daß Sie in Bonn neben der Fakultät lesen sollten, habe ich nicht ernst genommen, weil ich bestimmt erwartete, daß der Staat das nicht dulden würde. Davon, daß Sie bereit waren, auf jeden Fall eine Berufung anzunehmen, wenn sie von der Bek. Kirche käme, wußte ich nicht.

Es war nun nicht möglich, in den 2 Tagen noch einen Beschluß mit Westfalen zusammen herbeizuführen. Ich will das einzelne und mannigfache, was ich da versucht habe, nicht schildern. Dann kam der Termin und das Urteil und am Dienstag darauf die Sitzung mit den Westfalen.

Bei dieser Sitzung war Asmussen anwesend, der wiederum, wie schon früher, eine Berufung von Ihnen an eine freie Hochschule durchaus widerriet, auch für sich erklärte, er würde einen Ruf an solche Anstalt nicht annehmen. Damit aber hat Immer bis dahin bestimmt gerechnet. Asmussen sagte, er halte es für richtig, daß Sie nach Basel gingen. Er machte einige unverständliche Andeutungen, und da er, der doch Ihr naher Freund ist, mir sagte: »Bitte vertraue mir, ich kann dir jetzt nicht alles sagen, du wirst mich später verstehen«, wurde es mir unmöglich, nachdem die Westfalen zunächst abgelehnt hatten, noch etwas zu versuchen, ehe am Freitag der Woche der Preuß. Rat zusammenkam, an den wir Rheinländer die Sache nun von uns aus herangetragen hatten, wie ich Ihnen schrieb. Aber da lag Ihre Annahme in Basel schon vor.

Ich fühle mich von dem Vorwurf der Diplomatie, oder »Klugheit«, oder »Taktik einer falschen Kirchendiplomatie« frei und ich glaube auch, daß ich mich nicht der Saumseligkeit schuldig gemacht habe. Hätte ich mich freilich doch einmal bei Graeber erkundigt, so wäre mir wohl aufgefallen, daß die Sache stockte. Ich zweifle nicht, daß ich dann mich ebenso zäh dahinter geklemmt hätte, wie seinerzeit die Klärung wegen des Eides – wenn auch viel zu spät – erreicht worden ist.

Immer wieder ist bei der Angelegenheit Ihrer Stellung oder Berufung in den letzten Monaten manches so eigenartig durcheinander gelaufen, es sind offenbar solche

dummen Mißverständnisse vorgekommen, daß ich mich schließlich damit zufrieden gebe, es scheint eben doch Gottes Wille zu sein, daß die Weichen so gestellt werden. Dabei habe ich bis zum Tage Ihres 2. Termins, wie mehrere meiner Freunde bezeugen werden, im Glauben daran festgehalten, daß Sie durch das Urteil nicht abgesetzt würden.
Wenn Sie mich fragen, ob ich selbst das Urteil abwarten wollte, so habe ich mir damals diese Frage garnicht vorgelegt. Auf *keinen* Fall das Urteil abwarten, um mich dann danach zu richten in der Frage, ob wir Sie berufen sollten. Das war mir durch unsren Synodalbeschluß und den Beschluß der Theol. Schule klar. Ich habe allerdings den Eindruck, daß es entscheidend war, ob Ihnen durch das Urteil eine Ausübung des Lehrdienstes an der deutschen Jugend überhaupt wiederum verboten würde, dann hätte ja eine Berufung keinen Sinn mehr gehabt.
Erst *nachträglich* habe ich durch Aussprache mit meinen Freunden, die ja zum Teil mit Ihnen in enger Beziehung stehen, Ihr innerstes Anliegen verstanden, wie wichtig es für Ihre Beurteilung gewesen wäre, daß die Berufung *vor* der Gerichtsentscheidung gekommen wäre, auch wenn hernach die Ausführung des Beschlusses durch Staatsmaßnahmen unmöglich gemacht worden wäre. Dann hätte die Bek. Kirche sich doch ganz klar und eindeutig zu Ihnen gestellt.
Ich bitte Sie, sich daran zu erinnern, daß ich nie bei Besprechungen dieser Frage dabei gewesen bin, soviel ich mich erinnere. Mir stand diese entscheidende Wichtigkeit der frühen Berufung überhaupt nicht vor der Seele und keiner, der mit Ihnen näher in Verbindung stand, hat mich darüber unterrichtet. Es ist außer allem Zweifel, daß dabei nirgendwo eine Absicht vorlag, sondern es hat wohl daran gelegen, daß ich soviel von Barmen abwesend bin.
Wie klar und mit welchem Erfolg ich mich mit Präses Koch dem widersetzt habe, daß man von einigen Bayern aus gegen Ihre Mitarbeit als Synodaler in Augsburg Einspruch erheben wollte, kann ich Ihnen vielleicht später einmal erzählen. Durch die Notiz, die dann plötzllich die Agentur des Reichsbischofs bekannt machte, wurde dann die Lage verändert. Doch darüber jetzt nichts mehr.
Darf ich noch einige *ganz persönliche Bemerkungen* anschließen. Sie werden vieles meiner Unzulänglichkeit zugute halten müssen. Daß ich meinen Aufgaben in der Leitung der Kirche und auch in der Rheinischen Bekenntnissynode in mehr als einer Hinsicht nicht gewachsen bin, theologisch und kirchenrechtlich, wird mir oft schmerzlich genug klar. Aber ich werde auf dem Posten, auf den ich mich nicht selbst gestellt habe, aushalten, bis Gott mich wieder in die stille Arbeit der Gemeinde entläßt. Im Blick auf den Dienst, den ich jetzt tue, habe ich mich immer wieder an Calvins Worte erinnert: »Ich bringe mein geschlachtetes Herz Gott zum Opfer«. Alle meine Neigungen weisen in eine andere Richtung.
Daß die ernste häusliche Not und manches andere dabei auch noch hinzu gerechnet werden muß, ist Ihnen auch bekannt. Dadurch ist in meinen Gang die Schwere und vielleicht auch Schwerfälligkeit hineingekommen, die mir früher fremd war. Gott schenke auch den Tiefgang, der wohl nottut, damit man durch diesen Sturm hindurchkommt ohne zu kentern.
Sollten Sie im Blick auf Ihre Angelegenheit doch bei mir einen großen Mangel an Entschlußkraft feststellen müssen, so darf ich vielleicht einen Satz darüber sagen. Wenn man etwa ein Jahrzehnt lang unter dem Druck steht, daß Gott ernstliche Gebete um Hilfe in einer äußeren Not nicht erhört, sondern in seiner Weisheit einen aufs Warten setzt, dann wird es einem nicht so leicht, in einer anderen Sache, wo es sich auch zu einem wichtigen Teil um Überwindung äußerer Schwierigkeiten han-

delt, die Stellung einzunehmen: das muß ich im Glauben wagen. Ich danke es dem Herrn, daß er mich trotz aller Belastung dazu befähigt hat, im Kirchenkampf einiges im Glauben zu wagen. Denn in meiner ganzen Stellung hänge ich über einem Abgrund, auf mich gesehen, von der starken Hand Gottes gehalten. Gerade in diesem Kampf verdanke ich viel Hilfe und innersten Beistand dem, was Sie in den beiden letzten Jahren geredet und geschrieben haben. Das auszusprechen ist mir ein herzliches Bedürfnis.
Ich hoffe bestimmt, daß wir uns noch manches Mal begegnen und aussprechen können, unterdessen bleibe ich Ihnen dankbar und in Verehrung verbunden.
Ihr
[gez.] D. Humburg

D 38 zu S. 211

Brief Gotthilf Weber vom 18. 7. 1935 an Bischof Wurm

Sehr verehrter Herr Landesbischof!

Der Herr Präses hat mir den Brief übergeben, den Sie ihm in Sachen des Ausschreibens des Präsidiums vom 10.7. zugesandt haben. Sie wollen mir bitte gestatten, meinerseits dazu einiges sagen zu dürfen, weil ich ja der indirekt Angeredete bin. Es ist dabei weder meine Absicht noch Aufgabe, mit Ihrer Kritik an Karl Barth mich zu befassen. Karl Barth selber würde wohl nicht mitgehen können, wenn seine sachlich gemeinten Beschwerden und Anfragen als lediglich »menschlich begreifliche Äußerungen des Unmuts« aufgefaßt werden. Auch möchte ich von jenem Teil Ihres Briefes absehen dürfen, wo das Ausschreiben als »außerordentlich unüberlegte Handlung« bezeichnet wird. Wir würden wohl an diesem Punkt schwerlich zu einem Konsensus kommen. Vielmehr liegt mir daran im Zusammenhang mit Ihrem Beschwerdebrief auf ein Grundsätzliches hinzuweisen, was mir im Blick auf verschiedentliche, ähnlich gelagerte Fälle der letzten Zeit schwer zu schaffen macht.
Es könnte nach Ihrem Brief, sehr verehrter Herr Landesbischof, fast so aussehen, als hielten Sie es für unstatthaft, daß Karl Barth in eigener Sache unter uns noch das Wort erhält. Denn um nichts anderes ging es in jenem Ausschreiben. Karl Barth hat ein Anrecht daran, daß wir ihn hören und daß wir das, was er zu sagen hat, so hören, daß es zur Frage an uns und zum Anlaß der Selbstprüfung wird. Es wird wohl keiner in der Bekennenden Kirche sein, der frischweg behaupten wollte, daß von uns alles das getan worden sei, was im Falle Karl Barth hätte gesagt und getan werden müssen. Da ich allerdings meinte und meine, daß für die Mitglieder des Reichsbruderrates genug Anlaß zu solcher Selbstprüfung vorliegt, hatte und habe ich das gute Gewissen, wenn ich einen Auszug aus dem Briefe mitteilte, den Barth mir persönlich geschrieben hatte mit der Bitte, ihn nach Belieben zu verwenden, um der einsetzenden Legendenbildung entgegenzutreten. Ich habe Sie, sehr verehrter Herr Landesbischof, doch recht verstanden, wenn ich annehme, daß Sie mit Ihrem Einspruch gegen die Weitergabe des Briefabschnittes nicht zum Ausdruck bringen wollten, als dürften unter uns nur amtlich approbierte Meinungen weitergesagt werden. Es gibt in der Tat solche, die nervös werden, sobald unter uns bestimmte Auffassungen laut werden und sich zu Worte melden, die mit der herrschenden allgemeinen Meinung

innerhalb der Bekennenden Kirche nicht übereinstimmen. Das darf aber nicht sein. Karl Barths Meinung hat Heimatrecht in der Bekennenden Kirche und muß und wird sie weiter haben, auch wenn er durch die Landesgrenze von uns getrennt ist. Der Schluß Ihres Briefes bringt mich auf die Vermutung, daß Sie weniger das »Das« als das »Wie« der Ausgabe von Barths Meinung beanstanden. Sie fürchten, daß durch das Ausschreiben von neuem der Spalt aufgerissen und der Sieg erschwert werde. Ich darf Ihnen offen gestehen, daß es mir vor und nach Augsburg nie wohl war, wenn in der Öffentlichkeit, auch in der Öffentlichkeit unserer Gemeinden, zumeist so getan haben, als wäre unter uns ein Herz und eine Seele. Mir wird immer etwas schwül dabei, wenn man mit Idealbildern der Bekennenden Kirche arbeitet. Das könnte sich eines Tages bitter rächen. Und so sehr ich mich über die in Augsburg zuteil gewordene Einmütigkeit freue, so skeptisch bin ich gegenüber einer manchmal ans Propagandistische grenzenden Auswertung der Einmütigkeit in der Öffentlichkeit. Ich sehe keinen kirchlichen Grund, weshalb wir verheimlichen sollten, daß unter uns nicht einerlei Meinung ist. Die Reichsbruderratsmitglieder, denen das beanstandete Schreiben zuging, sind genau unterrichtet über die Schwierigkeiten und Spannungen in unserer Mitte. Sie meinen, daß der Sieg erschwert werde, wenn in dieser Offenheit die Gegensätze ausgesprochen werden. Aber was wäre das für ein Sieg, den wir durch die Verschleierung dessen, was nun einmal ist, erreichten? Es wäre jedenfalls nicht der Sieg der Sache, um die es uns allein gehen darf, sondern bestenfalls ein propagandistischer Erfolg der Welt gegenüber. Sie sind sicher mit mir einverstanden, wenn ich sage, daß der Sieg der Sache durch Taktik weder bewirkt noch erschlichen werden kann. Den Sieg der Sache, der von Gott sehr wohl in die Hülle des äußeren Unterliegens eingeschlossen werden kann, erhoffen wir doch alle von woanders her. Auch ist er nicht identisch mit der Übernahme der Führung der D.E.K. durch die Vorläufige Leitung.
Nun habe ich Ihnen mit allem Freimut geschrieben, was mich im Blick auf das Ausschreiben und im Blick auf Ihre Antwort bewegt hat. Ich hoffe, daß Sie meinen Standpunkt verstehen, wenn auch vielleicht nicht billigen werden.
Mit ehrerbietigem Gruß
Ihr sehr ergebener

D 39 zu S. 213

Bekenntnissynode der DEK – 44. Brief zur Lage vom 14. 7. 1935

Die Stellung des Christen zum staatl: Gehorsamseid

Der Christ ist zum Gehorsam gegen die weltliche Obrigkeit durch Gottes Gebot verpflichtet ungleich stärker und umfassender, als es das Staatsgebot je tun könnte. Seine Gehorsamspflicht gilt unabhängig von allen Erwägungen politischer Klugheit oder persönlicher Zweckmäßigkeit; sie darf sich durch das persönliche Urteil über die Regierenden weder positiv noch negativ beeinflussen lassen. Der Christ gehorcht »um des Herrn willen« (1. Petr. 2, 13), als »Sklave Gottes« (2, 16), und deshalb nicht allein aus Furcht vor Strafe, sondern auch »um des Gewissens willen« (Röm. 13, 5) und »nicht allein den gütigen und gelinden, sondern auch den wunderlichen Herren« (1. Petr. 2, 18). Er hat die Freiheit zu diesem Gehorsam, weil er jeder Obrigkeit gegenüber sagen kann wie Jesus zu Pilatus: »Du hättest keine Macht über mich, wenn sie dir nicht wäre von oben herab gegeben« (Joh. 19, 11), d. h.: der Christ weiß sich auch da, wo er als Bürger seines irdischen Vaterlandes dessen Gesetzen gehorcht, in Gottes Welt und in Gottes Hand, der ihm durch das Gebot zu seiner Seligkeit helfen und mit ihm die ganze Welt bis zum Anbruch des Reiches Gottes erhalten will. »Jedermann sei untertan der Obrigkeit die Gewalt über ihn hat, denn es ist keine Obrigkeit, ohne von Gott, wo aber Obrigkeit ist, die ist von Gott gesetzt. Wer sich nun der Obrigkeit widersetzt, der widerstrebt Gottes Setzung« (Röm. 13, 1f.). Dieses Wort hat nichts zu tun mit jenem allgemein anerkannten Grundsatz des Staatsrechts, daß jede Obrigkeit, die sich durchgesetzt und die Macht im Staat errungen hat, gültiges Recht schaffen und Gehorsam verlangen kann. Es will keineswegs eine göttliche Bestätigung für den jeweiligen politischen Erfolg oder Mißerfolg geben, sondern will einfach sagen, daß der Christ, unbeirrt durch den Wechsel der Personen und Formen der jeweiligen Obrigkeit dem von Gott zu seinem Heil eingesetzten und nicht ohne Gottes unerforschliche Weisheit gerade so oder so besetzten Amt der Obrigkeit gehorchen soll.

Verlangt der Staat vom Christen die Bestätigung seiner Gehorsamspflicht durch einen Eid, also durch ein Versprechen, das unter Anrufung Gottes geschieht, so kann der Christ das im allgemeinen nicht nur unbedenklich, sondern er wird es sogar als ein Stück dieses Gehorsams freudig tun. Mit diesem Eid bringt der Christ zum Ausdruck, worin er, abgesehen von allen staatsrechtlichen und politischen Gründen den eigentlichen Grund seiner Gehorsamspflicht sieht, eben in dem in der Heiligen Schrift bezeugten Gebot Gottes. Aber zugleich liegt in dem Gehorsamseid gegenüber der staatlichen Obrigkeit für den Christen auch das andere, daß nämlich die ihn verpflichtende Obrigkeit vor diesem Gott ebenfalls Rechenschaft ablegen muß. Denn der Gehorsam muß da seine Grenze finden, wo er gegen Gottes offenbaren Willen verstößt. Schwört der Christ vor Gott der Obrigkeit Gehorsam, so sagt er damit – ob er das nun besonders ausspricht oder nicht – daß er da, wo ein obrigkeitliches Gebot Gottes klarem Gebot widerspricht, nicht gehorchen wird. Der Christ kann in solchem Falle seinen Gehorsam und die Anerkennung des obrigkeitlichen Amtes nur darin betätigen, daß er die Strafe für seine Weigerung ohne Widerstreben auf sich nimmt. Die Pflicht zu diesem leidenden Gehorsam muß er ohne Einschränkung ausüben. Die Pflicht zu einem aktiven Gehorsam, d. h. zur unbedingten Befolgung aller Gebote darf er keinesfalls uneingeschränkt auf sich nehmen.

Diese Auffassung von der Bedeutung des Eides gilt für den Christen unabhängig davon, welche Bedeutung die ihn verpflichtende Obrigkeit ihm beilegt. Er kann nicht verlangen, daß die Obrigkeit seinen Glauben und damit seine Auffassung vom Eid teilt, da diese ein weltliches Amt vertritt, das von Gott an Christen und Nichtchristen übertragen wird. Er muß nur die Gewißheit haben, daß die Obrigkeit weiß, mit welcher Begründung und Begrenzung er schwört. Läßt die Obrigkeit den Christen schwören, auch wenn sie selbst die Verpflichtung anders versteht, so ist das ihre Sache.

Für den Christen besteht also nicht die Frage, ob er den Eid leisten soll oder nicht, sondern nur die Frage, ob er den Eid mit der Deutung, die ihm von der Obrigkeit, die ihn abverlangt, gegeben wird, überhaupt leisten darf. Er muß sich also darüber vergewissern, ob er im stillschweigenden Einverständnis mit der Obrigkeit den Eid unter der Begründung und Begrenzung, die der christliche Glaube von ihm fordert, leisten darf oder ob die Obrigkeit direkt oder indirekt diese Begründung und Begrenzung als untragbar ablehnt. Der Christ muß sich der Einstellung seiner Obrigkeit

vergewissern und selbst seine Stellung unmißverständlich kundtun. Hier läßt sich keine allgemeingültige Regel dafür aufstellen, wann die nötige Gewißheit vorhanden ist und deshalb mit gutem Gewissen geschworen werden kann. Das Anziehen kirchengeschichtlicher Beispiele hilft hier nicht viel, da vermutlich auch in früheren Zeiten mancher Christ den staatlichen Gehorsamseid, etwa einem absoluten Monarchen gegenüber, mit schlechtem Gewissen geschworen hat. Man darf aber auch nicht sagen, daß der Eid auf eine verfassungsmäßig gebundene Regierung ohne weiteres christlich tragbar und der auf den Willen eines absoluten Herrschers untragbar sei. Eine konstitutionelle Regierung garantiert uns ebensowenig wie eine absolute, daß sie sich in ihren Maßnahmen durch Gottes Gebot begrenzen lassen will. Jener Vergewisserung über das Verständnis des Eides auf Seiten des Staates bedarf der Christ grundsätzlich jeder Obrigkeit gegenüber; sie kann aber u. U. dadurch in besonderer Weise gefordert sein, daß der Staat selbst dem von ihm geforderten Eid eine Formulierung und Auslegung gibt, welche die dem Christen selbstverständliche Begrenzung desselben durch Gottes Gebot auszuschließen scheint. Der damit eintretende Gewissenkonflikt war für viele Christen bei dem vom Dritten Reich geforderten Gehorsamseid vorhanden, und damit die Gefahr, daß sie nur mit schlechtem Gewissen und gezwungen den Eid schwören können.
In diesem Fall mußte die Kirche um der bedrängten Gewissen willen eingreifen. Konnte sie vielleicht bei den früheren Eidesleistungen – mit Recht oder Unrecht – als selbstverständlich annehmen, daß der Staat um die christliche Begrenzung des Eides weiß und sie duldet, so durfte sie das doch in dem Augenblick nicht mehr stillschweigend tun, wo dies zur Gewissensfrage und damit zu einem Anliegen öffentlichen Bekennens geworden war. Da der Christ in Fragen des Glaubens nie als Einzelner, sondern immer als Glied der Kirche mit dem Staat zu tun hat, war es Pflicht der Kirche, durch ein öffentliches Bekenntnis jene Gewißheit zu schaffen, und sie war das sowohl ihren Gliedern als auch dem Staat schuldig. Solange die Kirche schwieg, konnten sich die betroffenen Christen nur dadurch das – christlich immer geforderte – gute Gewissen verschaffen, daß sie selbst vor der Eidesleistung jene Begrenzung aussprachen, als Frage an den Staat und an die Kirche. Das ist da und dort geschehen, und hat, besonders im Fall von Professor Barth, die Wirkung gehabt, daß jetzt auch die Kirche durch ihre Vorläufige Leitung beim Staat gegenüber sich zur christlichen Auffassung des Eides bekannte. Blieb diese Erklärung vom Staat unwidersprochen, so konnte der einzelne Christ mit Berufung darauf für seine Person den Eid leisten. Durch die Zurruhesetzung Karl Barths und die der Entscheidung beigegebene Begründung hat der Staat praktisch die Erklärung der Kirche zurückgewiesen; er verlangt damit tatsächlich einen Eid, wie ihn der Christ nicht leisten darf. Die Gewissensnot bleibt damit bestehen. Die Kirche hat jetzt die selbstverständliche Pflicht, sich auf die Seite Barths zu stellen und erneut zu erklären, daß trotz dieser gegen sie gefallenen Entscheidung des Staates ihre Glieder den Eid nur christlich, d. h. mit der in der Anrufung Gottes enthaltenen Begründung und Begrenzung leisten werden. Es wird dabei zu erwägen sein, ob die Kirche nach dem Geschehenen sich noch damit begnügen kann, wenn der Staat dieser neuerlichen Erklärung nur nicht ausdrücklich widerspricht, oder ob sie nicht vielmehr von ihren Gliedern verlangen muß, daß bis auf weiteres jeder Christ vor der Eidesleistung sich ausdrücklich die Erklärung seiner Kirche zu eigen macht.

D 40 zu S. 216

Brief Greifswalder Theologen vom 26. 7. 1935 an Präses Koch

Hochverehrter Herr Präses!
Die unterzeichneten Greifswalder Kollegen, die Mitglieder der Bekenntnisgemeinschaft der D.E.K. sind, erlauben sich, Ihnen folgendes Bedenken vorzutragen:
Im Oeynhauser Rundbrief N.44 wird auf Seite 5/6 in einem Aufsatz, dessen Verfasser wir nicht kennen, die Eidesfrage behandelt. Charakteristisch für diesen Aufsatz ist es, daß er sie als Frage der gesamten Kirche im Zusammenhang mit dem Fall Barth hinstellt. Er bezeichnet die Amtsentsetzung Barths als eine »gegen sie (die Kirche) gefallene Entscheidung des Staates«. Es wird dann von der Notwendigkeit eines neuen Schrittes der Kirche beim Staat geredet, und es wird sogar erwogen, ob etwa die B.K. von ihren Gliedern vor der Eidesleistung eine Erklärung einfordern müsse, daß sie den Eid nur in christlichem Sinne schwören würden.
Ohne jetzt auf die letztere Möglichkeit einzugehen, die ja einen Eingriff der Kirche in den Gang der staatlichen Vereidigung bedeuten würde, möchten wir uns vor allem gegen die Verkoppelung eines etwaigen kirchlichen Vorgehens mit dem Falle Barth wenden.
Diese Verkoppelung beruht für den Verfasser des Artikels auf der Gleichstellung der Erklärung der V.K.L. zur Eidesfrage, die sie seinerzeit abgegeben hat, mit der von D. Hesse und Pastor Immer unterzeichneten Erklärung. Auch Barth hatte sich ja auf beide berufen, als er seinerzeit seine Bereitschaft erklärte, die von ihm angemeldete Klausel zum Eid fallen zu lassen. Auch der Oeynhauser Rundbrief Nr. 43 hat beide Erklärungen wieder abgedruckt.
Nun hatte aber die V.K.L. in einem am 29.12.1934 an die Verfasser der Reformierten Erklärung gerichteten Schreiben gesagt, daß ihre Erklärung ausdrücklich vom Falle Barth absehe und daß sie auch nicht übereinstimme mit den von Barth abgegebenen Erklärungen zur Eidesfrage, die ihrerseits von der Reformierten Erklärung erwähnt und als identisch mit der Stellung jedes evangelischen Christen bezeichnet worden waren. Ob übrigens der Rundbriefartikel selbst ganz auf dem Boden jener Barthschen Erklärungen zur Eidesfrage steht, . . . ist uns zweifelhaft (vgl. S. 6, letzter Abs., Anfang der zweiten Hälfte).
Jedenfalls lehnen die Unterzeichneten bei aller Anerkennung der Bedeutung und der Verdienste Barths die Art seines Vorgehens in der Eidesfrage ab. Eine Eidesleistung mit Klausel ist u. E. für jeden Staat untragbar; wer wirklich den Beamteneid nicht leisten kann, muß die Folgerungen daraus ziehen. Die Anspielung der Reformierten Erklärung auf das Amt eines evangelischen Hochschullehrers, in dessen Verantwortung Barth gehandelt habe, lehnen wir gleichfalls ab. Die Unterzeichneten haben den Beamteneid geleistet, bzw. sie sind bei Berufung in eine Professur bereit, ihn zu leisten und kennen die evangelische Verantwortung ihres Amtes.
Die seinerzeit erklärte Bereitschaft Barths zur Zurücknahme der Klausel nach erfolgter kirchlicher Erklärung zur Eidesfrage halten wir für einen nicht unmißverständlichen Schritt und stehen auch dem Satze des Artikels im Rundbrief 44, der Christ habe es »in Fragen des Glaubens nie als einzelner, sondern immer als Glied der Kirche mit dem Staat zu tun« (vorletzter Absatz des Artikels), nicht ohne Bedenken gegenüber.
Gleichzeitig dürfen wir Sie, Herr Präses, auf den auffallenden Satz aufmerksam machen, der in einem anderen Abschnitt des Rundbriefes Nr. 44 steht (S. 5), Barth sei

»der (!) von allen Gliedern (!) der B.K. anerkannte Lehrer der evangelischen Kirche Deutschlands«, – der fast so klingt, als solle Barth zum Normaltheologen wie Thomas von Aquino gestempelt werden. – Wir ehren Barth und sind ihm für vieles dankbar. Auch das christliche Anliegen, das ihn bei der Eidesfrage leitete, erkennen wir an. Aber die Schritte, die er dabei getan hat, können wir nicht decken und kann sich u.E. auch die Kirche nicht zueigen machen.
Ob der Kirche in Zukunft aus der Eidesfrage Schwierigkeiten erwachsen mögen, bleibt dahingestellt; einen Anlaß, die Eidesfrage gerade jetzt aufzurollen, sehen wir nicht. Jedenfalls aber erachten wir eine Verkoppelung mit dem Fall Barth als evangelische theologische Universitätsprofessoren und Dozenten für nicht wohlgetan.
In steter Verehrung
[gez.] Leißner [gez.] Fichtner [gez.] Hermann [gez.] Schott

D 41 zu S. 216

Urteil des Berliner Oberverwaltungsgerichts

Im Namen des Deutschen Volkes
In dem Dienststrafverfahren
gegen
den Professor D. Karl Barth in Bonn

hat das Preußische Oberverwaltungsgericht, Erster (Dienststraf-)Senat in seiner Sitzung vom 14. Juni 1935
unter Mitwirkung des Senatspräsidenten Dr. Groethuysen als Vorsitzenden, der Oberverwaltungsgerichtsräte Dr. Everling und Müller als richterlicher Beisitzer sowie des Oberforstmeisters Kamlah und des Ministerialrats Rose als Beamtenbeisitzer
für Recht erkannt:
Auf die Berufung des Angeschuldigten wird das Urteil der Dienststrafkammer bei der Regierung in Köln vom 20. Dezember 1934 aufgehoben.
Das Verfahren wird bezüglich der Anschuldigungspunkte 2 und 3 der Anschuldigungsschrift eingestellt.
Wegen des Anschuldigungspunktes 1 wird der Angeschuldigte mit Gehaltskürzung in Höhe von einem Fünftel auf die Dauer eines Jahres bestraft.
Die baren Auslagen des ersten Rechtszuges werden dem Angeschuldigten, die des zweiten Rechtszuges je zur Hälfte dem Angeschuldigten und der Staatskasse auferlegt.
Von Rechts wegen.

Gründe.
Gegen die vorbezeichnete Entscheidung, die ihn zur Dienstentlassung unter Zubilligung einer Unterstützung in Höhe von 50 % des erdienten Ruhegehalts auf die Dauer eines Jahres verurteilte, hat der Angeschuldigte fristgerecht Berufung eingelegt. In der mündlichen Verhandlung, in der er selbst nicht anwesend war, hat er durch seinen Verteidiger in erster Linie Freisprechung, in zweiter eine gelindere

Strafe beantragt. Der Beamte der Staatsanwaltschaft hat den Antrag auf Zurückweisung der Berufung gestellt.

Es war, wie geschehen, zu entscheiden.

Es ist Pflicht des Senats, die prozessualen Voraussetzungen des Verfahrens von Amts wegen zu prüfen. Dabei ist davon auszugehen, daß gemäß dem Ermessensgrundsatz die Bestimmung, ob und wegen welcher Verfehlungen ein Dienststrafverfahren einzuleiten ist, *allein* der Einleitungsbehörde zusteht. Dem Dienststrafgericht sowie den übrigen am Verfahren beteiligten Dienststellen (Untersuchungsführer, Beamter der Staatsanwaltschaft) liegt lediglich die Auslegung des Einleitungsbeschlusses ob.

Der einzige in dem vorliegenden Verfahren ergangene Einleitungsbeschluß vom 26. November 1934 beschuldigte den Angeschuldigten *lediglich* der Verweigerung des Beamteneides, während in der Anschuldigungsschrift vom 7. Dezember 1934 als weitere Anschuldigungspunkte 2) die Äußerungen bei der Theologenzusammenkunft im Oktober 1933 und 3) der Ungehorsam bezüglich des deutschen Grußes hinzugefügt sind. Dies war ohne einen Ergänzungsbeschluß der Einleitungsbehörde, d.h. des Ministers für Wissenschaft, Kunst und Volksbildung nicht zulässig. Allerdings ist *grundsätzlich* wie in den Entscheidungen des OVG. Bd. 80 S. 429 und Bd. 88 S. 389 ff., *390* angeführt ist, der Einleitungsbeschluß dahin *auszulegen*, daß er nur die Richtung angibt, in der die Einleitungsbehörde das Verfahren durchgeführt zu sehen wünscht. Es wäre daher an sich lediglich bei Berücksichtigung des Wortlauts der in dem Einleitungsbeschluß enthaltenen Beschuldigung immerhin möglich anzunehmen, daß die Untersuchung und demnach die Anschuldigungsschrift sich auch auf die Punkte 2 und 3 erstrecken durften, weil alle drei Anschuldigungen in der gleichen Richtung liegen, indem ihnen das gleiche Merkmal – nämlich die Widersetzlichkeit eines Staatsbeamten gegen den Staat – eignete. Eine so weite Auslegung des Einleitungsbeschlusses war aber durch den Zusatz:

»Erweiterung *dieses* Beschlusses auf weitere, *im Laufe des Untersuchungsverfahrens etwa hervortretende Beschuldigungen* bleibt vorbehalten.«

ausgeschlossen. Dieser durchaus zulässige Zusatz konnte schon nach seinem Wortlaut keineswegs als eine Ermächtigung für den Untersuchungsführer oder den Beamten der Staatsanwaltschaft aufgefaßt werden, sondern bedeutet wie der Ausdruck »vorbehalten« besagt, einen *Vorbehalt für die Einleitungsbehörde*, also den Minister, »*diesen* Beschluß«, also den *Einleitungs*beschluß, durch einen neuen Beschluß zu ergänzen. Ferner war aber durch den Zusatz eine Erweiterung nur auf »weitere, im Laufe des Untersuchungsverfahrens etwa auftretende Beschuldigungen« vorgesehen. Die beiden in die Anschuldigungsschrift einbezogenen Vorwürfe aber waren der Einleitungsbehörde *seit langem in vollem Umfange bekannt*, und zwar die Verweigerung des deutschen Grußes seit Ende 1933, während wegen der Äußerungen in der Theologenzusammenkunft schon Ende April 1934 eine verantwortliche Vernehmung erfolgt war. Daraus, daß die Einleitungsbehörde diese ihr bekannten Vorgänge nicht in den Einleitungsbeschluß einbezog, vielmehr den erwähnten Vorbehalt machte, muß geschlossen werden, daß sie *diese* jedenfalls damals nicht zu selbständigen Anschuldigungspunkten machen wollte. Sie *selbst* war zwar durch den erwähnten Zusatz insofern nicht gebunden, als sie auch diese Punkte durch eine Abänderung und Erweiterung des Einleitungsbeschlusses in das Verfahren einbeziehen konnte. Es war aber unzulässig, daß der Untersuchungsführer und der Beamte der Staatsanwaltschaft diese Erweiterung trotz des erwähnten Zusatzes *von sich* aus vornahmen; eine dahingehende Ermächtigung hätte, wie gesagt, nur in der Form

eines Ergänzungsbeschlusses erteilt werden können. Damit ist nicht gesagt, daß der Untersuchungsführer die erwähnten beiden Punkte nicht *insoweit* in die Erörterung einbeziehen durfte und mußte, als sie zur Beurteilung der allein den Gegenstand des Verfahrens bildenden Eidesverweigerung von Bedeutung waren, und daß der Beamte der Staatsanwaltschaft sie *insoweit* verwertete.
Da die beiden Anschuldigungspunkte 2 und 3 als solche ausscheiden mußten, war ihretwegen das Verfahren *einzustellen*. Dadurch ist der Einleitungsbehörde ausdrücklich *das Recht gewahrt*, wegen dieser Punkte nach ihrem Ermessen ein neues Verfahren einzuleiten.
In diesem Zusammenhang gewinnt übrigens auch der Umstand Bedeutung, daß dem Angeschuldigten entgegen der Mußvorschrift des § 40 Abs. 1 der Beamtendienststrafordnung (BDSTO.) nicht schon bei der Vorladung in der Voruntersuchung der Anschuldigungspunkt (die Eidesverweigerung) mitgeteilt worden ist (vgl. Wittland, Kommentar zur BDSTO. § 40 Anm. 8 und 9). Es konnte jedoch darüber hinweggesehen werden, weil dem Angeschuldigten von dem bevorstehenden Verfahren bereits durch den Universitätskurator Mitteilung gemacht worden war und er keinen Zweifel haben konnte, daß es sich um die Eidesverweigerung handelte.
Was die sonach allein zur dienststrafrechtlichen Aburteilung stehende *Eidesverweigerung* angeht, so war folgendes festzustellen:
Der Beamteneid ist von der zweifelsfrei verfassungsmäßig zuständigen Stelle im Rahmen ihrer zweifelsfreien Berechtigung in der Form des Gesetzes vom 20. August 1934 erfordert und formuliert worden. Die *Berechtigung* des Staates, von seinen Beamten einen Eid zu verlangen und dessen Inhalt zu bestimmen, ist selbst gegenüber der ursprünglich zweifelhaften Fassung des seinerzeit auf die Weimarer Verfassung erforderten Eides vom Oberverwaltungsgericht in den Entscheidungen Bd. 77 S. 495, Bd. 78 S. 439 festgestellt worden.
Die Bereitwilligkeit zur Leistung des Eides mit einem Zusatz kam seiner *Verweigerung* gleich. Ein Beamter, der der Dienstpflicht zur Eidesleistung nicht glaubte genügen zu können, mußte daraus die Konsequenz seines Ausscheidens aus dem Staatsdienst ziehen. Zog er sie nicht, sondern wollte er im Amte verbleiben aber gleichwohl den Eid nicht in der vorgeschriebenen Weise leisten, so machte er sich eines *Ungehorsams* schuldig, der – wie das Oberverwaltungsgericht schon unter der damaligen Rechtslage, außer in den genannten Urteilen auch in der Entscheidung Bd. 77 S. 501 ausgesprochen hat – nur mit der Dienstentlassung geahndet werden konnte.
Nun hat aber im vorliegenden Fall der Angeschuldigte sich im Verlauf des Dienststrafverfahrens, nämlich mit dem Schreiben vom 18. Dezember 1934, zur Leistung des gesetzlich vorgeschriebenen Eides *bereit* erklärt. Das Gericht hatte danach nicht die Folgen einer endgültigen Eidesverweigerung festzustellen, sondern nur zu prüfen, inwieweit sich der Angeschuldigte durch die *ursprünglich*, d.h. von Anfang November bis zum 18. Dezember 1934 fortdauernde Eidesverweigerung disziplinar strafbar gemacht hat.
Für *diesen Zeitraum* hat der Senat einen Verstoß des Angeschuldigten als Beamten gegen die Gehorsamspflicht festgestellt, der zu ahnden war, wenn er auch, wie der Vorderrichter zutreffend sagt, »für sich allein zu einer Dienstentlassung des Angeschuldigten in keiner Weise mehr ausreichend« sein konnte. Unerheblich ist hierbei der Umstand, daß der Rektor den Angeschuldigten, nachdem dieser erklärt hatte, den Eid nicht in der vorgeschriebenen Form zu leisten, vom Erscheinen im Vereidigungstermin befreit hatte. Denn bei vernünftiger Überlegung konnte dies vom An-

geschuldigten nicht als Befreiung von der gesetzlichen Pflicht zur Eidesleistung aufgefaßt werden, ebensowenig wie der Angeschuldigte erwarten konnte, daß ihm ein Sonderrecht eingeräumt werden würde.
Entlastend ist jedoch berücksichtigt worden, daß die ursprüngliche Eidesverweigerung auf *Gewissensbedenken* beruhte, wie auch der damalige Rektor, allerdings auf Grund späterer Erwägungen, bestätigt hat. Andererseits waren diese Bedenken doch *der Art*, daß sie sich ein führender Theologe unschwer sofort selbst hätte lösen können. Bereits der Rektor, ein Nichttheologe, hat dem Angeschuldigten bei der ersten Unterredung *das* Wort der Bibel entgegengehalten, auf das er selbst hernach, in Anlehnung an die Erklärungen anderer bekenntnistreuer Kreise, seine Bereitwilligkeit vornehmlich gründete. Als führender Theologe mußte der Angeschuldigte sich von vornherein klar sein, daß der von ihm gewünschte Zusatz »soweit ich es als evangelischer Christ verantworten kann« eine *Selbstverständlichkeit* darstellte, die den Inhalt des Eides weder änderte noch gar minderte. Und zwar insofern nicht, als – wie auch der Beamte der Staatsanwaltschaft hervorgehoben hat – von keinem Beamten eine Handlung gegen göttliches Gebot und gegen sein Gewissen verlangt werden kann. Die Prüfung dieser Übereinstimmung dienstlicher Befehle mit religiösen und sittlichen Grundsätzen wird aber von dem Recht und der Pflicht zur Prüfung mitumfaßt, die dem Beamten im Einzelfall gegenüber *jedem* Dienstbefehl zusteht. Bei Ausübung dieses *Prüfungsrechts* handelt allerdings nach ständiger Rechtsprechung des Oberverwaltungsgerichts der Beamte insofern auf eigene Gefahr, als er sich disziplinarisch strafbar macht, wenn seine Weigerung von der zur Beurteilung zuständigen Dienststelle als unberechtigt festgestellt wird.
Es würde nun keinem Beamten einfallen, zu verlangen, daß dies allgemeine Prüfungsrecht im Eide *besonders* hervorgehoben werde. Wenn also der Angeschuldigte dieses Prüfungsrecht aus seiner »Verantwortung als evangelischer Christ« mit der Begründung, daß sonst der Eid einen »unendlichen und unübersehbaren Inhalt« habe, in der Eidesnorm *für sich* festgestellt zu werden verlangte, um dann später zu erklären, daß der Zusatz *»überflüssig« weil »selbstverständlich«* sei, so ließ das bei ihm als einem führenden Theologen – der sich über die Fragen, in denen er Lehrer ist, klar sein mußte – nur den Schluß zu, daß er mit dem anfangs geforderten Zusatz einen *nicht bestehenden Gegensatz* zwischen den Pflichten aus dem Eid und den Pflichten als evangelischer Christ hat *zum Ausdruck bringen wollen. Dadurch* kennzeichnete sich seine ursprüngliche Eidesverweigerung als Ausfluß jener *Widersetzlichkeit*, die auch bei den anderen zur Charakterisierung herangezogenen Vorgängen hervortritt und eine strenge Bestrafung erforderlich macht.
In jener Erklärung vom 18. Dezember 1934, durch die er den Zusatz als überflüssig weil selbstverständlich fallen ließ, hat der Angeschuldigte nach der Überzeugung des Gerichts übrigens *weder* einen ausdrücklichen *noch* einen stillschweigenden *Vorbehalt* bei dem von ihm unter Anrufung Gottes zu leistenden Eide gemacht. Insbesondere kann dem erwähnten Schreiben und den Erklärungen des Verteidigers in der Berufungsverhandlung nicht entnommen werden, daß der Angeschuldigte sich die Nichterfüllung von Dienstbefehlen für einzelne Fälle hat vorbehalten wollen. Andernfalls würde sein Verhalten ohne weiteres schwerste Strafe verdienen.
Die Widersetzlichkeit als Motiv seines Verhaltens in der Eidesfrage wird *charakterisiert* durch das Verhalten des Angeschuldigten in den beiden hier nur zur Kennzeichnung, nicht zur Beurteilung herangezogenen Vorfällen.
Was zunächst den *deutschen Gruß* angeht, so war dieser für die Beamten des Bereiches des Preußischen Ministers für Wissenschaft, Kunst und Volksbildung durch

Erlaß vom 22. Juli 1933 eingeführt und durch Rundschreiben des Rektors der Universität Bonn vom 27. Oktober 1933 mit dem Satz: »Ich bitte die Herren Kollegen, die Vorlesungen mit dem deutschen Gruß zu beginnen und zu schließen«, den Dozenten zur besonderen Pflicht gemacht. Dem Angeschuldigten ist am 14. Dezember 1933 diese Bitte in Form eines ausdrücklichen Dienstbefehls ausgesprochen worden. Nach Überzeugung des Senats waren über Bedeutung und Verbindlichkeit dieses Befehls *Zweifel nicht möglich*. Der Staat hatte die Berechtigung nicht nur eine neue *Form* des Grußes, sondern auch neue *Anwendungsmöglichkeiten* für ihn zu bestimmen. Selbst wenn also der Angeschuldigte bisher bei Beginn und Schluß der Vorlesungen nicht grüßte, so hatte er nunmehr auf Grund dieser Dienstvorschrift diesen Gruß anzuwenden.

Mit Recht hat der Vorderrichter die *Auslegung* des deutschen Grußes als Symbol für den Totalitätsanspruch des Staates als »unerfindlich und gezwungen« bezeichnet. Dasselbe muß von den weiteren Einwendungen des Angeschuldigten gelten, wonach der deutsche Gruß in einer theologischen Vorlesung, die, zumal wenn sie mit einem Kirchenlied und einem Gebet beginne, gleichsam eine religiöse Handlung darstelle, »stilwidrig« sei. Dieser Einwand erledigte sich schon damit, daß der Gruß *nicht innerhalb* der Vorlesung, sondern *vor* deren Beginn und *nach* deren Schluß, also außerhalb der *in gewissem Sinne gottesdienstlichen Handlung*, gefordert wurden. Außerdem verkennt der Angeschuldigte, wenn er seine Kollegs als Gottesdienst darstellen will, daß er in seiner *Lehr*tätigkeit nicht als Geistlicher, sondern vor allem als *Erzieher* unserer deutschen Jugend zu wirken hat. Er verkennt weiter, daß er als Theologieprofessor *Beamter* ist, der gegenüber anderen Professoren hinsichtlich seiner Beamtenpflichten *keinerlei* Privilegien beanspruchen kann. Er verkennt schließlich, daß die Erweisung eines dienstlich vorgeschriebenen Grußes vor und nach den Vorlesungen *nicht das mindeste* mit der theologischen *Lehrfreiheit* oder auch nur der religiösen *Gesinnungsfreiheit* zu tun hat, und daß der Versuch, diese Angelegenheit in das Gebiet der Frage »Staat und Kirche« zu verlagern, nur entweder mit mangelndem Verständnis für die Beamtenpflichten oder mit einer Fehleinschätzung seiner Persönlichkeit und Tätigkeit erklärt werden muß.

Der Angeschuldigte hat in seinem Verhalten sich auch insofern widersprochen, als er seinen Studenten den nach seiner Angabe den Gottesdienst störenden Gruß *gestattet* hat und dessen Verweigerung auf seine Person beschränkte.

Der Angeschuldigte hat sich also in seiner Eigenschaft als Beamter einer seit Ende 1933 fortdauernden Gehorsamsverweigerung schuldig gemacht. Dabei mochte zu seinen Gunsten berücksichtigt werden, daß er bei anderen theologischen Fakultäten die Nichtanwendung des deutschen Grußes annahm, und daß er sich mit einer Beschwerde vom 16. Dezember 1933 an den vorgesetzten Minister wandte. In diesem Schreiben hat er seine irrtümlichen Ansichten dargelegt, eine Antwort hat er nicht erhalten. Der Angeschuldigte mag die erbetene Aufklärung dem Urteil des höchsten Preußischen Disziplinargerichts dahin entnehmen, daß es sich bei der Verweigerung des deutschen Grußes um die *Gehorsamsverweigerng* eines Beamten gegenüber einer Dienstpflicht handelt, deren Verweigerung viel mehr als ihre Ableistung als eine Demonstration gedeutet werden muß; daß ferner diese Dienstpflicht und ihre Anwendung mit seiner *theologischen* Wirksamkeit nichts zu tun hat; daß endlich das *Verharren* im Ungehorsam gegen diese Dienstpflicht als eine Widersetzlichkeit gedeutet werden müßte, wegen deren der Angeschuldigte in einem etwaigen neuen Dienststrafverfahren sich der Höchststrafe aussetzen würde.

Was ferner die Äußerungen bei der *Theologenzusammenkunft* (Ende Oktober 1933) angeht, so hat der Senat in den von dem Angeschuldigten zugestandenen Bemerkungen aus dem Bericht der Studienrätin Küppers vom 11. November 1933, insbesondere in den auf die bevorstehenden Wahlen und den Reichstagsbrand bezüglichen Bemerkungen, Äußerungen gesehen, die zwar in einer *vertraulichen* Aussprache eines *kleinen* Kreises von *Fachleuten* über *theologische* Fragen als *Beispiele* gebracht wurden, deren *Auswahl und Fassung* aber nur als Angriff gegen die Reichsregierung und damit als schwere Verletzung der Amtspflichten der Ehrerbietung und der Disziplin gewertet werden können. Die Gründe, aus denen die vorgesetzte Dienstbehörde gegen den Angeschuldigten wegen dieser Äußerungen nicht vorgegangen ist, die sie unmittelbar nach der am 30. April 1934 erfolgten Vernehmung des Angeschuldigten durch den damaligen Ministerialrat Schnoering zu werten in der Lage war, hatte das Gericht nicht zu prüfen. Für seine Entscheidung kam dieser Vorgang nur als *weiterer Beweis der widersetzlichen Haltung* des Angeschuldigten, die zu Rückschlüssen in seiner Haltung zur Eidesfrage zwingt, in Frage. Nach der gesamten Sachlage war festzustellen, daß das Vorliegende Verfahren *mit religiösen, theologischen und kirchlichen Streitfragen nichts zu tun* hat. Der Angeschuldigte war für das Dienststrafverfahren nicht Vertreter einer theologischen Richtung oder gar der evangelischen Kirche, sondern lediglich *Beamter*, der sich einer Dienstverfehlung schuldig gemacht hat. Der Angeschuldigte war also wegen seines Ungehorsams gegenüber dem Dienstbefehl zur Eidesleistung und der dabei bis zum 18. Dezember 1934 bewiesenen Widersetzlichkeit zu bestrafen.

Hinsichtlich des *Strafmaßes* hat der Senat die vom Vorderrichter mehrfach hervorgehobene *Einstellung* des Angeschuldigten gegen den nationalsozialistischen Staat nicht ausschlaggebend zugrunde gelegt. Gegenstand des Dienststrafverfahrens ist das *Verhalten* eines Beamten, nicht seine Einstellung an sich. Letztere hätte vielleicht zu Maßnahmen auf Grund des Gesetzes zur Wiederherstellung des Berufsbeamtentums Anlaß geben können; diese gehören aber nicht zur Zuständigkeit des Senats.

Erheblich zugunsten des Angeschuldigten ist das Schreiben gewertet worden, mit dem er unter dem 4. April 1933, nach der Staatserneuerung, dem Minister unter Hinweis auf seine Zugehörigkeit zur Sozialdemokratie sein Amt zur Verfügung stellte, worauf ihm der Vertreter des Ministeriums unter dem 24. April erwiderte, daß er das offene Bekenntnis achte, eine Beschränkung in der Lehrtätigkeit nicht beabsichtige, aber voraussetze, daß der Angeschuldigte von politischer Gruppenbildung absehe, in der Annahme, daß dieser Wunsch sich im Rahmen der vom Angeschuldigten zum Ausdruck gebrachten Loyalität erfüllen lasse.

In den hier zur Beurteilung und Charakterisierung herangezogenen Fällen hat es der Angeschuldigte an dieser Loyalität *fehlen* lassen. Er hat in der Eidesfrage mit seiner Forderung, die er hernach als überflüssig weil selbstverständlich aufgab, einem staatlichen Befehl gegenüber sich ungehorsam gezeigt und in die von ihm in religiösen Fragen beeinflußten Kreise unnötige Beunruhigung gebracht. Er hat seine Weigerung mit Argumenten begründet, die für einen Gelehrten seines Ranges gesucht und gegenstandslos waren und offenbar nur den Zweck haben sollten, seine Widersetzlichkeit zu bestätigen. Unter Berücksichtigung dieser Umstände erchien die erkannte Strafe angemessen.

Der Angeschuldigte mag sich aber vor Augen halten, daß, wenn er diese Widersetzlichkeit erneut betätigt und so das Vertrauen des Staates enttäuscht und der Jugend, der er zum Erzieher gesetzt ist, ein schlechtes Vorbild gibt, er trotz seiner wissen-

schaftlichen Bedeutung, mangels der Eigenschaften, die von einem deutschen Beamten verlangt werden müssen, nicht mehr im Amte belassen werden kann.
Die Entscheidung wegen der baren Auslagen, die für den ersten Rechtszug mangels einer Feststellung im Tenor nachzuholen war, folgt aus §§ 464 ff. der Strafprozeßordnung in Verbindung mit § 119 des Preußischen Gerichtskostengesetzes.
Urkundlich unter dem Siegel des Preußischen Oberverwaltungsgerichts und der verordneten Unterschrift.
(L.S.) gez. Dr. Groethuysen.

D 42 zu S. 219

Aufruf der 49 Theologen – »An unsere Brüder im Amt!«

Berlin-Dahlem, den 30. Juli 1935.

An unsere Brüder im Amt!
Gottes Gnade hat die Kirche Jesu Christi in Deutschland unter Druck und Not zu einem neuen Horchen allein auf sein Wort und einem neuen Gehorsam gegen den allein gültigen Willen unseres himmlischen Herrn gerufen. Wir dürfen ihn bitten, daß er das Werk seiner Hände nicht fahren lasse.
So grüßen wir denn die Brüder mit dem Dank gegen Gott den Herrn, daß er uns in *Barmen* ein gemeinsames Wort in den Mund gelegt, daß er uns geleitet, sodaß seit der Dahlemer Synode 1934 mitten im Chaos Ordnungszentren in den Bruderräten erstanden, daß er Kirchenleitungen, Pfarrer, Gemeinden und Aelteste willig gemacht hat, viel auf sich zu nehmen und vieles zu opfern. Zu unserer eigenen Verwunderung und Beschämung hat der Herr der Kirche in vorderster Linie die Diener am Wort in den Stand gesetzt, am bösen Tage Widerstand zu tun.
Aber wir sind in Gefahr, uns durch eigene Untreue um Gottes Gaben zu bringen. Darum müssen wir die Brüder bitten, mit uns zu prüfen, ob wir für den kommenden Kampf gerüstet sind. Wir müssen in aller Nüchternheit und Offenheit sagen, wie wir die Lage sehen. Wir sind der Ueberzeugung, daß der Gemeinde ein neuer, vielleicht der schwerste Kampf bevorsteht. Wir können die Maßnahmen der letzten Zeit (Finanzabteilung, Beschlußstelle, Umlageordnung, Einsetzung des Ministeriums für kirchliche Angelegenheiten, bei dem gleichzeitigen Weiterbestehen von Beschränkungen und Ausweisungen) nicht anders sehen, als daß die Kirchenfrage im *Widerspruch zu Barmen* und Dahlem gelöst werden soll. Wir müssen die Brüder ernstlich bitten, jede harmlose Auffassung von der Lage der Kirche fahren zu lassen und sich mit ihren Gemeinden zu rüsten auf die nahende Entscheidung.
Wir sind in den letzten Monaten in unserem Warten auf einen durchschlagenden Erfolg unserer Kirchenleitung und auf die Anerkennung der Bekennenden Kirche durch den Staat von einer Enttäuschung zur anderen gegangen. Manche von uns sind darüber müde und verzagt geworden. Wir müssen bekennen, daß es unser Unglaube war, der uns dazu verführt hat, unsere Hoffnung auf Menschen zu setzen; und haben wir nicht solche Hoffnungen bei uns und anderen gefördert und genährt? Gottes Wort aber sagt uns: »*Darum so begürtet die Lenden eures Gemüts, seid nüchtern, und setzt eure Hoffnung ganz auf die Gnade, die euch angeboten wird durch die Offenbarung Jesu Christi.*« (1. Petri 1, 13.) Weil es an diesem Punkt bei

uns fehlt, darum liegt es wie ein Bann auf unserer Bekennenden Kirche; darum nistet sich der Geist des Zweifels und der Angst in unseren Reihen ein; darum fehlt es an klaren Weisungen; darum weiß auch weithin unsere theologische Jugend nicht mehr, ob sie ein Recht hat, sich ohne Rücksicht auf ihre Zukunft in Ausbildung, Prüfung und Dienst der Bekennenden Kirche zur Verfügung zu stellen.
Diesen Bann haben wir selbst verschuldet, denn wir hatten verleugnet, was Gott uns in Barmen und Dahlem anvertraut hat. Beide Synoden haben die Kirche unter die Alleinherrschaft des Herrn Jesus Christus gerufen; Barmen so, daß ihre Verkündigung und Lehre, Dahlem so, daß ihre Gestalt und Ordnung sich allein auf das eine Wort der Offenbarung Gottes gründen. Damit hätte uns jeder Gedanke an Kompromisse verwehrt sein müssen. – Wir wollen umkehren und uns von diesen Beschlüssen auf's Neue binden lassen. Dann werden uns auch wieder klare Weisungen gegeben werden. Es soll uns nicht bedrücken, daß die Zukunft der Kirche für unsere Augen in einem undurchdringlichen Dunkel liegt; es soll uns genügen, zu wissen, was uns geboten ist.
Geboten ist uns das klare, kompromißlose Nein gegenüber jedem Versuch, die Kirchenfrage im Widerspruch zu den Entscheidungen von Barmen und Dahlem zu lösen. Gott helfe uns, daß wir – wenn es zum Treffen kommt – *dieses Nein einmütig und freudig bekennen!*
Geboten ist uns, die Sammlung und Gestaltung der Bekennenden Kirche weiterzuführen, unabhängig von den jeweiligen Schwankungen der Kirchenpolitik, getreu den Weisungen von Barmen, Dahlem und Augsburg. Wir haben nicht das Recht, den Anfang, der uns geschenkt ist, preiszugeben oder stecken zu lassen.
Wir freuen uns der Gemeinschaft, die uns in der Bekennenden Kirche und in ihrem Dienst über alle Grenzen hinweg miteinander verbindet. Wir danken Gott, daß er uns auf den drei deutschen Bekenntnissynoden ein gemeinsames Wort für die ganze deutsche Evangelische Kirche gegeben hat. – Aber wir vergessen nicht, daß mit dieser Einigkeit die Verpflichtung gegenüber unseren – verschiedenen – Bekenntnissen nicht aufgehoben ist. Vielmehr ist uns gerade durch das gemeinsame Bekennen die Frage nach den verschiedenen Bekenntnissen in neuem Ernst gestellt. Diese Frage kann nur im brüderlichen Ringen zwischen denen ausgetragen werden, die gemeinsam haben bekennen müssen. Für dieses Gespräch gliedert sich die Bruderschaft der Prediger der Bekennenden Kirche nach der Bekenntniszugehörigkeit in einen lutherischen, reformierten und unierten Konvent.
Geboten ist uns vor dem allen und über dem allen, in unserem Amt und in unserer Gemeinde Ernst zu machen damit, *daß die Bekennende Kirche allein aus dem Wort, allein aus der Gnade, allein aus dem Glauben lebt*. Das Schwergewicht aller unserer Arbeit, vorab der theologischen Besinnung und der damit verbundenen Reinigung der Kirche, liegt in unserer Gemeinde und unseren Synoden als dem uns gewiesenen Ort unserer Arbeit. Die Entscheidung fällt da, wo durch Wort und Geist Gottes Buße und Glaube gewirkt wird. – Das Wort schließt uns zusammen; es bewahrt uns davor, einander je im Stich zu lassen, es treibt uns, unseren Dienst miteinander und füreinander zu tun; denn es stellt uns in die Bruderschaft Christi. Das ist die Erneuerung, die unseren Pfarrerbruderschaften und Gemeinden nottut, die wir erbitten, und die wir dem Wort zutrauen.
Christus ist der eine Trost, der uns bleiben wird!

Albertz-Spandau	Jacob-Noßdorf
Asmussen-Oeynhausen	Kloppenburg-Wilhelmshaven

Bartelt-Glowitz
Baumann-Stettin
Becker-Schwelm
Berger-Breslau
Bonhoeffer-Finkenwalde
Brunner-Ranstadt
Denkhaus-Bremen
Dipper-Stuttgart
Dühring-Leuthen
Fahrenheim-Kastorf
Fausel-Heimsheim
Figur-Berlin
Funke-Betsche
Fricke-Frankfurt a. M.
Gloege-Naumburg/Queis
Goltzen-Kohlo
Harnisch-Berlin
Hellbardt-W. Elberfeld
Heppe-Cölbe
Hesse-Elberfeld
Hildebrandt-Dahlem
Immer-Gemarke
Jannasch-Lübeck
Kruse-Waldbröl
Kunkel-Oeynhausen
Krause-Bobenneukirchen
Linz-Düsseldorf
Müller-Dahlem
Niemöller-Dahlem
Niemöller-Bielefeld
Niesel-Berlin
Osterloh-Rüstringen
v. Rabenau-Berlin
Rendtorff-Stettin
Rosenboom-Neuenhaus
Schlingensiepen-Ilsenburg
Traub-Honnef
Tzschucke-Netzschkau
Urban-Bremen
Vetter-Duisburg
Voget-Heiligenkirchen
Vogel-Dobbrikow
Weber-Oeynhausen
Wilkens-Rüstringen
Zippel-Berlin.

D 43 zu S. 221

Brief Ernst Wolf vom 19. 8. 1935 an Rudolf Hermann

Sehr verehrter Herr Kollege!
Veranlaßt durch das Bekanntwerden des Erlasses des Herrn Reichs- und Preußischen Ministers für Wissenschaft, Erziehung und Volksbildung vom 12.7.35 . . . erlaube ich mir, Ihnen nun doch einige Worte zu Ihrem Brief an Herrn Präses D. Koch vom 26. Juli 1935 zu schreiben, der mir privatim bekannt geworden ist, ebenso wie dem Vf. des von Ihnen beanstandeten Artikels im 44. Oeynhauser Rundbrief.
Ihr Schreiben hat mich in seiner Gesamthaltung wie im einzelnen fast mehr bedrückt als – ich darf es offen sagen – empört. Ich beginne mit einigen Richtigstellungen, hoffe zugleich, daß dieselben Richtigstellungen Ihnen von u.U. noch besser unterrichteter Seite zugegangen seien.
Die beanstandete »Verkoppelung« der Eidesfrage und des kirchlichen Vorgehens in ihr mit Karl Barth – die von Ihnen beiseitegelassene Möglichkeit, daß die B.K. »von ihren Gliedern vor der Eidesleistung eine Erklärung einfordern müsse, daß sie den Eid nur in christlichem Sinne schwören würden«, lasse ich natürlich auch beiseite, zumal sie in den Artikel einfach hineininterpretiert worden ist – besteht historisch und sachlich zu recht. Der Vf. jenes Artikels hat es nicht nötig gehabt, den von Ihnen anscheinend als unzulässig aufgedeckten Brückenschlag zwischen der Erklärung der VKL und dem Vorgehen K. Barths über die auf D. Hesse und P. Immer zurückge-

hende Erklärung zu vollziehen, sondern die Erklärung der VKL ist von vornherein in ihrer Entstehung – die Formel geht wesentlich auf Herrn Koll. Weber zurück – auf das Engste mit dem »Fall Barth« verbunden. Es hat, wie Ihnen Koll. Weber berichten könnte, Mühe gekostet, das dringend notwendige kirchliche Wort zu erhalten und an die Öffentlichkeit zu bringen – der anscheinenden Aussichtslosigkeit dieser Bemühungen verdankt die stürmische Erklärung von D. Hesse m.W. ihre Entstehung! – und es war nicht ganz einfach Karl Barth zu veranlassen, im Blick gerade auf diese Formel den sonst in der Konsequenz seines als Anfrage geltenden Vorbehalts liegenden Schritt zu tun, nach dem kirchlichen Wort zur Eidesfrage auf die direkte Äußerung der »selbstverständlichen« conditio christiana tacita zu verzichten. Das Schreiben der VKL vom 29.12.34, auf das Sie hinweisen und dabei selbst der vermeinten Konstruktion des Vf. jenes Artikels mit einer Konstruktion begegnen, bedeutet im geschichtlichen Zusammenhang jener Ereignisse einen nachträglichen Distanzierungsversuch, vielleicht aus »lutherischer« Staatsauffassung heraus. Ob es wohlgetan ist, sich gerade auf solche meist peinliche Dokumente zu berufen, mögen Sie selbst beurteilen. Jedenfalls: der Vorwurf gegen den Vf. jenes Artikels, K. Barths und das kirchliche Vorgehen zu unrecht verkoppelt zu haben, dürfte sich nicht so halten lassen. Die Geschichte hat sie eben in der angedeuteten Weise bereits verbunden.

Die Bedeutung von K. Barths Vorgehen sehe ich – und nicht ich allein – eben darin, daß mit ihm die nun nachträglich durchaus gerechtfertigte Frage nach der Anerkennung der conditio christiana tacita im neuen Beamteneid gestellt wurde; nicht nur für ihn allein. Daß diese conditio für uns unaufgebbar ist dürfte auch Ihre Ansicht sein. Mit Luther: »Wo man Menschen etwas gelobt, soll und muß allezeit der Vorbehalt drinnen verstanden werden, ob er gleich nicht gemeldet wird, nämlich: sofern es nicht wider Gott ist; denn wider Gott kann man nichts geloben.« (EA 40,322) – Daß jene conditio aber in der Auffassung dessen, der den neuen Beamteneid abnimmt, nicht mit eingeschlossen sein dürfte, läßt der oben angeführte Erlaß zumindest vermuten, zumal wenn man ihn zusammenhält mit den Äußerungen von Ministerialrat Kasper im Disziplinarverfahren gegen K. Barth und mit der durch das DNB weitergegebenen Interpretation der endgültigen Zurruhesetzung von Barth. Trifft jene Vermutung zu – und das Schwierige der Situation liegt eben darin, daß hier kein eindeutiges Wort gesagt wird, weil es auch nicht gesagt werden muß – dann müßte das heißen, daß alle, die jenen Eid sub conditione geleistet haben (und selbst der Rektor, der Karl Barth vereidigen sollte, erklärte, den Eid »selbstverständlich« so geleistet zu haben), nun die Folgerungen ziehen müssen, die nicht gezogen zu haben Sie K. Barth zum m.E. völlig ungerechtfertigten Vorwurf zu machen scheinen, und von denen auch der obige Erlaß spricht.

Ich erachte für angezeigt, daß die Kirche in einer solchen Situation einem Staat, der sich über jene conditio nicht im klaren zu sein scheint oder dem gegenüber aus erheblichen Gründen vermutet werden muß, daß er jene conditio nicht in Rechnung stelle, trotz der Wiedereinführung der sog. religiösen Eidesformel, ganz deutlich sagen muß, wie allein von einem ihrer Glieder die Eidesleistung zu erwarten ist. Wenn sie sich in einem seelsorglichen Wort an ihre Glieder z.B. jenen Satz Luthers maßgeblich und unaufgebbar zu eigen machte, wäre meines Erachtens alles geschehen. Ob ihr daraus »Schwierigkeiten erwachsen« hat sie in diesem Falle wie in vielen anderen Fällen überhaupt nicht zu fragen. Und jede neue besorgniserregende Erklärung der staatlichen Seite zur Eidesfrage, also z.B. jene Presseerklärung, vor allem der obige Erlaß, wird für sie erneut Anlaß, die Eidesfrage »gerade jetzt aufzurollen«,

wobei – was Sie übersehen – eben nicht die Kirche die Frage »aufrollt«. Sie ist nur immer wieder auch hier zum Bekennen aufgerufen. –
Ich will hier abbrechen. Denn zu dem Absatz zu dem einem jeden in seiner Grenze verständlichen Wort über den »Lehrer der evangelischen Kirche Deutschlands« kann ich nur schweigen, gerade auch wegen der Klausel »Wir ehren Barth . . .« – Daß eine sogar nur exempli cause in in jenem Artikel vorgenommene Verbindung der Eidesfrage, vor die Vf. die Kirche erneut gestellt sieht, mit dem »Fall Barth« selbst dazu zu dienen hat, irgendwie noch die Ablehnung einer vermeinten Ernennung Barths zum Normaltheologen mit zu begründen, daß sie eine so umfangreiche und gewiß subjektiv ernst gemeinte Erklärung hervorrufen kann, bleibt trotz allem erstaunlich und für manchen schmerzlich.
Sie mögen, Herr Kollege, von daher verstehen, daß ich zu einer Sache, die mich, allerdings nur formell, »nichts angeht«, doch Ihnen gegenüber das Wort genommen habe. Ich darf darum bitten, meine Bemerkungen als die Ansicht nicht nur von mir allein zu betrachten.
Mit bestem Gruß
Ihr sehr ergebener
[gez.] E. Wolf

D 44 zu S. 225

Ernst Friesenhahn – »Über den Eid des Beamten«

Über den Eid des Beamten

I.

1. Als nach dem Tode des Herrn Reichspräsidenten von Hindenburg der Weg frei war zur vollen Durchführung der neuen Verfassung des völkischen Führerstaates, machte sich dieser grundlegende Wandel unserer Verfassung auch darin bemerkbar, daß alle im Dienst befindlichen Beamten und Soldaten auf den Führer neu vereidigt wurden. Aber nicht nur die Funktionäre des Staatsapparates und die Angehörigen der Wehrmacht haben dem Führer Treue geschworen, sondern auch die politischen Leiter und Amtswalter der staatstragenden Bewegung, ihrer Gliederungen und angeschlossenen Verbände. An der Fülle der neuen Vereidigungen und Eidesformeln erkennen wir, daß der politische Eid zu den wesentlichen Bestandteilen unserer Volks- und Staatsordnung gehört, und das mag es rechtfertigen, wenn ihm hier einige, durch den zur Verfügung stehenden Raum notwendig beschränkte, Betrachtungen gewidmet werden.[1] Dabei wird aus der großen Zahl der politischen Eide entsprechend dem Interesse des Hörerkreises der Verwaltungsakdemie der Eid des Beamten herausgegriffen.

2. Der Eid des Beamten gehört in die größere Gruppe der politischen Eide, deren Aufgabe es ist, Garantien zu schaffen für die Erhaltung der bestehenden Volks- und

1 Ich kann mich dabei teilweise auf die Ergebnisse meiner 1928 im Verlag von Ludwig Röhrscheid, Bonn, erschienenen Schrift »Der politische Eid« stützen und verweise hier allgemein auf diese Arbeit. Auf Einzelnachweise und Heranziehen der übrigen Literatur wird verzichtet.

Staatsordnung. Während durch den gerichtlichen Eid, der dem Richter die Unterlagen für seine Entscheidung schaffen soll, in der Regel die Wahrheit einer Aussage versichert wird (assertorischer Eid), wird durch den politischen Eid in der Regel die Aufrichtigkeit eines Versprechens bekräftigt (promissorischer Eid). Solche politischen Eide haben die Staaten von altersher gefordert. Sie begegnen uns in der Verfassungsgeschichte als Eide des Staatshauptes, der Abgeordneten, der Beamten, der Soldaten, der Bürger und Untertanen. Dazu kommen nun in der neuen Verfassungsform des deutschen Volkes noch die im Rahmen der staatstragenden Bewegung zu leistenden Eide, die eminent politischen Gehaltes sind, ohne doch die bisher für wesentlich erachtete Beziehung zum Staatsapparat aufzuweisen. Dem politischen Eid kommt eine große einheits- und gemeinschaftsbildende Kraft zu, und es ist kennzeichnend, daß die in der staatstragenden Bewegung und die innerhalb des Staatsapparates geleisteten Eide auf die Person des Führers gerichtet sind, in dem sich diese zwei Säulen des heutigen Reichsaufbaues treffen.

3. Der »Eid« kann nicht für sich allein bestehen, er muß zu einer Aussage, deren Wahrheit es zu bezeugen, oder zu einem Versprechen, dessen Aufrichtigkeit es zu bekräftigen gilt, hinzutreten. Im Diensteid verspricht der Beamte treue Pflichterfüllung. Der Eid dient damit der Bestärkung der Beamtenpflichten, die nicht erst durch den Eid begründet werden, sondern bereits durch die Aufnahme in das Beamtenverhältnis entstanden sind. Durch den Eid soll die Einhaltung dieser Pflichten in besonderer Weise gesichert werden. Um nun den Grund für die Hinzufügung dieses im Eid liegenden besonderen Akzentes zu erkennen, muß das Wesen des Eides klargestellt werden. Wollen wir wissen, warum ein Eid gefordert wird, so müssen wir zuvor wissen, was der Eid überhaupt ist.

a) Den Eid oder ein ihm entsprechendes Institut finden wir zu allen Zeiten und bei allen Völkern. Seine Wurzel ist das durch Lüge und Treubruch geweckte Mißtrauen unter den Menschen. Man traut nicht mehr dem einfachen Wort und verlangt bei wichtigen Anlässen Sicherungen, Bürgschaften der Wahrhaftigkeit. So wurde die Wahrheit einer Aussage oder die Aufrichtigkeit eines Versprechens in feierlicher Weise beteuert bei irgend einem dem Beteuernden besonders wertvollen Gute oder bei irgend einer übermenschlichen Macht. Dabei liegt der Gedanken zu Grunde, daß den Beteuernden an diesem Gute Unheil treffen werde, oder daß die übermenschliche Macht ihn strafen werde, wenn seine Aussage falsch sein oder er sein Versprechen nicht halten sollte. Mit dem Aufkommen des Christentums wurde naturgemäß der Eid auf den allmächtigen, allwissenden und allgerechten Gott, den Urgrund aller Wahrheit, gestellt, »denn Menschen schwören bei dem, der größer ist als sie, und jeder ihrer Gegenrede Ende ist zur Bekräftigung der Eid« (Hebr. 6, 16). So haben wir durch alle christlichen Jahrhunderte hindurch die Auffassung des Eides als Anrufung Gottes zum Zeugen der Wahrheit und Rächer der Unwahrheit. Diese Definition entspricht jedenfalls der allgemeinen Volksauffassung und dem Sprachgebrauch, hat vielfach in Gesetzen ihren Niederschlag gefunden und wird auch in der Wissenschaft anerkannt. Will man den Eid von den bloßen feierlichen Versicherungen unterscheiden, so kann das Unterscheidungsmerkmal nur in seinem religiösen Charakter gefunden werden. Der besondere Sinn des Eides ist also die Herbeiführung einer religiösen Bindung, einer Bindung im Gewissen. Auf diese Wirkung rechnet der Staat, wenn er Eide fordert. Entfernt man aus dem Eide das religiöse Element, so hat er seinen Sinn verloren. Man kann zwar die übrig bleibende Formel noch »Eid« nennen und rechtstechnisch, z. B. für die strafrechtlichen Folgen der Verletzung, als solchen behandeln. Man hätte dann aber nur einen ganz formalen

Begriff: Eid ist, was die Rechtsordnung als Eid bezeichnet. Durch eine solche Formel würde jedenfalls die besondere religiöse Gewissensbindung, in der wir das Motiv für die Eidesforderung feststellen, nicht eintreten. Sie würde sich wesenhaft nicht von der einfachen feierlichen Versicherung unterscheiden. Über die Frage, ob man Gott durch einen anderen Eideshort ersetzen und so trotz Beseitigung des religiösen Charakters zu einer in besonderer Weise bindenden Beteuerungsform gelangen kann, wird unten noch zu sprechen sein.

b) Die Weimarer Verfassung hatte in Art. 177 allgemein die Eidesleistung in nicht religiöser Form mit den bloßen Worten »ich schwöre« zugelassen, und die Formel des Beamteneides nach der Verordnung vom 14. August 1919 war in dieser nichtreligiösen Form gefaßt. Das Dritte Reich hat zunächst in stärkster Weise wieder den religiösen Charakter des Eides betont. Die Beamteneide nach der Verordnung vom 2. Dezember 1933 und dem Gesetze vom 20. August 1934, sowie die Eide der Reichsminister, Reichsstatthalter und Mitglieder der Landesregierungen nach den Gesetzen vom 17. Oktober 1933 und 16. Oktober 1934 zeigen die Form: »ich schwöre . . . so wahr mir Gott helfe«. Der Fahneneid nach der Verordnung vom 2. Dezember 1933 und dem Gesetz vom 20. August 1934 betont in besonderer Weise die Heiligkeit des Eides, wenn er mit den Worten beginnt: »ich schwöre bei Gott diesen heiligen Eid«. Die für die preußischen Minister in den preußischen Gesetzen vom 26. April 1933 und 22. September 1933 vorgesehenen Eide und, was besonders bemerkenswert ist, die jüngste Formel eines politischen Eides, der Eid der Angehörigen des Reichsarbeitsdienstes nach der Verordnung vom 1. Oktober 1935 dagegen werden nur in der einfachen Form des »Ich schwöre« geleistet. Nun kann auch in der einfachen Form des »Ich schwöre« ein echter religiöser Eid geleistet werden, wenn der Eidleistende selbst diesen Worten die Bedeutung des Schwörens bei Gott beilegt. Wo der moderne Staat aber sich mit der einfachen Form ohne Gott begnügt, ist anzunehmen, daß er selbst auf die religiöse Natur des Eides verzichtet und nur einen sog. weltlichen »Eid« fordert. Ein solcher aber unterscheidet sich, wie bereits festgestellt, mangels der spezifischen religiösen Bindung im Gewissen in nichts von der bloßen feierlichen Versicherung.

4.a) Mit den Ausführungen unter 3. ist die Problematik des Eides im modernen Staat berührt. Es handelt sich, wie wir gesehen haben, beim Eid um die gewollte Indienststellung religiöser Vorstellungen für weltliche, politische Zwecke. Der Eid zieht seine Wirkung nur aus seiner religiösen Substanz. Er ist also in einem Volk und Staat transzendenten Bereich verwurzelt. Über Art und Umfang der Bindung entscheiden Gottes Gebot und das Gewissen des Einzelnen.[2] Der Staat sucht also bewußt eine Garantie seiner Ordnung durch eine religiöse Handlung, über die als solche in ihrem spezifischen religiösen und gewissensbindenden Bereich er selbst nicht Herr ist. Die Verletzung des Eides als solche kann der Staat nie ahnden. Wohl kann der Staat die Verletzung des »Eides« zum Tatbestand einer strafbaren Handlung machen, aber erstens ist der »Eid« hier als Tatbestandsmerkmal ein rein formaler Begriff, für den jede vom Staat als »Eid« bezeichnete Beteuerungsform eingesetzt werden kann, und zweitens soll ja gerade nicht die Angst vor dem Strafrichter die besondere Bindung durch den Eid hervorrufen, sondern die Bindung im Gewissen. Sonst

2 Um jedes Mißverständnis auszuschließen, sei wiederholt betont, daß es sich nur um die eidliche Bindung als solche handelt, nicht um die davon zu unterscheidende Verbindlichkeit der zu Grunde liegenden, in der staatlichen Rechtsordnung begründeten Pflichten, über deren Einhaltung allein der Staat wacht.

könnte man ja auch »bei Strafe des Zuchthauses« »schwören« lassen. Die Verletzung des Eides im eigentlichen religiösen Sinn hat der Eidleistende nur vor Gott zu verantworten.

b) Dazu kommt weiter, daß der Eid seine volle beabsichtigte Wirkung nur bei dem entfalten kann, der an einen persönlichen Gott, den er bei der Eidesleistung zum Zeugen anruft, glaubt. Dieser Glaube kann aber nicht bei allen Menschen vorausgesetzt werden. In der Geschichte des Eides finden wir daher in der Epoche, in der die Staaten noch unbedingt an der religiösen Eidesform festhielten, oftmals Schwierigkeiten, wenn erklärte Gottesleugner zum religiösen Eid zugelassen oder gar gezwungen wurden. Anders liegt der Fall natürlich bei den gläubigen Christen, die gerade aus einer strengen religiösen Haltung heraus die Leistung des Eides verwerfen und sich nur beim einfachen Ja, Ja, Nein, Nein halten wollen, wie es bei Matth. 5, 33–37 zu lesen ist. Ihnen wurde daher seit altersher die Eidesleistung in anderen Formen gestattet (z. B. den Mennoniten).

c) Der Eid kann also seinen vollen Sinn nur da entfalten und dürfte eigentlich nur da gefordert werden, wo das ganze Volk im Glauben an den persönlichen Gott einig ist, und dieser Glaube auch als verpflichtender Höchstwert der Volksordnung anerkannt ist. Davon kann aber in einem modernen Staat keine Rede sein, und wenn auch das Programm der NSDAP. den Standpunkt eines positiven Christentums einnimmt, so ist doch schon oft von partei- und staatsamtlicher Seite betont worden, daß auch das Dritte Reich Gewissens- und Bekenntnisfreiheit gewährt, soweit nicht der Bestand des Staates oder das Sittlichkeits- und Moralgefühl der germanischen Rasse berührt sind. Dann aber erhebt sich die Frage, ob es nicht konsequenter ist, vom Eide im bisherigen, d. h. religiösen Sinne gänzlich abzusehen. Will man sich nicht mit der bloßen feierlichen Versicherung begnügen, so läge es nahe, statt des religiösen Eides eine Beteuerungsform zu wählen, die nach Inhalt und Sanktion sich ganz im diesseitigen, Volk und Staat zugänglichen Bereich hält. Das Wesen der neuen politischen Ordnung besteht in ihrer Grundlegung im Volk. Als Höchstwert, in dessen Anerkennung alle Volksgenossen einig sind, ist die Volksgemeinschaft anzuerkennen. An Stelle Gottes hätte also heute das Volk Eideshort zu werden, und das Pfand, das der Eidesleistende einzusetzen hätte, wäre seine Ehre als deutscher Volksgenosse. Das Versprechen z. B. »wie es einem deutschen Manne geziemt«, würde wohl die stärkste Bindung begründen, die nach der religiösen Bindung überhaupt hervorgerufen werden kann. Und hier wäre auch die Macht des Volkes und des Staates über die Verletzung der Beteuerungsform gegeben. Denn Maß und Umfang der Bindung bestimmen dann die im Volk herrschenden Vorstellungen von Recht und Ehre. Das Volk kann mithin auch die Verletzung dieser Beteuerungsform in einer spezifischen Weise ahnden, indem es den, der seine Ehre als deutscher Mann zum Pfand eingesetzt und durch Verletzung der Wahrheitspflicht oder Bruch des Versprechens verspielt hat, ausstößt. Er verliert seine Stellung als Volksgenosse und Bürger ohne Rücksicht auf alle sonst noch an den Bruch der Beteuerungsform zu knüpfenden, mehr formalen strafrechtlichen Folgen. Mit diesem kurzen Hinweis auf die Unsicherheit der Grundlagen in der Eidesfrage und der Andeutung des Weges zu einer dem nationalsozialistischen Rechts- und Staatsdenken besser entsprechenden Beteuerungsform seien diese grundsätzlichen Ausführungen beschlossen.

II.

1. In der Geschichte des politischen Eides spiegelt sich die Geschichte des Staates.

Im Wandel der Eidesformeln erkennen wir die Wandlungen der Staatsformen. Und da das Beamtentum insbesondere mit der Staatsform institutionell verbunden ist, können wir an den Formeln der Beamteneide ablesen, welches jeweils die Stellung der Beamten war.

a) Der moderne Staatsbeamte ist aus dem Diener des Fürsten hervorgegangen. Diesen Dienstmann des Fürsten banden Treue und Gehorsam an seinen Herrn, die er ihm eidlich angelobte. Durch diesen Treueid wurde von Anbeginn an dieses Dienstverhältnis aus der rein privaten Sphäre der obligatorischen Leistung und Gegenleistung in die politische Sphäre hineingezogen.

b) Die Wandlung vom Fürstendiener zum Staatsbeamten und Organ des Staates brachte notwendig die Umstellung oder besser Erweiterung des Beamteneides auf den Staat, seine Verfassung und seine Gesetze mit sich. Besonders umstritten war dabei nach Einführung der geschriebenen Verfassungen der konstitutionellen Monarchie der Eid auf diese Verfassungen. Nach heftigen Kämpfen wurde er allenthalben eingeführt. Selbst der Monarch mußte die Verfassung, den »Vertrag« zwischen Fürst und Volk, beschwören. Einzig und allein dem Heere gelang es, die Verfassung aus dem Fahneneid herauszuhalten. In den Beamteneid dagegen wurde nunmehr die Verpflichtung zur gewissenhaften Beobachtung der Verfassung ständiger Bestandteil. Aber, und das ist das Interessante, neben dem Verfassungseid blieb der dem Monarchen persönlich geleistete Treueid wesentlicher Bestandteil des Beamteneides, und so können wir auch gerade wieder an der Eidesformel das besondere Band erkennen, das das deutsche Berufsbeamtentum mit der monarchischen Staatsspitze verband. Trotz Verfassungseid stand es in einer besonderen Treubeziehung zur Person des Monarchen. Aber in dem Nebeneinander von Treueid und Verfassungseid zeigt sich zugleich auch die ganze Zwiespältigkeit, die das Wesen der deutschen konstitutionellen Monarchie ausmacht.

c) Die demokratisch-parlamentarische Republik, die dann nach Wegfall der monarchischen Staatsspitze den liberalen Horror vor der Persönlichkeit, an deren Stelle die unpersönliche Norm treten soll, sich ganz auswirken lassen konnte, stellte demgemäß auch den Beamteneid von der persönlichen Treue von Mensch zu Mensch um auf die Norm, die Verfassung. Die Verfassung ist jetzt Hauptgegenstand des Beamteneides, und während früher nur gewissenhafte Beobachtung der Verfassung beschworen wurde, wurde jetzt der Eid der Treue auf die Verfassung gefordert. Nun ist Treue allerdings zunächst eine rein persönliche Beziehung, aber es läßt sich doch nicht leugnen, daß es auch eine Treue zu großen Grundsätzen, zu Institutionen und Ideen gibt. Auch die »Verfassung« kann daher Gegenstand eines Treueides sein, allerdings nicht im Sinne einer bloßen Sammlung abstrakter Paragraphen, sondern im Sinne der auf großen dauernden Prinzipien beruhenden Ordnung des Volkes. Die Weimarer Verfassung aber hatte, wie ihre Geschichte gezeigt hat, nicht diese Substanz, die allein eine Verfassung fähig macht, Gegenstand eines Treueides zu werden. Nach der überwiegenden Auffassung ihrer Interpreten gab ihr Revisionsartikel 76 den Weg zu jeder beliebigen Abänderung frei. Dann war ihr Wesen zu reduzieren auf diesen einen Artikel, der das Verfahren für jede beliebige Abänderung bereitstellte. Ein solcher Verfahrensmodus aber kann nicht Gegenstand eines echten Treueides sein. Es war daher ein Mißbrauch des in der deutschen Volks- und Staatsgeschichte so bedeutsamen Begriffs der Treue, wenn der Weimarer Staat seiner Verfassung Treue schwören ließ. Das preußische Oberverwaltungsgericht und, was für die Unsicherheit dieses Staates bezeichnend war, sogar die Reichs- und die preußische Regierung haben denn auch festgestellt, daß mit den Worten »Treue der

Reichsverfassung« nicht mehr gefordert werde, als was die früher üblich gewesene Formel »gewissenhafte Beobachtung der Verfassung« ausgedrückt habe.

d) Die Heraufkunft des Dritten Reiches brachte die Abkehr vom abstrakten Staat und die Hinwendung zum Volk und seinem Leben als Quellen der politischen Gestaltung. Das Volk lebt in der Gemeinschaft der Führer- und Gefolgschaftsbeziehung. So ist die Normenbeziehung des Liberalismus wieder durch die wesenhaft persönliche Beziehung zwischen Führer und Gefolgschaft ersetzt. Wie sich das Wesen der politischen Ordnung gewandelt hat, so auch das Wesen des Beamteneides. Es handelte sich keineswegs nur um eine äußerliche Anpassung der Eidesformel an die geänderten Verhältnisse, sondern um eine entscheidende Umgestaltung des Beamteneides, wenn bereits die Verordnung vom 2. Dezember 1933 die bisherige Formel ersetzte durch die Formel: »Ich werde Volk und Vaterland Treue halten, Verfassung und Gesetze beachten und meine Amtspflichten gewissenhaft erfüllen«. Es zeigt die Umstellung auf das volkhafte Denken, wenn jetzt Volk und Vaterland als Gegenstand der von dem Beamten zu gelobenden Treue bezeichnet werden, und »Verfassung«, – nicht »die Verfassung«, was vielleicht auf die Weimarer Verfassung bezogen worden wäre, – wieder an die zweite Stelle, zusammen mit den Gesetzen, gerückt ist. War so der Treueid bereits vom »Staat« und seiner »Verfassung« weg auf Volk und Vaterland umgestellt, so gab dann das Gesetz über das Staatsoberhaupt des Deutschen Reiches vom 1. August 1934 den Weg frei, auch den Treueid des Beamten, wie es der nationalsozialistischen Staatsauffassung gemäß ist, auf die Person des Führers zu stellen. Seither schwört der deutsche Beamte dem Führer Adolf Hitler Treue und Gehorsam. Treue und Gehorsam sind wieder im rein persönlichen Verhältnis zugesagt, wo sie als lebendige Beziehung am sinnvollsten sind und ihre volle Kraft entfalten können. Als Konsequenz aus der Einführung des Führerstaates ist die Verfassung ganz aus dem Eid verschwunden: der Führer ist eben die Verfassung.

2. Der einer Person zugeschworene Eid bedeutet eine seinsmäßige Bindung und Verbindung. Nicht jeder Dienstvertrag ist darum geeignet, durch einen solchen Eid gesichert zu werden. Es wäre sinnlos, den privaten Dienstvertrag eines Büroangestellten durch einen Treueid sichern zu lassen. Der Beamte schließt aber nicht mit dem Staat einen freien Vertrag ab, sondern der Staat nimmt ihn in ein besonderes öffentlich-rechtliches Dienstverhältnis auf. Der Beamte schuldet nicht meßbare Leistungen, sondern er wird in einen besonderen Stand erhoben und muß seine ganze Persönlichkeit für Volk und Staat einsetzen. Auch außerhalb des Dienstes ist er nie bloße Privatperson. Im Führerstaat tritt er in ein persönliches Gefolgschaftsverhältnis zum Führer, das zusammen mit den Gefolgschaftsverhältnissen in Bewegung und Wehrmacht den politischen Dienst von heute ausmacht. Die Eigenart dieses politischen Dienstes besteht in der besonders gearteten öffentlichen Dienst- und Treuepflicht, die diese Dienstverhältnisse fähig macht, die existentielle Bestärkung durch einen Eid zu erhalten.

3. Herkömmlicherweise weisen die Beamteneide eine Dreiteilung auf, den Treueid, den Eid der Gesetzesbefolgung und den Amtseid. So ist auch die Formel des gegenwärtigen deutschen Beamteneides nach dem Gesetz vom 20. August 1934 gestaltet: »Ich schwöre: Ich werde dem Führer des Deutschen Reiches und Volkes Adolf Hitler treu und gehorsam sein, die Gesetze beachten und meine Amtspflichten gewissenhaft erfüllen, so wahr mir Gott helfe.«

Der Eid der Treue und des Gehorsams bringt das neuartige persönliche Gefolgschafts- und Treueverhältnis zum Ausdruck, das alle deutschen Beamten mit dem

Führer verbindet. Treue bedeutet mehr als bloßen Gehorsam, bloßen Vollzug. Treue erfaßt die ganze Person und bringt sie zum vollen persönlichen Einsatz für den Treugegenstand. Da der Beamte nie bloße Privatperson ist, muß er diese Treue nicht nur innerhalb, sondern auch außerhalb des Dienstes bewähren. Der innerhalb des Dienstes zu leistende Gehorsam bedeutet die Unterwerfung unter die Befehle des Führers und der von ihm bestellten Vorgesetzten. Die Pflicht zur Beachtung der Gesetze, die ja auch dem Willen des Führers entspringen, ist noch besonders hervorgehoben. Mit den Amtspflichten sind dann noch die speziellen mit dem einzelnen konkreten Amt verbundenen Pflichten gemeint, die früher in reicher Fülle und verschieden je nach Amt und Stellung eigens in die Eidesformel mit aufgenommen wurden.

III.

Nach der Betrachtung des Wesens des Eides und des politischen Eides, wie der Geschichte der Eidesformeln und ihrer heutigen Bedeutung, seien noch einige Bemerkungen über die rechtliche Bedeutung der Eidesleistung angeschlossen.

1. Nach § 1 des Gesetzes vom 20. August 1934 leisten »die öffentlichen Beamten« »beim Eintritt in den Dienst« den im § 2 normierten Eid. Der Eid der öffentlichen Beamten aller Art in Reich, Ländern, Gemeinden und öffentlichen Körperschaften, ist also jetzt einheitlich reichsrechtlich geregelt. Es gibt nur noch eine Formel, die alle Beamten zu schwören haben.

2. Der Eid ist von den »Beamten« »beim Eintritt in den Dienst« zu leisten. Daraus folgt, daß die Anstellung als Beamter von der Eidesleistung unabhängig ist. Man wird Beamter nach den Vorschriften des Gesetzes vom 30. Juni 1933 durch Aushändigung der Ernennungsurkunde, und der so ernannte »Beamte« hat dann »beim Eintritt in den Dienst«, d. h. als seine erste Dienstleistung, den Eid zu schwören. Die Anstellung ist zunächst wirksam ohne Rücksicht auf den Eid. Soll die Verweigerung des Eides unmittelbare Wirkung auf den Anstellungsakt haben, so muß das gesetzlich besonders bestimmt sein. Eine derartige Bestimmung besteht für die unmittelbaren Reichsbeamten, indem § 3 Abs. 2 Satz 2 des Reichsbeamtengesetzes vom 17. Mai 1907 in der Fassung des Gesetzes vom 21. Juli 1922 bestimmt, daß die Ernennung des Beamten in seinem Rechtsverhältnis zum Reich nichtig ist, wenn die Eidesleistung verweigert wird. Eine entsprechende Bestimmung findet sich im preußischen Recht nicht, so daß der zum Beamten für Preußen oder eine preußische Gemeinde Ernannte nicht ohne weiteres die Beamteneigenschaft verliert, wenn er den Eid verweigert. Es bedarf alsdann vielmehr eines Dienststrafverfahrens, das bei der Schwere des Dienstvergehens selbstverständlich mit Dienstentlassung endet. Es wäre einfacher, wenn die Vereidigung zum wesentlichen Bestandteil des Ernennungsaktes gemacht oder zum mindesten die nur für Reichsbeamte getroffene Regelung auf alle Beamte ausgedehnt würde, daß nämlich die Ernennung rückwirkend nichtig wird, wenn der Eid verweigert wird.

3. Ist sonach der Eid nicht Bestandteil der Anstellung, so soll er doch »*beim* Eintritt in den Dienst« geleistet werden. Aus der Natur des Diensteides als der vom Staat geforderten Vorbedingung und Gewähr einer zuverlässigen Erfüllung der Amtspflichten ist zu folgern, daß die Leistung des Eides die erste Dienstpflicht in dem Sinne sein muß, daß ihre Erfüllung allen anderen Amtsverrichtungen vorangehen muß. Der von einem nichtvereidigten Beamten vorgenommene Staatsakt ist also fehlerhaft. Nicht alle fehlerhaften Staatsakte aber sind bekanntlich nichtig. Und so muß auch hier grundsätzlich die Wirksamkeit anerkannt werden, weil ja immerhin ein Beam-

ter gehandelt hat, nicht ein Nicht-Beamter. Aber die unberechtigte Dienstverrichtung vor der Vereidigung kann straf- und dienstrechtliche Folgen nach sich ziehen.

4. Das Gesetz vom 20. August 1934 hatte weiter die unverzügliche Vereidigung aller im Dienst befindlichen Beamten angeordnet. Auch hier wurde es unterlassen, unmittelbar ex lege Folgen an die Verweigerung des Eides zu knüpfen, so daß auch der im Dienst befindliche Beamte, der den Eid verweigert hat, nur im Wege des Dienststrafverfahrens aus dem Amt entfernt werden kann. Bei den im Dienst befindlichen Beamten hat selbstverständlich die Vornahme der Neu-Vereidigung nichts mit ihrer Berechtigung zur Vornahme von Amtshandlungen zu tun.

5. Verweigerung der Eidesleistung liegt selbstverständlich nicht nur dann vor, wenn der Eid glatt und unbedingt nicht geleistet wird, sondern auch dann, wenn bei der Eidesleistung die Formel geändert wird, oder mit der Eidesleistung unmittelbar ein Vorbehalt verbunden wird, der zeigt, daß die mit dem Eid erstrebte Bindung nicht erreicht wird.

6. Wie bereits mehrfach betont, schafft der Eid nicht die Verpflichtung, sondern er bestärkt nur die anderwärts begründeten Pflichten. Die Pflichten des Beamten bestehen unabhängig vom Eid, durch den Eid tritt nur die besondere religiöse Gewissensbindung zu den bereits bestehenden konkreten Beamtenpflichten hinzu. Die Verletzung des Eides als solche hat keine eigentliche Rechtsfolge; dem Eid kommt eine hohe sittliche Bedeutung zu, die jenseits aller formalrechtlich möglichen Erfassung liegt. Unser Strafrecht kennt aber auch nicht ein dem Meineid entsprechendes Delikt des Eidbruches, durch das der Bruch eines Versprechens gerade deswegen unter Strafe gestellt würde, weil es eidlich angelobt wurde. Der Beamte, der gegen seine Dienstpflichten verstößt, wird also nicht wegen Verletzung seines Diensteides verfolgt, sondern das Dienststrafverfahren wird gegen ihn eingeleitet wegen der Pflichtverletzung als solcher. Und da die Beachtung aller Beamtenpflichten durch den Diensteid versprochen ist, kann der Tatsache, daß die Erfüllung der verletzten Pflicht eidlich versprochen wurde, nicht einmal bei der Strafzumessung besonders Rechnung getragen werden.

Nun kommt es aber vor, daß die vorgesetzte Behörde von dem Beamten eine Erklärung unter Bezugnahme auf seinen Diensteid verlangt. Wenn die ohnehin bestehende Wahrheitspflicht noch durch ausdrücklichen Hinweis auf den Diensteid betont wird, so wird natürlich ein besonderes Maß von Sorgfalt und Gewissenhaftigkeit gefordert. Wenn daher der Beamte die Richtigkeit der von der Behörde verlangten Erklärung unter Berufung auf seinen Diensteid versichert, so haben wir eine eigenartige Verwendung des promissorischen Beamteneides zu assertorischen Zwekken vor uns. Wenn die unter Bezugnahme auf den Diensteid abgegebene Erklärung falsch ist, so liegt nicht nur eine Verletzung der allgemeinen Wahrheitspflicht des Beamten, sondern eine besondere Eidesverletzung vor, die als solche ohne Rücksicht auf die Bedeutung der in Frage stehenden unrichtigen Erklärung zur Strafe der Dienstentlassung führen müßte. Der Reichsdisziplinarhof dagegen hat in mehreren Entscheidungen ausgeführt, daß die falsche Angabe unter Berufung auf den Diensteid kein besonderes Dienstvergehen darstelle, und hat weiter sogar geleugnet, daß in der Berufung auf den Diensteid ein bei der Strafzumessung zu berücksichtigendes erschwerendes Moment liege (z. B. Juristische Wochenschrift 1933 S. 1207). Er hat dabei völlig verkannt, daß hier der promissorische Beamteneid assertorisch zur Versicherung der Wahrheit einer Angabe verwendet wird. Für die früher üblicherweise unter Berufung auf den Diensteid geforderten Erklärungen über die Höhe der Schulden mag die Empfehlung des RDH., von einer Verweisung auf den Diensteid doch abzusehen, ihre Berechtigung haben. Heute dagegen werden ganz andere, die wesentlichen Grundlagen der Beamtenstellung betreffende Angaben vom Beamten unter Verweisung auf seinen Diensteid gefordert, und es dürfte selbstverständlich sein, daß der Beamte, der heute unter Bezugnahme auf seinen Diensteid falsche Angaben macht, schon wegen Verletzung des Diensteides die schwerste Strafe der Dienstentlassung verwirkt hat.

7. Der Treueid ist der Person des namentlich genannten Führers Adolf Hitler geleistet, aber auch nur in seiner Eigenschaft als Führer des Deutschen Reiches und Volkes. Das bedeutet, daß der Eid bindet, solange Adolf Hitler der Führer des Deutschen Reiches und Volkes ist. Im Augenblick seines Todes erlischt die Bindung aus diesem Treueid. Die Frage ist nun, ob auch die anderen Teile des Beamteneides in diesem Augenblick ihre bindende Kraft verlieren, ob also auch die Achtung der Gesetze und die Erfüllung der Amtspflichten nur der Person des Führers oder etwa einem abstrakten Gebilde Staat oder dem deutschen Volke eidlich versprochen sind. Selbstverständlich gelten die aus dem durch den Tod des Führers nicht berührten Dienstverhältnis entspringenden Pflichten weiter, die Frage ist nur, ob sie auch ihre eidliche Bestärkung behalten. Die starke Betonung des persönlichen Gefolgschaftsverhältnisses führt dazu, den ganzen Eid des Beamten als nur dem Führer persönlich zugeschworen aufzufassen, wie es z. B. beim Fahneneide bereits aus dem Wortlaut der Formel hervorgeht. Beim Tod des Führers wird also eine Neuvereidigung der Beamten in vollem Umfang auf die Person des Nachfolgers erforderlich werden.

8. Da der Eid von dem Beamten im Hinblick auf seine Stellung als Beamter geschworen ist, bindet er ihn auch nur, solange er Beamter ist. Er dient der Bestärkung der besonderen, aus dem Beamtenverhältnis sich ergebenden Pflichten. Erlischt für den Beamten die Verbindlichkeit dieser Pflichten, weil er aus dem Beamtenverhältnis ausgeschieden ist, – nicht bei Versetzung in den Ruhestand, in dem die Pflichten in verminderter Form andauern –, so ist mit dem Gegenstand der eidlichen Bestärkung auch die Eidesbindung selbst entfallen. Beamte, die ausgeschieden waren und wieder neu angestellt werden, müssen also ohne Rücksicht auf den früher geleisteten Eid neu vereidigt werden. Andererseits aber ist der Eid im Hinblick auf die Beamtenstellung geschworen und bindet also auch, solange der Betreffende Beamter ist, gleichgültig in welcher Stellung und in welcher Verwaltung. Bei Versetzung und Beförderung erfolgt also keine Neuvereidigung. Auch dürfte eine Doppelvereidigung von Beamten, die in verschiedenen Verwaltungen tätig sind, nicht nötig sein.

Register

Abkürzungen

AELKZ	Allgemeine evangelisch-lutherische Kirchenzeitung
Anm.	Anmerkung
BDM	Bund der Mitte
BDStO	Beamtendienststrafordnung
BK	Bekennende Kirche
CA	Confessio Augustana
cand. theol.	Kandidat der Theologie
CDU	Christlich Demokratische Union
CVD	Christlicher Volksdienst
CVJM	Christlicher Verein Junger Männer
DC	Deutsche Christen
DCSV	Deutsche Christliche Studentenvereinigung
DDR	Deutsche Demokratische Republik
DEK	Deutsche Evangelische Kirche
DNB	Deutsches Nachrichten-Büro
DNVP	Deutschnationale Volkspartei
DStK	Dienststrafkammer
DVP	Deutsche Volkspartei
EA	Erlanger Ausgabe der Werke Luthers
EKiD	Evangelische Kirche in Deutschland
EvTh	›Evangelische Theologie‹
FdR	Für die Richtigkeit
Gestapo	Geheime Staatspolizei
GK	Generalkonsulat
JK	›Junge Kirche‹
JW	Juristische Wochenschrift
KidZ	›Kirche in der Zeit‹
KZ	Konzentrationslager
LBr	Landesbruderrat
LKA	Landeskirchenamt
LL	›Licht und Leben‹
NSDAP	Nationalsozialistische Deutsche Arbeiterpartei
NSDStB	Nationalsozialistischer Deutscher Studentenbund
OKR	Oberkirchenrat
OVG	Oberverwaltungsgericht
RBr	Reichsbruderrat
RDH	Reichsdisziplinarhof
RGBL	Reichsgesetzblatt
RGG	›Die Religion in Geschichte und Gegenwart‹

RGSt	Entscheidungen des Reichsgerichts in Strafsachen
RKZ	Reformierte Kirchenzeitung
SA	Sturmabteilung
SPD	Sozialdemokratische Partei Deutschlands
SS	Schutzstaffel
SS	Sommersemester
Stapo	Staatspolizei
StGB	Strafgesetzbuch
StPO	Strafprozeßordnung
stud. phil.	Student der Philosophie
stud. philol.	Student der Philologie
stud. theol.	Student der Theologie
ThEx	›Theologische Existenz heute‹
VB	Völkischer Beobachter
VKL	Vorläufige Kirchenleitung, auch VL
VL	Vorläufige Leitung, auch VKL
VO	Verordnung
WDR	Westdeutscher Rundfunk
WS	Wintersemester
ZZ	›Zwischen den Zeiten‹

Zitierte Quellen

1. Archive

AEKHN	Archiv der Evangelischen Kirche in Hessen und Nassau
AEKU	Archiv der Evangelischen Kirche der Union, Berlin
AEOK	Archiv des Evangelischen Oberkirchenrats, Stuttgart
AEKR	Archiv der Evangelischen Kirche im Rheinland, Düsseldorf
AEKW	Archiv der Evangelischen Kirche von Westfalen, Bielefeld
AESK	Archiv des Evangelischen Stadtkirchenverbandes Köln, Köln
AGK	Arbeitsstelle für die Geschichte des Kirchenkampfes, Tübingen
AKHB	Archiv der Kirchlichen Hochschule Berlin, Berlin-Steglitz
AKZ	Evangelische Arbeitsgemeinschaft für kirchliche Zeitgeschichte, München
ALKH	Archiv der Ev. luth. Landeskirche Hannovers, Hannover
AUB	Archiv der Rheinischen Friedrich-Wilhelms-Universität, Bonn
AW	Archiv der ehemaligen Reichsstudentenführung und des NS-Studentenbundes, Würzburg
BB	Bundesarchiv Bern
BUK	Bundesarchiv Koblenz
EGE	Evangelisch reformierte Gemeinde Emden, Emden
EKB	Evangelische Kirchengemeinde Bonn, Bonn
HD	Hauptstaatsarchiv, Düsseldorf
HDAK	Hauptstaatsarchiv Düsseldorf, Außenstelle Kalkum
KBA	Karl-Barth-Archiv, Basel
PAA	Politisches Archiv des Auswärtigen Amtes, Bonn
SB	Schweizerische Botschaft, Köln

2. Private Sammlungen

PCa	Wilhelm Carius, Pfarrer, Aachen
PGKS	Karl Steinbauer, Pfarrer i.R., Erlangen
PGRS	Robert Steiner, Pfarrer i.R., Wuppertal-Barmen
PKEr	Martin Eras, Pfarrer i.R., Sickershausen
PKFr	Prof. Dr. Dr. Ernst Friesenhahn, Bundesverfassungsrichter a.D., Bonn
PKGTr	Hellmut Traub, Dozent, Pfarrer i.R., Bietigheim
PKNil	Prof. D. Dr. Dr. Wilhelm Niesel D.D., Königstein/Taunus
PKNir	D. Wilhelm Niemöller, Pfarrer i.R., Bielefeld

3. Korrespondenz oder Gespräche des Verfassers mit:

GBe	Prof. D. Dr. Joachim Beckmann, Präses i.R., Düsseldorf
GHWS	Prof. Dr. Hans Walter Scheerbarth, Ministerialrat, Düsseldorf
GKBl	Ilse Bleibtreu, Bonn
GSzW	Dr. Paul Schulze zur Wiesche, Rechtsanwalt, Düsseldorf
GWi	Willi Wilkesmann, Pfarrer i.R., Solingen
KFü	Prof. Dr. Walther Fürst, Friedberg
KGGo	Prof. Dr. Helmut Gollwitzer, Berlin
KGG	Grete Graeber, Dörentrup 4 über Schwelentrup
KGHe	D. Walter Herrenbrück, Landessuperintendent i.R., Hannover
KGr	Prof. Dr. Heinrich Graffmann, Herborn
KHei	Dr. Dr. Gustav W. Heinemann, Altbundespräsident, Essen
KJK	Dr. Johannes Kaiser, Pfarrer i.R., Wuppertal
KKL	Dr. Heinz Kloppenburg D.D., Oberkirchenrat i.R., Bremen
KKo	Dr. Werner Koch, Pfarrer, Emlichheim
KKö	Herbert Köhler, Pfarrer i.R., Neuwied
KLo	Prof. Dr. Wilhelm Loschelder, Staatssekretär a.D., Düsseldorf
KQui	Dr. Heinrich Quistorp, Pfarrer i.R., Münster
PCa	Wilhelm Carius, Pfarrer, Aachen
PGKS	Karl Steinbauer, Pfarrer i.R., Erlangen
PGRS	Robert Steiner, Pfarrer i.R., Wuppertal-Barmen
PKEr	Martin Eras, Pfarrer i.R., Sickershausen
PKFr	Prof. Dr. Dr. Ernst Friesenhahn, Bundesverfassungsrichter a.D., Bonn
PKGTr	Hellmut Traub, Dozent, Pfarrer i.R., Bietigheim
PKNil	Prof. D. Dr. Dr. Wilhelm Niesel D.D., Königstein/Taunus
PKNir	D. Wilhelm Niemöller, Pfarrer i.R., Bielefeld

4. Zeitungen, Zeitschriften, Nachrichtendienste

Allgemeine evangelisch-lutherische Kirchenzeitung, 1934–1935
Basler Nachrichten, 1933–1935
Bergisch-Märkische Zeitung, 1935
Christ und Welt, 1954
Das Parlament, 1974
De Gereformeerde Kerk, 1935
Der Bund (Bern), 1935
Der Deutsche Christ (Baden), 1935
Der Kirchenfreund (Schweiz), 1935
Der Ruf, 1933
Der Spiegel, 1976
Der Weg, 1976
Deutsches Nachrichten-Büro (DNB), 1934–1935
Deutsches Volkstum, 1933–1935
Deutsche Theologie, 1935
Die Christliche Welt, 1933–1935
Evangelische Kommentare, 1977

Evangelischer Beobachter, 1935
Evangelischer Pressedienst (epd, Zentralausgabe), 1975–1976
Evangelischer Pressedienst (E.P.D., Schweiz), 1976
Evangelisches Gemeindeblatt für Württemberg, 1935
Evangelische Theologie, 1935, 1953, 1961, 1965–1966
Evangelium im dritten Reich, 1934
Frankfurter Allgemeine Zeitung, 1971, 1975
Frankfurter Zeitung, 1933–1935
Göttinger Universitäts-Zeitung, 1947
Hannoverscher Kurier, 1934–1935
Junge Kirche, 1933–1935, 1958, 1966, 1968–1969, 1974, 1976
Juristische Wochenschrift, 1933, 1935
Kartäuser Pfarrblätter, 1934
Kirche in der Zeit, 1959, 1962
Kirchliche Rundschau für Rheinland und Westfalen, 1935
Kölner Stadt-Anzeiger, 1977
Kölnische Rundschau, 1976
Kölnische Zeitung, 1934–1935
Kreuzzeitung, 1933, 1935
Licht und Leben (Titel allgemein zitiert)
Lutherische Kirche, 1934
Monatshefte für Evangelische Kirchengeschichte des Rheinlandes, 1975
München-Augsburger Abendzeitung (Titel allgemein zitiert)
Neues Rheinland, 1976
Presbyterian Register, 1935
Protestantenblatt, 1935
Reformierte Kirchenzeitung, 1933–1935
Revue des Vivants, 1934
Schweizerische Monatshefte, 1935
Sonntagsblatt für evangelisch-reformierte Gemeinden, 1974
Spielet dem Herrn, 1933
Stimme der Gemeinde, 1966
The British Weekly, 1933
The Christian Century, 1954
The Manchester Guardian, 1934
Theologische Existenz heute, 1933–1936, 1972
The Times, 1933
United Preß, 1934–1935
Unter dem Wort, 1935
Völkischer Beobachter, 1933–1935
Westdeutscher Beobachter, 1935
Westdeutsche Eilkorrespondenz, 1934–1935
Westfälischer Anzeiger, 1934
Zwischen den Zeiten, 1930–1933

5. Literatur – auch unveröffentlichte Manuskripte

Albertz, Heinrich/Heinrich Böll/Helmut Gollwitzer u.a., »Pfarrer, die dem Terror dienen«? Bischof Scharf und der Berliner Kirchenstreit 1974, 1975.

Asmussen, Hans, Barmen!, ThEx 24, 1935.
– *Begegnungen, 1936.*
Baier, Helmut/Ernst Henn, Chronologie des bayrischen Kirchenkampfes 1933–1945, 1969.
Barth, Karl, Der Römerbrief, 1919.
– Quousque tandem . . .?, in: Zwischen den Zeiten, 1930, S. 6 f.
– Fides quaerens intellectum, 1931.
– Die Kirchliche Dogmatik I/1, 1932.
– Theologische Existenz heute!, 2. Beiheft zu: Zwischen den Zeiten, 1933.
– Für die Freiheit des Evangeliums, ThEx 2, 1933.
– Reformation als Entscheidung, ThEx 3, 1933.
– Der Römerbrief (7. Aufl.), 1933.
– Lutherfeier 1933, ThEx 4, 1933.
– Die Kirche Jesu Christi, ThEx 5, 1934.
– Gottes Wille und unsere Wünsche, ThEx 7, 1934.
– /Gerhard Kittel, Ein theologischer Briefwechsel, 1934.
– Der Christ als Zeuge, ThEx 12, 1934.
– Drei Predigten, ThEx 17, 1934.
– Weihnacht, 1934.
– Vier Bibelstunden, ThEx 19, 1935.
– Die Möglichkeit einer Bekenntnis-Union, in: EvTh 1935, S. 26 ff.
– Die Gemeindemäßigkeit der Predigt, 1935.
– Vier Predigten, ThEx 22, 1935.
– Credo, 1935.
– Evangelium und Gesetz, ThEx 32, 1935.
– Zur Genesung des deutschen Wesens, 1945.
– Die Protestantische Theologie im 19. Jahrhundert, 1946.
– Dankesworte, in: EvTh 1966, S. 618 ff.
Baumgärtel, Friedrich, Wider die Kirchenkampf-Legenden (»Unverkäufliche« Flugschrift eines Essener Arbeitskreises »für kirchliche Erneuerung«, ergänzt durch dessen Flugblatt: ›Fackelträger einer neuen Zeit‹), 1959.
Beckmann, Joachim, (Hg.) Kirchliches Jahrbuch 1945–1948, 1950.
– Rheinische Bekenntnissynoden im Kirchenkampf, 1975.
– (Hg.) Karl Immer – Die Briefe des Coetus Reformierter Prediger 1933–1937, 1976.
Bethge, Eberhard, Dietrich Bonhoeffer Theologe-Christ-Zeitgenosse, 1970.
Bizer, Ernst, Der ›Fall Dehn‹, in: Festschrift für Günther Dehn, 1957, S. 239ff.
– Ein Kampf um die Kirche, 1965.
Böll, Heinrich, siehe unter Albertz.
Brand, Arthur, Die preußische Dienststrafordnung vom 27. 1. 1932 in der Fassung vom 18. 8. 1934, 3. Aufl., 1935.
Bullock, Alan, Hitler – Eine Studie über Tyrannei, 1961.
Busch, Eberhard, Karl Barth's Lebenslauf, 1975.
Casalis, Georges, Karl Barth, Person und Werk, 1960.
Diem, Hermann, Ja oder Nein – 50 Jahre Theologie in Kirche und Staat, 1974.
Eras, Martin, In Karl Barths Bonner Hörsaal, in: Antwort, Karl Barth zum 70. Geburtstag, 1956.
Fangmeier, Jürgen/Hinrich Stoevesandt, (Hg.) Karl Barth – Briefe 1961–1968, 1975.

Farner, Konrad, Dank eines Marxisten an Karl Barth, in: Junge Kirche, 1969, S. 1ff.
Friesenhahn, Ernst, Der politische Eid, 1928.
– Über den Eid des Beamten, in: Festschrift zum 10jährigen Bestehen der Mittelrheinischen Verwaltungsakademie Bonn, 1935.
Gallo, Max, Der schwarze Freitag der SA, 1972.
Gauger, Joachim, Chronik der Kirchenwirren (3 Bde), 1933–1935.
Gerlach, Angelika, Die Kirche vor der Eidesfrage, 1967.
Glenthoj, Jorgen, Dokumente zur Bonhoeffer-Forschung 1928–1945, 1968.
Globke, Hans/Wilhelm Stuckart, (Kommentatoren) Reichsbürgergesetz vom 15. September 1935 – Gesetz zum Schutze des deutschen Blutes und der deutschen Ehre vom 15. September 1935 – Gesetz zum Schutze der Erbgesundheit des deutschen Volkes (Ehegesundheitsgesetz) vom 18. Oktober 1935 nebst allen Ausführungsvorschriften und den einschlägigen Gesetzen und Verordnungen, 1936.
Gollwitzer, Helmut, Erinnerungen, in: Stimme der Gemeinde, 1966, Sp. 285ff.
– Reich Gottes und Sozialismus bei Karl Barth, ThEx 169 (Neue Folge), 1972.
– siehe unter Albertz.
Grabert, Herbert, Die Kirche im Jahre der deutschen Erhebung, Dokumente zur innerkirchlichen Auseinandersetzung, 1934.
Hahn, Traugott, Erinnerungen aus meinem Leben (2 Bde), 1923.
Harder, Günther/Wilhelm Niemöller, (Hg.) Die Stunde der Versuchung, 1963.
Heer, Friedrich, Der Glaube des Adolf Hitler – Anatomie einer politischen Religiosität, 1968.
Heim, Karl, Deutsche Staatsreligion oder Evangelische Volkskirche, 1933.
Hempfer, Walter, Die nationalsozialistische Staatsauffassung in der Rechtsprechung des preußischen Oberverwaltungsgerichts, 1974.
Henn, Ernst, siehe unter Baier.
Hesse, Hermann Klugkist, Frühlicht am Rhein, Adolf Clarenbach, sein Leben und Sterben, 1929.
Historisches Archiv der Stadt Köln, (Hg.) Widerstand und Verfolgung in Köln 1933–1945 (Ausstellungskatalog), 1974.
Hofer, Walter, Der Nationalsozialismus – Dokumente 1933–1945, 1957.
Hübinger, Paul Egon, Thomas Mann, die Universität Bonn und die Zeitgeschichte, 1974, Auszug in: Beilage zu ›Das Parlament‹ vom 26. 10. 1974.
Immer, Karl, (Hg.) Reformation oder Restauration, 1935.
– (Hg.) Augsburg 1935, 1935.
Jaspert, Bernd, (Hg.) Karl Barth – Rudolf Bultmann, Briefwechsel 1922–1966, 1971.
Jatho, Carl Oskar, Carl Jatho – Briefe, 1914.
Kantzenbach, Friedrich Wilhelm, Widerstand und Solidarität der Christen in Deutschland 1933–1945. Eine Dokumentation zum Kirchenkampf aus den Papieren des D. Wilhelm Freiherrn von Pechmann, 1971.
Karwehl, Richard, Politisches Messiastum, in: Zwischen den Zeiten, 1931, S. 519ff.
– Was ich als lutherischer Prediger von Karl Barth gelernt habe, in: Antwort, Karl Barth zum 70. Geburtstag, 1956.
Klempnauer, Günther, Über Lebenschancen – Prominenteninterviews, 1970.
Klügel, Eberhard, Die lutherische Landeskirche Hannovers und ihr Bischof 1933–1945, 1964.
Koch, Günther, Wider Friedrich Baumgärtel, in: Junge Kirche, 1958, S. 576ff und S. 632ff.

Koch, Werner, Abschied von einem Vater, in: Junge Kirche, 1969, S. 4ff.
– Heinemann im Dritten Reich, 1972.
– Überfahrene Signale, 1975.
Kogon, Eugen, Der SS-Staat – Das System der deutschen Konzentrationslager, 1946.
Kolfhaus, Wilhelm, Vom Dienst Karl Barths an unserer reformierten Kirche und Theologie, in: RKZ vom 4. 8. 1935 und 11. 8. 1935.
Künneth, Walter, Memorandum zur kirchlichen Lage und kirchlichen Aufgabe, 1934, in: Wilhelm Niemöller, Aus dem Leben eines Bekenntnispfarrers, 1961.
– Die evangelisch-lutherische Theologie und das Widerstandsrecht, in: Die Vollmacht des Gewissens, 1956.
Kupisch, Karl, Karl Barths Entlassung, in: Hören und Handeln – Festschrift für Ernst Wolf, 1962, S. 251ff.
– Zur Entstehungsgeschichte der 1. Vorläufigen Kirchenleitung, in: KidZ, 1962, S. 22ff.
Lackmann, Max, Herr, wohin sollen wir gehen?, ThEx 11, 1934.
Lilje, Hanns, Kritik an Barmen, in: Junge Kirche, 1934, S. 692ff.
– Memorabilia, 1974.
Lindt, Andreas, (Hg.) Georges Bell – Alphons Koechlin, Briefwechsel 1933–1954, 1969.
Lorenz, Waldemar, Warum wir die Bekennende Kirche ablehnen, 1935.
Macfarland, Charles S., The new church and the new Germany, 1934.
Marquardt, Friedrich-Wilhelm, Theologische und politische Motivationen Karl Barths, in: Junge Kirche 1973, S. 283–303.
Meier, Kurt, Der evangelische Kirchenkampf (2 Bde), 1976.
Müller, Hans, Katholische Kirche und Nationalsozialismus – Dokumente 1930–1935, 1963.
Naumann, Hans, Wandlung und Erfüllung. Reden und Aufsätze zur germanisch-deutschen Geistesgeschichte, 1933.
– Germanischer Schicksalsglaube, 1934.
Neubert, Reinhard, siehe unter Pfundtner.
Niemöller, Martin, Vom U-Boot zur Kanzel (76. bis 78. Tausend), 1938.
Niemöller, Wilhelm, Bekennende Kirche in Westfalen, 1952.
– Karl Barths Mitwirkung im deutschen Kirchenkampf, in: EvTh 1953, S. 62ff.
– (Hg.) Die zweite Bekenntnissynode der Deutschen Evangelischen Kirche zu Dahlem, 1958.
– Aus dem Leben eines Bekenntnispfarrers, 1961.
– Von der Dahlemer Synode bis zur Gründung der ersten Vorläufigen Kirchenleitung, in: EvTh 1961, S. 68ff.
– Zur Geschichte der Kirchenausschüsse, in: Hören und Handeln – Festschrift für Ernst Wolf, 1962, S. 301ff.
– siehe unter Harder.
– Zwischen Dahlem und Steglitz, in: EvTh 1965, S. 113ff.
– (Hg.) Die dritte Bekenntnissynode der Deutschen Evangelischen Kirche zu Augsburg, 1969.
– Der Pfarrernotbund, Geschichte einer kämpfenden Bruderschaft, 1973.
Niesel, Wilhelm, Die Preisgabe der Barmer und Dahlemer Botschaft am 21. Dezember 1934, 1934.
– (Hg.) Um Verkündigung und Ordnung der Kirche. Die Bekenntnissynoden der

Evangelischen Kirche der altpreußischen Union 1934–1943, 1949.
Norden, Guenther van, Kirche in der Krise, 1963.
Pfundtner, Hans/Reinhard Neubert, (Kommentatoren) Das neue deutsche Reichsrecht, ab 1933.
Prolingheuer, Hans, Karl Barth – Ein Radikaler in Kirche und Staatsdienst, 1974.
Putz, Eduard, Warum Bekenntnisgemeinschaft?, in: Junge Kirche, 1934, S. 834ff.
Quervain, Alfred de, Unser gemeinsamer Lebensweg, 1959.
Rotscheidt, Wilhelm, Ein Martyrium in Köln im Jahre 1529, 1904.
Schlemmer, Hans, Von Karl Barth zu den Deutschen Christen, 1934.
Schmidt, Dietmar, Martin Niemöller, 1959.
Schmidt, Kurt Dietrich, (Hg.) Bekenntnisse des Jahres 1933 (Bd. 1), 1934 (Bd. 2), 1935 (Bd. 3), 1934–1936.
Schomerus, Hans, Der Calvinistische Mensch, in: Deutsches Volkstum, 1935, S. 93ff.
Smidt, Udo, »Quousque tandem . . .?«, in: RKZ 1935, S. 67ff.
Stapel, Wilhelm, Der Christliche Staatsmann, 1932.
– Die Kirche Jesu Christi und der Staat Hitlers, 1933.
– Volkskirche oder Sekte, 1934.
– Über das Christentum – an die Denkenden unter seinen Verächtern, 1950.
Steinbauer, Karl, Einander das Zeugnis gönnen, 1977.
Steiner, Robert, Gemarke und Karl Barth, in: Kirche Konfession Oekumene – Festschrift für Prof. D. Dr. Wilhelm Niesel zum 70. Geburtstag, 1973.
– Paul Humburg und das nationale Bewußtsein, in: Monatshefte für Evangelische Kirchengeschichte des Rheinlandes, 1975, S. 65ff.
Stoevesandt, Hinrich, siehe unter Fangmeier.
Stuckart, Wilhelm, siehe unter Globke.
Thielicke, Helmut, Exkurs über Karl Barths Vortrag in Tübingen, 1945.
Thurneysen, Eduard, (Hg.) Karl Barth – Eduard Thurneysen, Briefwechsel, 1913–1921, 1973.
– (Hg.) Karl Barth – Eduard Thurneysen, Briefwechsel 1921–1930, 1974.
Traub, Hellmut, Karl Barth, in: Hans Jürgen Schultz, (Hg.) Tendenzen der Theologie im 20. Jahrhundert – Eine Geschichte in Portraits, 1966.
Tügel, Franz, Unmögliche Existenz! Ein Wort wider Karl Barth, 1933.
Vogel, Heinrich, Wer regiert die Kirche? Über Amt, Ordnung, Regiment der Kirche, ThEx 15, 1934.
Vorländer, Herwart, Kirchenkampf in Elberfeld, 1968.
Wolf, Ernst, Barmen – Kirche zwischen Versuchung und Gnade, 1957.
– (Hg.) Antwort, Karl Barth zum 70. Geburtstag, 1956.
– Karl Barths Entlassung – Die Tragödie einer Fakultät, 1965.
Wulf, Josef, Literatur und Dichtung im Dritten Reich, 1966.
Wurm, Theophil, Erinnerungen aus meinem Leben, 1953.
Zuckmayer, Carl, Der Hauptmann von Koepenick, 1931.
– Als wär's ein Stück von mir, 1966.
– Aufruf zum Leben – Portraits und Zeugnisse aus bewegten Zeiten, 1976.

Namen

Die den Namen beigegebenen Daten beziehen sich auf den Zeitraum, in dem die Personen im Buch genannt werden. Wegen der häufigen Erwähnung sind folgende Namen hier nicht aufgeführt: Karl Barth, Adolf Hitler, Karl Koch, August Marahrens, Hans Meiser und Theophil Wurm.

Orte

Die Ortsangaben Barmen, Basel, Berlin, Bonn, Dahlem(Berlin), Deutschland, Gemarke(Barmen), Köln und Wuppertal sind wegen der häufigen Erwähnung hier nicht aufgeführt.